Hélène Carrère d'Encausse
LENIN

Hélène Carrère d'Encausse

LENIN

Aus dem Französischen
von Enrico Heinemann

Piper
München Zürich

Die Originalausgabe dieses Buches erschien 1998
unter dem Titel »Lénine«
bei der Librairie Arthéme Fayard, Paris

ISBN 3-492-04199-X

Satz: Dr. Ulrich Mihr GmbH, Tübingen
Druck und Bindung: Kösel, Kempten
Printed in Germany

»In Lenin sehen wir den Mann, der unsere Epoche von Blut und Eisen geschaffen hat.«

Trotzki, *O Lenin*

Inhalt

Vorwort 9

Erster Teil
Von Uljanow zu Lenin (1870–1900)

I Die Schule des Lebens 15
II Rußland im Strudel des Wandels 32
III Die Ursprünge des Bolschewismus 54

Zweiter Teil
Der Berufsrevolutionär (1900–1914)

IV Die Einheit: Eine Partei, ein Programm, ein Chef 75
V 1905 – Die Feuerprobe 105
VI Die Durchquerung der Wüste 1905–1914 134

Dritter Teil
Die Revolution um jeden Preis (1914–1917)

VII Die russische Niederlage zum Wohle der Revolution 169
VIII Alle Macht den Räten (Februar–Oktober 1917) 191
IX Alle Macht den Bolschewiki 233

Vierter Teil
Das Ende des Traumes (1917–1924)

X Vom Untergang des Staates zum Staat der Revolution 263
XI Die Macht um jeden Preis behaupten 302

XII Weltrevolution? Revolution in einem einzigen Land? 344
XIII Nach der Selbstbestimmung – Der wiederhergestellte Staat 385
XIV »Ein Schritt vor, zwei Schritte zurück…« 426
XV Der geistige Verfall eines politischen Genies 462

Schlußfolgerung 485

Anmerkungen 499
Bibliograpische Auswahl 517
Zeittafel 523
Glossar 527
Namenregister 528
Sachregister 535

Vorwort

Im Januar 1924 nahm eine unüberschaubare Menschenmenge Abschied vom Gründervater der UDSSR. »Lenins Grab ist die Wiege der Revolution«, verkündeten Tausende von Spruchbändern. Achtundsechzig Jahre später, im Januar 1992, hatte die Sowjetunion aufgehört zu existieren, waren der Kommunismus und die Revolution in Verruf geraten. Die Standbilder der kommunistischen Führer lagen demontiert in Parks – armselige Zeugnisse einer vergangenen, ruhmreichen Epoche. Nur das Mausoleum auf dem Roten Platz vor dem Kreml, die »Wiege der Revolution«, beherbergte noch immer den einbalsamierten Leichnam Lenins. Ein Dreivierteljahrhundert lang waren Menschenmassen ehrfürchtig an ihm vorüberdefiliert – an der »Revolutionsreliquie«, wie Stalin sie nannte. Inzwischen hat der Andrang nachgelassen, aber die Erinnerung an den »geliebten Parteiführer« *(Wojd)* ist aus den Köpfen nicht ganz verschwunden.

Ein seltsames Schicksal, das Lenin nach seinem Tod erfuhr! Nur wenige Jahre hatte er die Herrschaft innegehabt – von Ende 1917 bis Anfang 1923. Dann hinderte ihn die Krankheit an der Ausübung der Macht. Ein Jahr später starb er. Sein Tod hinterließ eine so große Lücke, daß die Bolschewiki erschüttert beschlossen, den Toten zu konservieren und ihn in ihrer Mitte zu behalten – gegen russische Tradition, gegen den Willen der Witwe und wohl auch gegen den des Verstorbenen. Der einbalsamierte Leichnam wurde in einem Glassarg den Blicken von Revolutionspilgern dargeboten und genoß geradezu religiöse Verehrung. Die Partei rechtfertigte ihre Entscheidung damit, man habe einem Bedürfnis der Arbeiterklasse entsprochen: »Wenn wir an der Revolution zweifeln oder kurz davor stehen, einen Irrtum zu begehen, werden wir nur Lenin betrachten müssen. Er bringt uns auf den rechten Weg zurück.«[1] Hinter der

Konservierung des Leichnams steckte ein klares Ziel: das Erbe Lenins – und den von Stalin gleich nach dessen Tod kreierten Leninismus[2] – vor dem Vergessen zu bewahren. Dazu mußte der Parteiführer dem Schicksal des gewöhnlichen Sterblichen entgehen. Sein Tod durfte nur äußerer Anschein sein. »Lenin lebt«, lautete die Parole in den Jahren nach seinem Tod. Und das Mausoleum bestätigte diese Beschwörungsformel.

In den kommenden Jahren und Jahrzehnten sollte der tote Lenin ein noch merkwürdigeres Schicksal erfahren. Das 20. Jahrhundert brachte zahlreiche charismatische Staats- und Regierungschefs hervor, die sich im Namen des Kommunismus (Stalin, Mao, Ho Chi Minh ...) oder gegen ihn (Hitler, Salazar ...) als Retter ihres Volkes präsentierten. Alle stürzten vom Sockel, kaum daß der Tod sie zum Schweigen verurteilte. Selbst diejenigen, die wie Mao durch ein Mausoleum vor dieser »Hölle« der Politiker bewahrt wurden, mußten sich eine unerbittliche Infragestellung ihrer Verdienste und ihres Lebenswerkes gefallen lassen. Stalin, der das Mausoleum mit Lenin einige Jahre – von 1953 bis 1961 – teilte, wurde aus ihm verbannt, als er den Status des »größten Mannes aller Zeiten« verlor und den eines »Verbrechers« zugewiesen bekam. Nur Lenin blieb der Schiffbruch erspart, den große Männer nach dem Tod nur allzuoft erleiden. Er umschiffte alle Klippen: 1956, als Stalin postum der Prozeß gemacht wurde. Anfang der siebziger Jahre, als die Veröffentlichung des »Archipel GULag« das wahre – totalitaristische – Antlitz der UDSSR zeigte und damit eine Woge der Anklagen auslöste. Und auch nach 1985, als in der UDSSR und überall in der kommunistischen Welt ein Gespenst umging: das des Endes der Revolutionsära – und damit des Untergangs der kommunistischen Systeme. Nur Lenin in seinem Mausoleum blieb diese Revision erspart – bis 1992. Und noch heute übt er auf manche seiner Landsleute eine Faszination aus, die sich auf verschiedene Weise äußert: in einer unerschütterlichen Loyalität gegenüber der von ihm gegründeten Partei oder in skurrilen Treuebekundungen. So wurde 1992 eine christlich-leninistische Partei[3] gegründet, die die Russen zur Sammlung um Lenin aufruft, um das Wort Christi zu vernehmen! Ihr Slogan: »Wir sind Leninisten, Träger der Gedanken Christi!«, spiegelt einen bizarren Synkretismus wider. Er zeugt ebensosehr von der Orientierungslosigkeit nach dem Zusammenbruch des Kommunismus wie von der Zählebigkeit des Mythos Lenin.

Für dieses besondere Schicksal, das Lenin postum zuteil wurde, gibt es verschiedene Erklärungen. Zunächst war er, anders als andere Diktatoren, nicht der einsame Staatsmann, dessen Ruhm auf Charisma und der Macht eines Augenblicks beruhte. Lenin ist vielmehr Teil einer dauerhaften Geistesströmung: der der Utopien. Und er gehört einer von einem Mythos umwobenen Triade an: Marx, Engels, Lenin (Stalin, eine Zeitlang das vierte Glied, wurde als Betrüger gebrandmarkt). Die Gründerväter des Marxismus entgingen den Anklagen gegen die späteren Kommunisten nur deshalb, weil sie die Umsetzung ihrer Gedanken nicht mehr miterlebten. Ihre Autorität hat Lenins Ansehen dauerhaft vor Beschädigungen geschützt. Profitiert hat Lenin aber auch davon, daß er aus der Utopie als erster ein irdisches politisches System geschmiedet hat. Mit einer Kritik an Lenin hätten die kommunistischen Staaten sich selbst die Legitimation entzogen. Sie gründete sich auf den später idealisierten Lenin und seine Lehren, die nach seinem Tod zur Ideologie des Leninismus verarbeitet wurden. Dieser genoß höchste Autorität und galt als Inbegriff der Wahrheit. Der Leninismus bildete die Lebensgrundlage der kommunistischen Systeme. Auf seiner Basis durfte Stalin kritisiert und ganze Bereiche seines Wirkens zugunsten einer »Rückkehr zu Lenin« verurteilt werden.

Mit dem Zusammenbruch des Kommunismus, der Beendigung des Kampfes hat das Idol seine Daseinsberechtigung verloren. Die UDSSR ist nur noch ein Stück Geschichte. Jetzt gehört Lenin denen, die sich mit ihm jenseits ideologischer Forderungen und Imperative befassen, seine Verdienste bewerten und die historischen Ereignisse richtig einordnen wollen. Heute kann man sich den Fragen unbefangen nähern: Wer war dieser Mann? Ein Verbrecher, verantwortlich für eine der schrecklichsten Tragödien des Jahrhunderts? Oder das Opfer historischer Umstände, das eines Tages rehabilitiert werden wird? Welche Rolle spielt seine Persönlichkeit in der Politik eines Landes, die mit seiner Person fast untrennbar verknüpft ist? Welche Bedeutung hatten die politischen Verhältnisse für seine Entscheidungen und im Hinblick auf deren Folgen – die Rückständigkeit Rußlands, die spätere Revolution außerhalb Rußlands? Ist Lenin die Symbolgestalt eines Jahrhunderts der Menschenverachtung? Oder ist er ein Visionär, der – vielleicht allzufrüh – den Weg in eine friedliche und menschenfreundlichere Zukunft wies?

Dieses Buch möchte einen Beitrag dazu leisten, daß die Betrachtung Lenins von den Fesseln der ideologischen Leidenschaften befreit wird. Dann kann er vorurteilslos vor dem historischen Hintergrund des 20. Jahrhunderts betrachtet werden, das sein Denken und seine Willenskraft, ob man will oder nicht, maßgeblich mit geprägt haben.

Erster Teil

Von Uljanow zu Lenin (1870 – 1900)

I Die Schule des Lebens

Wie wird man zum »Helden der Revolution«? Noch dazu der »proletarischen Revolution«? Des »Aufstands der Elenden«? Muß man aus den Reihen des Proletariats stammen? Dessen Not und Mühsal am eigenen Leib verspürt haben? Eine positive Antwort auf diese Fragen gibt das Denkmal, das man dem Revolutionshelden nach Eroberung und Konsolidierung der Macht errichtet hat. Denn Lenins Lehrjahre als Revolutionär wurden mit einer Überfülle an Details geschildert, die alle die eine Legende nähren: Wladimir Uljanow sei von Anfang an zum Revolutionär und zum Begründer einer neuen Welt berufen gewesen.

»Wladimir Iljitsch Lenin (Uljanow) wurde am 10. April 1870 in Simbirsk geboren. Er wuchs in einer intakten Familie auf, wo man neue Ideen und Arbeit schätzte. Neben dem Einfluß von Vater und Mutter wirkte der des Bruders Alexander Iljitsch sehr fruchtbar. Innig geliebt, diente er Wladimir als Vorbild. Sein glühender Idealismus, seine Willensstärke, seine Selbstbeherrschung, sein Gerechtigkeitssinn und ganz allgemein seine hohen moralischen Qualitäten zeichneten Alexander Iljitsch schon in der Kindheit aus – ebenso seine große Begabung für die Arbeit, ein besonders nützliches Beispiel für Wladimir Iljitsch. Bis zu Alexanders Übersiedlung nach Petersburg schliefen sie in nebeneinander liegenden Zimmern. Und auch später noch – in den Sommerferien – konnte Wladimir Iljitsch sich über die Interessen des Bruders, über seinen Lesestoff, auf dem laufenden halten. In den beiden letzten Jahren brachte Alexander Iljitsch im Sommer Bücher mit nach Hause: Ökonomie, Geschichte, Soziologie – und *Das Kapital* von Karl Marx. Die Hinrichtung des lieben Bruders erschütterte Wladimir Iljitsch zutiefst. Sie lenkte sein Leben in die Bahnen der Revolution.«

So beginnt die Biographie Lenins, die seine Schwester und enge Mitarbeiterin Anna Uljanowa-Jelisarowa nach dessen Tod verfaßte – für die berühmte Enzyklopädie *Granat*, die anläßlich des zehnten Jahrestages der Oktoberrevolution mit fast zweihundert Viten von Führungsfiguren erschien.[1] Dieser Lesestoff nährte eine Legende, die ein Dreivierteljahrhundert lang allen Kindern der Sowjetunion eingeimpft wurde. Die beliebteste Version betont seine bescheidene Herkunft und seine einfachen Lebensverhältnisse. Lenin sei in ein entrechtetes Volk unter der Knute der Zaren hineingeboren worden. Wie viele seiner Landsleute stamme er aus dem untersten Stand, dem der Leibeigenen. Früh schon hätten wirtschaftliche Schwierigkeiten seiner – wenn auch liebevollen – Familie ihn und seine Geschwister dazu gebracht, sich mit den Ungerechtigkeiten der Welt auseinanderzusetzen und diese abzulehnen.

Eine privilegierte Kindheit

Legende und Wirklichkeit klaffen auseinander. Lenin wird im April 1870 als drittes von acht Kindern – zwei sterben früh – in Simbirsk geboren. Zur Zeit seiner Geburt durchlebt Rußland eine eher glückliche Ära. 1861 hat der Zar-Befreier Alexander II. die Leibeigenschaft aufgehoben. Einschneidende Reformen folgen. Die Hoffnung auf eine politische Modernisierung bewegt die Gemüter. Extremisten sehen dies freilich anders und setzen statt auf Reformen auf Umsturz. Der Zar-Befreier wird von Terroristen aufs Korn genommen. Nach einer langen Serie mißglückter Attentate erreichen sie 1881 schließlich ihr Ziel.

Wladimir Uljanow bekommt in seiner Kindheit vom Terrorismus nichts mit. Seine Geburtsstadt, in der er zur Schule geht und heranwächst, ist dem Familienleben eher förderlich und bietet Möglichkeiten für eine gute Schulbildung. Simbirsk ist eine typische Provinzstadt Rußlands. Allerdings ist sie wie andere Orte stetig angewachsen – von zehntausend Einwohnern 1800 auf dreiundvierzigtausend im Jahr 1870. Es ist eine Periode der raschen Verstädterung. Um die Jahrhundertwende gibt es neunzehn Ballungszentren mit mehr als hunderttausend Einwohnern. Simbirsk an der Wolga ist dagegen noch eher beschaulich mit seinen zahlreichen Kirchen und Klöstern in weitläufigen Parkanlagen. In der Stadt mischen sich Russen, Tataren – sie sind damals noch entlang des ganzen Flusses präsent – und Tschuwaschen. Obwohl orthodoxe Missionare nach dem Zusammenbruch des Khanats Kasan 1552 das Christentum in die eroberten Gebiete brachten, halten die Tataren eisern am Islam fest. Eigene Schulen für die »Fremdstämmigen« zeugen vom Willen der Staatsführung, den Frieden im Vielvölkerreich aufrechtzuerhalten. Für Russen gibt es zwei Gymnasien, eines davon für Mädchen, konfessionelle Schulen, ein orthodoxes Priesterseminar, eine höhere Handelsschule und eine Schule für Hebammen. Allen Bevölkerungsgruppen stehen zwei große Bibliotheken zur Verfügung.

Entgegen der Legende sind die Uljanows weder arm noch proletarischer Herkunft. Der junge Wladimir Iljitsch wächst in einem großzügigen Wohnhaus mit zwei Stockwerken auf, ein Zeichen für Wohlstand. Mehrere Diener sind angestellt – damals Standard für einen Familienvater, der zunächst Mathematiklehrer gewesen und dann zum Volksschulinspektor im Gouvernement Simbirsk – ein beneidenswerter Posten – aufgestiegen ist. Dieser Vater, Ilja Nikolajewitsch Uljanow, wird später zum Ausgangspunkt der Legende von der Abstammung Lenins von Leibeigenen. Sein Großvater Wassili Uljanow war nämlich tatsächlich Leibeigener gewesen, hatte aber lange vor den Reformen von 1861 die Freiheit erhalten. Die Zaren Alexander I. (1801–1825) und Nikolaus I. (1825–1855) hatten sich intensiv darum bemüht, Rußland den Anschein eines zivilisierten Staates zu geben. Die Leibeigenschaft paßte hier nicht ins Bild. Sie wagten zwar nicht deren Abschaffung, förderten aber die individuelle Befreiung. Daraus erklärt sich, daß der Anteil der Leibeigenen an der Gesamtbevölkerung von 50 Prozent am Ende des 18. Jahrhunderts auf 37 Prozent im Jahr 1858 gesunken war. Schon vor ihrer Abschaffung per Gesetz war die Leibeigenschaft also in der Gesellschaft auf Ablehnung gestoßen. Wassili Uljanow profitierte davon, siedelte in die Stadt über und schuf die Voraussetzungen für einen weiteren Aufstieg seiner Nachkommen. Sein Sohn Nikolai Wassiljewitsch war Schneider in Astrachan. Sein Enkel Ilja Nikolajewitsch, Lenins Vater, studierte Mathematik an der Universität von Kasan und wurde, wie erwähnt, Volksschulinspektor im Gouvernement Simbirsk und später Staatsrat. Diese zweite Position war mit einer Erhebung in den Erbadelsstand verbunden. Dieser fulminante Aufstieg der Familie von der untersten Schicht zu hochdekorierten Adeligen hatte sich in nur drei Generationen vollzogen.

Ilja Nikolajewitsch verkörperte wie kaum ein anderer den auffälligsten Zug des russischen Reichs, in dem die unterschiedlichsten Kulturen und Völker verschmolzen! Ilja Uljanow war Russe, aber seine Mutter war Kalmückin, also mongolischer Abstammung. Diese Großmutter des späteren Lenin war in Astrachan verheiratet, der Heimat der einst buddhistischen Kalmücken, die nach der Einschränkung ihrer Autonomie durch Katharina II. in Rußland geblieben waren. Wie sein Vater verdankt auch Lenin ihr seinen asiatischen Einschlag, vor allem die Schlitzaugen. Daß dieses Erbe dem gesellschaftlichen Aufstieg nicht hinderlich war, zeigt die Erhebung des Vaters in den Adelsstand.

Noch komplizierter wird Lenins Stammbaum durch Iljas Heirat mit Maria Alexandrowna Blank. Lenins Großvater mütterlicherseits, Alexander Dimitrijewitsch Blank, stammte aus Schitomir und war Sohn eines jüdischen Kaufmanns und einer Schwedin. Mit seinem Übertritt zum russisch-orthodoxen Glauben hatte er sich wichtige Türen geöffnet: die zur medizinischen Fakultät und zur höheren Verwaltung. Der Polizeiarzt und spätere Abteilungsarzt eines Krankenhauses wurde 1847 schließlich ebenfalls zum Erbadeligen. Sein Landgut Kokuschkino sollte Lenins Mutter und ihren Kindern in schwierigen Zeiten als Einnahmequelle und Rückzugsort dienen. Im Zarenreich durften Juden grundsätzlich weder öffentliche Ämter bekleiden noch Land besitzen. Der eindrucksvolle Aufstieg bestätigt folglich die These des großen russischen Historikers Leonard Schapiro: Die Juden seien von der russischen Obrigkeit nur diskriminiert worden, solange sie sich als Juden definierten. Der Übertritt zum orthodoxen Glauben habe ihnen faktisch die Gleichstellung gebracht.

Ins schwedische Blut Alexander Blanks mischte sich das deutsche seiner Frau Anna Groschopf. Anna, Tochter reicher Grundbesitzer, war eine überzeugte Lutheranerin. Ihre Tochter heiratete dann Ilja Uljanow und brachte den späteren Lenin zur Welt.

Dieser komplizierte Stammbaum hat Besonderheiten: die für das russische Reich so typische nationale und religiöse Vielfalt. In Lenins Adern mischt sich russisches, kalmückisches, deutsches und schwedisches Blut. Er ist Erbe unterschiedlicher religiöser und kultureller Traditionen: des russisch-orthodoxen Glaubens, des Judentums, des Protestantismus und indirekt – über die kalmückischen Vorfahren – auch des Buddhismus. Dieses reiche und gegensätzliche Erbe entfaltet sich in einer besonders kultivierten Familie. Lenins Mutter ist eine gute Klavierspielerin und spricht drei Sprachen: Russisch, Französisch und Deutsch. Der Vater ist sehr gebildet, verfügt wie der Großvater über einen Hochschulabschluß. Die Familien beider Elternteile sind wohlhabend und Inhaber hoher Posten. Die Blanks verfügen zudem über ein Landgut mit Bauern (vor 1861 mit Leibeigenen), das als Erwerbsquelle dient. Schließlich gehören beide Familienzweige dem Adelsstand an, auf den sich sogar Wladimir Uljanow später manchmal berufen wird: Im April 1891 veranlaßt er die Aufnahme seiner Mutter ins Adelsregister von Simbirsk und unterschreibt von da an zuweilen mit: »Wladimir Uljanow, Erbadeliger«.

In dieser scheinbar festgefügten Welt, wo der gesellschaftliche und materielle Status den Platz des einzelnen bestimmt, genießen die Kinder Uljanow eine privilegierte Stellung. Im Gymnasium in Simbirsk profitieren sie vom Ansehen des Vaters. Im Elternhaus herrscht Harmonie: Die Mutter ist fürsorglich, der Vater nachsichtig. Ilja Uljanow ist offen für eine liberale Erziehung und trägt so zur seelisch-geistigen Entfaltung seiner Kinder bei. Von allen Geschwistern steht Wladimir Olga von Anfang an am nächsten. Das Mädchen ist ein Jahr jünger als Wladimir und wird bereits mit zwanzig Jahren sterben. Die stärkste Bedrohung für den familiären Frieden geht wohl von dem vier Jahre älteren Alexander aus: Er interessiert sich für die politischen Probleme des Landes und wird so zum schwarzen Schaf einer Familie, die bisher in konservativer Behaglichkeit verharrte. Erwartet man anderes von einem hohen Beamten und seinen Angehörigen in einer Zeit, in der das russische Reich durch Reformen eine reale Modernisierung erfährt?

Im diesem friedvollen familiären Klima besucht der junge Wolodja, so Wladimirs Kosename, mit glänzendem Erfolg die höhere Schule. Der Rektor des Gymnasiums hat eine ähnliche Laufbahn hinter sich wie Vater Uljanow. Er heißt Fjodor Kerenski und wird später Volksschulinspektor in Turkestan werden –

der gleiche Posten, den Uljanow zuvor in Simbirsk innegehabt hatte. Ironie des Schicksals: Die Parallelen in den Karrieren der Väter spiegeln sich später im Werdegang der Söhne wider: Wladimir Uljanow wird nach kurzer Tätigkeit als Anwalt zum Revolutionär und dann zum Führer der Oktoberrevolution werden. Alexander Fjodorowitsch Kerenski, ebenfalls Anwalt, aber sehr renommiert und ein brillanter Redner, bildet eine der Galionsfiguren der Februarrevolution.

Das Ende der glücklichen Tage

Bevor die beiden auf der politischen Bühne in den Vordergrund treten, wird Wolodja Uljanows Leben durch zwei Ereignisse gestört und in unvorhergesehene Bahnen gelenkt.

Anfang 1886 – Wolodja ist soeben sechzehn Jahre alt geworden – erliegt sein Vater ganz unerwartet mit fünfundfünfzig Jahren einer Gehirnblutung. Der Todesfall wirkt sich auf die Familie unmittelbar aus. Um weiter die Ausbildung der Kinder bezahlen zu können, muß Maria Alexandrowna eine Pension beantragen. Sie kann zudem auf die Einkünfte aus dem vom Vater geerbten Landgut zurückgreifen. Allerdings profitiert die Familie nun nicht mehr vom Ansehen Ilja Uljanows.

Tragischer noch sind die Folgen der Hinrichtung Alexander Uljanows, des rebellischen ältesten Bruders. Alexander ist um diese Zeit zwanzig Jahre alt, hat eben den Vater verloren und geht sehr erfolgreich an der Universität von Sankt Petersburg einem naturwissenschaftlichen Studium nach. 1886 durchläuft Rußland eine seltsame Periode. Alexander III., seit 1881 Nachfolger Alexanders II., wird ganz vom Gedanken an das Attentat auf seinen Vater beherrscht. Da Reformen den Terrorismus nicht beseitigen konnten, hält er es für seine heilige Pflicht, diesen mit äußerster Härte zu bekämpfen. Der Oberprokurator des Heiligen Synod, Konstantin Pobedonoszew, hatte ihm am Tag nach dem Mordanschlag geschrieben: »Die Stunde ist furchtbar, aber wir haben keine Zeit zu verlieren. Jetzt muß Rußland gerettet werden. Wenn man Ihnen noch immer Sirenengesänge vorsingt und behauptet, Sie müßten sich beruhigen, im gleichen liberalen Geist fortfahren und der sogenannten öffentlichen

Meinung Zugeständnisse machen, dann glauben Sie das nicht. Das wäre der Untergang Rußlands und der Ihre.«[2] Zur Repression ermutigt, verfolgt Alexander III. alle revolutionären Organisationen. Sie sollen zerschlagen und sämtliche Terroristen hingerichtet werden. Die Politik der Unterdrückung kann die Bewegung freilich nicht aufhalten. Die Serie der Attentate reißt nicht ab. Die revolutionären Organisationen erfreuen sich regen Zulaufs. Eine davon ist später für die Tragödie verantwortlich, die das Leben der Familie Uljanow für immer überschatten wird. Alexander pflegt in Sankt Petersburg Umgang mit dem jungen Adligen Pjotr Schewirjow, dem Begründer einer terroristischen Sektion der *Narodnaja Wolja** (Freiheit des Volkes). Sie ist unter den Studenten in der Hauptstadt besonders aktiv. 1887 bereitet die Gruppe einen Mordanschlag auf den Zaren vor. Das Datum wird auf den 1. März 1887 gelegt – in Erinnerung an das geglückte Attentat auf Zar Alexander II. Alexander Uljanow, der zu dieser Zeit an seiner Diplomarbeit über »Meeresspinnen« schreibt, ist ein Mitverfasser der begeisterten Aufrufe zur Gewalt. Die Polizei deckt die Verschwörung auf und verhaftet die wichtigsten Komplizen. Ein von Alexander verfaßtes Programm verlangt die Verstaatlichung des Bodens und der Produktionsmittel sowie die Einführung der Demokratie. Der Kommentar des Zaren: »Das ist ganz einfach die Kommune von Paris.«[3]

Fünfzehn Angeklagte werden dem Sondertribunal des Senats überstellt. Alle werden zum Tod verurteilt, zehn allerdings begnadigt. Alexander Uljanow ist nicht dabei: Er hat sich während des Prozesses nachdrücklich zu seiner Verantwortung bekannt und sogar die Schuld von Mitverschworenen auf sich genommen. Er denkt nicht daran, Reue zu bekunden und ein Gnadengesuch einzureichen. Vergeblich setzt seine Mutter sich in Petersburg ein, bettelt um Milde und führt die Verdienste ihres Mannes für das Zarenreich ins Feld. Der Zar lehnt eine Begnadigung des unbeugsamen Sohnes ab. Alexander Uljanow und einige Mitverurteilte, darunter Schewirjow, die treibende Kraft der Organisation, werden am 11. Mai 1887 gehenkt.

Wie beeinflußte die Tragödie den späteren Lenin? Die Antwort ist schwierig. Der sowjetischen Legende zufolge gibt es

* *Wolja* kann mit »Wille« oder »Freiheit« übersetzt werden.

eine enge Beziehung zwischen Alexanders Hinrichtung und Wladimirs revolutionärer Berufung. Befaßt man sich allerdings näher mit den Aktivitäten des jüngeren Uljanow in diesen schrecklichen Monaten, so fällt eines auf: Er bereitet sich ehrgeizig auf seine Prüfungen vor und besteht sie mit Auszeichnung. Daraufhin beginnt er an der Universität von Kasan das Studium der Rechtswissenschaften. Dabei profitiert er von der – inzwischen notwendig gewordenen – Protektion Fjodor Kerenskis, des ehemaligen Rektors am Gymnasium in Simbirsk: Als Bruder des Verschwörers muß Wladimir Nachteile durch die Behörden befürchten.

Wladimir Uljanows Haltung wirkt zunächst etwas unentschlossen. Am politischen Leben zeigt er kein ausgesprochenes Interesse. Erst nach und nach gerät er in den Bann der aufgeheizten Atmosphäre an der Universität. Trotz Verbots gehen die Demonstrationen weiter. Die Studenten sind das Sprachrohr einer Jugend, die zum großen Teil vom Studium ausgeschlossen ist – wegen drastischer Zulassungsbeschränkungen und wegen der diskriminierenden Gesetze gegen die Juden.

In der Universitätsstadt Kasan ist die Stimmung so hitzig wie in Sankt Petersburg. Mäßig begeistert, eher neugierig und im allgemeinen Strom mitschwimmend, geht Wladimir Uljanow zu behördlich verbotenen Studentenversammlungen und Diskussionen. Da er an ihnen eher sporadisch und passiv teilnimmt, sind die anschließenden Sanktionen gegen ihn unangemessen und vor allem durch seinen Bruder Alexander motiviert. Um ein Exempel zu statuieren, kommt ein Uljanow gerade recht. Ist er nicht von vornherein verdächtig? Trotz der intensiven Fürsprache Kerenskis wird Wladimir im Dezember 1887 aus der Universität ausgeschlossen. Er muß Kasan verlassen und sich auf das Landgut seiner Familie begeben. Seine Mutter, die einige Monate zuvor nach Sankt Petersburg gereist ist und um das Leben ihres Ältesten gebettelt hat, tritt die Fahrt ein zweites Mal an – diesmal, um Wolodjas Studium zu retten. Jetzt hat sie es nicht mit dem Zaren, sondern dem Polizeiminister Durnowo zu tun. Der macht keinen Hehl daraus, daß der Bruder eines Terroristen für ihn ein Sicherheitsrisiko ist. Daß Wladimir Uljanow sich politisch bislang unauffällig verhalten hat, ändert daran nichts. Allein der Name rechtfertigt die Verurteilung.

Der »Bruder des Gehenkten«

Von der Universität gejagt, verbringt Wladimir Uljanow ohne Kontakt zu Kommilitonen einen Zwangsaufenthalt auf dem Land. Für ihn gibt es nur zwei Möglichkeiten, dieses Exil auszufüllen und sich eine Zukunft zu schaffen: sich selbständig auf die Prüfungen an der juristischen Fakultät vorzubereiten und, vor allem, zu lesen. Was liest der Bruder eines politischen Märtyrers? Vor allem, wenn er selbst verdächtigt wird, fortschrittliche Gedanken zu hegen? Wenn er an der Universität gespürt hat, wie hoch die sozialistischen oder anarchistischen Gedanken dort im Kurs stehen? Selbstverständlich wendet Wladimir sich eben dieser Art Lesestoff zu. Als mutmaßlicher Sympathisant revolutionärer Ideen will er schließlich wissen, was es damit auf sich hat. Marx, die russische Gesellschaftsliteratur und vor allem Tschernyschewski, zu dem er sich später als seinem geistigen Vater bekennen wird – dies alles dient ihm dazu, sich über sich selbst und über die Vorgänge in Rußland Klarheit zu verschaffen. Wohl zu dieser Zeit schiebt sich die Erinnerung an Alexander in den Vordergund. Er fühlt sich als der »Bruder des Gehenkten«.

Die konsequente Lektüre dieser in den Augen der Regierung »teuflischen« Autoren hindert Wladimir freilich nicht an der Verwirklichung seiner ursprünglichen Pläne: den Studienabschluß zu erlangen und Rechtsanwalt zu werden. Er erreicht das Ziel 1892 an der Universität Sankt Petersburg, eine glanzvolle Leistung für einen externen Kandidaten. Wladimir wird anschließend Referendar in Samara und erhält dort seine Zulassung.

Seine Laufbahn als Anwalt verdient wenig Beachtung. Er vertritt in dieser kurzen Zeit keinen Fall konsequent bis zum Ende. Streitigkeiten zwischen Gutsbesitzern um Grundstücksgrenzen und eigene finanzielle Angelegenheiten, darauf beschränkt sich seine gesamte Aktivität. Nur zu dieser Zeit in seinem Leben hätte Lenin auf geregelte Verhältnisse hoffen können. Die jedoch sollte er niemals ernsthaft anstreben.

Im übrigen interessiert sich die Polizei nicht mehr so sehr für ihn. Nach den harten Jahren der Repression, der großen Katastrophen – der Hungersnot von 1891 und der Cholera von 1892 – und der unvermeidlichen Unruhen kehrt in Rußland wieder ein gewisser Frieden ein. Die Daumenschrauben werden gelockert. In der Atmosphäre einer zu Ende gehenden Ära – Alexander III. stirbt 1894 – entsteht daraufhin in den großen Städten und unter den Nationalitäten eine sehr locker organisierte Protestbewegung. Wladimir Uljanow nutzt die Gunst der Stunde, verläßt im September 1893 Samara und siedelt nach Sankt Petersburg über. Dort arbeitet er kurzzeitig in der Kanzlei des Rechtsanwalts Wolkenstein.

Die Entdeckung der Arbeiterklasse

Die beiden Jahre in Sankt Petersburg (September 1893 bis Dezember 1895) sind die einzige Zeit, in der der junge Uljanow – freilich bescheidene – Kontakte zur Arbeiterklasse unterhält. Wie seine Schwester in ihrer oben erwähnten Biographie versichert, dient ihm der Anwaltsberuf in diesen Jahren als wirklicher Broterwerb – was allerdings zu bezweifeln ist. Wichtig ist die Begegnung mit einem jungen Mädchen: mit Nadeshda Krupskaja, einer politisch engagierten Frau, ja einer Revolutionärin. Sie wird später Wladimirs treue Mitarbeiterin und Ehefrau.

Diese unscheinbare, eher unattraktive junge Frau ist eine begeisterte Verfechterin fortschrittlicher Gedanken. Sie ist einige Monate älter als Wladimir. Wie er ist sie über beide Elternteile adliger Herkunft. Nach Lenins Tod hebt sie dies in ihrer Autobiographie für die Enzyklopädie *Granat* erstaunlicherweise sogar hervor. Sie sei adlig, aber von armer Herkunft, schreibt sie da: Ihre Eltern, beide Waisen, seien »auf Staatskosten« erzogen worden und hätten so höhere Schulabschlüsse erwerben können. Der Vater, ein Berufsoffizier, war wegen subversiver Umtriebe angeklagt, verurteilt, degradiert und unehrenhaft aus der Armee entlassen worden und kurz darauf 1883 gestorben; Nadeshda war damals gerade vierzehn Jahre alt. Seine Witwe, eine charakterstarke Frau, gab der Tochter eine Ausbildung und sicherte ihren Lebensunterhalt mit Privatstunden und der Vermietung von Studentenzimmern. Nadeshda schloß das Gymnasium glänzend ab, »mit einer Goldmedaille«, wie sie schreibt. Eine Zeitlang interessiert sie sich für die Gedanken Tolstois, die damals en vogue sind. Dann wendet sie sich der Arbeiterklasse zu, der sie in den folgenden vier Jahren – von 1891 bis 1895 – einen bedeutenden Teil ihrer Zeit widmet. Abends und sonntags gibt sie bedürftigen Erwachsenen und Kindern Unterricht. Obwohl auch politisch motiviert, ist diese Tätigkeit Nadeshda Krupskajas durchaus nichts Besonderes. Am Ende des 19. Jahrhunderts sehen es viele junge Leute, vor allem adlige Frauen, als ihre Pflicht an, zur Anhebung des allgemeinen Bildungsniveaus beizutragen. Bemühungen ums einfache Volk gab es schon zwanzig Jahre zuvor, allerdings hatte die Bewegung von damals die Bauernschaft im Auge gehabt.

In den Jahren der raschen Industrialisierung gewinnt das Proletariat zusehends an Bedeutung. Eine idealistische Jugend beginnt sich für diese Klasse zu begeistern. Als Nadeshda Krupskaja in Wladimirs Leben tritt, ist sie seit zwei Jahren unter den Arbeitern aktiv. Sie hilft dem jungen Uljanow bei der Kontaktaufnahme in diesem völlig fremden Milieu. »In dieser Zeit«, so versichert sie, »wurde ich Marxistin.«[4] Diese dahingesagte Behauptung ist schwer nachprüfbar, aber immerhin ist sicher, daß Uljanow und Krupskaja in den kleinen politischen Zirkeln der Hauptstadt – hier verkehren neben Studenten auch renommierte Intellektuelle wie Pjotr B. Struve – zahlreiche Bekanntschaften schließen und sich den Ruf von Sympathisanten der revolutionären Bewegung erwerben. Auch im Hause Krupskaja finden häufig Versammlungen statt – auf Initiative der Mutter oder ihrer studentischen Mieter. Wladimir Uljanow nimmt an ihnen regelmäßig teil.

Ist er auch ein Verehrer? Er begleitet Nadeshda wohl häufig zum Arbeiterunterricht. Sie gehen gemeinsam zu zahlreichen Abendveranstaltungen, natürlich politischer und nicht gesellschaftlicher Art. Allerdings scheint sie nicht mehr miteinander zu verbinden als solide Freundschaft und das gemeinsame Interesse an der Politik.

Nicht vergessen werden darf, daß Wladimir Uljanow seit der Kindheit von Frauen umsorgt worden ist, die ihn von allen materiellen Schwierigkeiten befreiten. Seine Mutter und seine Schwestern bescherten ihm ein sorgloses Leben. Wird es der Vierundzwanzigjährige nun nicht zu schätzen wissen, daß er in Sankt Petersburg in ein Haus aufgenommen wird, wo er sozusagen gewohnte Verhältnisse vorfindet: eine Mutter, die der Tochter ein behütetes Leben beschert? Erst der Tod wird diese beiden Frauen voneinander trennen. Jelisaweta Krupskaja wird ihrer Tochter überallhin folgen und ihr Leben teilen. Zudem findet Wladimir in der Persönlichkeit Nadeshdas – sie ist so wißbegierig und aktiv wie er selbst – gewisse Züge seiner Schwestern wieder: die seiner inzwischen verstorbenen Lieblingsschwester Olga und auch die von Anna. Anna wird sich dem Kreis der Frauen in seiner ständigen Umgebung später anschließen. Trotz der häufigen Besuche bei Nadeshda tritt Wladimir nicht erkennbar als Heiratsbewerber in Erscheinung. Noch ahnt niemand, daß beide ihren Lebensweg gemeinsam gehen werden.

Einstweilen kümmern sich beide verstärkt um die Ideen der Linken. Gefördert wird ihr Interesse durch die politische Situation in Rußland. 1894 ist Zar Alexander III. abgelöst worden von einem jungen Nachfolger, der noch nicht so recht einzuschätzen ist. Immerhin zeigt er viel guten Willen. Er will das Werk seines Vaters fortsetzen: die Autokratie – seiner Meinung nach das einzig geeignete politische System in Rußland – aufrechterhalten, aber zugleich auch die Liebe seines Volkes gewinnen. Daraus erklärt sich eine Politik, die zwischen Härte und Nachgiebigkeit schwankt. Die Protestbewegung nutzt diese Situation vor allem zur Intensivierung und Ausweitung ihrer Aktivitäten.

Die Begegnung mit den »Gründervätern«

Anfang 1895 verläßt Wladimir Uljanow erstmals Rußland. In der Schweiz trifft er mit den großen historischen Figuren des russischen Marxismus zusammen: Plechanow, Axelrod und Wera Sassulitsch. Der Empfang fällt eher lau aus. Der junge Besucher wirkt auf diese angesehenen Persönlichkeiten nicht gerade anziehend. Er wirkt älter als er ist. Zeitzeugen schätzen den Fünfundzwanzigjährigen ohne weiteres auf fast vierzig. Klein und schmächtig, hat er bereits eine Stirnglatze, das Resthaar ist schütter, der rote Bart graumeliert – dies alles betont seinen asiatischen Einschlag, das Erbe der kalmückischen Großmutter. Auffallend sind die furchteinflößenden Augen mit der undefinierbaren Farbe. Wladimir hat einen forschenden, durchdringenden Blick, einen »Wolfsblick«, wie manche meinen. Diesem

Äußeren verdankt er bald zwei Spitznamen: »der Alte« und »der Glatzkopf«.

Die reservierte Haltung der alten Garde hat nicht nur mit dem Aussehen des jungen Uljanow zu tun. Er stößt zudem auf ein gewisses Unverständnis: Unter dem Pseudonym »Tulin« hat er vor kurzem Kritik an Struves Buch zur Volkstümlerbewegung geübt. Wladimirs Veröffentlichung sehen die »Gründerväter« als Ausdruck von Engstirnigkeit, als Polemik, der es weniger um eine richtige Einschätzung der russischen Probleme am Ende des Jahrhunderts gehe. Trotzdem ermutigen sie ihn, in Rußland eine politische Zeitung herauszugeben. Der junge Besucher verdankt diesen Zuspruch seinem zügellosen Tatendrang. Eine weitere Zusammenarbeit wird vereinbart. Trotz allem wird zwischen Plechanow und Wladimir eine Kluft spürbar, die in der Folgezeit größer werden wird. Plechanow ahnt hinter dem starken Willen dieses jungen Mannes wohl schon den späteren Zynismus. In den Augen von Wladimir hat dieser feinsinnige Intellektuelle dagegen allzu viele Skrupel.

Die Stippvisite in der Schweiz markiert die Schlußphase des Aufenthalts in Sankt Petersburg. Uljanow engagiert sich jetzt in der revolutionären Bewegung. Er verfaßt zahlreiche Schriften, im wesentlichen Pamphlete gegen die Volkstümler – von ihnen wird noch die Rede sein –, aber auch bestimmte Manifeste, vor allem zum 1. Mai. Gleichzeitig versucht er, die von Plechanow und Axelrod vorgeschlagene Zeitung herauszugeben. Diese *Rabotschaja Gaseta* (Die Arbeiterzeitung) soll illegal erscheinen, und Wladimir Uljanow schreibt sämtliche Artikel selbst. Am 9. Dezember 1895 steht alles für ihr Erscheinen bereit. Dann schlägt die Polizei zu. Uljanow und fast alle Mitarbeiter werden verhaftet, das Material beschlagnahmt. Die Ermittlungen dauern ein Jahr und zwei Monate. Die Untersuchungshaft ist nicht allzu hart: Der Gefangene arbeitet im Gefängnis unermüdlich. Er bestellt Bücher, studiert, liest viel und bereitet auf diese Weise eigene Schriften vor. Wohl heimlich, aber intensiv, hält er Kontakt mit Freunden, vor allem mit Nadeshda Krupskaja. Sie wird 1896 verhaftet – wegen der Teilnahme an den großen Streiks im Mai und Juni, bei denen eine gewaltige Menge von Arbeitern mobilisiert werden konnte. Über verschiedene Briefpartner gibt Wladimir Uljanow kleinere Pamphlete und Instruktionen an verschiedene Gruppen nach draußen – für die Behörden ein Beweis für seine Gefährlichkeit als Revolutionär. Wegen des Materials wird er im Februar 1897 zur Verbannung verurteilt. Für drei Jahre muß Wladimir Uljanow nach Sibirien.

Eine komfortable Verbannung

An dieser Stelle verdienen die später so heftig gescholtenen Praktiken der zaristischen Herrschaft besondere Aufmerksamkeit: Nach einem Gefängnisaufenthalt, der nicht das Geringste mit der Lubjanka der stalinistischen Terrorherrschaft gemein hat – dort hatten die Opfer gewiß keine Gelegenheit, zu lesen, Pamphlete vorzubereiten oder mit der Außenwelt zu kommunizieren –, wird Lenin für drei Tage in Freiheit gesetzt, um »seine Angelegenheiten zu regeln«, wie seine Schwester schreibt. Er darf die Abreise nach Sibirien selbst organisieren. Der als gefährlich eingestufte Mann nutzt die Tage zu Treffen mit Freunden aus der revolutionären Bewegung. Dann reist er ab – unter erstaunlichen Umständen.

Seine Mutter, die sich stets weiter um ihn bemüht hat, verwendet sich erneut bei den Behörden für ihn. Sie macht zwei – sehr überraschende – Eingaben beim Polizeiministerium. Zunächst solle ihr Sohn aus eigenen Mitteln und als freier Mann in die Verbannung reisen dürfen – »ohne Eskorte«, so seine Schwester Anna Uljanowa-Jelisarowa. Ohne Hemmungen verlangt sie für ihren Sohn wegen dessen schwacher Gesundheit einen Aufenthalt in einem milderen Klima, so in der Stadt Krasnojarsk oder in der Gegend südlich des sibirischen Stromes Jenissei. Auch ihr Sohn unterzeichnet diese Eingaben, und sie werden im wesentlichen erfüllt. So reist er auf eigene Kosten – oder vielmehr mit dem Geld der Mutter – mit der Transsibirischen Eisenbahn bequem an den Verbannungsort. Drei Jahre wird er dann in Schuschenskoje im Bezirk Minussinsk zubringen. Die Behörden zeigen weiteres Entgegenkommen: Nach sechs Monaten Gefängnis wird Nadeshda Krupskaja ein Zwangsaufenthalt in Ufa in Baschkirien auferlegt. Sie bittet um Verlegung nach Schuschenskoje. Dort wolle sie ihren Verlobten Wladimir heiraten und bei ihm leben!

Anfang 1898 trifft Nadeshda Krupskaja mit behördlicher Genehmigung bei Wladimir ein – mit ihrer Mutter, die das Leben der Frischvermählten teilen wird. Auf Betreiben der Mutter findet sogar eine kirchliche Trauung statt, nach orthodoxem Ritus, denn beide Brautleute sind als Kinder getauft worden. Der marxistische Antiklerikalismus steht ihnen dabei offenbar nicht im Wege. Sie heiraten ganz nach Brauch.

Die Verbannung von Wladimir Iljitsch und seiner neuen Familie ist insgesamt sehr erträglich. In ihrem Bericht bemüht sich Anna Uljanowa-Jelisarowa spürbar, alle Spuren eines behördlichen Wohlwollens zu tilgen und den Aufenthalt als Zeit der Arbeit und Besinnung darzustellen. Zwangsläufig kommen dabei auch die Annehmlichkeiten im Leben der »Verbannten« zur Zarenzeit zur Sprache: »In Wladimir Iljitschs Dorf lebten nur zwei polnische Arbeiter; in den anderen Dörfern des Bezirks wohnten dagegen Kameraden. Mit ihnen trafen sie sich zu Festen, zu Hochzeiten ...« Im Exil zu leben bedeutete also weder den Verzicht auf eine Eheschließung – wie Lenins Beispiel zeigt – noch beschränkte es die Möglichkeiten, sich mit den Einwohnern umliegender Dörfer zu treffen. Lenin ging oft und begeistert körperlichen Aktivitäten nach: der Jagd, der Angelei und langen Wanderungen durch die unberührte Natur. Zu seiner Beschäftigung gehörten auch geistige Aktivitäten, die seine Schwester später in den Vordergrund rückt: Er übersetzt die *Theorie und Praxis der englischen Gewerkschaftsvereine*, das damals berühmte Werk der Eheleute Webb. Daneben verfaßt er kleinere Schriften, für die er im Gefängnis Material gesammelt hat, und sendet Pamphlete ins Ausland. Trotz deren Veröffentlichung wird der Verbannte, der dem Regime den Kampf angesagt hat, nicht schärfer überwacht. Bei den polemisch-literarischen Texten spielt seine Frau eine beträchtliche Rolle. Sie hilft beim Übersetzen und trägt Material für künftige Arbeiten zusammen. Inzwischen ist sie eine unentbehrliche Mitarbeiterin Lenins, der seine Zeit zwischen Freuden in der Natur und geistiger Arbeit aufteilt. Die Hausarbeiten erledigt zu dieser Zeit Nadeshdas Mutter, die Tochter und Schwiegersohn so den Rücken freihält.

Hervorzuheben sind auch andere Aspekte dieses Lebens: Zunächst einmal sind die Uljanows außer beim Wohnort keinerlei Zwängen unterworfen – sowenig wie andere Verbannte. Mit ihnen treffen sie sich zu vergnüglichen Abenden. Zuweilen verspeisen sie gemeinsam die Jagdbeute. Innerhalb eines beträchtlichen Umkreises können sie sich frei bewegen, Verbannte in der Nachbarschaft besuchen und Jagd- oder Angelpartien organisieren. Gelegenheiten zu Treffs gibt es viele – trotz der Einstufung der Revolutionäre als gefährliche Regimegegner. Sie genießen nach wie vor ein Versammlungsrecht und können unbehelligt unter der einheimischen Bevölkerung agitieren. Der Zwangsaufenthalt bietet so Gelegenheit, Sozialkontakte auszuweiten und die revolutionären Gedanken an die Grenzen des Zarenreichs zu tragen. Die örtlichen Behörden schauen zu. Daß die Regimegegner mit Nachsicht, ja Ehrerbietung behandelt werden, ist durch zahlreiche Zeugnisse belegt. Zwangsarbeit ist unbekannt. Von der Festlegung auf den Wohnort abgesehen, führen sie in Sibirien ein freies Leben, pflegen Umgang, mit wem sie wollen, gehen Freizeitaktivitäten nach und betreiben Agitation. Von der komfortablen Anreise in der Transsibirischen Eisenbahn bis hin zu dieser friedlichen Existenz springt eines immer wieder ins Auge: Der eklatante Unterschied zwischen dem Schicksal der Feinde des Zarismus und der Behandlung von »Volksfeinden« durch das spätere Sowjetregime. Die machthabenden Bolschewiki haben ihre Grausamkeiten, ihre zügellose Gewaltherrschaft, gewiß nicht dem schwachen und vergleichsweise humaneren Zarismus am Ende des 19. Jahrhunderts abgeschaut!

Zu Beginn des 19. Jahrhunderts waren die Lebensbedingungen der Verbannten wahrscheinlich sehr viel härter gewesen. Aber selbst die Frauen der Dekabristen konnten ihren Männern – wenn auch unter unsäglichen Bedingungen – nach Sibirien nachreisen und ihr Leben teilen. Die späteren Verfolgten des Sowjetregimes wurden dagegen – im allgemeinen grundlos, zufällig, nach Deporationsquoten oder nur wegen der Zugehörigkeit zu einer geächteten sozialen oder ethnischen Gruppe (Krimtataren, Tschetschenen, Inguschen, etc.) – aus dem familiären und sozialen Umfeld herausgerissen und isoliert.

Lenins »Verbannung« dauert im übrigen nicht lange. Er verläßt Sibirien im Jahr 1900 als freier Mann. Er darf sich nur nicht in den großen Universitäts- und Industriestädten aufhalten: Die Behörden befürchten, die Ex-Verbannten könnten dort als Agitatoren in Aktion treten und wegen ihres Ansehens besonderen

Zulauf finden. Nach einem Kurzaufenthalt in Moskau bei der Familie läßt Wladimir Uljanow sich in Pskow nieder. Nadeshda, die bei der Freilassung ihres Mannes noch ein Jahr Exil vor sich hat, beschließt eine Rückkehr nach Ufa, wo sie zu den revolutionären Kreisen engen Kontakt gehalten hat. Nachdem die Behörden ihr drei Jahre zuvor die Übersiedlung nach Schuschenskoje ermöglicht haben, erlauben sie ihr jetzt bereitwillig die Rückkehr nach Baschkirien. Die Gründe für diese Eingabe interessiert die Vertreter der Behörden wenig. Fast könnte man meinen, es sei ihnen gleichgültig, daß Nadeshda Krupskaja sich erneut und fast offen revolutionären Aktivitäten zuwendet. In Ufa wird sie bis 1901 bleiben und dann darum bitten, sich im Ausland niederlassen zu dürfen, ein Wunsch, den man ihr ebenfalls erfüllen wird. Bei jedem Umzug nimmt die Verbannte ihren Hausstand mit, das heißt, ihre Mutter und Lebensgefährtin, ihre Bücher und alles für das tagtägliche Leben Notwendige. Obwohl die Verbannung kein goldenes Exil ist, gibt es dort also durchaus auch Annehmlichkeiten.

Mit dem Exil gehen für das Ehepaar Uljanow auch die Lehrjahre des revolutionären Lebens zu Ende. Wie um diesen Einschnitt – beide stehen inzwischen an der Schwelle zu den Dreißigern – deutlich zu machen, nennt Uljanow sich von da an Lenin und unterzeichnet nun ausschließlich mit diesem Namen. Zuvor hatte er seine Schriften nacheinander mit »W. U.« oder den Pseudonymen »Tulin« (in Anspielung auf die Stadt Tula), Petrow und W. Iljin unterzeichnet. Unter seinem neuen Namen wird der Erbadelige Uljanow in die Geschichte eingehen, dem Schicksal seines Landes einen neuen Lauf geben und sogar Weltgeschichte schreiben.

II Rußland im Strudel des Wandels

Das Zarenreich »aller Russen«

Im Jahr 1900 ist Rußland nicht mehr das barbarische und rückständige Land, das Reisende in den Jahrzehnten zuvor immer wieder beschrieben haben. Geblieben sind die grenzenlosen Weiten und die ethnische Vielfalt. Das Staatsgebiet ist unablässig gewachsen, obwohl das russische Alaska unmittelbar vor Lenins Geburt 1867 an die Vereinigten Staaten von Amerika verkauft worden war. Dennoch bleibt ein schier endloses Territorium, das sich über die eurasischen Landmassen erstreckt und dessen Grenzen erst 1895 endgültig festgelegt werden. Das russische Reich besteht aus zwei Welten: aus dem eigentlichen Rußland und seinen westlichen Besitzungen, den baltischen Provinzen, Finnland und Polen, die alle ganz nach Europa ausgerichtet sind. Und aus dem anderen Rußland, das sich nach Osten und Süden hin ausdehnt, einer Art Kolonialgebiet aus Sibirien, dem fernen Osten und den Steppen. Zwischen den verschiedenen Volksgruppen in diesen beiden Teilen Rußlands gibt es gewaltige Unterschiede in der Kultur, im Entwicklungsstand und in der Lebensweise.

Die Gesamtbevölkerung im russischen Reich kann sich sehen lassen: Nach der Volkszählung von 1897 sind es 120 Millionen Menschen – im Gegensatz zu den 80 Millionen Einwohnern der USA und den 68 Millionen des Deutschen Reichs. Allerdings ist diese Bevölkerung – höchst ungleichmäßig – über eine gewaltige Fläche verteilt: Auf einem Quadratkilometer leben durchschnittlich ganze sieben Einwohner. Einer sehr hohen Geburtenrate steht eine ebenso hohe Sterblichkeitsrate, vor allem bei Kindern, gegenüber. Mehrfach sorgen Hungersnöte und Seuchen für einen dramatischen Bevölkerungsschwund. Um die Jahrhundertwende nähren Fortschritte in Landwirtschaft und Medizin Hoffnungen, daß Katastrophen wie die große Hungersnot von

1891 oder die Cholera von 1892 endgültig der Vergangenheit angehören könnten.

Der andere hervorstechende Zug dieser Bevölkerung ist ihre kulturelle und ethnische Vielfalt. Nach den Daten der Volkszählung von 1897 sprechen 55,7 Prozent der Einwohner Rußlands kein Russisch und gelten deshalb nicht als Russen. Die verschiedensprachigen Volksgruppen unterscheiden sich zudem durch ihren Glauben, der zumeist auch die Lebensweise bestimmt. In der Mehrheit Christen – Orthodoxe, aber auch Katholiken (die das Reich verfolgt) und Lutheraner –, ist die Bevölkerung auf den Westteil des Landes konzentriert. Die – im allgemeinen Türkisch sprechenden – Muslime leben im Süden und Osten des Landes, Buddhisten vor allem in Sibirien. Im christlichen Teil des Kaukasus leben schließlich um die hundert kleinere Völker mit unterschiedlichen Sprachen. Neben der jeweiligen Kultur bestimmt auch die Geographie die unterschiedlichen Lebensweisen. So haben russische Bauern der bewaldeten Wildnis Ackerland abgetrotzt, während die seßhaften Volksgruppen in Zentralasien um das überlebensnotwendige Wasser kämpfen mußten und die Nomanden um den Erhalt ihrer Weidegründe Krieg führten.

All diese Völker sind in vier Jahrhunderten – zwischen 1552, als das Khanat Kasan unterging, und 1900 – Untertanen des russischen Reichs geworden. Dabei blieb keine Zeit, sich über ihre künftige Einheit und Integration Gedanken zu machen. Rußland, wo Russen und Fremdstämmige *(Inorodzi)* nebeneinanderleben, ist also der »Lebensraum aller Russen«, wie ein englischer Reisender es ausdrückte.[1]

Die Verbannung ins ferne Sibirien dürfte Lenin einen Eindruck von der Weite seines Landes und von der Vielfalt seiner Bevölkerung vermittelt haben. Nach einer Kindheit im europäischen Teil Rußlands mit seinen verschiedenen Volksgruppen hat er in Sibirien erfahren, wie grenzenlos, wie reich an Landschaften und Kulturen das russische Staatsgebiet war. Die Russen in den Städten, die kolonialen Siedler in Sibirien, die Tschuwaschen und Tataren, mit denen er in der Kindheit in Simbirsk zu tun gehabt hatte und denen er in Kasan und später in der sibirischen Verbannung erneut begegnete – sie alle schärften seinen Blick für die ethnischen Verhältnisse im russischen Vielvölkerreich. Als nützlich wird sich erweisen, daß er sich schon früh mit dem Problem der Kolonialisierung auseinandersetzt, eine Frage, für die sich die meisten seiner Mitstreiter kaum interessieren werden.

Eine Gesellschaft im Wandel

Dieses Reich der Gegensätze ist zudem in einem Wandel begriffen, der Fortschritt, aber auch neue Probleme bringt. Die Bauernbefreiung von 1861, ein Schritt von weitreichender politischer Bedeutung, hat Leibeigene zu freien Bürgern gemacht. Das Problem der Landbevölkerung ist damit freilich nicht gelöst. Zwar können die Bauern jetzt das Land, das sie bebauen, auch kaufen, doch fehlt ihnen meistens das Geld. Viele nehmen die Möglichkeiten nicht wahr, andere stürzen sich in die Schuldknechtschaft. In den beiden letzten Jahrzehnten des Jahrhunderts stehen sich Großgrundbesitzer, Großbauern, Kleinbauern mit winzigen Parzellen und Landlose gegenüber. Bei der Nutzung des Landes durch die Feldgemeinschaft *(mir)*, die durch die Reform aufrechterhalten bleibt, wird der Boden von der Gemeinde alle fünf oder sechs Jahre unter den Familien des Dorfs aufgeteilt. In einem Land, dessen Bewohner zu 80 Prozent Bauern sind, sorgen der »Landhunger« und die Gegensätze zwischen Arm und Reich für beträchtlichen Zündstoff. Unter der Landbevölkerung gärt es, unübersehbar ist der schleichende Vormarsch der Subversion, die die verschiedenen politischen Organisationen in ihre Bahnen zu lenken versuchen. Die Obrigkeit kennt die Probleme. Um die Spannungen zu entschärfen, fördert sie die Umsiedlung nach Sibirien. Diese »amerikanische Lösung« stößt bei den Behörden freilich auf größere Gegenliebe als bei den betroffenen Bauern. 1900 stürzen sich knapp eine Million von ihnen in das Abenteuer einer Besiedlung von frei verfügbarem Boden.

In zwei Jahrzehnten haben die Bemühungen Alexanders III., der vornehmlich auf den Aufbau einer Industrie gesetzt hat, Früchte getragen. Rußland erlebt eine rasche Urbanisierung. Die Armut treibt die Bauern in die Ballungszentren. Durch die Industrialisierung erleben die russischen Städte, die zuvor hauptsächlich als Märkte Menschen angezogen haben, am Ende des 19. Jahrhunderts ein rapides Bevölkerungswachstum. In den großen Zentren Moskau und Sankt Petersburg – zu Beginn des 20. Jahrhunderts leben hier zwischen 1 und 1,2 Millionen Menschen – gibt es jede Art Industrie. Industrialisiert wird auffallenderweise auch der koloniale Teil Rußlands. Die Entwicklung betrifft folglich auch die fremdstämmigen (allogenen) Volksgruppen, was später für eine Ausweitung der großen gesellschaftspolitischen Bewegungen sorgt. Der Ausbau des Eisenbahnnetzes – er ist für ein Riesenreich wie Rußland überlebensnotwendig – trägt ebenfalls zur Verstädterung, zur Mobilität von Menschen und Gütern und somit zur Veränderung des Lebens im Zarenreich bei.

Der rapide wirtschaftliche Wandel läßt ein – mit drei Millionen Menschen – vorerst noch kleines und auf die industriellen Ballungszentren konzentriertes Industrieproletariat entstehen. Diese Arbeiterschaft kann sich noch nicht deutlich artikulieren, ist deswegen aber keineswegs passiv. Ihre Lebensbedingungen sind erbärmlich und werden auch so empfunden. Die Menschen sind aus der festgefügten ländlichen Umgebung herausgerissen und in lebensfeindliche, sich ständig wandelnde Städte umgesiedelt worden. In den neu entstehenden, großen Fabriken finden sie völlig neue Arbeitsbedingungen und ganz anders geartete menschliche Beziehungen vor. Die Unternehmer des aufstrebenden Kapitalismus verweigern Beschäftigten rücksichtslos alle Rechte. Aber die Arbeiter sind nicht wehrlos. Dank des Unterrichts junger Idealisten – zu ihnen gehörte vor der Verhaftung auch Nadeshda Kruspskaja – können zwei Drittel von ihnen lesen. So können sie sich mit dem Inhalt marxistischer Traktate vertraut machen, über ihre Probleme nachdenken und organisiert ihre Interessen vertreten.

Das Erwachen dieser leicht mobilisierbaren Arbeiterklasse steht am Anfang der Streiks und Forderungen, die im letzten Jahrzehnt des 19. Jahrhunderts zu gewissen Verbesserungen der erbärmlichen Lebensbedingungen führen. Die Arbeiterbewegung hat wachsenden Zulauf, der die Regierung zu Zugeständnissen zwingt. 1896/1897 legt eine Streikwelle die Petersburger Textilindustrie lahm. Witte, der damals für Nikolaus II. die Wirtschaftspolitik lenkt, nimmt daraufhin eine Reform der Arbeitszeiten in Angriff. Die tägliche Stundenzahl wird gesetzlich auf elfeinhalb, bei der Nachtarbeit auf zehn beschränkt. Sonntag ist Ruhetag. Gemessen an den heutigen Sozialstandards der Industrienationen können diese Regelungen erschrecken. Aber im damaligen Rußland, wo es weder Gewerkschaftsfreiheit noch ein Streikrecht gab und Arbeitgeber fast eine Willkürherrschaft ausübten, bedeuteten sie einen gewissen Fortschritt.

Sinnvoller als dieser Vergleich zwischen verschiedenen Epochen ist im übrigen eine Gegenüberstellung der einzelnen Länder innerhalb des gleichen Zeitabschnitts. So gilt in England beispielsweise schon 1878 der Zehnstundentag bei einem freien Samstagnachmittag und Sonntag. Dieses vielgepriesene »englische Wochenende« findet leider wenig Nachahmer. In Frankreich, das den russischen Revolutionären als fortschrittlich gilt, ist die Sozialgesetzgebung Ende des 19. Jahrhundert noch so rückständig, daß selbst russische Arbeitgeber sich mit ihr arrangiert hätten. 1848 ist die Tagesarbeitszeit auf zwölf Stunden begrenzt worden. An dieser Regelung halten zahlreiche Betriebe trotz sporadisch aufflammender örtlicher Arbeitskämpfe noch bis 1914 fest.[2] Der Zehnstundentag, eher die Ausnahme, wird für Frauen ab 1900 bindend. Verbessert werden die Arbeitsbedingungen Ende des 19. Jahrhunderts nur für Bergarbeiter und Kinder. Der freie Sonntag, in Frankreich aus religiösen Gründen bislang respektiert, wird 1881 abgeschafft und erst 1906 erneut eingeführt. In Deutschland gilt er ab 1891. In Rußland ist die Situation für Arbeiter folglich ganz ähnlich wie in Frankreich. Von der allgemeinen Entwicklung abgekoppelt ist Rußland dagegen bei der Bildung von Gewerkschaften und beim Streikrecht. Überall sonst, beim Vorreiter England, aber auch in Deutschland, Belgien, Frankreich und Italien, gehören beide Rechte als Errungenschaften der Jahre 1870 bis 1890 zu den Besitzständen der Arbeiterschaft.

Trotz dieser Freiheiten – oder gerade wegen ihnen – kommt es ab 1895 in allen westeuropäischen Ländern zu einer Mobilisierung der Arbeiterschaft. Wenn auch zeitlich versetzt, formieren die Bewegungen sich in den einzelnen Ländern doch auf ganz ähnliche Weise. Und stets sehen sich die Regierungen mit den Forderungen der Massen konfrontiert. Wie sollten die Arbeiter in Rußland stillhalten, wo sie von revolutionären Aktivisten über die Auseinandersetzungen in anderen Ländern auf dem laufenden gehalten werden? Sie wissen, daß ihnen anderswo gewährte Rechte und Freiheiten vorenthalten werden, und versuchen, sich diese gewaltsam zu erkämpfen.

Eine erstarrte Herrschaft

Die russische Gesellschaft befindet sich damals mitten im Umbruch. Obwohl vornehmlich bäuerlich geprägt, erhält sie die entscheidenden Impulse – Zeugnisse für den Anpassungsbedarf an eine modernisierte Wirtschaft – aus den Städten: von den Arbeitern, den Studenten und, stärker noch, von der Intelligenz, von der noch die Rede sein wird. Was dieser Gesellschaft fehlt, ist ein Bürgertum, das zum Fortschritt und gleichzeitig zu einer gewissen Stabilität beitragen könnte.[3]

Auf diese Veränderung im gesellschaftlichen Gefüge hat die Staatsgewalt keine Antwort. Der junge Nikolaus II., der 1894 den Zarenthron bestiegen hat, steht unter dem Einfluß verschiedener Kräfte, die alle dazu beitragen, daß er dem Ruf nach Reformen im Land kein Gehör schenkt. Neben der konservativen Ideologie seines Vaters Alexanders III. wirkt hier der Einfluß von Pobedonoszew, dem Oberprokurator des Heiligen Synods und einstigen Hauslehrer seines Vaters, der ihn – wie zuvor diesen – zum entschlossenen Festhalten an der Autokratie ermutigt. Eine wichtige Rolle spielt auch die junge Zarin Alexandra, die sich für ihre neue Heimat und den bei der Hochzeit angenommenen orthodoxen Glauben begeistert. Beunruhigend ist ihr Verständnis dieser Religion: Sie verknüpft ihn mit einem Sendungsbewußtsein, einem Gemisch aus Mystik und Konservativismus, das sich in einer geradezu manischen Begeisterung für die Selbstherrschaft äußert. Der neue Zar, von Natur aus unentschlossen und über die Verhältnisse in seinem Staat nur oberflächlich informiert, gibt diesem Druck von mehreren Seiten nach. Zudem hat er eine Vorstellung von seinem Volk, die eher ins 18. als ans Ende des 19. Jahrhunderts paßt. Das echte russische »Volk« verkörpert für Nikolaus II. der *Muschik*, der idealisierte russische Bauer. Streikende Arbeiter, protestierende Studenten hält er für manipulierte Minderheiten, die beim »echten« Volk kein Gehör finden werden. Beeinflußt von Sergej Witte, dem großen Modernisierer Rußlands, treibt er die von Alexander III. begonnene wirtschaftliche Entwicklung voran, übersieht aber die weitreichenden Konsequenzen: die Modernisierung in den Köpfen und die Notwendigkeit, das politische System wenigstens ein Stück weit den wirtschaftlichen und gesellschaftlichen Veränderungen anzupassen. Wirtschaftlicher Fortschritt und politische Verhältnisse sind für ihn zwei getrennte Bereiche, die auseinanderzuhalten sind. Je größer der materielle Fortschritt, so seine Überzeugung, desto stärker muß der moralischen und politischen Tradition Geltung verschafft werden. Bestärkt wird er in dieser konservativen Haltung von der Orthodoxen Kirche Rußlands.

Ist der russische Staat gegen das Aufbegehren gewappnet, das ihn um die Jahrhundertwende zu erschüttern beginnt? Sicher nicht. Ein erstaunlicher Zug des mächtigen Zarenreiches besteht darin, daß es in der Zeit der Modernisierung des Staates über keine funktionstüchtige Verwaltung verfügt. Die Schwerfälligkeit und die Korruption der russischen Bürokratie haben Dichter in Anlehnung an Gogol ausführlichst beschrieben. Am Ende des 19. Jahrhunderts sind die Verwaltungsstrukturen in Rußland unendlich schwächer ausgebildet als die in westeuropäischen Staaten[4] wie Frankreich oder dem Deutschen Reich. Zur geringen Anzahl von Beamten – sie hängt mit Rußlands budgetären Schwierigkeiten zusammen – kommt erschwerend die völlig uneinheitliche territoriale Verteilung von Dienststellen und Beamten sowie die allgemeine Korruption hinzu. Die Verwaltung ist hauptsächlich auf die Hauptstadt und auf Zentralrußland konzentriert. Kaum abgedeckt sind dagegen die Provinzen oder die Kolonialgebiete am Rand des Reichs. Diese Situation fördert unter den wenigen Beamten den Machtmißbrauch. Während einzelne Vertreter in den oberen Verwaltungsetagen über glänzende geistige und moralische Qualitäten verfügen, herrscht unter den meisten *Tschinowniki,* den kleinen örtlichen Staatsdienern, seit eh und je die Korruption. Sie profitieren von Machtbefugnissen, die keiner administrativen Kontrolle unterstehen.

Diese Schwächen in der Verwaltung versucht der russische Staat durch die verstärkte Überwachung seiner Bürger auszugleichen, also durch die Polizei. Die Serie der Mordanschläge, die das Leben Alexanders II. und seines Sohn begleitet haben, bescherten dem Innenminister schließlich bedeutende Machtvollkommenheiten. Er war seit 1883 der eigentliche Verantwortliche für die Sicherheit des Staates und für die Ordnungskräfte. Die Sicherheit unterstand der Polizeidirektion und dem von ihr abhängigen Gendarmenkorps als wichtigstem Instrument zur Überwachung der Gesellschaft. Zwischen 1883 und 1889 bemühte sich die Regierung, die polizeilichen Aktivitäten einer legalen Kontrolle zu unterstellen. Dies änderte sich nach 1889. Nach dem Wiederaufflammen von Unruhen beschließt die Staatsgewalt, die polizeilichen Organe zu verstärken. Polizei und Gendarmenkorps werden personell verstärkt. Die Lage gleicht immer mehr dem Ausnahmezustand. Von außen gesehen wirkt das Zarenreich also wie ein Polizeistaat. Dieses Urteil ist allerdings zu relativieren, wenn man die russischen Verhältnisse eingehend betrachtet.

Drei Elemente wirken einer Politik, mit der die subversiven Kräfte durch eine polizeiliche Kontrolle unschädlich gemacht werden sollen, dauerhaft entgegen[5]: Zunächst einmal bleiben das Privateigentum, die Güter und die wirtschaftliche Freiheit mutmaßlicher Staatsfeinde unangetastet. Nicht einmal die Verurteilung zu Gefängnishaft oder Verbannung ermöglicht es, die Habe der Betreffenden zu beschlagnahmen. Revolutionäre Organisationen oder zuweilen auch deren Mitglieder leben von Schenkungen oder Zuwendungen, die ihnen der Staat auch bei Bekanntwerden nicht entziehen kann. Völlig problemlos gestalten sich Auslandsüberweisungen zur Finanzierung des für den russischen Markt bestimmten, subversiven Schrifttums.

Die zweite Schwäche des Systems besteht in der Bewegungsfreiheit der Russen, besonders der Intellektuellen. Sie können zum Studium, in die Verbannung oder zur subversiven Betätigung ungehindert ins Ausland reisen. Ein Paß ist am Ende des Jahrhunderts schon deshalb leicht zu bekommen, weil die Behörden als gefährlich eingestufte Individuen lieber im Ausland sehen. London, Zürich, Paris und Berlin werden so zu beliebten Zentren der russischen Agitation. So stößt auch das Ehepaar Uljanow nach der Rückkehr aus der sibirischen Verbannung bei der Ausreise kaum auf Schwierigkeiten.

Den dritten Grund für die Schwäche des Regimes bilden

schließlich die »Befindlichkeiten« der Führungselite. Diese glaubt einerseits an die Notwendigkeit eines starken, repressiven Systems, will sich andererseits aber vor allem vor dem Ausland als moderne Führung präsentieren, die allgemein akzeptierte Formen der Herrschaft ausübt. Diese widersprüchliche Konzeption, die sich zuweilen auf den unteren Stufen der Hierarchie abbildet, führt zu widersprüchlichen Verhaltensweisen, die einem reibungslosen Funktionieren des Staatsapparates entgegenstehen.

So kennzeichnen den russischen Staat, der sich zur Aufrechterhaltung des inneren Friedens auf die Stärke seines Polizeiapparates und auf Willkürmaßnahmen verläßt, vor allem seine Schwäche und Ineffizienz. Daß er dem Prinzip nach zwar wie ein Polizeistaat aufgebaut, faktisch aber wenig repressiv ist, belegen einige Zahlen: Im Jahrzehnt vor dem Machtantritt Nikolaus' II. sind 17 Personen wegen politischer Verbrechen hingerichtet worden, die meisten wegen nachgewiesener Morde. Während der gesamten Herrschaft Alexanders III. waren insgesamt ca. 4000 Personen aus politischen Gründen verhaftet und eingekerkert worden.[6] Dabei ist hervorzuheben, daß man Regimegegner zu dieser Zeit nicht – wie später in der UDSSR üblich – zu gemeinen Straftätern stempelte. Unter Nikolaus II. war die Zahl der politischen Gefangenen noch geringer; bei 123 Millionen Einwohnern und angesichts einer unsicheren Zeit mit Mordanschlägen auf hohe Würdenträger rechtfertigt es diese Bilanz nicht, Rußland in den Jahrzehnten vor der Revolution als »Polizeistaat« zu bezeichnen – auch wenn ein solcher von der russischen Führung angestrebt wurde.

Die eigentlichen Opfer der politischen Situation sind die Juden. Sie leiden weniger unter der polizeilichen Kontrolle als vielmehr darunter, daß die Behörden vor antisemitischen Übergriffen nur allzuoft die Augen verschließen. Sechs Millionen von ihnen leben gegen Ende des 19. Jahrhunderts im Zarenreich, mehrheitlich in zugewiesenen »Residenzzonen«.[7] Besonders dramatisch wird ihre Lage in den letzten zwanzig Jahren des 19. Jahrhunderts. Diese sind gekennzeichnet durch Diskriminierungen – vor allem durch einen *Numerus clausus* an den Universitäten –, mehrere Pogrome und ab 1895 schließlich durch eine Atmosphäre des allgemeinen Mißtrauens nach Veröffentlichung der sogenannten *Protokolle der Weisen von Zion*, einer niederträchtigen Fälschung. Die Regierung verschließt vor der Tragödie einer ganzen gesellschaftlichen Gruppe die Augen. Die absehbaren Konsequenzen werden Rußland teuer zu stehen kommen: ein Massenexodus setzt ein. Juden, die die Möglichkeit haben, fliehen in europäische Nachbarländer oder nach Amerika. Die Zurückgebliebenen können sich auf verschiedene Weise politisch engagieren: in jüdischen Organisationen, die für eine Rückkehr ins Verheißene Land eintreten, in revolutionären jüdischen Organisationen oder in der allgemeinen Bewegung zum Sturz des Systems.

Die unsichtbare Krise der Kirche

Am Ende des 19. Jahrhunderts wird Rußland zudem beherrscht von einer streng hierarchischen Organisation mit moralischer Autorität: von der Orthodoxen Kirche. Der orthodoxe Glaube ist die dominante Religion des Zarenreichs. Seine Hüterin, die autokephale Kirche, ist ein fester Bestandteil des nationalen und politischen Lebens.

Peter der Große unterstellte sie der staatlichen Herrschaft. Um alle ihre Unabhängigkeitsbestrebungen im Keim zu erstikken, schaffte er 1721 das Patriarchat ab und ersetzte es durch den Heiligen Synod als ihrem obersten Organ. Dessen Oberprokurator ist ein vom Herrscher ernannter, hoher Beamter. Die Orthodoxe Kirche, seit dem 18. Jahrhundert so der weltlichen Macht einverleibt, ist in prunkvollen Riten, einem Erbe aus Byzanz, und im geistigen Konformismus erstarrt. Ihre Aufgabe: Sie bestätigt die Legitimität der Staatsgewalt und gibt der Gesellschaft Gewißheit, daß die Entscheidungen und Handlungen des Regimes mit dem göttlichen Willen im Einklang stehen. Als Gegenleistung für ihre Unterwerfung unter die Staatsraison und ihre stabilisierende Rolle verfügt sie über die gewaltige Autorität einer Staatskirche. Katholiken und Lutheraner bewegen sich in Rußland am Rand der Legalität. Die Juden sind aus dem gesellschaftlichen Leben fast vollständig ausgeschlossen. Nur die Taufe kann sie zu vollwertigen Bürgern des Zarenreichs machen. Allein der Islam, die Religion der eroberten Völker im Süden des Reichs, genießt die stillschweigende Akzeptanz der Staatsmacht.

Die fremdstämmigen Volksgruppen haben Sonderstatus: Von der Militärpflicht ausgenommen, unterhalten sie eigene Schulen und Moscheen. General Kaufman, der Generalgouverneur von Turkestan, verbietet der Orthodoxen Kirche die Einrichtung einer Diözese in Taschkent und jede missionarische Betätigung.[8] Von diesen großzügigen Regelungen erhofft sich die russische Regierung, die Muslime für die Vorzüge der russischen und orthodoxen Gesellschaft gewinnen zu können.

Obwohl die Orthodoxe Kirche im Südteil des Reiches an ihre Grenzen stößt, begrüßt sie die territoriale Ausdehnung und die Eroberungen des Zaren, der das Reich nach Asien hin zu erweitern versucht: Sie hofft auf eine Vergrößerung ihres Einflußgebietes. Anpassung und Unterstützung für die Staatsgewalt und ihre Vorhaben sind allerdings nicht für die gesamte Geistlichkeit typisch. Neben den systemtreuen hohen Klerikern und den niederen Geistlichen auf dem Land, die sich, schlecht informiert und kritiklos, der Kirchenhierarchie unterwerfen, gibt es – vor allem in den Städten – eine gewisse Anzahl von Kirchenleuten, die das Gären innerhalb der russischen Gesellschaft wahrnehmen. Sie sehen die Berufung der Kirche keineswegs nur darin, einen Staatsapparat zu unterstützen, der sich gegenüber den Appellen aus dem Volk taub stellt. Nicht immer soll sie auf der Seite der Reichen und Mächtigen stehen. Diese Unruhe, die sich unter einem kleinen Teil des Klerus – zweifellos einer Elite – breit macht, wird 1918 schließlich zur Trennung von Kirche und Staat führen.[9] Nach zwei Jahrhunderten der Unterwerfung wird sie sich in einem Zeitraum von weniger als zwanzig Jahren emanzipieren. Dieses Erwachen eines echten religiösen Bewußtseins ist ein latenter Bestandteil der Bewegungen, die das politische System Rußlands unterminieren und erschüttern. Auch diese Entwicklung wird von der Staatsführung am Ende des 19. Jahrhunderts so gut wie nicht wahrgenommen.

Die Revolution in den Köpfen

Eine Gesellschaft im Wandel, eine erstarrte Herrschaft: Überrascht es, daß bei der russischen Intelligenz dieser Widerspruch ins Zentrum des Denkens rückt? An dieser Stelle gilt es zwei eng miteinander verknüpfte Erscheinungen zu betrachten, die Anfang des 20. Jahrhunderts die festgefügte russische Ordnung erschüttern: das Auftauchen einer Schicht von Intellektuellen und ein neues politisches und gesellschaftliches Denken, das schrittweise ins politische Handeln einfließt.

Um diese Phänomene zu verstehen, müssen wir uns einen Augenblick mit dem Mann befassen, der als erster – auf die ihm eigene brutale und rasche Art – eine Modernisierung Rußlands in Angriff genommen hatte: Zar Peter der Große.

Der bemerkenswerte Herrscher versuchte sein Land aus der Rückständigkeit herauszuführen und wagte sich an seine Erneuerung. Dabei ging es auch um die Abkehr von Rußlands östlichem – tatarischen und byzantinischen – Erbe und um die dauerhafte Hinwendung zu Europa. Hinter allen Reformen steckte das Anliegen, einen starken Staat zu schaffen, die Kirche fest an diesen zu binden und ausländische Eliten und Fachleute ins Land zu holen. Katharina die Große führte dieses Vorhaben auf ihre Art weiter. Peter und Katharina, die eisern entschlossen und ohne Rücksicht auf Verluste die Modernisierung ihres Landes vorantrieben, waren zweifellos »aufgeklärte« Herrscher: Despoten zwar, aber mit dem Anspruch, ihre »absolute« Herrschaft in den Dienst eines verzweifelten Strebens nach Fortschritt zu stellen. Sie hatten Rußland zu einem anderen Land geformt. Ihre Nachfolger, Erben eines starken Staates und Eroberer eines Großreichs, bemühen sich vornehmlich um die Konsolidierung der Macht. Mit Ausnahme Alexanders II., der den gesellschaftlichen Aufbau des Landes reformiert, geht es den anderen Zaren an erster Stelle um das Machtgefüge im Land. Wohl keiner dieser Autokraten ist völlig verblendet. Dennoch steht Rußland abseits, als Ende des 18. Jahrhunderts der Geist der Aufklärung und der Französischen Revolution ganz Europa durchweht. In einer Rückbesinnung auf seine asiatischen Traditionen schottet sich Rußland ab. Dieser verpaßte Anschluß wird bis in die letzten Jahrzehnte des 19. Jahrhunderts im Land selbst – wegen seiner Isolation – kaum wahrgenommen, sorgt dann aber für einigen Zündstoff.

Vor diesem Hintergrund muß die »Intelligenzija« gesehen werden, eine typisch russische Erscheinung, betrachtet man ihre Zusammensetzung, ihre Entwicklung und ihre Rolle. Sie ist deshalb so einzigartig, weil sie keine gesellschaftlich homogene Gruppe bildet. Zahlenmäßig beschränkt und aus verschiedenen Schichten – vom Adel bis zu den weniger begünstigten Volksschichten – hervorgehend, entsteht sie aus einem Bewußtsein für die russischen Probleme und dem Bestreben, geeignete Lösungen zu finden (die dann so unterschiedlich und unbeständig ausfallen wie dieser Gesellschaftskreis selbst). Die russische Intelligenz definiert sich vor allem durch die Zurückweisung einer »starren« Ordnung, der sie eine »revolutionäre« entgegensetzt. Sie ist gleichsam ein Konglomerat aus verschiedenen Stimmungslagen und Gedanken, eine ideologische Gemeinschaft, die um Mitglieder aus immer neuen Gesellschaftsschichten erweitert wird und die sich bei der Anpassung an eine wechselvolle Geistesgeschichte selbst verändert. Ihre Mitglieder wenden sich rasch vom Milieu ihrer jeweiligen Herkunft ab und etablieren sich in einer unsicheren Existenz in abgeschotteten Zirkeln. In einer Zeit, als das Proletariat in Rußland kaum verbreitet ist, versteht sich die Intelligenz – und betont diese Berufung – als Vertretung eines Volkes, das sich selbst noch nicht artikulieren kann. Mit Hinweis auf die eigenen Lebensbedingungen proklamiert sie sich zum ersten Proletariat Rußlands.

Die Geschichte der russischen Intelligenz läßt sich in zwei Perioden einteilen: Vor 1870 versteht sie sich selbst als ein Werkzeug der Geschichte. Nach diesem Jahr stellt sie sich in den Dienst einer »historischen« Klasse, zunächst der Bauernschaft, dann der Arbeiterklasse, die ihrer Meinung nach die wirklichen Akteure der anstehenden Veränderungen hervorbringen wird.

Wie Rußland verändern?

Die Geschichte Rußlands im 19. Jahrhundert ist vor allem eine Geschichte geistiger Strömungen, die, getragen von den Intellektuellen, in einem immer rascheren Rhythmus aufeinanderfolgen. Erst später, Anfang des 20. Jahrhunderts, kommt die Zeit der revolutionären Bewegung. Hervorzuheben sind der Reichtum und die Vielfalt der Gedanken unter Intellektuellen, die sich der Sturheit und geistigen Armut einer politischen Führung gegenübersehen. Außerhalb der Intelligenzija verkörpern die großen russischen Geister des Jahrhunderts wie Puschkin, Tolstoi oder Gogol – sie sind aus dem Adel oder begüterten Schichten hervorgegangen – für die Machthaber ebenfalls das subversive Denken. Ohne ins einzelne zu gehen, sei daran erinnert, daß die geistigen Unruhen mit dem Jahr 1825 begonnen haben: Damals lehnten sich junge Offiziere aus dem Adel – sie hatten dank der Napoleonischen Kriege und des damals bis Rußland vorgedrungenen Freimaurertums die Gedanken der Aufklärung und der Französischen Revolution für sich entdeckt – gegen den politischen Stillstand im Land auf. In den stürmischen Tagen des Dezembers 1825 glaubten diese »Dekabristen«, sie könnten mit der Beseitigung des Herrschers das gesamte politische System stürzen. Mit ihrer Berufung auf die französischen Ideale von Freiheit, Gleichheit und Brüderlichkeit blieben sie freilich isoliert und stießen bei der russischen Gesellschaft insgesamt auf taube Ohren.

Dafür gibt es mehrere Gründe: Zunächst findet der Angriff auf die kirchlich abgesegnete Legitimität des Herrschers damals noch keine Akzeptanz. Zu früh kommt auch der Ruf nach »Freiheit«, für die Russen zu Beginn des 19. Jahrhunderts noch ein völlig abstrakter Begriff. Dem russischen Volk, das sich seiner Probleme – Leibeigenschaft, Verelendung und Willkürherrschaft – bewußt geworden ist, geht es vielmehr um soziale Gerechtigkeit. Da die Verschwörer von 1825 dies nicht erkennen, begeben sie sich mit ihrem subversiven Kampf in die Isolation. Ihr Martyrium löst in den Köpfen zwar keine Veränderung aus, dient den Nachfolgenden aber als Warnung. Nach 1825 tritt an die Stelle der Freiheitsparolen das Thema der sozialen Gerechtigkeit: Auf ihm werden alle Hoffnungen des Volkes ruhen. Es wird die Herzen der elenden Volksmassen erobern und sämtliche Geistesströmungen beherrschen. Das Jahr 1825 wirkt für das Regime wie ein Schlag ins Gesicht: Es erkennt die Notwendigkeit von Reformen, zögert aber, diese in Angriff zu nehmen. Dagegen hält die Intelligenz das Regime grundsätzlich für reformunfähig. Die Modernisierung, so glaubt sie, werde nur ohne und gegen die Regierung gelingen. Von da an ist der Reformwille dauerhaft verknüpft mit dem Kampf gegen das Regime. Hierin liegt die Ursache für die Tragödie von Alexander II. und bis zu einem gewissen Punkt auch für die von Nikolaus II.

Nach der Niederlage der Dekabristen befaßt sich die russische Intelligenz mit den notwendigen Veränderungen und der möglichen Modernisierung des Landes. Eine große Auseinandersetzung zwischen zwei verschiedenen Lagern entbrennt: Die einen wollen den Weg Peters des Großen weitergehen und vertrauen auf die Kräfte des Kapitalismus, der das Land ohne Rücksicht auf dessen historische Besonderheiten nach europäischer Art entwickeln werde. Andere vertreten den eigenen »russischen Weg«. Als erster befaßt Pjotr Tschaadajew, ein Freund Puschkins, sich in seinem ersten – französisch verfaßten – *Lettre philosophique* von 1836 mit der Frage der historischen Enwicklung Rußlands: Demnach müsse Rußland den europäischen Weg gehen. Obwohl er für wahnsinnig erklärt wird und nicht mehr veröffentlichen darf[10], hat er dem Denken der »Westler«, vor allem Wissarion G. Belinski, auf brillante Weise den Weg geebnet.

Die Entgegnung auf dieses Plädoyer für die Verwestlichung Rußlands kommt von der sogenannten »slawophilen« Gruppe unter Führung des Theologen A. S. Chomjakow, den Gebrüdern Iwan und Konstantin Aksakow und Iwan Kirejewski. Entgegen der herkömmlichen Meinung ist diese Bewegung in Europa alles andere als einzigartig, auch wenn ihre Grundlage die Propagierung typisch russischer Werte bildet: Spiritualität, Großherzigkeit des Volkes, Solidarität angesichts der Härte und Korruption des westlichen Kapitalismus.[11] Zwar steht die russische Tradition im Zentrum dieses Denkens, doch knüpfen die Slawophilen an die europäische, vor allem die deutsche Romantik an: Wie Schelling, Schlegel und Franz von Baader entwerfen sie eine wehmütige Vision vom verlorenen Paradies.

Die Westler sind auf ihre Art ebenso romantisch eingestellt. Wie die meisten Slawophilen (außer Belinski) aus dem Adel stammend, treten sie aus moralischen Gründen und – aufgrund ihres Standes – mit gewissen Schuldgefühlen für die Abschaffung der Leibeigenschaft ein. Auch setzen sie auf ein politisches System, das auf einer Verfassung beruht. Beide Lager verkennen freilich die Realitäten in Rußland. Beide befassen sich mit Rußlands Zukunft vornehmlich aus moralischer Sicht. So verlieren die Trennlinien zwischen beiden Lagern denn auch allmählich an Schärfe. Tschaadajew verneint die russische Besonderheit mit der Zeit weniger entschieden, und Chomjakow bekennt sich später zu seiner Bewunderung für England. Hertzen, einst ein fanatischer Westler, der dann von den »bürgerlichen« französischen Revolutionären von 1848 enttäuscht wird, nähert sich schrittweise den Slawophilen an. Der Westen, so sein Vorwurf, sei durch Merkantilismus und bourgeoisen Geist korrumpiert. Rußland sei deshalb noch unverdorben, weil es sich nicht für den Kapitalismus entschieden habe, der diese beiden Ungeheuer hervorbringe. Sollte man dem Land den Kapitalismus nicht besser ersparen? Müßten zukünftig nicht eher die gemeinschaftlichen Strukturen gefördert werden, die Rußlands Eigenart ausmachen und das Land voranbringen können?

Hier treten zwei typische Züge des russischen Denkens zutage: Zunächst der Abscheu vor dem Bürgertum, das als Inbegriff der Dekadenz und Korruption gilt. Das russische Denken entfernt sich hier weit von Marx, der die natürlichen Stärken des Bürgertums, seinen Unternehmergeist und seine historische Aufgabe für die Gesellschaft betont. Der andere Gedanke, der bei Hertzen anklingt und von Marx nur sehr eingeschränkt und erst sehr spät akzeptiert werden wird, beruht auf der Vorstellung, daß geschichtliche Prozesse – nach den unterschiedlichen historischen Voraussetzungen – auf verschiedene Weise ablaufen. Daß der Kapitalismus in der historischen Entwicklung auch übersprungen werden kann – dieser Gedanke wird in der zweiten Hälfte des 20. Jahrhunderts eine Blütezeit erleben –, ist Mitte des 19. Jahrhunderts noch eine völlig neue Vorstellung. Auch wenn Marx noch nicht als weithin anerkannte geistige Leitfigur dient, ist die Notwendigkeit, ja Unvermeidlichkeit der kapitalistischen Phase eine bereits fest in den Köpfen verankerte Überzeugung.

Während die politische Debatte in Rußland bis 1861, also bis zu den großen Reformen des Zar-Befreiers, sich im wesentlichen an das Erbe der Dekabristen und an den Streit zwischen Slawophilen und Westlern knüpft, ändert sich anschließend einfach alles: das Denken, seine Bedeutung und sogar die Intellektuellen selbst.

»Diese wunderbaren jungen Fanatiker«

Die Zeit der Nihilisten bricht an: mit Pissarew, Dobroljubow und vor allem Tschernyschewski, der auf Lenin großen Einfluß ausüben wird. Diese Bewegung, die im übrigen nirgendwo ihresgleichen findet, ist für das Denken der russischen Intelligenz besonders charakteristisch. Radikal, intolerant und diskussionsfeindlich, neigt sie zur Negation jedes Gedankens, der nicht der ihre ist. Für die Nihilisten zählt im Geistesleben nur der Dienst am gesellschaftlichen Fortschritt. Literatur, Philosophie und Kunst werden abgelehnt zugunsten des alleinigen Nutzens der exakten Wissenschaften. In ihren Schriften entwerfen die Nihilisten einen besonderen Typ Mensch, den »neuen Menschen«, der, asketisch, sittenstreng und einsam, ganz im Kollektiv aufgeht. Tschernyschewskis *Was tun?* und Netschajews *Katechismus der Revolutionäre* sind gute Illustrationen dieser Zukunftsvorstellungen. Die nihilistische Bewegung und ihr Gedankengut sollten in die Werke der bedeutendsten russischen Dichter einfließen. So verhilft Turgenjew in *Väter und Söhne* der Vokabel »nihilistisch« (freilich in polemischer Absicht) zu Popularität und zeichnet ein Porträt der Vertreter der Bewegung. Dostojewski läßt sich von der von Netschajew geplanten und organisierten Ermordung des Studenten Iwanow zu seinem Roman *Die Dämonen* anregen. Bakunin, der Netschajew sehr nahesteht[12] und dazu beitragen wird, dessen Einfluß zu sichern, schreibt über ihn: »Ich habe hier bei mir einen dieser jungen Fanatiker, die kein Recht kennen, vor nichts Angst haben und auf absolute Weise beschlossen haben, daß viele von ihnen solange unter den Hieben der Regierung sterben müssen, bis das russische Volk sich erhebt. Sie sind wunderbar, diese jungen Fanatiker, Gläubige ohne Gott, Helden ohne Worte.«[13]

Allerdings fällt es der Intelligenz angesichts der Reformen Alexanders II., vor allem der Abschaffung der Leibeigenschaft, schwer, an einer rein negativen Denkweise festzuhalten. Die Neuerungen zwingen sie, sich direkt an das Volk zu wenden und dessen Unterstützung zu gewinnen, um es dem Einfluß der sich fortschrittlich gebenden, zaristischen Herrschaft zu entziehen. Die Volkstümlerbewegung, der Anarchismus und eine erste organisierte revolutionäre Bewegung, verkörpert in Tkatschew, erleben jetzt ihre Blütezeit.

Wie der Nihilismus sind die Volkstümler eine genuin russische Bewegung, die sich unter anderem an Hertzens enttäuschte Haltung gegenüber dem Westen knüpft. Wie Hertzen wenden die Volkstümler sich der sozialen Realität Rußlands zu, in der die Bauernschaft die beherrschende Rolle spielt. Als Ergebnis sehen sie die Notwendigkeit, diese Realität zur Basis ihres Handelns zu machen. Sie setzen sich mit dem Scheitern der vorangegangenen geistigen Bewegungen auseinander. Aus der Isolation der Vorgänger, die auf Unverständnis gestoßen waren, ergibt sich für sie die Notwendigkeit, sich im Volk eine Basis zu schaffen. Als weiteres Problem beschäftigt die Volkstümler die Stellung der Intellektuellen im Kampf. Entgegen ihrem bisherigen Selbstverständnis als privilegierte Akteure in der Geschichte müssen sie jetzt der »historischen« gesellschaftlichen Klasse, dem Bauerntum, den Vortritt lassen. Ihr zu dienen, nicht sie zu führen, ist jetzt ihre Aufgabe. Das Bemühen der Volkstümler um die Bauern hängt damit zusammen, daß sie diese – wie Hertzen – als eine Klasse außerhalb des Kapitalismus ansehen. Da vom Kapitalismus nicht assimilierbar, scheinen die Bauern in der Lage, eine neue, nicht korrumpierbare Gesellschaft hervorzubringen. Erstmals rücken die Volksmassen ins Zentrum des politischen Kampfes. Für die Ideen der Volkstümler zudem kennzeichnend ist ihre Abgrenzung gegen die unmittelbaren Vorgänger. Lawrow stützt sich in seinen *Historischen Briefen* auf das positivistische Denken Auguste Comtes und Spencers: Allerdings treten die vielgepriesenen exakten Wissenschaften zugunsten des Menschen und der Forderung nach sozialer Gerechtigkeit als einem Gebot der Nächstenliebe in den Hintergrund. Die vom Schicksal Begünstigten müssen ihr Glück durch den Dienst am Nächsten vergelten. Der Wille, sich für eine privilegierte Geburt erkenntlich zu zeigen, bewegt so junge, begeisterte Anhänger der Bewegung, »aufs Volk zuzugehen«: aufs Land zu ziehen, um das Volk aufzuklären, es aufzurufen, sich seiner historischen Rolle und seiner Leiden bewußt zu werden.

Enttäuschte, unverstandene Großherzigkeit! Während die Volkstümler für die Religion und die bestehende Ordnung Verachtung bekunden, bleiben die Bauern dem Herrscher und dem staatstragenden Glauben treu. Sie empfangen die jungen Idealisten mit Mistgabeln oder alarmieren die Polizei. Zu Recht haben die Volkstümler sich bemüht, ihre politischen Aktionen auf die soziale Realität zu gründen, es dabei aber versäumt, sich über das vorherrschende Bewußtsein unter den Bauern zu informieren. Statt des erwarteten Zuspruchs oder zumindest der Bereitschaft, sich aufklären zu lassen, stoßen sie so auf einen gesellschaftlichen Widerspruch: den zwischen sozialem Elend und einem gesellschaftlichen Bewußtsein, das weder dessen Ausmaß noch die Mittel zu dessen Beseitigung wahrnimmt. Von den Volkstümlern übersehen wird zudem die Tatsache – von dieser Erfahrung werden andere, darunter Lenin, später profitieren –, daß sie mit ihrem guten Willen nicht ans Ziel kommen, weil sie sich auf keine Organisation stützen können. Nach der Verhaftung ihrer Führer bricht die Bewegung zusammen. Dieser Mißerfolg schmälert freilich keineswegs ihre Bedeutung für die politische Geschichte Rußlands. Ihr gewaltiges Verdienst liegt darin, daß sie die Zeichen der Zeit in Rußland nach 1861 erkannt und – durch ihr Negativbeispiel – gezeigt haben, daß eine politische Bewegung ohne Organisation zum Scheitern verurteilt ist. Diese Einsicht ebnet der Entstehung von revolutionären Organisationen den Weg.

Der »Anarchismus« nimmt in der russischen revolutionären Bewegung ebenfalls eine herausragende Stellung ein. Auch er ist Teil der russischen Tradition. Bakunin, ihr Führer in Rußland, aus altadliger Familie, spricht dem russischen Volk wie die meisten Volkstümler und Slawophilen ganz eigene Fähigkeiten zu. Zu diesen gehöre vor allem die Tradition des Aufstandes, für die der Kosak Pugatschow das Vorbild geliefert habe.[14] An diese anknüpfend, ruft Bakunin das Volk zur Erhebung auf. Das russische Volk zeichne zudem eine weitere entscheidende und zukunftsträchtige Qualität aus: das Fehlen eines Staatsbewußtseins und eine Neigung zur Organisationslosigkeit, für Bakunin eine russische Besonderheit im Gegensatz zum »angeborenen Etatismus« der Deutschen. Aus dieser Sichtweise leitet Bakunin die Überzeugung ab, nach der das organisierte gesellschaftliche Leben sich am ehesten in Rußland abschaffen lasse.

Vorbilder für die politische Aktion

Im Gegensatz zu Bakunin spielte Pjotr Tkatschew – der gegen diesen und die Volkstümler unablässig polemisierte – für die Entwicklung des revolutionären russischen Denkens und in der Genealogie des Leninismus eine bedeutende Rolle. Wie eine ganze Anzahl revolutionärer Denker stammte er aus dem niederen Provinzadel, hatte aber in der Hauptstadt studiert und war dort sehr früh mit subversiven Gedanken und Aktionen in Berührung gekommen. Fast unmittelbar nach seinem Eintritt in die Universität 1861 wurde er wegen Teilnahme an verschiedenen Demonstrationen verhaftet. Zwei Monate lang saß er in der Peter-und-Pauls-Festung ein. So verfügte er schon früh über Erfahrungen auf zwei Gebieten: auf dem der Agitation im studentischen Milieu und dem der Repression.

Tkatschew, der seine Gedanken unter verschiedenen Pseudonymen in einer langen Serie von Artikeln in russischen Zeitschriften veröffentlichte, zieht gewissermaßen eine Bilanz aus den Reflexionen, Erfahrungen und Niederlagen der Volkstümler und Anarchisten. Wie die Volkstümler sieht er im fehlenden Bürgertum die historische Chance seines Landes, glaubt im Gegensatz zu diesen aber kaum an die besonderen Tugenden des Volkes. Zwar sei die Revolution ohne das Volk undurchführbar, doch bräuchten die Massen eine Organisation, Anleitung und Führung: Ihre angeborene historische Weisheit sei eine Illusion. Tkatschew, der anders als die Volkstümler nicht auf die Bauern setzt, wendet sich ebenso vehement gegen Bakunins Ablehnung des Staates: Der Staat dürfe nicht zerstört, er müsse vielmehr durch revolutionäre Institutionen straff durchorganisiert werden. Die Gesellschaft lasse sich nicht verändern, wenn man den äußeren Rahmen ihres Wirkens vernichte und sie der Initiative der Massen überlasse. Die Veränderung erfolge vielmehr durch Übernahme, Organisation und Behauptung der Macht. Tkatschew beschreitet hier einen neuen Weg. Er bricht mit dem Denken der früheren russischen Intellektuellen, entfernt sich allerdings teilweise auch von Marx. Er anerkennt die revolutionären Möglichkeiten in Rußland, betont aber die dort herrschenden besonderen Verhältnisse. Die revolutionäre

Machtergreifung und -behauptung muß für ihn im übrigen nicht durch die Massen, sondern durch eine Minderheit bestens organisierter Revolutionäre erfolgen. Tkatschew ist der erste, der die Eroberung der Herrschaft ins Zentrum des gesellschaftlichen Umwandlungsprozesses stellt. Und ebenfalls als erster gibt er eine Methode zur Eroberung der Macht an, beschreibt deren »Techniken« und befaßt sich eingehend mit ihren Zielen: dem Erhalt und der Konsolidierung der eroberten Herrschaft. Organisiert, rigoros und präzise, ist Tkatschew der erste wirkliche Theoretiker der russischen Revolution. Er paßt die Gedanken von Marx an die Situation im Rußland der letzten Jahrzehnte des 19. Jahrhunderts an. Seine Zeitung *Nabat* (Die Sturmglocke) und seine Korrespondenz brechen mit dem rein spekulativen revolutionären Denken und ebnen Lenin den Weg. Mit ihm geht die vormarxistische Ära in Rußland zu Ende: Die Stunde eines Denkens ist gekommen, das sich auf die große marxistische Strömung des Westens beruft.

Zuvor allerdings unternimmt die russische Intelligenz einen letzten Versuch, durch eine organisierte Destabilisierung des politischen Systems an ihr Ziel zu gelangen. Propaganda, Demonstrationen, Arbeiterstreiks, Terrorismus, das alles fließt in zwei revolutionären Terrororganisationen zusammen, die nacheinander in Erscheinung treten: die *Semlja i Wolja* (Boden und Freiheit) und die *Narodnaja Wolja* (Freiheit des Volkes). Die *Semlja i Wolja*, die sich in den siebziger Jahren des 19. Jahrhunderts hervortut, bildet um die Mitte des Jahrzehnts eine straffe Organisation aus, um die Aktivitäten der verstreuten Mitglieder im weiten Rußland zu koordinieren. Auf ihre massiven Propagandaaktionen und spektakulären Demonstrationen – über der Kathedrale von Kasan flattert die Rote Fahne – folgt eine gnadenlose Repression. Als Rache für die Anklage der Kameraden schießt die junge Adlige Wera Sassulitsch 1878 mit einer Pistole auf den Gouverneur der Provinzhauptstadt – der Auftakt zum »Jahr der Attentate«, mit dem sich die *Semlja i Wolja* zu einer systematischen Terrororganisation entwickelt. Mordanschläge auf die Repräsentanten des Staates, Mordanschläge auf den Zaren … Die Periode endet mit der Ausrufung des Ausnahmezustandes in den besonders unruhigen Regionen und mit der Umwandlung der *Semlja i Wolja* in die *Narodnaja Wolja*, der letzten

Organisation einer Bewegung, die von zwei herausragenden Revolutionären beherrscht wird: von Nikolai Kibaltschitsch und Andrei Jeljabow. Diesmal handelt es sich um eine regelrechte Geheimorganisation, deren einziges Ziel Terroranschläge sind. Den Tyrannen im bewaffneten Kampf mittels einer schlagkräftigen Kampforganisation zu stürzen, darum geht es. Am 1. März 1881 gelangen die Verschwörer mit ihrem geglückten Mordanschlag auf den Zar-Befreier Alexander II. schließlich an ihr Ziel.

Ein zwiespältiger Erfolg: Der Tod des Zaren bedeutet vor allem das Aus für die Verfassungsentwürfe, deren Unterzeichnung durch ihn in Vorbereitung war. Auf Betreiben Pobedonoszews verfolgt Alexander III. eine reaktionäre Politik, die den politischen Fortschritt in Rußland um ein Vierteljahrhundert zurückwirft. Die Mörder des Vaters werden am 3. April 1881 gehenkt. Indem die Bewegung ihr Hauptziel erreicht hat, offenbart sich zugleich ihre Ohnmacht.

Mit dem Aufstieg des russischen Marxismus tritt eine andere intellektuelle Elite ins politische Rampenlicht. Lenin wird schrittweise zu einer ihrer profiliertesten Figuren avancieren. So wird am 1. März 1881 ein neues Kapitel in der russischen Geschichte aufgeschlagen: das der Vorgeschichte der Revolution. Die Diskussion um die russische Besonderheit rückt bei denen, die Rußland verändern wollen, jetzt in den Hintergrund.

III Die Ursprünge des Bolschewismus

Im Jahr 1900, als Wladimir Uljanow – er nennt sich fortan Lenin – Sibirien verläßt, herrschen in Rußland denkbar günstige Bedingungen für die Entstehung einer organisierten revolutionären Bewegung, die sich auf den Marxismus beruft. Vieles hat sich in den letzten Jahrzehnten verändert: die Gesellschaft, die Intellektuellen und das Verhältnis Rußlands zu Marx; alles Voraussetzungen, die dazu beitragen, daß der Marxismus dort rasch Fuß fassen kann.

Marx und Rußland

Die antirussische Haltung von Marx ist hinreichend bekannt und muß nicht eingehend erörtert werden. Weniger bekannt ist dagegen, daß Marx sich mit Rußland immer wieder befaßt und sich in seinen Werken zu einem richtigen Spezialisten in der »russischen Frage« entwickelt hatte. Ausgangspunkt war eine Zwangsvorstellung, die Vision eines »universellen Angriffsplanes« durch Rußland, der angeblich mit barbarischen Methoden in die Tat umgesetzt werden sollte. Als Beweis galt Marx das Pseudo-Testament Peters des Großen – ohne einen Gedanken daran, daß es eine Fälschung sein könnte. Bestärkt wurde er in seiner antirussischen Haltung durch das gewaltsame Vorgehen Rußlands gegenüber Polen, vor allem die grausame Niederschlagung des Aufstandes von 1863. Die Unterstützung Polens, so Marx, sei das Kriterium für ein echtes sozialistisches Gewissen. Wegen dieser wiederholt bekundeten Antipathie gegenüber Rußland hatte er Schwierigkeiten, unter den russischen Intellektuellen Anhänger zu gewinnen. Es leuchtet ein, daß diese sich bis in die achtziger Jahre des 19. Jahrhunderts Bewegungen und Gedanken zuwandten, die dem Marxismus eher fremd waren.

Aber zeitgleich mit seiner Betroffenheit über die polnischen Ereignisse beginnt Marx, Rußland mit neuen Augen zu sehen. Die Befreiung der Leibeigenen und die Unruhe unter den Intellektuellen lassen ahnen, daß sich dort eine rasante Entwicklung anbahnt. 1872 wird der (1867 erschienene) erste Band des *Kapitals* ins Russische übersetzt. Marx lernt einen Übersetzer, den Volkstümler Danielson, kennen. Danielson, der unter dem Pseudonym Nikolas On veröffentlicht, versichert Marx 1871 in einem Brief, *Das Kapital* werde in Rußland mit großer Spannung erwartet.[1] Von da an begegnet Marx dem Land mit wachsendem Interesse. Er lernt Russisch, liest Tschernyschewski und Flerowski[2] und nimmt einen kontinuierlichen Briefwechsel mit vielen russischen Intellektuellen auf, darunter mit Lawrow und Wera Sassulitsch. Schon 1870 hatte er geschrieben, in Rußland sei eine schreckliche gesellschaftliche Umwälzung unvermeidlich.[3]

Marx interessiert sich plötzlich für die russische »Dorfgemeinschaft«. Von Wera Sassulitsch nach den Möglichkeiten befragt, diese typisch russische Struktur in den Dienst der Revolution zu stellen, antwortet Marx: Wenn die russische Revolution das Signal für eine proletarische Revolution im Westen gäbe und wenn beide sich ergänzten, könne das gegenwärtige Kollektiveigentum Rußlands einer kommunistischen Evolution als Ausgangspunkt dienen.[4] Allerdings handelt es sich hier eher um theoretische Überlegungen als um konkrete Erwartungen, wie zahlreiche andere Schriften von Marx belegen. Letztlich geht es nur darum, die Besonderheit Rußlands als historische Chance zu begreifen und sich eine Entwicklung vorzustellen, die vom übrigen Europa abgekoppelt ist. Rußland könnte demnach die kapitalistische Phase überspringen und rascher zu sozialistischen Produktionsformen übergehen. In gewisser Weise gibt Marx hier anscheinend den Volkstümlern und Tschernyschewski Recht, die sich verzweifelt den Kopf darüber zerbrechen, wie man den Zarismus loswerden kann, ohne dabei den langen Weg der europäischen Geschichte gehen und auf die besonderen gesellschaftlichen und wirtschaftlichen Strukturen Rußlands verzichten zu müssen. Marx' Antwort fällt letztlich mehrdeutig aus: Er will die russischen Freunde nicht entmutigen, sie aber auch nicht dazu ermutigen, an den Thesen der Volkstümler festzuhalten. Nach seinem Tod sollte Friedrich Engels sich in dieser Frage wesentlich kompromißloser äußern. In einer Antwort an Danielson 1890 führt er die gemäßigten Äußerungen von Marx darauf zurück, daß sie unter dem Eindruck äußerer Umstände entstanden seien: Der Terrorismus habe damals scheinbar den Untergang der Zarenherrschaft eingeläutet. Was hätte ferner gelegen, als für Rußland zu diesem Zeitpunkt die kapitalistische Entwicklung zu propagieren? Anders die Situation in den neunziger Jahren. Jetzt, so stellt Engels fest, führe die Industrialisierung in Rußland zur Herausbildung einer Arbeiterklasse und zur Entstehung des Kapitalismus. Die Diskussion zwischen Marx und Sassulitsch hat damit folglich ihre Aktualität verloren.

Was das Verhältnis zwischen der westeuropäischen und der russischen Revolution angeht – letztere könnte möglicherweise von der bäuerlichen »Dorfgemeinschaft« ausgehen –, so bemüht Engels sich in zahlreichen weiteren Schriften, im Hinblick auf Marx' Positionen keine Mißverständnisse aufkommen zu lassen. Vorrang, so betont er, habe die europäische Revolution und nicht eine autonome Revolution in Rußland. In Rußland sei alles möglich, sobald die sozialistische Revolution sich in Europa Bahn gebrochen habe.

Wenn diese Auseinandersetzungen in den letzten Jahrzehnten des 19. Jahrhunderts allzu theoretisch anmuten, so erhalten sie innerhalb weniger Jahre spürbare praktische Bedeutung. Ihretwegen rückt Rußland, das bei den europäischen Sozialisten bislang kaum Beachtung gefunden hat, ins Zentrum der Aufmerksamkeit. Außerdem sorgen sie dafür, daß der Marxismus in Rußland kurz vor der Jahrhundertwende zu einem entscheidenden ideologischen Bezugspunkt wird.

Der russische Marxismus. Orthodoxie und Revisionismus

In die von Marx aufgestoßene Tür drängen sogleich brillante Denker, Philosophen und Ökonomen, die das Problem des Wandels in Rußland auf ihre Weise behandeln. Dabei heben sie deutlich die Unterschiede zwischen ihren Analysen und denen der orthodoxen russischen Marxisten hervor.

Verkörpert wird diese orthodoxe Position vor allem durch

Georgij Plechanow (1856–1918), der als Vater des russischen Marxismus gilt. Plechanow war unter Tschernyschewskis Einfluß zunächst in der *Semlja i Wolja* (»Boden und Freiheit«) und dann in verschiedenen von Bakunin beeinflußten Organisationen aktiv. 1880 – im Jahr seiner Flucht ins Ausland – »konvertiert« er schließlich zum Marxismus. Für ihn beginnt damit eine schwere Zeit des Exils, die erst 1917 mit seiner Rückkehr nach Rußland zu Ende gehen wird. In der Zwischenzeit lebt Plechanow zunächst in Genf, wird 1889 aus der Schweiz ausgewiesen, läßt sich in Frankreich nieder, wird fünf Jahre später auch dort ausgewiesen, siedelt auf seinem Irrweg nach London über und kehrt 1894 schließlich in die Schweiz zurück. Dieses Leben eines ständig Verfolgten sowie seine umfassende Bildung und sein rigoroses Eintreten für den Marxismus erklären sein gewaltiges Ansehen unter der damaligen russischen Intelligenz.

In Genf hat sich eine kleine Emigrantengruppe um ihn geschart, die sogenannte »Befreiung der Arbeit«: Ihr gehören damals Pawel Axelrod, Lew Deutsch und Wera Sassulitsch an. Sie bilden die erste russische marxistische Partei, sind deren einzige Mitglieder und haben sich zwei Aufgaben vorgenommen: Einerseits Marx' Thesen in Rußland zu verbreiten und eine marxistische revolutionäre Bewegung aufzubauen, die innerhalb der internationalen Sozialisten ihren Platz hat; andererseits das Ansehen und den Einfluß der Volkstümler bis auf Null zurückzudrängen.

Die geistige Autorität Plechanows unter den Intellektuellen erklärt die rasche Verbreitung des Marxismus in Rußland, die sich auch im Erfolg der Veröffentlichung des *Kapitals* widerspiegelt. Allerdings sind die »Gründerväter des russischen Marxismus« politisch schwach, denn sie haben wenig echte Kontakte zur russischen Arbeiterklasse, auf der doch alle ihre revolutionären Hoffnungen ruhen.

Trotz allem gelingt es ihnen, in ihrem Land einen Marxismus zu verbreiten, der frei ist von dem Bedürfnis, Rußland in der Geschichte eine Sonderstellung einzuräumen. Damit gelangt ein nach Westen orientiertes, rationales Denken ins Land, das für die Volkstümlerbewegung und damit für die Vorstellung von einer eigenen »russischen« Zukunft einen herben Rückschlag bedeutet.

Plechanow führt einen unermüdlichen Kampf gegen »böse Geister«: gegen diejenigen Kräfte, die das russische Denken in der Isolation halten wollen, aus der es, seiner Meinung nach, allein der Marxismus herausführen kann: gegen Tkatschew, Bakunin und ausnahmslos alle Volkstümler. In *Unsere Unstimmigkeiten* von 1885 tritt er deren Geschichtsauffassung entschieden entgegen und vertritt einen einheitlichen Verlauf der historischen Entwicklung. »Rußland«, so schreibt er, »wird zwangsläufig dem gleichen Weg folgen wie die westeuropäischen Gesellschaften, auch wenn seine große Rückständigkeit zu einem schnelleren Wandel zum Kapitalismus und zu dessen rascherem Untergang führen könnte. Auch könnten die Fehler des westlichen Proletariats dem aufstrebenden russischen Proletariat als Lehren dienen und so zu einem beschleunigten Verlauf der Entwicklung beitragen.« Wer auf die Besonderheit der ländlichen Strukturen in Rußland setze, so Plechanow, hänge einer gefährlichen Utopie an. Der Kapitalismus, der Klassenkampf, so schreibt er oft, seien unvermeidlich. Und scharfsinnig beschwört er die Gefahren einer Revolution, die sich auf den Sozialismus beruft, ohne die nötigen Voraussetzungen zu erfüllen: »Das wäre ein politisches Ungeheuer... eine zaristische Despotie, übermalt mit kommunistischen Farben.« Die Warnung von 1885 zeugt von einem ungewöhnlich wachen Blick für die Zukunft.

Seine Kritik richtet sich vor allem gegen den Voluntarismus Tkatschews. Indem er den Lauf der Geschichte erzwingen wolle, so wirft er ihm vor, leiste er einer furchtbaren Reaktion Vorschub. Neben diesem Angriff kreuzt er vor allem mit dem damals noch völlig unbekannten Lenin die Klinge. Mit seinem Plädoyer gegen Obskurantismus und für einen rationalen Geschichtsansatz wird Plechanow von dieser Zeit an für immer als ein radikaler, nach Westen ausgerichteter Marxist gelten, der für Rußland mit aller Kraft einen europäischen Weg der Entwicklung vertritt.

Allerdings ist der russische Marxismus am Ende des Jahrhunderts eine besonders heterogene Bewegung, an der auch die sogenannten »Legalen Marxisten« beträchtlichen Anteil haben. Der Erfolg der Bolschewiki wird sie bald schon für lange Zeit in Vergessenheit geraten lassen. Das ändert nichts daran, daß sie in Rußland Gedanken einführen, die stark an den damaligen deutschen »Revisionismus« erinnern. Den abfällig gemeinten Namen

»Legale Marxisten« verdanken sie ihren Gegnern, die an ihnen gerade das kritisieren, was zu ihrem Einfluß beiträgt: die Fähigkeit, auf legale Weise ihre Ideen zu verbreiten. Ihre Vertreter leben legal in Rußland und verfassen Schriften, die dort oft die Hürde der Zensur überwinden. Dabei finden sie bei einem für die damalige Zeit recht breiten Publikum Gehör. Ihr bekanntester Vertreter ist damals Pjotr B. Struve, ein Altersgenosse Wladimir Uljanows, den er aber um zwanzig Jahre überleben wird.[5] Um ihn bilden Nikolaj Berdjajew, Michail Tugan-Baranowski, Semion Frank und der spätere Theologe Sergej Bulgakow ein glänzendes Vierergestirn. Alle gehören Lenins Altersstufe an und sind eher Intellektuelle, die sich über das künftige Schicksal ihres Landes Gedanken machen, als aktive Revolutionäre. Die Gegner werfen ihnen deshalb vor, Träumen von Reformen anzuhängen, anstatt in Rußland als Marxisten konsequent die Revolution mitvorzubereiten. Ein weiterer Vorwurf richtet sich gegen die von ihnen propagierten legalen Mittel, für die Kritiker ein Synonym für Ineffizienz.

Sämtliche Vertreter der Richtung werden sich später dem Liberalismus anschließen. Ihre anfängliche Option für den Marxismus hängt mit der Lage in Rußland um die Jahrhundertwende zusammen: Damals gibt es noch keinen Liberalismus, so daß sich die gesamte Diskussion um die Ideen von Marx dreht. Sie werden sich zudem dem Christentum zuwenden, vor allem Sergej Bulgakow, der zum bedeutendsten und originellsten Theologen des orthodoxen Glaubens im 20. Jahrhunderts werden wird. All diesen Männern ist gemein, daß sie sich mit dem Marxismus auseinandersetzen wollen, ohne sämtliche Axiome blind zu übernehmen. Sie trennen den Marxismus als eine wissenschaftliche Erklärung für die historischen Entwicklungen – der sie zustimmen – von gewissen moralischen Prinzipien, die einer eigenen Sphäre angehören. Demokratie und Freiheit haben für sie einen absoluten Wert. Der Marxismus ist dagegen eine nützliche Gesellschaftslehre, die nicht zur politischen Waffe werden darf. 1894 veröffentlicht Struve in Sankt Petersburg seine *Kritischen Bemerkungen zur Frage der ökonomischen Entwicklung Rußlands.* Das Buch, das Neugierde weckt und Diskussionen entfacht, enthält für Marxisten einigen Zündstoff. Struve wendet sich darin gegen den Gedanken, daß der Staat die Gesellschaft unterdrücke: Ganz im Gegenteil, so schreibt er scharfsinnig, sei der Staat für die Gesellschaft »notwendig« und bleibe dies auch in dem System, das den Kapitalismus ersetzen werde. Seine positive Sicht vom Kapitalismus, an dem er die Fähigkeit lobt, sich aus sich selbst heraus zu entwickeln und den eigenen Untergang vorzubereiten, um dann einer besseren Ordnung zu weichen, steht im Widerspruch zur marxistischen Sicht von der bevorstehenden Verelendung der Arbeiterklasse. Struves reicher Gedankenschatz scheint die russischen Marxisten, zu denen er und seine Freunde im übrigen enge Beziehungen unterhalten, anfangs nicht zu beunruhigen.

Im Jahr 1895 reist Struve in die Schweiz zu Plechanow, der ihn begeistert empfängt. Im Jahr darauf entsendet ihn die sozialdemokratische Organisation – von ihrer Gründung durch Lenin und Martow wird noch die Rede sein – zum Kongreß der Sozialistischen Internationalen nach London. Vor allem aber übernimmt er 1897 zusammen mit Tugan-Baranowski die Leitung der Zeitschrift *Nowoje Slowo*, die zum gemeinsamen Sprachrohr der Legalen und der »orthodoxen« Marxisten werden wird.

Während die russischen Marxisten in Rußland oder in der Emigration hitzige Diskussionen führen, zeigt der Marxismus auch ein anderes Gesicht: das der Aktion. Das bevorzugte Betätigungsgebiet ist Sankt Petersburg, die politische Hauptstadt des Reichs, die mehr noch Rußlands intellektuelles und wirtschaftliches Zentrum bildet. Hier prallen die verschiedenen Geistesströmungen und gesellschaftlichen Kräfte aufeinander.

Die Anfänge der marxistischen revolutionären Aktion

Nach einigen relativ ruhigen Jahren – sie sind in der Repression nach dem Attentat auf Alexander II. begründet – brechen Anfang der neunziger Jahre des Jahrhunderts in der Hauptstadt stürmische Zeiten an.

Eine gesellschaftliche Bewegung formiert sich, die zunächst prämarxistische und dann echte marxistische Züge trägt. Marxisten und Volkstümler rufen politische Zirkel ins Leben. Sie beunruhigen die Obrigkeit schon deshalb, weil zur gleichen Zeit eine Welle von Streiks und Demonstrationen über das Land hinwegrollt: Mit Kundgebungen soll in Sankt Petersburg ein »Tag der Arbeit« erstritten werden (der erste Anlauf im Land wird im Mai 1891 genommen). Alarmiert sind die Behörden vor allem wegen der großen Arbeiterstreiks in Lodsch im Mai 1892. Die Reaktion fällt heftig aus. Die Verhaftungen unter den vereinzelten Intellektuellengruppen – sie zielen vor allem gegen die Sozialdemokraten – sind so zahlreich, daß die Staatsgewalt organisatorische Probleme bekommt.

Anfang 1893 formiert sich eine revolutionäre Bewegung um den Studenten Stepan Radtschenko von der Technischen Universität in der Hauptstadt. Radtschenko, ein »geborener Verschwörer«, und seine Genossen denken nicht daran, den Arbeitern die Verantwortung für die Aktionen zu überlassen. Ihrer Überzeugung nach erfordern die Verhältnisse in Rußland politische Aktivitäten, die hierarchisch und straff organisiert vom Untergrund aus durchgeführt werden. Die Führung müssen die Intellektuellen übernehmen. Damit steht die Bewegung in konsequenter Opposition zu den Ansätzen der *Narodnaja Wolja.* Radtschenko schart Anhänger um sich: German Krassin, einen Theoretiker der Bewegung, und vor allem eine kleine Gruppe von vier Frauen, die in den Sonntagsschulen für Arbeiter – eine Gründung des philantropen Industriellen Wargunin – unterrichten. Eine von ihnen ist Nadeshda Krupskaja.

Zu diesem Zeitpunkt tritt in der Bewegung Wladimir Uljanow hervor. Wie er sich damals an den revolutionären Aktionen beteiligt, wurde aus dem Blickfeld seines Privatlebens erörtert. Im folgenden geht es um seine Stellung innerhalb der marxistischen Bewegung. Uljanow trifft nach einem kurzen Aufenthalt in Nishni-Nowgorod (in dieser Stadt leben zahlreiche Verbannte) von Samara aus in Peterburg ein – mit einer Empfehlung für die Gruppe Radtschenkos. Eine weitere Eintrittskarte ist sein Name, der ihn als Bruder des Helden einer revolutionären Bewegung ausweist. Uljanow lernt die wichtigsten Führer kennen, macht aber nicht den besten Eindruck: »Sein Äußeres, wenig ansprechend und alltäglich, hat uns kaum beeindruckt«, bemerkt Michail Alexandrowitsch Silwin[6], der an der Begegnung teilgenommen hat.

Der Neuling benötigt fast ein ganzes Jahr, bis er richtig akzeptiert und an den Aktivitäten der Gruppe beteiligt wird. Die

Untätigkeit stört ihn wenig: Im Sommer 1894 fährt er mit seiner Familie in die Ferien. Den Urlaub hat er sich wohl verdient – mit der Fertigstellung eines Aufsatzes: *Was sind die Volksfreunde und wie kämpfen sie gegen die Sozialdemokraten?*[7] Die Schrift greift die Volkstümler an und nimmt Struve in Schutz. Noch bedeutsamer als dieser erste publizistische Versuch ist seine Begegnung mit Martow. Sie konfrontiert ihn mit der Notwendigkeit, sich zwischen der (von Martow propagierten) Agitation als einem revolutionären Mittel und der Alternative der propagandistischen Aktion zu entscheiden.

Martow konfrontiert Uljanow mit den großen Debatten der Marxisten, die in Rußland nach Wegen suchen, revolutionär in Aktion treten zu können. Am Anfang der Diskussion – und der Begegnung – steht das Buch *Ob agitazi* (Von der Agitation) des Autors Arkadi Kremer, der später die jüdische sozialistische Partei (Bund) gründen wird. Martow, der Lenin später sehr nahe stehen wird, ist als Herausgeber des Buchs aufgetreten. Sein Werdegang verdient an dieser Stelle einige Beachtung. Juli Zederbaum, so sein richtiger Name, entstammte einer jüdischen Intellektuellenfamilie und wurde durch Kindheitsereignisse stark geprägt. Als Sohn einer Wiener Mutter lernte er neben Deutsch auch Französisch, das im Familienkreis gesprochen wurde. Sein Großvater, ein angesehener jüdischer Intellektueller, hatte die ersten jüdischen Zeitungen Rußlands gegründet. Sein Vater, der bis zu Julis Geburt 1873 in Konstantinopel lebte, war ebenfalls Journalist und hatte als Korrespondent für mehrere russische Zeitungen gearbeitet. Der junge Zederbaum wuchs in einer sehr gebildeten Familie auf, deren Leben durch viele Ortswechsel gekennzeichnet war. Nach Konstantinopel ließ sie sich in Odessa nieder, einer Stadt mit einer großen jüdischen Gemeinde. Zederbaum war sich in der frühen Kindheit seiner jüdischen Herkunft allerdings nicht so recht bewußt. Er fühlte sich eher als Russe. Erst das schreckliche Pogrom von Odessa 1881 nach Ermordung des Zaren Alexander II. – es machte wie durch ein Wunder vor dem Haus der Zederbaums halt – stieß den Achtjährigen auf seine Wurzeln.

Mit seiner Abstammung erneut konfrontiert wurde er 1889. Kurz nach den Judenpogromen von 1881 siedelten die Zederbaums in die Hauptstadt über. Als Juli 1889 ins Gymnasium eintreten wollte, stellte die Polizei die Aufenthaltserlaubnis seiner Familie in Sankt Petersburg – hier durften nur privilegierte Juden wohnen – jedoch wieder in Frage. Nach einer Zeit der Ungewißheit wurde sie schließlich bestätigt, wohl deshalb, weil das Familienoberhaupt über eine besondere Ausbildung und damit über einen hohen gesellschaftlichen Status verfügte. Der Zwischenfall, der Juli Zederbaum beinahe der Möglichkeit des Besuches einer höheren Schule in der Hauptstadt beraubt hätte, prägte diesen zutiefst: Bald wandte er sich illegalen Aktionen in Studentengruppen zu. 1892 verhaftet, freigelassen und 1894 erneut verhaftet, wurde er anschließend zum Verlassen Sankt Petersburgs verurteilt. Zwei Jahre lang durfte er keine Universitätsstadt betreten. Er ließ sich in der litauischen Hauptstadt Wilna nieder, begegnete dort Kremer und machte sich mit örtlichen Sozialdemokraten Gedanken über die Probleme der Arbeiterbewegung. In dieser Zeit legte er sich den Namen »Martow« zu.

Fortan nahm Martow jedermann für sich ein – trotz des eher abstoßenden Äußeren: Mit seiner gebeugten Haltung, eher häßlich und ungepflegt, wirkte er geradezu gnomenhaft. Aber kaum nahm man hinter den dicken Brillengläsern seinen intelligenten Blick wahr, sah man nur noch den brillanten und hochgebildeten Mann mit den hervorragenden dialektischen Fähigkeiten. In Martow sollte Lenin einen hervorragenden Mitarbeiter und Gesprächspartner finden. Daß er – vor dem späteren, tragischen Bruch – fest zu Lenin hielt, rührt wohl daher, daß er schon damals in ihm den künftigen Helden der Revolution sah.

Kremers Pamphlet *Ob agitazi*, das Martow herausgegeben hat, thematisiert Probleme, die für die Sozialdemokraten die ernsthafte Gefahr einer Spaltung bergen. Arkadi Kremer verarbeitet darin die Erfahrungen der polnischen Arbeiterklasse: Die Arbeiter, so seine Schußfolgerungen, seien gezwungen, um die Lösung ihrer – vornehmlich wirtschaftlichen – Schwierigkeiten zu kämpfen. Daß sie dabei zwangsläufig in Konflikt mit der Staatsgewalt gerieten, verleihe ihrem Kampf einen politischen Charakter. Zwei Themen bestimmen Kremers Überlegungen: Die Arbeiter sollen nicht Theoretisches aus Büchern lernen; gelernt werden solle vielmehr im Kampf, wobei es Aufgabe der Sozialdemokraten sei, sie durch »Agitation« zum Handeln zu bewegen. Bei den Arbeitern gehe es vornehmlich um das »Bewußtsein ihrer ökonomischen Interessen«. Die Sozialdemokraten müßten ihre Aktivitäten folglich weg von Aufklärung und Erziehung und hin auf die Agitation unter der Arbeiterklasse verlagern.

Diese Alternative – Agitation oder Fortführung der Erziehung – entfacht unter den Sozialdemokraten einen heftigen Streit und sorgt für ein Zerwürfnis. Derweil geht Lenin, der noch immer ein privilegiertes Leben führt, seinen geistigen Beschäftigungen nach. Er studiert die Lebens- und Arbeitsbedingungen des Proletariats und wird so zum »Experten in Sachen Arbeiterklasse«, ohne über konkrete Erfahrungen mit dem Proletariat zu verfügen. Ihm kommt es vor allem darauf an, über die kleine Gruppe hinaus Bedeutung zu erlangen und in den Kreis der »großen« marxistischen Theoretiker aufgenommen zu werden. Über sie möchte er die renommierten Gründerväter in der Schweizer Emigration erreichen. Struves soeben veröffentlichte *Kritische Bemerkungen zur Frage der ökonomischen Entwicklung Rußlands*[8] bieten dazu eine Gelegenheit. Das Buch, das überraschenderweise die Hürde der Zensur genommen hat, ist ein großer Erfolg und trägt sofort zur Verbreitung der marxistischen Thesen bei – gegen die Gedanken der Volkstümler, nach denen Rußland einen eigenen historischen Weg einschlagen müsse. Das Buch erreicht eine weitaus größere Leserschaft als die früheren sozialdemokratischen Pamphlete und löst eine breite Diskussion aus. Uljanow schreibt eine zurückhaltende Rezension. Im Januar 1895 beschließt er, eine Erkältung im Ausland auszukurieren, und erhält problemlos einen Paß. Dies ist die ersehnte Gelegenheit zu einem Zusammentreffen mit den »Gründervätern«.

In der Schweiz trifft er, wie erwähnt, mit Plechanow und Axelrod zusammen. Der gerade fünfundzwanzigjährige Revolutionär ist von diesen Altvorderen in jeder Hinsicht beeindruckt. Der damals fünfundvierzigjährige Axelrod, Sohn eines armen jüdischen Schankwirts aus der Ukraine, hatte die Ausbildung bedürftiger jüdischer Kinder gefördert. So war sein Leben schon früh in die revolutionäre Bahn gelenkt worden. Mit diesem typischen Vertreter der jüdischen Intelligenz im Zarenreich, der die Revolution als Möglichkeit zur Emanzipation seiner gesellschaftlichen Gruppe sieht, kontrastiert die aristokratische Persönlichkeit Plechanows. Wie viele junge Adelige seiner Generation gelangte er über die Volkstümlerbewegung zum Sozialismus –

aus der Überzeugung heraus, daß er den unterprivilegierten Schichten dieses Engagement schuldig sei. 1895 ist er vierzig Jahre alt und verfügt über besonderen Charme: Gutaussehend, vornehm und hochgebildet, ist er ebenso höflich wie unnahbar.

Als Uljanow bei Plechanow eintrifft, ist Struve bei ihm. Beide Männer sind brillante Persönlichkeiten und sich dessen bewußt. Beide schätzen einander. Für sein Entrée bei Plechanow verfügt Uljanow über eine gute Visitenkarte: Zeitgleich mit Struve hat Plechanow ein Buch durch die Zensur gebracht: *Zur Frage der Entwicklung der monistischen Geschichtsauffassung.* Uljanow hat das Werk während einer sozialdemokratischen Versammlung begeistert kommentiert. Plechanow hat davon erfahren. Wie erwähnt, kann er sich aber für den jungen Mann, der ihn unbedingt für sich einnehmen möchte, nicht so recht erwärmen. Obwohl er nicht rundweg negativ wirkt, ruft Uljanow bei fast allen Gesprächspartnern – auch bei Struve – ein gewisses Mißtrauen hervor. So schreibt beispielsweise Struve: »Lenins Eindruck auf mich war von Anfang an und dauerhaft unangenehm … Ich habe ihn sofort als einen Gegner empfunden, sogar als wir uns noch näherstanden … Lenins Brutalität und Grausamkeit – die ich schon bei der ersten Begegnung spürte – waren mit seinem unbändigen Machtstreben untrennbar verknüpft … Furchtbar ist bei Lenin die Mischung aus persönlicher Askese, Fähigkeit zur Selbstkasteiung und einer Fähigkeit zur Kasteiung anderer, die sich in einem abstrakten sozialen Haß und kalter politischer Grausamkeit äußert.«[9] Dieses Bild, das Struve im Rückblick von dem jungen Uljanow entwirft, deckt sich in gewisser Weise mit der Beschreibung durch Lunatscharski, der Lenins »asiatische Züge« hervorhebt.

Nach einem Umweg über Paris, wo er mit Paul Lafargue, Marx' Schwiegersohn, zusammentrifft, kehrt Uljanow im September 1895 nach Sankt Petersburg zurück. Dort lernt er Martow kennen, der ebenso ungeduldig wie er selbst Aktionen erwartet. Von beiden Freunden – die Beziehungen des späteren Lenin zu Martow sind bis zu ihrem Bruch sehr eng – ist Martow der unternehmungslustigere. Er drängt zu konkreten Beschlüssen, während Uljanow zögert und eher intellektuellen Aktivitäten zuneigt. Das Ergebnis ihrer Allianz ist die Gründung des »Petersburger Kampfbundes zur Befreiung der Arbeiterklasse«, in dem sich die Anhänger Radtschenkos und die Martows sammeln. Die Gruppe besteht aus siebzehn Mitgliedern, darunter die vier Frauen, die an den Sonntagsschulen unterrichten, und fünf »Stellvertreter«. Es handelt sich um eine hierarchisch aufgebaute, kleine Elitegruppe, zu der Arbeiter keinen Zugang haben. Uljanow ist (als Chefredakteur) für alle Veröffentlichungen verantwortlich. Am 16. Dezember 1895 schlägt dann, wie erwähnt, die Polizei zu, die die fieberhaften Aktivitäten der Gruppe argwöhnisch beobachtet hatte. Die meisten Mitglieder der Gruppe landen in Untersuchungshaft.

Als Gefangener verfaßt Uljanow ein Programm, das der Gruppe das Überleben sichern soll. Diese Schrift, die die Gefängnismauern problemlos überwindet und weithin verbreitet wird, mutet seltsam an. Der Verfasser scheint sich über die einzuschlagende Linie selbst noch im unklaren zu sein. Er betont den Vorrang der ökonomischen Zielsetzungen des Kampfes und sieht die Partei als »Beistand« (nicht als Führung) der Arbeiterklasse – die programmatische Schrift könnte folglich ebensogut aus Kremers Feder stammen. Gerade diese Positionen sollte der spätere Lenin wenige Jahre später unbarmherzig bekämpfen.

Die politische Lage in Rußland ist damals voller Widersprüche. Die Streikenden von 1896 finden wenige Nachahmer. Die Wirtschaftskrise der Jahrhundertwende wirft – vor allem in der Metallindustrie – ihre Schatten voraus. Drohende Arbeitsplatzverluste bringen die Beschäftigten zum Schweigen. Die Anzahl der Streikenden sinkt von 60000 im Jahr 1897 auf 43000 1898. Nach einem kurzzeitigen erneuten Anstieg 1899 befinden sich im ersten Jahr des 20. Jahrhunderts nur noch knapp 25000 Arbeiter im Ausstand.

Die revolutionären Hoffnungen schwinden. Die Verbannung bedeutet daher keine besonders tragische Zäsur in den Beziehungen zur Arbeiterbewegung. Vor der Abreise treffen die Verurteilten zu einer Diskussion zusammen: Muß ihre Bewegung sich der Arbeiterklasse öffnen oder nicht? Martow und Lenin beantworten die Frage klar negativ, Plechanow in Genf schließt sich ihnen an. Über solche Positionen war innerhalb der Sozialdemokratie zur damaligen Zeit noch ein Konsens zu erzielen.

Lenins Petersburger Jahre – die einzigen in Rußland bis zur Revolution – sind mit Blick auf seine intellektuelle Entwicklung schwer auf einen Nenner zu bringen. 1897, bei der Abreise nach Sibirien, spricht er sich gegen eine Öffnung der Partei für die Arbeiterklasse aus. Keine zwei Jahre zuvor hatte er, was die Arbeiterklasse angeht, zu Beistand und Agitation aufgerufen. Noch ist er von den anfangs vertretenen Positionen der Volkstümler nicht ganz abgerückt und verknüpft sie mit den Ideen von Marx. Von der verlockenden Parole »Die Wirtschaft zuerst« verabschiedet er sich erst um die Jahrhundertwende endgültig. Bei allen seinen damaligen Aktivitäten glänzt er vor allem auf intellektuellem Gebiet, bei theoretischen Auseinandersetzungen, Polemiken und beim Schreiben. Er wird sich stets sicherer unter Intellektuellen als unter den Arbeitern bewegen, die er kaum kennt und gegen die er stillschweigend Befürchtungen hegt: Mit steigendem Bildungsniveau könnten sie eine Elite bilden, die zu der intellektuellen Elite, der er selbst angehört, in Konkurrenz treten könnte.

Die ersten Organisationen

Bisher hat sich alles im Inneren Rußlands abgespielt. Jetzt erhält die organisierte politische Bewegung von außen her, durch Polen und Juden, die entscheidenden Impulse. Den Anfang macht die 1893 von Dmowski gegründete Sozialistische Partei Polens, die zu einer Vertretung vor allem polnischer Interessen neigt. Ihre »nationalistische« Tendenz führt allerdings rasch zu einer Abspaltung der internationalistischen Kräfte unter Rosa Luxemburg und Leo Jogiches, die eine Sozialdemokratische Partei Polens gründen. Wie Jahre vor ihr Marx erkennt Rosa Luxemburg, daß die Zeiten vergangen sind, da man die besonderen polnischen Interessen berücksichtigen mußte, weil man durch eine Unterstützung des fortschrittlicheren Polens das zaristische Rußland destabilisieren konnte. Der rasche wirtschaftliche Aufschwung und die politische Entwicklung in Rußland machen 1890 eine neue Strategie notwendig: Jetzt muß der Kampf der Arbeiter im ganzen Reich organisiert und das Proletariat in einer Sammlungsbewegung zusammengeführt werden, in der für unfruchtbare nationalistische Streitigkeiten kein Platz ist. Die Revolution muß im Inneren Rußlands stattfinden.

Komplizierter ist die Entstehungsgeschichte des Bundes. Gegründet wurde diese jüdische sozialistische Bewegung 1897 vor allem auf Initiative Martows und Kremers. Ihr voller Name lautet »Allgemeine Vereinigung der jüdischen Arbeiter Litauens, Polens und Rußlands«. Was Martow, Kremer und ihre Freunde veranlaßten, dieses Bündnis zu schmieden, ist leicht nachvollziehbar: Im turbulenten Rußland am Ende des 19. Jahrhunderts befinden sich die Juden in einer besonders prekären Situation. Angesichts von Verfolgungen und Einschränkungen ihrer Freizügigkeit ist die jüdische Gemeinschaft gespalten. Viele träumen von einer Übersiedlung nach Palästina und schließen sich dem Zionismus an, andere sind begeisterte Anhänger einer Integration durch den Sozialismus und hoffen auf die Solidarität der Arbeiterklasse, zur Beendung der Diskriminierungen. Sie berufen sich dabei auf die sozialen Besonderheiten der jüdischen Gemeinschaft, die sich vor allem auf die Städte und den Westen Rußlands konzentriert, wo die Industrialisierung am rasantesten voranschreitet. Die jüdische Arbeiterschaft ist vor allem in Kleinbetrieben vertreten – mit besseren Möglichkeiten, sich der polizeilichen Kontrolle zu entziehen als in Großunternehmen. So konnte sie ein engmaschiges solidarisches und organisatorisches Netz knüpfen, das sie zu einem fortschrittlichen Element im russischen Proletariat macht. Hinzu kommt ein höherer Bildungsstand gegenüber den russischen Arbeitern, die mehrheitlich vom Land stammen, rasch in Städte umgesiedelt wurden und kaum Gelegenheit erhielten, sich an das neue Leben in der Stadt und in den Fabriken anzupassen. Vor diesem Hintergrund ist die Neigung des jüdischen Proletariats zu verstehen, sich zusammenzuschließen und echtes Klassenbewußtsein zu demonstrieren.

Während die Verfechter der Integration sich auf diese Besonderheiten des jüdischen Proletariats berufen, betreiben die Führer der Arbeiterbewegung damals die Annäherung zwischen jüdischen und nichtjüdischen Arbeitern. Betont wird das Gemeinsame – die gesellschaftliche und wirtschaftliche Stellung –, während das Trennende, der kulturelle und religiöse Hintergrund, als bedeutungslos dargestellt werden. Daß jüdische Arbeiter untereinander vornehmlich Jiddisch sprechen, wird vor allem damit erklärt, daß dies die Verständigung erleichtere. Martow, selbst bestens assimiliert, konstatiert allerdings als erster die Schwierigkeiten dieses Assimilationsvorhabens. Bei einer Ansprache am 1. Mai 1894 an Juden in Wilna betont er, daß die Interessen der russischen und der jüdischen Arbeiter sich nicht immer deckten. Zwar sei ein gemeinsamer Kampf notwendig, doch dürften die Juden sich auf die Russen nicht voll verlassen. Sie müßten, so schließt Martow, eigene Organisationen gründen.[10] Gehör findet der Ratschlag schon deshalb, weil der russische Antisemitismus zur damaligen Zeit erschreckende Ausmaße annimmt und für die Betroffenen zur tagtäglichen Bedrohung wird.

Um dieser Sicht von der Besonderheit einer jüdischen Arbeiterbewegung etwas entgegenzustellen, wird der Bund gegründet. Zwar bildet er zunächst eine eigene Organisation für die jüdische Arbeiterklasse.[11] Aber nach den Vorstellungen Martows soll dies nur das augenblickliche Zugeständnis an die besonderen Verhältnisse in Rußland sein. Das eigentliche Ziel ist die Internationalisierung der Arbeiterklasse, die zunächst vorbereitet werden muß.

Die politischen Aktivitäten der Polen und Juden dienen den Petersburger Marxisten bis zu einem gewissen Grad als Vorbild und ebnen damit der Gründung einer echten russischen sozialdemokratischen Organisation den Weg. 1898 wird sie schließlich aus der Taufe gehoben.

Der Parteitag von Minsk

Im März 1898 wird in Minsk die Sozialdemokratische Arbeiterpartei Rußlands (SDAPR) gegründet. Hintergrund dieses Gründungsparteitages mit neun Teilnehmern sind die Rivalitäten zwischen verschiedenen regionalen Arbeiterorganisationen, vor allem der von Wilna, der von Kiew und der Basis des »Bundes«. Ziel des Treffens ist folglich deren Zusammenführung zu einer Einheit. Bei der Organisation des Parteitages kommt dem Bund eine entscheidende Rolle zu. Die neun Teilnehmer vertreten die marxistischen Organisationen von Sankt Petersburg, Moskau, Kiew, Jekaterinburg und selbstverständlich den Bund, der drei Delegierte stellt. Drei Tage lang – vom 1. bis zum 3. März – dauern die Diskussionen, in deren Verlauf ein Zentralkomitee aus drei Mitgliedern gewählt und ein von Struve verfaßtes Programm verabschiedet wird. Der Text beruft sich auf die »Freiheit des Volkes«, ohne terroristische Aktionen zu propagieren. Vor dem Auseinandergehen vereinbaren die Delegierten eine weitere Vollversammlung in sechs Monaten. Kurz nach dem Parteitag werden die Delegierten jedoch verhaftet und in die Verbannung geschickt. Die Aktivitäten der SDAPR sind damit erst einmal gestoppt.

Betrachtet man diesen ersten Versuch, die über das russische Territorium verstreuten marxistischen Gruppen in einer Organisation aneinanderzubinden, so fällt zweierlei auf:

Zunächst das Bestreben, die damals auftauchenden Probleme der Nationalitäten im Vielvölkerreich zu überwinden und die Organisation der Arbeiterklasse zu deren Integration zu nutzen. In der Namensgebung spiegelt sich dies wider: Entstanden ist keine »russische« *(Russki)*, sondern eine Partei »Rußlands« *(Rossiskaja)*. Die Partei wendet sich so ausnahmslos an alle Arbeiter im Zarenreich, und nicht nur an die russische Arbeiterklasse.

Zweitens geht Struves Parteiprogramm – es wurde nach dem Vorbild des *Kommunistischen Manifestes* verfaßt – von einem revolutionären Prozeß in zwei Phasen aus. Die erste Phase sei vom Bürgertum dominiert und führe zu demokratischen Errungenschaften. In der zweiten Phase werde das Proletariat seine historische Aufgabe erfüllen und den Sozialismus begründen. Struve hebt allerdings auch die Schwäche des russischen Bürgertums hervor, das daher seine Rolle in der Phase des demokratischen Fortschritts nur unzulänglich erfüllen könne. Als Konsequenz bekommt das russische Proletariat von Anfang an die entscheidende Rolle zugewiesen. Mit anderen Worten: Struve gelingt es in diesem Programm, die revolutionäre Konzeption von Marx mit den besonderen politischen Verhältnissen in Rußland auszusöhnen.

Auch wenn der Parteitag von Minsk nicht die erhofften Folgen hatte, so darf seine Bedeutung innerhalb der wechselvollen Geschichte der russischen revolutionären Bewegung nicht unterschätzt werden. Bislang war die Szene zunächst von den Volkstümlern beherrscht gewesen und anschließend von ihren Gegnern, die eine völlig andere historische Vision vertraten: von den »Gründervätern« des russischen Marxismus, Plechanow und Wera Sassulitsch. Über ein Vierteljahrhundert lang hatten dabei die geistige Auseinandersetzung und der Terrorismus die Oberhand über Versuche behalten, die entstehende Arbeiterklasse zu organisieren. Mit dem Parteitag von Minsk hat – obwohl die Teilnehmer kurz darauf in der Versenkung verschwanden – eine neue Phase begonnen: Jetzt ist die Notwendigkeit einer revolutionären Organisation, eines Programmes und präziser Regeln für deren Funktionieren jedermann deutlich geworden. Auf diese Fragen konzentrieren die Marxisten, allen voran Lenin, von jetzt an ihre Kräfte.

Erstaunlich ist zudem, wie rasch die Gründungsmitglieder von Minsk auf der Bühne des revolutionären Geschehens von Figuren abgelöst werden, die bis dahin eine zweitrangige Rolle gespielt haben. Daß ihre Namen rasch in Vergessenheit geraten, ist mehr noch als auf die Repression auf den Umstand zurückzuführen, daß in der neu gegründeten Partei später keiner von ihnen eine bedeutende Rolle spielen wird. Dagegen erscheint Wladimir Uljanow, der während des Minsker Gründungsparteitages in der sibirischen Verbannung viel nachgedacht und geschrieben hat, wenig später auf der Bildfläche. Die Partei der Bolschewiki, die er organisieren wird, hätte sich in Minsk noch niemand vorstellen können – sowenig wie die Richtung, die er dem revolutionären Kampf in Rußland geben würde.

Im Frühjahr 1898 beginnt so die eigentliche Geschichte Lenins.

Zweiter Teil

Der Berufsrevolutionär (1900–1914)

IV Die Einheit: Eine Partei, ein Programm, ein Chef

11. Februar 1900: Wladimir Uljanows fast dreijährige Verbannungszeit ist zu Ende. Der Mann, der vom sibirischen Schuschenskoje nach Rußland zurückreist und sich später ins Ausland begibt, nennt sich nun nicht mehr Uljanow. In den letzten Monaten der Verbannung hat er ein Werk vollendet, das den Titel *Die Aufgaben der russischen Sozialdemokratie*[1] trägt: Es wird später in der Schweiz unter dem Pseudonym Lenin erscheinen, eine Anspielung auf den sibirischen Fluß Lena. Ein Zufall will, daß von den vielen Namen Uljanows gerade dieser überlebt, in die Weltgeschichte eingeht und mit einem Mann in Verbindung gebracht wird, der das 20. Jahrhundert entscheidend prägen wird. Uljanow hat den Namen Lenin erst am Ende der Verbannung angenommen. Daß gerade dieses Pseudonym sich so hartnäckig hält, ist wohl seinen Aufenthaltsorten ab 1900 zu verdanken: Er lebt und veröffentlicht nun außerhalb Rußlands und muß sich folglich nicht mehr hinter wechselnden Identitäten verstecken. Ganz im Gegenteil benötigen seine Anhänger, aber auch seine Gegner, ab 1900 eine feste Identität als Bezugspunkt: Statt illegal zu agieren, führt Uljanow jetzt einen politischen Kampf im relativ sicheren Ausland.

Pskow – die letzten Monate in Rußland

Nach der Verbannung wählt Lenin einen neuen Wohnort in Rußland, allerdings nur übergangsweise, denn die Übersiedlung ins Ausland ist zu dieser Zeit bereits geplant. Er läßt sich in Pskow nieder, dem Wohnort Radtschenkos und anderer Gefährten. Potressow und Martow, die ebenfalls aus der Verbannung zurückkehren, stoßen dazu – womit die Stadt kurzzeitig zu einem marxistischen Zentrum wird. Den Rückkehrern bietet sich dabei

Gelegenheit, ihre theoretischen Positionen zu präzisieren: Um die Jahrhundertwende liefern Marxisten sich hitzige theoretische Debatten, in die Lenin sich schon von Sibirien aus mit einem bedeutenden Beitrag eingeschaltet hat.

In *Die Aufgaben der russischen Sozialdemokratie* hat er seine Sicht von der Rolle der Arbeiterpartei und vom Wesen ihrer Bündnisse mit anderen gesellschaftlichen Kräften dargelegt: Da allein die Sozialdemokratie die zaristische Selbstherrschaft konsequent bekämpft, muß sie die anderen gesellschaftlichen Kräfte kompromißlos *ihren* Zwecken unterwerfen. Lenin wendet sich damit gegen die sogenannten »Ökonomisten«, junge Sozialdemokraten um Jekaterina Kuskowa und ihren Ehemann Sergej Prokopowitsch. Für die »Ökonomisten«, deren Gedanken Prokopowitsch in seiner Schrift *Credo* darlegt, kann der Marxismus die besondere Situation Rußlands nicht einfach ignorieren. Die sozialdemokratische Bewegung müsse daher die »ökonomischen« Forderungen der Arbeiterklasse aufnehmen. Auch sei das Bündnis mit der liberalen Opposition nützlicher als die Gründung einer ganz unabhängigen Partei. Lenin hat dieses Programm in der Verbannung gelesen, Freunde mobilisiert und sechzehn Unterschriften für einen Text gesammelt, der die Thesen des *Credo* aufs schärfste verurteilt. Sein Manifest gegen die Ökonomisten ist anschließend von Sozialdemokraten in Genf veröffentlicht worden.

Aber nicht nur die Ökonomisten bereiten Lenin Kopfzerbrechen. Beunruhigt ist er vor allem auch durch den Vormarsch der reformistischen Thesen Eduard Bernsteins und durch die Weiterentwicklung der philosophischen Anschauungen Struves und Bulgakows. Von nun an beherrscht ihn die Furcht, die marxistische Bewegung könne sich ketzerischen Anschauungen zuwenden. Intensiv beschäftigt er sich mit der Frage, wie er dieser Gefahr auf programmatischer und organisatorischer Ebene begegnen könne. Diese Auseinandersetzung bestimmt den Aufenthalt in Pskow. In Diskussionen mit seinen Anhängern Alexander Potressow und Martow gelangt Lenin zur Überzeugung, die russische Sozialdemokratie benötige unbedingt ein ideologisches Organ, in dem die Positionen des orthodoxen Marxismus dargelegt werden können: eine im Ausland verlegte Zeitung.

Im Mai 1900 ruft er seine Freunde zu einer Arbeitssitzung

zusammen. An ihr nehmen auch Struve und Tugan-Baranowski teil. Die Allianz mit diesen Legalen Marxisten soll dem Vorhaben, so Lenins Taktik, größere Bedeutung geben. Aus dieser Begegnung geht die Zeitung *Iskra* (Funke) hervor, an der neben der Gruppe von Pskow auch die Legalen Marxisten mitarbeiten. Damit das Vorhaben Gestalt annehmen kann, benötigt es allerdings noch die Zustimmung und Teilnahme Plechanows. Um diese zu bekommen, reisen Lenin, Martow und Potressow außer Landes. Diese Reise markiert für Lenin das Ende eines Lebensabschnitts. Von einem Intermezzo 1905 abgesehen, wird er bis 1917 in der Emigration leben.

Vor der Abreise ins – diesmal selbstgewählte – Exil muß Lenin Familienangelegenheiten erledigen und sich zunächst mit Nadeshda Krupskaja treffen.

Lenins Frau hat 1900 noch ein Jahr Verbannung vor sich. Bei der Abreise aus Sibirien hat er sie nach Ufa begleitet und ist dann nach Pskow weitergereist. Im Mai, unmittelbar vor Beginn seiner langen Emigration, nutzt er einen seiner geliebten Familienausflüge zu einem Besuch bei Nadeshda. Mit Mutter und Schwester Anna reist er nach Baschkirien. Die beiden Frauen brechen in Podolsk, er in Pskow auf. Treffpunkt ist Sisran. Von dort aus geht es mit dem Schiff die Wolga hinab bis Kasan, wo sie in ein anderes Schiff umsteigen. Dann fahren sie auf der Kama und einem Nebenfluß nach Ufa weiter. Lenin wird diese Vergnügungsreise – die Route ist weder die kürzeste noch die billigste – in bester Erinnerung behalten. »Wie angenehm sind wir mit dir und Anjuta im Frühjahr 1900 auf dem Schiff gereist«, entsinnt er sich später in einem Brief an die Mutter.[2]

Vor der Reise hat er einen Abstecher nach Sankt Petersburg gemacht, um sich mit Sozialdemokraten zu treffen und wichtige Angelegenheiten zu regeln. Da er die Stadt nicht betreten darf, wohnt er in Zarskoje Selo, der Lieblingsresidenz der Zarenfamilie. Aber auch damit verstößt er gegen die Auflagen. Er wird erwischt, aufs Polizeirevier geschleppt und für drei Wochen ins Gefängnis gesteckt. Der Aufenthalt ist sehr unbehaglich. Besonders lästig sind die Wanzen in der Zelle.

Trotz dieser Verhaftung kann man sich über das inkonsequente Überwachungssystem unter der Zarenherrschaft nur wundern. Lenin ist im Jahr 1900 ein polizeibekannter Revolutionär, den man wegen seiner Petersburger Umtriebe in die Verbannung geschickt hat. Anschließend ist er mit seinen Aktivitäten mit den anderen Verbannten in Pskow erneut auffällig geworden. Für die Geheimpolizei ist er alles andere als ein unbeschriebenes Blatt. Er darf sich in der Hauptstadt nicht aufhalten. Doch obwohl er gegen das Verbot verstoßen hat, wandert er nur kurz ins Gefängnis. Niemand denkt an einen erneuten Prozeß und eine weitere Verurteilung. Als er wenig später eine Bittschrift verfaßt, um seine Frau in Ufa besuchen zu können – wo sie wiederum aktiv am Umsturz des Systems arbeitet –, bekommt er wenige Tage nach einer Absage dann doch eine Erlaubnis. Anstandslos erhält er einen Paß für seinen geplanten Auslandsaufenthalt – gegen zehn Rubel. Der russischen Polizei war es offenbar lieber, Revolutionäre im Ausland agitieren zu lassen, als ihre Aktivitäten im Inland überwachen zu müssen. Da Lenin sich nicht an die Regeln gehalten hat, hätte er nach Sibirien zurückgeschickt werden können: Statt dessen kann er im Mai 1900 das Land als freier Mann verlassen und außerhalb der russischen Grenzen am Umsturz des zaristischen Systems arbeiten.

Die Anfänge der *Iskra*

Lenin reist nach Deutschland und nimmt Kontakt zu den dortigen Sozialdemokraten auf. Potressow fährt in die Schweiz und wirbt um die Unterstützung Plechanows und Axelrods. Beide haben ihre Kooperation bereits zugesagt, doch müssen bei einem letzten Treffen mit Plechanow noch Details geklärt werden. Die Herausgabe der *Iskra* ist beschlossene Sache, nicht aber der Ort und die Bedingungen, unter denen das Blatt erscheinen wird. Plechanow setzt sich für die Schweiz ein. Er hat sich als Chefredakteur angeboten und auf Kontakte zu einer Druckerei verwiesen. Dagegen haben Lenin und Potressow mit Clara Zetkin in Deutschland verhandelt und die Nutzung einer Geheimdruckerei zugesagt bekommen. Erscheinungsort soll München sein. Anna Jelisarowa wird diese Entscheidung später mit dem Umstand erklären, ihr Bruder habe keine Lust verspürt, sich in die Enge des kleinen, streitlustigen Kreises der russischen Emigranten in Genf zu begeben. Wahrscheinlicher ist jedoch, daß

Lenin Befürchtungen hegte, er könne im Schatten von Plechanows moralischer und geistiger Autorität stehen. Zwar mußte der Altvater des russischen Marxismus an dem Projekt beteiligt werden, doch Lenin versuchte von Anfang an um jeden Preis zu verhindern, daß Plechanow als wichtigster Ansprechpartner galt. Um 1900 treten zwar noch keine ideologischen Gegensätze auf, aber das Temperament beider ist ganz unterschiedlich. Trotz der zur Schau getragenen Herzlichkeit sind alle Begegnungen in der Schweiz von gegenseitigem Mißtrauen geprägt, von 1895 bis hin zum Treffen 1900, als die letzten Details für die Herausgabe der Zeitung festgelegt werden.

Die Entscheidung für Deutschland als Erscheinungsort der *Iskra* führt zu einer großen Umzugsaktion. Die wichtigsten Beteiligten – Lenin, Wera Sassulitsch, Martow und Potressow – siedeln zunächst nach Leipzig über und nutzen dort eine erste Druckerei. Aus Sicherheitsgründen müssen sie mehrfach umziehen, so daß die *Iskra*-Redaktion von Leipzig über München und London schließlich nach Genf verlegt wird.

Für Lenin bedeutet die Verantwortung für dieses ideologische Organ, auf dessen Gründung Plechanow seit fünf Jahren gedrungen hatte, die Erfüllung eines lang gehegten Traumes. Die erste Ausgabe erscheint am 21. Dezember 1900. Lenin erfüllt vielfältige Aufgaben: Er schreibt mehrere Artikel, sorgt für die Versendung der Exemplare nach Rußland und legt vor allem die ideologische Linie fest. Für ihn ist die *Iskra* der ideologische Ausdruck einer Partei, die später die revolutionäre russische Bewegung sammeln und deren Führung übernehmen soll. Das Blatt hat in Rußland einen glänzenden Start. Die Ausgaben werden eingeschmuggelt und von besonders aktiven marxistischen Gruppen in der Hauptstadt, den großen Industriezentren und den Universitätsstädten verteilt. Getreu den Vorgaben wird jedes Exemplar im kleinen Kreis gelesen und kommentiert. Die Exemplare gehen von Hand zu Hand und erreichen so eine beachtliche Anzahl von Adressaten. Einige werden nachts auf Hauswände geklebt. Wenn Polizisten sie morgens abreißen, haben Hunderte von Sympathisanten und Neugierigen sie bereits gelesen. Lenin, der Hauptverantwortliche für die Herausgabe der *Iskra*, gewinnt durch diese Tätigkeit beachtliche Autorität und nutzt sie von Anfang an dazu, mißliebige Ideen wie den Ökonomismus und den Reformismus zu bekämpfen. Ihnen widmet er eine Vielzahl von Artikeln. 1903 gerät diese Polemik allerdings in den Hintergrund: Lenin beschäftigt sich nun vor allem mit Problemen der Organisation der Partei. In seinen Artikeln und Aktivitäten entwickelt er allmählich eine ganz eigene Konzeption vom revolutionären Kampf, die in *Was tun?* ihren vollendetsten Ausdruck finden wird. Aber mehr noch als um die Klärung von Konzepten geht es Lenin um die Zusammenführung und Einigung der politischen Organisationen des Marxismus in Rußland. Um 1900 ist die Bewegung noch immer stark zersplittert, einheitliche ideologische und politische Positionen fehlen: Die Gruppen und Gesprächsforen existieren eher locker nebeneinander, als daß sie ein nach Einheit strebendes Ganzes bilden. Für Lenin muß das Organ, das er in der Hand hat, als »kollektiver Agitator und Organisator« fungieren. Da er von den Aufgaben der *Iskra* sehr genaue Vorstellungen hat, verwendet er auf deren Herausgabe alle seine Kräfte und beansprucht für sich die Führungsrolle. Nadeshda Krupskaja wird später bemerken, der leidenschaftliche Schachspieler habe sogar das Spielen in dieser Zeit aufgegeben – aus Angst, er könne seine Aufgaben bei der Zeitung vernachlässigen.

Krupskaja, die die Verbannungszeit hinter sich gebracht hat, zieht – wiederum mit ihrer Mutter – zu ihm nach München. Das Trio bleibt beieinander und führt von da an ein geregeltes, fast bürgerliches Leben. Der Münchner Aufenthalt endet jäh: Dem Drucker wird die Arbeit an der *Iskra* zu »heiß«. Ein Umzug in eine andere Stadt steht an. Lenin optiert für den Wechsel in ein anderes Land.

London erscheint für revolutionäre Aktivitäten als der sicherste Ort. Die Redaktion der *Iskra* zieht in die britische Hauptstadt. Mit Frau und Schwiegermutter macht Lenin sich sofort auf den Weg. Die Stadt gefällt ihm sehr, aber es gibt Schwierigkeiten: seine dürftigen Sprachkenntnisse. In der sibirischen Verbannung hat er mit Krupskaja – wahrscheinlich sehr mühsam – die *Theorie und Praxis der englischen Gewerkschaftsvereine* der Webbs übersetzt. Aber das Sprechen ohne Wörterbuch und Grammatik ist eine ganz andere Sache. Mit der gleichen Verbissenheit, mit der er die Zeitung herausgibt und politische Gegner bekämpft, lernt er jetzt Englisch. Ganz allgemein verfolgt Lenin alle Vorhaben mit ungewöhnlicher Zähigkeit und Konzentration. Mit seiner Beharrlicheit ist er fast allen seinen Mitarbeitern haushoch überlegen.

Dieser Charakterzug wirkt sich allerdings wiederholt verheerend auf seine Gesundheit aus. Er arbeitet bis zur völligen Erschöpfung und ruiniert seine schwachen Nerven. 1902, kurz vor der Abreise aus London nach Genf – die Zeitungsredaktion und ihre Mitarbeiter müssen ein weiteres Mal emigrieren – kommt es zu einer Krise. Lenin versinkt in eine Art Depression. Gleich nach der Ankunft in Genf schließt er sich für zwei Wochen in seinem Domizil ein und läßt niemanden zu sich.

Vor der Abreise aus London ist er erstmals einem um fast zehn Jahre jüngeren Revolutionär begegnet: Lew Davidowitsch Bronstein, der im gleichen Jahr 1902 seinen endgültigen Namen, Leo Trotzki, angenommen hat – nach einem Gefängniswärter aus der Stadt Odessa, in der er fast zwei Jahre eingesessen hat. Nach Gefängnis und Verbannung ist er nach Samara geflohen und hat dort Kontakt zu einer lokalen Gruppe der *Iskra* aufgenommen. Anschließend ist er illegal nach Wien gereist und hat dort eine Begegnung mit Victor und Friedrich Adler. In London trifft er mit der *Iskra*-Redaktion zusammen. Der vielseitig interessierte, brillante und kultivierte Trotzki hätte einen begeisterten Empfang erwarten dürfen. Statt dessen wird er durch Lenin einer Art Aufnahmeprüfung unterzogen. Obwohl Lenin ihm Vertrauen entgegenbringt, deutet alles darauf hin, daß Trotzki in Diskussionen zwischen den *Iskra*-Redakteuren eher den Positionen Martows und Wera Sassulitschs zuneigt als den radikaleren Lenins. Glaubt man Trotzki, so fiel Lenin dies bei mehreren Gelegenheiten auf. Allerdings habe Lenin diese Parteinahme eher auf einen schlechten Einfluß zurückgeführt und nicht so recht an eine eigene, abweichende Meinung geglaubt. Nach dem Umzug der *Iskra* nach Genf hat Trotzki vor allem mit Plechanow Schwierigkeiten. Axelrod steht ihm dagegen recht nahe. 1903, als Lenin die Kontrolle über die Zeitung entgleitet, tritt Trotzki offiziell in die *Iskra*-Redaktion ein.

Was tun? – Das Streben nach Einheit

Seit 1900 hat Lenin sich Gedanken darüber gemacht, wie der Zusammenhalt und die Schlagkraft der revolutionären Bewegung gesichert werden können. Die erbitterten ideologischen Auseinandersetzungen, die *Iskra* und seine Artikel zeugen vom unbändigen Willen, ein Werkzeug der Revolution zu schmieden, das seiner zentralen Idee entspricht: Das revolutionäre Projekt kann demnach allein durch die »Einheit« – von Willen, Programm und Organisation – Gestalt annehmen. Die *Iskra,* ein Organ zur Organisation und Sammlung der Bewegung, bedeutete einen ersten Schritt in diese Richtung. Trotzdem ist sie keineswegs das erträumte Werkzeug zur Einigung der revolutionären Bewegung. Von den Gedanken Tkatschews beeinflußt, denkt er fieberhaft darüber nach, wie eine durchsetzungsfähige Partei aufgebaut sein müßte. 1902 schreibt Lenin sein *Was tun?*[3], eine systematische Darlegung seiner Sichtweisen zum »Werkzeug der Revolution«. Nach seiner Kernthese, die sich im Kampf gegen die Ökonomisten bereits angekündigt hat, kann am Primat der Politik kein Zweifel bestehen.

Lenin befaßt sich in der Schrift eingehend mit den russischen Verhältnissen, den Konsequenzen einer raschen Industrialisierung und der Herausbildung einer Arbeiterklasse. Nach seiner Schlußfolgerung ist die Arbeiterklasse so schwach, daß eine straffe Parteiorganisation deren Führung übernehmen müsse. Aber Lenins Gedanken auf diese beiläufige Aussage zu reduzieren, käme einer gefährlichen Vereinfachung gleich: Er befaßt sich nicht allein mit den Problemen der aufstrebenden Arbeiterklasse. Er geht außerdem der allgemeinen Frage des Klassenbewußtseins der Arbeiter nach und gelangt zu einer negativen Antwort: »Das politische Bewußtsein kann dem Arbeiter nur von außen gebracht werden, das heißt aus einem Bereich außerhalb des ökonomischen Kampfes, außerhalb der Sphäre der Beziehungen zwischen Arbeitern und Unternehmern.«

Dies ist die Grundlage von Lenins Überlegungen: Die Arbeiter haben von sich aus kein Klassenbewußtsein, also sind alle spontanen Bewegungen zum Kompromiß oder zum Scheitern verurteilt. Die Spontaneität der Arbeiterklasse – die sich zu Beginn des

20. Jahrhunderts vielfach äußert – führt seiner Meinung nach also zum Ökonomismus und nicht zum echten revolutionären Bewußtsein. »Aber die spontane Entwicklung der Arbeiterbewegung führt eben zu ihrer Unterordnung unter die bürgerliche Ideologie [...]. Trade-Unionismus aber bedeutet eben ideologische Versklavung der Arbeiter durch die Bourgeoisie. Darum besteht unsere Aufgabe, die Aufgabe der Sozialdemokratie, im Kampf gegen die Spontaneität [...]. Es kann kein revolutionäres Bewußtsein ohne revolutionäre Theorie geben.«

Was also ist zu tun? Lenins Antwort ist ganz einfach: »Das sozialistische Bewußtsein ist also etwas in den Klassenkampf des Proletariats von außen Hineingetragenes, nicht etwas aus ihm urwüchsig Entstandenes.« Um das trade-unionistische Bewußtsein der Arbeiterklasse zu korrigieren, muß sie folglich zu einer echten revolutionären Bewegung formiert werden. Hier kommen außenstehende Kräfte ins Spiel, die ein Bewußtsein für die allgemeinen Probleme der Gesellschaft besitzen, nämlich die Intellektuellen.

Lenin verabschiedet sich hier stillschweigend von wichtigen sozialdemokratischen Anschauungen, die auch von der Gründergeneration der russischen Sozialdemokraten wie Plechanow unterstützt werden. Für letztere muß die Intelligenz gemeinsam mit den Arbeitern eine revolutionäre Bewegung ohne besondere Struktur bilden. Die Partei ist dabei ein allumfassender Organismus und ermöglicht es allen, an der historischen Veränderung teilzuhaben. Ganz anders Lenins Sicht von der Revolution: Nach seiner Meinung muß diese von Berufsrevolutionären organisiert und durchgeführt werden, von einer »Avantgarde« der Arbeiterklasse, die Träger des Klassenbewußtseins und der revolutionären Theorie ist, für die die Arbeiter aus sich heraus kein Gespür haben. Allein die Partei ist für Lenin die eigentliche Urheberin des Klassenkampfes; nur sie kann in der Arbeiterklasse das Bewußtsein wecken, das diese gegen die vorherrschende, irrige Ideologie der Bourgeoisie wappnet. Wichtig ist in seinen Augen, daß die Arbeiterbewegung von der richtigen »Ideologie«, von der Ideologie der Partei, geleitet wird. Die Partei ist somit die »einzige« Trägerin des proletarischen Bewußtseins.

Daraus erklärt sich die Bedeutung, die Lenin der Organisation und dem Funktionieren der Partei zuweist. Die Avantgarde der

Arbeiterklasse muß so organisiert sein, daß sie ihrer historischen Berufung nachkommen kann, einer besonders schwierigen Aufgabe, bei der es um die Zerschlagung einer festgefügten Ordnung geht. Die Partei muß folglich zentralistisch und hierarchisch aufgebaut sein, autoritär vorgehen und sich Endlosdebatten und leerem Geschwätz verweigern. In der Organisation muß das Prinzip der Einheit herrschen, die »Einheit des Willens«, die die Einheit der Arbeiterklasse und der Partei verkörpert. Und wie wäre diese »Einheit des Willens« anders herzustellen als durch Ausmerzung sämtlicher Partikularwillen, Irrtümer und Sonderwege, also durch Säuberung: »Daß sich eine Partei stärkt, indem sie sich purifiziert«, heißt es am Anfang von *Was tun?* Bei der Parteiorganisation stützt Lenin sich auf zwei Vorbilder: auf die »Fabrik«, die dem Menschen Disziplin, kollektives Verhalten und Unterwerfung unter ein übergeordnetes Vorhaben auferlegt; aber mehr noch auf die »Armee« mit ihrem straffen, schlagkräftigen und zielgerichteten Aufbau, der alle Regeln diktiert und ihr die Kampfkraft sichert. Als eine Organisation von Berufsrevolutionären mit arbeitsteiligen Aufgaben benötigt die Partei einen streng hierarchischen Aufbau. Die Parteispitze, von der alle Autorität ausgeht, muß ihre Entscheidungen sämtlich von oben nach unten an die einzelnen Ebenen weiterleiten.

Diese Töne waren für einen russischen Intellektuellen nicht ganz neu. Tkatschew, der in Lenin einen begeisterten Leser fand, hatte schon 1874 geschrieben: »Das Volk allein ist nicht in der Lage, eine gesellschaftliche Revolution auf den Weg zu bringen und sein Leben auf besseren Grundlagen zu organisieren. Natürlich ist das Volk für die Revolution unverzichtbar. Aber nur unter der Bedingung, daß die revolutionäre Minderheit die Führung übernimmt.«

Wenn *Was tun?* eine Darstellung von Lenins revolutionärer Theorie war, so mußte diese im politischen Alltag umgesetzt werden. Dazu bedurfte es der Zustimmung der Sozialdemokraten. Eingeholt wurde sie auf dem II. Parteitag der SDAPR, der im Juli 1903 zunächst in Brüssel und dann in London stattfand.

Beim Erscheinen hatte *Was tun?* kaum feindliche Reaktionen ausgelöst. Plechanow verkündete zwar, Lenin stelle die Gefahren der Spontaneität übertrieben dar, und manche Genossen beklagten die allzu starke Betonung des Zentralismus. Aber im allgemeinen wußten alle um die Schwierigkeiten, die zaristische Selbstherrschaft unter russischen Bedingungen zu bekämpfen. Der Kampf mit illegalen Mitteln war folglich eine Notwendigkeit. Mit nur geringen Abweichungen und ohne tiefergreifenden Dissenz stimmten die Genossen folglich Lenins Einschätzung zu.

Der II. Parteitag: Die Spaltung der Sozialisten

Dennoch kam es in den drückend heißen Sommertagen 1903 in Brüssel und London zu einer Spaltung der Bewegung. Mit dem großsprecherischen Namen »II. Parteitag der SDAPR« sollte eine förmliche Beziehung zwischen dieser Zusammenkunft und der Tagung von Minsk hergestellt werden. In Wahrheit ging es aber erst jetzt um die Gründung einer Partei, die zuvor eigentlich noch gar nicht existiert hatte.

Die Gründung einer richtigen Partei erschien im Jahr 1903 allen Sozialdemokraten als notwendig. Denn inzwischen wurde der Erfolg der russischen Sozialdemokratie durch zwei Entwicklungen bedroht, die deren Beziehung zur Arbeiterklasse stark veränderten.

Besorgnis löste zunächst einmal der 1901/1902 begonnene Aufbau regierungsnaher Gewerkschaften aus, der sogenannte »Polizeisyndikalismus« oder Subatowismus, benannt nach seinem Urheber Subatow, einem hohen Polizeibeamten. Die polizeilich organisierten und geschützten Versammlungen dieser »gelben« Gewerkschaften zogen zahlreiche Arbeiter an, die so Gelegenheit erhielten, auf legalem Weg für eine Verbesserung ihrer Arbeitsbedingungen einzutreten. Für die Sozialdemokraten bedeuteten sie eine ernsthafte Konkurrenz, die zudem die Thesen der Ökonomisten zu erhärten schien.

Das zweite Problem trat zur gleichen Zeit in Erscheinung: die Konkurrenz durch die Sozialrevolutionäre (SR), die neben dem Zusammenschluß der oppositionellen Kräfte auch terroristische Methoden propagierten, um den revolutionären Kampf rascher voranzutreiben. Die Sozialrevolutionäre hatten deshalb großen Einfluß auf die Elite, auf die Studenten wie auf die Intellektuellen im weitesten Sinne.

Angesichts des drohenden Autoritätsverlustes bei den Arbeitern und bei der Elite vertraten die Sozialdemokraten fast einhellig die Auffassung, daß zunächst eine starke Organisation aufgebaut werden müsse, um den Bedrohungen wirksam begegnen zu können.

Zur Zeit des Zusammentritts der SDAPR herrscht unter den wichtigsten Mitgliedern eine gereizte, ja aggressive Stimmung; dies gilt insbesondere für das Verhältnis zwischen Plechanow und Lenin. Aber mehr noch als durch diese Umstimmigkeiten wird der Parteitag schließlich überschattet durch den endgültigen Bruch zwischen Lenin und seinem einstmals vorbehaltlosen Gefolgsmann und Unterstützer Martow.

Plechanow hielt *Was tun?* für ein intellektuelles Übungsstück, bei dem dem Verfasser das hitzige Temperament leider nur allzuoft durchgegangen war. Niemand wäre auf den Gedanken gekommen, es als Entwurf für ein richtiges Parteiprogramm anzuerkennen. Lenins Genossen sahen darin bestenfalls eine persönliche Meinungsäußerung über das, was für eine Partei wünschenswert sei. Folglich mußten für die Partei noch ein Programm und Statuten erarbeitet werden.

Mit dem Programm hatte sich im Verlauf des Jahres 1902 Plechanow befaßt. Dessen Vorlage löste bei Lenin eine ebenso heftige Reaktion aus wie bei Martow und dessen treuem Unterstützer Potressow. Der Streit drehte sich im wesentlichen um zwei Themen: um die Rolle der Sozialdemokratie im revolutionären Kampf; zudem um die Festlegung, mit welchen Elementen im wirtschaftlichen und gesellschaftlichen Leben Rußlands die Sozialdemokratie sich arrangieren könne. Plechanow begründete den Führungsanspruch der Sozialdemokraten innerhalb der Arbeiterklasse mit den gleichen Interessen beider. Dagegen hob Lenin verbissen das Trennende zwischen beiden hervor und rückte Plechanow in diesem Punkt in die Nähe der Ökonomisten. Auch warf er ihm eine allzu nachsichtige Haltung gegenüber Kleinproduzenten und dem Kleinbürgertum vor. Ihm zufolge waren beide zum Untergang verurteilt, während Plechanow ihnen in der revolutionären Entwicklung in Rußland eine positive Rolle zuwies. Plechanow wurde aufgefordert, seinen Text abzuändern und der *Iskra*-Redaktion eine neue Version vorzulegen, die die Einwände Lenins – dessen Unnachgiebigkeit die Kollegen geradezu erschreckte – berücksichtigte. Die zweite Version befriedigte Plechanows kritische Leser ebensowenig. Schon deshalb nicht, weil er den Ausdruck »Diktatur des Proletariats« durch »Herrschaft des Proletariates« ersetzt hatte. Lenin berief sich auf Marx, der schon Anfang der fünfziger Jahren des 19. Jahrhunderts klar darauf verwiesen hatte, der Klassenkampf müsse notwendigerweise in die »Diktatur des Proletariats« münden.[4] Nach einer erbitterten Auseinandersetzung wurde der Ausdruck wieder aufgenommen und der Text schließlich verabschiedet.

Die Meinungsverschiedenheiten, die in der Redaktion der *Iskra* bei dieser Gelegenheit zutage getreten waren, sollten sich im Verlauf der folgenden Monate verschärfen. Plechanow hatte die Unterstützung von Wera Sassulitsch und Axelrod. Martow und Potressow, die diese etwas abfällig als die »Alten« bezeichneten, bezogen dagegen für Lenin Stellung. Allerdings irritierten sie Lenins Radikalität und seine rücksichtslosen Angriffe auf Andersdenkende. Wie Potressow später hervorheben sollte, ließ Lenins rüder und rechthaberischer Charakter bei seinen Anhängern damals Zweifel aufkommen, ob sie ihn weiter unterstützen sollten. Das gleiche galt für Martow, der schon vor der Ankunft in Brüssel die Kluft zu Lenin geahnt, wenn auch noch nicht klar formuliert hatte. Aber die Streitigkeiten, Lenins damals zutage tretender, unbändiger Machtwille und seine Manipulationen[5] ließen für Martow die unüberbrückbaren Gegensätze schließlich allzu deutlich hervortreten.

Am Vorabend des II. Parteitages lagen die verschiedenen Positionen innerhalb der Redaktion der *Iskra* schließlich offen zutage. Deshalb mußte über alle inhaltlichen Entscheidungen bei der Herausgabe der Zeitung offiziell abgestimmt werden, was regelmäßig zu einer Pattsituation führte: zwei Fraktionen mit je drei Mitgliedern standen sich gegenüber.

In dieser angespannten Atmosphäre reist die *Iskra*-Redaktion nach Brüssel, wo am 30. Juli der Parteitag eröffnet wird.

Die russischen Sozialdemokraten hoffen, in Brüssel relativ sicher tagen zu können. Das jedenfalls haben ihnen die belgischen Sozialisten und vor allem Vandervelde, der die Räume beschafft hat, versprochen. Die häufigen Ortswechsel können die belgische Polizei, die von russischen Agenten alarmiert worden ist, allerdings nicht in die Irre führen: Nach einigen Tagen erhalten die Teilnehmer des Parteitags eine Aufforderung, Belgien unverzüglich zu verlassen. Sie begeben sich nach London, wo Gewerkschafter ihnen Unterschlupf in einer Kirche verschaffen.

Am Parteitag nehmen die Delegierten der fünfundzwanzig wichtigsten russischen Organisationen und die des Bundes teil. Jede Organisation verfügt theoretisch über zwei Stimmen. Da einige nur einen Delegierten entsandt haben, verfügen dreiundvierzig Anwesende über einundfünfzig Mandate. Weitere vierzehn Delegierte haben nur eine konsultative Stimme. Die Situation kommt Lenin entgegen: Die *Iskra*-Anhänger sind in der Mehrheit. Und natürlich stört es ihn auch nicht, daß am Parteitag nur vier Arbeiter teilnehmen.

Der erste Punkt auf der Tagesordnung ist die Annahme des Parteiprogramms, das die *Iskra*-Redaktion vorgelegt hat – eine subtile Mischung aus Plechanows Beitrag und Lenins Abänderungen –, und der Parteistatuten. Das Programm wird nach ernster, langwieriger Debatte ohne grundlegende Änderungen verabschiedet. Der Sturz der Selbstherrschaft und die Einberufung einer verfassungsgebenden Versammlung – gebildet durch allgemeines Wahlrecht – sollen die ersten Etappen bei der Umsetzung des revolutionären Projektes bilden. Darauf können die Anwesenden sich problemlos einigen. Während der Diskussion ruft die Frage des möglichen Widerspruchs zwischen demokratischen Freiheiten – für einige haben sie absoluten Wert – und dem »Parteiinteresse« einige Delegierte auf den Plan. Lenin, der die Unterordnung aller demokratischen Prinzipien unter das Parteiinteresse vertritt, wird von Plechanow unterstützt.

An dieser Stelle wird deutlich, wie sehr die Gedanken aus *Was tun?* sich trotz Plechanows Bedenken in den Köpfen bereits festgesetzt haben. Schon 1903 gilt die Partei als oberster Bezugspunkt und als die Sachwalterin der Wahrheit, der alle Autorität zukommt. Das »Interesse der Partei«, das diese selbst festlegt, wird so zum höchsten Gut erhoben, hinter dem das Freiheitsprinzip und demokratische Forderungen weitgehend zurücktreten müssen.

Aber nicht diese Frage spaltet den Parteitag. Lenin kann in diesem Punkt seine Vorstellungen durchsetzen, und das verabschiedete Programm wird bis 1919 in Kraft bleiben. Zum irreparablen Bruch führt erst die Diskussion um die Statuten. Axelrod und Martow haben mit Bestürzung zur Kenntnis genommen, daß Plechanow in der vorangegangenen Debatte Lenins Position unterstützt hat. Diese Besorgnis ist ein Vorbote der Spaltung, zu der dann die zweite große Debatte – sie dreht sich um die Definition des »Parteimitgliedes« – führen wird. In ihr beziehen beide unerbittlich gegen Lenin Stellung.

Der erste Artikel der Satzung legt die Bedingungen für die Parteizugehörigkeit fest. Hier stehen zwei Konzeptionen – die Lenins und die Martows – einander unversöhnlich gegenüber. Für Lenin setzt die Parteizugehörigkeit ein persönliches Engagement in einer Organisation der Partei voraus, was neben der vollständigen Zustimmung zur Gesamtheit des Programms auch eine aktive Teilnahme am Leben der Partei erfordert. Martow, der vor dem Parteitag einen zweiten Text vorbereitet und darauf bestanden hat, daß er den Delegierten ebenfalls vorgelegt wird, will die Partei mit einer weitaus flexibleren Definition einem größeren Personenkreis öffnen. Mitglied ist für ihn, »wer sich der Autorität einer ihrer Organe unterwirft und so die Partei unterstützt«. Mit anderen Worten, für Lenin kann sich auf die Partei nur berufen, wer in ihr einen genau festgelegten Platz hat und eine aktive Rolle in einer hierarchischen und zentralisierten Organisation spielt. Dagegen kann für Martow jeder als Mitglied gelten, der sich mit den Ideen der Partei identifiziert. Bei diesem Streit um scheinbar Abstraktes geht es in Wahrheit um zwei konkrete Dinge:

Zum einen liegt den Gedanken in Lenins Entwurf seine Konzeption einer straffen, disziplinierten und ständig von innen her kontrollierten Organisation von Berufsrevolutionären zugrunde. Nur dieses Konzept, das die Partei von der Arbeiterklasse scheidet und die Basisorganisationen den höheren Instanzen unterstellt, ermöglicht nach Lenins Ansicht eine Verwirklichung des revolutionären Vorhabens.

Als zweites konkretes Problem stellt sich die Frage der Autorität. Die Massenorganisation, wie Martow sie ins Auge faßt, überläßt der Basis die Initiative und verhindert, daß die Parteispitze ihr Direktiven aufzwingt. Für Lenin bedeutet diese Konzeption unweigerlich eine Auflösung der Autorität der Partei und eine Infragestellung der persönlichen Autorität ihres Führers, also der seinen …

Martow ist mit seiner Konzeption wohl nicht allein. Eine bedeutende Fraktion der deutschen Sozialdemokraten vertritt ähnliche Positionen. Aber bei den Russen ist er damit in der Minderheit. Dennoch nimmt die Diskussion eine unerwartete Wendung. Lenin beeindruckt die Zuhörer durch seine Hartnäkkigkeit, Martow durch sein Redetalent. Zunächst scheint Lenin die Mehrheit und Plechanow hinter sich zu haben, der erklärt: »Ich habe die Argumente beider Seiten aufmerksam verfolgt, und je mehr ich höre, desto sicherer bin ich, daß Lenin Recht hat... Wer gegen die Opportunisten ist, muß für Lenins Entwurf votieren, der ihnen die Tür zur Partei versperrt.« Dann aber stellt Axelrod sich offen hinter Martow. Wera Sassulitsch und Potressow schweigen und signalisieren so Sympathie für Martow. Schützenhilfe bekommt Martow im letzten Moment zudem von Trotzki, der wegen Plechanows entschiedenem Widerstand allerdings noch kein Mitglied der *Iskra*-Redaktion ist. Trotzki attakkiert Plechanow, zerpflückt dessen Argument, wonach Lenins Formel ein wirksames Mittel im Kampf gegen den Opportunismus sei. Trotzkis Beitrag ist brillant, beeindruckt durch die glänzende Rhetorik, die ihm stets nützlich war, und führt so zum Erfolg.

Lenin versucht Martows und Trotzkis Position mit einem letzten Redebeitrag zu entkräften. Umsonst. Er unterliegt bei der Abstimmung, die er für sich zu entscheiden hoffte. Martows Position erhält achtundzwanzig, seine nur dreiundzwanzig Stimmen. Der übrige Text wird ohne Abänderungen verabschiedet. Ein schwerer Schlag für Lenin! Als herausragende Figur in der russischen Sozialdemokratie muß er erstmals eine schwere Niederlage einstecken.

Obwohl Lenin und Martow bemüht sind, den Anschein aufrechtzuerhalten, ist der Bruch zwischen ihnen vollzogen. Mit wachsender Sorge hat Martow seit Beginn des Parteitages das autoritäre Verhalten Lenins beobachtet, der allein seine Gedanken für fundiert hält. Mehrmals hat ihn der Tonfall des Widersachers verletzt. Der sensible, feinsinnige Mann, der Lenin jahrelang unterstützt hat, ist über soviel Rücksichtslosigkeit und Arroganz bestürzt. Jetzt sieht er im einstigen Freund nur noch die Machtgier. Ebenso heftig sind Lenins Gefühle. Martow hat sich gegen ihn gewandt und ihm eine schwere Niederlage beigebracht. Auch glaubt Lenin, Martow wolle ihn aus der Parteiführung herausdrängen, die er stillschweigend für sich beansprucht. Das unterschiedliche Temperament beider Männer – beide wissen, daß es neben den theoretischen Diskussionen letztlich um die Macht geht – erklärt die weiteren Ereignisse. Trotz seiner Intelligenz ist dem impulsiven Martow kühle Berechnung fremd. Emotionen gewinnen bei ihm oft die Oberhand. Dagegen geht der begeisterte Schachspieler Lenin mit eiskalter Rationalität vor. Seine freundschaftlichen Gefühle für Martow sind dem Haß und dem Wunsch gewichen, ihn politisch kaltzustellen. Um dies zu erreichen, bietet er von da an seine gesamte Intelligenz auf, denn es geht, um es erneut hervorzuheben, letztlich um die Macht in der Partei.

Der weitere Verlauf der Diskussionen hat für die Partei einschneidende Folgen, auf die keiner gefaßt war: Die Kräfteverhältnisse kehren sich um. Martow und seine Fraktion geraten in die Minderheit. Die Diskussion dreht sich um die Stellung des Bundes. Der will eine separate Organisation bilden, da nur er Anspruch auf die Vertretung des jüdischen Proletariats erheben könne. Die Forderung des Bundes wird später in die breitere Diskussion um die Nationalitätenfrage münden, in der die Partei sich rasch auf eine Position festlegen muß. Zunächst geht es allerdings um die Frage der Organisation der Partei: Braucht sie angesichts der Bedeutung der Nationalitäten eine föderale Struktur? Soll die Partei den Auftrag haben, die Emanzipationsbestrebungen der Nationalitäten zu unterstützen?

Die vom Bund vorgetragenen Forderungen stehen in einer Reihe mit jenen Diskussionen, die seit Ende des 19. Jahrhunderts innerhalb der Sozialistischen Internationalen für Unruhe sorgen. Die österreichischen Sozialisten haben zu diesem Thema bereits zahlreiche Analysen erstellt und Vorschläge eingebracht, die in der Arbeiterbewegung Irritationen ausgelöst haben. Entgegen dem berühmten radikalen Satz von Karl Marx aus dem *Kommunistischen Manifest,* »Die Arbeiter haben kein Vaterland«, stellen die österreichischen Sozialisten Renner und Bauer – unter dem Eindruck des Beispiels der österreichisch-ungarischen Monarchie – fest: Die Arbeiter fühlen sich zuerst mit ihrer Volksgruppe und erst dann mit ihrer gesellschaftlichen Klasse solidarisch. Trägt die Arbeiterklasse dem keine Rechnung, so befürchten Renner und Bauer, werde die ethnische Solidarität die Klassensolidarität letztlich ganz verdrängen. In ihren Werken und auf dem Parteitag von Brünn 1899 verlangen sie folglich, daß die Sozialdemokratie nationale Forderungen mit in ihr Programm aufnimmt. Den Gedanken einer föderalen Organisation der Arbeiterbewegung lehnen sie dabei allerdings ab.

Lenin und die meisten russischen Sozialisten haben die österreichische Diskussion aufmerksam verfolgt. Sie befürchten, der Streit könne rasch auf das russische Reich übergreifen, dessen ethnische Vielfalt die der österreichisch-ungarischen Monarchie bei weitem übertrifft. In den Forderungen des Bundes – ihm wurde in Minsk 1898 der Sonderstatus einer »autonomen Organisation« der Partei zuerkannt – sehen sie den Präzedenzfall künftiger Forderungen anderer sozialdemokratischer Organisationen in den Randzonen des russischen Reichs. Während der Londoner Debatten gelingt es Noe Jordania, dem Chef der georgischen Delegierten, mit Unterstützung des Bundes, einen Artikel zum Gebrauch der Nationalsprache verabschieden zu lassen. Dies zeigt, daß die Forderungen der Nationalitäten sich allmählich auch in der russischen Sozialdemokratie zu artikulieren beginnen und der Bund nicht isoliert dasteht. Daraus erklärt sich auch die unversöhnliche Haltung der Parteitagsteilnehmer, vor allem der *Iskra*-Redaktion, die ihre Streitigkeiten vergißt und gegen die jüdische Arbeiterorganisation geschlossen Front macht. Bei der folgenden Abstimmung unterliegt der Bund. Sieben Delegierte verlassen daraufhin unter Protest den Saal: Es sind dies fünf Vertreter des Bundes und zwei Ökonomisten, die diesen unterstützt und auf die Zuerkennung eines eigenen Sonderstatus gehofft haben. Martows Mehrheit bei der vorigen Abstimmung ist damit verschwunden. Diese veränderte Situation verschafft Lenin eine Mehrheit von einer Stimme. Er nutzt sie dazu, seine Gruppe fortan »Bolschewiki« (Mehrheitler) zu nennen und den unterlegenen Gegnern das Etikett »Menschewiki« (Minderheitler) anzuheften.

Diese Namensgebung – sie wurde ganz einseitig vorgenommen – ist insofern interessant, als sie auf einmal ein Kräfteverhältnis, persönliche Rivalitäten und eine ganz unterschiedliche Wahrnehmung der Dinge durch die Beteiligten widerspiegelt. Sie nimmt zudem in groben Linien die Zukunft vorweg. Lenin beruft sich auf eine ganz zufällig zustande gekommene Mehrheit: Sie besteht in einer einzigen Stimme und beruht auf der vorzeitigen Abreise der Delegierten des Bundes. Bei einer geschickteren Diskussionsführung durch Martow wäre Lenin in der Minderheit geblieben: Seine Entschlossenheit jedoch, diese zufällige »Mehrheit« durch die Prägung eines Begriffs ideologisch zu fixieren und dadurch ein bestimmtes Kräfteverhältnis vorzutäuschen, ist bezeichnend für seinen Voluntarismus und seine Skrupellosigkeit. Diese Charakterzüge lassen bereits den Mann erkennen, der später die Macht an sich reißen und zu seinem Monopol machen wird. Dagegen nimmt die Duldsamkeit Martows und seiner Freunde, die den Namen Menschewiki widerspruchslos hinnehmen und sich damit für immer auf eine Position der Minderheit festlegen lassen, auch deren künftige Schwäche bereits vorweg. Übertriebene Skrupel und eine Serie von Rücktritten werden die Menschewiki in allen Auseinandersetzungen mit den Bolschewiki handlungsunfähig machen.

Der Parteitag endet mit einem weiteren Sieg Lenins, bei dem er die Kontrolle über die *Iskra* erhält. Unter Berufung auf die Blockade in der Redaktionsleitung hat er eine Verkleinerung auf drei Mitglieder vorgeschlagen. Gleichzeitig setzt er sich dafür ein, daß die Autorität des Zentralkomitees der Partei faktisch eingeschränkt wird. Nach dem Sieg über Martow und angesichts der stabilen Mehrheit, über die er nach dem Ausscheiden der Bundisten und der Ökonomisten verfügt, fühlt Lenin sich in gesicherter Position. Jetzt wird er auch im Hinblick auf die Organisation der Führungsinstanzen seine Positionen durchsetzen.

Der Parteitag stimmt über die Führung der *Iskra* ab. Mit fünfundzwanzig gegen zwei Stimmen bei siebzehn Enthaltungen (nur vierundvierzig Abstimmungsberechtigte sind noch anwesend) werden Lenin, Plechanow und Martow designiert. Martow ist über den Ausschluß von Wera Sassulitsch, Axelrod und Potressow empört. Er sieht die *Iskra* ganz in Lenins Hand, sieht den schwachen Plechanow nicht als Gegengewicht und lehnt deshalb eine Teilnahme ab. Die hohe Zahl der Enthaltungen zeigt die wachsende Verunsicherung der Versammlung.

Auch hat Lenin ein Mittel ersonnen, wie er die Bedeutung des Zentralkomitees vermindern kann. Die Partei verfügt gemäß ihrem Aufbau am Ende des Parteitages über zwei Entscheidungszentren: über das »Zentralkomitee« in Rußland, dem die verschiedenen lokalen Organisationen unterstellt sind, und über das »Organisationskomitee«, das heißt über die *Iskra*, die außerhalb Rußlands in relativer Sicherheit agiert. Beide Zentren haben nicht das gleiche Gewicht. Das Zentralkomitee ist strukturell schwächer: Wegen Verhaftungen müssen häufig Mitglieder ausgetauscht werden. Dagegen genießt die *Iskra*-Redaktion oder das »Organisationskomitee« eine gewisse Stabilität und verfügt somit über größere Autorität. Diesem Unterschied hat Lenin im übrigen auch dadurch Rechnung getragen, daß er dem Zentralkomitee die »praktische Führung« und dem Organisationskomitee die »ideologische Führung« zuerkannte. Hinzu kommt ein weiterer Unterschied: Das Organisationskomitee hat »Kommandofunktion«, während beim Zentralkomitee nur von *rukowodstwo,* also einer allgemeinen »Führung« die Rede ist.[6]

Beim Abschluß des Kongresses ist die Spaltung der Partei offenkundig. Lenin ist Herr über die *Iskra.* Die Führung der Partei, die sich mit der Führung seiner Zeitung deckt, wird von seinen Anhängern beherrscht. Die Unterlegenen sind tief enttäuscht. Plechanow gehört der neuen Führung an, aber seine Alibifunktion ist unübersehbar. Zwischen Sassulitsch, Axelrod, Potressow und Martow auf der einen und Lenin auf der anderen Seite reißt der Kontakt praktisch ab. Plechanow ist beinahe versucht, die Fronten zu wechseln.

Die Turbulenzen in der Partei sind damit freilich keineswegs überstanden. Und Lenins Triumph wird sich – für diesmal – als ephemer herausstellen.

Ein Pyrrhussieg

Ende 1903 wendet sich für Lenin das Blatt. Nach der Londoner Tagung, die ihm eine so günstige Situation beschert hat, kehren die Bolschewiki und Menschewiki nach Genf zurück. Lenin scheint die *Iskra* nun zunächst fest in der Hand zu haben. Rasch wird den Menschewiki die feindselige Stimmung bewußt, die Lenins autoritärer und intoleranter Führungsstil verbreitet. Von Trotzki unterstützt, geißelt Martow die Übernahme der *Iskra* durch die Bolschewiki, die nur durch außergewöhnliche Umstände zustande gekommen ist. Plechanow, der Lenin kurze Zeit unterstützt, plädiert schließlich für einen Kompromiß mit den Menschewiki. Ermutigt durch die Unterstützung zahlreicher Bolschewiki, verlangt er eine Wiederherstellung der ursprünglichen *Iskra*-Redaktion mit den inzwischen Ausgeschlossenen. Mit gewohnter Kompromißlosigkeit weist Lenin den »versöhnlerischen« Vorschlag entschieden zurück. Er denkt nicht daran, eine feindliche Koalition zuzulassen und seine vorherrschende Position aufs Spiel zu setzen. Dann fällt »seine« Zeitung doch den Menschewiki in die Hände: Plechanow stellt die alte Redaktion wieder her – ohne Lenin. Dessen einstige Anhänger – so zum Beispiel Martow – sind inzwischen zu erbitterten Gegnern geworden.

Der Verlust der *Iskra* bedeutet für Lenin eine wahre Tragödie. Zunächst muß er einsehen, daß sein Einfluß unter den sozialdemokratischen Emigranten geringer ist, als er nach dem Londoner Sieg geglaubt hatte. Außerdem ist seine – über die *Iskra* verlaufende – Verbindung zu den Revolutionären in Rußland abgerissen. Jetzt ist er völlig isoliert.

Außerdem lassen ihn – wie so oft in politischen Krisen – erneut die schwachen Nerven im Stich. Er versinkt in einer Depression. Krupskaja richtet ihn auf: Sie organisiert lange Ferien in den Schweizer Bergen. Ausflüge, Wanderungen und viel Schlaf sorgen für Erholung. Ende Sommer 1904 hat Lenin sein seelisches Gleichgewicht wiedergefunden. Vor allem aber schmiedet er neue Pläne und findet neue Mitarbeiter.

In der Zeit der Einsamkeit und Depression konnte Lenin sich bei der Lektüre der *Iskra* davon überzeugen, wie feindselig die Menschewiki ihm nun begegneten. Keine Ausgabe erschien ohne Artikel, die seine Positionen kritisierten. Zudem versuchten seine ehemaligen Freunde Axelrod, Martow und Plechanow in ihren Beiträgen, den Thesen der Menschewiki ein solides theoretisches Fundament zu geben: durch die Entkräftung von Lenins Sichtweise von den Beziehungen zwischen Intelligenz und Proletariat. Plechanow führte gegen ihn einen regelrechten Kreuzzug. Er geißelte seinen Charakter, seine Intoleranz und seine Rücksichtslosigkeit und kritisierte wiederholt seine Konzeption von der Partei. Scharfsinnig erkannte er die totalitären Züge in Lenins Konzeption. Trotzki stimmte in den Chor der Kritiker mit ein, beschimpfte ihn als »Robespierre der Macht« und entwarf das Zukunftsszenario eines Lenin, der die Mitglieder der einstigen Partei der Revolution dezimiert. Trotzkis Warnung stützte sich wohl auf den Aufruf zu »purifizieren«, der das Motto von Lenins Schrift *Was tun?* bildet.

Im Verlauf der Monate kann Lenin seine Isolation allerdings ein Stück weit überwinden. Neue Sympathisanten schließen sich ihm an. Zunächst ein ungefähr gleichaltriger junger Arzt: Alexander Malinowski. Malinowski, der sich der revolutionären Bewegung schon früh angeschlossen hat, ist zu Beginn des Jahrhunderts unter dem Pseudonym Bogdanow bekannt. Seine philosophischen und theoretischen Arbeiten – eine polemische Auseinandersetzung mit Berdjajew – haben ihm große Bekanntheit verschafft. Er hat zudem regelmäßigen Kontakt mit den bedeutendsten russischen Dichtern. Nach dem Anschluß an die Bolschewiki im Jahre 1903 sucht er im folgenden Frühjahr Lenin auf. Der ist über den hervorragenden Neuzugang begeistert. Bogdanow wird ihm später weitere Anhänger zuführen, so seinen Schwager Lunatscharski, und ihm finanzielle Mittel sowie Kontakte zu nahestehenden Intellektuellen in Rußland verschaffen. Und er begleitet das Ehepaar in die langen Ferien, in denen Lenin sein seelisches Gleichgewicht und seinen Kampfgeist wiedergewinnt.

Anatoli Wassiljewitsch Lunatscharski, der über Bogdanow in den Stunden der Einsamkeit ebenfalls in Lenins Leben tritt, ist ein brillanter Geist. Besser als jeder andere verkörpert er die intellektuelle Elite Rußlands. Der studierte Philosoph, der mehrere Sprachen spricht und auf verschiedenen Gebieten glänzt, ist früh mit der marxistischen Bewegung in Berührung gekommen. 1899 hat er in Moskau Lenins Schwester Anna Jelisarowa kennengelernt. Als unzertrennlicher Freund Bogdanows reist er ebenfalls nach Genf zu Lenin und bietet ihm die Mitarbeit an der Zeitung an, die als Ersatz für die *Iskra* gegründet werden soll. Lunatscharski ist freilich weniger Politiker als vielmehr ein brillanter Intellektueller – allerdings auch ein schwacher Charakter mit einem unsteten Wesen.

Ein dritter erstklassiger Neuzugang ist Leonid Borissowitsch Krassin, der aus einem sibirischen Dorf stammt und wie Lenin 1870 geboren ist. Krassin zeichnet sich mehr als jeder andere durch sein bisheriges, aktives Engagement aus. Nach seinem Studium hat er in Baku als Ingenieur gearbeitet und in der sozialdemokratischen Bewegung, die damals in der Ölhauptstadt und im ganzen Kaukasus gerade im Entstehen begriffen war, eine bedeutende Rolle gespielt. Eine von ihm aufgebaute Druckerei diente der Herausgabe der *Prawda* und revolutionärer Flugblätter, deren landesweite Verbreitung ebenfalls er organisiert hat. 1903 ist er als Sympathisant der Bolschewiki ins Zentralkomitee gewählt worden. Allerdings hat er zu Lenins herber Enttäuschung nicht dessen radikale Thesen verfochten, sondern die notwendige Aussöhnung mit den Menschewiki. Als Organisationstalent ist er für die Partei, deren Führung Lenin erneut anstrebt, von geradezu unschätzbarem Wert. Lenin versuchte Krassin folglich an sich zu binden, was ihm schrittweise auch gelingen sollte.

Über die Einsamkeit hilft Lenin natürlich an erster Stelle Krupskaja hinweg. Während sie für Ablenkung sorgt, hilft sie Lenin mit ihren früheren Beziehungen, erneut Kontakte zu den sozialdemokratischen Organisationen in Rußland zu knüpfen.

Nach der Rückkehr aus den Ferien kann Lenin sich so in ein neues Vorhaben stürzen und seinen Einfluß – oder zumindest einen Teil seiner Autorität – bei den früheren Genossen schrittweise zurückgewinnen.

Wperiod oder die neue *Iskra*

Mit finanzieller Unterstützung Bogdanows und dank dessen Kontakte gelingt es Lenin, erneut eine Zeitung herauszubringen – die Herausforderung, die ihm am meisten gefehlt hat. Die Zeit drängt: Das ganze Jahr 1904 hindurch hat seine persönliche Stellung sich verschlechtert. Neben den russischen Genossen haben auch die europäischen Sozialdemokraten sich von ihm abgewandt. Die angesehensten deutschen Vertreter geißeln seine ideologischen Exzesse und sprachlichen Entgleisungen. Kautsky, der in der Bewegung zu dieser Zeit höchste moralische Autorität genießt, lehnt seine Bitte ab, in der *Neuen Zeit* seinen Standpunkt im Streit mit den Menschewiki darzulegen. Lenin, dessen rachsüchtiges Naturell sich mehrfach zeigen wird, wird diesen Affront niemals vergessen. Noch Jahre später brandmarkt er den Altvorderen der Sozialdemokratie als den »Renegaten Kautsky«. Rosa Luxemburg, eine weitere Galionsfigur der deutschen Sozialdemokratie, haut in die gleiche Kerbe. Sie sieht in Lenins Auftreten vor allem das »Russische«, das heißt die unzivilisierten Umgangsformen seines Heimatlandes. Auch diese Beleidigung wird er nicht vergessen. Jahrelang liefert er sich mit Rosa Luxemburg über verschiedene Themen einen Schlagabtausch[7], obwohl beide in wichtigen Dingen wie der Frage der Nationalitäten letztlich auf einer Linie liegen. Und 1916[8] wird er mit Junius (Luxemburgs Pseudonym) einen ebenso heftigen Streit führen wie in der schweren Zeit der Spaltung der russischen Sozialdemokraten. Bebel, die andere Autorität, schlägt einen Kompromiß vor, stößt bei Lenin aber auf taube Ohren, ist dieser doch überzeugt davon, daß die deutsche Sozialdemokratie seine Feinde unterstützt. Ganz falsch liegt er freilich nicht. Die Führer der europäischen Arbeiterbewegung sind über die Entgleisungen der Bolschewiki besorgt. Deren Auftreten paßt schlecht zu ihren höflichen Umgangsformen und ihren reformistischen Ansätzen.

Ende 1904 scheint für Lenin das Ende der Durststrecke gekommen. Er hat das Jahr dazu genutzt, ein weiteres Werk zu veröffentlichen: *Ein Schritt vorwärts, zwei Schritte zurück – Die Krise in unserer Partei.*[9] Die Schrift, die in Genf erscheint und seine Positionen verteidigt, ist eine Abrechnung mit dem II. Parteitag der SDAPR.[10] Nach der Rückkehr von seiner Erholungsreise hat er im August 1904 zweiundzwanzig nahestehende Bolschewiki zusammengerufen und mit ihnen ein »Komitee der Mehrheit« gebildet. Bogdanow, der in das Büro gewählt wird, spielt dabei eine besonders aktive Rolle. Im Herbst kehrt er nach Rußland zurück und arbeitet am Aufbau abhängiger Ortsgruppen. Vor der Abreise bereitet er mit Lenin die Herausgabe der Zeitung vor, die seine zurückgewonnene Autorität belegen und die Position des sogenannten Blocks oder des Komitees der Mehrheit stärken soll. Die erste Ausgabe dieser *Wperiod* (Vorwärts) erscheint im Dezember. Sie ist ein reines Sprachrohr Lenins, der uneingeschränkt über sie verfügt. Diese Zeitung belegt auf eklatante Weise – als ob das noch nötig wäre – die Spaltung der russischen Sozialdemokratie in zwei Richtungen. Sie ist eine Anti-*Iskra*. Lenin nutzt unermüdlich jede Ausgabe dazu, das gegnerische Blatt heftig zu attackieren. Altvater Plechanow geißelt dagegen in jeder Schrift Lenin, der »Öl ins Feuer gießt, um den Konflikt anzuheizen«.

Zu dieser Zeit macht Lenin, der seine ganze Lebensenergie wiedergefunden hat, sich an die Vorbereitungen zum III. Parteitag der SDAPR. Die Zusammenkunft soll im Frühjahr 1905 erneut in London stattfinden. Sehnsüchtigst erwartet, ist sie als Krönung seiner geduldig betriebenen Rückeroberung der Partei gedacht. Ein Hindernis sind dabei freilich die Menschewiki und diejenigen Organisationen in Rußland, die spüren, daß der unfruchtbare Streit und die Spaltung die gesamte Bewegung schwächen. Fünf der sechs ZK-Mitglieder in Rußland sprechen sich gegen den Parteitag aus. Die Sozialdemokratie, so meinen sie, brauche »in Rußland ernstzunehmende Direktiven, Propagandamaterial und keinen Zank. Hört auf, euch zu streiten, und macht euch an die Arbeit!«

Aber die erste und einzig wichtige Arbeit besteht für Lenin darin, seine Autorität über die Partei wiederzugewinnen und die verlorene Macht zurückzuerobern. So stellt er sich auch taub gegenüber der Aufforderung Krschischanowskis, nach Rußland zu kommen und mit den Aktivisten der lokalen Organisationen zu diskutieren. Krschischanowski, seit dem II. Parteitag ZK-Mitglied und ein alter Bekannter aus der Petersburger Bewegung von 1895, ist eigens nach Genf gereist, um ihn über die Stimmungslage an der Basis in Rußland zu informieren. Er hält ihm vor, daß er sich im bequemen Genfer Asyl falsche Vorstellungen mache. Lenin reagiert verärgert und denkt überhaupt nicht daran, auf den naiven Vorschlag einzugehen.

Aber er hat unerwartetes Glück. In Rußland holt die Polizei zum Schlag gegen die Partei aus. Neun der elf Mitglieder der Führungsebene werden dingfest gemacht. Krassin entgeht der Verhaftung. Dieser Schlag hat für Lenin schicksalhafte Folgen. Mit einem Mal ist er seine Gegner vor Ort los. Das unerwartete Glück, das die Polizeiaktion und die Verhaftung der Genossen für ihn bedeuten, kommentiert er zynisch so: »Das wird die Menschewiki für lange Zeit schwächen.«

Ein Zentralkomitee in Minimalbesetzung stimmt in Anbetracht der Lage folglich der Einberufung des »III. Parteitages der SDAPR« zu, wie die Veranstaltung etwas übertrieben genannt wird: In Wahrheit handelt es sich um eine Versammlung der Bolschewiki, die mit dem vorigen Parteitag wenig gemein hat. Die achtunddreißig zumeist aus Rußland angereisten Delegierten sind Vollzeitaktivisten, »Berufsrevolutionäre«, wie sie in *Was tun?* beschrieben werden. Sie stehen von Anfang an auf Lenins Seite und sind bereit, die menschewistischen Thesen vorbehaltlos zu verurteilen.

Die Menschewiki sind freilich nicht untätig geblieben. Sie haben August Bebel als Vermittler angerufen. Bebel regt zur Schlichtung des Konfliktes die Bildung eines Tribunals aus fünf unabhängigen Personen an. Dieser Vorschlag, den die Menschewiki annehmen, wird von Lenin abgeschmettert: Der anberaumte Parteitag, so meint er, werde in Bezug auf das Zerwürfnis eine Entscheidung herbeiführen. Nicht Personen, sondern Gedanken würden dabei in Frage gestellt. Bebel zieht sich zurück. Er ist schockiert über Lenins kompromißlose Haltung, glaubt aber nicht so recht an den politischen Ernst seiner Gegner. Die Menschewiki, durch Lenin in Zugzwang geraten, berufen ebenfalls eine Versammlung ihrer Anhänger ein. Diese tritt in Genf zusammen, allerdings nicht als »Parteitag«, sondern als »Konferenz«. Wie zwei Jahre zuvor begeben die Menschewiki sich aus politischem Anstand oder aus falsch verstandener Bescheidenheit in eine Position der Schwäche und überlassen Lenin den alleinigen Anspruch auf die Vertretung der Sozialdemokratie.

Die Diskussionen in London und Genf werden beherrscht von den Ereignissen, die seit Januar Rußland erschüttern – und von der Aussicht auf Veränderungen und Unruhen, die in einen revolutionären Umsturz münden könnten. Aktueller denn je erscheinen die Fragen zum Aufbau der Partei, zu ihrem Verhältnis zur Arbeiterklasse und zu ihren Zukunftsperspektiven. Die Konfrontation in der Partei spitzt sich zwangsläufig zu.

In den Reihen der Menschewiki, die über die *Iskra* verfügen, sitzen die angesehensten Persönlichkeiten der russischen Sozialdemokratie: Plechanow (dessen Einfluß durch seine vormalige Unterstützung Lenins allerdings geschwächt ist), Axelrod, Martow, Potressow und Trotzki (die beiden letzteren waren eine Zeitlang Anhänger Lenins gewesen). Angesichts des revolutionären Klimas in Rußland plädieren alle dafür, daß die Partei eine revolutionäre Opposition verkörpern müsse. Allerdings dürfe sie keine übereilten Versuche unternehmen, die Macht zu übernehmen oder aufzuteilen. Ihre ablehnende Haltung gegenüber Lenins Willen, die Partei zu zentralisieren, die zuvor nur unterschwellig vorhanden gewesen ist, tritt damit offen zutage.

Der III. Parteitag: Die Bolschewisierung der Instanzen

In London muß Lenin sich auf neue Verbündete stützen: auf Krassin – er wird auf dem Parteitag Lenins neue Lieblingsthese vertreten, wonach die Partei an der revolutionären provisorischen Regierung teilnehmen müsse; auf Bogdanow – er hat an der Vorbereitung zum Parteitag von Rußland aus besonders aktiv teilgenommen; und auf Lunatscharski – er wird dem Parteitag auf Betreiben Lenins eine Resolution zum bewaffneten Aufstand vorlegen. Obwohl Lunatscharski Lenin unterstützt, ist der Riß, der später unweigerlich zum Bruch zwischen beiden führen wird, damals bereits erkennbar. Bis zu diesem Ereignis wird ihr schwieriges Verhältnis einerseits bestimmt sein vom begeisterten Willen Lunatscharskis, sich Lenin als nützlich zu erweisen, und andererseits von Vorbehalten ihm gegenüber auf intellektueller Ebene. Immer wieder wird er zu ihm auf Distanz gehen. Während des III. Parteitages unterstützt Lunatscharski Lenin allerdings noch, auch wenn dieser schon damals nicht akzeptieren kann, daß Lunatscharski den philosophischen Gedanken Bogdanows anhängt. Aus taktischen Gründen behält er dies freilich noch für sich, wenn auch nicht mehr lange.

Weitere Neulinge gesellen sich zu Lenin, so der ganz junge Leo Borissowitsch Kamenew, der 1902 als Mitglied der *Iskra*-Redaktion gegen Berdjajew und Struve polemisiert hat und später nach Rußland zurückgekehrt ist. Zunächst in Tiflis und dann im Moskauer Parteikomitee arbeitet er am Aufbau militanter Gruppen mit.

Im Jahr 1904 bricht er mit der inzwischen menschewistischen *Iskra,* unterstützt Lenins Thesen, korrespondiert mit der neugegründeten *Wperiod* und bereitet mit Besuchen bei den bolschewistischen Komitees im Kaukasus, in Zentralrußland und im Ural den III. Parteitag vor. Das Komitee des Kaukasus entsendet ihn als Delegierten zum III. Parteitag.

Ein weiteres ganz neues Mitglied ist Alexej Iwanowitsch Rykow. Rykow, Sohn von Bauern aus Saratow, ist sehr früh für die *Iskra* gewonnen worden und hat beim Aufbau sozialdemokratischer Gruppen in Moskau eine entscheidende Rolle gespielt.

Diese Neulinge sind für Lenin allerdings keine leicht manipulierbaren Verbündeten. Auch zeigt sich auf dem Parteitag in London, daß Lenin zwar seine Anhänger um sich hat scharen können, aber keineswegs eine monolithische Organisation hinter sich hat. Eine ganze Anzahl von Delegierten aus Rußland opponiert gegen ihn. Diese sogenannten *Komitetschiki* (Leiter der lokalen Komitees), wie er sie abfällig nennt, werden angeführt von dem knapp dreiundzwanzigjährigen Alexej Rykow, der sich ihm mit jugendlicher Begeisterung widersetzt. Rykow, der vom Land stammt, wird immer an der Möglichkeit zweifeln, daß eine Agrargesellschaft eine sozialistische Revolution ohne lange Übergangszeit umsetzen kann. Im Verlauf des Parteitages bildet sich eine deutliche »reformistische« Strömung mit dem Ziel heraus, Lenins Macht einzuschränken. Sogar der getreue Krassin übt heftige Kritik an der »Emigration«, die durch einen exzessiven Einfluß die Entwicklung der Partei hemme. Die Anspielung auf Lenin wird allgemein verstanden, und Krassin erntet mit seiner Rede bei der Mehrheit der Delegierten stürmischen Beifall.

Eine weitere Schwierigkeit für Lenin stellen die Beziehungen zu den Menschewiki dar. Er möchte sie aus der Partei ausschließen, aber die Teilnehmer des Parteitages sind mehrheitlich dagegen. Widerstrebend nehmen sie schließlich die vorsichtig vorgetragenen Vorschläge des Taktikers Lenin an: Die Ideologie der Menschewiki wird verurteilt, aber sie dürfen individuell Mitglied der Partei bleiben, falls sie sämtliche Bedingungen erfüllen, sich der Parteidisziplin unterwerfen und die Legitimität des III. Parteitages anerkennen. Damit werden die Menschewiki politisch faktisch ausgeschaltet. Der Parteitag votiert zudem für die sofortige Organisation eines bewaffneten Aufstandes, eine Entscheidung, der Lenin höchste Bedeutung zumißt.

Am Ende wählt der III. Parteitag das Zentralkomitee der Bolschewiki. Mitglieder werden Lenin, Krassin und Bogdanow. Bis 1908 wird dieses Triumvirat die Partei führen. Ins ZK ist allerdings auch Rykow gewählt worden, womit die ungestümen *Komitetschiki* Auftrieb erhalten.

Lenins Machtstellung innerhalb der Partei ist für die damalige Zeit schwer einschätzbar. Einerseits hat er seine Ansichten im wesentlichen durchsetzen können: Seit dem Parteitag ist die Fraktion der Bolschewiki gleichbedeutend mit der SDAPR. Er selbst wird von jetzt an mit der Partei gleichgesetzt. Die Menschewiki sind mit ihrem Ausschluß scheinbar aus der Sozialdemokratie verschwunden. Der Aufruf zum bewaffneten Aufstand und die Anerkennung der Zentralisierung der Partei bestätigen schließlich jene revolutionäre Konzeption, die für Lenin so wichtig ist. Damals gilt er als der eigentliche Vertreter der russischen Sozialdemokratie.

Aber die Wirklichkeit ist komplizierter. Zunächst hat er die Durchsetzung seiner Positionen hart erkämpfen müssen. Die einhellige Zustimmung zum Bruch mit den Menschewiki ist nur scheinbar: Eine geheime Resolution fordert das Zentralkomitee auf, nach Wegen zur Aussöhnung zu suchen. Einerseits hat der Parteitag die Menschewiki verurteilt und die menschewistischen Organisationen in Rußland aufgefordert, sich den Thesen der Mehrheit anzuschließen. Andererseits besteht noch immer der Wunsch nach Rückkehr zur Einheit, die vom Zentralkomitee angestrebt werden soll. Entsprechende Hoffnungen nährt auch die Haltung der Menschewiki. Zwar lanciert die Versammlung in Genf zahlreiche Attacken gegen die Bolschewiki, doch kommen die Hintergedanken der Initiatoren in der Bezeichnung »Konferenz« statt »Parteitag« zum Ausdruck. In dieser Namensgebung spiegelt sich wohl ihre legalistische Einstellung (Bedenken, die Lenin völlig fremd sind!). Andererseits vermeiden sie mit ihr aber auch eine endgültige Festschreibung der Spaltung und geben so ein Signal an diejenigen bolschewistischen Kräfte, denen Lenins intolerante Haltung widerstrebt.

Die Sozialistische Internationale hat für den Extremismus der Bolschewiki ebenfalls wenig Verständnis. Lenins radikale Thesen stehen im Gegensatz zu den Ansichten, die von der Mehrheit der sozialdemokratischen Bewegung und vor allem von der deutschen Sozialdemokratie vertreten werden. Der Internationalen ist Plechanow, der feinsinnige Intellektuelle, der über westliche Umgangsformen verfügt, eindeutig lieber als der ungehobelte Lenin. Dieser gilt den europäischen Sozialdemokraten als Verkörperung der russischen Besonderheit, die sie in ihren strategischen Konzepten nicht unterbringen können.

Wenn Lenin sich auf dem Londoner Parteitag gegen die Zauderer hat durchsetzen können, so wohl deshalb, weil keine Persönlichkeit von Format sich ihm dauerhaft hat widersetzen können. Eine Ausnahme bildet Krassin, den er später von seinen Ansichten überzeugen wird; diese Allianz wird allerdings nur einige Jahre halten. Auch sein Sieg über die Menschewiki wird – wie der Sieg von 1903 – nicht auf allen Ebenen dauerhaft sein. Im April 1905 geht der Londoner Parteitag zu Ende. In dieser Zeit müssen die russischen Sozialdemokraten, die bislang nur theoretische Auseinandersetzungen geführt haben, sich konkreteren Dingen zuwenden: In Rußland hat einige Monate zuvor der revolutionäre Kampf begonnen.

Diese Revolution von 1905 wird alle theoretischen Diskussionen verdrängen und Lenins Autorität einer harten Prüfung unterziehen.

V 1905 – Die Feuerprobe

Während Bolschewiki und Menschewiki sich Wortgefechte liefern, gerät Rußland in Aufruhr. Das Land schlittert in die Revolution. Lenin wird von den – eigentlich vorhersehbaren – Ereignissen und ihrem chaotischen Verlauf vollkommen überrascht.[1] Der Russisch-Japanische Krieg nimmt einen katastrophalen Verlauf. Die russische Bevölkerung ist aufgebracht über die sinnlosen Verluste und die Unfähigkeit der Militärführer, die Katastrophe abzuwenden.[2] Der Konflikt löst eine Serie von Unruhen aus. Entlang der Nachschubwege in den Fernen Osten tauchen revolutionäre Aktivisten auf. Sie agitieren unter den demoralisierten Truppen. Die Verkehrsknotenpunkte eignen sich dafür besonders: Neben Eisenbahnern, die für die revolutionäre Sache gewonnen sind, arbeiten hier auch Studenten, die während der Unruhen von 1899–1901 von der Universität gejagt, in Strafbataillons integriert wurden und jetzt für die Bewachung der Schienenwege verantwortlich sind. Auch politische Organisationen sind an den Ereignissen beteiligt: Vor allem die Sozialrevolutionäre Partei (SR), die Erbin der Volkstümler, erhält Auftrieb. Sie löst die terroristischen Organisationen ab, die immer mehr an Einfluß verlieren: »Boden und Freiheit« und die »Freiheit des Volkes«.

Der Aufruhr in Rußland verläuft überwiegend in legalen Bahnen – rasch ins Leben gerufene *Semstwos*, regionale Versammlungen, dringen auf Reformen –, doch finden auch illegale Aktionen statt. Die Notwendigkeit einer raschen Veränderung des politischen Systems ist für jedermann spürbar. Derweil hat der ängstliche und unentschlossene Zar Nikolaus II. für die Ungeduld der Gesellschaft wenig Verständnis. Seine Reaktion, die ein halbes Jahrhundert zuvor als revolutionär erschienen wäre, wirkt 1905 schlichtweg lächerlich. In einem Dekret *(Ukas)* vom 12. Dezember 1904 stellt er vage Reformen in Aussicht, mit denen er die *Semstwos*, Bauern, Arbeiter und andere zufriedenzustellen hofft. Als Antwort auf die wachsende Unruhe im Land scheint ihm dies zu genügen. Achtundvierzig Stunden später richtet die Regierung eine offizielle Warnung an die Menschen. Der Aufruhr sei unverzüglich zu beenden. Mit dem Dekret seien die gesellschaftlichen Forderungen erfüllt, die Debatten abgeschlossen. Diese Ignoranz angesichts der gesellschaftlichen Stimmungslage weist den Weg in die Tragödie, die sich im folgenden Januar ereignen wird. Keiner schenkt den Aufrufen zur Ruhe mehr Gehör. Die Studenten begehren auf. Die Arbeiterklasse, die bislang stillgehalten hat, betritt lärmend die Bühne.

Der Blutsonntag

Am 20. Dezember 1904 bricht in den Putilow-Werken ein Streik aus – aus geringem Anlaß, der Entlassung von vier Arbeitern. Dies genügt freilich, um in den Arbeitervierteln der Hauptstadt und dann in der gesamten Kapitale die Aufruhrstimmung noch weiter anzuheizen.

Zum besseren Verständnis dieser Ereignisse muß man einen Augenblick auf einen besonderen Zug der russischen Gewerkschaftsbewegung zu Beginn des Jahrhunderts zurückkommen: die von dem Polizeioffizier Subatow angeregte Gründung von manipulierbaren Arbeitervereinen durch das Regime.[3] Durch diese besondere Form der gewerkschaftlichen Organisation glaubt der Staat sich vor einem großen Aufbegehren der Arbeiter schützen oder diese zumindest kontrollieren zu können. Deshalb beunruhigen ihn die Aktivitäten des Popen Gapon auch nicht weiter, der die Demonstration an jenem »Blutsonntag« anführen wird. Der Geistliche gilt nämlich als Mann in ihren Diensten. Gapon ist allerdings nicht Subatow. Keineswegs korrupt, sieht er sich selbst mit der heiligen Mission und Pflicht betraut, Zar und Volk miteinander auszusöhnen.[4] Von einem begeisterten Idealismus beseelt und mit echtem Charisma behaftet, hat er in seiner Arbeitervereinigung schon 1904 an die zwanzigtausend Mitglieder (weitaus mehr als die sozialdemokratischen Organisationen!) zusammenbringen können. Folglich begrüßen es die Arbeiter wie die Staatsgewalt, als er sich in den Streik in den Putilow-Werken einschaltet. Allerdings kann er sich mit einer

Verhandlungslösung nicht durchsetzen und beschließt, auf den Generalstreik und die Mobilisierung der Massen zu setzen. So will er gegenüber der Regierung proletarische Solidarität und Entschlossenheit demonstrieren.

Im Januar 1905 sind die Karten auf beiden Seiten noch nicht voll ausgespielt. Die Streikenden hoffen auf den Zaren, darauf, daß er die Krise lösen könne, und wollen ihm eine Bittschrift übergeben. Mit Unterstützung einiger Liberaler von Gapon verfaßt, soll sie Nikolaus am 9. Januar überreicht werden. Der Konflikt in den Putilow-Werken dient folglich der Bevölkerung nur noch als Vorwand, um eine umfassende Reform des politischen Systems zu verlangen und an der Macht beteiligt zu werden. Da die Bittschrift einen breit angelegten Konsens in der Bevölkerung widerspiegeln soll, sammeln Gapons Anhänger Unterschriften: in den Betrieben, auf öffentlichen Plätzen und in den Straßen.

Über die Vorbereitungen zu der Demonstration hält Gapon die Behörden auf dem laufenden. Der friedliche Marsch mit der anschließenden Übergabe der Bittschrift an den Zaren soll an einem Sonntag stattfinden, am »Tag des Herrn« – dessen Bezeichnung im Russischen zugleich auch »Auferstehung« bedeutet. Und auf eine »Auferstehung« zu neuem Leben bereitet sich das Volk auch in der Tat vor. Die Obrigkeit ist über alles gut unterrichtet: Da sie keine Reaktion zeigt, geht Gapon von einer stillschweigenden Duldung der Kundgebung aus. Keine Kenntnis hat er natürlich von den Tagebucheintragungen des Zaren um diese Zeit: »Seit gestern sind alle Petersburger Fabriken im Ausstand. Zur Verstärkung der Garnison sind aus der Umgebung Truppen herbeibeordert worden. Die Arbeiter verhielten sich bisher friedlich. Ihre Zahl wird auf zwanzigtausend geschätzt. An der Spitze ihres Bundes steht eine Art sozialistischer Pope namens Gapon. Mirski hat mir am Abend seinen Bericht zu den Maßnahmen vorbeigebracht, die ergriffen worden sind.«

Das Mißverständnis ist offenkundig total. Auf der einen Seite steht ein bittendes Volk voller Erwartungen an den Zaren, auf der anderen Seite der Herrscher, der nach Zarskoje Selo auf seinen Landsitz entflieht, um jeden Kontakt zu vermeiden. Die Verantwortung überläßt er den Mitarbeitern seiner Regierung, die auf den Verlauf der Demonstration nach den Eingebungen des Augenblicks reagieren.

Die friedliche und unbewaffnete Menge hält ihre Demonstration für genehmigt. Sie ignoriert die Warnungen und die Aufforderung, sich zu zerstreuen. Da die Staatsgewalt das Anliegen der Menge nicht begriffen hat, feuern die Truppen kopflos in die Menge und richten ein Blutbad an. Nach wenigen Stunden wird aus diesem friedlichen Marsch der Bevölkerung zu seinem Herrscher ein Massaker, das als *Blutsonntag* in die Geschichte eingeht. Gapons entsetzter Aufschrei faßt die Tragödie zusammen: »Es gibt keinen Gott und keinen Zaren mehr.«

Die Bilanz des Gemetzels: nach vorsichtiger Schätzung mehrere hundert Tote und Verletzte. Neben dem menschlichen Leid hat die Tragödie verheerende politische Folgen. Die Selbstherrschaft hat sich in den Augen des Volkes, das sie so lange ertragen hat, auf immer diskreditiert. Die Toten des Blutsonntages kommen zu den sinnlosen Kriegsopfern im Fernen Osten hinzu, im öffentlichen Bewußtsein ein weiterer Beweis für das menschenverachtende Vorgehen des Systems gegen die eigenen Untertanen. Was ist das für ein Regime, das die eigenen Untertanen tötet oder niedermetzeln läßt? Auf welche Legitimierung will es sich noch berufen?

Der Graben zwischen Volk und Herrscher, schon jetzt unüberbrückbar, wird noch weiter aufreißen. Das Blutbad vom 9. Januar ist für Nikolaus II. ein Beweis für die Schwäche der Staatsgewalt. Zur Wiederherstellung der Ordnung, so beschließt er, sei noch mehr Härte notwendig. Für das Volk dagegen besteht die einzige Antwort auf das Massaker, die einzige Möglichkeit, Solidarität mit den Toten zu bekunden, in einer Fortsetzung des Kampfes. Die Arbeiterunruhen greifen auf die Provinz – auf Moskau, Saratow, Riga, Lodsch, Warschau, Wilna – und auf die Landbevölkerung über, die jetzt ebenfalls heftig aufbegehrt. Der Terrorismus, eine Zeitlang von der Bildfläche verschwunden, erhebt erneut das Haupt. Am 4. Februar 1905 wird Großfürst Sergej, der Onkel des Zaren, von dem Studenten Iwan Kaljajew, einem Anhänger der Sozialrevolutionäre, erschossen. Auch die Studenten haben sich der Bewegung angeschlossen. Sie boykottieren die Vorlesungen, organisieren trotz Verbots an den Universitäten Kundgebungen und solidarisieren sich überall mit den Arbeitern.

Die Entstehung der Sowjets

Während Bolschewiki und Menschewiki sich gegenseitig aus der Distanz auf ihren Parteiversammlungen in London und Genf befehden, kommt die Revolution in Gang. Zunächst spontan, beginnt sie sich selbst zu organisieren und findet Kanäle, in denen sie ihre Forderungen präzise formuliert. Die *Semstwos*, die im April in Moskau tagen, verlangen die Einführung des allgemeinen Wahlrechts und die Einberufung einer Versammlung, die die notwendigen Reformen vorbereiten soll. Einen Monat später formulieren sie präzisere politische Forderungen und stellen dabei die »Rechte der Nation« – ein neuer, noch ungenau definierter Begriff – denen des Herrschers gegenüber. Überall entstehen Zusammenschlüsse und Gruppierungen, die immer häufiger zusammentreten und Anträge verabschieden. Die Bauern verfassen Beschwerdebriefe. Im Mai 1905 tritt ein Bauernkongreß zusammen – und wieder lebt auch die Tradition des russischen Bauernaufstandes auf.

Ein Ereignis in diesem stürmischen Mai wird die Aufmerksamkeit der Sozialdemokraten aller Richtungen auf sich ziehen. In Iwanowo-Wosnessensk, einem Zentrum der Textilindustrie, wählen streikende Arbeiter einen Sowjet (Rat), der zwei Monate lang bestehen bleiben wird. Diese politische Neuerung ist von bedeutender Tragweite! Kurz darauf bricht auf dem Panzerkreuzer *Potemkin* im Hafen von Odessa eine Meuterei aus. Sie ist ein weiteres Anzeichen dafür, daß der gesellschaftliche Flächenbrand im Begriff ist, sich über das gesamte russische Reich auszubreiten und in unterschiedlichster Form alle sozialen Schichten zu erfassen.

Für die politischen Bewegungen, insbesondere für die Sozialdemokratie, stellt sich nun die Frage: Was ist zu tun? Vor allem angesichts des Sowjets, einer spontan entstandenen Organisation der Arbeiterklasse.[5] Muß man diesen unterstützen? Versuchen, ihn für sich zu vereinnahmen? Wie soll man sich ganz allgemein angesichts der entfesselten gesellschaftlichen Kräfte verhalten? Sie organisieren? In welche Richtung sollen sie gelenkt werden? Die Sozialrevolutionäre richten ihre Blicke auf das flache Land. Die Liberalen versuchen die Gewerkschaften zu »vereinnahmen«. Während die Sozialdemokraten ihren Weg noch nicht gefunden haben, kommt die Antwort auf diese Fragen direkt aus der Gesellschaft. Im Herbst haben lokale Streiks und spontane Demonstrationen ganz Rußland erfaßt. Die Gewerkschaft der Eisenbahner, die mächtigste im Land, ruft den Generalstreik aus. In der Hauptstadt wird Mitte Oktober ein Sowjet ins Leben gerufen – auf der Grundlage der Erfahrungen des im Mai gegründeten Sowjets von Iwanowo-Wosnessensk und anderer, die nach seinem Vorbild entstanden sind.

Der Petersburger Sowjet tritt am 14. Oktober 1905 zusammen und hat fünf Tage lang Bestand. Die 562 Mitglieder werden von den Fabrikarbeitern gewählt und entstammen fast ausnahmslos dem Proletariat – mehrheitlich der Metallindustrie. Im Exekutivkomitee *(Ispolkom)* mit seinen 31 Mitgliedern sitzen 19 Vertreter der Parteien der Linken, die die Arbeit des Sowjets verfolgen, aber nur eine konsultative Stimme haben. Die Menschewiki haben die Bedeutung dieses Organs, das praktisch auf ihre Anregung hin gebildet wurde, rasch erkannt. An der Spitze steht der junge Anwalt Chrustalew-Nossar, unterstützt von zwei Stellvertretern, dem Menschewiken Trotzki und dem Sozialrevolutionär Awksentjew.

Der Sowjet organisiert sich und veröffentlicht einen Wochenbericht, die *Iswestija Sowjeta Rabotschich Deputatow* (Nachrichten des Rates der Arbeitervertreter). Auf sie wird sich 1917 die *Iswestija* berufen, das Organ des Sowjetstaates, das nach grundlegenden Veränderungen sogar den Zusammenbruch der UDSSR überleben wird!

Während der Sowjet entsteht, ist Zar Nikolaus II. unsicher, wie er sich verhalten soll. Er ist erschreckt über die Streiks, die das Land lahmlegen, und über die Einrichtung autonomer Regierungsorgane. Nach seinem Temperament und aufgrund der Verbundenheit mit der Politik seines Vaters neigt er eher einer Gewaltlösung zu. Aber eine wichtige Fraktion in seiner Umgebung predigt die Nachgiebigkeit, vor allem sein ehemaliger Minister Witte, der auf der Konferenz von Portsmouth die negativen Folgen der militärischen Katastrophe im Fernen Osten begrenzen konnte. Dieser brillante Verhandlungserfolg verschafft ihm beim Zaren Einfluß. Diesem macht Witte deutlich, daß die Mittel der Repression in Rußland erschöpft seien. Jetzt sei es an der Zeit zu Verhandlungen. Am 17. Oktober 1905 kündigt der Zar in einem *Manifest* an sein Volk an, daß ein Teil seiner Forderungen erfüllt würde: die Einführung des allgemeinen Wahlrechts und die Einberufung einer gewählten Versammlung. Damit tritt das Land in ein neues politisches Zeitalter ein.

Für die Liberalen ist dieses sogenannte *Oktobermanifest* zwar unzureichend; da es aber den Weg zu Wahlen freimacht, beginnen sie eine effiziente Strategie für eine Teilnahme zu erarbeiten. Sie gründen die Konstitutionell-Demokratische Partei (KD oder Kadetten) und bereiten sich auf den Wahlkampf vor. Dagegen sind die Sozialisten kaum geneigt, den gleichen Weg zu gehen. Obwohl das Manifest weite Bereiche der Gesellschaft betrifft, kann es die Wogen nicht glätten. Der Petersburger Sowjet denkt nicht daran, den Kampf einzustellen. Im Gegenteil: Immer wieder ruft er zur Fortsetzung der Streiks und Demonstrationen auf. »Das Proletariat darf die Waffen nicht niederlegen«, heißt es in der *Iswestija.* Und die *Nowoje Wremje,* ein antirevolutionäres Blatt, registriert die Bedeutung von Chrustalew-Nossar als dem ersten Vorsitzenden des Sowjets: »Heute gibt es zwei Regierungen in Rußland«, heißt es da, »die Wittes und die Chrustalews.«

Erschreckt reagiert das Regime mit Zuckerbrot und Peitsche: Während Wahlen anberaumt und Verfügungen zugunsten der Bauernschaft getroffen werden, rollt eine Verhaftungswelle durch das Land: Chrustalew fällt ihr zum Opfer und wird durch Trotzki an der Spitze des Sowjets ersetzt. Trotzki verleiht der Versammlung hohes Ansehen, auch wenn deren Tage schon zu Beginn seiner Amtszeit gezählt sind. Sie wird kurz darauf aufgelöst. Der Vorsitzende Trotzki wird verhaftet und der Justiz überstellt. Das Beispiel des Sowjets hat jedoch inzwischen Schule gemacht, als erstes in Moskau, der zweiten Hauptstadt, die Petersburg als revolutionäres Zentrum ablösen wird.

Außerhalb Rußlands reagiert Plechanow besorgt über die Repression. Mehrfach hat er die Bewegung vor übereilten Schritten gewarnt: Diese könnten die eingeleiteten Veränderungen blockieren und der Autokratie neuen Auftrieb geben. Dagegen hat der Sowjet unbeeindruckt zum Steuerboykott und zu einer Erhebung aufgerufen, um Wahlen zu einer verfassungsgebenden Versammlung zu erzwingen. Dieser Aufruf aus dem »Manifest an das russische Volk« stößt in der Bevölkerung allerdings auf ein schwaches Echo. Statt dessen liefert er den Vorwand für die harte

Reaktion der Staatsgewalt, die sich in der Verhaftung der Mitglieder des *Ispolkom* und im Verbot der Zeitungen äußert.

Das Regime schlägt schon deshalb so rasch und hart zurück, als der Aufruf des Sowjets nur der sichtbare Ausdruck des sich anbahnenden, bewaffneten Aufstands ist. Tatsächlich bereiten nun die Bolschewiki, die im Sowjet fast nicht vertreten sind, eine Erhebung vor: Sie kaufen Waffen und versorgen mit ihnen kleine, kampfbereite Gruppen. Das vom Sowjet und den Menschewiki beherrschte Sankt Petersburg ist für ein solches Vorhaben schlecht geeignet. Dagegen schüren in Moskau Flugblätter an den Hauswänden den Aufstand. Überall in der Stadt werden Barrikaden errichtet.

Dezember 1905: Als die Repression wütet und alle Führer des Sowjets verhaftet werden, hilft die aus Bauern bestehende Armee bei der Niederschlagung der revolutionären Unruhen. Trotzki wird einige Monate später zur Verbannung verurteilt, kann vorher aber fliehen. In Moskau kämpfen die Arbeiter bis zuletzt, bevor sie ebenfalls unterliegen. Nach dem Ende der Revolution bricht die Zeit der politischen Lösungen an. Und die des Nachdenkens.

Lenin vor der Revolution

Von Januar bis Dezember 1905 haben die Bolschewiki und vor allem Lenin die Ereignisse mit Sorge beobachtet: Sie kamen unvorhergesehen und passen nicht in ihre Analyse. Obwohl gut organisiert, hat die Partei in der Entstehungsphase der Unruhen nur eine unbedeutende, ja eigentlich überhaupt keine Rolle gespielt. Der augenblickliche Erfolg der Sowjets beweist, daß die Arbeiterklasse in der Lage ist, eigenständige Formen der Organisation hervorzubringen. Die Spontaneität der Arbeiter hat zum politischen Bewußtsein geführt: Dies widerspricht ganz und gar Lenins Lieblingskonzept, wonach ein Klassenbewußtsein erst von der Elite in die Arbeiterklasse hineingetragen werden müsse!

Zu Beginn der Unruhen denkt er noch nicht an die Rückkehr nach Rußland – im Gegensatz zu Trotzki, der gleich nach dem »Blutsonntag« die Grenze überschreitet und zunächst in Kiew und dann in der Hauptstadt an der Revolution teilnimmt.

Gleich nach dem Oktobermanifest, am 21. des Monats, verkündet Nikolaus II. die seit Januar geforderte und lange hinausgeschobene Amnestie für politische Straftäter. Obwohl im Inland als unzulänglich beurteilt, ermöglicht sie den Revolutionären die Rückkehr aus der Emigration. Damit erhalten die revolutionären Organisationen neue aktive Mitglieder. In ihren Erinnerungen zeichnet Nadeshda Krupskaja das Bild eines Lenin, der nach dem Januar 1905 der Rückkehr nach Rußland entgegengefiebert habe. In Wahrheit wußte Lenin seine Ungeduld zu zügeln: Seine Rückkehr erfolgte erst am 8. November 1905, also nach der Verkündigung der Amnestie: Er ließ sich Zeit! In Rußland angekommen, ging er dann vornehmlich journalistischen Tätigkeiten nach.

Krupskaja gibt von dieser Zeit eine ganz persönliche Darstellung: »Gegen Ende des Sommers 1905 zeigte Wladimir Iljitschs Scharfsinn sich in dieser Antwort: ›Bald werden wir in Petersburg eine Zeitung eröffnen, und die Redaktion wird auf dem Newski-Prospekt liegen.‹ Ich habe mich damals darüber lustig gemacht wie über eine unwahrscheinliche Sache, aber drei Monate später glänzte tatsächlich über dem Newski-Prospekt das Schild der Redaktion der *Nowaja Shisn* [Neues Leben].«[6]

Die Realität sah etwas anders aus.[7] Im Herbst 1905, vor Verkündigung des *Oktobermanifestes,* hat sich eine Gruppe unabhängiger Linksintellektueller in der Hauptstadt versammelt: Das erhoffte Ziel ist die Herausgabe einer Zeitung, die die politischen Anliegen in diesen unruhigen Monaten artikulieren soll. Der Gruppe, die ursprünglich aus dem Philosophen Minski und den Dichtern Sinaida Hippjus und Konstantin Balmont besteht, schließen sich Gorki und ihm nahestehende Schriftsteller wie Leonid Andrejew und schließlich auch einige Bolschewiki an: so die beiden ZK-Mitglieder Bogdanow und Rumjanzew. Noch bevor das Manifest eine Liberalisierung des Regimes signalisiert, erhält Minski die Erlaubnis zur Veröffentlichung seiner Zeitung. Die Verantwortung wird ihm selbst übertragen. Die Redaktion untersteht Gorkis zweiter Frau, der Schauspielerin Maria Andrejewa[8], die das Theater verlassen hat, um die Bolschewiki politisch zu unterstützen. Diese seltsame Allianz zwischen Schriftstellern, die sonst eher um ästhetische Probleme bemüht sind, als sich politisch zu engagieren, erklärt sich vor allem aus der exaltierten, ja euphorischen Atmosphäre im gesamten Jahr 1905 in Rußland. Zwar weicht dieser »politische Frühling« nur schrittweise revolutionären Aktionen, doch bleiben in diesen Monaten die Hoffnung auf Veränderungen und das Gefühl zurück, in einer großen Epoche zu leben. Walentinow, ein herausragender Zeitzeuge, vergleicht diese Stimmung mit der – durch Flaubert in der *Éducation Sentimental* beschriebenen – Atmosphäre im Frankreich des Jahres 1848.

Mit Lenins Rückkehr nach Rußland verändert sich in der Zeitung alles. Sofort drängt er in die Redaktion der *Nowaja Shisn* hinein, beansprucht das Blatt für sich und macht es zu seinem Instrument. Er veröffentlicht Artikel um Artikel und setzt dabei seine Sichtweisen zur *Reorganisation der Partei* und zu *Proletariat und Bauernschaft* autoritär durch. Vier Tage nach seinem Eintritt in die Redaktion der Zeitung, die nicht seine eigene ist, führt sein Artikel *Parteiorganisation und Parteiliteratur* (13. November) zu einer regelrechten bolschewistischen Übernahme des Organes, das sich bisher als Brücke zwischen den linken Schriftstellern und den Aktivisten verstanden hat. Kritikern des Handstreichs in der Redaktion bleibt nur der Austritt. Andere, die weniger entschlossen sind, halten den Mund, worauf die *Nowaja Shisn*, wie Lenin es Krupskaja einige Wochen zuvor angekündigt hat, zu seiner Zeitung wird.

»Die literarische Tätigkeit«, schreibt er, »muß zu einem Teil der allgemeinen proletarischen Sache, zu einem ›Rädchen und Schräubchen‹ des einen einheitlichen, großen sozialdemokratischen Mechanismus werden [...] Die Zeitungen müssen Organe der verschiedenen Parteiorganisationen werden. Die Literaten müssen unbedingt Parteiorganisationen angehören [...] und diese müssen der Partei unterstehen und ihr rechenschaftspflichtig sein.«[9]

Obwohl im Eifer des Gefechtes entstanden – das heißt angesichts der Notwendigkeit, zu den Ereignissen, von denen Lenin überrollt worden ist, auf den letzten Drücker hin noch Stellung zu beziehen –, ist dieser Artikel beunruhigend. Lenin hat seinen autoritären Charakter bereits in den Diskussionen der Sozialdemokratie geoffenbart. Doch hat er sich niemals mit solcher Offenheit zu seiner Vorstellung vom intellektuellen Leben, das heißt zu dessen Mobilisierung für und totaler Unterwerfung unter die Partei, bekannt. Die totalitäre Praxis des späteren bolschewistischen Staates kommt in diesem Artikel im Keim bereits zum Ausdruck.

Da die *Nowaja Shisn* zusammen mit acht weiteren Zeitungen Trotzkis Aufruf zum Steuerboykott abgedruckt hat, wird sie Anfang Dezember verboten. Doch damit ist die Presse nicht mundtot gemacht. An die Stelle der verbotenen Zeitungen treten sogleich neue – oder vielmehr lassen die Redaktionen sich neue Namen für ihre Zeitungen einfallen. Das Oktobermanifest des Zaren hat die Freiheit der Presse verkündet. Obwohl das Regime die revolutionäre Bewegung unterdrückt, hält sie sich an dieses Versprechen. Unter der Flut ständig neu entstehender Blätter, die bolschewistische, menschewistische, sozialrevolutionäre und liberale Positionen verbreiten, verfügt Lenin permanent über ein eigenes Sprachrohr. So leitet er nacheinander die Organe *Wolna* (Die Woge), *Wperiod* (Vorwärts), *Echo* (Echo) und den in Wyborg verlegten *Proletari* (Proletarier).

Mitfinanziert werden all diese Blätter von Geldgebern, von denen man eher Unterstützung für konservative Positionen erwarten würde, Großindustriellen und zuweilen Adeligen, – ein Zeichen dafür, daß die Aufbruchstimmung der Revolution von 1905 einen Großteil der Gesellschaft erfaßt hat. Lenin profitiert bei seinen Publikationen vom Unternehmergeist Krassins, seinem eifrigsten »Stellvertreter« seit dem III. Parteitag. Unterstützt wird er zudem von Gorki, einem hervorragenden Spendeneintreiber. Gorki reist 1906 mit Maria Andrejewa in die Vereinigten Staaten, um den Bolschewiki die notwendigen Mittel zur Finanzierung ihrer Presse zu besorgen. Finanziert werden sollen allerdings auch Waffenkäufe und die hauptamtlichen Mitarbeiter der Partei. Diese Fonds sind keineswegs die einzigen Ressourcen der Bolschewiki: Wie an späterer Stelle noch zu erörtern sein wird, lösen sie ihre wirtschaftlichen Probleme zudem mit sogenannten »Expropriationen«.

Diese kurze russische Periode in Lenins Leben wird gekennzeichnet durch seine unumstrittene Position als Chef der Bolschewiki. Die Menschewiki sind in diesen unruhigen Monaten durch ihre Rolle in den Sowjets und dank Trotzkis persönlichem Ansehen wieder stärker ins Rampenlicht des Geschehens gerückt. Die Bolschewiki geraten dadurch – und mehr noch durch das Fehlen von Führungspersönlichkeiten außer Lenin – in den Hintergrund. So nimmt es nicht wunder, daß – wie Walentinow hervorhebt – die bolschewistische Fraktion sich besonders um ihren Chef bemüht und ihm ein Leben ohne materielle Zwänge ermöglichen will. Nach zwei Kurzaufenthalten in Moskau im Dezember 1905 und im März 1906 – sie dienen vornehmlich Familientreffen – beschließt Lenin, sich für längere Zeit an einem sicheren Ort niederzulassen. Krupskaja, die sich darin gefällt, die Schwierigkeiten ihres gemeinsamen Lebens auszumalen, wird sich später über die damaligen Lebensumstände ausschweigen und mehrfach erklären, Lenin habe durch Rußland irren und mitunter sogar bei Fremden um Obdach betteln müssen. Gelegentlich hätten sie sich in der Hauptstadt in Spelunken getroffen. In Wahrheit hat Lenin, dem an geordneten Verhältnissen und an Bequemlichkeiten lag und der sich sogar in der sibirischen Verbannung entsprechend einzurichten wußte, schon im Februar 1906 den Entschluß gefaßt, sich abseits der polizeilichen Überwachung in Finnland niederzulassen.

Während 1906 in Rußland ein unsicheres politisches Klima herrscht – wegen der revolutionären Ereignisse, des Oktobermanifestes und der zwischen Zugeständnissen und Repression schwankenden Haltung der Staatsgewalt –, weht in Finnland ein ganz anderer Wind. Lenin läßt sich in Kuokkala, sechzig Kilometer vor der Hauptstadt nieder und hat dort fast den Eindruck, nicht im russischen Reich zu leben. Die Zeiten der ständigen Wanderschaft und der Trennung von Nadeshda Krupskaja sind fürs erste vorbei! Die Eheleute mieten sich im Erdgeschoß einer großen Villa ein, Bogdanow und andere Bolschewiki beziehen den ersten Stock. In wenigen Wochen ist das »Familienleben«, das Lenin stets sehr wichtig war, wiederhergestellt. Krupskajas Mutter wohnt bei ihnen und kümmert sich mit einem Dienstmädchen um den Haushalt. Lenins Frau hat sich von Anfang an dazu bekannt, eine miserable Hausfrau zu sein, und war an dieser Aufgabe auch nie besonders interessiert. Kurz nach Krupskajas Mutter gesellt sich auch Lenins Schwester Maria wieder zum Kreis der Familie, in der sich, perfekt organisiert, alle die Aufgaben untereinander aufteilen.

Lenin bleibt die meiste Zeit in Kuokkala. Er leitet die Partei und die Redaktion der Zeitungen, schreibt Artikel und gibt

Besuchern Instruktionen. Krupskaja fährt fast täglich in die finnische Hauptstadt, um die Verbindungen aufrechtzuerhalten. Im Mai 1906 unternimmt Lenin einen kurzen Versuch, sich mit seinen Vertrauten in Petersburg niederzulassen. Um jedoch unkontrolliert agieren zu können, bricht er das Experiment bald ab und kehrt nach Kuokkala zurück. Fast ein Jahr lang wird er dort bleiben. Von Zeit zu Zeit nimmt er an Versammlungen der Bolschewiki teil, ganz selten ergreift er auf öffentlichen Diskussionsveranstaltungen das Wort.

Möglicherweise wegen der extremen Anspannung in diesen Monaten – niemand kann den weiteren Verlauf der Revolution vorhersagen – erleidet Lenin erneut eine depressive Krise: Im Mai 1907 reist er zum Parteitag nach London. Die Mehrheit der Bolschewiki verabschiedet dort seine Thesen zum »demokratischen Zentralismus« und nimmt sie in die Statuten auf. Auf diesen Parteitag, der ihm einen Triumph bringt, aber auch durch den harten Kampf gegen die Menschewiki geprägt ist, wird zurückzukommen sein. Als Lenin nach Kuokkala zurückkehrt, sind Krupskaja und die anderen über seine zerrütteten Nerven erschreckt. Seine Frau greift auf das probate Mittel zurück: einen Erholungsurlaub, der ihn aus allen Aktivitäten herausreißt. In der Isolation will sie ihn gegen alle Sorgen abschirmen. Lenin reist also für zwei Monate an einen abgelegenen Ort im tiefsten Inneren der finnischen Wälder. Dort ist er für niemanden in der Partei zu erreichen. Im Herbst kehrt er, dank der Einsamkeit und der körperlichen Aktivitäten etwas erholt, zunächst nach Kuokkala zurück. Aus Angst vor der wachsenden Reaktion flüchtet er sich anschließend in ein Dorf bei Helsingfors. Auch hier spürt er jedoch die zunehmende Gefährdung. Die Eheleute verlassen folglich das russische Reich und reisen über Abo (Turku) nach Stockholm.

Auf dieser winterlichen Expedition muß Lenin über das zugefrorene Meer zu einer kleinen Insel marschieren, an der ein Fischerboot wartet. Doch er bricht im Eis ein und ertrinkt beinahe. Walentinow, stets ein aufmerksamer Beobachter Lenins, fragt sich treffend: »Sollte Lenins Glück nicht Rußlands Unglück werden?«[10] Was wäre passiert, wenn der Held der Oktoberrevolution im Dezember 1907 bei diesem Abenteuer in den eisigen Fluten der Ostsee umgekommen wäre?

Von Stockholm aus reist Lenin bequem nach Genf weiter – wiederum in die Emigration. Sie wird weitere zehn Jahre dauern – für Lenin finstere Jahre, in denen sein revolutionäres Streben kaum ein Betätigungsfeld finden wird. Und auch der Rückblick auf die zwei Jahre, in denen die Zarenherrschaft beinahe untergegangen wäre, bringt in dieser Zeit keinen Trost. Wie kann er aber auch zufrieden sein mit der Rolle, die seine Partei in den revolutionären Ereignissen gespielt hat? Sie ist eher unbedeutend gewesen. Und kann er mit sich selbst zufrieden sein? Was hat er als Führer seiner Partei in diesen zwei Jahren der revolutionären Hoffnungen schon erreicht?

Eine Revolution ohne die Bolschewiki

Bei der Rückkehr nach Rußland ist Lenin von den Ereignissen und vom Erfolg des Sowjets überrascht worden – wie zuvor von den Ereignissen im Januar 1905. Alles kam unerwartet. Er hat miterlebt, wie die Arbeiterklasse ohne die Anweisungen einer Partei spontan ihre revolutionären Aktivitäten entfaltet hat. Dann hat er die Bemühungen der Arbeiterklasse miterlebt – zuerst in Iwanowo-Wosnessensk und dann in Sankt Petersburg –, Strukturen für eine Vertretung aufzubauen. Diese Bewegung, die sich täglich stärker politisiert, ist der lebendige Gegenbeweis für seine Postulate. Sie bedeutet gleich zweifach eine Niederlage: auf intellektuellem Gebiet – er hatte den Verlauf der Ereignisse nicht vorhergesehen – und auf politischer Ebene. Den Menschewiki ist es mit ihrem Grundvertrauen in die Arbeiterklasse immerhin gelungen, die Revolution wenigstens eine Zeitlang zu begleiten – und damit den Irrtum der Gegner aufzuzeigen.

Jetzt gilt es darüber nachzudenken, wie die Bolschewiki ihre einstige Position zurückerobern können. Lenin strebt dieses Ziel auf zwei Ebenen an. Zunächst sucht er nach einer unmittelbaren Strategie für den revolutionären Kampf. Dann bemüht er sich um eine Lösung der Frage, wie die Wahlen zur Duma einzuschätzen seien und welche Haltung die Partei dabei einnehmen soll.

Welche Strategie für die Revolution? Lenin sieht sich hier gleich mit zwei Fragen konfrontiert: Was ist von dem menschewistisch dominierten Sowjet zu halten? In welche Richtung soll die Arbeiterklasse, die die Waffen nicht niederlegt, mobilisiert werden? War Lenin dem Sowjet als Ausdruck der Spontaneität des Proletariats zunächst höchst mißtrauisch begegnet, so erkennt er jetzt seinen Fehler. Der Sowjet existiert, das Modell wird in anderen Städten Rußlands übernommen; folglich müssen die Bolschewiki den Sowjet für sich nutzen – auch wenn die Einsicht spät kommt. Als wendiger Taktiker schwenkt Lenin folglich auf einen völlig neuen Kurs ein: Er gibt sich pragmatisch – viele seiner Artikel zeigen dies – und erklärt den Sowjet zum herausragenden Instrument des Proletariats, das sich weiterentwickeln und nach dem Sieg der Revolution zur wichtigsten Institution einer provisorischen Regierung werden müsse.

Um der Revolution zum Durchbruch zu verhelfen, ist freilich noch eine entscheidende Aktion zu beschließen und durchzuführen: die allgemeine Erhebung. Ende 1905 wachsen die politischen Spannungen zusehends. Arbeiterstreiks und Demonstrationen mehren sich. Hier und dort brechen Meutereien aus. Sie zeigen, daß die Armee, durch den Russisch-Japanischen Krieg demoralisiert, dem unflexiblen Regime kein Vertrauen mehr entgegenbringt. Schließlich liegen die Post- und Verkehrsverbindungen lahm. Sämtliche Voraussetzungen für einen bewaffneten Aufstand sind erfüllt.

Dagegen sieht das Regime im Oktobermanifest ein Höchstmaß an Zugeständnissen und erwartet vom Volk im Gegenzug die Rückkehr zur Ruhe. Andernfalls hält es Repressionen für zwingend geboten.

Angesichts der anhaltenden Unruhen und einer drohenden, brutalen Niederschlagung hält Lenin nur eine Strategie für möglich: den bewaffneten Aufstand, der die Unruhen in eine Revolution verwandeln und das russische System unumkehrbar verändern kann. Noch vor seiner Abreise aus Genf nach Sankt Petersburg antwortet Lenin auf alle Anfragen, wie man sich jetzt verhalten solle, immer wieder auf gleiche Weise: Angesichts der Lage in Rußland seit Januar 1905 komme nur noch ein Aufstand in Frage – organisiert und angeführt von der kleinen Gruppe der bolschewistischen »Berufsrevolutionäre«.

Im Konkurrenzkampf mit den Menschewiki können die Bolschewiki allerdings nur dann Terrain gutmachen, wenn es tatsächlich zu einer bewaffneten Erhebung kommt. Die Menschewiki hatten die Chance, die sich ihnen mit der Entstehung der Sowjets bot, sofort erkannt und sich in der revolutionären Bewegung des russichen Volkes so bereits einen Platz geschaffen. Auch verfügen sie über mitreißende Redner, die die Arbeiter und deren Vertretung erreichen, ohne dabei – wie Lenin – eine Führungsrolle zu beanspruchen.

Von der Strategie der Gewalt zu den Wahlen

Während die Menschewiki über brillante Agitatoren und Redner – z.B. Trotzki oder den weniger renommierten Chrustalew-Nossar – verfügen, haben die Bolschewiki Schwierigkeiten, die Massen zu erreichen. Während seines gesamten Aufenthalts in Rußland tritt Lenin kaum in öffentlichen Versammlungen auf. Würde es zum Aufstand kommen, wären jedoch die Bolschewiki eher in ihrem Element. Deshalb bereiten sie diesen mit vielen präzisen Direktiven vor: Bewaffnung und Agitation sowie die Bildung einer Revolutionsarmee und einer provisorischen Regierung... Die Bolschewiki kaufen Waffen, bilden Sturmkommandos, rufen in Flugblättern in Moskau zur Erhebung auf und beteiligen sich an der Errichtung von Barrikaden.

Dagegen reagieren die Menschewiki eher auf Plechanows Appelle zur Besonnenheit, die sich eigentlich an die Bolschewiki richten. Bei den Arbeitern finden die bolschewistischen Aufrufe zur Gewalt und zum sofortigen Aufstand jedoch Gehör. Unmittelbare Folge ist der Aufstand der Moskauer Arbeiter im Dezember 1905[11] und seine blutige Niederschlagung. Für die Toten wird später Lenin verantwortlich gemacht werden. Der gießt anschließend weiter Öl ins Feuer. Nach Auflösung der Duma im Juli 1906 predigt er mit Hinweis auf das Scheitern des parlamentarischen Experimentes die Rückkehr zu Gewaltaktionen. Zudem fordert er die Deputierten der zweiten Duma auf, ihre Immunität dazu zu benutzen, um das Volk zum Aufstand anzustacheln. Tatsächlich rufen einzelne Deputierte die Arbeiterklasse und die Armee zum bewaffneten Kampf auf. Das Regime kann nicht anders, als darauf zu reagieren. Schon im Juli 1907 ist von der Vorbereitung eines Komplottes gegen den Staat die Rede. Zahlreiche Deputierte werden als mutmaßliche Komplizen verhaftet. Die Duma wird aufgelöst, die Immunität der Deputierten aufgehoben. Das Scheitern der Aufstände und die Repression demoralisieren die Arbeiterbewegung schrittweise und führen schließlich zur Lähmung. Waren 1905 an den revolutionären Aktionen 2750000 Streikende beteiligt, so sind es 1906 schon eine Million weniger. 1907 fällt die Zahl auf 750000, und bis 1910 sind es noch ganze 50000. Im gleichen Maß verringert sich die Zahl der Aktivisten der Bewegung. Die revolutionären Organisationen brechen zusammen.

Als Propagandist des Aufstandes hat Lenin diese Schlacht zweifellos verloren. Jetzt geht es nur noch um die Frage, welches Kapital sich aus den Reformen und vor allem aus den Wahlen schlagen läßt. Die Spaltung der Sozialisten in dieser Frage ist offenkundig. Während die Konstitutionell-Demokratische Partei (Kadetten) darauf hofft, die Duma werde einer konstitutionellen Monarchie den Weg ebnen, glauben die Sozialisten der unterschiedlichen Richtungen nicht an diese Entwicklung. Aber alle Sozialisten außer den Bolschewiki sehen die Notwendigkeit, die Duma für ihre Zwecke zu nutzen. Wenn auch mit unterschiedlicher Wahlstrategie, beschließen die Sozialrevolutionäre und die Menschewiki eine Teilnahme an den Wahlen und am Wahlkampf. Wenn ihren Kandidaten der Einzug in die Duma gelingt, können sie, geschützt durch die Immunität, ihre Thesen risikolos öffentlich vertreten. Einzig Lenin lehnt eine Teilnahme an den Wahlen rigoros ab.[12] Die Duma sei reiner Betrug, ein Täuschungsmanöver, auf das es nur eine Antwort gebe: den Wahlboykott. Trotz dieser Parole und bolschewistischer Versuche, die Wahlen gewaltsam zu verhindern, geht Rußland im April 1906 an die Urnen. Die Kadetten erringen 179 der 486 Sitze. Die Bauernschaft, die sich unter dem Etikett *Trudowiki* (Werktätige) formiert hat, erhält trotz des Wahlboykotts der Sozialrevolutionäre, ihrer traditionellen Formation, 95 Sitze. Die Menschewiki schließlich haben sich – auf Lenins Attacken gegen den »parlamentarischen Schwachsinn« hin – zu einem Teilboykott entschieden, der von den Wählern falsch verstanden worden ist. Die Konsequenz: Sie erringen nur 18 Sitze.

Diese erste Duma, deren Existenz von kurzer Dauer ist, wird 1907 durch eine zweite abgelöst. Während der Wahlmodus der gleiche bleibt, ändern die Sozialisten ihre Strategie. Wegen der Popularität der Duma bei der Bevölkerung – die hohe Wahlbeteiligung hat sie zutage gebracht – stellen sie ebenfalls Kandidaten auf und nehmen sehr aktiv am Wahlkampf teil. Aber es gibt Schwierigkeiten. Das Regime, das sich 1906 auf dem Land zurückgehalten hat, begünstigt 1907 materiell die ihm nahestehenden Parteien – die sogenannten »Oktobristen«, Anhänger der Politik, die mit dem Oktobermanifest von 1905 eingeleitet worden war. Die anderen Parteien müssen mittellos und am Rande der Legalität in den Wahlkampf ziehen. Dennoch sind sie erfolgreich. Der Urnengang endet mit einem Sieg der Sozialisten. 133 Deputierte berufen sich auf dieses Etikett, darunter 70 Sozialdemokraten, mehrheitlich Menschewiki, 37 Sozialrevolutionäre und zudem 98 »Werktätige«. Die Rechte erringt dagegen nur 52 Sitze (die Oktobristen 19, die extreme Rechte 33 Vertreter), die Kadetten fallen von 169 Sitzen nach den letzten Wahlen zur Duma auf 98 Sitze zurück. In dieser neuen Versammlung hat die Linke folglich ein deutliches Übergewicht, wobei die Menschewiki – wie 1905 in den Sowjets – gegenüber den Bolschewiki über eine deutlich bessere Position verfügen.

Der Erfolg ist von kurzer Dauer. Da die Regierung sich einer unkooperativen Mehrheit gegenübersieht, löst der Zar die Versammlung auf. Zudem sorgt er mit einer Revision des Wahlrechts für ein wunschgemäßes Ergebnis. In der dritten Duma, die im Herbst 1907 gewählt wird, hat die Linke fast keine Bedeutung mehr. Ihre Vertreter verfügen über ganze 32 Sitze, die Hälfte davon entfallen auf Sozialdemokraten. Die Sozialrevolutionäre haben sich für den Wahlboykott entschieden und sind folglich überhaupt nicht vertreten. Lenin hat sich diesmal für eine Teilnahme an den Wahlen ausgesprochen.[13] Angesichts einer verebbenden Arbeiterbewegung und der allgemeinen Niedergeschlagenheit sieht er die Wahlen als letzte Chance, die revolutionären Thesen in der Öffentlichkeit diskutieren zu lassen. Trotz der geringen Chancen linker Kandidaten hält er es für besser, im Wahlkampf Präsenz zu demonstrieren, als die Arbeiterklasse ganz den regierungstreuen Parteien zu überlassen. Die Wahl diene so auch als letztes Mittel, um zum Proletariat Kontakt zu halten. Neben den Menschewiki tritt er folglich als einziger für die Teilnahme der Partei an den Wahlen ein. Diese Haltung vertritt er auch im Juli 1907 auf der III. Parteikonferenz im finnischen Kotka, wo die Sozialdemokratie sich auf eine Linie festlegt.[14]

Lenins Plädoyer gegen den Wahlboykott findet in der Partei kein ungeteiltes Echo. Am Tag nach den Wahlen verlangen die Befürworter des Boykotts, allen voran seine beiden Stellvertreter Krassin und Bogdanow, die Abberufung der sozialdemokratischen Deputierten. Zwischen Lenin und den »Linksbolschewiki« unter Führung Bogdanows – er ist in der zweiten Duma Chef der wenigen bolschewistischen Deputierten gewesen – entbrennt daraufhin ein heftiger Streit, der den späteren Bruch ankündigt. Der Zwist geht über rein taktische Überlegungen hinaus und mündet in tiefgreifende ideologische Unstimmigkeiten. Die sogenannten *Otsowisten,* Verfechter einer Abberufung der Deputierten, erhalten Rückendeckung durch die Petersburger Organisation der Bolschewiki. Sie verurteilen jede Form legaler Aktionen, ihrer Meinung nach in einer Periode der Reaktion reine Zeitverschwendung. Lenin kann sich zu einer radikalen Ablehnung jeder legalen Form der Existenz der Partei nicht durchringen. So würde jeglicher Kontakt zu den Massen abreißen. Aber er kann sich der allgemeinen Strömung nicht widersetzen und akzeptiert schließlich deren Positionen. Trotz seines Einlenkens kann er die Extremisten nicht für sich zurückgewinnen. Sie bilden eine eigene Fraktion und gründen eine eigene Zeitung mit dem kurzlebigen Titel *Wperiod* – dem gleichen, den Lenin einige Jahre zuvor seiner Zeitung zur Abgrenzung gegen die *Iskra* und die Menschewiki gegeben hatte. In diesem unheilvollen Jahr 1907 wird Lenin, der so häufig ein Spalter gewesen ist, selbst zum Opfer von Spaltung und Ausgrenzung. Um die vielbeschworene »Einheit« der Partei ist es schlecht bestellt.

Versuch einer Aussöhnung mit den Menschewiki

Daß die Bolschewiki erneut gespalten werden, ändert nichts am grundsätzlichen Trend in der Sozialdemokratie: Zwischen 1905 und 1907 herrscht bei allen der innige Wunsch nach Einheit. Gefördert wird dieser Wunsch durch das Verebben der revolutionären Bewegung und durch die Notwendigkeit, angesichts der gescheiterten Revolution eine Strategie zu entwickeln, die auch die parlamentarischen Möglichkeiten in Rußland berücksichtigt. Keiner will den Bruch, der noch nicht lange zurückliegt, als endgültig ansehen. Wenn Lenin jedoch den Gedanken einer Aussöhnung mit den Menschewiki vertritt, so nur auf Druck seiner Anhänger, die ein großes Bedürfnis nach Annäherung haben. An der Überzeugung, daß seine Einschätzung der Ereignisse richtig ist, ändert dies freilich nichts. Er erwartet also von den Menschewiki, daß sie auf ihn zugehen und ihn unterstützen: eine Aussöhnung also unter der Vorbedingung, daß sie im Lager der Bolschewiki stattfindet.

In Dezember 1905 tritt im finnischen Tammerfors eine gesamtrussische bolschewistische Konferenz zusammen. Diskutiert wird über die notwendige Einheit der Partei, die auch von den Menschewiki aktiv vertreten wird. Auf dieser Konferenz begegnet Lenin übrigens erstmals einem jungen georgischen Revolutionär, den die – zunächst menschewistisch dominierte – Organisation des Kaukasus entsandt hat: Iossif Wissarionowitsch Dschugaschwili, damals eher bekannt als »Koba«, der sich ab 1910 Josef Stalin nennen wird. Zu dieser Begegnung gäbe es wenig zu sagen, wären da nicht die Erinnerungen »Kobas«, der seinen damaligen Eindruck – oder besser Nicht-Eindruck – festgehalten hat: »Ich hoffte, den Bergadler unserer Partei zu sehen, einen großen Mann, nicht nur in politischer, sondern auch in körperlicher Hinsicht... Wie groß war meine Enttäuschung, als ich das gewöhnlichste Individuum sah, unter Durchschnittsgröße, durch nichts unterschieden von gewöhnlichen Sterblichen [...] und als ich erfuhr, daß Lenin vor den Delegierten zur Versammlung gekommen war, daß er, verloren in irgendeinem Winkel, das allergemeinste Gespräch führte...«[15]

Im April 1906 treten Bolschewiki und Menschewiki heimlich in Stockholm zusammen. Die Menschewiki sind in der Mehrheit: 62 Delegierte vertreten 32000 Aktivisten. Die Bolschewiki stellen 42 Delegierte in Vertretung von 14000 Aktivisten. Der Status dieses Treffens läßt sich im übrigen schwer festlegen. Das Stockholmer Treffen, das als *Vereinigungsparteitag* in die Parteigeschichte eingehen wird, ist für die Bolschewiki der IV. Parteitag der Sozialdemokratie, für die Menschewiki dagegen der III. Parteitag, denn sie erkennen den Londoner Parteitag der Bolschewiki von 1905 nicht als solchen an. Wegen dieser Unstimmigkeit wird das Treffen zur damaligen Zeit nicht in die Reihe der Parteitage aufgenommen. Erst später geht es in die von den Bolschewiki erstellte Chronologie der kommunistischen Parteitage ein.

Dennoch gelingt 1906 in Stockholm tatsächlich eine Wiedervereinigung. Zudem nimmt die Partei auch den Bund und die polnischen und lettischen sozialdemokratischen Parteien wieder auf. Das anschließend gewählte Zentralkomitee spiegelt die wiederhergestellte Einheit wider. Lenin, der für die Spaltung allgemein verantwortlich gemacht wird, gerät dabei in eine unbequeme Position. Im Führungsgremium sitzen die Bolschewiki Krassin, Rykow und Desnizki – Lenin fehlt. Die Menschewiki erhalten sieben Sitze.

Mit dieser neuerlichen minoritären Position kann Lenin sich schwer abfinden. Wie gewohnt arbeitet er hartnäckig an einer Veränderung der Situation. Ende 1906, als die Diskussion um die Haltung angesichts der Wahlen zur zweiten Duma entbrennt, bekämpft er die These der Menschewiki, wonach die Partei eine Allianz mit den Liberalen eingehen müsse, um sich so der »harten« Rechten, die durch die Wahlgesetze begünstigt wird, in den Weg zu stellen.[16] Trotz des Bekenntnisses zur Einheit tritt Lenin mit den Menschewiki erneut in einen so heftigen Gegensatz, daß im Januar 1907 auf einer Tagung versucht werden muß, die Standpunkte beider einander anzunähern. Lenin kann überzeugen und wird durch 42 anwesende Bolschewiki – die Menschewiki verfügen über 10 Delegierte weniger – unterstützt. Er erhält ein positives Votum, muß im Gegenzug – als Verpflichtung der Einheit gegenüber – aber akzeptieren, mögliche Allianzen zu prüfen.[17] Das hindert ihn nicht daran, den Menschewiki in einem Pamphlet vorzuwerfen, sie hätten sich »an die Bourgeoisie verkauft«.[18] Seine Gegner rufen das Parteigericht an. Lenin gibt die Beleidigung zu, beruft sich aber darauf, daß der politische Kampf – auch innerhalb der eigenen Reihen – den Einsatz aller Mittel rechtfertige. Hinter dieser Rücksichtslosigkeit verbirgt sich die Gewißheit, daß die Waage sich in der Partei nach den Schwierigkeiten in Stockholm erneut zu seinen Gunsten neigen wird. Der nächste Parteitag in London wird dies bestätigen.

Dieser V. Parteitag der Sozialdemokratie tritt im April 1907 zusammen. Die vor allem von der Basis verlangte Aussöhnung von Tammerfors und Stockholm scheint sich zunächst zu bestätigen. Alle bedeutenden Führer der Sozialdemokratie sind in London anwesend: Plechanow, Axelrod, Martow, Potressow, Rosa Luxemburg, Trotzki, Bogdanow, Krassin, Gorki und Zereteli, aber auch Profil gewinnende Neulinge, die eine immer wichtigere Rolle spielen werden, so Sinowjew, Kamenew, Tomski, Woroschilow, Hanecki und Stalin. Zu den 175 Delegierten der russischen Partei sind 44 des Bundes, 26 Letten und 45 Polen hinzugekommen. Die Russen unterteilen sich in 90 Bolschewiki und 85 Menschewiki. Trotz des ungefähren Gleichgewichtes und einer Diskussion mit einträchtigem Tonfall hallen auf dem Parteitag die erbitterten Auseinandersetzungen in Rußland nach Stockholm noch nach. Die Bolschewiki, in Stockholm noch in der Minderheit, verfügen vor Ort, vor allem in den beiden wichtigsten russischen Städten, über zuverlässige Organisationen oder halten dort jedenfalls bedeutende Positionen. Das Petersburger Parteikomitee ist zwischen ihnen und den Menschewiki aufgeteilt, wird aber von einer Troika geführt, die es schrittweise auf den Kurs der Bolschewiki bringt. Die stärkste Figur ist dabei Grigori Jewsejewitsch Radomylski, der in der Partei schon damals unter dem Namen Sinowjew bekannt ist. Wie Trotzki später bemerken wird, handelt es sich um einen »geborenen Agitator, begabt mit einem bemerkenswerten politischen Spürsinn und leicht aufbrausend«[19]. Ihm hatte Lenin bereits 1906 die Organisation des – dann gescheiterten – Aufstandes von Kronstadt übertragen. Kamenew legt sich vor allem in Moskau ins Zeug, wo das Zentralkomitee von altgedienten Menschewiki wie Dan, Martow und Noe Jordania beherrscht wird. Lenin hofft vor allem auf das Petersburger Komitee. Sinowjew in der Hauptstadt und Kamenew in Moskau haben den Parteitag vorbereitet und keine Mühen gescheut, um seinen Anhängern eine Mehrheit zu sichern.

In den Londoner Diskussionen erhält Lenin die Unterstützung der polnischen und lettischen Delegierten. Dagegen können die Menschewiki auf den Bund zählen, dessen Mitgliedern Lenins autoritärer Zentralismus zutiefst widerstrebt. Daß in London auch die großen Figuren der Sozialdemokratie anwesend sind, hat auf den Verlauf der Ereignisse wenig Einfluß. Die zahlenmäßig etwas stärkeren Bolschewiki und die noch größere

Fraktion ihrer Verbündeten sind im Aufwind. Die Debatten, die in einer Kirche – oft erbittert – geführt werden, zeigen die zunehmende Radikalisierung von Lenins Anhängerschaft. Die Menschewiki werden in die Defensive gedrängt. Axelrod plädiert für die Sammlung aller Parteien und Arbeitergruppen Rußlands. Zereteli, einer der brillantesten Redner der Duma[20], will die Sozialdemokratie auf eine realistische Haltung einschwören: Sie müsse die Notwendigkeit der Etappe der bürgerlichen Demokratie erkennen, um in Rußland den politischen Fortschritt zu sichern. Trotzki vertritt fast als einziger eine versöhnliche Haltung und versucht die Genossen davon zu überzeugen, daß es für die Zukunft ihrer Bewegung vor allem darauf ankomme, eine erneute Spaltung zu verhindern.

Lenin, wie immer unerbittlich, beschimpft die einen als Heuchler, die anderen als Reformisten. Er glaubt fest an seinen Erfolg: Seine Anhänger beherrschen das neugewählte Zentralkomitee – neben ihm sitzen dort Sinowjew und als Stellvertreter Krassin und Bogdanow. Auch kann er einen weiteren Sieg verbuchen: Der Parteitag hat in die Statuten Prinzipien mit aufgenommen, die ihm besonders wichtig sind, den demokratischen Zentralismus, die Unterwerfung der Minderheit unter die Mehrheit. Erreicht hat er schließlich auch die Verabschiedung einer Regelung, in welchen Abständen Treffen zukünftig stattfinden sollen: einmal jährlich ein Parteitag, alle vier Monate eine Konferenz. Die Sozialdemokratie kommt damit Lenins Wünschen nach Straffung ihrer Organisation entgegen. Lenin geht es dabei wahrscheinlich vor allem darum, eine Koexistenz der verschiedenen rivalisierenden Gruppen in der Partei ohne Verlust an Schlagkraft zustande zu bringen. Ihm ist durchaus bewußt, daß seine Mehrheit von 1907 sehr zerbrechlich ist. Tatsächlich werden seine Anhänger Bogdanow und Krassin kurz nach der Londoner Konferenz zu ihm auf Distanz gehen. Vor allem will er die Mittel in der Hand behalten, sich den Menschewiki entgegenzustellen, und sie in einer Phase schwächen, in der er zur Koexistenz gezwungen ist. In dieser Etappe ist ihm der »demokratische «Aspekt des »demokratischen Zentralismus« besonders wichtig, da dieser den Appell an die Basis, die Führung zu wählen, und die »Freiheit der Diskussion« begründet. Es ist kein Zufall, daß Lenin dafür gesorgt hat, daß am Ende des Parteitages in das Zentralkomitee junge Berufsrevolutionäre wie Sinowjew hineingewählt werden, die nach Rußland zurückkehren und vor Ort für eine Bolschewisierung der Organisationen sorgen sollen.

Eine leicht nachvollziehbare Strategie angesichts der Ereignisse in Rußland: Da die Revolution und die Aufstände gescheitert sind und ein parlamentarischer Prozeß in Gang gekommen ist, verurteilen die Menschewiki die illegalen Aktionen und ziehen eine Integration in das entstehende System vor. Das liberale Bürgertum halten sie dabei für einen möglichen, tatkräftigen Verbündeten, mit dem die russische Arbeiterbewegung in die Bahnen der westeuropäischen Sozialdemokratie gelenkt werden könnte. Diese Vision, die Axelrod – und nicht nur er – stets verteidigt, wird von Lenin schon deshalb so entschieden bekämpft, weil die Arbeiterklasse demoralisiert und die gesamte Bewegung in Auflösung begriffen ist.

1907 herrscht bei den Sozialdemokraten Einigkeit darüber, daß aus der Niederlage von 1905 die notwendigen Lehren gezogen werden müssen. Jetzt gilt es, den weiteren Weg der Sozialdemokratie zu bestimmen.

Die Lehren einer gescheiterten Revolution

Bolschewiki und Menschewiki haben von vornherein eine völlig andere Sicht vom Verlauf der russischen Geschichte. Deshalb ziehen sie aus den Ereignissen von 1905 unterschiedliche Lehren, die ihre bisherigen Sichtweisen und damit auch ihre Meinungsunterschiede bestätigen. Die Menschewiki sehen die Ereignisse als Bestätigung ihrer orthodoxen marxistischen Haltung: Die sozialistische Revolution – das hat Marx, auf den sie sich berufen, explizit gesagt – kann nur vollzogen werden durch ein starkes Proletariat, das sich ausschließlich innerhalb des Kapitalismus und nach einer bürgerlichen Revolution entwickeln könne. Die Menschewiki sehen das Jahr 1905 folglich als mißglückten Versuch an, einen historischen Prozeß zu beschleunigen. Sein Scheitern belege die Unmöglichkeit, eine geschichtliche Etappe zu überspringen. Die Ereignisse hätten gezeigt, daß die revolutionären Ziele mit den von Lenin angeheizten Aufständen nicht zu erreichen seien. »Man hätte nicht zu den Waffen greifen dürfen«, verkündet Plechanow. Auch sei es verfehlt gewesen, auf eine Allianz zwischen der Arbeiterklasse und der – ihrem Wesen nach reaktionären – Bauernschaft zu setzen, meinen die Menschewiki unter Berufung auf Marx, Engels und die Erfahrungen der Revolution von 1848. Nach 1906 streben sie konsequenterweise innerhalb und außerhalb der Duma eine Allianz mit den liberalen Parteien an. Für Rußland befürworten sie einen großen Zusammenschluß der Arbeiter, ein überparteiliches Bündnis. Damit soll im ganzen Land das System der Sowjets eingeführt und ausgeweitet werden.[21]

Für Lenin ist diese Analyse als Ganzes und in den Details inakzeptabel: Das Jahr 1905 habe gezeigt, daß das Proletariat als nationale Kraft existiere und bereit sei, die zaristische Autokratie zu stürzen. Zwar räumt er wie die Menschewiki ein, das Stadium der bürgerlichen Demokratie sei unvermeidlich, doch ergänzt er diese Einschätzung um die Feststellung, daß die russische Bourgeoisie über dieses Stadium nicht hinauskommen werde: Das Bürgertum sei »inkonsequent, egoistisch und feige« und habe vor dem Proletariat so große Furcht, daß es seine Haltung jederzeit radikal ändern könne. Konsequent sei nur das Proletariat. Und dieses Proletariat sei sich zudem bewußt, daß es für einen Sieg die bürgerliche Revolution überwinden müsse. Aber wie soll dies geschehen?

Lenin beantwortet die Frage im Sommer 1905 in der Schrift *Zwei Taktiken der Sozialdemokratie in der demokratischen Revolution*[22]:

Die erste Bedingung: ein Bündnis mit der Bauernschaft.[23] Schon 1905 ist Lenin überzeugt davon, daß der Frage der russischen Bauern besondere Bedeutung zukommt; ebenso der Frage des revolutionären Potentials in den bäuerlichen Forderungen, auf die das politische System keine befriedigenden Antworten liefert. Die Partei habe folglich die Aufgabe, dieses Potential zu kanalisieren und für ihre Zwecke zu nutzen. Der besitzende Bauer in Rußland stehe an der Spitze einer demokratischen Bewegung des ganzen Volkes und müsse mit diesem Volk sympathisieren.[24] Das Ergebnis dieses gemeinsamen Kampfes muß nach Lenin in einer revolutionären demokratischen Diktatur der Arbeiter und Bauern liegen.[25]

Das zweite Element dieser Bestimmung des revolutionären

Erfolgs – und darin ist Lenin sich mit den Menschewiki einig: Die demokratische Revolution werde die westlichen »Länder in Brand setzen« – eine Formulierung, die man bei Trotzki findet. Die Folge sei eine Beschleunigung des revolutionären Prozesses in Rußland, das so aus seiner Isolation heraustrete.

Auch Trotzki steuert zu der Debatte verschiedene Schriften bei, in denen er aus den Ereignissen des Jahres 1905 seine Schlüsse zieht. Seine Bilanz wird dabei von zwei Faktoren geprägt: Zum einen war er während der Revolution 1905 ein Akteur an vorderster Front. Er hat im Petersburger Sowjet agiert und ihm zum Schluß sogar vorgesessen. Der Sowjet ist für ihn folglich kein Gegenstand abstrakter Reflexion: Er war eine Zeitlang das Zentrum seiner revolutionären Aktivitäten. Zum anderen saß er im folgenden Jahr im Gefängnis und hatte ausreichend Zeit, die aus nächster Nähe miterlebten Ereignisse zu verarbeiten. Seine Gedanken flossen anschließend in Texte ein, die später als seine repräsentativsten gelten werden.

Trotzki, der ja selbst Vorsitzender des Sowjets gewesen ist, will den Platz dieser Einrichtung im revolutionären Prozeß bestimmen: Der Sowjet, so schreibt er, habe die Arbeitermassen organisiert, Streiks und politische Demonstrationen gelenkt, die Arbeiter bewaffnet und die Bevölkerung vor Pogromen geschützt. Ähnliche Aufgaben hätten vor der Entstehung der Sowjets, zeitgleich mit ihnen und nach ihnen, andere Organisationen erfüllt. Aber diese hätten nicht den gleichen Einfluß gehabt wie der Sowjet. Das Geheimnis seines Einflusses bestehe in der Tatsache, daß der Sowjet im Verlauf des Kampfes, den das Proletariat um die Macht geführt habe, vom Proletariat organisch isoliert gewesen sei.[26]

In dieser Einschätzung der Rolle des Sowjets, die bei Lenin starkes Mißtrauen hervorruft, liegt nach Trotzki das Problem der Sozialdemokratischen Partei. Kann der Sowjet an ihre Stelle treten? Trotzkis Antwort ist überdeutlich. In Zeiten der Revolution müsse die revolutionäre Front so breit wie möglich sein. Der Sowjet hat ein breites Bündnis realisiert, indem er die gesamte Arbeiterklasse in die Bewegung einzubinden wußte. Dies kann der Partei, die sich in der Illegalität bewegen muß und deshalb auf sich selbst zurückgeworfen ist, nicht gelingen. Trotzki stellt freilich nicht in Abrede, daß die Partei die unverzichtbare Quelle der revolutionären Ideologie bleibt, aus der der Sowjet sich speist. Letzterer ist nicht »reines Produkt« der Sozialdemokratie, sondern der Träger ihrer Ideen, das heißt, des proletarischen Sozialismus.

Trotzki verteilt so die Aufgaben zwischen Partei und Sowjet. Die Partei erzieht und beeinflußt in der vorrevolutionären Phase die Arbeiter. Diese schaffen sich dann während der Revolution selbst die Institutionen ihres Kampfes, die Sowjets. Die Partei, vor der Revolution die Avantgarde der Arbeiterklasse, wird anschließend zu einem Bestandteil der Arbeiterbewegung und der ihr eigenen Institution, des Sowjets. Diese Konzeption fließt später in die Theorie der permanenten Revolution ein, die Trotzki aus den Lehren von 1905 entwickeln wird. Von den miterlebten Ereignissen hat ihn ein Eindruck besonders nachhaltig geprägt: der Eintritt der Massen in die revolutionäre Bewegung. Unter diesem Eindruck gelangt er zu der Überzeugung, daß das russische Proletariat nur »in der Masse« als politische Kraft wirken könne. Und daß keine Partei dieses Proletariat folglich beherrschen darf.

Hier wird das Trennende zu Lenin deutlich. Die Ereignisse können dessen Überzeugungen zur Rolle der Partei und ihrem Platz innerhalb der Arbeiterbewegung, selbst nach Ausbruch der Revolution, in keiner Weise erschüttern.

Der Gegensatz zwischen Lenin und Trotzki tritt hier deutlich zutage. Obwohl Trotzki alle Hebel in Bewegung setzt, um die Einheit der Sozialdemokratie zu retten, trifft er bei Lenin auf taube Ohren: weil er den Bolschewismus und dessen autoritäres Verhalten heftig kritisiert und weil Lenin, um Trotzki zufriedenzustellen, auf den Kern seiner Anschauungen hätte verzichten müssen.

Beide Männer werden sich folglich bis 1917 unversöhnlich gegenüberstehen.

Die erste russische Revolution ist für Lenin eine Zeit voller Überraschungen. Bei Ausbruch der Revolution kehrt er nicht sofort nach Rußland zurück. Zunächst studiert er sämtliche verfügbaren Schriften, die sich auf theoretischer Ebene mit solchen gesellschaftlichen Phänomenen auseinandersetzen: unter anderem mit den Analysen von Marx und Engels zur Revolution von

1848. Anschließend versucht er, Korrespondenten in Rußland davon zu überzeugen, daß ihre Aufgabe in der Organisation des bewaffneten Aufstandes bestehe.[27] Als Parteipolitiker geht es ihm vor allem aber auch darum, die Sozialdemokratie aus den Händen der Menschewiki zu befreien. Während Rußland durch Streiks und Demonstrationen erschüttert wird, bereitet er den Parteitag von London vor. Und während dieser stattfindet, tritt in Iwanowo-Wosnessensk, einem neuen Zentrum der Arbeiterbewegung Rußlands, der erste Sowjet zusammen.

In den ersten Monaten der Revolution dirigiert Lenin – noch vom Ausland aus – die Aktionen der Bolschewiki. Im November reist er schließlich nach Rußland. Die Streiks vom Oktober haben ihn völlig überrascht, fügen sich nicht in seine Analysen und passen auch nicht in das Programm, das er dem III. Parteitag vorgelegt hat. Die anschließende Bildung des Petersburger Sowjets bereitet ihm Sorge, doch kann er diese Institution nun nicht mehr ignorieren. Während seines Aufenthalts in Rußland – er dauert von Ende 1905 bis 1907 – wird Lenin als Revolutionär nicht besonders aktiv. Er versteht sich als Parteiführer, aber auch als Denker und Journalist. Er schreibt, ruft zum Aufstand auf, greift in die Ereignisse aber kaum ein. Die meiste Zeit verbringt er abseits der Brennpunkte in Finnland oder in der Halblegalität. Auch reist er zu sozialdemokratischen Treffen ins Ausland – nach Stockholm oder nach London. Selten ergreift er auf Arbeiterversammlungen das Wort – ebenso selten wie die meisten Genossen. Trotzki ist praktisch der einzige renommierte Sozialdemokrat, der während der Ereignisse eine sichtbare Rolle spielt. Während Bogdanow, Sinowjew und Kamenew, seine Stellvertreter vor Ort im Sowjet oder in den bolschewistischen Organisationen der Hauptstadt, aktiv werden, scheint Lenin davon auszugehen, daß er als Chef der bolschewistischen Fraktion vor allem auf seine Sicherheit achten muß.

Die Zeit der Revolution bringt zudem die ungewöhnliche Empfindlichkeit seiner Nerven ans Tageslicht. Zweimal, 1905 und 1907 nach der Rückkehr vom Londoner Parteitag, veranlaßt ihn eine depressive Krise, seine politischen Aktivitäten fast vollständig einzustellen. Er ist zu längeren Erholungsurlauben gezwungen, muß jeden Kontakt zu Genossen meiden und in der Isolation der finnischen Wälder Zuflucht suchen. Die genauen

Ursachen der Zusammenbrüche sind ungeklärt. Ist es die starke nervliche Anspannung, ausgelöst durch die Revolution? Durch das verzweifelte Bemühen, durch einen bewaffneten Aufstand eine Lösung herbeizuführen? Aus Verzweiflung über das Scheitern? Oder sind es die andauernden Konflikte mit den Menschewiki und der Kampf um die Durchsetzung seiner Autorität innerhalb der Partei? Lenin war zeitweise jedenfalls zu keiner politischen Arbeit fähig. Seine Schwester, die diese Krisen erwähnt, nennt seine Krankheit das »heilige Feuer«.

Im Jahr 1907, nach dem Ende der Revolution, bleibt Lenin nur noch die Rückkehr ins Ausland, um dort die Arbeit fortzusetzen. Weitere zehn Jahre Emigration stehen ihm bevor. Er wird die Mißerfolge von 1905 in zahlreichen Schriften verarbeiten und sehnsüchtig auf ein Wiedererwachen der revolutionären Bewegung hoffen, die in den kommenden Jahren erst einmal einzuschlafen scheint. Seine wohl wichtigste Erfahrung – er wird sie erst später niederschreiben – ist freilich die Feststellung, daß die Ereignisse von 1905 nicht unter beliebigen Umständen zustande gekommen seien. Der Zündfunke, der das Pulverfaß Rußland 1905 zur Explosion brachte, sei der verlorene Krieg im Fernen Osten gewesen. Jahre später wird er aus dieser Erkenntnis seine Schlüsse ziehen und sie zu einem Aktionsplan verarbeiten, der dann – seiner Meinung nach – nicht mehr fehlgehen kann.

VI Die Durchquerung der Wüste 1905–1914

Nach Ende der revolutionären Unruhen kehren Lenin und seine Frau nach Genf zurück. Die erneute Emigration schlägt Lenin auf die Laune. »Verdammte Stadt! Bei der Rückkehr habe ich das Gefühl, ich steige in ein Grab.«

Seine Gefühle Anfang 1908 sind gut nachvollziehbar: Die Revolution ist gescheitert, vor allem aber steht die russische Arbeiterbewegung vor dem Zusammenbruch. Immer weniger können Streiks die Arbeiter mobilisieren. Nach zwei Jahren harter politischer Arbeit laufen der Partei scharenweise die Aktivisten davon. 1910 sind es nur noch zehntausend, ein Zehntel des Standes von 1905. Die sozialdemokratischen Organisationen bluten aus oder reiben sich in Fraktionskämpfen auf. Ganz Rußland hat die Unruhen satt. Es gibt kaum spürbare Ergebnisse. Der Regierung ist diese Stimmung im Land bewußt, und ihre Befürchtungen haben sich nicht erfüllt: Trotz der militärischen Rückschläge hat die Armee geholfen, die Lage unter Kontrolle zu bekommen. Vor allem aber wurde deutlich – auch Lenin hat das begriffen –, daß die Revolution an zwei Grenzen gestoßen ist: an eine geographische und an eine politische. Sie ist über die Städte nicht hinausgekommen. Zudem sind die Ziele der Revolution – außer Lenins vergeblichem Aufruf zum bewaffneten Aufstand – so vage formuliert worden, daß die Gesellschaft sie nicht verstanden hat.

Reformen gegen die Revolution

Mit einer Kombination aus Repressionen und Zugeständnissen gelingt es der Regierung, die Kontrolle über das Land zurückzugewinnen. Eine Welle von Verhaftungen rollt durch Rußland: Die Anführer der Revolution, sofern auszumachen, wandern ins Gefängnis, allen voran die radikalen Deputierten der Duma.

Schon im Dezember ist die Führungsspitze des Sowjets wegen ihres Aufrufs zum Steuerboykott verhaftet worden. Im Juni 1907 wird die Aufdeckung eines Komplotts gegen die Sicherheit des Staates bekanntgegeben. Damit wird es möglich, die meisten sozialdemokratischen Deputierten hinter Schloß und Riegel zu setzen[1], die Duma aufzulösen und zahlreiche Organisationen zu zerschlagen. Viele Sozialdemokraten entgehen ihrer Festnahme nur durch eine rechtzeitige Flucht ins Ausland.

An dieser Stelle ist etwas zur Verteidigung der dritten Duma anzuführen. Obwohl oft leichtfertig als »Rumpfparlament« gescholten, stellt sie eine Festigung des politischen Fortschritts in Rußland dar. Trotz ihrer durch das Wahlgesetz manipulierten Zusammensetzung und trotz des Drucks durch die Regierung ist sie ein Zeichen für die Unumkehrbarkeit einer Wende auf institutioneller Ebene. Die Zusammensetzung der Duma ist jetzt nicht mehr nur das Ergebnis einer Laune des Zaren. Sie wird vielmehr fünf Jahre Bestand haben, ihr gesamtes Mandat erfüllen und ein von Gesetzen geregeltes Eigenleben führen. Lenin sieht 1907 diese Entwicklung voraus – der Grund, warum er im Hinblick auf die Duma seine Meinung radikal ändert. Hatte er vor den Wahlen zu den beiden ersten Dumas unbeugsam den Boykott vertreten, so revidiert er diese Haltung vor den Wahlen zur dritten Duma. Die beiden ersten Dumas hat er noch als »Erfindung der Polizei« abgetan. Dagegen setzt er 1907 seine Hoffnungen auf die gewählten sozialdemokratischen Duma-Abgeordneten. Seine Gegner in dieser Frage sind die sogenannten *Otsowisten,* an ihrer Spitze sein einstiger Freund Bogdanow.

Dagegen hofft die Regierung, die Duma mit einem restriktiven Wahlgesetz unter Kontrolle halten zu können. Dies ist freilich nur ein Element der Politik, mit der sie die Gesellschaft wieder in den Griff bekommen will. Nach den Plänen Stolypins, der seit Sommer 1906 die Regierung leitet, liegt das Wesentliche dieser Politik anderswo.

Pjotr Stolypin – er ist Gutsbesitzer und von Nikolaus II. gerade deshalb ernannt worden – macht die Landreform zum Eckstein seiner Politik. Er hat erkannt – und seine Einschätzung deckt sich dabei mit Lenins Analyse[2] –, daß die Revolution von 1905 unter der Kluft zwischen Arbeiterklasse und Bauernschaft gelitten hat. Zwar hatte es Anfang des 20. Jahrhunderts auch unter den Bauern größere Unruhen gegeben, doch vollzogen sich diese unabhängig von der Arbeiterbewegung. Die Arbeiter hatten bei den Bauern und auf dem Land keinen Rückhalt gefunden. Lenin hatte diese Schwäche der Arbeiterklasse, wie bereits erwähnt, klar erkannt und kommentiert. Abhilfe suchte er in der »demokratischen Revolution der Arbeiter und Bauern«, die er im Anschluß an 1905 propagierte – nach seiner Rückkehr in die Schweiz: Damals versucht er im wesentlichen, aus den revolutionären Ereignissen in Rußland Bilanz zu ziehen.

Nach Stolypins Plan soll die Revolution durch eine Einbindung der Bauernschaft ins Regierungslager sozusagen überholt werden. Ab 1906 arbeitet er eine Reihe von Gesetzestexten aus, die die Gemeindebauern befreien, den Boden der Gemeinden verteilen und gleichzeitig Anreize zur Übersiedlung nach Sibirien schaffen sollen, wo sich unternehmungslustigen Siedlern bedeutende Zukunftsperspektiven bieten. Zur Landreform soll eine Bildungs- und Aufklärungskampagne auf dem Land hinzukommen, die die Bereiche Schule, Technik und Hygiene betrifft. Die Regierung setzt alle Hebel in Bewegung, um die Welt auf dem Land rasch zu verändern: Privateigentum soll eine aufgeklärte Bauernschaft davon abhalten, revolutionären Aufrufen Gehör zu schenken.

Die politischen Zugeständnisse und die gesellschaftlichen Reformvorhaben sind zugleich attraktiv für liberale Intellektuelle, die durch die Niederlage von 1905 und die lautstarken Streitigkeiten unter den Sozialisten entmutigt sind. Diese Intelligenz ist bereit, sich auf Stolypins Spiel einzulassen, um den Staat auf dem Weg des Fortschritts möglichst weit voranzubringen.

Die Zwangsemigration in dieser Zeit ist für Lenin alles andere als ermutigend. Aus der Ferne muß er den Zerfall der Arbeiterbewegung, den wirtschaftlichen Aufschwung und die politischen Fortschritte in Rußland mit ansehen, die zu einer Befriedung der Lage führen. Die harte Repression der Jahre 1906/1907 läßt nach. Lenin ist sich bewußt, daß die Regierung in einen Wettlauf gegen die Revolution eingetreten ist und in diesen Jahren über die besseren Chancen verfügt.

Jahre der Wanderschaft

1908 beginnt für den demoralisierten Lenin ein unstetes Emigrantenleben. Von Genf, wo ihn die Langeweile packt, siedelt er Ende des Jahres nach Paris über und verbringt dort fast vier Jahre. Dann läßt er sich in Krakau, in größerer Nähe zu Rußland, nieder und schöpft neue Hoffnung. Bei Ausbruch des Krieges kehrt er in die Schweiz zurück, allerdings nicht in das von ihm verabscheute Genf. Er lebt zunächst in Bern und dann in Zürich.

In diesen unsteten Jahren der Emigration hat sich die sowjetische Legende gebildet, wonach Lenin angeblich materielle Not gelitten habe. Walentinow ist dieser »Armutssage«, bei der Anna Jelisarowa sich als Chronistin betätigt hat, nachgegangen. Lenins Schwester ist für diese Erfindung nach seiner Feststellung allerdings nicht verantwortlich. Als sie ihre Erinnerungen aufzeichnete, so Walentinow, habe die Partei die Geschichte vom armen Revolutionär schon in Umlauf gebracht gehabt. Der eigentliche Urheber sei ein unbedeutender Bolschewik namens Wladimirow, ein »kleines Licht«, das so Eingang in die Geschichte fand. Nach einem Besuch in Paris berichtete Wladimirow nämlich, Lenin habe »in einem kleinen Raum mit einer Koje und einer winzigen Küche« gehaust. Nach Lenin selbst waren seine beiden Wohnungen in Paris – zunächst in der Rue Bonnier, dann in der Rue Marie-Rose – dagegen alles andere als winzig, schmutzig oder ohne Komfort. Immerhin boten beide ausreichend Platz für den Kern seiner Familie. In der Rue Bonnier lebten neben Lenin, seiner Frau und deren unentbehrlicher Mutter zudem abwechselnd Lenins Mutter und eine Schwester, die jeweils ein eigenes Schlafzimmer hatten. Wie Krupskaja später schrieb, grenzte das eheliche Schlafzimmer zudem an einen Salon.

Nach einem Jahr in der Rue Bonnier zieht Lenin in die Rue Marie-Rose. Die neue Wohnung hat einen Raum weniger. Aber Lenins Mutter und seine Schwester sind nach Rußland zurückgekehrt. Die Eheleute müssen die Räumlichkeiten nur noch mit Jelisaweta Wassiljewna teilen. Zudem verfügt die Wohnung – ein großer Komfort für die Zeit! – über eine Zentralheizung, von der Lenin viel Aufhebens macht.[3] Mehrmals erwähnt er sie in Briefen an die Mutter.

Lenin benötigt diese familiäre Atmosphäre, in der der gesamte Haushalt von Mutter Krupskaja und einem Dienstmädchen übernommen wird, um arbeiten zu können und um das in den vorigen Jahren stark angeschlagene seelische Gleichgewicht wiederzufinden. Nadeshda Krupskaja dient als Mittlerin zur Außenwelt: Sie hält Kontakte aufrecht und schirmt Lenin gegen Störungen ab. Er wird nicht gern von Besuchern umlagert und klagt mehrfach über das endlose, unfruchtbare Geschwätz der Emigranten. Oft fährt er mit dem Fahrrad zur Nationalbibliothek – die als gesund gepriesene Fortbewegungsart ist für ihn ein unerschöpfliches Thema – und findet dort immer neuen Stoff für seine Schriften: zunächst für die politisch-philosophischen Polemiken gegen seinen einstigen Freund und treuen Mitarbeiter Bogdanow.

Auf diese Schriften wird zurückzukommen sein. Zuvor verdienen Vorkommnisse Aufmerksamkeit, die für Lenins Beziehungen zur internationalen sozialistischen Bewegung und zu den Menschewiki ernsthafte Konsequenzen haben. Es geht um »Affären« oder – wie man heute sagen würde – um »finanzielle Machenschaften«.

Die »Expropriationen« – ein beständiger Skandal

Während Lenin für sich selbst und für seine Publikationen von verschiedener Seite finanzielle Unterstützung erhält, wird das parteiinterne Leben durch ein dauerhaftes Problem bestimmt: Wie soll die Partei ihre Aktivitäten finanzieren? Krassin, der sich den Titel eines »Finanzministers« der Partei zugelegt hat, ist der eigentliche Drahtzieher der sogenannten »Expropriationen«, mit denen die Partei sich eine Zeitlang eine schier unerschöpfliche Geldquelle erschließt. Vor Krassin hatte Gorki die Parteikassen gefüllt, indem er in Amerika an die Freigebigkeit von Spendern appellierte, aber das war nichts im Vergleich zur Methode der Expropriationen, die in der Arbeiterbewegung helle Empörung auslösen werden.

Lange bevor die Bolschewiki mit den Expropriationen ihre »Kriegskasse« auffüllen, ist dieses Mittel bereits propagiert worden: von dem bedeutenden Anarchisten Fürst Krapotkin, der dreißig Jahre vor Lenin vor der russischen Polizei nach Genf geflohen war. In seinen *Paroles d'un révolté*[4], 1855 herausgegeben von Elisée Reclus, stellte Krapotkin die Expropriation als ein für das Gelingen der Revolution unverzichtbares Mittel dar. Wichtig sei dabei allerdings, daß sie sich »im großen Maßstabe vollziehen. Im Kleinen würde man in ihr bloß eine gemeine Plünderei sehen, im Großen ist sie der Beginn der Neuorganisation der Gesellschaft.«[5] Diese »gemeinen Plündereien« kennzeichnen nun die bolschewistische Praxis der Expropriationen und lösen so bei der internationalen sozialistischen Bewegung Empörung aus.

Die Affäre hatte bereits vor 1905 begonnen, in der Folgezeit aber spektakuläre Ausmaße angenommen. Einige Fälle waren besonders aufsehenerregend, so die Expropriation von Tiflis 1907, ein Meisterwerk Stalins.[6]

Diese bewaffneten Raubüberfälle (Krapotkins populär gewordene Vokabel »Expropriation« sollte ihnen einen ehrenwerten Anstrich geben) traten seit 1906 vermehrt im gesamten Staatsgebiet des russischen Reichs auf. Der Stockholmer Parteitag verurteilte diese Art der Geldbeschaffung, ganz gleich, ob es sich um öffentliches oder privates Eigentum handelte. Die Sozialdemokraten hatten nämlich feststellen können, daß die Expropriationen zu einem zügellosen Banditentum zugunsten der Partei ausgeartet waren, wobei in den Kampfgruppen auch unberechenbare Kriminelle mitwirkten. Da legitime Geldbeschaffung und gewöhnliches Verbrechertum nicht mehr klar voneinander geschieden werden konnten, litt der Ruf der russischen Sozialdemokratie immer stärkeren Schaden. Die Bolschewiki konnten dank der gut gefüllten Kassen zwar Waffen kaufen, Kampfgruppen ausrüsten, Flugschriften drucken lassen und so ihre Macht festigen und ausbauen. Aber 1907 waren die Hoffnungen auf einen bewaffneten Aufstand, mit denen Lenin die Gewalttaten gerechtfertigt hatte, endgültig verflogen. Zudem hatten die Stockholmer Beschlüsse ihren illegalen Aspekt in ein noch grelleres Licht getaucht. Der Terror und die Expropriationen gingen freilich weiter.

Im Zentrum des Systems wirkt Leonid Borissowitsch Krassin, damals noch immer ein enger Mitarbeiter und Stellvertreter Lenins. In der nachrevolutionären Periode, in der alle politischen Initiativen vergeblich erscheinen, setzt er seine besonderen Begabungen zu Terroraktionen ein. Seine Kompetenz als Ingenieur und Wirtschaftswissenschaftler wird in der gesamten Partei anerkannt. Nach 1905 ist er der eigentliche Chef der bewaffneten Aktivisten, der *Bojewiki*[7], die nach dem Scheitern der Revolution den Kampf im systematischen Terror gegen Ordnungskräfte, staatliche Einrichtungen und vor allem »expropriierbare« Güter weiterführen. Dazu werden allerdings Waffen, Sprengstoff und Geld benötigt. Beschafft werden sie von dem unermüdlichen Krassin, der überall Waffenkäufe aushandelt (die wichtigsten Lieferanten sind aus dem Fernen Osten zurückkehrende Aktivisten und ausländische Schieber), die Herstellung von Sprengstoff organisiert und den Terroristen eine gründliche Ausbildung zukommen läßt. Auf Krassins Konto gehen auch die Vorbereitungen für den Anschlag auf das Haus auf der Insel Aptekarski, in dem 1907 Stolypin und seine Familie wohnen.

Der treuste – und bekannteste – Mitarbeiter Krassins stammt wie Stalin aus dem Dorf Gori bei Tiflis und ist drei Jahre jünger als dieser: Semjon Ter-Petrossian, besser bekannt unter dem Namen Kamo. Als Gefährte Stalins und Experte auf dem Gebiet des Waffenschmuggels – 1906 wird er von der Partei mit Auslandseinkäufen betraut – ist er nach den Worten Krupskajas »ein begeisterter Anhänger Iljitschs, Krassins und Bogdanows«. Mit Krassin und dem im Untergrund agierenden Stalin bereitet Kamo 1907 die bereits erwähnte Expropriation von Tiflis vor: ein Raubüberfall auf einen Geldtransport der zaristischen Staatsbank, bei dem massiv Bomben und Schußwaffen eingesetzt werden. Die spektakuläre Aktion, die am hellichten Tag unter den Augen einer großen Menschenmenge durchgeführt wird, zeigt die Alltäglichkeit dieser Praxis der Geldbeschaffung in den Jahren 1906/1907 in Rußland.

In Relation zu der Größenordnung, in der die Expropriationen betrieben wurden, fällt die Verurteilung durch den Stockholmer Parteitag eher harmlos aus, und die oft stattliche Beute wird von Lenin ganz offen beklatscht. Daß er diese Art »Finanzpolitik« vorbehaltlos billigt, geht auch aus den warmherzigen und bewundernden Worten Krupskajas für die Urheber der Großtaten hervor. Dafür spricht auch der Umstand, daß Kamo nach seiner Verhaftung in Deutschland – er täuscht daraufhin

Wahnsinn vor –, der Abschiebung nach Rußland und der anschließenden Freilassung sofort nach Paris zu Lenin reist. Dort wird er dann, so berichtet später Krupskaja, herzlichst empfangen.

Die Bolschewiki können jedenfalls nicht einfach so tun, als hätten sie von diesen Expropriationen keine Ahnung. Der Bolschewik Kamo ist in Deutschland verhaftet worden – wegen der Beteiligung an einem Bankraub, so die Ermittlungen. Ebenfalls 1908 wird Litwinow, ein weiterer Vertrauter Lenins, in Paris festgesetzt: Er hat versucht, Fünfhundertrubelscheine einzutauschen, die nachweislich aus der Beute von Tiflis stammen. Dies ist kein Zufall: Maxim Maximowitsch Litwinow ist seit 1906 mit der »Verwaltung« der Gelder aus den Expropriationen betraut. Seit mehreren Jahren hat er den Auftrag, Verbindungen zum Sekretariat des Internationalen Sozialistischen Büros (ISB) herzustellen, um Gelder für spätere Waffenkäufe zu hinterlegen. Daß diese aus Raubüberfällen stammen, wird dem ISB freilich verschwiegen. Mit der Transaktion sollte die Herkunft der Gelder verschleiert werden, und tatsächlich schöpften nicht alle europäischen Sozialisten sofort Verdacht. Die Verhaftung Litwinows und weiterer Bolschewiki, die ebenfalls gestohlene Geldscheine im Ausland eintauschen, öffnet den Sozialdemokraten allerdings die Augen.

Zur Affäre um die Fünfhundertrubelscheine kommt eine weitere hinzu: In Berlin tauchen Papier und Druckplatten zur Herstellung falscher russischer Rubel auf. Auch hier kommt die Polizei den Urhebern auf die Spur: Wieder sind es Bolschewiki! Der Skandal ist um so größer, als die Geldfälscher ihr Material in den Redaktionsräumen des *Vorwärts,* des Presseorgans der Sozialdemokratischen Partei Deutschlands, versteckt haben. Die Menschewiki reagieren empört: Axelrod verlangt ein Ende jeder weiteren Koexistenz in der Partei mit den Gesetzesbrechern, die Parteitagsbeschlüsse ignoriert haben. Ähnlich heftig reagiert Plechanow. Die Proteste und die moralischen Verurteilungen beeindrucken Lenin aber wenig.

Allerdings befindet er sich augenblicklich nicht in einer Position der Stärke. Auf Verlangen der Menschewiki und einiger Bolschewiki, die mehr Skrupel haben, muß er folglich akzeptieren, daß sich eine Untersuchungskommission mit der Affäre befaßt.

Mit dieser Aufgabe betraut wird Georgi Wassiljewitsch Tschitscherin, eine für Lenin keineswegs günstige Entscheidung. Tschitscherin, Abkömmling einer Adelsfamilie, ist nach der Universität als Diplomat tätig gewesen, hat dann jedoch mit seinem Umfeld gebrochen und sich der revolutionären Tätigkeit zugewandt. Seinem Naturell nach neigt er eher den Menschewiki zu. Obwohl die Einheit der russischen Sozialdemokraten seit 1907 offiziell wiederhergestellt ist, zählt er zu den Gegnern Lenins und der Bolschewiki. Daß ihm die Untersuchung der »Affären« übertragen wurde, hängt mit seiner wichtigen Funktion im Kreise der Emigranten zusammen: Als Sekretär der sozialdemokratischen Organisation im Ausland genießt er bei allen Kollegen höchsten Respekt. Besonders gelobt werden seine umfassende Bildung und seine besondere Kompetenz in Verwaltungsfragen. Dieser »rote Aristokrat« wird zudem sehr geschätzt von den europäischen Sozialdemokraten, mit denen er wegen seiner Ämter in ständigem Kontakt steht. Die diesem übertragene Untersuchung beunruhigt Lenin, auch wenn er anfangs noch darauf vertraut, daß Tschitscherin eine Komplizenschaft zwischen ihm und den Geldfälschern nicht werde nachweisen können. Tschitscherin macht allerdings Krassin als Drahtzieher der Operation aus und versucht, eine Verbindung zu Lenin herzustellen.

Lenin reagiert auf diese Gefahr wie immer in solchen Situationen: Er will sich herauswinden, indem er eine andere Besetzung derjenigen Instanz, die ihm Schwierigkeiten macht, durchzusetzen versucht. Die Untersuchung, so schlägt er vor, solle nicht allein Tschitscherin, sondern einer richtigen Kommission übertragen werden. Tatsächlich gelingt es ihm, eine solche Kommission mit Bolschewiki zu besetzen: Krassin wird vollständig entlastet, die Affäre um das Falschgeld unter den Teppich gekehrt. Auch empfiehlt die Kommission, die gesamte kaukasische Gruppe, darunter Stalin, die nach den Raubüberfällen im Kaukasus ausgeschlossen worden ist, wieder aufzunehmen. Mit diesem geschickten Manöver rettet Lenin sich aus einer kompromittierenden Situation. Dabei beschuldigt er die Menschewiki der Falschaussage gegen seine Anhänger und bringt sie so noch mehr gegen sich auf. Tschitscherin denkt allerdings nicht daran, die Waffen zu strecken. Krassin geht bald darauf auf Distanz zu

Lenin und schließt sich mit Bogdanow den Befürwortern eines Boykotts der Duma an. Der vollständige Bruch auch mit diesen beiden Vertrauten läßt nun nicht lange auf sich warten.

Erbschleicherei

Kaum hat Lenin sich die Affären um Expropriationen und Geldfälschung vom Hals geschafft – wobei die Partei dank der geraubten Gelder manövrierfähig bleibt –, sieht er sich mit einer neuen, kompromittierenden Situation konfrontiert: mit der Affäre um die Erbschaft Schmidt – oder, um die Dinge bei ihrem Namen zu nennen, mit einem Fall organisierter »Erbschleicherei« durch die Bolschewiki.

Krupskaja hat »die Episode Schmidt« in ihren Memoiren romanhaft und anrührend dargestellt: »Der dreiundzwanzig Jahre junge Student Nikolaj Pawlowitsch Schmidt, der Neffe des Fabrikanten Morosow, wurde 1905 Bolschewik. Er stellte der *Nowaja Shisn* für Waffenkäufe Geld zur Verfügung. 1905 wurde er verhaftet, gefoltert und im Gefängnis ermordet. Vor seinem Tod konnte er noch den letzten Willen äußern, sein Vermögen den Bolschewiki zu vermachen. Seine junge Schwester Jelisaweta Pawlowa, die ihren Teil des brüderlichen Erbes erhalten hatte, beschloß, es den Bolschewiki zu geben.«[8]

An dieser Stelle versteht man Krupskajas Geschichte nicht richtig, wenn man nicht an eine hinlänglich bekannte Tatsache erinnert: Die Bolschewiki manipulierten gerne Finanzen und Menschen. Der verstorbene Nikolaj Schmidt hatte in Wirklichkeit zwei Schwestern und einen Bruder; lediglich Jekaterina war volljährig und konnte über ihr Vermögen verfügen. Die beiden anderen, die bereits erwähnte Jelisaweta und ein Bruder, waren dagegen minderjährig, so daß eine Überschreibung ihres Erbteils an die Bolschewiki nicht möglich war. Um dennoch auch ohne Testament rasch an das Vermögen zu kommen, mußten die Schwestern verheiratet werden, ein Manöver, das Krupskaja teilweise diskret verschleiert. Angeblich habe die minderjährige Jelisaweta den letzten Willen ihres Bruders dadurch erfüllt, daß sie eine Scheinehe mit einem jungen Bolschewiki namens Ignatjew einging. In Wahrheit heiratete sie allerdings den Bolschewiken

Wiktor Taratuta, ein Schritt, der die Geschichte noch spannender macht: Taratuta reiste nämlich anschließend nach Genf, um Lenin das begehrte Erbe zukommen zu lassen.

Um diese gesamte verworrene Geschichte richtig zu verstehen, muß man sie von der anderen Seite her aufzäumen: Taratuta, ein Vertrauter Lenins, war 1905 Sekretär des – bolschewistischen – Moskauer Komitees und dabei mit Finanzen befaßt. Auf dem Londoner Parteitag wurde er durch Lenins Protektion zum stellvertretenden ZK-Mitglied befördert. Anschließend reiste er nach Kuokkala und trat so in der Affäre um das Schmidt-Erbe in Erscheinung: Er verliebte sich in die minderjährige Jelisaweta, konnte sie aber nicht auf legalem Weg heiraten, da er unter verschiedenen Namen im Untergrund lebte. Damit das Mädchen über sein Vermögen verfügen konnte, verheirateten die Bolschewiki es mit dem genannten Ignatjew.

Am Ende der wechselvollen und ziemlich anrüchigen Geschichte verschwindet Ignatjew von der Bildfläche, worauf Taratuta freie Bahn hat und über Jelisawetas Erbteil verfügen kann. Er überträgt den Bolschewiki – so schreibt er zumindest später – beträchtliche Summen. Lenin und Bogdanow, deren Freundschaft zu dieser Zeit noch nicht zerbrochen ist, dienen dabei als Mittelsmänner.[9] Die Bolschewiki erhalten freilich nur denjenigen Teil des Vermögens von Taratutas Frau, den diese von Nikolaj Pawlowitsch Schmidt geerbt hat. Ihren Anteil am väterlichen Erbe behält Taratuta für sich. Dies erklärt, warum er sich den Unmut Bogdanows zuzieht, der ihn wegen seiner früheren Aktivitäten als Provokateur, ja als Spitzel und sogar als »Zuhälter« beschimpft.

Damit ist diese Affäre noch nicht zu Ende. Da an das Vermögen des damals vierzehnjährigen, jüngeren Bruders über eine Heirat nicht heranzukommen ist, hält die Partei sich an die älteste Schwester Jekaterina. Der Unterhändler der Partei ist in diesem Fall ein gewisser Nikolai Andrinakis, der im Gegensatz zu Taratuta legal unter seinem Namen lebt und die andere Schmidt-Erbin folglich problemlos heiraten kann. Zur Ruhe setzen kann er sich damit allerdings nicht, denn die Partei betrachtet ihn als gewöhnlichen Vermittler und verlangt Jekaterinas Anteil am Schmidt-Erbe für sich.[10]

Daraufhin spielt sich eine Farce mit zwei Handlungssträngen

ab. Das Schmidt-Erbe wird zum Zankapfel zwischen den Eheleuten Andrinakis einerseits und den Bolschewiki andererseits sowie zwischen den beiden Fraktionen der russischen Sozialdemokratie. Während es Taratuta ohne größere Schwierigkeiten gelingt – er muß nur einige Beschimpfungen hinnehmen –, seine Interessen mit denen der Partei auszusöhnen und einen Teil des ehelichen Vermögens zu behalten, nimmt die Angelegenheit bei den Eheleuten Andrinakis einen anderen Verlauf. Nach der Ankunft in Paris 1908 weigert sich Jekaterinas Ehemann, den Bolschewiki das verlangte Vermögen zu übergeben. Taratuta wird von der Partei daraufhin beauftragt, seinen widerspenstigen Schwippschwager, der an der revolutionären Sache plötzlich zweifelt, zur Raison zu bringen. Als Vorhaltungen und Drohungen nichts fruchten, droht Taratuta ihm sogar mit der Liquidierung. Der aufsässige Ehemann wendet sich daraufhin an das Zentrum der Bolschewiki und erhält folgende Antwort mit den Unterschriften Lenins, Sinowjews und Kamenews: »Wir bestätigen, daß in der Angelegenheit Z (gemeint ist der Beschwerdeführer) der Genosse Wiktor (Taratuta) nach unseren Direktiven und unter unserer Kontrolle gehandelt hat. Wir akzeptieren keine Infragestellung des Genossen Wiktor.«[11]

Um seine Haut zu retten, zahlt Andrinakis den Bolschewiki schließlich einen Teil des Schmidt-Erbes aus, behält den Großteil aber für sich und beschließt, alle Beziehungen zur Partei abzubrechen. Taratuta gerät in die gleiche Versuchung, aber die Partei hat ihn besser im Griff: Auf Druck Lenins, Bogdanows und Lunatscharskis tritt er ihr einen deutlich höheren Anteil am Familienvermögen ab. Daß er es sich mit zahlreichen Vertrauten Lenins verscherzt hat, läßt zu diesem Zeitpunkt eigentlich erwarten, daß er bald in der Versenkung verschwinden wird. Aber Lenin wird ihm das Vertrauen nie ganz entziehen, und so taucht der »Zuhälter« nach einigen Jahren Unsichtbarkeit nach 1917 erneut in seiner Umgebung auf.

Diese Farce um die Eheleute wird überlagert von einem sehr viel ernsteren Konflikt, der die europäische Sozialdemokratie entzweit: Denn Bolschewiki und Menschewiki liegen einander wegen dieser Erbschaft noch immer in den Haaren. Obwohl Krupskaja es anders darstellt, hat Schmidt sich für die gesamte russische Sozialdemokratie und nicht für die Bolschewiki eingesetzt. Zur Erbschleicherei kommt also noch der Versuch, den Erblasser für sich zu vereinnahmen: In ihren Berichten stilisiert Krupskaja ihn zum bolschewistischen Märtyrer hoch. In Wahrheit war der junge Schmidt jedoch wie viele Fabrikanten zu Beginn des Jahrhunderts – so auch sein kunstliebender Onkel Sawa Morosowa – einfach von der Notwendigkeit einer Revolution in Rußland überzeugt; und dieser Haltung entsprang seine Parteinahme für die Revolutionäre und insbesondere für die Sozialdemokraten. Die seltsamen Machenschaften der Bolschewiki, die das Schmidt-Erbe ganz für sich beanspruchen, sind für die Menschewiki nicht hinnehmbar. Daß Schmidt ein Anhänger der gesamten Sozialdemokratie war, ist ihnen durchaus bekannt – ebenso, daß Lenin das Geld dazu benutzen will, die gesamte Bewegung unter bolschewistische Kontrolle zu bekommen. Außerdem fällt die Erbschaftsangelegenheit in eine Zeit, in der die russischen Sozialdemokraten im Prinzip wiedervereint sind und Bolschewiki und Menschewiki folglich eine Gütergemeinschaft haben. Lenin sieht das freilich anders und versucht die Existenz dieser Erbschaft vor der Partei – vor den Menschewiki und dem mit diesen verbündeten Bund – geheimzuhalten. Fast zufällig kommt die Sache ans Licht.

Die Affäre Schmidt ereignet sich gerade in dem Augenblick, als die – theoretisch miteinander ausgesöhnten – Sozialdemokraten sich darüber streiten, ob sie ihre Deputierten aus der Duma abberufen sollen. Dabei wird erneut – wie von den »Versöhnlern« verlangt – nach den Grundlagen eines Kompromisses gesucht.

Doch ein weiterer Konflikt bricht aus, bei dem es um die Parteipresse geht. Lenin hat Anfang 1908 – mit Hilfe von Schmidts Geldern – die Zeitung *Proletari* gegründet und in dieser zwei Jahre lang die Menschewiki und die »Versöhnler« erbittert bekämpft. Jetzt schlägt er einen Waffenstillstand vor. Sein Angebot klingt verlockend: Er will das Erscheinen des *Proletari* einstellen, die Menschewiki sollen im Gegenzug auf ihr Organ, die *Golos sozial demokrata* (Die Stimme des Sozialdemokraten), verzichten. Anschließend wolle man gemeinsam das Organ der Sozialdemokratie, den *Sozial-Demokrat,* herausgeben. Der Redaktion sollen neben Lenin und Sinowjew die beiden Menschewiki Dan und Martow und Warski als Vertreter der polnischen Sozialdemokratie angehören. Angesichts der geplanten Zusammenlegung der geistigen Ressourcen verlangen die Menschewiki daraufhin natürlich auch eine gemeinsame Kasse und die lückenlose Aufklärung der Affären um die Erbschaft Schmidt. Das Geld aus dem Nachlaß soll treuhänderisch einer neutralen Instanz übertragen werden, die beiderseitiges Vertrauen genießt. Einmal mehr wenden die verfeindeten russischen Brüder sich an die integren und geachteten deutschen Sozialdemokraten: Clara Zetkin, Kautsky und Mehring sollen das Vermögen verwalten und bedarfsgerecht an beide Seiten verteilen.[12]

Der Konsens hält nicht lange. Zunächst hat Lenin beschlossen, den Treuhändern die Gelder in Raten zu überweisen und einen kleinen Teil als Entschädigung für die Liquidation seiner Zeitung *Proletari* zu behalten. Die Menschewiki, die eine Auflösung ihres Blattes im übrigen abgelehnt haben, werfen den Bolschewiki sofort Unregelmäßigkeiten bei der Hinterlegung der Gelder vor. Kaum ausgesöhnt, geraten beide Fraktionen wegen der Zinsen heftigst aneinander. Nach einem Hagel von Vorwürfen und Beschimpfungen endet die Sache vor Gericht. Inzwischen bringen die Kontrahenten auch die deutschen Sozialisten gegen sich auf. Da die Übereinkunft – angeblich von seiten der Menschewiki – aufgekündigt ist, verlangt Lenin die Rückerstattung der vollen Summe an seine Adresse. Die deutschen Treuhänder verlieren nacheinander die Hoffnung auf eine mögliche Einigung. Nach Kautsky gibt Mehring auf. Clara Zetkin unternimmt einen letzten Vermittlungsversuch. Die Gelder sollen der gesamten Partei zurückerstattet werden. Der Vorstoß ist vergebens. Lenin bezichtigt Zetkin der Lüge. Daraufhin wird das Gericht angerufen, worauf Menschewiki und Bolschewiki sich bis zum Ausbruch des Krieges um das Erbe Schmidt weiterhin erbitterte Gefechte liefern.

Der große Gewinner – auf finanziellem Gebiet – ist allerdings Lenin. Er hat einen bedeutenden Teil des Vermögens, das ihm zur Verwaltung anvertraut worden ist, wie von den Menschewiki vermutet, für sich behalten.

1910 können die Bolschewiki über finanzielle Nöte nicht klagen. Expropriationen, Erbschaften und die Zuwendungen reicher Spender haben ihre Kassen gefüllt. Sie sind zwar wegen ihres ungehobelten Benehmens, vor allem dem ihres Chefs, bei den deutschen Sozialdemokraten angeeckt, haben von da an aber nie wieder Geldsorgen. Trotzki wird ihr Finanzgebaren später als »Expropriationen innerhalb der Partei« bezeichnen.

Zu den »Finanzaffären« kommt in den Jahren 1909 und 1910 – einer dunklen Periode in der Geschichte der bolschewistischen Bewegung – die »Affäre Malinowski« hinzu.[13] Dieser Protegé Lenins ist ein Geheimagent der Ochrana, der politischen Polizei des Zaren, die überall in den Linksparteien Spitzel sitzen hat. Malinowski, ein Metallarbeiter, war Sekretär des Arbeiterverbandes von Sankt Petersburg gewesen. Nach kurzer Haft siedelte er nach Moskau über. Dort wurde er erneut in Gewahrsam genommen und dann zu einem Zeitpunkt auf freien Fuß gesetzt, als eine Verhaftungswelle die Mitgliederzahl der bolschewistischen Bewegung dezimierte. Bucharin, der zur gleichen Zeit wie Malinowski im Gefängnis saß, verdächtigte diesen von Anfang an des Doppelspiels und beschuldigte ihn der Spionage für die Ochrana. Die Menschewiki, unter denen Malinowski bis 1909, bis zu seinem Übertritt zu den Bolschewiki, aktiv gewesen war, hegten gegen ihn den gleichen Verdacht. Als 1909/1910 eine Verhaftungswelle rollte, wurde er öffentlich als Drahtzieher gebrandmarkt. Eine sozialdemokratische Kommission trat zusammen. Ihr Vorsitzender war allerdings der Lenin-Vertraute Hanecki, der sich in Lenins Namen für Malinowski verbürgte. Der Verdacht war allerdings nicht auszuräumen, und die Menschewiki, denen Lenin Verleumdung eines unbescholtenen Aktivisten vorwarf, fügten ihrer antibolschewistischen Anklageschrift einen weiteren Punkt hinzu: Lenins Umgebung sei korrupt, gefährlich und von der Ochrana unterwandert.

In den Jahren 1907 bis 1910 versteht es Lenin zwar sehr gut, seine Fraktion mit der Beschaffung von Finanzmitteln handlungsfähig zu halten, doch manövriert er sich mit seinen Methoden, seinem Zynismus und seiner ungehobelten Art immer stärker ins Abseits. Seine engen Vertrauten Bogdanow und Krassin brechen mit ihm ebenso wie Gorki und Lunatscharski. Zwei weitere Anhänger rücken nach: Sinowjew und Kamenew. Beide werden ihn bis zum Krieg nicht im Stich lassen, wobei sie im Januar 1910 für kurze Zeit wegen der Menschewiki – Kamenew will ihre Unterstützung zurückgewinnen – gegen ihn opponieren. Dieser Aufstand ist jedoch nur von kurzer Dauer. Zwei Jahre später veröffentlicht Kamenew, angeleitet von Lenin, sein Pamphlet *Zwei Parteien*, das die Spaltung der Sozialdemokratie festschreibt.

Menschewiki – Bolschewiki; Die Spaltung

Mit seinem Verhalten gegenüber den Menschewiki und den deutschen Sozialdemokraten hat sich Lenin bereits viele Feinde gemacht. Nun, Ende 1908, verabschiedet eine Parteikonferenz unter seinem Einfluß eine Stellungnahme gegen die »Linksliquidatoren«, wie er sie nennt. Im nächsten Jahr sorgt er dafür, daß eine bolschewistische Zusammenkunft die »Expropriationen« verurteilt (zuvor hat er sie stillschweigend gebilligt und auf diese den Wohlstand und die Handlungsfähigkeit seiner Fraktion gegründet). Gleichzeitig verlangt er die Auflösung der letzten Gruppen der *Bojewiki* (dieses Kampfmittel hat er bisher ebenfalls skrupellos eingesetzt). Mit dieser plötzlichen Attacke gegen die Linke vergrätzt er einstige Anhänger und gerät in eine fast vollständige Isolation. Trotzdem ist er von der Richtigkeit seines Verhaltens überzeugt.

Im Januar 1910 tritt das ZK der Partei in Paris zusammen. Es hat die Spaltung der SDAPR niemals richtig akzeptiert und versucht nun, die unterschiedlichen Richtungen auszusöhnen – ohne besonderen Erfolg. Mit Unterstützung seiner Mehrheit von 1907 erhebt Lenin Anspruch auf die Führung der Partei. Wegen seiner Mißerfolge in Rußland und seiner Skrupellosigkeit lehnen Menschewiki und Bundisten es ab, ihm die Leitung der Partei zu überlassen. Die Einheit ist zu einem unrealistischen Traum geworden.

Wegen seiner Intoleranz gerät Lenin einen Monat später, im August 1910, auf dem Kongreß der Sozialistischen Internationalen in Kopenhagen von allen Seiten unter Beschuß. In den Augen der russischen Sozialdemokraten ist er der Hauptverantwortliche für die Spaltung der Partei und könnte so leicht zu ihrem Totengräber werden.

Die Grabenkämpfe in der Partei, die Abkehr der Vertrauten und die Einsamkeit lösen bei Lenin 1911 schließlich erneut Erschöpfungszustände aus. Zahlreiche ehemalige Anhänger wenden sich Trotzki und Joffe[14] mit ihrer in Wien erscheinenden

Prawda zu oder schließen sich Bogdanow und der Gruppe um die *Wperiod* an. In dieser Situation versagen Lenin wie gewöhnlich die Nerven. Da er Ruhe braucht, sucht er Zuflucht beim Ehepaar Sinowjew in Longjumeau in der Umgebung von Paris. Sinowjew leitet in dem Vorort eine Kaderschule, die von den Bolschewiki in diesen schwierigen Jahren ins Leben gerufen worden ist. Die dort ausgebildeten Aktivisten werden anschließend zur Reorganisation der sich auflösenden Bewegung nach Rußland entsandt. Longjumeau rivalisiert mit der Kaderschule, die von dem jetzigen Lenin-Gegner Gorki mit dem gleichen Ziel auf Capri gegründet worden ist. Obwohl sein Aufenthalt der Erholung dienen soll, betreibt Lenin in Longjumeau begeistert bolschewistische Propaganda.

Schon zu dieser Zeit ist deutlich geworden, daß die Sozialdemokratie das Erwachen der Arbeiter in Rußland nicht ignorieren und sich weiter der Selbstzerfleischung hingeben kann. Von den Universitäten ausgehend, sind erneut Demonstrationen aufgeflammt, auf die Arbeiterstreiks folgten. Zählte man 1910 in Rußland nur 50 000 Streikende, so hat sich ihre Zahl 1911 bereits verdoppelt. Am 1. Mai 1912 treten 400 000 Arbeiter in den Ausstand. Im April haben die Streiks auch Sibirien erfaßt und die Arbeit in den Goldminen an der Lena zum Erliegen gebracht. Angesichts dieser Ausmaße greifen die Ordnungskräfte ein und verhaften die Vertreter der Arbeiter. Als die Belegschaft deren Freilassung verlangt, wird ohne Vorwarnung in die Menge geschossen: Fast 150 Arbeiter sterben, Hunderte werden verletzt. Das Blutbad erschüttert ganz Rußland und löst eine weitere Lawine von Streiks und Protesten aus.

Im Januar 1912 – noch vor der Renaissance der Arbeiterbewegung in allen Industriestädten – sind in Prag die Sozialdemokraten zu einer Parteikonferenz zusammengetreten. Lenin hat die Zusammenkunft in der Erwartung, eine Mehrheit zurückzugewinnen, sorgfältig vorbereitet. Eine Anzahl von Kadern aus den Schulen von Longjumeau sind beauftragt, zur Agitation nach Rußland zurückzukehren, dort Lenins Gefolgsleute zu sammeln und dafür zu sorgen, daß seine glühendsten Anhänger nach Prag entsandt werden. Diese Vorbereitungen erweisen sich als effizient: Die meisten Teilnehmer der Konferenz vertreten russische Untergrundorganisationen, während die Emigranten durch nur wenige – bolschewistische oder menschewistische – Delegierte repräsentiert werden. Die Konferenz wird die Spaltung der Partei in zwei unversöhnliche Fraktionen bestätigen.

Lenin kann sich in Prag als Führungsfigur durchsetzen. In dem am Ende gewählten Zentralkomitee sitzen neben ihm Sinowjew, Ordshonikidse, Swerdlow und (der in den Augen der Menschewiki noch immer verdächtige) Malinowski. Diesem überträgt Lenin daraufhin eine entscheidende Rolle bei der Herausgabe der Tageszeitung, deren Gründung die Konferenz beschlossen hat, der *Prawda*. Malinowski wird Redaktionsleiter. Die erste Ausgabe erscheint im April 1912. Mehrmalige Verbote werden durch Namensänderungen umgangen, wobei das Wort *Prawda* aber stets im Titel erhalten bleibt. Einige Monate lang versucht Lenin auch Plechanow – wegen dessen moralischer Autorität – für das Presseorgan zu gewinnen, erhält aber mehrere Absagen.

Inzwischen ist Trotzki, der den Anspruch auf den Zeitungsnamen verloren hat, in Wien aktiv geworden. Im August 1912 beruft er dort eine Konferenz mit dem Ziel ein, die Einheit der Partei wenigstens bis zu einem gewissen Grad wiederherzustellen. Das Vorhaben scheitert: Bolschewiki und Menschewiki lehnen jeden Dialog ab. Als Ergebnis entsteht auf der Konferenz der sogenannte Augustblock, ein inhomogenes Bündnis. Sein Organisationskomitee tritt kaum in Erscheinung.

Gleichzeitig entbrennt ein heftiger Streit zwischen Lenin, gegen den die Allianz gerichtet ist, und Trotzki. Lenin wirft dem Gegner Schwanken zwischen verschiedenen Tendenzen und politische Inkonsequenz vor. Trotzki kontert ebenso heftig: Lenin habe die Rückständigkeit Rußlands und der Arbeiterklasse zu seinem Geschäft gemacht.

Ein weiterer beliebter Schauplatz für einen Schlagabtausch zwischen Bolschewiki und Menschewiki ist die Duma. 1912 läuft das Mandat der dritten Duma regulär aus. Angesichts der Wahlen zur vierten Duma ist eine Wahlstrategie festzulegen. Nach wie vor benachteiligt das Wahlgesetz von 1907 die Sozialisten. Dennoch tritt Lenin diesmal begeistert für den Urnengang ein und spricht sich wie 1907 für die Teilnahme aus.[15] Die Dumawahlen sind ihm diesmal so wichtig, daß er ihretwegen die Teilnahme an einer Versammlung des Internationalen Sozialistischen Büros für November absagt.[16] Zur gleichen Zeit antwortet er dem Verbindungsbüro der Sozialistischen Internationalen, das ihn an seine Beiträge erinnert, die Wahlen zur Duma nähmen alle Ressourcen der Partei in Anspruch.[17] Nach dem Urnengang beklagt er sich über eine schwache Wahlbeteiligung und Manipulationen, bejubelt aber dennoch die Wahl von dreizehn Sozialdemokraten, von denen sechs Bolschewiki sind. Unter den gewählten Deputierten der vierten Duma befindet sich übrigens ein Sozialrevolutionär, der dort noch eine bedeutende Rolle spielen wird. Es ist Alexander Kerenski, Lenins alter Bekannter, der Sohn seines Förderers in Simbirsk.

Anfangs gelingt es den Bolschewiki und Menschewiki in der Duma noch, den Anschein der Einheit aufrechtzuerhalten, die in Wahrheit auf der Konferenz von Prag zerbrochen ist. Die Fassade hält nur bis zum Sommer 1913. Dann entzweit der Konflikt der russischen Sozialdemokraten auch die Abgeordneten der Duma und spaltet die sozialdemokratische Gruppe endgültig. Führer der bolschewistischen Fraktion ist von da an Malinowski, der Lenin zudem als Brückenkopf zur Duma dient.

Das Auseinanderbrechen der parlamentarischen Gruppe hat zweierlei Konsequenzen. Zunächst wird die Duma ebenfalls zum Austragungsort der Kämpfe zwischen Bolschewiki und Menschewiki. Malinowski schießt unablässig gegen die menschewistischen Deputierten und erhält dabei Rückendeckung von der *Prawda*. Zum anderen bringt die Person Malinowskis, dem inzwischen auch die Bolschewiki immer mehr mißtrauen, alle Sozialdemokraten in wachsenden Mißkredit.

In den Jahren 1912/1913 sorgt Malinowski unter den Bolschewiki für einen gewaltigen Skandal. Der seit langem gegen ihn bestehende Verdacht – Bucharin hat Lenin vergeblich vor ihm gewarnt – erhält durch eine Serie von Verhaftungen neue Nahrung. Ende 1912 fällt diesen zunächst die Sekretärin der bolschewistischen Fraktion in der Duma, die Ehefrau Alexander Trojanowskis, beim Überbringen einer Nachricht an Lenin zum Opfer. Der nächste ist Swerdlow, seit der frühen Jugend ein bolschewistischer Aktivist, der mit siebenundzwanzig Jahren ins Zentralkomitee gewählt worden ist. Seine Verhaftung – er ist aus Sibirien nach Sankt Petersburg geflohen – erfolgt nach einer Begegnung mit Malinowski. Unter ähnlichen Umständen wird

Stalin verhaftet. In allen Fällen hatte Malinowski mit den Verhafteten zu tun oder ist über deren Aufenthaltsort informiert gewesen. Von allen Seiten – erneut von Bucharin, aber auch von Trojanowski, Martow und von seinem Schwager Fjodor Dan – wird Lenin gewarnt. Man beschwört ihn, Malinowski das Vertrauen zu entziehen, wirft Malinowski offen Agententätigkeit für die Ochrana vor.[18] Die Mühe ist vergebens. Lenin, damals in Krakau, schlägt alle Warnungen in den Wind, speist häufig mit Malinowski und droht allen, die ihn beschuldigen, mit einem Verfahren vor dem Parteigericht. Er unterzeichnet Kommuniqués für die *Prawda,* wonach »wir nach einer Untersuchung von der Unschuld Malinowskis restlos überzeugt sind«. Die Einschaltung des Parteigerichtes wird abgelehnt.

Sofern dies möglich ist, vergiftet die Affäre Malinowski das Klima innerhalb der russischen Sozialdemokratie noch stärker. Einige in Lenins Umgebung können sich mit dessen Verblendung nicht abfinden. Aufs äußerste gereizt, vollzieht Trojanowski einen Bruch. Beide Männer werden erst Ende 1920 wieder zusammentreffen. Malinowski, Lenins eigentliches Sprachrohr in der Duma, versucht 1914 vergeblich, die Deputierten zum geschlossenen Rücktritt zu bewegen. Dieser Mißerfolg, vor allem aber seine immer prekärer werdende Lage – Dumapräsident Rodsjanko ist über seine polizeilichen Aktivitäten unterrichtet – veranlassen ihn zu einem unerwarteten Schritt: Er reicht auf spektakuläre Weise seinen Rücktritt ein und erklärt seinen Rückzug aus dem politischen Leben. Er verschwindet sofort aus Rußland und taucht erst im Krieg wieder auf: als Gefangener. Und wieder profitiert er von Lenins Protektion.

Malinowskis Rücktritt wird das Durcheinander unter den sozialdemokratischen Deputierten noch steigern. Als Forum für den endlosen Streit muß vorerst, wie immer, die Parteipresse herhalten. Lenin leitet die *Prawda* mit eiserner Hand. Malinowski kümmert sich um die finanziellen Angelegenheiten. Chefredakteur Tschernomasow ist ebenfalls ein Agent der Ochrana. Von beiden Provokateuren unterstützt, macht Lenin das Blatt zum Werkzeug wütender Attacken gegen seine Erzfeinde, die Menschewiki. Diese erwidern das Feuer mit gleicher Heftigkeit in ihrem russischen Presseorgan *Lutsch* (Strahl). Das menschewistische Blatt hält dem Vergleich mit dem der Bolschewiki freilich nicht stand: Die weitaus größeren Mittel zur Herausgabe und Verbreitung einer Zeitung befinden sich ja in Lenins Händen. Folglich vergiftet zudem die Geldfrage die Beziehungen zwischen den verschiedenen Fraktionen der Sozialdemokratie: Die Menschewiki beschweren sich unablässig über eine materielle Übervorteilung durch den skrupellosen Gegner.

Krakau, näher an Rußland

Im Sommer 1912 sind Lenin und seine Angehörigen aus der französischen Hauptstadt nach Krakau übergesiedelt. Nicht, daß der Aufenthalt in Paris dem Emigranten unangenehm gewesen wäre, aber er will Rußland näher sein, da der gesellschaftliche Aufruhr dort erneut an Boden gewinnt und die Arbeiterbewegung ganz offenbar eine Renaissance erlebt. Auch eignet Krakau sich besser zur Leitung und Kontrolle der *Prawda.*

Die Übersiedlung in die polnische Stadt gestaltet sich keineswegs problemlos. Lenin ist den österreichischen Behörden als Gast eher unerwünscht. Aber ein Anhänger, der sich ihm in diesen schwierigen Jahren angeschlossen hat, unterstützt ihn erfolgreich: Jakob Hanecki. Der seltsame Hanecki, der zu dieser Zeit noch Fürstenberg heißt, kommt aus der polnischen revolutionären Bewegung und ist seit 1903 Delegierter der Parteitage der SDAPR gewesen. Der V. Parteitag wählte ihn ins Zentralkomitee. Schrittweise in alle finanziellen Angelegenheiten Lenins miteinbezogen, erhielt er eine Erlaubnis, sich in Krakau niederzulassen. Dorthin folgten ihm dann die beiden Lenin-Anhänger Sinowjew und Kamenew nach.

Diese zwei Jahre in Krakau sind für Lenin eine ruhige und relativ glückliche Zeit. Er schreibt Artikel, unternimmt lange Wanderungen und empfängt zahlreiche Emissäre aus Rußland.

1913 schließt sich ihm dort für kurze Zeit ein Bolschewik an, ein verdienter Mann aus der Zeit der Expropriationen: Stalin. Der frühere »Koba« steht bei Lenin schon seit 1912 auffallend hoch in der Gunst. Auf dessen Drängen hin wird er auf der Prager Konferenz in das von Lenin-Anhängern dominierte Zentralkomitee gewählt und zum Mitglied des »russischen Büros« ernannt – obwohl die Teilnehmer ihm wegen seiner Rolle während der »Enteignungen« reserviert gegenüberstehen. Lenin fördert freilich nicht nur Stalin, sondern ganz allgemein die Kaukasier: Ihre Region ist eine Hochburg der Bolschewiki. Mit Stalin wird Ordshonikidse ins ZK berufen. Stalin spielt zudem eine Rolle bei der Gründung der *Prawda* im gleichen Jahr und wird wie Molotow zum Redakteurssekretär ernannt. Die Beiträge beider verdienen allerdings nur insofern Beachtung, als sie in der Zeitung damals – entgegen Lenins Linie – eine versöhnliche Linie vertreten. Sie werden deshalb als »Waschlappen« diffamiert und durch Swerdlow ausgetauscht, der die Zeitung für Lenin wieder auf Kurs bringt.

Trotzdem steht Stalin noch immer in Lenins Gunst. Bei seiner Ankunft in Krakau 1913 wird er von diesem herzlich empfangen und erhält eine wichtige Aufgabe: Er soll einen Artikel über die Nationalitätenfrage schreiben – für die *Prosweschtschenije* (Aufklärung), eine von den Bolschewiki kontrollierte Zeitschrift.

Lenin hat sich mit der Nationalitätenfrage in dieser Zeit noch nicht eingehend auseinandergesetzt. So bleibt festzuhalten, daß der Auftrag an Stalin 1913 aus der Notwendigkeit heraus erteilt wird, sich über die eigene Position erst noch Klarheit verschaffen zu müssen. Dabei geht es nicht um die Bildung einer Theorie, sondern allein um eine politische Strategie. Die Nationalitätenfrage beschäftigt 1912/1913 nämlich die russischen Sozialdemokraten. Auf der von den Menschewiki organisierten Konferenz vom August 1912 – für Lenin die Konferenz[19] der »Liquidatoren«* – verlangen die Führer der nationalen sozialdemokratischen Organisationen (Bund, die lettischen und kaukasischen sozialdemokratischen Parteien sowie die Vertreter der polnischen und litauischen sozialistischen Parteien) die Verabschiedung eines Programms für die Nationalitäten. Lenin hält die Forderungen für gefährlich. Seiner Meinung nach schwächen sie die Einheit der Arbeiterbewegung – wie der Bund[20] die Einheit der Sozialdemokratie bedroht hat – und könnten sogar zu einer Zersplitterung der Partei führen. Außerdem untergraben sie die Parteidisziplin, die eine totale Unterwerfung unter die

* Lenins Schimpfwort von den »Liquidatoren« zielt auf die Menschewiki. Ihnen wirft er vor, sich den Forderungen der Arbeiterklasse zu unterwerfen und so die Revolution zu »liquidieren«.

1903 ausgearbeiteten Prinzipien verlangt. Besonders besorgt ist Lenin darüber, daß diese Gedanken – sie gehen auf die Thesen Otto Bauers und seiner Anhänger zurück, die in der europäischen Sozialdemokratie besonderes Ansehen genießen – gerade in den sozialistischen Hochburgen, darunter dem Kaukasus, Verbreitung finden. Um die nationalistische Konzeption vom Sozialismus zu bekämpfen, will er sich folglich auf einen Bolschewisten stützen, der sich mit den Problemen der Nationalitäten bereits befaßt hat. Gedacht hatte er zunächst an den Armenier Stepan Schaumian, der diese Frage bereits reflektiert und Argumente sowie Material zusammengetragen hat. Aber Schaumian hält sich gerade im Kaukasus auf. Geradezu schicksalshaft taucht zu diesem Zeitpunkt der Georgier Stalin in Krakau auf. Lenin überträgt ihm sofort die Aufgabe und schreibt Gorki: »Wir haben hier einen wunderbaren Georgier, der einen langen Artikel zur ›*Erhellung*‹ der proletarischen Lösung der Nationalitätenfrage schreibt.«[21]

Die Stoßrichtung des Artikels, den Lenin in Auftrag gegeben hat, ist klar: Er soll die russische Sozialdemokratie auf eine Linie einschwören und den Abspaltungsprozeß der Menschewiki und ihrer Verbündeten beschleunigen – durch eine theoretische Erläuterung des Konfliktes. Denn es wäre schwierig, die Bundisten, die kaukasischen Menschewiki und überhaupt alle Vertreter dieser Richtung auszuschließen, ohne dafür eine solide Begründung zu liefern: Das würde bei der Internationalen helle Empörung auslösen. Ganz nach üblicher Methode versucht Lenin folglich, den Gegner ins Unrecht zu setzen. Den »wunderbaren Georgier« mit der Abfassung eines theoretischen Textes zu betrauen, kommt dabei natürlich nicht in Frage. Mit tieferen Gedanken und mit der Theoriebildung hat Lenin sich von jeher selbst befaßt. Den Mitarbeitern überließ er dagegen die Polemik.

Stalins Deutschkenntnisse sind rudimentär oder sogar inexistent. Zu seiner Unterstützung stellt Lenin ihm folglich Bucharin und Trojanowski zur Seite, mit denen er sich zu dieser Zeit noch nicht überworfen hat. Beide helfen bei den Recherchen und bei den Übersetzungen der Dokumentation zum Thema. So entsteht Stalins M*arxismus und die Nationalitätenfrage.* Auf dieses kleine Werk wird er sich später stets berufen, wenn es gilt, sich als befähigter Theoretiker auszuweisen. Und die Formulierung vom

»wunderbaren Georgier« muß dann als Beleg für seine besonders engen Beziehungen zu Lenin herhalten. Aber dies ist eine andere Geschichte ... Wichtig ist zunächst die Bedeutung, die Lenin der Arbeit Stalins in einer Zeit beimißt, als er wegen der Streitigkeiten mit den Menschewiki auch mit der Sozialistischen Internationalen Schwierigkeiten bekommt.

Die Internationale zwischen den verfeindeten Brüdern

Die 1889 in Paris gegründete II. Internationale funktionierte eine Zeitlang als ein lockerer Zusammenschluß, bis sie Anfang des 20. Jahrhunderts institutionell organisiert wurde. 1900 nahm das Internationale Sozialistische Büro (ISB) als dauerhaftes Organ seine Arbeit in Brüssel auf. Beim Sozialistenkongreß in Amsterdam von 1904 übernimmt die Internationale für die Zukunft die Aufgabe, über die Einheit der Sozialisten in den verschiedenen Ländern zu wachen. Die Spaltung der russischen Sozialdemokraten beschäftigt von da an ständig ihre Führer und das ISB. Für alle beteiligten Parteien ist die Situation insofern unbehaglicher geworden, als Plechanow einer der beiden Vertreter der russischen Sozialdemokratie und im Internationalen Sozialistischen Büro der bekannteste Russe[22] ist. Auch neigen die großen sozialdemokratischen Führer Kautsky und Bebel eher den Menschewiki als den Bolschewiki zu. Nach dem III. Parteitag der SDAPR, den die Menschewiki nicht anerkennen, macht Lenin Plechanow das Recht auf die Vertretung der russischen Sozialdemokratie streitig. Er versucht durchzusetzen, daß die Internationale anstelle von Plechanow einen Bolschewiken ernennt, den das Zentralkomitee der Partei – das vom Parteitag gewählt wird – designieren soll. Mit anderen Worten: Lenins Wunschkandidaten. 1905 wird Lenin schließlich selbst Vertreter der bolschewistischen Fraktion im ISB. An dessen Sitzungen nimmt er in der gesamten Zeit der ersten russischen Revolution allerdings niemals teil.

Eine bedeutende Rolle in Lenins Aktivitäten spielt die Internationale dagegen in den Jahren zwischen 1907 und 1912: Sein dortiges Engagement hilft ihm, die Durststrecke der Emigration und der Entmutigung besser zu überstehen. Die Beziehungen der Russen zur Internationalen verbessern sich im übrigen 1909/1910 insofern, als erneut Schritte zur Wiederherstellung ihrer Einheit unternommen werden. Dies bestärkt die europäischen Sozialdemokraten in ihrer Überzeugung, daß für die Spaltung eher »klassische Emigrantenquerelen« als tiefere Konflikte verantwortlich sind. Diese These scheint sich 1910 durch zwei Ereignisse zu bestätigen: Lenin schlägt vor, den 1905 ausgebooteten Plechanow an seiner Seite wieder ins ISB aufzunehmen. Plechanow willigt im Gegenzug ein, den Kampf der Bolschewiki gegen die »Liquidatoren« zu unterstützen, und schreibt damals: »Wir gehören der gleichen Partei an.«[23]

1907 nimmt Lenin in Stuttgart erstmals an einem Internationalen Sozialistenkongreß teil[24] – als Mitglied des Organisationsbüros. Die Brüsseler Zeitung *Le Peuple* kommentiert seinen Auftritt in Stuttgart so: »Links von Rosa Luxemburg sitzt der sozialistische Führer der einstigen Duma. Blondes Schnurrbärtchen, eine große breite Stirn, auf der sich schon früh eine Glatze gebildet hat, ein durchdringender Blick und energische feine Gesichtszüge – ein wirklich eindrucksvoller Typus.«[25] Die erste Teilnahme an einem internationalen Forum begeistert Lenin. Er ist überzeugt, hier eine Tribüne für den Kampf gegen den Reformismus zu finden. In einer Vielzahl von Sachfragen bildet er einen Block mit Rosa Luxemburg und wird so zu einer Fortsetzung der Kooperation mit der Internationalen ermutigt. Vier Jahre lang nimmt er an allen Zusammenkünften teil. In gewisser Weise werden seine Schwierigkeiten innerhalb der russischen Sozialdemokratie durch das Gefühl versüßt, an der Leitung des internationalen Sozialismus beteiligt zu sein. 1912 hat der Optimismus allerdings ein Ende. Die Internationale, die geglaubt hatte, die Zerwürfnisse innerhalb der russischen Sozialdemokratie ausräumen zu können, sieht sich getäuscht – ebenso Lenin, der sich in ihr akzeptiert und verstanden gewähnt hatte.

Die russische Sozialdemokratie ist zwar nicht die einzige, die das Schauspiel ihrer Spaltung darbietet. Aber für die Internationale ist sie wohl der problematischste Fall. Im Januar 1912, nach der Konferenz von Prag, gehen Menschewiki und Bolschewiki endgültig getrennte Wege. Für die Internationale ist diese Entwicklung ebenso skandalös wie inakzeptabel. Es gibt viele Vermittlungsangebote, die aber von beiden Gegnern rigoros abgelehnt werden. Die Menschewiki fühlen sich im Recht und als Opfer einer durch keine Vernunft zu besiegenden Gewalt. Wohl zeigt Plechanow sich in seinen Urteilen unendlich differenzierter als die Genossen und erklärt, jede Vermittlung sei akzeptabel, da allein die Spaltung inakzeptabel sei. Niemand hört auf ihn. Daß Lenin sich allen Vermittlungsangeboten gegenüber taub stellt, ist von seinem unbeugsamen Temperament diktiert, aber auch von dem Bewußtsein, daß er in der Internationalen als Störenfried gilt, der jede Einigung hintertreibe.

In der Internationalen gelten die Streitigkeiten der Russen von jeher – und daran hat sich nichts geändert – als ein Zwist, der in der Emigration seinen besten Nährboden findet. Daß Menschewiki und Bolschewiki eine Grundsatzdebatte über das Wesen der Revolution führen, glaubt unter den internationalen Sozialisten niemand wirklich. Diese Fehleinschätzung trägt dazu bei, daß eine echte Verständigung zwischen den russischen und europäischen Sozialisten nicht möglich ist, eine Situation, die bis zur russischen Revolution und dem Ende der II. Internationalen fortdauern wird. Besonders lautstark tut sich im Streit Lenin hervor, auf den sich alle Angriffe der Menschewiki konzentrieren und dem man alles zutraut – schon wegen der »Affären« um die Expropriationen und die Erbschleichereien, deren Drahtzieher und Nutznießer er gewesen ist. Durch diese hat er die Führer der Internationalen ebensosehr schockiert wie durch Grobheiten bei den Vermittlungsbemühungen, zum Beispiel gegen Clara Zetkin. Ganz anders der gemäßigte und höfliche Tonfall eines Plechanow oder Martow, die eher den Umgangsformen unter europäischen Sozialisten entsprechen.

Rosa Luxemburg hat kaum dazu beigetragen, Lenins Image aufzubessern. In der Internationalen gilt sie als große Rußland-Expertin. Da sie Russisch spricht und aus der polnischen Arbeiterbewegung hervorgegangen ist, genießt sie in der »russischen Frage« höchste Autorität. Sie teilt in vielerlei Hinsicht Lenins Sichtweisen. Trotzdem ist sie wie Kautsky überzeugt davon, daß der Streit unter den Russen sich gar nicht so sehr um die russische Revolution dreht, daß das Problem vielmehr in Lenin begründet liege, der mit seinen Manövern die Einheit der russischen Sozialdemokraten untergrabe. 1912 tut sich zwischen Luxemburg und Lenin infolge eines weiteren Streites ein unüberbrückbarer Graben auf: Es geht um die Spaltung der polnischen sozialdemokratischen Organisation. Lenin-Vertraute lehnen sich gegen das – von Tyszka (Leo Jogiches) und Luxemburg geleitete – Führungskomitee der polnischen und litauischen Sozialdemokratie auf und appellieren an die Unterstützung der Bolschewiki. Bei diesen Lenin-Anhängern handelt es sich vor allem um Hanecki und Karl Radek, ein Wirrkopf, der ebenso intelligent und brillant wie unberechenbar ist. Mit seinem Opportunismus, seiner Skrupellosigkeit und seinen dauernden Skandalen hat er sich bei den deutschen Sozialdemokraten höchst unbeliebt gemacht. 1908 wird er wegen Diebstahls angeklagt. Daß Lenin ihn 1912 unterstützt, trägt folglich nicht zu einem verbesserten Verhältnis zwischen ihm und Luxemburg bei.

Wegen der Prager Konferenz, der polnischen Auseinandersetzungen und auf Druck Rosa Luxemburgs setzt die Internationale 1913 schließlich die russische Frage auf ihre Tagesordnung. Lenin weiß, daß seine Lage in der Internationalen immer prekärer wird, und zieht sich im gleichen Jahr aus ihr zurück. Er nimmt an den Versammlungen des ISB nicht mehr teil und vertraut sein Mandat dem damals in Paris lebenden Kamenew an. Der offizielle Grund: Krakau sei von Brüssel zu weit entfernt. In Wahrheit fürchtet er die immer wütender werdenden Angriffe. So bleibt er auch der Versammlung in London fern, die im Dezember 1913 stattfindet, und läßt sich durch Litwinow vertreten. Diesem und nicht Kamenew überträgt er auch die Aufgabe, der Position Rosa Luxemburgs, die von Kautsky unterstützt wird, etwas entgegenzusetzen. Die Bemühungen Luxemburgs und ihrer Anhänger werden auf der Versammlung allerdings nicht honoriert – und Lenins Befürchtungen erfüllen sich nicht.[26] Nach einem friedvollen Vorgeplänkel wird die »russische Frage« an eine Sonderkonferenz weiterverwiesen, die einige Monate später – mit sämtlichen betroffenen russischen Organisationen, Fraktionen und Gruppen – in Brüssel zusammentreten soll. Das Programm des ISB spricht eine deutliche Sprache: Bei der Gegenüberstellung müssen Fortschritte hinsichtlich einer gegenseitigen Verständigung erreicht werden, oder der Versuch einer Aussöhnung ist gescheitert. Dann bliebe nur noch eine letzte Möglichkeit: der Internationale Sozialistenkongreß, der im August 1914 in Wien stattfinden soll.

Von da an bereitet Lenin mit großer Sorgfalt die anberaumte Konferenz vor. Er erstellt einen Bericht über die Einheit der Sozialdemokratie in Rußland, sammelt Dokumente für seine Delegation und versucht dafür zu sorgen, daß möglichst viele Organisationen, die seine Thesen unterstützen, vertreten sein werden. Besonders sorgfältig wählt er die dreiköpfige bolschewistische Delegation aus. Die herausragendste Figur, die ihm zudem besonders nahe steht, ist Inessa Armand. Ihre Redebeiträge schreibt er selbst. Alles scheint bestens geregelt, nur eine Schwachstelle hat Lenins Plan: daß er selbst nicht anwesend ist. Daß er der Konferenz von Brüssel fernbleibt und seinen Bericht von Inessa Armand verlesen läßt, erweist sich als Fehler. Seine Abwesenheit macht einen schlechen Eindruck. Sie wird als Drückebergerei und Versuch aufgefaßt, lästigen Angriffen aus dem Weg zu gehen. Zudem lassen seine Vertreter sich während der Debatten aus dem Konzept bringen und kommen ins Schleudern. So setzt sich am Ende einer aufgeregten Diskussion Kautsky mit einer antibolschewistischen Resolution durch. Lenins Enttäuschung hält sich in Grenzen: Über die Aussichten, seine Positionen durchzusetzen, hat er sich eigentliche keine Illusionen gemacht. Allerdings konnte die Einheit nicht wieder hergestellt werden, und so wird sich der Sozialistenkongreß in Wien noch einmal mit der russischen Frage beschäftigen müssen. Lenin ist zu einer Teilnahme fest entschlossen. Dann wird er gegen die Menschewiki, den Reformismus und nötigenfalls auch die gesamte Internationale Front machen!

Dieses Vorhaben fällt ebenso ins Wasser wie der geplante Kongreß: Am Eröffnungstag bricht der Erste Weltkrieg aus und stürzt ganz Europa in eine Katastrophe, die das Versagen der Internationalen offenlegt: Sie konnte weder die verfeindeten russischen Brüder miteinander aussöhnen noch den drohenden Krieg verhindern. Lenin hatte schon seit 1912 nicht mehr an den Wert dieser Organisation geglaubt und sieht sich nun, nach ihrem Zusammenbruch, bestätigt.

Eine Durchquerung der Wüste ... mit Vertrauten, die den Weg erleichtern

Die Jahre 1907 bis 1914 sind für Lenin auf politischer Ebene harte Jahre gewesen: verflogene revolutionäre Hoffnungen, ständige Angriffe, zeitweise die fast vollständige Isolation. Die Aussichten auf eine Wiederbelebung der revolutionären Bewegung und auf ein Wiedererstarken der Bolschewiki zur beherrschenden Kraft gehen gegen Null. Lenin durchwandert eine Wüste. Bei der Überwindung dieser Durststrecke hilft ihm allerdings seine Umgebung: Für das Lager seiner Anhänger sind diese Jahre zwar durch Spaltungen gekennzeichnet, doch finden sich auch neue »Jünger« an seiner Seite ein.

Einstige Vertraute, die ihn schätzten, gehen jäh auf Distanz. 1907 zunächst Bogdanow, der sich mit ihm über die Frage des Boykotts der Dumawahlen überwirft und ihm kurzzeitig die Führung der bolschewistischen Fraktion entreißt. Unstimmigkeiten gibt es auch auf philosophischer Ebene, obwohl Lenin stets bemüht ist, die Gegensätze möglichst kleinzureden. In der 1909 auf Capri gegründeten Parteischule läßt Bogdanow Lenin-Gegner wie Trotzki oder Lunatscharski unterrichten. Die Gründung einer eigenen Schule, in der seine Gedanken verbreitet werden, kann Lenin kaum beruhigen.

Auch Krassin, der ihm so lange die Treue hielt, wendet sich 1910 endgültig von ihm ab. Trotzki, auch er eine Zeitlang sein Protegé, hat den Bruch damals bereits vollzogen.

Aber diese Verluste werden durch »Neuzugänge« ausgeglichen: Sinowjew, Kamenew und Hanecki werden in den Jahren vor der Oktoberrevolution enge Vertraute und werden ihn bis zur Rückkehr nach Rußland nicht verlassen.

Eine echte seelische Stärkung findet Lenin dagegen vor allem im familiären Umfeld, einem Kreis von Frauen. Neben der Mutter und der Schwester, die ihn am Lebensanfang behüteten und ihn für kurze oder längere Zeit in der Emigration besuchen, lebt er seit 1897 mit den beiden Frauen zusammen, von denen er erst durch den Tod getrennt werden wird.

Nadeshda Krupskaja, die er in Sibirien geheiratet hat, ist seine Frau, die Leiterin seines Kabinetts, seine Referentin für Öffentlichkeitsarbeit und seine Sekretärin. Lenin widmet dieser aufopfernden und trotz ihrer schwachen Gesundheit unermüdlichen Mitarbeiterin ständig seine Aufmerksamkeit. Wie oft bemüht er sich darum, für sie den allerbesten Arzt zu finden! Wie viele Male erwähnt er Inessa Armand gegenüber Nadeshdas Fieberschübe während einer Angina! Dieses seltsame, unzertrennliche Ehepaar von Genossen verbindet gegenseitige Zuneigung und Wertschätzung sowie das gemeinsame revolutionäre Vorhaben. Ein Vierteljahrhundert lang wird ihre Verbindung währen und erst durch den Tod aufgelöst werden. Auf ihrem langen gemeinsamen Lebensweg stoßen sie auf geringe Schwierigkeiten. Obwohl die Revolution ihren Lebensinhalt ausmacht, sind Zeiten echter Unsicherheit selten. Die Emigration verläuft eher ruhig. In ihren Wohnungen im Ausland sind sie vor dem Zugriff der zaristischen Polizei fast immer geschützt. Von wenigen Augenblicken abgesehen, müssen sie – anders als viele Genossen – keine Verfolgungen fürchten.

Auch in materieller Hinsicht führen Lenin und seine Frau jahrelang ein sorgenfreies Leben – dank finanzieller Zuwendungen durch Lenins Mutter und durch die Partei. Sie sind stets angemessen untergebracht, können ein Dienstmädchen unterhalten und geraten – im Gegensatz zu vielen anderen Revolutionären – nicht in Geldverlegenheit. Auftauchende Schwierigkeiten sind eher seelischer Art: Ein großes Problem ist Krupskajas Kinderlosigkeit. Beide leiden sehr darunter. Während ihres Aufenthalts in Polen wollen sie sogar den kleinen Sohn der Sinowjews adoptieren, was diese natürlich ablehnen. Leid verursacht zudem das Dilemma, das in Gestalt von Inessa Armand ganz plötzlich in ihr Leben tritt.

Krupskajas Mutter Jelisaweta Wassiljewna ist bei ihnen die eigentliche Hüterin des Hauses. Sie wacht über alles, bis sie aus Gründen ihrer Gesundheit und ihres Alters von einem Dienstmädchen auf Vollzeit abgelöst werden muß. Sie bleibt bis zum Jahr 1915 in Lenins Haus und ist Teil der Lebensgemeinschaft. Die Beziehungen zum Schwiegersohn sind seltsam: höflich, still und von einer gewissen Wertschätzung, ja Sympathie geprägt. Dennoch hat Jelisaweta Wassiljewna gegen Lenin stets gewisse Vorbehalte: Mehrfach äußert sie sich befremdet, daß ein gesunder Mann wie Lenin keiner geregelten Arbeit nachgeht!

In Lenins Leben gibt es ab 1910 eine weitere Frau, aus der die prüden Bolschewiki später eine gewöhnliche Genossin machen wollen. In Wahrheit ist es eine Beziehung ganz anderer Art. Es hat nichts mit Voyeurismus oder Klatschsucht zu tun, sich mit dem besonderen Platz Inessa Armands in Lenins Leben zu befassen. Dabei treten nämlich Charakterzüge an Lenin hervor, die bei der sorgfältig vorbereiteten Legendenbildung stets vertuscht worden sind. Der Platz dieser Frau ist schon deshalb so wichtig, weil er Lenins politischen Werdegang berührt.

Inessa Armand, geborene Stephan-Wild, wurde 1874 in Paris geboren. Ihr Vater war Franzose, ihre Mutter eine halbe Engländerin. Nach dem Tod des Vaters in England aufgewachsen, siedelte Inessa im Alter von fünfzehn Jahren zu ihrer Großmutter und einer Tante über, die sich in Rußland niedergelassen hatten: Französinnen in Rußland waren Ende des vorigen Jahrhunderts nichts Ungewöhnliches. Als Hauslehrerinnen und Gouvernanten waren sie in begüterten Familien besonders begehrt. Durch Heirat gelang einigen ein gesellschaftlicher Aufstieg, der ihnen im Heimatland vermutlich verwehrt geblieben wäre. Die schöne Inessa sprach perfekt Englisch und Russisch, war obendrein eine exzellente Musikerin. Wie in den damals beliebten Kitschromanen wurde sie Gouvernante und heiratete mit achtzehn Jahren den Sohn eines russischen Großkaufmanns. Ein schöner, reicher und liebevoller Ehemann, fünf Kinder: Inessas Schicksal wäre besiegelt gewesen, hätte nicht die Revolution sie vom vorgezeichneten, bequemen Lebensweg abgebracht. Sie wirkte aktiv in sozialdemokratischen Gruppen, verließ den Ehemann, huldigte mit ihrem jungen Schwager dem Mythos von der freien Liebe, wurde verhaftet und verbannt. Ihr verlassener Ehemann – bei ihm wuchsen die Kinder auf – protegierte sie weiterhin. Als Marxistin sah sie es als ihre Pflicht an, sich in Fragen der Ökonomie fortzubilden. 1910 kam sie so nach Paris und lernte Lenin kennen. Sie sah in ihm einen charismatischen Führer der Revolution.

Diese Beziehung, die durch Brieffragmente erhellt wird, wurde für Lenin zum ernsthaften Problem: wegen Nadeshda Krupskaja. Wie aus den Nachforschungen seriöser Historiker[27] hervorgeht, war Krupskaja über das Verhältnis offenbar bald informiert: Sie war ja stets in Lenins Nähe und spürte jede Veränderung in seinen Stimmungen. Sie litt unter dieser Situation, lehnte sich zunächst dagegen auf und bot dann großmütig an, der Nebenbuhlerin das Feld zu überlassen. Lenin hatte anderes vor. Die Liaison war diskret: Nadeshda blieb die respektierte Ehefrau und entwickelte zu Inessa allmählich freundschaftliche Gefühle, und diese wurden erwidert. Eine Dreiecksbeziehung? Sicher nicht! Das Ehepaar Lenin und Inessa sahen sich oft und verreisten bisweilen zusammen, wahrten dabei aber stets Anstand, Würde und einen tiefen Respekt voreinander. 1913 verließ Inessa für eine Zeitlang Krakau – die Stadt langweilte sie, vielleicht entfloh sie auch einer schwierigen seelischen Situation – und siedelte nach Paris über. Lenin nutzte die Gelegenheit zur Beendigung des Verhältnisses, obwohl das an ihrer Vertrautheit nichts änderte.

Im Dezember 1913 schreibt sie ihm, sie könne ohne seine Küsse auskommen, vorausgesetzt, sie könne bei ihm bleiben. In einem Brief vom Mai 1914 bittet Lenin sie inständig: »Sei mir nicht böse, ich weiß, ich habe Dir großes Leid angetan, ich weiß.«[28] Einen Monat später bittet er Inessa: »Wenn Du kommst, bring alle unsere Briefe mit.« Diese vertrauliche Korrespondenz zeugt – soweit erhalten – von großen seelischen Konflikten. Und sie dokumentiert das Opfer, das Lenin sich und Inessa auferlegt. Die Gründe liegen in Lenins Einstellung: In Sachen Liebe hatte er niemals die freizügigen Vorstellungen vieler Bolschewiki. Er kritisierte heftig das Plädoyer Alexandra Kollontais für freie Liebe und für sexuelle Freiheit allgemein. Ordnungsliebend und eher prüde, hält er stets an den Werten seiner Erziehung fest, die durch den Moralkodex der russischen Gesellschaft am Ende des 19. Jahrhunderts geprägt sind.

Nach dem verstorbenen General Wolkogonow, der Material aus dem russischen Präsidialarchiv ausgewertet hat, hatte Lenin sogar ein illegitimes Kind.[29] Diese belegte Tatsache – ein gut gehütetes Geheimnis – zeigt freilich nur, wie sehr Lenin darum besorgt war, seinen moralischen Ruf nicht zu gefährden. Und wie sehr ihm daran lag, die Frauen in seiner Umgebung vor Verletzungen zu schützen.

Seit der Zeit des Krieges ist Inessa Armand – neben Krupskaja – vor allem Lenins wichtigste Mitarbeiterin. So schreibt er ihr denn auch: »Meine vollkommene Freundschaft, meine absolute Wertschätzung und mein absolutes Vertrauen gehören zwei, drei Frauen.«[30] Als Lenins Stellvertreterin, die für ihn oder mit ihm an Kongressen teilnimmt, gehört sie später jener Gruppe an, mit der er im April 1917 nach Rußland zurückkehrt. Nach ihrem Tod geleitet sie ein gebrochener, von Kummer sichtlich erschütterter Lenin zur letzten Ruhestätte. Alles deutet darauf hin, daß seine Liebe unter der Trennung, die er sich selbst auferlegte, nicht gelitten hat.

Lenin ist stets unvergleichlich hart gegen Widersacher vorgegangen. Der Menschheit bringt er im allgemeinen nur eine abstrakte Zuneigung entgegen. (Nach Gorki werde er erst dann »die Menschen [lieben], wenn die Revolution sie verändert hat«.[31]) Im Familienleben und in der Liebe zeigt sich jedoch ein ganz anderer Lenin: ein warmherziger und sehr liebevoller Mann. Es wäre unfair, nicht auch auf diesen Aspekt seiner Persönlichkeit hinzuweisen, den allerdings nur der privilegierte Kreis seiner engsten Vertrauten kennenlernte – neben dem anderen Lenin, der seit dem Ende des 19. Jahrhunderts zunächst in seinem Land und später auch in der Welt Geschichte schreiben wird. Eine Frage tut sich auf: Gibt es in späterer Zeit, als Lenin über eine gewaltige Machtfülle verfügt, auch Augenblicke, in denen er sich anderen gegenüber so warmherzig und aufmerksam zeigt wie gegenüber den Frauen in seiner Umgebung? Welcher Lenin tritt in Aktion, als »die Wüste durchwandert« ist? Als die Ereignisse sich überschlagen? Der brutale Lenin, der nur daran denkt, alles seinem Willen zu unterwerfen? Oder ein Lenin voller Humanität gegenüber denjenigen, die ihm viel bedeuten und die mit ihm in einer Zeit, als alles verloren schien, die Fackel der revolutionären Hoffnung hochgehalten haben?

Dritter Teil

Die Revolution um jeden Preis (1914–1917)

VII Die russische Niederlage zum Wohle der Revolution

1905 hatte Lenin nicht vorhergesehen, daß Rußlands Niederlage im Pazifik zur Revolution führen würde. Diese Fehleinschätzung ist 1914 längst korrigiert. Er wird nie wieder bezweifeln, daß Krieg eine Chance für die Revolution bedeutet. Aber steht ein Krieg noch zu erwarten? Vor allem in Rußland, wo ein militärischer Konflikt einige Jahre zuvor als Zündfunke für die gescheiterte Revolution gewirkt hat? Lenin ist pessimistisch. 1913 schreibt er Maxim Gorki: »Ein Krieg zwischen Rußland und Österreich wäre der Revolution sehr förderlich. Aber die Aussichten, daß Franz-Joseph und Nikki uns diese Freude machen, sind eher gering.«[1]

Mobilisiert nicht auch die Internationale alle Kräfte, um die Kriegsgefahr zu bannen? Seit 1911 hat sich – durch die Marokkokrisen und die Balkankriege – die internationale Situation zugespitzt. Seither sucht die Internationale auf immer weiteren Versammlungen nach Möglichkeiten, den Krieg und das Zerbrechen der Klassensolidarität zu verhindern. Für die meisten europäischen Sozialisten ist der Frieden der Horizont, über den sie nicht hinausblicken wollen. Vom Ausbruch eines Konfliktes erhoffen sich nur sehr wenige Chancen für die Revolution. Und bei ihnen handelt es sich vor allem um Russen. Schon auf dem Stuttgarter Sozialistenkongreß von 1907 – der Kampf gegen den Krieg mobilisierte damals alle Geister – konnten Rosa Luxemburg, Lenin und Martow in der allgemeinen Unaufmerksamkeit einen Änderungsantrag durchbringen, der über die Ansichten der Mehrheit hinausging: »Falls der Krieg ausbrechen sollte, haben die Sozialisten die Pflicht [...], die von dem Konflikt ausgelöste wirtschaftliche und politische Krise mit allen Kräften zu nutzen, um unter den untersten Volksschichten zu agitieren und den Sturz der kapitalistischen Herrschaft zu beschleunigen.«[2]

Die Position der Russen leuchtet ein: Sie stehen unter dem

Eindruck der Ereignisse von 1905. Lenin wird am Gedanken eines Zusammenhangs zwischen Krieg und Revolution stets festhalten und ihn in den kommenden Jahren kontinuierlich weiterentwickeln.[3]

Rückkehr in die Schweiz

In den ersten Juliwochen 1914 denkt niemand ernsthaft an Krieg. Die Staats- und Regierungschefs, die Parteispitzen, die Führer der Internationalen und wohlhabende Privatleute bereiten ihre Ferien vor. In seinem *La Grande Guerre des Français*[4] (»Der große Krieg der Franzosen«) merkt Jean-Baptiste Duroselle an, während des gesamten Monats nach der Ermordung des Erzherzogs von Österreich – die sich am 28. Juni 1914 ereignet hatte – habe in ganz Europa Grabesstille geherrscht: Poincaré, der Präsident der französischen Republik, und Ministerpräsident Viviani besteigen am 16. Juli ein Schiff nach Rußland. Viviani schreibt: »Hoch erhobenen Hauptes und mit ruhigem Herzen ziehen wir dem Frieden entgegen.«

Als einer der wenigen politischen Führer erkennt Lenin, daß dies nur die Ruhe vor dem Sturm sei. Am 23. Juli stellt Österreich Serbien ein letztes Ultimatum. Einige Tage lang geben die Kanzleien dem Frieden noch eine Chance. Dagegen reagiert Lenin sofort. Am 25. leitet er einen Brief an Inessa Armand mit folgenden Worten ein: »Meine liebe, allerliebste Freundin, alle meine Wünsche für die in Rußland beginnende Revolution!«[5]

Lenins Botschaft ist deutlich. Er zweifelt nicht mehr am Ausbruch des Krieges und dessen zwangsläufiger Folge: der Revolution in Rußland. Um daran zu glauben, bedarf es in der letzten Juliwoche 1914 geradezu hellseherischer Fähigkeiten: Noch nie zuvor war Rußland als ein so zuverlässiger Bündnispartner erschienen. Davon zeugt die Reise Poincarés. Bei einer Militärparade in Zarskoje Selo am 23. Juli kann er sich von der militärischen Schlagkraft des Verbündeten überzeugen. Im übrigen hat Rußland soeben das dreihundertjährige Bestehen der Zarendynastie gefeiert. Das Volk hat an den Veranstaltungen begeistert teilgenommen und so Hoffnungen auf ein Ende der gewaltsamen Unruhen geweckt. Die Wirtschaft ist weiter auf Erfolgskurs. 1913 wurde eine Rekordernte an Getreide eingefahren, die Industrieproduktion fiel ungewöhnlich hoch aus, und die Inflation blieb mit 2 Prozent sehr niedrig. Folglich ist für die Revolution noch nichts gewonnen. 1913 hat sich Lenin in einer Schrift[6] die Frage gestellt, ob die Revolution in Rußland angesichts dieses raschen Aufschwungs überhaupt eine Chance habe. Augenblicklich scheinen sich eher die Erwartungen vieler Liberaler zu erfüllen, wonach Rußland sich zu einer konstitutionellen Monarchie weiterentwickeln werde. Oder die Hoffnungen der Menschewiki auf die Herausbildung gemäßigter revolutionärer Strömungen. Dank der Unterstützung der Internationalen hoffen sie, die russische Arbeiterbewegung um sich scharen zu können. Am wenigsten wahrscheinlich ist vor Ausbruch des Krieges die Annahme, eine Revolution werde zu einem Sieg der Bolschewiki führen. Wie wäre das auch möglich? Lenins Freunde sind international isoliert und in Rußland geschwächt. Ihr Programm deckt sich nicht mit den Bestrebungen der meisten gesellschaftlichen Kräfte, die eine friedliche Entwicklung ihres Landes wollen.

Für Lenin ist das bedeutungslos: Der Krieg ist unausweichlich. Bleibt nur, die russische Niederlage und deren Folgen abzuwarten ...

Seine defätistische Sichtweise findet weder innerhalb der Internationalen noch unter seinen Landsleuten eine Mehrheit. Die Internationale, die am 29. und 30. Juli 1914 zusammentritt, endet ohne einen Beschluß, den Frieden mit einer konzertierten Aktion zu retten. Alle Hoffnungen ruhen jetzt auf dem bevorstehenden Kongreß in Wien, der im August das Schlimmste verhindern soll. Der Kriegsausbruch kommt ihm zuvor. Sogar die überzeugtesten Sozialisten vergessen ihren internationalistischen Sprachgebrauch. Die deutschen Sozialdemokraten stimmen am 4. August im Reichstag für Kriegsanleihen. Vandervelde tritt in die belgische Regierung ein. In Frankreich bildet sich über alle Parteigrenzen hinweg eine *Union sacrée*. Hatten die Sozialisten bislang vor allem die eigenen Regierungen attackiert, geben sie jetzt dem Ausland die Schuld an dem heraufziehenden Krieg. Für die deutschen Sozialdemokraten ist der Konflikt ein »Verteidigungskrieg«. Die französischen und belgischen Sozialisten sprechen von einer »deutschen Aggression«. War vorher der

Krieg als inakzeptabel gegeißelt worden, ist jetzt vom »gerechten Krieg« die Rede. Nur die Mehrheit der russischen Sozialdemokraten denkt nicht daran, für Kriegskredite zu stimmen. Damit setzen die Bolschewiki sich in ihrem Land dem Vorwurf des Verrates aus. Zugleich brandmarkt Lenin die deutschen und französischen Sozialisten als Verräter. Kamenew, der nach Rußland zurückgekehrt ist, um dort die *Prawda* und die bolschewistische Fraktion in der Duma zu leiten, hat von Lenin radikale Instruktionen zum Verhalten der Duma-Abgeordneten erhalten: Sie sollen sich feierlich zu Gegnern des Krieges erklären und auf eine russische Niederlage hoffen. Von ihnen hänge der Bürgerkrieg und das Wohl der Arbeiterklasse ab. Nach einer entsprechenden Erklärung verhaftet die Polizei sämtliche Deputierte und beendet das umstürzlerische Treiben.

Tatsächlich sind die russischen Sozialisten – außer den Bolschewiki – tief gespalten. Wie die Führer der Internationalen sprechen sich die menschewistischen Führer dafür aus, die Kriegsanstrengungen zu unterstützen, falls es zu einer Kriegserklärung komme. So sieht es Plechanow, aber auch der in Rußland verbliebene Potressow. Eine Minderheit um Martow und Axelrod vertritt eher internationalistische Thesen. In dieser Frage gespalten sind auch die Sozialrevolutionäre: Wiktor Tschernow ist von Lenins Ansicht nicht weit entfernt. Besonders wichtig ist, daß Lenins Position von den Mittelmächten wahrgenommen wird. Sie sehen in ihm einen unverhofften Verbündeten, den sie für ihre Zwecke nutzen wollen. Im übrigen schreibt Lenin einen kurzen Text, einen Leitfaden für alle Revolutionäre: *Die Aufgaben der revolutionären Sozialdemokratie im europäischen Krieg.* Die Schrift, die von Ende August 1914 datiert, ist eine Zusammenfassung seiner Sichtweise, wonach der Krieg sich in eine Revolution verwandeln werde.[7] Sie beinhaltet genaue Instruktionen an die Anhänger zur Durchführung defätistischer Agitationen. Vor allem müsse die Agitation in die Schützengräben getragen und die einfachen Soldaten aufgerufen werden: »Nehmt Eure Gewehre und richtet sie gegen Eure Offiziere und gegen die Kapitalisten!«

Nach Ausbruch des Krieges muß Lenin sofort seine persönliche Lage regeln. Er ist jetzt Ausländer im Feindesland. So stellt er für die österreichisch-ungarischen Behörden zunächst ein Sicherheitsrisiko dar. Er wird überwacht und für einige Tage verhaftet. Lenin ist eine solche Behandlung nicht gewohnt. Erschreckt wendet er sich an seinen treuen Hanecki.[8] Der appelliert an sämtliche Behörden des österreichisch-ungarischen Kaiserreichs, an seine Freunde, vor allem an Victor Adler, und erreicht schließlich Lenins Freilassung. Schon bei dieser Gelegenheit beruft Hanecki sich auf die defätistischen Positionen seines Schützlings, der doch indirekt die Mittelmächte begünstige. Lenin erhält schließlich die Erlaubnis zur Ausreise in die Schweiz.

Für einige Zeit läßt er sich zunächst in Bern nieder, dem aktiven Zentrum der russischen Emigration. Gleich nach der Ankunft ruft er die Bolschewiki in der eidgenössischen Hauptstadt zusammen und erläutert ihnen seine Haltung zum Krieg und sein Programm: »Dieser Krieg ist der Krieg des Imperialismus. Der Ausplünderung. Nicht den Frieden müssen wir verlangen. Dies ist eine Parole der Pfaffen. Der Slogan des Proletariates muß die Umwandlung des Krieges in einen Bürgerkrieg sein, um den Kapitalismus für immer zu zerschlagen!« Damit gemeint ist die russische Niederlage, denn Lenin fügt hinzu: »Die Zarenherrschaft ist hundertmal schlimmer als die Kaiserherrschaft.«

Auf der Versammlung behandelt Lenin zudem ein Thema, das Ende August zum ersten Mal in seiner kleinen, programmatischen Schrift auftaucht: die Herauslösung einzelner Regionen aus dem Zarenreich – der Ukraine, Polens, der baltischen Provinzen – als eine absehbare Folge des Krieges und der russischen Niederlage. Von diesem Zeitpunkt an kommt Lenin immer wieder auf zwei Gedanken zurück: Daß auf internationaler Ebene die Sozialisten für den allgemeinen Bürgerkrieg mobilisiert werden müssen und daß die Russen die Auflösung des russischen Reiches vorantreiben können. Von Bern und anschließend von Zürich aus, wo er sich 1915 niederläßt, verbreitet er mit stillschweigender Unterstützung der Mittelmächte hartnäckig diese beiden Gedanken.

Die Schweizer Jahre sind für Lenin eine schwierige Zeit. In zahlreichen Briefen beklagt er sich darüber, daß er mit geringsten Mitteln ein aufwendiges Leben bestreiten müsse. Zahlreiche Historiker haben die Behauptungen Krupskajas übernommen, Lenin habe in diesen Jahren der Armut große Hoffnungen gehegt, sich mit literarischen Auftragswerken über Wasser halten zu können. Briefe an Gorki und Schljapnikow[9] enthalten weitere Hilferufe. Dagegen verbürgt sich Walentinow, der zu den finanziellen Verhältnissen des Ehepaars Untersuchungen angestellt hat, nicht für diese These. Im Gegenteil zitiert er zahlreiche Briefe, in denen Lenin seinen Schwestern für Überweisungen dankt, und erinnert daran, daß Krupskaja unmittelbar vor dem Krieg eine Tante aus Nowotscherkassk beerbt hatte. Wolkogonow, der Archivmaterial zu Lenins finanziellen Angelegenheiten ausgewertet hat, geht ebenfalls von geringen Geldsorgen Lenins während des Krieges aus. 1915/1916 könnten zwar der Tod seiner Mutter und die Desorganisation der Partei in Rußland vorübergehend zu Schwierigkeiten geführt haben. Aber Lenins larmoyante Haltung in dieser Zeit erklärt sich eher aus seiner Niedergeschlagenheit.

Ungeduldig verfolgt Lenin die Ereignisse, die sich nur schleppend in die von ihm vorhergesagte Richtung entwickeln. 1914 macht ihn die patriotische Hurrastimmung in Rußland zum Aussätzigen. Die großen Niederlagen von 1915 führen nicht zum erhofften Bürgerkrieg. Er ist überrascht von der Dauer des Konfliktes, der sich Monat um Monat und schließlich Jahr um Jahr dahinschleppt. Er verbringt viel Zeit mit Schreiben. Große Schriften wie *Der Imperialismus als höchstes Stadium des Kapitalismus* sind Arbeiten aus dieser Periode. Er verfaßt Artikel, kann sie aber nicht veröffentlichen. Sein wichtigstes Sprachrohr, die *Prawda,* ist verboten. Hinzu kommt die Einsamkeit: In der Emigration ist er von der sozialistischen Bewegung in Rußland praktisch abgeschnitten. Und in der Schweiz hat ihn seine kompromißlose Haltung zum Krieg vielen russischen Revolutionären entfremdet. Noch schlimmer ist die Situation in Rußland: Nach ihrer Verhaftung werden die Deputierten, vor allem Kamenew, wegen Hochverrates angeklagt und nach Sibirien deportiert. Swerdlow, Stalin und Ordshonikidse sind schon vor Ausbruch des Krieges verbannt worden. Als erste Folge dieser repressiven Maßnahmen hat die bolschewistische Organisation – und das russische Büro der Partei – praktisch aufgehört zu existieren. Erst 1916 wird Schljapnikow nach Rußland zurückkehren, die zerschlagene Partei zu reorganisieren beginnen und als Verbindungsmann Lenins fungieren.

In ihren Erinnerungen berichtet Krupskaja über Lenins Niedergeschlagenheit in der Isolation dieser Schweizer Zeit. Überschattet werden die Jahre in Bern und Zürich zudem von privater Trauer. Nach dem Tod von Krupskajas Mutter – er berührt Lenin nur am Rande – stirbt seine eigene Mutter. Lenin hatte sie seit Jahren nicht mehr gesehen. Zu ihr hatte er stets ein inniges Verhältnis gehabt; ihr Tod geht ihm sehr nahe. Kurz darauf wird in Rußland seine Schwester Anna Uljanowa-Jelisarowa verhaftet. Lenin, der durch eine verschlüsselte Botschaft davon erfährt, ist erschüttert. Neben der persönlichen Zuneigung war sie ihm stets eine unentbehrliche Mitarbeiterin, obwohl er sie eher für unpolitisch hielt. Unter dem Pseudonym *James* diente sie ihm als Kurier. Die Mutter tot, die Schwester – wenn auch nur für kurze Zeit – verhaftet: Alle lieb gewordenen Verbindungen zur familiären Vergangenheit sind abgerissen.

Der Tod der Schwiegermutter hat auf das Leben des Ehepaares praktische Auswirkungen. Nadeshda Krupskaja ist an häuslichen Aufgaben noch nie interessiert gewesen. Das war die Zuständigkeit der Mutter. Zwar hatte ein Dienstmädchen diese unterstützt, dem aber fehlt nach ihrem Tod eine angemessene Führung. Besuchern in dieser Zeit fällt der fast verwahrloste Zustand der Züricher Wohnung und Lenins verschlampte Kleidung auf. Inessa Armand wohnt manchmal in der Schweiz, manchmal in Paris und hält im übrigen an der Gewohnheit fest, die Ferien mit Lenin und seiner Frau zu verbringen. Lenins Korrespondenz mit ihr ist in dieser Zeit beachtlich – nur Hanecki erhält ähnlich viele Briefe. Trotzdem leidet er unter der Trennung von Inessa. Ihm bleibt nur die politische Arbeit – und die ist ineffizient, sporadisch und unbefriedigend.

Der Wiederaufbau einer Internationalen

Die Unfähigkeit der großen Persönlichkeiten des europäischen Sozialismus, dem Krieg entgegenzutreten, hat alle standhaften Internationalisten erschüttert. Sie sind besessen vom Gedanken, die Niederlage wettzumachen und erneut eine Internationale zu organisieren, die die 1914 auf den Boden gefallene Fackel aufheben soll.[10] Die schweizerischen und italienischen Sozialisten ergreifen die Initiative. Ab September suchen sie nach Möglichkeiten, die versprengten Reste der Organisation zusammenzubringen. In Lugano finden Geheimgespräche statt. Clara Zetkin unterstützt das Vorhaben. Der fast vollständige Untergang der Internationalen hat das Ende ihres Lebenswerkes bedeutet. In ihrer Verzweiflung kommt sie auf die Idee, zunächst eine Zusammenkunft sozialistischer Frauen zu organisieren. Als Ergebnis findet im Frühjahr 1915 die Internationale Frauenkonferenz von Bern statt. An der Konferenz nehmen unter anderem Krupskaja, Lilina Sinowjewa und weitere Bolschewiki teil.

Lenin will diese Frauen als Sprachrohr nutzen, um die pazifistische Konferenz in ein Forum zur Verbreitung seiner Gedanken zu verwandeln. Die Teilnehmerinnen haben ein gemäßigtes Manifest vorbereitet. Es ruft die Arbeiterinnen aller kriegführenden Länder zur Geschlossenheit auf. Lenins Mitarbeiterinnen versuchen nun, eine radikalere Resolution durchzusetzen, die diesen Appell abschwächt. Verlangt wird – natürlich von Lenin als Strippenzieher – ein Bruch mit »allen verräterischen« sozialistischen Parteien und Arbeitern. Sie sollen sofort eine neue Internationale bilden. Die Resolution endet mit dem Appell, den Krieg in einen Bürgerkrieg zu verwandeln.

Dieser Resolution können die nichtbolschewistischen Teilnehmerinnen unmöglich zustimmen. Sie wollen sich nicht an den Rand der existierenden Parteien begeben, sondern diese vielmehr von ihrer pazifistischen Position überzeugen. Auch nach Ausbruch des Krieges halten sie nicht alles für verloren. Man müsse sich nur an die Massen wenden, meinen sie. Lenins Parole – »Es lebe die III. Internationale« – ist ihnen dagegen fremd. Lenin drängt die bolschewistischen Teilnehmerinnen der Konferenz wie gewohnt zur Kompromißlosigkeit. Clara Zetkin beschwört sie, eine Position aufzugeben, die die gemeinsame Haltung schwächt. Da sie sich auf keine Diskussion einlassen wollen, wendet Clara Zetkin sich an Lenin. In langen Verhandlungen, die sie fast das Leben kosten – sie ist herzkrank –, ringt sie ihm einen Kompromiß ab. Die Bolschewiki wollen die gemeinsame Resolution unterschreiben, wenn dafür ihr Text im Abschlußbericht erscheint.

Lenin hat sich schließlich doch durchgerungen, die Brücken nicht abzubrechen: Er hat eine neue Strategie entdeckt, wie er seine Vorstellungen doch noch durchsetzen kann. Einige Wochen später bietet sich dazu erneut Gelegenheit. Gleich nach der Frauenkonferenz findet – ebenfalls in Bern – die Internationale Sozialistische Jugendkonferenz statt. Rasch sorgt Lenin dafür, die jungen Bolschewiki auf die Resolution einzuschwören, die zuvor Krupskaja und Sinowjewa verfochten haben. Erneut gibt es ein zähes Ringen, das in eine Sackgasse führt.

Kurz darauf tritt Lenin erneut in Aktion – und diesmal nicht über Vermittlerinnen. Am 5. September 1915 verwirklichen die italienischen Sozialisten endlich ihren seit einem Jahr verfolgten Plan: die Einberufung einer sozialistischen Konferenz. Im kleinen Schweizer Ort Zimmerwald treffen sich russische, deutsche, polnische, französische, italienische, holländische und weitere Delegierte. Das Treffen erfordert einigen Mut: In Kriegszeiten gelten Kontakte zu Bürgern verfeindeter Länder als Verrat. Viele sind illegal in die Schweiz eingereist. Dagegen ist Lenin als Ortsansässiger praktisch kein Risiko eingegangen. Schon deshalb wirkt seine kompromißlose Haltung völlig deplaziert.

In Zimmerwald lenken zwei Gruppen die allgemeine Aufmerksamkeit auf sich: Von ihrem Verhalten hängt die Zukunft der Internationalen ab. So verkünden zum einen die französischen und deutschen Delegierten, deren Länder gegeneinander Krieg führen: »Dieser Krieg ist nicht unser Krieg.« Sie bekunden die Absicht, einen »Frieden ohne Annexionen« auszuarbeiten, der als einziges Mittel für die Zukunft den nationalistischen Haß abbauen könne. Die Delegierten – die Deutschen Hofman und Ledebour und die Franzosen Merheim und Bourderon – ernten für ihren Beitrag stürmischen Beifall. Ihre Rede weckt unter den Delegierten die Hoffnung auf eine Wiederauferstehung der Internationalen. Als zweite Gruppe rückt die russische Delegation ins Zentrum der Aufmerksamkeit. Sie ist inhomogen und besteht aus Bolschewiki, Menschewiki und Sozialrevolutionären. Viele sind Anhänger Lenins. In den Diskussionen vertreten 8 von 35 anwesenden Delegierten Lenins Positionen, darunter Fritz Platten, der Sekretär der Schweizerischen Sozialistischen Partei. Der damals Zweiunddreißigjährige hat als Schlosser und dann als Zeichner gearbeitet. Während des Krieges schließt er sich begeistert Lenin an. Nach 1917 tritt er als einer der Gründer der Komintern und der Schweizerischen Kommunistischen Partei auf.

In diesen schwierigen Jahren erhält Lenin durch neu hinzugewonnene Anhänger viel Auftrieb. In Zimmerwald schiebt er die Ergebnisse der Berner Konferenz beiseite. Den Friedensresolutionen, die eine Mehrheit der Delegierten verabschiedet hat, stellt er sein eigenes Programm entgegen: der Bruch mit der II. Internationalen, die sofortige Einrichung einer neuen Vertretung der Arbeiterklasse, die Propagierung radikaler Parolen, vor allem ein Aufruf zum allgemeinen Bürgerkrieg. Er bleibt in der Minderheit und verfehlt am Ende der Konferenz die Wahl in die vierköpfige Internationale Sozialistische Kommission (ISK) mit Sitz in Bern. Mitglieder sind die beiden Italiener Morgari und Angelica Balabanowa sowie die Schweizer Robert Grimm und Charles Naine. Obwohl er auf das einstimmig verabschiedete Manifest (er selbst stimmte widerwillig zu) keinen Einfluß nehmen konnte, erhält er eine gewisse Genugtuung: Seine Anhänger formieren sich zu einer Gruppe, die sich fortan die »Zimmerwalder Linke« nennt. Sie verabschiedet eine Erklärung, deren Ton radikaler ist als der des gemeinsamen Manifestes. Allerdings gehen sie nicht so weit, zu dem von Lenin verlangten, allgemeinen Aufstand aufzurufen.

Die Gelegenheit zu einem weitergehenden Schritt mit seiner Gruppe erhält er wenig später, im April 1916, auf der Konferenz von Kienthal, einer Fortsetzung des Zimmerwalder Treffens. Das politische Klima unter den sozialistischen Delegationen hat sich gegenüber 1915 gewandelt. So erklärt sich der Vormarsch von Lenins Gedanken. Die Friedensappelle haben kein Gehör gefunden. Die Fortführung des Krieges macht auf krasse Weise die Isolation der Sozialisten deutlich. Zudem sieht sich die Zimmerwalder Linke in einigen Ländern, vor allem in Frankreich und in Deutschland, einer Mehrheit von patriotischen Sozialisten gegenüber. In Deutschland ist die Sozialdemokratie in der Frage der Kriegskredite zerstritten. Karl Liebknecht, der Sprecher der Zimmerwalder Linken, wird aus der parlamentarischen Fraktion ausgeschlossen. In der Bewegung reißt ein Graben auf. Die Befürworter des Friedens verfechten ihre Position jetzt noch entschiedener.

An der Konferenz von Kienthal nehmen 43 Delegierte teil. Die von Lenin angeführte Gruppe ist noch stärker als die von Zimmerwald. Ständig an seiner Seite stehen seine beiden Stellvertreter Sinowjew und Radek, die beide schon in Zimmerwald aktiv hervorgetreten sind. Mit Lenin hat Sinowjew 1915 *Gegen den Strom* veröffentlicht, cincn Band mit ihren jeweiligen Artikeln. Anschließend arbeitete er hart an der Organisation der Zimmerwalder Linken, die er mit Propagandaschriften versorgte. In Kienthal tritt Sinowjew als Delegierter Lettlands auf. Zulässig ist dies insofern, als Lettland Teil des russischen Reichs ist. Radek, der immer noch in der deutschen Sozialdemokratie aktiv ist, schließt sich zu diesem Zeitpunkt der bolschewistischen Fraktion an und versucht sich mit Paul Levi sogar an der Gründung einer probolschewistischen Fraktion in der deutschen Arbeiterbewegung.

Wie in Zimmerwald legt Lenin der Versammlung von Kienthal einen radikalen Resolutionsentwurf vor: Er ruft die eingezogenen Arbeiter dazu auf, »die Waffen niederzulegen und sie gegen den gemeinsamen Feind, die kapitalistischen Regierungen, zu richten«. Ein so radikaler Appell wird in der schließlich verabschiedeten Resolution zwar abgelehnt, doch geht diese schon sehr viel weiter als die vom Vorjahr. Das jetzige Papier zieht die Schlüsse aus dem nicht enden wollenden Krieg. Pazifismus allein reiche nicht aus, er müsse um eine Dimension, um »den Kampf für den Sozialismus«, erweitert werden.

Die Resolution geht also bereits in die von Lenin verfochtene Richtung. In einem Punkt erleidet er allerdings eine Niederlage: der Bruch mit der II. Internationalen wird nicht vollzogen. Dennoch bewegen die Delegierten sich auch hier auf ihn zu. Die Internationale wird wegen ihrer Unfähigkeit, die Sache des Friedens und damit des Proletariates zu verteidigen, scharf verurteilt. Lenins Resolutionsentwurf erhält zwar nur zwölf Stimmen, doch die Teilnehmer sind von seinem Standpunkt mehrheitlich nicht mehr weit entfernt. Und alle erkennen ihm zu, daß er zur Entwicklung der internationalen sozialistischen Bewegung einen sehr bedeutenden, ja entscheidenden Beitrag geleistet hat. Schon gewinnt in den Köpfen der Delegierten der Gedanke an eine III. Internationale Gestalt.

Die Überlegungen zum Imperialismus

Die Konferenzen von Zimmerwald und Kienthal haben Lenin eine Zeitlang mobilisiert und ihm Gelegenheit gegeben, in der sozialistischen Bewegung seinen Einfluß geltend zu machen. Trotzdem ist er das Gefühl der Isolation nicht losgeworden. Wahre Zuflucht findet er in diesen schwierigen Jahren dagegen in der intellektuellen Arbeit. Der Krieg von 1914 zwingt ihn zu einer Vertiefung von Gedanken, mit denen er sich seit 1907 in den Gegensatz zur Mehrheit der II. Internationalen gestellt hatte: Es geht um das Problem der kolonialen Ausbeutung. Damals hatte Lenin die Ergebnisse des Stuttgarter Kongresses kommentiert und begonnen, den Zusammenhang zwischen dem Kolonialismus und der Schwäche des europäischen Proletariates zu reflektieren.

Zu Beginn des 20. Jahrhunderts zeigte die Kolonialpolitik positive Auswirkungen auf die materiellen Verhältnisse der europäischen Arbeiter. Viele Sozialisten waren sich im klaren darüber, daß dies die revolutionären Bestrebungen der Arbeiter dämpfen konnte. Kautsky, Rosa Luxemburg und Hilferding[11] hatten das Problem klar erkannt, thematisiert und nach Lösungen gesucht. In Stuttgart wurde die Frage ausführlich diskutiert. Lenin schrieb damals[12], so entstehe in einigen Ländern die materielle und wirtschaftliche Basis für die Infizierung des Proletariates mit dem kolonialen Chauvinismus.

Mehrere Jahre lang war er sich unsicher im Hinblick auf eine Taktik, mit der das Proletariat vor kolonialistischer Ansteckung geschützt werden könne. Wie die meisten sozialistischen Genossen vertrat er den Standpunkt, die Lösung könne vielleicht im westeuropäischen Proletariat selbst liegen. Mit dem Krieg von 1914 tritt sein Denken in dieser Frage in eine neue Phase. Die unterschiedlichen Reaktionen der Sozialisten auf den Krieg werfen unweigerlich eine Frage auf: Hängen diese verschiedenen Haltungen nicht mit dem Status der jeweiligen Heimatländer zusammen? Lenin erinnert an die in Stuttgart aufgetretenen Differenzen zum Kolonialproblem. Hier hätten die sozialistischen Parteien aus Kolonialmächten eine weitaus weniger kritische Position vertreten als die Sozialisten der Länder ohne Kolonialreich. 1914 konstatiert Lenin den Zusammenbruch der Sozialdemokratie in den Ländern mit einem quasi »offiziellen« ausgeprägten Kolonialstreben oder mit großen überseeischen Besitzungen: im Deutschen Reich, in Frankreich und in Belgien. Demgegenüber hätte der – obwohl fast illegale – russische Sozialismus Stärke bewiesen und den Willen zur Rettung des Friedens aufgebracht. Obwohl auch im Besitz von Kolonien, sei das russische Reich ganz anderer Art als die anderen europäischen Reiche: Charakteristisch sei eine territoriale »Kontinuität«, die Vermischung der verschiedenen Volksgruppen und, vor allem ab 1905, die Entstehung einer revolutionären Bewegung in den kolonialen Randgebieten. Diese Einzelaspekte fügt Lenin nun zu einem kohärenten Ganzen zusammen. Nach seiner Schlußfolgerung liefere der Imperialismus eine Erklärung für die Krise des europäischen Sozialismus.

Diese theoretischen Überlegungen, mit denen Lenin den Großteil seiner Zeit zubrachte, sind in zwei Schriften von 1916 eingeflossen, zu denen Lenin in Schweizer Bibliotheken geduldig Material gesammelt hat: *Der Imperialismus als höchstes Stadium des Kapitalismus.*[13] Elemente dieser Schrift tauchen auch in einem anderen Werk auf, das einen interessanten Aspekt von Lenins Arbeitsweise und Methode widerspiegelt: die *Hefte zum Imperialismus.*[14] Diese zweiundzwanzig Hefte von 1915/1916 belegen eine systematische Vorgehensweise und das Bemühen, alle verfügbaren Quellen zu nutzen. Sie sind gleichsam die Vorarbeit für die Schrift *Der Imperialismus …* Dessen ökonomischer Teil – er stützt sich auf das Werk von Hilferding und Hobson – bringt auffallenderweise nichts Neues. Lenins Anliegen war eher theoretischer Art, wobei es darum ging, eine von ihm propagierte Taktik ideologisch zu untermauern. Zur Erklärung der globalen Entwicklung seit der Jahrhundertwende entwickelt er einen Gedanken, den er seit 1907 vertritt, systematisch weiter: Der Kolonialismus sei die Erklärung für die Korruption des westeuropäischen Proletariates. Dank der kolonialen Profite, so Lenin, hätte die Bourgeoisie unter der Arbeiterklasse »opportunistische«, das heißt, gemäßigte und reformistische Tendenzen nähren können. Diese Überlegungen stehen im Einklang mit seiner Sicht vom Proletariat, dem das Klassenbewußtsein nicht angeboren sei, wie er in seiner Schrift *Was tun?* bereits deutlich formuliert hat. Das Proletariat neige insofern dem Tradeunionismus zu, als es einen angeborenen Sinn für seine unmittelbaren Interessen habe. Wie sollte es sich da nicht vom Kolonialismus korrumpieren lassen? Denn dieser trage ja zur Verbesserung seiner Lebensbedingungen bei.

Während Lenin unter der westeuropäischen Arbeiterklasse die korrumpierenden Einflüsse des Kolonialismus aufspürt und geißelt, macht er bei den kolonisierten russischen Massen gegenteilige Konsequenzen aus. Empört über eine Herrschaft, von der sich diese Massen nichts erhoffen können, suchen sie ihr Heil in der nationalen Aktion. Die Entwicklung von Nationalgefühlen unter der kolonialen Herrschaft: dies ist für Lenin die positive Auswirkung des Imperialismus. Schon 1916 verkündet er, der nationale Kampf gegen den Imperialismus sei ein fundamentaler Bestandteil des allgemeinen proletarischen Kampfes um Emanzipation. Der Kampf um die nationale Befreiung in den Kolonien schwäche die kolonialistischen Regierungen und gebe dem Proletariat neue Kraft. *Der Imperialismus als höchstes Stadium des Kapitalismus* wird erst 1917 in Petrograd, wie Sankt Petersburg zu dieser Zeit heißt, veröffentlicht. Aber schon 1916 bilden die darin verfochtenen Thesen den Stein des Anstoßes in Lenins Streit mit Rosa Luxemburg.

Verärgert über seine Gedanken zum Nationalismus veröffentlicht Luxemburg unter dem Pseudonym Junius in diesem Jahr die Schrift *Die Krise der Sozialdemokratie.* Darin greift sie den Führer der Bolschewiki heftig an und vertritt eine entgegengesetzte, eurozentrische Vision von der Revolution. »Nur aus Europa«, so schreibt sie, »nur aus den ältesten kapitalistischen Ländern kann, wenn die Stunde reif ist, das Signal zur menschenbefreienden sozialen Revolution ausgehen. Nur die englischen, französischen, belgischen, deutschen, russischen, italienischen Arbeiter gemeinsam können die Armee der Ausgebeuteten und Geknechteten der fünf Weltteile voranführen.« Rosa Luxemburg, die dem Zarenreich entstammt, hat in ihrer Aufzählung die russischen Arbeiter zwar ebenfalls genannt, aber für Lenin ist diese Unterschätzung der unterworfenen oder erst spät industrialisierten Länder inakzeptabel. Er setzt Rosa Luxemburg schneidende Worte entgegen: »Nationale Kriege gegen imperialistische Mächte sind nicht nur möglich und wahrscheinlich, sie sind unvermeidlich, sie sind fortschrittlich und revolutionär …«.

Diese Zeilen stammen aus der Schrift *Über die Junius-Broschüre*[15] vom Juli 1916. Lenin bekräftigt darin seine Überzeugung, wonach die Aufruhrstimmung in der kolonisierten Welt der europäischen Revolution nütze. Die Gedanken, die Lenin damals um den Zusammenhang zwischen der europäischen Revolution und dem nationalen Aufruhr in den Kolonien entwickelt, gehen hauptsächlich auf seine Überlegungen zu einer für Rußland entscheidenden Frage zurück: Welche Rolle sollen die nationalen Bewegungen in der Strategie der Arbeiterbewegung spielen? Lenin entwickelt seine Gedanken in diesem Punkt rasch weiter. Die Jahre der Einsamkeit bieten ihm Gelegenheit, ein originäres Werk zu verfassen, das mit einer Tradition der Arbeiterbewegung bricht.

Nation und Revolution

Die nationale Frage ist für die Sozialisten kein völliges Neuland. Marx und Engels hatten sich mit ihr nur marginal auseinandergesetzt und sich zwar um die Analyse konkreter Nationalitätenprobleme bemüht, dabei aber eigentlich keine Theorie der Nation entwickelt. Ihre Nachfolger wurden dagegen sehr rasch mit diesem Problem konfrontiert, vor allem Sozialisten, die aus einem Vielvölkerreich stammten oder dort wirkten. So widmen Kautsky, ein gebürtiger Tscheche und österreichischer Staatsbürger, der aber in Deutschland lebt, sowie Karl Renner und Otto Bauer um die Jahrhundertwende einen Großteil ihrer Zeit dem Versuch, dem nationalen Phänomen auf die Spur zu kommen und seine Beziehungen zur revolutionären Dynamik zu bestimmen. Der Austromarxismus, so die Bezeichnung dieser Gedankenströmung, anerkennt charakteristischerweise den nationalen Faktor, die »Nation«, als eine dauerhafte historische Kategorie und ist durch den Willen gekennzeichnet, dieses Faktum mit dem proletarischen Internationalismus in Einklang zu bringen.

In Rußland ist der Austromarxismus erfolgreich. Sehr rasch nehmen sich auch die russischen Sozialdemokraten des Problems an, und zwar weniger auf theoretischer Ebene als vielmehr zur Entwicklung strategischer Konzepte. Wie die Menschewiki akzeptiert Lenin uneingeschränkt das Prinzip des Selbstbestimmungsrechtes der Nation, doch muß der Begriff für ihn zugleich die »Selbstbestimmung des Proletariates« umfassen.

Bis 1912 beschränkt er sich in seinen Schriften auf strategische Überlegungen zum Thema, sieht aber schon in der Vorkriegszeit die Notwendigkeit zur Weiterentwicklung seiner Gedanken. Im August 1912, während der Wiener Parteikonferenz der Menschewiki – Lenin nennt sie die »Liquidatoren« – ist eine Kommission mit Trotzki, Martow und Berg (als dem Vertreter des Bundes) damit befaßt, ein Programm zur Zukunft der Nationalitäten zu erstellen. Die Menschewiki müssen dabei Forderungen der kaukasischen Sozialisten und der Bundisten entgegenkommen, die ihnen mehrheitlich nahestehen. Dies ist um so dringender geboten, als die Partei der Sozialrevolutionäre für alle Sozialdemokraten auf diesem Gebiet eine gefährliche Konkurrenz darstellt. Die SR arbeiten seit 1905 an einer Theorie der Nationalitäten, die die Bedeutung des Problems anerkennt. Das Selbstbestimmungsrecht der Nationalitäten wird zum integralen Bestandteil eines Programms. Die Menschewiki können da nicht zurückstehen. Sonst würden ganze Bataillone jüdischer und kaukasischer Sozialisten zu den Sozialrevolutionären überlaufen.

Im Dezember 1912 verlangt der georgische menschewistische Deputierte Akaki Tschenkeli in der Duma die Schaffung der »notwendigen Institutionen zur freien Entfaltung jeder Nation«. Dies ist eine bewußte Verletzung der Parteidisziplin und für Lenin so nicht hinnehmbar: Er verlangt von der SDAPR eine Maßregelung Tschenkelis. Vor allem aber sollen die Anhänger solcher Gedanken zum Schweigen gebracht werden.

Lenin beläßt es in solchen Situationen niemals bei disziplinarischen Maßnahmen. Polemik ist für ihn die beste Waffe im Kampf gegen mißliebige Gedanken. Deshalb mobilisiert er 1913 Stalin, der sich gerade in Krakau aufhält, zu einem Kreuzzug gegen die Kaukasier, die Bundisten und alle, die versucht sein könnten, diesem Beispiel zu folgen.

Für Lenin sind diese Gedanken gefährliche Ketzerei, die vor allem die Einheit und Disziplin in der Arbeiterbewegung bedrohen. So gibt er sich nicht damit zufrieden, daß andere für ihn darauf antworten. Bis 1914 sinnt er über eine geeignete Reaktion nach[16] und verfaßt zwischen Februar und Mai des Jahres seine

Schrift *Über das Selbstbestimmungsrecht der Nationen.*[17] In dieser und anderen kürzeren Schriften zu diesem Problem aus der Zeit weist er den Gedanken zurück, der Kampf um Selbstbestimmung halte die Massen von revolutionären Bestrebungen ab. Er wendet sich gegen das Postulat, wonach der nationale Kampf die Sache der Bourgeoisie sei und sieht ihn im Gegenteil als Pflichtübung des Proletariates. Es handle sich in Wahrheit um den Kampf gegen eine bestimmte Form von Unterdrückung, und das Proletariat müsse seinem Wesen nach gegen jede Unterdrükkung vorgehen. An dieser Stelle betont Lenin die Notwendigkeit, das Prinzip der Selbstbestimmung in der Revolution anzuerkennen. Diese Legitimierung des nationalen Kampfes habe auf die Entwicklung des internationalistischen Bewußtseins positive Auswirkungen. Anders als seine Gegner innerhalb der Linken, wie z. B. Rosa Luxemburg, koppelt er Internationalismus und Anerkennung nationaler Bestrebungen aneinander und stützt sich dabei auf drei Argumente:

- Das Selbstbestimmungsrecht der Nationen löst die Probleme eines multinationalen Staates, denn es sorgt für eine Entspannung im Verhältnis zwischen den verschiedenen Gemeinschaften, vor allem zwischen ihren proletarischen Elementen, also innerhalb der Partei. Mit der Anerkennung dieses Rechtes befreit die Partei sich von nationalen Konflikten und begibt sich in eine günstigere Position, um die Interessen »aller« Arbeiter zu vertreten.
- In der vorrevolutionären Phase sichern sich die Arbeiterklasse und ihre Partei mit diesem Programm einen Zulauf aus den nichtproletarischen Bewegungen der Nationalitäten. Dies stärkt die Partei und beschleunigt den Verlauf der Revolution.
- Dieses Programm ist schließlich ein Mittel zum Kampf gegen den Nationalismus und zur Erziehung des Proletariates zu einem internationalistischen Denken. Die logische Folge der Selbstbestimmung ist die nationale Gleichheit, deren sich die Proletarier der unterdrückenden und der unterdrückten Mächte nicht von Natur aus bewußt sind. Für Lenin hat dieses Prinzip folglich auch pädagogischen Wert. Die Hartnäckigkeit, mit der er es verteidigt, ist letztlich strategischer Art, denn Lenin verfolgt ein internationalistisches Anliegen. Seit dem Stuttgarter Kongreß beherrscht ihn die Furcht vor einem

Chauvinismus im Proletariat der dominanten Nationen und vor dessen Auswirkungen auf die Zukunft.

Auf den ersten Blick erinnern Lenins Thesen an Otto Bauer.[18] In Wahrheit lehnt er es jedoch ab, den nationalen Faktor auf Bauers Art zu bestätigen. Vor allem denkt er nicht daran, die im Zentrum von Bauers Denken stehende »nationale Kultur« anzuerkennen – für ihn ein bourgeoises Konzept, denn die nationale Kultur sei stets die der herrschenden Klasse. Einzig akzeptabel ist für ihn die »internationale Kultur der weltweiten Arbeiterbewegung«.[19] Allerdings ist Lenin bei der Definition dieser Arbeiterkultur recht unpräzise. Im Gegensatz zu Stalin, der in seiner Schrift von 1913 auf die kulturellen Aspekte abgehoben hat, haben diese bei Lenin nur einen geringen Stellenwert, obwohl er beiläufig einräumt, eine Kultur könne nicht unabhängig von nationalen Formen und vor allem unabhängig von einer Sprache existieren. Die Beziehungen zwischen den Nationalitäten interessieren ihn jedoch vor allem in ökonomischer und ideologischer Hinsicht. Wo er das Problem der nationalen Kultur diskutiert, verurteilt er die Idee einer kulturellen Autonomie der Nationalitäten, die vor allem von den Kaukasiern vertreten wird. Daß Lenin auf die kulturelle Identität nicht eingeht, zeugt von seinen Schwierigkeiten, die Nation als eine reale historische Kategorie anzuerkennen. Trotz einiger Zugeständnisse versucht er, das Konzept einzuengen, es auf einen zeitlichen Rahmen festzulegen und ihm eine politische Dimension abzusprechen, indem er die internationale Kultur des Proletariates dagegenstellt.

Wie kann ein Kampf um Selbstbestimmung folglich enden? Lenin sieht nur zwei Möglichkeiten: in der vollständigen und totalen Zugehörigkeit zu einem proletarischen Einheitsstaat, sobald das Proletariat den Sieg errungen hat. Oder mit der Abtrennung. Diese zweite Option sieht er allerdings eher als Lösung des Nationalitätenproblems in einem vorrevolutionären Stadium an. Die Abtrennung führe zu einer Schwächung des existierenden Staates und bahne so der Revolution den Weg. Die Revolution schließlich bewirke, so Lenin, zwangsläufig eine Vereinigung aller Proletarier aus den verschiedenen nationalen Gruppen. Die pädagogische Parole von der Selbstbestimmung, die die Arbeiterbewegung in der Periode des revolutionären

Kampfes aufgreife, müsse das Denken so tiefgreifend verändern, daß die nationalen Gegensätze schließlich überwunden werden. Übrig bleibe dann nur noch die Einheit des proletarischen Denkens. In seiner gesamten Argumentation weist Lenin Zwischenlösungen wie eine Autonomie oder den Föderalismus zurück.

Im Zuge dieser internationalistischen Pädagogik vertritt er nach dem Ausbruch des Ersten Weltkrieges die Notwendigkeit, das russische Reich zu zerschlagen.[20] Am 29. November 1914 kommt er darauf in einem Artikel zum Nationalstolz der Großrussen zurück.[21] Mit seinem Bestreben, den nationalen Kampf in Rußland zu unterstützen, begibt er sich damals in Gegensatz zu vielen Sozialisten: Nach deren Meinung schwäche der Appell an nationale Gefühle die Arbeiterbewegung insgesamt. Neben Rosa Luxemburg und der polnischen Linken lehnen Bucharin, Pjatakow, Jewgenia Bosch und schließlich auch Radek[22] Lenins Pädagogik ab. Diese bewirke vor allem eine Spaltung des Proletariates und lenke vom einzig wichtigen Ziel ab: von der Revolution. Lenin antwortet mit einer Reihe polemischer Schriften, in denen er seine Ansichten zwei Jahre lang wiederholt. Ein 1916 veröffentlichtes Werk bringt dann eine radikale Neuerung: *Die sozialistische Revolution und das Selbstbestimmungsrecht der Nationen.*[23] Zum ersten Mal kristallisiert sich in Lenins Denken eine globale Sichtweise des nationalen Faktors heraus. Er unterscheidet drei Situationen:

- In den entwickelten kapitalistischen Ländern – in Westeuropa und den Vereinigten Staaten – haben die fortschrittlichen nationalen bürgerlichen Bewegungen ihre Aufgabe erfüllt. Die Integration ist vollendet.
- In den beiden Vielvölkerreichen Europas ist der nationale Kampf im Gang. Das Proletariat kann darin seine Rolle nur dann spielen und gewinnen, wenn es das Recht der Nationen auf Selbstbestimmung verteidigt.
- In der kolonialen und halb kolonisierten Welt schließlich, deren Bevölkerung eine Milliarde Menschen umfaßt, existieren kaum bürgerlich-demokratische Bewegungen. Die Sozialisten müssen sich dort an die Spitze des Kampfes stellen, das unverzügliche Ende der Kolonisierung verlangen und alle Aufstände und gegebenenfalls den revolutionären Krieg unterstützen.

Mit dieser Schrift nimmt Lenin schließlich gegenüber den Genossen einen bequemen Standpunkt ein. Er verteidigt eine kohärente Position, die das Nationalitätenproblem und den Imperialismus miteinander verknüpft. Der revolutionäre Kampf umfaßt dabei ganz selbstverständlich auch die Etappe des Kampfes um Selbstbestimmung. Zudem hat diese globale Sichtweise in dem Augenblick, in dem der nationale Aufruhr überall und nicht nur im russischen Reich an Bedeutung gewinnt, einen Vorteil: Sie kaschiert die geschichtliche Rückständigkeit und Besonderheit Rußlands und weist dem Land einen zentralen Platz in der revolutionären Bewegung zu.

Lenin scheint dem nationalen Faktor in einer Zeit des revolutionären Kampfs einen bedeutenden Stellenwert einzuräumen. Aber hinter diesem Anschein verbirgt sich eine völlig andere Realität: Lenin beschreibt auch die »praktischen Umstände«, unter denen das Recht auf Selbstbestimmung ausgeübt werden soll. Und diese »Umstände« bringen vor allem Einschränkungen mit sich: Das Selbstbestimmungsrecht, so Lenin, gehe bis zur Separation und werde allein durch das allgemeine Wahlrecht ausgeübt. Trotzdem könne es nicht unbeschränkt gelten: Es stoße an geographische Grenzen. So könnten dieses Recht in Rußland nur die Nationalitäten in den Randzonen, nicht aber die innerhalb des russischen Territoriums ausüben.

Die zweite Beschränkung ist die der Entscheidungsinstanz. Es obliegt der Partei zu entscheiden, ob und wann dieses Recht ausgeübt werden kann. Die Partei ist die oberste Entscheidungsinstanz, denn sie verkörpert das Bewußtsein der Massen. Bei der Entscheidung müsse sie in jedem Einzelfall »die Interessen der allgemeinen gesellschaftlichen Entwicklung und die Interessen des proletarischen Klassenkampfes für den Sozialismus berücksichtigen«.[24] Lenin verzichtet im übrigen auf eine genaue Festlegung, welche Instanzen in der Partei nach welchen Kriterien und unter Berücksichtigung welcher nationalen Bestrebungen diese letztgültigen Entscheidungen treffen sollen. Deutlich betont er dagegen abschließend, die Einheit nach der Revolution sei endgültig, eine Abtrennung dagegen jederzeit widerrufbar. Daß dieses »Recht auf Scheidung« sehr prekär ist, zeigt sich schon daran, daß sich das Leben der postrevolutionären Gesellschaft für Lenin per definitionem in einem großen, zentralisierten Staat abspielt. Ein solcher Staat sei sogar schon vor der Revolution denkbar: als besonders günstiger Rahmen für die Entwicklung des Klassenkampfs. Nach der Revolution sei er auf jeden Fall zwingend.

So hat Lenin schon 1916 seine Gedanken zum proletarischen und nationalen Kampf weit vorangetrieben. Dabei war er vor allem bemüht, angesichts des Krieges, des Scheiterns der Internationalen und der nationalistischen Ressentiments, den Gegensatz zwischen beiden Bestrebungen aufzuheben, sie miteinander auszusöhnen und so bereits Antworten auf die Erfordernisse der postrevolutionären Zeit zu geben.

Zieht man Bilanz, so sind die Kriegsjahre für Lenin eine schwierige, einsame und offenbar auch deprimierende Zeit. Zwischen 1916 und 1917 gerät er in Gegensatz zur Mehrheit der Internationalen, in der er schon vor dem Krieg als skrupelloser Agitator gegolten hat. Trotz des relativen Erfolgs von Kienthal stößt er bei der sozialistischen Linken auf Ablehnung: Die Beharrlichkeit, mit der er den nationalen Faktor analysiert und in die revolutionäre Strategie integriert, sorgt für heftige Verstimmungen. Für die einstigen Vertrauten aus der Zeit der Verbannung und des Parteiaufbaus – Martow, Trotzki, Bogdanow, Krassin und viele andere – ist er ein gefährlicher Machtmensch, den sie allerdings für »erledigt« halten. Für zahlreiche Landsleute ist er schlichtweg ein Verräter, denn er propagiert die Niederlage des Vaterlandes, und dies nimmt man ihm bis 1917 sehr übel. Für die großen Figuren des europäischen Sozialismus widerspricht seine Linksideologie der Gesamtentwicklung der Arbeiterbewegung. Und bei Linken wie Rosa Luxemburg, die ihm eigentlich applaudieren müßten, diskreditiert er sich mit seinen Thesen zur Nation als »Reformist«.

Lenin wird in diesen Jahren also fast einhellig verurteilt. Niemand sieht, daß er im Begriff ist, eine Antwort auf all die Fragen zu finden, die ihn so lange beschäftigt haben: Wie können der revolutionäre Wille Rußlands und die besondere Situation dieses multiethnischen und rückständigen Reichs miteinander ausgesöhnt werden? Wie kann der revolutionäre Funke nach Rußland überspringen? Wie läßt sich aus seiner Minderheitspartei das Werkzeug zur Eroberung der Macht schmieden? Mit einer nationalen Strategie der Revolution, mit einer Einbeziehung der Nation in den Kern des revolutionären Prozesses hofft er, seine Ziele zu erreichen. Zu Beginn des Jahrhunderts hatte er das Instrument zur Verwirklichung seiner revolutionären Pläne geschaffen. In den entmutigenden Jahren des Krieges, die auf den ersten Blick so fruchtlos waren, erscheint vor seinen Augen eine nationale Strategie, die den Verlauf der Revolution beschleunigen könnte. Reformistisch und gar nicht revolutionär anmutend, scheint Lenin sich hier zu Otto Bauer bekehrt zu haben. Im Grunde liegt er dabei ganz auf Rosa Luxemburgs Linie, für die allein die proletarische Revolution zählt. Aber sein Verstand und sein politischer Instinkt verraten ihm: Mit der Nationalitätenfrage hält er einen gewaltigen Hebel zur Vollendung der Revolution in Händen. Lenin, der Parteigründer, zeigt sich jetzt als Stratege, der wenige Monate später Gelegenheit finden wird, seine Intuition umzusetzen. Er ahnt, daß die historische Schwäche Rußlands, seine Rückständigkeit – sie besteht vor allem in der mangelnden Integration der Nationalitäten – schließlich zu einem wichtigen Faktor in der kommenden Revolution werden könnte.

Im Jahr 1905 hatte Lenin etwas intuitiv erkannt: daß ein verlustreicher Krieg zum Auslöser für eine Revolution werden könnte. Der endlose Erste Weltkrieg führte zu einer weiteren Eingebung, die dem Marximus ganz und gar fremd war: zur Ahnung, daß nationalistische Bestrebungen zu einem wichtigen Instrument für den generellen Sieg des Proletariats werden können.

VIII Alle Macht den Räten (Februar–Oktober 1917)

»Keine einzige Partei bereitete sich auf den großen Umsturz vor. Alle träumten nur, hatten Vorahnungen, ›spürten‹ ... Revolution! – Das war doch zu unwahrscheinlich. Jeder wußte, daß das fern der Wirklichkeit war, nur ein Traum. Der Traum von Generationen. Der Traum langer, schwerer Jahrzehnte ... Und ohne den jungen Damen zu glauben, wiederholte ich mechanisch laut: ›Ja, das ist der Beginn der Revolution.‹«[1]

So schildert der politische Journalist, Ökonom und Sozialist Nikolaj Nikolajewitsch Himmer, besser bekannt unter dem Namen Suchanow, seine Reaktion auf den Zusammenbruch des politischen Systems in Rußland. Erfahren hat er von ihm am 21. Februar 1917 in Petrograd durch »kleinbürgerliche junge Damen, die hinter der Wand ihre Maschinen klappern und ihre Zungen plappern ließen«. Daß er ihnen nicht glauben kann, überrascht: Er lebt in der Hauptstadt, im Zentrum des politischen Geschehens, hat regelmäßigen Kontakt zu allen Oppositionskräften und ist über alles informiert. Aber man versteht Suchanow eher, wenn man sich vergegenwärtigt, daß am Ende des Winters 1916/1917 niemand ernsthaft an Vorbereitungen auf eine Revolution denken konnte.

In Rußland herrschen katastrophale Zustände. Der Krieg fordert immer weitere Tote und Verletzte, immer mehr Soldaten geraten in Gefangenschaft. Das Elend breitet sich über das ganze Land aus. Die Politik der verbrannten Erde der zaristischen Armee – sie hatte im Kampf gegen die napoleonischen Truppen einst gute Dienste geleistet – hat im Ersten Weltkrieg gegenteilige Folgen: Sie löst eine Flüchtlingswelle aus und treibt Zivilisten und verletzte Soldaten über die Straßen Zentralrußlands in die Städte, die auf diesen Ansturm nicht vorbereitet sind.

Die Menschen fühlen sich von der Regierung im Stich gelassen. Sie hat die militärischen Niederlagen nicht verhindert und unternimmt nun auch nichts, um ihre Leiden zu lindern. So sorgen die militärischen Mißerfolge und das Flüchtlingsproblem in den Städten für eine explosive Stimmung.

Mit der günstigen wirtschaftlichen Situation ist es vorbei. Wegen der Umstellung der Industrie auf Kriegsproduktion ist die Herstellung von Konsumgütern fast vollständig zum Erliegen gekommen. Das spärliche Angebot treibt die Preise in die Höhe. Vor allem Bauern können sich mit dem Erlös aus dem Verkauf ihrer Erzeugnisse kaum noch etwas leisten. Damit ist der Anreiz für eine kontinuierliche Produktion, die über den Eigenbedarf hinausgeht, nicht mehr gegeben. Gehemmt wird die landwirtschaftliche Erzeugung zudem durch den Wegfall von Arbeitskräften durch die Mobilmachung. Mit den Industriepreisen steigen so die Agrarpreise – bei gleichzeitiger Stagnation der Einkommen. Die mangelnde Versorgung und das Absinken des Lebensstandards betrifft neben den Arbeitern auch die bislang eher abgesicherten gesellschaftlichen Schichten: den Mittelstand und die Beamtenschaft. Die wachsenden materiellen Probleme treiben diejenigen Kräfte, die sich 1905 noch zurückhielten, 1917 in die Arme der revolutionären Bewegung.

Während es in den Städten und auf dem Land immer stärker gärt, kämpft die russische Regierung mit weiteren Schwierigkeiten: Das Reich steckt in einer Krise, die 1905 noch nicht wahrnehmbar gewesen ist. Gleich nach Kriegsausbruch sind die Mittelmächte in Polen, Litauen und Galizien einmarschiert. Die Bevölkerung wurde zum nationalen Aufstand gegen Rußland aufgerufen. 1915/1916 setzt Deutschland auf den Zerfall des Zarenreichs: Es rüstet eine finnische Armee aus, die gegen die russischen Truppen kämpfen soll, proklamiert die Unabhängigkeit Polens – nur des russischen Teils natürlich – und setzt an der Ostfront polnische Kontingente ein, um die eigenen Truppen zu schonen. Vor allem benutzt es die Union der Nationalitäten – sie wurde während des Krieges von neutralen Mächten ins Leben gerufen –, um Emigranten aus den nationalen Minderheiten des russischen Reiches zu sammeln und zum politischen Kampf um die nationale Unabhängigkeit anzustacheln.[2] Diese Bemühungen – die russischen Machthaber übersehen zunächst deren Tragweite – fallen in Polen, den Baltenstaaten und der Ukraine auf fruchtbaren Boden. Die bis dahin latenten, nationalistischen

Strömungen treten voll in Erscheinung. Selbst im fernen Zentralasien löst die Propaganda 1916 eine Rebellion der Nomadenstämme aus, worauf die zaristische Regierung über einen Teil der Region die Kontrolle verliert. Wie später ein sowjetischer Turkestan-Experte schreiben wird: »Hier haben das Jahr 1917 und der Untergang des Zarenreichs schon 1916 begonnen.«[3]

Schließlich bezahlt die Regierung nun auch den Preis für jene Faktoren, dank derer Rußland in den drei Jahrzehnten zuvor wirtschaftlich einen gewaltigen Sprung nach vorn machen konnte: für die Besonderheiten des russischen Kapitalismus, bei dem ausländisches Kapital die entscheidende Rolle spielt. Doch seit 1915 herrscht bei den französischen und englischen Investoren, den wichtigsten in Rußland, Unruhe wegen der russischen militärischen Niederlagen. Zudem halten sich hartnäckig Gerüchte über einen Separatfrieden, die wegen der Nationalität der Zarin, einer deutschen Prinzessin, durchaus glaubwürdig sind. Der Gedanke macht die Runde, ein neues Herrschaftssystem würde die Investitionen in Rußland besser schützen als eine schwankende Monarchie. In gleicher Weise denkt auch das liberale russische Bürgertum. Und beim einfachen Volk setzt sich das Regime dem Verdacht aus, es bezahle eine vom Ausland vorfinanzierte Aufbaupolitik mit dem Blut der Russen. Sind die militärischen Opfer, mit denen das Zarenreich die deutschen Truppen an ihrer Ostfront in Schach hält, nicht Zugeständnisse an unerbittliche Gläubiger?

Angesichts der wachsenden Unzufriedenheit und der Verdächtigungen beginnt sich das Regime rasch aufzulösen. Militärs und zivile Obrigkeit weisen die Verantwortung für die Katastrophe von sich. Der Zar ist mit dem Generalstab in Klausur. Die immer unbeliebter werdende Zarin wählt die Minister aus und wechselt diese häufig. Bei der Bevölkerung entsteht der Eindruck, sie werde von den Launen einer überspannten Frau regiert.

Da die Regierung zu wichtigen Entscheidungen unfähig ist, springen private Initiativen ein. Das Rote Kreuz und spontan ins Leben gerufene Hilfskomitees versuchen in den Städten die Probleme der Flüchtlinge, Verletzten und anderer zu lösen. Andere Komitees versuchen, das beinahe zum Erliegen gekommenen Wirtschaftsleben wieder in Gang zu bringen und den Versorgungsengpässen in der Stadt zu begegnen. In dem fast vollständigen Machtvakuum und dem wachsenden Chaos lernt die Bevölkerung Rußlands, sich selbst zu verwalten und selbst zu regieren. Diese geradezu revolutionäre Situation ist allerdings keinem so recht bewußt: weder den betroffenen Bürgern noch der Regierung, den Kräften der Opposition oder gar den Emigranten im Ausland.

Deshalb wird Suchanow vom Ausbruch der Revolution ebenso überrascht wie Lenin.

Die Geburtsstunde der Revolution

Die Februarrevolution beginnt in Petrograd – so der neue Name von Sankt Petersburg, das bei Ausbruch des Krieges aus naheliegenden Gründen umbenannt wurde – und dauert ganze sechs Tage. Der so rasche und reibungslose Untergang der Monarchie hat mehrere erstaunliche Aspekte: Zum einen überrascht der plötzliche Sieg eines führungslosen Proletariates in einer Hauptstadt, die einer belagerten Festung gleicht. Als zweites überrascht die sofortige Ausbreitung dieser Revolution über das gesamte Land. Und drittens erstaunt, daß die Monarchie gerade zu dem Zeitpunkt untergeht, als die politische Führung noch über ihre Veränderung diskutiert. Um diese Merkwürdigkeiten zu verstehen, muß man die damaligen Ereignisse im einzelnen nachzeichnen.

Petrograd ist gegen Aufstände gut gewappnet. Das Regime hat aus den Ereignissen von 1905 Konsequenzen gezogen. Die Stadt hat eine Garnison von 160 000 Mann. Im Tresor des Gouverneurs liegt sogar ein Plan zur Niederschlagung von Aufständen. Am 23. Februar versammeln sich 90 000 Menschen – streikende Metall- und Textilarbeiter sowie Frauen – zu einer Protestkundgebung gegen die schwierige materielle Lage. Ein weiterer Anlaß ist der internationale Frauentag. Die Arbeitsniederlegungen und Protestmärsche sind der spontane Ausdruck für die Unzufriedenheit im Volk. Den gesamten Winter hindurch haben Streiks die Versorgungsengpässe verschärft. Dennoch ist noch keine Partei und kein politischer Führer auf den Gedanken gekommen, die Massen einer organisierten Führung zu unterstellen. Nach einem Tag gemäßigter Demonstrationen – gefordert werden Brot und Frieden – gehen die Teilnehmer in der Erwartung repressiver Maßnahmen nach Hause. Aber nichts geschieht. Obwohl auf Unruhen vorbereitet, wartet die Regierung ruhig ab. Die Demonstranten reagieren auf die Untätigkeit der Staatsgewalt überrascht. Am nächsten Tag gehen sie um so selbstbewußter und offensiver auf die Straße.

Ihre Zahl wächst: Kleinbürger und Studenten schließen sich an. Revolutionäre Gesänge erschallen, politische Parolen treten an die Stelle der wirtschaftlichen Forderungen. Allmählich erfaßt der Aufruhr ganz Petrograd. Aufgeschreckt ordnet die Regierung schließlich doch einen Truppeneinsatz an. Am 26. Februar, drei Tage nach Beginn der Demonstrationen, stehen sich die Massen und die Armee Auge in Auge gegenüber. Zunächst erfolgt der Befehl, auseinanderzugehen. Schüsse peitschen. Die Bevölkerung ruft die Armee zur Solidarität auf. Die Aufforderung verfehlt ihre Wirkung nicht: Ein Bataillon nach dem anderen beginnt zu meutern. Mit den Waffen der übergelaufenen Soldaten können die Arbeiter sich jetzt wehren. Sie öffnen die Gefängnistore und befreien ihre Anführer – ebenfalls einfache Arbeiter –, die zwei Tage zuvor verhaftet worden sind. Am 27. Februar hat die Regierung aufgehört zu existieren. Eine neue muß an ihre Stelle treten. Die Aufstände weiten sich auf das ganze Land aus.

Da es keine Staatsführung mehr gibt, wenden die Massen sich an die Duma, die vom Zaren eben erst aufgelöst worden ist. Die Duma weist den Aufruf, die Macht zu übernehmen, zurück. Statt dessen wählt sie sofort einen provisorischen Ausschuß, dem die Vertreter aller Parteien außer den rechten beitreten. Die Führer der Duma in diesem Ausschuß versuchen, das politische System durch Umgestaltungen zu retten. Sie rufen den Zaren zur Kooperation auf. In völliger Verkennung der Lage weist Nikolaus II. das Ansinnen zurück. Er will sich auf Gewalt stützen und gerät in die Isolation. Rodsjanko, der Vorsitzende des Duma-Ausschusses, versucht zunächst, das System in eine konstitutionelle Monarchie zu überführen. Dann aber entzieht er dem Zaren seine Unterstützung und nimmt dessen Abdankung entgegen. Der Zar spricht den Thronverzicht auch für seinen kranken Sohn aus. Zum Nachfolger bestimmt er seinen Bruder, Großfürst Michael. Der Großfürst aber wagt den Thron nur mit Zustimmung einer Konstituierenden Versammlung anzunehmen.

Eine solche existierte jedoch nicht. So geht die Monarchie am 3. März 1917 ohne einen Schwertstreich unter.

Rodsjankos Verhandlungen und die Winkelzüge des Zaren sind allerdings überholt worden von einer politischen Lage, die sich stündlich geändert hat. Im Taurischen Palais, dem Sitz der Duma, tagt zugleich der Sowjet der Arbeitervertreter. Den Vorsitz führen Tschcheidse und Kerenski, der Sohn von Wladimir Uljanows Förderer. Mehrheitlich menschewistisch orientiert, gehören dem Sowjet Bogdanow, Lenins einstiger Freund, Tschcheidse, Skobelew, Sympathisanten der Menschewiki, Internationalisten, ein Bundist und andere Mitglieder an.

Der Duma-Ausschuß und der Sowjet, die beide unter einem Dach im Taurischen Palais untergebracht sind, spiegeln das Überraschende an dieser Revolution wider: Die Duma ist der politische Ausdruck des liberalen Bürgertums, das sich den Volksmassen angeschlossen hat, um nicht mit der Monarchie unterzugehen. Da ohne eigene Führung, haben die revolutionären Massen an ebendiese Duma appelliert, die Macht zu übernehmen, obwohl der zeitgleich entstandene Sowjet die Massen eher repräsentiert. Aber hatten die Sozialisten nicht immer wieder betont, die russische Revolution müsse zunächst das Bürgertum an die Macht bringen? Die revolutionären Massen gehorchen folglich nur sozialistischen Lehren. Die große Schwäche des liberalen Bürgertums besteht allerdings darin, daß es seine Macht nicht selbst errungen hat. Es verdankt sie Kräften, die ihr die Herrschaft übertragen haben und deshalb davon ausgehen, daß sie Anspruch auf die Kontrolle und Leitung des Bürgertums haben.

Vorsitzender der Provisorischen Regierung, die vom Duma-Ausschuß und vom Exekutivkomitee gebildet wird, ist der einstige Präsident der *Semstwos*, Fürst Lwow. Hochkarätig ist auch die übrige Besetzung: der Historiker Miljukow für das Außen-, Kerenski für das Justiz- und Gutschkow für das Kriegsministerium. Dieses Kabinett, dem der Sowjet sofort seine Bedingungen aufzwingt, setzt sich mehrheitlich aus Liberalen zusammen. Kerenski erringt beim Volk rasch die größte Akzeptanz: Er gilt als gemäßigter Sozialist, der zugleich auch dem Sowjet nahesteht. Folglich steht er mit je einem Bein in beiden Instanzen und erscheint im März 1917 als aufsteigender Stern am Himmel des revolutionären Rußlands.

Die Provisorische Regierung steht sofort vor der entscheidenden Frage, ob sie den Krieg fortsetzen soll. Die Festlegung auf eine Position ist um so schwieriger, als die Armee durch die Revolution ihren inneren Aufbau verloren hat: Der vielzitierte »Tagesbefehl Nr. 1« stellt Offiziere und einfache Soldaten auf eine Stufe. Die Abläufe folgen damit keinen Regeln mehr. Wie soll die Armee unter solchen Umständen weiter Militäroperationen durchführen? Wie ist einer Gesellschaft voller Sehnsucht nach Frieden ein endloser Krieg noch zu vermitteln?

Am 4. März übermittelt Außenminister Miljukow den Verbündeten eine Note: Seine Regierung sei entschlossen, die von der gestürzten Regierung eingegangenen, internationalen Verpflichtungen einzuhalten. Der Krieg werde bis zum Ende fortgesetzt. Die Kriegsziele Rußlands blieben damit unverändert. Am 14. März veröffentlicht die *Iswestija*, das Organ des Sowjets, einen Text, der offenbar als Reaktion auf Miljukows Note zu verstehen ist. Er enthält einen Friedensaufruf an die Völker Europas. Der Appell ist allerdings eher allgemein gehalten und zielt nicht unbedingt auf einen »Schandfrieden«.

Irakli Zereteli, ein georgischer Menschewik, fordert nach seiner Rückkehr aus der Verbannung den Sowjet auf, eine präzisere Position zu beziehen[4]: den Krieg weiterzuführen und gleichzeitig um den Frieden zu kämpfen. Daraufhin wird der Slogan »Frieden ohne Annexionen und Kontributionen« zu einem Programm der gemäßigten Linken. Unter dem Druck der öffentlichen Meinung verkündet daraufhin am 27. März Miljukow: »Das Ziel des freien Rußlands besteht … in der Herstellung eines dauerhaften Friedens auf der Basis des Rechtes der Völker, über sich selbst zu verfügen.« Für kurze Zeit scheinen so Regierung und Sowjet die gleichen Ziele zu verfolgen. Aber nach Lenins Rückkehr zerfällt dieses ephemere Einvernehmen.

Wie nach Rußland zurückkehren?

Noch stärker als Suchanow werden die Emigranten vom Ausbruch der Revolution überrascht. In ihrem Exil können sie sich kaum vorstellen, daß das herbeigesehnte und immer wieder aufgeschobene Ereignis eines Tages tatsächlich eintreten wird.

Lenin interessiert sich in seinem damaligen Wohnort Zürich besonders für die Aktivitäten der Schweizer Sozialisten, in die er große Hoffnungen setzt. Er hält Vorträge vor den Uhrmachern von La Chaux-de-Fonds und schreibt Artikel. Mit einem Wort, er denkt an alles mögliche, nur nicht an die Vorgänge in seinem Heimatland. Plötzlich erfährt er das Unvorstellbare: das Ende des Zarismus, der Sieg der Revolution ist da! Lenin ist verblüfft, stürzt sich auf schweizerische Zeitungen, um die eben erfahrene Nachricht zu überprüfen. Von da an beherrscht ihn ein einziger Gedanke: Er muß nach Rußland zurück, so rasch wie möglich, und an der Revolution teilnehmen, von der er bislang noch kaum etwas weiß. Schon entwirft er einen Plan, wie er diese Revolution in die richtigen Bahnen lenken kann. Er sieht die Zukunft bereits vor sich. Angelica Balabanowa erlebt mit, wie er auf einer Versammlung in Zürich den Zuhörern mit all seiner Überzeugungskraft einhämmert: »Entweder die Revolution führt zu einer zweiten und siegreichen Pariser Kommune, oder wir werden vom Krieg und der Reaktion zermalmt!«[5] Angelica Balabanowa wundert sich: »Man hatte mir beigebracht, daß die Revolution von einem hochindustrialisierten Land ausgehen würde. Und Lenins Analyse erschien mir in diesem Moment fast als Utopie.«[6]

Lenin denkt aber vor allem darüber nach, wie er nach Rußland zurückkommt. Dazu muß er über Schweden reisen und somit entweder Länder der Alliierten oder Deutschland durchqueren. Zunächst denkt er daran, in England um Unterstützung zu bitten. Er hat dort viele sozialistische Freunde. Allerdings muß er einsehen, daß er die Alliierten mit seinen defätistischen Gedanken verschreckt hat: Rußlands Verbleib im Krieg ist für sie von entscheidender Bedeutung. Also haben sie an seiner Rückkehr nach Rußland kein Interesse. Sie müssen damit rechnen, daß er einen Separatfrieden oder sogar die Niederlage seines Landes propagieren würde, während die Provisorische Regierung Bündnistreue versprochen hat. Im Umkehrschluß hat folglich gerade Deutschland Interesse an seiner Rückkehr nach Rußland. Nach reiflicher Überlegung kommt Lenin zum Schluß, daß er für seine Rückkehr auf deutsche Hilfe angewiesen ist.

Diese gleichen Gedanken hegt man auch in der Staatsführung der Mittelmächte. Schon lange hoffen sie auf einen Separatfrieden mit Rußland, um ihre Kriegsanstrengungen auf die Westfront konzentrieren zu können. Ihre Hoffnungen haben sich aber bereits 1916 als Illusionen erwiesen. Der Zar und später die Provisorische Regierung haben deutlich gemacht, daß sie keinen Frieden unter Mißachtung der 1914 eingegangenen Verpflichtungen schließen würden. Lenins Ansichten zum Krieg sind genau bekannt und werden begrüßt: Schon 1915 hat der seltsame Alexander Helphand, genannt Parvus, sie im deutschen Außenministerium vertreten.[7] Deutsches Archivmaterial belegt, daß er daraufhin eine programmatische Denkschrift zu einem möglichen Massenstreik in Rußland verfaßt hat. Er bezieht sich auf die defätistischen Konzepte Lenins (Krieg – Niederlage – Revolution). Die deutschen Behörden finden das Projekt so interessant, daß der Staatssekretär im kaiserlichen Finanzministerium am 7. März 1915 zwei Millionen Reichsmark zur revolutionären Propaganda in Rußland[8] bereitstellt. Wahrscheinlich bis 1917 hat Lenin kaum direkten Kontakt zu Parvus und erhält auch keine Finanzhilfe. Parvus arbeitet damals allerdings mit seinem engen Vertrauten Hanecki zusammen. Mit Hanecki korrespondiert Lenin endlos – trotz der Warnungen Trotzkis vor dessen Beziehungen zum »Doktor« Parvus. Für Trotzki ist dieser selbst ernannte Doktor nichts anderes als ein »von Deutschland gekaufter Agent«.

Im März 1917 schwinden plötzlich Lenins Vorbehalte gegen die dubiose Figur. Alle Kontakte sind recht, solange sie Verhandlungen mit den Deutschen und so potentiell die Rückkehr nach Rußland ermöglichen. Martow, ebenso ungeduldig, hat einen ähnlichen Plan ersonnen. Er bittet die deutschen Behörden für die Revolutionäre um freie Durchfahrt durch ihr Staatsgebiet. Im Gegenzug will er sich bei der Provisorischen Regierung für die Freilassung deutscher und österreichischer Kriegsgefangener stark machen.[9] Martows Plan ist für Berlin uninteressant, weil er auf den Fortgang des Krieges keine Auswirkungen hätte, und wird folglich abgelehnt. Die Revolution, Lenins Rückkehr nach Rußland und sein dortiger Einsatz zur Beendigung des Krieges kämen dagegen den deutschen Interessen deutlich entgegen. Graf Romberg, der deutsche Gesandte in Bern, und Parvus intervenieren in diesem Sinne in Berlin und überzeugen schließlich die Verantwortlichen, statt Martows Ersuchen dem Lenins zu entsprechen. Motiviert ist diese Übereinkunft vom Willen der Deutschen, Lenin als Verbreiter defätistischer Gedanken für ihre Zwecke zu nutzen. Ein Telegramm des deutschen Außenministers belegt dies: In ihm wird mitgeteilt, der Kaiser habe beschlossen, die russischen Revolutionäre durch Deutschland zu transportieren und mit Propagandamaterial zur Arbeit in Rußland zu versorgen.

An den Verhandlungen mit den Deutschen beteiligen sich die Schweizer Sozialisten Robert Grimm[10] und Fritz Platten. Lenin selbst hält sich diskret im Hintergrund und läßt sich bei allen Schritten von Sinowjew vertreten. Als Bedingung verlangt er, der eingesetzte Zugwaggon solle einen exterritorialen Status erhalten, um jedem Vorwurf der Kollaboration mit den Deutschen vorzubeugen. Die Forderung wird erfüllt. Sie steht am Anfang der späteren Legende vom »plombierten Wagen«. Die Deutschen bewilligen zudem große Kredite zur Finanzierung von pazifistischer und revolutionärer Propaganda. Lenin kann so seine Pläne für eine Rückkehr schließlich verwirklichen.

Am 27. März 1917 brechen die Bolschewiki in Zürich auf. Das Ehepaar Lenin wird von zahlreichen Vertrauten begleitet, in vorderster Reihe Inessa Armand, aber auch Sinowjew mit Familie, Radek, der Rußland zum ersten Mal sehen wird, und einige Bundisten sind dabei. Lenin ist sich des schlechten Eindrucks, den diese Reise unter der Aufsicht und dem Schutz der Deutschen auf die europäischen Sozialisten machen wird, durchaus bewußt. Er bittet folglich die Franzosen der Zimmerwalder Linken, sie öffentlich gutzuheißen. Romain Rolland, an den diese Bitte ebenfalls ergeht, weist sie verächtlich zurück.

Die Abreise aus Zürich verläuft turbulent: Eine Eskorte aus Anhängern singt am Bahnhof die Internationale. Derweil beschimpfen Gegendemonstranten die Reisenden als Spione.

Ein zweiter Zug wird später auf gleicher Strecke Martow und ihm nahestehende Emigranten nach Rußland bringen: Axelrod, Balabanowa, Lunatscharski, Grimm und Sokolnikow. Die beiden zuletztgenannten schließen sich gleich nach der Ankunft in Rußland den Bolschewiki an.[11]

An dieser Stelle ist festzuhalten, daß sich keine der beteiligten Parteien über die Bedingungen des Handels hinwegtäuschte. Lenin war für die deutschen Behörden ein Trumpf zur Destabilisierung Rußlands. Um einen Umsturz herbeizuführen, würde er den Frieden propagieren und die Armee zur Auflösung drängen. Über das weitere würde die Zukunft entscheiden. 1917 müssen die Deutschen sich dringend auf ihre Westfront konzentrieren. Da die Vereinigten Staaten den Kriegseintritt vorbereiten, sind sie zu einem möglichst raschen Sieg oder zumindest zu entscheidenden Teilsiegen gezwungen. Diese sind aber bei Fortsetzung des Zweifrontenkrieges eher unwahrscheinlich. Lenin kennt natürlich die Gründe für die deutsche Unterstützung. Und er weiß auch, daß von dieser – auch finanziellen – Hilfe seine Handlungsfähigkeit abhängt: Ohne sie könnte er nicht nach Rußland zurückkehren und auf eine Übernahme der Macht durch seine Partei hinarbeiten. Und genau dies, so hat Angelica Balabanowa gezeigt, ist von diesem Augenblick an sein einziges Ziel.

Bei der Rückkehr muß er allerdings feststellen, daß seine Partei keineswegs seine Ansichten teilt.

Die April-Thesen

Lenins Rückkehr nach Petrograd geriet offenbar zum Triumph. Seit Wochen kehrten Emigranten zurück, und alle wurden von großen Abordnungen von Regierung und Sowjet feierlich empfangen. Lenin wurde ein besonderer Empfang zuteil. Suchanow, der einen detaillierten Bericht darüber verfaßt hat, schreibt: »Die Bolschewiken, die überhaupt durch Organisation zu glänzen wußten und immer bestrebt waren, das Äußere zu unterstreichen, die Paradeseite der Ware zu zeigen und Staub in die Augen zu streuen, bereiteten offenbar, ohne unnötige Bescheidenheit und ohne bange zu sein, den Bogen zu überspannen, einen wahren Triumph vor.«[12] Daß die Bolschewiki sich darum bemühten, dem Empfangskomitee besonderen Glanz zu verleihen, begründet Suchanow unter anderem damit, daß der Makel der Rückkehr über deutsches Staatsgebiet ausgelöscht und einer zu erwartenden Kampagne von Kritikern vorgebeugt werden sollte.

Marschmusik, Spruchbänder und Delegationen – nichts fehlt an diesem Tag am Finnischen Bahnhof. Alles deutet darauf hin, daß die gewohnte Zeremonie ohne Zwischenfälle ablaufen wird. Nach dem Einfahren des Zuges steigt als erster Lenin aus.

Tschcheidse hält die Willkommensansprache – »im Namen des Petrograder Sowjets der Arbeiter- und Soldatendeputierten«, deren Vorsitzender er ist. Dann fügt er hinzu: »Aber wir sind der Ansicht, daß es jetzt zur Hauptaufgabe der revolutionären Demokratie gehört, unsere Revolution gegen alle inneren und äußeren Anschläge zu verteidigen. Wir sind der Ansicht, daß für dieses Ziel nicht die Spaltung, sondern eine Vereinigung aller demokratischer Kräfte notwendig ist. Wir hoffen, daß Sie zusammen mit uns dieses Ziel verfolgen.«[13] Lenin hört unbeteiligt zu, als gingen ihn die Worte gar nichts an. Er wirft Blicke nach allen Seiten und rückt seinen Willkommensstrauß zurecht. Die Ansprache scheint ihn nicht zu erreichen. Kaum hat Tschcheidse zu Ende gesprochen, wendet er diesem den Rücken zu und hämmert den Massen ein:

»Liebe Genossen, Soldaten, Matrosen und Arbeiter! Ich bin glücklich, in Euch die siegreiche russische Revolution, Euch als die Avantgarde der proletarischen Armee der ganzen Welt zu begrüßen ... Der imperialistische Raubkrieg ist der Beginn eines Bürgerkriegs in ganz Europa. [...] Die Morgenröte der sozialistischen Weltrevolution hat schon begonnen. [...] Der ganze europäische Imperialismus kann jeden Moment zusammenbrechen, wenn nicht heute, so morgen. [...] Es lebe die sozialistische Weltrevolution!«

An verblüfften Zuhörerminen vorbei und unter den Klängen der *Marseillaise* geht er davon und steigt in einen wartenden Wagen. Eine jubelnde Menge, entsprechend mobilisiert, hindert den Wagen an der Abfahrt und verlangt eine weitere Rede. Anschließend fährt Lenin zum Hauptquartier der Bolschewiki.

Die Mitglieder der Lenin-Partei haben das Palais der berühmten Tänzerin Kschessinskaja – mit ihr hatte Nikolaus II. vor seiner Eheschließung eine Affäre – mit Beschlag belegt. Lenin wird vor dem Palais von Anhängern empfangen. Er eilt auf den Balkon und hält eine kurze Ansprache. Neben Beifall erntet er auch Zwischenrufe, die Ordnungskräfte rasch verstummen lassen, und trifft schließlich mit den bolschewistischen Funktionären zusammen.

Die Menge, die ihn in Empfang nimmt, besteht aus Parteiaktivisten, Arbeitern und gutsituierten jungen Mädchen, die darauf brennen, persönlich einen noch ziemlich unbekannten

Mann kennenzulernen, von dem sie aber schon soviel Schlechtes gehört haben. Zerstreut verfolgen die Anwesenden die kurzen, einführenden Reden Kamenews und Sinowjews. Ihretwegen sind sie nicht gekommen. Schließlich wendet Lenin sich an die Menge der Bewunderer. Er ist glücklich, nach sieben Jahren des Exils nach Rußland und zu seinen Anhängern zurückgekehrt zu sein und hält zwei geschlagene Stunden lang eine mitreißende Rede, in der er schonungslos Gegner geißelt. In seinem ganz eigenen Stil »drischt er auf die Köpfe der Zuhörer ein, bis sie ihm untertan« sind. Wie zuvor am Finnischen Bahnhof kommt er sofort auf sein Lieblingsthema, die Umwandlung des Krieges in einen Bürgerkrieg, zu sprechen und verurteilt unverblümt die bisherige Haltung des Sowjets. Die »von Zereteli und Tschcheidse propagierte sowjetische Demokratie«, so verkündet er, »kann weder [durch einen Bürgerkrieg] zu einem realen Frieden noch zur Revolution führen … Der von den Opportunisten, von den Sozialpatrioten geführte Sowjet kann nur das Instrument der Bourgeoisie sein. Damit er der Weltrevolution dient, muß er erobert, muß er proletarisch werden!«[14] Aus diesem Appell ergeben sich zwei Schlußfolgerungen: daß Lenin sich weigert, die Provisorische Regierung zu unterstützen, und daß dem Sowjet eine Mehrheit, also eine bolschewistische Dominanz, aufgezwungen werden soll. Auch Lenins Anhänger hören wie versteinert zu. Auf so eine Rede waren sie nicht vorbereitet. Angesichts der Revolution träumen sie von einer Einheit der Sozialisten und nicht von Spaltung. Dagegen verkündet nun Lenin, allein die Unterstützer der Thesen der Zimmerwalder Gruppe seien authentische Revolutionäre.

In den Wochen nach dem Zusammenbruch der Zarenherrschaft sind die Bolschewiki, obwohl ohne Parteichef, nicht untätig geblieben. Am 26. Februar, mitten in den Petrograder Unruhen, haben Schljapnikow, Saluzki und Molotow ein Manifest zum Abdruck in der *Iswestija*, dem neuen Organ des Petrograder Sowjets, vorbereitet. Schon 1916 hatten Molotow und Schljapnikow eine bolschewistische Organisation in der Hauptstadt aufgebaut und ein russisches Büro des Zentralkomitees auf die Beine gestellt. Ihr Manifest war gemäßigt: Bei seinem Erscheinen am 28. Februar waren die neuen Herrschaftsverhältnisse noch instabil. Der Text beschränkte sich folglich auf einen Aufruf zur

Bildung einer »provisorischen revolutionären Regierung« und die Forderung nach demokratischen Reformen: nach der Einberufung einer Konstituierenden Versammlung, gebildet auf der Grundlage eines allgemeinen Wahlrechts, dem Aufruf zum Frieden zwischen Proletariern und zur Beschlagnahmung von Großgrundbesitz. Lenin hat den Text noch in der Schweiz gelesen und mit Genugtuung den Vorschlag konstatiert, an die proletarische Solidarität zu appellieren, um so zum Frieden zu gelangen (den er für gerecht hält, um den er sich aber wenig kümmert).

In den folgenden Tagen – in Rußland herrschte wieder Pressefreiheit – erschien unter der Leitung Molotows erneut die *Prawda* und gab die Positionen des Manifestes wieder. Den Bolschewiki fiel es allerdings nicht leicht, sich auf eine klare politische Linie festzulegen, vor allem gegenüber der Provisorischen Regierung. Mußte man sie unterstützen? Oder sie bekämpfen, wie Molotow meinte? Am 13. März kehrten drei Veteranen der *Prawda* nach Petrograd zurück und übernahmen sogleich das Parteiorgan. Bei ihnen handelte es sich um Stalin, Kamenew und Muranow, die nach Sibirien verbannt worden waren und so die Kontrolle über die *Prawda* verloren hatten. Sie vertraten in dem Blatt eine Position, die mit der später von Lenin verfolgten Linie nichts zu tun hatte.[15] So schrieb Kamenew, ein brillanter Journalist, in Kriegszeiten könne man von einer Armee nicht verlangen, die Waffen niederzulegen. Obwohl diese Fürsprache sich als Minderheitsposition herausstellen sollte, nahm die *Prawda* der Provisorischen Regierung gegenüber eine gemäßigte Haltung ein. Sie vermied jeden Angriff auf sie oder ihre Entscheidung, den Krieg fortzusetzen. Jedenfalls beschloß die Redaktionsleitung vorsichtshalber, abzuwarten, bis die Verhältnisse geklärt seien, und dann eine genauere Einschätzung vorzunehmen.[16]

Ein Element herrschte in ihrer Haltung vor: Die Ereignisse vom Februar waren für sie eindeutig eine bürgerliche Revolution. Die Provisorische Regierung konnte folglich legitimerweise Anspruch auf ihre Vertretung erheben, vom Frieden reden und zugleich die revolutionären Interessen im Auge behalten. Die Haltung der Bolschewiki war zudem bestimmt vom Wunsch nach Einheit. Nach Stalin bestand so die Möglichkeit zu einer Aussöhnung aller Anhänger der Prinzipien von Kienthal-Zimmerwald. Diese »versöhnlerischen« Ansichten waren von Lenins Positionen meilenweit entfernt: Im März erhielten Kamenew und Stalin aus Zürich dessen *Briefe aus der Ferne*[17], die als Vorankündigung von Lenins April-Thesen zum Sturz der Provisorischen Regierung aufriefen. Kamenew und Stalin zensierten die Briefe kurzerhand und veröffentlichten in der *Prawda* nur das erste dieser Schreiben. Die gegen die Provisorische Regierung gerichteten Attacken wurden gestrichen.[18]

Lenins kompromißloser Tonfall bei der Rückkehr nach Rußland steht so im Widerspruch zur gemäßigten Haltung seiner Partei und zu deren Streben nach Einheit. Nach den radikalen Tönen vom ersten Tag sorgt Lenin am folgenden für weiteren Zündstoff: Am 4. April treten im Taurischen Palais Sozialisten aller Richtungen zusammen. Ziel ist es, einen Einheitswillen zu verkünden. Lenin geht mit seltener Heftigkeit gegen diese Pläne vor. Er verliest einen eigenhändig geschriebenen Text, ein vollständiges Programm zum Übergang in eine neue Phase der Revolution. Schlimmer noch: Er vertritt die Ansicht, dieser Plan müsse unverzüglich umgesetzt werden. Enthalten sind folgende Hauptelemente: die sofortige Einstellung aller Kriegsanstrengungen, die Aufkündigung der Unterstützung für die Provisorische Regierung und die Übergabe aller Macht an die Sowjets. Die reguläre Armee soll aufgelöst und durch Volksmilizen ersetzt, Grund und Boden verstaatlicht werden. Die Kontrolle über die Produktion und deren Verteilung soll durch die Sowjets erfolgen.

Auf der Versammlung herrscht der Geist der Versöhnung vor. Lenins Rede wirkt darin wie ein Orkan und löst bei der Mehrheit Empörung aus. Lenin erscheint als Provokateur, nicht als klar denkender Geist. Ein Sturm des Protestes bricht los. »Der Unsinn eines Irren«, ruft Bogdanow. Goldenberg, ein altgedienter Bolschewik, erklärt: »Lenin hat seine Kandidatur auf einen in Europa seit dreißig Jahren leerstehenden Thron angemeldet – den Thron Bakunins [...] Es ist lachhaft, mit Leuten über Vereinigung zu sprechen, die die Spaltung zu ihrer Devise erkoren haben und die sich selbst außerhalb der Sozialdemokratie stellen.«[19]

Zereteli, einer der besten menschewistischen Redner, stürzt sich in eine leidenschaftliche Verurteilung Lenins. Dessen Denken bleibt ihm so fremd, erscheint ihm so realitätsfern, daß seine Argumentation an Stringenz verliert und das Ziel verfehlt. Obwohl Lenin von allen Seiten Beschimpfungen und Spott erntet, gelingt es der Versammung nicht, seine Position auf konsequente Weise zu kritisieren. Das ist Lenins Rettung und wird anschließend zu seiner Stärke. Die Provisorische Regierung glaubt, er habe sich bei den Sozialdemokraten ins Abseits manövriert. Sie hofft, er habe sich durch seine verbalen Exzesse und wegen der deutschen Hilfe bei seiner Rückkehr bei den Anhängern und in der öffentlichen Meinung endgültig unmöglich gemacht. In seinen Memoiren berichtet Miljukow, Maurice Paléoloque, Frankreichs Botschafter in Rußland, habe ihm »freudig anvertraut«, Lenin habe sich auf dieser Versammlung so lächerlich gemacht, daß sein Ruf für immer ruiniert sei.[20] Auch die Führer der Provisorischen Regierung, die ihn aus Furcht zunächst nicht ins Land hatten lassen wollen – eine Weigerung wäre in der aufgeheizten Stimmung im Februar allerdings unmöglich gewesen – geben sich der Illusion hin, Lenin sei erledigt. Allein Kerenski sieht die Sache realistisch. Er glaubt an ein baldiges Comeback. Daß er mit dieser scharfsinnigen Einschätzung fast alleine steht, zeigt die Schwäche des liberalen Bürgertums, das an der Macht dem Mann gegenübersteht, der die Demokratie einige Monate später stürzen wird.

Zunächst aber muß Lenin sich in seiner Partei durchsetzen, keine leichte Aufgabe. Die *Prawda,* der er seine – erst später »April-Thesen«[21] genannte – Rede vorlegt, sträubt sich gegen eine Veröffentlichung. Der Text steht im Gegensatz zur Richtung der Zeitung. Aber Lenin ist hartnäckiger, taktiert besser als alle Parteigenossen. Gleich nach seiner Rückkehr ist er mit seinem Vertrauten Sinowjew in die *Prawda* eingedrungen und hat sich in der Redaktion niedergelassen. Mit Argumenten und Drohungen erreicht er sein Ziel: Am 7. April erscheint seine Rede unter dem Titel: *Über die Aufgaben des Proletariats in der gegenwärtigen Revolution.* Kamenew stellt ihr eine Anmerkung voran, nach der allein Lenin für den Text verantwortlich sei. Er fügt hinzu: Die Rede »erscheint uns inakzeptabel, denn sie setzt voraus, daß die bürgerliche Revolution vollendet sei, und sie propagiert die sofortige Umwandlung dieser Revolution in eine sozialistische Revolution«.

Bei den Bolschewiki stoßen die April-Thesen auf so heftigen Widerstand, daß das Petrograder Komitee am nächsten Tag zu einer Debatte zusammentritt. Dic Schlußabstimmung ist niederschmetternd: Dreizehn Gegenstimmen, zwei Befürwortungen, eine Enthaltung. Aus der Provinz kommt die Nachricht von ähnlichen Verurteilungen. Sie zeigen Lenins Schwierigkeiten, die Partei für seine Ansichten zu gewinnen.[22]

Er verliert freilich nicht den Mut und bereitet mit größter Sorgfalt die panrussische Konferenz seiner Partei vor, die zehn Tage später stattfinden soll. Zwei Faktoren begünstigen ihn:

– Die Anwesenheit der bolschewistischen Basis, die wegen der zögernden Haltung der Parteiführer während Lenins Abwesenheit, vor allem in der Kriegsfrage, desorientiert ist. Jetzt tritt ihr ein entschlossener Chef gegenüber, der eine klare Sprache spricht und durch Stärke und Willenskraft beeindruckt.
– Vor allem reagiert das revolutionäre Rußland irritiert auf die Kehrtwendung Miljukows im Hinblick auf den Krieg. Seine Note vom 3. April ist als Ausdruck des Friedenswillens der Sozialisten gedeutet worden. Er selbst sieht sie dagegen als vorübergehendes Zugeständnis an sozialistische Forderungen. Am 18. April nimmt er die Erklärung in einer weiteren Note an die Alliierten zurück: Er bestätigt nachdrücklich die Kriegsziele Rußlands. Damit schwinden die Hoffnungen auf einen Frieden. Miljukow wird Doppelzüngigkeit vorgeworfen. Als unmittelbare Reaktion kommt es in der Hauptstadt zu Demonstrationen, auf denen lautstark sein Rücktritt gefordert wird.

Vor dem Hintergrund dieser Krise tritt nun die Parteikonferenz mit 149 Delegierten zusammen, die fast 80 000 wahlberechtigte Parteimitglieder vertreten.[23] Gegen Lenin spricht Kamenew sich für ein Festhalten an der Linie vom März aus. Die Partei solle die Provisorische Regierung »überwachen«. Und Rykow erklärt: »Die Initiative der sozialistischen Revolution gehört nicht uns.« Schützenhilfe erhält Lenin dagegen vom seinem getreuen Sinowjew und von Bucharin, der sich 1915 seinen Thesen zur Nationalitätenfrage entgegengestellt hatte – er war gegen die Selbstbestimmung eingetreten. Jetzt teilt er Lenins Überzeugung, die Revolution müsse sofort kommen. Auch Stalin schwenkt plötzlich auf Lenins Kurs ein. Dank dieser Unterstützung wird auch er am Ende der Konferenz ins Komitee gewählt: Nur Lenin und Sinowjew erhalten mehr Stimmen.

Während die Konferenz tagt, demonstrieren in den Straßen die Massen. Die Provisorische Regierung zögert, die Demonstrationen auflösen zu lassen: Schon deshalb, weil nicht gesichert ist, daß die Truppen entsprechenden Befehlen folgen würden. Alles scheint Lenins Thesen zu bestätigen und ihm wachsenden Einfluß zu sichern. Die abschließende Abstimmung belegt, daß er die Partei überzeugt und seine Autorität hat durchsetzen können. Bei der Resolution zum Krieg folgt ihm die Versammlung fast einstimmig (bei 7 Enthaltungen). Sein Aufruf, den Übergang der Macht an die Sowjets vorzubereiten, erhält eine Unterstützung von 122 Stimmen. Allerdings sprechen sich nur 71 Delegierte für seine Resolution zum sofortigen Übergang zu einer sozialistischen Revolution aus. Gleichzeitig macht Lenin sich dafür stark, den Begriff »Sozialdemokrat«, angeblich ein Synonym für Verrat, durch den Ausdruck »Kommunist« zu ersetzen. In diesem Punkt verweigert ihm die Versammlung jedoch die Zustimmung. Ebenso beschließt sie gegen Lenin die Schaffung einer Arbeitsgruppe aus Bolschewiki und Menschewiki zur Wiederherstellung der Einheit der Partei. Der Traum von der Versöhnung bleibt den Sozialisten erhalten.

Lenin hat folglich in wesentlichen, aber nicht in allen Punkten gewonnen. Das Zentralkomitee, das im Anschluß an die Konferenz gewählt wird und aus neun Mitgliedern und fünf Stellvertretern besteht, spiegelt die Zwiespältigkeit seines Sieges wider. Vier der neun ZK-Mitglieder sind seine Gefolgsleute – Sinowjew, Swerdlow, Smilga und Stalin, wobei Stalins Gefolgschaft noch ganz neu und damit unsicher ist. Dieser Fünfergruppe – mit Lenin, der 104 Stimmen erhalten hat – steht eine Gruppe gegenüber, die er die »alten« Bolschewiki nennt: Kamenew, Nogin, Miljutin und Fedorow.

Lenins größter Erfolg liegt wohl darin, daß sich die Partei von diesem Zeitpunkt an seinen Slogan zu eigen macht: »Alle Macht den Sowjets.« Als er diese Devise im April 1917 ausgibt, hat er seine Gedanken im übrigen modifiziert. Schon Anfang des Jahres, noch in der Schweiz, hat er auf einem Vortrag das Thema der Sowjets angeschnitten. Damals hat er es allerdings kurz und ohne besonderes Interesse abgehandelt. Schrittweise hat er dann die Bedeutung des Sowjets erkannt. In seinem ersten *Brief aus der Ferne* beschreibt er ihn als »eine Regierung der Arbeiter«, eine Vertretung der »Interessen des Proletariats und des elendsten Teils der Bevölkerung«.[24] Diese veränderte Sichtweise Lenins kündigt sich bereits in der Parole der *April-Thesen* an und ebenso in der von ihm hergestellten Verbindungslinie zwischen Sowjet und Pariser Kommune. Beide Machtzentren seien auf »direkte Initiative der Volksmassen, auf die Inititative ›von unten‹« zurückgegangen. Mit dieser Gleichsetzung von Kommune und Sowjet und dem Bezug zu Marx stellt Lenin seine These auf eine solide historische Basis. Das hindert ihn allerdings nicht daran – er hätte in diesem Punkt nicht deutlicher werden können –, daß er sich einen Sowjet vorstellt, der von der Partei durchsetzt und Ausdruck des Parteiwillens ist. Die Partei hat freilich keine allzu zusammenhängenden Vorstellungen von der politischen Vertretung der Gesellschaft. Nach ihrem Programm von 1903, an dem sie 1917 noch festhält, repräsentiert die Konstituierende Versammlung, gebildet nach dem allgemeinen Wahlrecht, die Volkssouveränität. Auf der Aprilkonferenz stellen die Teilnehmer die Konstituierende Versammlung und den Sowjet auf die gleiche Stufe. Dabei versuchen sie nicht, beide Instanzen in ihren Befugnissen hierarchisch zu ordnen. Lenin äußert sich in dieser heiklen Frage zu diesem Zeitpunkt geschickterweise noch nicht, doch nach Oktober werden die Mißhelligkeiten zwischen ihm und seiner gesamten Partei voll zutage treten. In den Monaten nach der Aprilkonferenz greifen die Bolschewiki und sämtliche anderen sozialistischen Gruppierungen die Provisorische Regierung unablässig an, weil sie die Wahlen zur Konstituierenden Versammlung nicht rasch genug organisiere.[25] Dies hindert die Bolschewiki allerdings nicht daran, gleichzeitig immer lauter: »Alle Macht den Sowjets!« zu rufen.

Das Bündnis mit Trotzki

Nach der Aprilkonferenz überschlagen sich die Ereignisse. In Rußland und innerhalb der Partei verändert sich die Situation grundlegend.

Als erste Neuerung wird ein Koalitionskabinett ernannt. Es löst die erste Regierung unter Fürst Lwow ab, die an der Note Miljukows und ihren Folgen gescheitert ist. Allerdings ist diese Note nur der Auslöser, nicht die Ursache für das Scheitern der Regierung gewesen. Rußland leidet zu diesem Zeitpunkt unter einer Zweiteilung der Macht oder besser, an der Schwierigkeit der Provisorischen Regierung, sich gegen den Sowjet durchzusetzen. Kerenski ist im abgelösten Kabinett der einzige sozialistische Minister gewesen. Seine zwiespältige Haltung und sein Manövrieren zwischen Regierung und Sowjet verdeutlichen die unklaren Machtverhältnisse. Die Koalitionsregierung, die als Konsequenz dieser Krise gebildet wird, kommt Anfang Mai zustande. Fürst Lwow behält den Vorsitz, aber sechs Sozialisten ziehen als Vertreter des Sowjets ein: zwei Sozialrevolutionäre, zwei Menschewiki und zwei unabhängige Sozialisten. Lwow tritt nicht mehr als Vertreter einer Partei auf.[26]

Die Aussöhnung mit Trotzki leitet für die bolschewistische Partei eine neue Phase ein. Trotzki kehrt Anfang Mai ebenfalls nach Rußland zurück. Einen Tag nach seiner Ankunft spricht er vor dem Sowjet. Seine Rolle als dessen Vorsitzender im Jahr 1905 ist allen noch immer bekannt. Sofort greift er Lenins Thesen auf und appelliert an die Deputierten, den Sowjets alle Macht zu übertragen und die demokratische Revolution unverzüglich in eine proletarische zu überführen. Trotzki scheint von Lenin nichts mehr zu trennen – außer seiner Zugehörigkeit zu den internationalistischen Sozialdemokraten (*Meschrajonzy,* was sich mit »Zwischengruppe« übersetzen läßt). Diese Organisation möchte gegenüber den beiden Fraktionen der Sozialdemokratie ihre Unabhängigkeit wahren. Lenin ist sehr daran gelegen, Trotzki in sein Lager zu bekommen. Und Trotzki, der auf Aktionen brennt, sieht im Chef der Bolschewiki am ehesten den Mann, der diese in Gang bringen kann.

Den ersten Schritt zu dieser Aussöhnung hat im übrigen Lenin getan: Gleich nach Trotzkis Ankunft in der Hauptstadt hat er an einer Versammlung der *Meschrajonzy* teilgenommen. Dabei bot er Trotzki eine Mitarbeit in der Redaktion der *Prawda* und in dem Ausschuß zur Vorbereitung des Parteitags an. Diese Union kommt allerdings nicht sofort zustande: Trotzki scheut sich anfangs noch, in die Reihen der Bolschewiki einzutreten.

Er hält den Bolschewismus für überholt. Die Zeit sei reif für die Gründung einer neuen Partei. In seiner Zurückhaltung kommen Vorbehalte, aber auch Befürchtungen um einen Gesichtsverlust zum Ausdruck. Wenn er sich auf Lenins Seite stellte, käme das nicht dem Eingeständnis gleich, daß die Bolschewiki recht hätten? So wahrt er lieber Distanz und hofft, Lenin werde sich seinen Überlegungen anschließen. Lenin bleibt sich allerdings treu: Seiner Überzeugung nach werden die Ereignisse Trotzki dazu bringen, sich ihm anzuschließen. Eine Auflösung der Partei, die er mit dem Ziel einer späteren Machtübernahme gegründet hat, kommt nicht in Frage. Ebensowenig eine Namensänderung. Er sieht den Erfolg seiner Partei schon vor sich und hat so keinen Grund, an ihr zum gegenwärtigen Zeitpunkt etwas zu verändern. Lenin ist zwar bereit, Trotzki in die Partei aufzunehmen, doch muß dies nicht sofort sein.

In den folgenden Wochen findet in Petrograd eine Versammlung der Zimmerwalder Gruppe statt. Sie soll darüber entscheiden, ob die russischen Sozialisten an der anberaumten Sozialistenkonferenz in Stockholm zur Diskussion über den Frieden teilnehmen sollen. Die Teilnehmer sind gespalten: Die einen sprechen sich für, die anderen gegen eine Teilnahme aus.[27] Trotzki geißelt das Vorhaben noch heftiger als die Bolschewiki: Diese Konferenz solle die russischen Sozialisten, die bereits den Weg der Revolution gehen, mit den anderen europäischen Sozialisten zusammenbringen, die noch immer davon überzeugt sind, daß sie ihre jeweiligen Regierungen unterstützen müssen. Trotzki greift die »Versöhnler« aufs schärfste an. Lenin überläßt ihm die Rolle des kompromißlosen Sozialisten und hält sich diskret zurück. Von Trotzkis Extremposition überrascht, erkundigt Angelica Balabanowa sich bei Lenin, was Trotzki von einem Anschluß an die Bolschewiki noch zurückhalte. Lenins Antwort zeigt die Zwiespältigkeit in den Beziehungen beider Männer: »Wissen Sie das nicht? Der Ehrgeiz, immer nur der Ehrgeiz!«[28]

Lenin versucht nicht nur Trotzki für sich zurückzugewinnen. Martow, der zur gleichen Zeit nach Rußland zurückgekehrt ist, bekommt einen ähnlichen Vorschlag unterbreitet. In den Bolschewismus möchte Lenin all jene Menschewiki integrieren, die wie Martow eine internationalistische Position und den Willen zum Frieden vertreten. Zu dieser Zeit kommt die Koalitionsregierung zustande, in die auch zwei Menschewiki einziehen. Die menschewistische Partei als Ganzes hat gegen einen Eintritt in die Regierung allerdings Vorbehalte, denn diese vertritt die Fortsetzung des »Verteidigungskrieges«. Martow kehrt gerade rechtzeitig zurück, um an der Konferenz der Menschewiki zur Diskussion um den Regierungseintritt teilzunehmen. Er ist entschieden dagegen. In seiner Partei genießt er noch immer beträchtliches intellektuelles Ansehen, aber er hat in der Emigration weitgehend an Einfluß verloren. So billigt die Konferenz gegen seinen Widerstand die Teilnahme von Parteimitgliedern an der Regierungskoalition und sichert ihr vorbehaltlose Unterstützung zu. 44 Stimmberechtigte sind dafür, 11 dagegen, 13 enthalten sich. Nach dieser Niederlage hat Martow auch alle Chancen auf eine Führung der menschewistischen Partei verloren. Obwohl er isoliert ist, lehnt er einen Anschluß an Lenin ab.[29] 1917 hat er von diesem ehemaligen Freund ein besonders negatives Bild. Lenin ist für ihn ein zynischer Machtmensch. Zereteli vertraut er in den Tagen nach seiner Rückkehr an: »In Lenins Augen sind weder der Frieden noch der Krieg von wirklichem Interesse. Das einzige, was für ihn zählt, ist die Revolution. Und die einzige wirkliche Revolution ist diejenige, die den Bolschewiki die Übernahme der Macht ermöglicht.«

Angesichts eines solchen Urteils ist eine Annäherung zwischen den beiden Männern undenkbar. Für Lenin ist die Zurückweisung seiner Avancen letztlich kaum von Bedeutung: Die bolschewistischen Positionen setzen sich in der öffentlichen Meinung langsam, aber sicher durch. Und gegenüber den Gegnern verfügt er über wichtige Trümpfe.

Zunächst ist Lenin Herr über eine finanziell besonders gut ausgestattete Presse – zum Teil dank deutscher Gelder. Mit diesen Ressourcen kann er gleich nach der Rückkehr eine Vielfalt an Blättern herausgeben, die sich an unterschiedliche soziale Gruppen und Nationalitäten richten. Schon im Sommer 1917 erreicht die *Prawda* eine Auflage von 90 000 Exemplaren. Die Gesamtauflage aller bolschewistischen Zeitungen erreicht 320 000 Exemplare. Von diesen 41 Zeitungen erscheinen 27 in Russisch, die anderen in Georgisch, Armenisch, Litauisch, Lettisch, Tatarisch usw. Dabei richten sich diese Blätter – und das ist ihre Stärke – nicht nur an Sprachgemeinschaften, sondern auch an gesellschaftliche Gruppen: z. B. an Frauen oder Militärs (sogar getrennt nach Waffengattungen oder Einsatz: Matrosen, Frontsoldaten, etc.). Täglich gedruckt wird zudem eine bedeutende Anzahl von Flugblättern. Dazu verfügt die Partei über eine Druckerei im Wert von 260500 Rubel. Wolkogonow[30] hat diese Angaben sorgfältig überprüft. Nach seinen Berechnungen hätten die Beiträge der damals zahlreicher werdenden Parteimitglieder für einen solchen Kauf niemals ausgereicht. Insgesamt verfügt Lenin jedenfalls über unvergleichbare Mittel zur Verbreitung seiner Propaganda.

Die Presse allein ist freilich nicht genug. Betriebskomitees liefern den Bolschewiki ein weiteres Instrument zur Kaderbildung in der Arbeiterklasse. Mit ihnen soll der vorherrschende Einfluß der Menschewiki in den Gewerkschaften zurückgedrängt werden. In den von Lenin geförderten Betriebskomitees betreiben die Bolschewiki intensiv Propaganda. Allerdings haben sie hier kein leichtes Spiel, denn diese gehen auf spontane Arbeiterinitiativen zurück, die die Bolschewiki erst später für sich entdeckt haben. Lenin mißtraut ihnen – er hat die anarchosyndikalistischen Bewegungen stets kritisiert, aber eines begriffen: Daß man diese zum Kampf gegen den menschewistischen Einfluß unter einer Arbeiterschaft, die zu eigenen Organisationsformen neigt, nutzen und versuchen sollte, diese so gut es geht einer Führung zu unterstellen. Lenin, stets pragmatisch, ja opportunistisch, kann sich mit diesen Bewegungen folglich bestens arrangieren.

»Wir sind bereit, die Macht zu übernehmen«

Nach knapp zwei Monaten Aufenthalt in Rußland kann Lenin zufrieden sein. Angesichts einer sich rasch verändernden Situation verliert die Regierung zusehends an Autorität. Die Koalition hat den Willen zu einem Frieden ohne Reparationen und Annexionen bekundet, aber dieser Frieden ist noch immer nicht in Sicht. In der Armee wächst die Unzufriedenheit. Mit dem Kriegseintritt der Vereinigten Staaten, so erklärt sie der Bevölkerung, habe der Konflikt eine neue Qualität erhalten. Jetzt stünden sich nicht mehr nur imperialistische Staaten gegenüber.

Der von Rußland gewünschte Frieden sei in greifbare Nähe gerückt. Die Durchhalteparolen stoßen bei der Bevölkerung auf taube Ohren. Der Krieg und seine Leiden gehen mit unverminderter Härte weiter. Von den Bolschewiki geschürt, kommt es in den Städten zu Unruhen. Auch auf dem Land gärt es. Alles deutet darauf hin, daß die Regierung zusehends in die Isolation gerät. Auf Tagungen und Versammlungen bringen Bauern und Arbeiter erbittert ihre Forderungen vor. In der aufgeheizten Atmosphäre spielen stets die Bolschewiki eine Rolle.

In dieser Situation einer politischen Radikalisierung tritt im Juni der I. Gesamtrussische Sowjet-Kongreß zusammen. Die Bolschewiki haben darin keineswegs eine dominante Stellung: Von 822 stimmberechtigten Delegierten stellen sie nur 105 – weit abgeschlagen hinter den Sozialrevolutionären mit 285 und den Menschewiki mit 248 Delegierten. Zahlreich sind allerdings auch die unabhängigen Delegierten, die bis zu der Entscheidung für eine bestimmte Partei eine Klärung der politischen Kräfteverhältnisse abwarten. Um diese Unentschlossenen bemühen sich die Bolschewiki intensiv.

Im Taurischen Palais kommt es zu einem Zwischenfall. In der aufgeheizten Atmosphäre erklärt Postminister Zereteli, es gebe in Rußland keine politische Partei, »die bereit wäre, die Staatsgewalt ganz zu übernehmen«. Daraufhin erhebt sich Lenin und hämmert auf seine typische Art auf die Zuhörer ein: »Es gibt sie ... Keine Partei kann darauf verzichten; alle Parteien kämpfen um die Gewalt und müssen darum kämpfen, und unsere Partei verzichtet nicht darauf. Sie ist jede Minute bereit, die Gesamtheit der Macht zu übernehmen.«[31]

Mit seiner Rede, in der sich alles um den Krieg und die Unfähigkeit der Regierung zum Frieden dreht, erntet er Zwischenrufe und Spott – und gleichzeitig den Jubel der Soldaten und Matrosen, die in das Taurische Palais eingedrungen sind. Ihrer Anwesenheit ist es wohl zu verdanken, daß Kerenski mit seiner unvergleichlich ironischen und scharfsinnigen Entgegnung kaum Wirkung erzielt: »Sie raten uns, die Französische Revolution von 1792 nachzuahmen. Sie wollen uns in die totale Auflösung des Landes führen. Wenn es Ihnen gelungen ist, uns mit Unterstützung der Reaktion zu zerstören, werden Sie einer Diktatur den Weg geebnet haben!«

Lenin hat bei den Soldaten zwar tosenden Beifall geerntet und so einen Sieg über Kerenski erzielt, aber die anschließende Abstimmung, die die eigentlichen Kräfteverhältnisse widerspiegelt, verläuft anders. Kerenski setzt sich durch. Die Teilnehmer des Kongresses sprechen der Provisorischen Regierung das Vertrauen aus. Die bolschewistische Resolution, in der eine sofortige Übergabe der Macht an die Sowjets gefordert wird, erhält keine Mehrheit.

Vor der Auflösung beschließt der Kongreß – dies wird später noch eine wichtige Rolle spielen –, sich Statuten zu geben, alle drei Monate zusammenzutreten und ein Gesamtrussisches Zentrales Exekutivkomitee (WTSIK oder ZEK) als ständiges Organ der Sowjets zwischen den Vollversammlungen zu wählen. Von den 250 Mitgliedern sind nur 35 Bolschewiki. Lenin hat über den Sowjet-Kongreß somit keine Kontrolle – obwohl gerade er so radikal für die sofortige Machtübernahme durch die Sowjets plädiert hat. Und auch der Druck der Soldaten und Matrosen, die seine Thesen bejubelt und seine Gegner niedergebuht haben, hat ihm nichts genutzt.

Mehr Unterstützung als im Sowjet-Kongreß erhält Lenin von den Massen auf der Straße. So beschließt er sofort eine Machtdemonstration. Am 9. Juni rufen Flugblätter der bolschewistischen Partei und der Betriebskomitees für den kommenden Tag zu einer »gewaltfreien« Demonstration auf. Die ausgegebenen Parolen klingen allerdings alles andere als friedlich: »Nieder mit der Duma des Zaren!«, »Nieder mit dem Staatsrat!«, »Nieder mit den kapitalistischen Ministern!«, »Alle Macht sofort den Sowjets!«, »Brot, Frieden, Freiheit!« Ganze Regimenter – die Truppen der Petrograder Garnison werden von der Militärorganisation der Bolschewiki geradezu unter Kontrolle gebracht – haben eine bewaffnete Teilnahme an den Demonstrationen angekündigt.

Bestürzt alarmiert Tschcheidse den Gesamtrussischen Sowjet-Kongreß. Er warnt vor einem möglichen Blutbad durch die bolschewistische Machtdemonstration. Zereteli wirft Lenins Anhängern Vorbereitungen für einen Staatsstreich vor. Lenin selbst läßt sich an diesem Tag im Taurischen Palais seltsamerweise nicht blicken. Folglich kann er auch nicht auf die Appelle der erschreckten Delegierten reagieren und die Demonstration absagen. Schließlich wird sie doch abgeblasen: Die Bolschewiki werfen der Regierung vor, unter dem Vorwand eines Komplotts die Arbeiter entwaffnen und die Garnison schwächen zu wollen. Dagegen deutet alles darauf hin – die Untersuchung wird es schließlich beweisen –, daß die Bolschewiki die Demonstration zu einem anschließenden Staatsstreich hatten nutzen wollen. Sie hatten alle Vorkehrungen getroffen, um nach einem geglückten Coup d'Etat eine neue Herrschaft zu errichten.

Am folgenden Tag tritt der Sowjet zusammen, um auf die Ereignisse zu reagieren. Die Menschewiki und ihre wichtigsten Sprecher, Dan und Martow, verlangen für die Durchführung von Demonstrationen strenge Regeln. Künftig soll eine Genehmigung durch den Sowjet nötig sein. Bewaffnete Demonstrationen soll es überhaupt nicht geben, höchstens mit Sondergenehmigung. Die Bolschewiki wohnen der Diskussion schweigend bei. Als Zereteli verlangt, sie und die von ihnen kontrollierten Gruppen zu entwaffnen, um einen bewaffneten Umsturz zu verhindern, erklärt Martow, man könne »die Arbeiterklasse nicht entwaffnen«. Die Schlußabstimmung gibt Dan recht, erspart den Bolschewiki aber die Niederlage, in die Illegalität abgedrängt zu werden. Darauf sind sie zu dieser Zeit nicht vorbereitet. Martow hat sich für sie eingesetzt. Er hat sie als rebellische und unkontrollierbare Revolutionäre dargestellt, die aber durch die Unterstützung des Volkes legitimiert seien. Die Bolschewiki werden ihm diese Unterstützung keineswegs danken. Zeretelis Versuch, sie als Umstürzler zu brandmarken, ist gescheitert. Wenig später werden die Menschewiki erfahren, daß Zeretelis Prognose realistischer war, als sie hatten wahrhaben wollen.[32]

Schon am nächsten Tag gewinnt Lenin wieder Oberwasser. Die *Prawda* verkündet, der Sowjet habe nach Ansicht der Bolschewiki keine Befugnis, Demonstrationen zu kontrollieren oder zu genehmigen. Unter keinen Umständen seien sie bereit, Demonstrationen genehmigen zu lassen. Lenin will die aufgeheizte Atmosphäre unter den Soldaten und der Bevölkerung zu einem neuen Anlauf zur Eroberung der Macht nutzen.

Schon in wenigen Wochen scheint er hierzu eine Gelegenheit zu haben. Zumindest glaubt er dies.

Ein gescheiterter Putsch

Am 29. Juni erholt Lenin sich mit Krupskaja einige Tage an der finnischen Grenze in der Villa seines Freundes Bontsch-Brujewitsch. Urlaub oder notwendiger Rückzug? Wahrscheinlich haben ihn die fieberhaften Aktivitäten seit seiner Rückkehr erschöpft. Sein nervlicher Zustand, über den Krupskaja mit Argusaugen wacht, ist alles andere als stabil. Die plötzliche Abreise aus der Hauptstadt könnte allerdings auch anders begründet sein: als eine Vorsichtsmaßnahme. Lenin ist in den letzten Junitagen darüber informiert worden, daß die Regierung gegen ihn eine Anklage wegen Verrats vorbereitet. Die Umstände seiner Rückkehr mit deutscher Hilfe sind inzwischen genau bekannt. Noch immer wird er deshalb streng verurteilt. Jetzt geht es auch um die Finanztransaktionen Haneckis und Parvus'. Lenin soll nachgewiesen werden, daß er von deren Machenschaften gewußt habe, daß die Bolschewiki von den Deutschen Geld bekommen hätten und so die von ihrem Chef seit 1914 betriebene, defätistische Kampagne mit nie dagewesener Intensität habe betrieben werden können.

Diese Enthüllungen, an denen auch der französische Geheimdienst beteiligt ist[33], kommen für Lenin zu einem denkbar ungünstigen Zeitpunkt. Zwei Wochen zuvor, am 16. Juni, hat Kerenski an der Südwestfront eine Offensive gestartet. Dazu wurden nach Frankreich entsandte Truppen nach Rußland zurückbeordert – ein letzter Versuch, die Spirale der militärischen Niederlagen zu durchbrechen und den Mittelmächten zu demonstrieren, daß sie auf einen Separatfrieden nicht würden setzen können. Wie die Bolschewiki erkennen müssen, herrschen an der Front und unter der Zivilbevölkerung noch immer patriotische Begeisterung, sobald es neue Hoffnung auf einen Erfolg gibt. Die ersten Operationen in Galizien verlaufen ermutigend. Dann macht eine heftige Gegenoffensive der Deutschen die Gebietsgewinne in wenigen Tagen zunichte. Zurück bleibt ein Desaster, unnötige Tote, Verletzte und Gefangene. Vor allem Kerenski muß den Preis für eine Entscheidung bezahlen, die jetzt als reiner Wahnsinn gilt. Er gilt nun als persönlich verantwortlich für die Katastrophe und verliert einen Großteil an Autorität.

Den Ansehensverlust erleidet er ausgerechnet während des Juliputsches, also zu einem Zeitpunkt, zu dem er, der Wankelmütige, Entschlossenheit und Prestige benötigte.

Die ganze Geschichte dieses Putschversuchs kann hier unmöglich im einzelnen beleuchtet werden. Trotzdem ist eine Darstellung in groben Zügen sinnvoll. Zu erinnern ist dabei zunächst an die wichtigsten Aspekte der politischen Lage in der Hauptstadt in diesem Sommer 1917.

Bedeutsam sind zunächst die Aktivitäten der Anarchisten auf der Wyborger Seite von Petrograd. Als Hauptquartier hatten diese eine ehemalige Villa des Ministers Durnowo okkupiert. Wie Suchanow hervorhebt, war man im Sowjet und in der Regierung davon überzeugt, daß in diesem Haus massenweise Waffen und Sprengstoff lagerten. An Nachforschungen oder gar eine Hausdurchsuchung wagte sich allerdings niemand. Als die Anarchisten im Juni eine Druckerei besetzten, hatte der Sowjet den Vorwand zum Eingreifen. Eine versuchte Räumung der Druckerei und der Villa Durnowo führte zu einer Mobilisierung der Bevölkerung der Wyborger Seite. Der Stadtteil verwandelte sich in eine Festung: Für diese anarchistischen Arbeiter und Matrosen, die jetzt auf die Barrikaden gingen, stand die »Mehrheit« (Regierung und Sowjet) im Lager der Konterrevolution. Jetzt mußten sie nur noch für den Kampf gegen die derzeitige Macht mobilisiert werden.[34]

Auch in den Kasernen der Hauptstadt herrschte Aufruhr, kräftig geschürt von den Bolschewiki. Für gewaltige Aufregung sorgte die Offensive vom Juni: Die Soldaten befürchteten ihre Verschickung als Verstärkung nach Galizien. Und die Bolschewiki hatten Angst, die Regierung würde die Gelegenheit zu einer Säuberung der Hauptstadt von sympathisierenden Soldaten nutzen. Zu den Nachrichten von den militärischen Niederlagen kam die Gewißheit, daß die Regierung ihre Aufgaben nicht mehr würde erfüllen können.

Am 3. Juli brach in Petrograd schließlich ein regelrechter Aufstand aus. Er dauerte drei Tage, sorgte für ein Auseinanderbrechen der ersten Koalitionsregierung und machte die Unberechenbarkeit der politischen Situation in Rußland deutlich.

Vorangegangen war die Entscheidung der Regierung, den Aktivitäten der Bolschewiki einen Riegel vorzuschieben: Sie agitierten kräftig unter den Garnisonssoldaten, die sich angesichts der geplanten Entsendung einiger Truppenteile an die Front praktisch im Zustand der Meuterei befanden. Wegen der Vorwürfe gegen Lenin beschließt die Regierung, die bolschewistischen Führer verhaften zu lassen. Noch während der Diskussion darüber erfährt Lenin von der heraufziehenden Gefahr. Dies erklärt sein Bedürfnis nach einer sicheren Zuflucht außerhalb der Hauptstadt.

Am 3. Juli demonstrieren Arbeiter und Soldaten. Zwei Tage lang ziehen sie durch die Straßen, belagern das Taurische Palais, nehmen Politiker als Geiseln – so z. B. Wiktor Tschernow – und verlangen die Übergabe der Macht an den Sowjet. Trotz ihrer Orientierungslosigkeit ergreift die Regierung in der Hauptstadt verschiedene repressive Maßnahmen und läßt die bolschewistischen Führer verhaften: Lenin, Sinowjew und Kamenew.

Die Akteure dieser »Juliereignisse« – am 6. ist alles vorüber – sind drei politische Gruppen: die Bolschewiki, die Demonstranten und die Regierung. An allen Beteiligten überrascht ein und dieselbe Haltung: Sie sind unentschlossen, verunsichert und geben gewissermaßen vorschnell auf.

Die Bolschewiki – ihr Chef Lenin verläßt seinen Unterschlupf erst am 4. Juli wieder – werden in diesen unsicheren Tagen von einem neu gebildeten Trio angeführt: Sinowjew, Kamenew und Trotzki (der sich von diesem Zeitpunkt an klar zu Lenin bekennt). Trotzki bildet während der Unruhen die Vorhut, peitscht überall die Volksmassen auf und fordert in der heißesten Zeit des Aufstandes die Übergabe der Macht. Die Bolschewiki treten an zwei Fronten in Erscheinung: Zum einen geben sie an die Meuterer Instruktionen aus, die nach wenigen Stunden widerrufen werden. Zum anderen agitieren sie im Sowjet, dessen Arbeitersektion sie als Speerspitze des Aufstandes zu nutzen versuchen.

Die zweite Kraft in diesen Tagen sind die Arbeiter und Soldaten, die seit dem 1. Juli in die Machtzentren drängen. Die Direktiven zum weiteren Vorgehen holen sie sich bei den Bolschewiki, die ihr Verhalten als spontan darstellen. Genauer betrachtet, hat die Partei die Unruhen aber seit Wochen sorgfältig vorbereitet und ausgelöst. Der entscheidende Tag ist der 3. Juli. An ihm droht die Lage vollständig außer Kontrolle zu geraten. Die Arbeiter und Soldaten, die durch die Straßen der Hauptstadt ziehen, treten entschlossener auf denn je. Hier und da peitschen Schüsse, vereinzelt wird geplündert. Vor allem am Tagungsort der Regierung und des Sowjets ertönen Rufe: »Nieder mit den zehn kapitalistischen Ministern!«, »Alle Macht den Sowjets!« Am Taurischen Palais, dem Tagungsort des Sowjets, springt Kamenew auf die Tribüne und ruft: »Wir haben nicht zum Aufstand aufgerufen. Aber die Massen sind spontan auf die Straße gegangen... Wir müssen mit ihnen sein. Unsere Aufgabe ist es, der Bewegung einen organisierten Charakter zu geben.«

Die Bolschewiki scheinen im Begriff, über die Volksmassen die Macht zu ergreifen. Aber offenbar scheuen sie davor noch zurück. Die von ihnen ausgegebenen Instruktionen sind widersprüchlich. Am nächsten Tag scheinen sie allerdings entschlossener. Die ganze Nacht hindurch haben sie im Hauptquartier der Partei über die Modalitäten einer Machtübernahme debattiert. Inzwischen hat die Regierung angesichts der Gefahr militärische Verstärkung herbeibeordert. Im Morgengrauen schlägt die Situation erneut um: Bolschewiki, aber auch Deputierte, werden in die Kasernen und Fabriken entsandt, um den Soldaten und Arbeitern weitere Aktionen auszureden.

Nach langen inneren Kämpfen haben die Bolschewiki schließlich entschieden, daß die Stunde des Gewaltstreichs noch nicht gekommen sei. Die vielen Befehle und ihre Widerrufung an die Demonstranten zeigen ihre Unsicherheit. Am 4. Juli erscheint die *Prawda* mit einer merkwürdigen ersten Seite: Ein Artikel neben einer großen, zensierten Spalte ruft die Demonstranten zur Besonnenheit auf. Das schlagendste Beispiel für die Unentschlossenheit der Bolschewiki ist Lenins Verhalten am 4. Juli. Warum zögern die Bolschewiki? Die Staatsmacht scheint gelähmt. Die Massen sind offenbar zu allem bereit, wenn sie nur geführt werden.

Die zwangsläufige, aber unvollständige Erklärung: Die Enthüllungen zu Lenins Verrat stehen damals vor der Veröffentlichung. Am 4. Juli ordnet Kerenski an, das Beweismaterial gegen diesen veröffentlichen zu lassen. Allerdings herrscht in der Regierung noch Unsicherheit darüber, ob der Zeitpunkt gut gewählt sei. Noch glaubt sie, sie könne die Unruhen eindämmen und die Bolschewiki in die Illegalität abdrängen. Schon sinnen Regierungsmitglieder über einen Prozeß nach, der die Bolschewiki für immer aus dem politischen Leben verbannen soll. Veröffentlicht wird folglich nur ein kleiner Teil des Belastungsmaterials gegen Lenin, während das Wesentliche für das Verfahren zurückbehalten wird. Die Zeitungen erhalten zunächst nur ein paar Unterlagen, die dann wieder zurückgezogen werden.[35] Vollkommene Uneinigkeit herrscht: Justizminister Perewersew will das gesamte Material veröffentlichen lassen. Die Mehrheit im Sowjet ist über das geplante Vorgehen gegen Lenin empört. Sogar der Lenin-Hasser Zereteli sorgt mit für eine Blockierung der Verratsaffäre. Vom Sowjet dazu gedrängt, lassen die Zeitungen die Affäre alle unter den Tisch fallen – außer *Shiwoje Slowo*. Einer der Artikel titelt: »Spione: Lenin, Hanecki und Co.« Der Artikel wird überall gelesen. Die Folgen für Lenin sind verheerend. Trotz ihrer Friedenssehnsucht können die Menschen in Rußland, einschließlich der bolschewistisch beeinflußten Soldaten, sich keinen vom Feind initiierten und bezahlten Frieden vorstellen.

Die Bolschewiki gehen sofort zum Gegenangriff über. Sinowjew geißelt vor dem Sowjet »die monströse verleumderische Mitteilung, deren Wirkung auf die rückständigsten und ungebildetsten Schichten der Volksmassen man bereits erkennen kann. Ich brauche Ihnen nicht die Bedeutung dieser Gemeinheit und ihre möglichen Folgen zu erläutern. [...] Der Fall hängt nicht nur mit den Interessen unserer Revolution, sondern mit denen der gesamten europäischen Arbeiterbewegung zusammen. [...] Mit diesem Auftrag bin ich im Namen des Zentralkomitees unserer Partei hier erschienen.« Diese entschlossene Erklärung kann über die Bestürzung und Besorgnis der Bolschewiki nicht hinwegtäuschen. Die Enthüllungen und ihre Wirkung auf die Massen haben sie und vor allem Lenin wahrscheinlich davon überzeugt, daß eine Machtübernahme zum jetzigen Zeitpunkt nicht in Frage komme. Von daher die Aufrufe an die Aufständischen zur Besonnenheit.

Die Regierung nutzt die Gelegenheit und ergreift die Initiative – schon deshalb, weil sich inzwischen die Konterrevolution formiert. Reaktionäre oder antibolschewistische Elemente verwüsten die Redaktionsräume der *Prawda* und belagern das Hauptquartier der Bolschewiki. Die Regierung sorgt für eine Entwaffnung der Aufständischen und gewinnt so eine gewisse

Kontrolle über die Kasernen zurück. Gleichzeitig ordnet sie die Verhaftung der Bolschewiki an.[36]

Während Lenin und Sinowjew rechtzeitig untertauchen und sich nach Finnland absetzen können, werden Kamenew, Trotzki, Lunatscharski und Kollontai verhaftet. Hanecki sitzt wegen der Affäre um die deutschen Gelder bereits hinter Gittern. Suchanow notiert in seinem Buch, mit seiner Flucht habe Lenin nicht gerade zur Aufbesserung seines Images beigetragen: »Es mag sein, daß für Lenin nicht sein Leben oder seine Gesundheit wichtig waren, sondern seine politische Aktionsfreiheit. Aber wäre denn diese in den damaligen Gefängnissen etwa mehr eingeschränkt gewesen als im Untergrund?« Er fügt hinzu, daß die verhafteten Bolschewiki dort eine Märtyreraura erhielten, während Lenins Flucht, die auf den Vorwurf der Verleumdung hin erfolgte, »nur negative Auswirkungen zeitigte«.[37]

Für Suchanow hat Lenin mit seiner Flucht, bei der er die Mitstreiter im Stich ließ, sein moralisches Ansehen für immer beschädigt. Mit ihr hat er sich in der Tat keine Lorbeeren verdient. Während der gesamten Ereignisse ging es ihm mehr um die eigene Sicherheit als um das revolutionäre Vorhaben und die Solidarität mit den Anhängern. Dieses Verhalten steht im Einklang mit seiner Vorstellung von der Partei. Zu eindeutig setzt er sich mit ihr gleich, als daß er seinen Beschluß als nicht legitim ansehen könnte. Seine Entscheidung ist die der Partei, die er als ihr Chef verkörpert.

Lenins Flucht stieß bei vielen Bolschewiki auf Ablehnung, und es hat ihn einige Mühe gekostet, sie zu rechtfertigen. Am 7. Juli – er hat vorübergehend Unterschlupf in der Wohnung der Familie Allilujew gefunden, die mit Stalin befreundet ist und später auch diesem Zuflucht gewährt – ist das Thema von Lenin, Krupskaja, Stalin, Ordshonikidse, Nogin und einigen unbedeutenderen Bolschewiki diskutiert worden.[38] Nogin, ein Bolschewik der ersten Stunde, Lenins Vertrauter seit 1903 und seit April ZK-Mitglied, versuchte ihn davon zu überzeugen, sich zu stellen. Jelena Stassowa, eine weitere langjährige Vertraute Lenins, vertrat die gegenteilige Auffassung: Als Grundlage für einen Prozeß setze die Regierung augenblicklich die Information in Umlauf, Lenin sei nicht nur ein Spion der Deutschen. Er sei auch ein Agent der Ochrana. »Gehen Sie nicht ins Gefängnis«, rief Stalin, »sie werden Sie töten!«[39] Lenins Entschluß stand ohnehin schon fest. Er hörte folglich nicht auf Nogin und Ordshonikidse. In der *Sache des Proletariats* erscheint in der Woche darauf ein Brief, der Lenins und Sinowjews Unterschrift trägt. Dieser setzt unter die Affäre einen Schlußpunkt mit der Ankündigung, daß sie sich der Verhaftung entziehen würden, da ein fairer Prozeß nicht garantiert sei.

Der Putschversuch ist eher an der Unentschlossenheit der Massen und der Bolschewiki gescheitert als am Durchgreifen der Regierung. Diese scheint aus ihm gestärkt hervorzugehen. Lenin und seine Partei haben ein Desaster erlitten und müssen das Feld der Staatsmacht, den Menschewiki und den Sozialrevolutionären überlassen. Die Revolution scheint jetzt einen klareren Verlauf zu nehmen: Die Bolschewiki sind in Mißkredit geraten und scheinen von der politischen Bühne zu verschwinden. Die andauernde Gefahr einer Radikalisierung scheint gebannt und eine gewisse Stabilität hergestellt.[40]

Ein schwieriger Wiederaufstieg

Die Folge der Juliereignisse: In den Tagen nach dem Sturm bricht die erste Koalitionsregierung auseinander. Fürst Lwow tritt endgültig zurück. Kerenski übernimmt die Führung in einem mehrheitlich sozialistischen Kabinett. Neben der bisherigen Funktion des Kriegsministers erfüllt er jetzt auch die Aufgabe des Marineministers. Ins Kabinett beruft er neben den Sozialrevolutionären Sawinkow und Lebedew auch einige Kadetten. Diese Koalition kann allerdings niemanden überzeugen. Zur Stärkung seiner Autorität überträgt Kerenski am 18. Juli General Kornilow das Oberkommando über die Streitkräfte. Diese wiederhergestellte Staatsführung stößt allerdings weiterhin auf den Widerstand Lenins und der Bolschewiki. Der entstehende Kleinkrieg hindert Kerenski an der Ausführung seines urspünglichen Vorhabens: die Affäre um die Zahlungen der Deutschen an die Bolschewiki vollständig und endgültig an die Öffentlichkeit zu bringen. Die Regierung gerät im Sowjet wegen der vielen Verhaftungen unter Beschuß. Vor allem Lenin wird von den Räten noch immer in Schutz genommen. Der heftigste Kritiker dieser Regierungsaktion ist Martow: Lenin sei ein rücksichtsloser Intrigant, aber ganz gewiß kein Verräter, so seine hartnäckig wiederholte Verteidigung. Auch Zereteli sieht es so. Die Widerstände zwingen die Regierung, den Plan, die Vorwürfe wegen Verrats zu untersuchen, schließlich fallenzulassen. Lenin fällt ein erster Sieg in den Schoß: Er verdankt ihn allein dem Bedürfnis seiner brillantesten Gegner, ihm zur Seite zu springen.

Die bolschewistische Partei reorganisiert sich während ihres VI. Parteitages vom 23. Juli bis zum 3. August 1917.[41] Obwohl weder Lenin noch Trotzki teilnehmen – der eine ist auf der Flucht, der andere verhaftet –, steht der Parteitag ganz unter dem Einfluß der beiden Männer. Der symbolträchtige Name »Vereinigungsparteitag« zeugt vom Bedürfnis der Bolschewiki, in dieser stürmischen Zeit wieder Oberwasser zu gewinnen. Ihm sind straff organisierte Delegiertenwahlen vorangegangen, an denen fast 170 000 Aktivisten, davon ein Viertel aus der Hauptstadt, teilgenommen haben. Unter den 267 Teilnehmern sind neben den erklärten Bolschewiki auch Vertreter der sogenannten »Zwischengruppe«, zu der sich auch Trotzki bekennt, und verschiedener internationalistischer Strömungen, die bislang Unabhängigkeit gewahrt haben. Alle streben ungeduldig eine Vereinigung an, spüren sie doch die wachsende Gefahr einer Reaktion, der sie geschlossen begegnen wollen.

Die Vereinigung, die ohne Lenin vollzogen wird, bedeutet zugleich seinen Sieg. Und so hat er ihn sich auch immer vorgestellt: als Sammlung aller Sozialisten unter seiner Führung, und zwar ohne Vorbedingungen.

Der Parteitag wählt eine Führung von 22 Mitgliedern. Lenin wird mit der größten Stimmenzahl gewählt (133 von 134 Stimmberechtigten), gefolgt von Sinowjew (132), Trotzki und Kamenew (je 131). Das ganz heterogen besetzte Zentralkomitee vereint gegensätzliche Strömungen und Tendenzen. Lenin, Sinowjew, Kamenew, Trotzki, Bucharin und Sokolnikow haben lange Zeit in der Emigration agiert. Dagegen wirkten Stalin, Rykow, Dserschinski, Schaumian, Swerdlow und Muranow in Rußland, wo sie viele Monate im Gefängnis und in der sibirischen Verbannung zugebracht haben. Alle neugewählten ZK-Mitglieder sind schon irgendwann einmal mit Lenin aneinandergeraten, sei es wegen innerparteilicher Querelen, in der Kriegsfrage oder wegen

Der Personenkult um Lenin, oft in der Trias mit Karl Marx und Friedrich Engels, war zentraler Bestandteil der sowjetischen Propaganda bis zum Ende der Sowjetunion. Zurückgedrängt wurde das übermächtige Bild Lenins nur während der Ära Stalin. Das Foto zeigt eine Maiparade auf dem Roten Platz 1969.

Der junge Lenin im Jahr 1905.

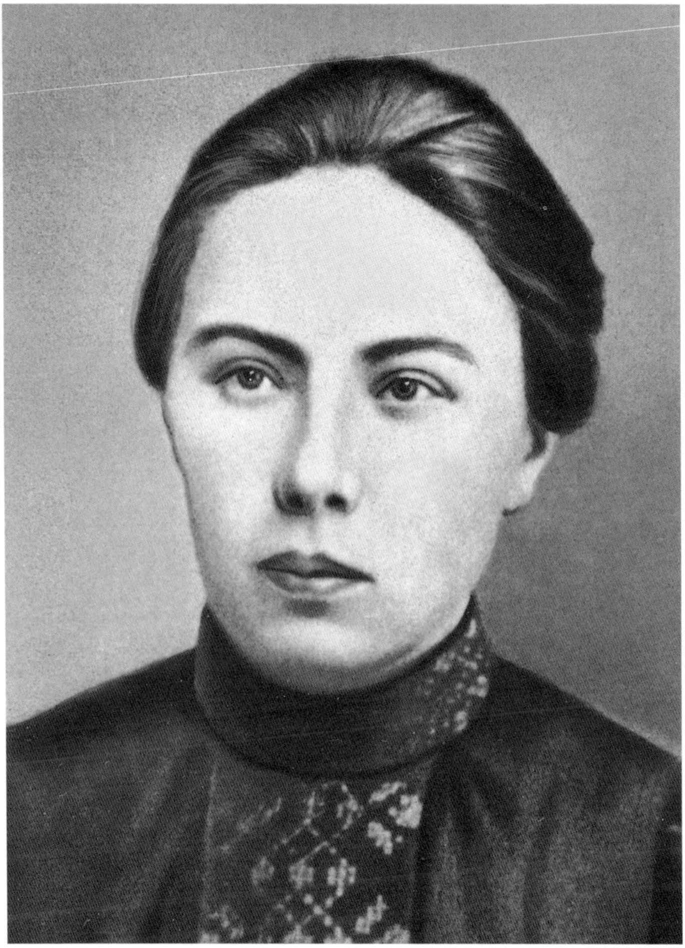

Lenins Ehefrau, die Lehrerin und sowjetische Politikerin Nadeshda Krupskaja (1869–1939).

Die Gründungsväter der russischen sozialdemokratischen Partei im Februar 1897: v.l.n.r. stehend: A. Maltschenko, P. Saporojetz, A. Wanejew; sitzend: W. Starkow, G. Krijanowski, Lenin und L. Martow.

Leon Deutsch (links) und Paul Axelrod, zwei enge Mitarbeiter Lenins bei der von ihm von 1900–1903 in Leipzig herausgegebenen russischen Emigrantenzeitschrift ISKRA, 1903.

Leo Trotzki (1879–1940), um 1917.

Eines der wenigen Bilder, die Lenin im Exil zeigen: 1908 auf der Terrasse der Villa Maxim Gorkis auf Capri beim Schachspiel mit Alexander Bogdanow. Dahinter v.l.n.r.: I. Ladyinikow, M. Gorki, S. Peschkow und W. Bogdanowa. Bereits wegretuschiert ist der Wirtschaftswissenschaftler W. Basarow, der 1930 in einem Schauprozeß abgeurteilt wurde. In einer anderen Version verschwindet auch noch Peschkow, der als Verräter galt, nachdem er nach Frankreich gegangen war.

:nin bei einer Ansprache an die abrückenden sowjetischen Truppen am 5. Mai 1920. :echts neben der Tribüne sind Trotzki (vorne) und Lew Kamenew zu sehen, die ebenfalls ı den Truppen sprachen. In den dreißiger Jahren, als Trotzki sich im Exil befand, wurden ·eser und Kamenew wegretuschiert (unten).

Nikolaus II., Zar von Rußland (1894–1917) mit Zarin Alexandra und ihren Kindern Maria, Alexej, Tatjana, Olga und Anastasia, 1913.

Rechts oben: Russische Revolution 1905. Demonstrationszug in Petersburg.

Rechts unten: Matrose Matuschenko (im weißen Hemd), der Anführer der aufständischen Besatzung des Panzerkreuzers Potemkin kurz nach der Übergabe des Schiffes an die rumänische Regierung aufgrund von Nachschubmangel.

Lenin 1918.

Rechts: Rückkehr aus dem Exil mit Unterstützung der deutschen Regierung. Der Passierschein Lenins und seiner Begleiter bei ihrer Reise aus der Schweiz nach Schweden durch Deutschland im Jahr 1917.

Ich bestätige,

1.) dass die eingegangenen Bedingungen, die von Platten mit der deutschen Gesandtschaft getroffen wurden, mir bekannt gemacht worden sind;

2.) dass ich mich den Anordnungen des Reiseführers Platten unterwerfe;

3.) dass mir eine Mitteilung des "Petit Parisien" bekanntgegeben worden ist, wonach die russische provisorische Regierung die durch Deutschland Reisenden als Hochverräter zu behandeln drohe.

4.) dass ich die ganze politische Verantwortlichkeit für diese Reise ausschliesslich auf mich nehme;

5.) dass mir von Platten die Reise nur bis Stockholm garantiert worden ist.

Bern - Zürich, 9. April 1917.

1 Lenin.

2 Frau Lenin

3 Georg Safaroff

4 Valentina Safaroff-Mostitchkine

5 Gregor Ussijevitch

6 Helene Kon

7 Inès Armand

8 N. Boitzow

F. Grebelsky

8 A. Konstantinowitsch

E. Mirinkoff

M. Mirinkoff

9 A. Skowno

10 G. Zinowiew

11 Radomyslsky (und Sohn)

12 D. Slussareff

12 B. Elterfaninoff

9 Brilliant

13 M. Kassmann

D. Rosenblum

14 A. Abramowitsch

S. Scheinessohn

M. Mikha

M. Gobermann

15 A. Linde

M. Aisenbud

Pogowsky

Soulichvili

16 Ravitsch

Chachtouriff

Oben: Friedenskonferenz von Brest-Litowsk 1917. Die russische Delegation mit: Kamenew, Altvater, Trotzki (v.l.n.r.).

Unten: Lenin im August 1918 nach einer Sitzung des 1. Allrussischen Erziehungskongresses in Moskau.

Oben: Lenin im Gespräch mit dem Sekretär des Moskauer Komitees der KP, W. M. Sagorsky, am Rande der großen Demonstration auf dem Roten Platz am 1. Mai 1919.

Unten: Lenin bei einer Tagungseröffnung am selben Tag im Kreml, links von ihm seine Frau Nadeshda Krupskaja.

Lenin (Mitte), rechts und links von ihm Kalinin und Stalin sowie weitere Delegierte auf dem 8. Parteitag der Russischen Kommunistischen Partei 1919.

Lenin (Mitte) mit Trotzki (links) und Kamenew während des Kongresses in Petersburg, der zur Bildung der dritten kommunistischen Internationale (KOMINTERN) führen sollte.

Lenin mit Stalin 1922 in Gorki.

Lenin in seinem Garten 1923 – eines der letzten bekannten Fotos.

Nach dem Ende der Sowjetunion fallen die Denkmäler Lenins: Demontage und Abtransport der Lenin-Statue vor dem Parlamentsgebäude in der litauischen Hauptstadt Vilnius im August 1991.

Bildquellen:
Ullstein Bilderdienst 1, 3, 5, 8, 9 o., 9 u., 11, 14 o., 16
Bilderdienst Süddeutscher Verlag 2, 4 o., 4 u., 6, 7, 10, 12 o., 12 u., 13 o., 13 u., 14 u., 15 o., 15 u.

der Nationalitätenfrage, wie Bucharin. Einige waren Menschewiki wie Kollontai oder langjährige Gegner Lenins wie Trotzki, der sich ihm erst in diesem Sommer 1917 wieder angeschlossen hat: Der VI. Parteitag gibt der Aussöhnung mit diesen Genossen folglich einen offiziellen Charakter.

Der Parteitag bestätigt zudem zwei Führungsinstanzen: das Präsidium, in dem die Anwesenden sitzen (Stalin, Swerdlow, Lomow, Olminski und Jurenjew), und die eigentliche Führungsinstanz mit Lenin, Trotzki, Sinowjew, Kamenew, Lunatscharski und Kollontai, die damals (mit Ausnahme Lenins) im Gefängnis von Wyborg sitzen und dieser Haft einen Großteil ihres Ansehens verdanken.

Stalin, der an Lenins Stelle den Generalbericht vorlegt, tritt als Sprecher des untergetauchten Parteichefs auf. Die Beziehungen zwischen Regierung und Revolution, so erklärt er, gingen fortan in Lenins berühmter Formel auf: »*Kto kogo?*« (»Wer wird Herr über wen?«) Und er schließt: »Vor Juli war eine friedliche Übergabe der Macht an die Sowjets möglich. Dies ist jetzt nicht mehr der Fall. Die friedliche Phase der Revolution ist beendet. Die Periode des Bruchs und der Explosion ist gekommen.«[42] Stalin verficht begeistert Lenins Thesen. Schon jetzt legt er Wert darauf, als dessen treuester Vertreter zu gelten. Auch zu einer Frage, die in der Partei für erhebliche Unruhe sorgt und die keiner zu stellen wagt, äußert er sich: Hätte Lenin sich einem Prozeß stellen sollen, um die gegen ihn erhobenen Vorwürfe zu widerlegen? War seine Flucht gerechtfertigt? Stalins Antwort fällt zwiespältig aus: Hätte die Regierung für Lenins persönliche Sicherheit und ein faires Verfahren garantieren können, wäre er besser vor Gericht erschienen. Aber diese Garantien habe er nicht erhalten. Die Flucht sei folglich ein elementares Gebot der Vorsicht gewesen.[43] Mit dieser uneindeutigen Haltung erntet Stalin heftige Kritik von Dserschinski und Skrypnik. Bucharin zieht den Gedanken ins Lächerliche, von einem »bourgeoisen Tribunal« könne ein fairer Prozeß erwartet werden. Aber es ändert nichts: Stalins Haltung verrät eine gewisse Mißbilligung von Lenins Flucht, die bei zahlreichen Anhängern tiefes Unbehagen ausgelöst hat.

An diesem Parteitag sind zudem zwei Ereignisse hervorzuheben, die zunächst nicht wahrgenommen werden, später aber eine Rolle spielen werden:

Zum einen ist die Parole »Alle Macht den Sowjets!« fast ganz verschwunden. Statt dessen taucht ein noch unpräziser Slogan auf, der eine zunehmende Radikalisierung zum Ausdruck bringt: »Die revolutionäre Diktatur der Arbeiter und Bauern.«

Martows Fraktion übermittelt dem bolschewistischen Parteitag Glückwünsche und die Versicherung ihrer Unterstützung. Sie erklärt sich mit dem Kampf von Lenins Partei gegen die Koalitionsregierung solidarisch. In Mißkredit geraten und polizeilich gesucht, wird Lenin die Freude zuteil, daß seine einstigen Gegner auf ihn zukommen. Die unverhoffte Unterstützung bedeutet einen Trost in der Einsamkeit.

Als der Parteitag zu Ende geht, erfährt Lenin in seinem Versteck in Rasliw, einem Vorort der Hauptstadt, vom Bekanntwerden seines Unterschlupfs. Er hat dort mit Sinowjew ruhige Tage verbracht, an kürzeren Veröffentlichungen gearbeitet und für sein später erscheinendes Werk *Staat und Revolution* einiges gelesen. Wegen der drohenden Verhaftung setzen er und Sinowjew sich unter falschem Namen und mit falschem Paß nach Finnland ab. Lenin hat sein Äußeres von Grund auf verändert: Ohne Bart und mit blonder Perücke ist er nicht wiederzuerkennen. Sinowjew verändert sich in umgekehrter Weise: Er rasiert sich den Kopf und läßt sich einen Bart wachsen.

Nach einer abenteuerlichen Reise, bei der die beiden Gefährten beinahe gefaßt worden wären, einen Fluß durchschwimmen und Heizer auf einem Zug mimen müssen, gelangen sie schließlich nach Helsinki. Lenin kommt beim Polizeichef unter. Einen sichereren Unterschlupf hätte er sich nicht wünschen können!

Derweil gerät in Petrograd die Situation immer mehr außer Kontrolle. Die Koalition besteht keine zwei Wochen und wird von einer weiteren Regierung unter Kerenski abgelöst. Kerenski beruft in Moskau eine Staatskonferenz ein. Von den zweitausend Teilnehmern erhofft er sich Vorschläge, wie die Stabilität des Regimes gesichert werden könne. Obwohl die Presse im Vorfeld beträchtliches Aufhebens macht, weiß niemand so genau, wozu das Forum eigentlich dienen soll. Alle Parteien sind eingeladen, folglich sind alle eine Zeitlang mit der übliche Debatte um Teilnahme oder Boykott beschäftigt. Die Diskussionen sind allerdings überflüssig, denn die Konferenz wird rasch zum Fiasko.

Daraufhin überschlagen sich die Ereignisse. Die Bevölkerung

erwartet eine Reaktion auf ihre Forderungen nach einer Landreform und der Beendigung des Krieges. Dagegen setzen Kerenski und seine Regierung hartnäckig auf dessen Fortsetzung. Die Reformen wollen sie einer Konstituierenden Versammlung überlassen, die erst noch gewählt werden muß. Mit den Vorbereitungen haben sie es nicht eilig. Die Regierung verhält sich in allen Fragen abwartend. Seit dem gescheiterten Putschversuch durch die Bolschewiki ist Kerenski im übrigen wie besessen von der Furcht, die Rechte könne jetzt einen Gewaltstreich unternehmen. Vorsichtshalber hat er Kornilow zum neuen Armeechef gemacht, ein »Löwenherz und Lammhirn«, so General Brussilow. Gleichzeitig fürchtet Kerenski auch Putschbestrebungen Kornilows. Die beiden Männer mißtrauen einander und hegen Hintergedanken. Nach dem Scheitern der Staatskonferenz und aller Versuche, das Land vor Unruhen zu schützen, stürzt Kornilow sich ebenfalls in das Abenteuer eines Putschversuchs[44]: Da der revolutionäre Druck auf die Armee wächst und deutsche Truppen Anfang September auch noch die Hauptstadt bedrohen, verlangt er den Rücktritt der Regierung und alle Macht für sich selbst. Kerenski beruft ihn sofort ab. Der General reagiert am 27. August mit einem Marsch seiner Truppen auf Petrograd. Die Putschgefahr mobilisiert alle Linksparteien – Bolschewiki, Menschewiki und Sozialrevolutionäre. Sie organisieren die Massen und erklären die Zerschlagung der Verschwörung zum vorrangigen Ziel. Ihre Bemühungen erübrigen sich: die Truppen zeigen wenig Bereitschaft zum Kampf. Am 12. September ist Kerenski in der Lage, Kornilow verhaften zu lassen. Dem Anschein nach hat er das Kräftemessen gewonnen.

Der gescheiterte Putschversuch hat zwei Konsequenzen. Zunächst hat sich gezeigt, daß die Regierung nur noch ein Phantom ist. Sie hat das Land nicht mehr hinter sich und kann die Macht, die ihr in der Februar-Revolution zugefallen ist, nicht mehr behaupten. Durch Unentschlossenheit hat sie sich mehrfach in eine Sackgasse manövriert. Bei einem energischeren Gegner mit mehr Rückhalt in der Bevölkerung – Kornilow verfügte über keinerlei gesellschaftliche Unterstützung – wäre Kerenski über diese Krise gestürzt.

Zweitens wirkt der gescheiterte Putschversuch für die Bolschewiki wahre Wunder: Er ermöglicht ihr Comeback auf der politischen Bühne Rußlands und schmiedet die Linke zusammen. Die Bolschewiki sind folglich die großen Sieger dieser Machtprobe, an der sie selbst kaum beteiligt waren. Suchanow analysiert die Auswirkungen des Putschversuchs: »Die bolschewistische Gefahr, die zunächst nur Erfindung gewesen war, wurde zur Realität. Der Sowjet der Hauptstadt, die Führung aller anderen Sowjets, die aktive Armee, die rückwärtige Garnison, alles fiel Lenin in die Hände. Die gesamte Autorität des Staates verkörperten jetzt die Bolschewiki, die solide mit den Massen verbunden waren.«

Der rasche Vormarsch des bolschewistischen Einflusses zwingt die anderen Sozialisten – Menschewiki und Sozialrevolutionäre – zu einer Richtungskorrektur nach links, um hinter der Entwicklung nicht zurückzubleiben.[45] Die Entwicklung macht deutlich, daß die bürgerliche Demokratie mit dem Tod ringt.

Bestrebungen zum bewaffneten Aufstand

Rußland driftet unaufhaltsam einer weiteren Revolution entgegen. Kerenski ist wie gelähmt und reagiert kaum auf die Bedrohung. Die Provisorische Regierung wird am 24. September mit einer vierten Koalition fortgesetzt, erneut unter dem Vorsitz Kerenskis. Die Regierung verfügt über einen lächerlichen Rest an Autorität: Die Macht ist zwischen ihr und dem Sowjet endgültig aufgeteilt. Dem Petrograder Sowjet sitzt seit dem 4. September Trotzki vor, der eben aus dem Gefängnis entlassen worden ist. Er meldet sich mit der Erklärung zu Wort, nicht er habe Tschcheidses Platz eingenommen, dieser habe vielmehr den seinen usurpiert. Trotzki, der 1905 dem Sowjet vorgesessen hatte, beruft sich so auf die Kontinuität der revolutionären Bewegung. Gleichzeitig bemüht er sich, vom Sowjet ein liberales Bild zu zeichnen: Obwohl es seine Aufgabe sei, so versichert er, die Revolution bis zum Endsieg zu führen, »werde der Sowjet sich niemals an der Minderheit vergehen«. Diese Beteuerungen werden sich in wenigen Monaten als Illusionen erweisen. Trotzki versichert andererseits, die Provisorische Regierung vertrete nur noch sich selbst, eine Beziehung zu ihr habe keinen Sinn mehr. Vom bevorstehenden II. Sowjet-Kongreß erwartet er die Bildung einer echten Revolutionsregierung. Nach dem Putschversuch hat der Sowjet im übrigen sämtliche im Juli verhafteten Bolschewiki befreit. Die bolschewistische Partei ist wieder überall in einer starken Position. Entsprechend fordernd tritt sie auf.

Von Finnland aus hat Lenin den Putsch und den Stimmungsumschwung in den Kasernen und Fabriken in den darauffolgenden Tagen aufmerksam verfolgt. Rasch hat er begriffen, daß die im Juli in weite Ferne gerückte Macht wieder in Reichweite liegt. Jetzt darf kein taktischer Fehler unterlaufen. Mit Sinowjew erarbeitet er einen Aktionsplan und konkrete Vorschläge für die nahe Zukunft. In einer ersten Phase nach dem gescheiterten Putsch geht es ihm darum, aus der Regierungskrise und der daraus resultierenden Schwäche Kerenskis möglichst Vorteil zu schlagen und zu zeigen, daß allein die Bolschewiki die Kräfteverhältnisse im Land radikal verändern können. Dazu propagiert er seine »Teilforderungen«, wie er sie nennt: »Von Kerenski die Verhaftung Miljukows verlangen, Waffen an die Arbeiter ausgeben, die Auflösung der Duma verlangen, die Fabriken der Kontrolle durch die Arbeiter unterstellen, sofort Boden verteilen, alle bürgerlichen Zeitungen verbieten, etc.« Lenins Strategie ist in den Tagen nach dem gescheiterten Putsch allerdings noch vorsichtig. Diese an das ZK gerichteten Leitlinien zur Aktion seien ein »indirektes Mittel«, um »zur Aktion überzugehen«. Damit der Plan aufgehe, müsse man diese Forderungen über die Basis an Kerenski herantragen. Aufgabe der Bolschewiki sei es folglich, die Arbeiter und Soldaten davon zu überzeugen, daß diese sich für sie zum Sprachrohr machen und der Regierung den Todesstoß versetzen. Kerenski soll über die unerbittlichen Angriffe der Straße stürzen. Diese Direktiven erteilt Lenin auch mehrfach über Artikel im *Rabotschi Put* (»Der Weg des Arbeiters«), dem Nachfolgeblatt der in den Julitagen verbotenen *Prawda.*

Nach und nach erringen die Bolschewiki dank Lenins Instruktionen in der Hauptstadt und in der Provinz die Kontrolle über die Instanzen der Macht. So gewinnen sie am 25. September bei den Wahlen zum Petrograder Exekutivkomitee, das bislang von den Menschewiki beherrscht war, zwei Drittel der 44 Sitze. Fünf gehen an die Menschewiki, keiner an die menschewistischen Internationalisten, die vor der Revolution die Mehrheit innehatten. In Moskau haben die Bolschewiki diese Mehrheit schon sechs Tage zuvor errungen. Lenin, der sich über den Einfluß der Menschewiki und Sozialrevolutionäre in den verschiedenen Machtgremien im klaren war, hatte ihnen im übrigen in einem Artikel im *Rabotschi Put* einen Kompromiß vorgeschlagen. Nach diesem sollten der Petrograder und die örtlichen Sowjets die höchste Autorität erhalten. Wenn der Sowjet mit den bürgerlichen Parteien brechen und uneingeschränkte Freiheit der Agitation akzeptieren würde, würden die Bolschewiki ihn voll unterstützen. Bei diesem Vorschlag an die anderen Sozialisten schränkte Lenin allerdings ein: »Vielleicht kommt dieser Vorschlag zu spät, vielleicht ist die Zeit, in der eine friedliche Entwicklung der Revolution noch möglich war, schon vorüber …«

In seiner finnischen Zuflucht geht der zunächst vorsichtige Lenin dann zu einer radikaleren Haltung über. Er ist ungeduldig geworden. Hatte er dem Zentralkomitee öffentlich zu einer Wiederbelebung der Parole »Alle Macht den Sowjets!« geraten – sein Appell erscheint am 14. September im *Rabotschi Put* –, so schreibt er zugleich in einem geheimen Papier, die Zeit sei reif für die Machtübernahme. *Die Bolschewiki müssen die Macht ergreifen*[46] – so der Titel des geheimen Briefs vom 12. bis 14. September. Ergänzt wird er durch die Direktiven der Schrift *Marxismus und Aufstand*[47], die in den gleichen Tagen entsteht. Martow faßt die Situation damals so zusammen: »Von nun an gibt es zwei Arten, eine Regierung zu bilden. Durch den Bürger, der einen Stimmzettel in die Urne wirft. Oder durch den Bürger, der sein Gewehr lädt.« Lenins Position ist unzweideutig: Er spricht sich für die zweite Möglichkeit aus.

Diese radikale Position vertritt er auch in der Frage, ob die Partei an der geplanten Demokratischen Konferenz teilnehmen soll, die die Regierung den Wahlen zur Konstituierenden Versammlung vorschalten will. Sie soll der Bildung eines Vorparlamentes dienen. Die Bolschewiki sind sich uneins. Stalin und Trotzki neigen einem Boykott zu, die Mehrheit um Kamenew und Rykow ist für die Teilnahme. Als Lenin dies erfährt, explodiert er[48]: »Ihr müßt sofort den Tagungsort der Konferenz belagern und diese Canaille, die ins Gefängnis gehört, aufhalten. Andernfalls seid Ihr Schurken!«, schreibt er in einem Brief an das Zentralkomitee.

Bucharin berichtet später, die ZK-Mitglieder seien über Lenins

Reaktion bestürzt gewesen. Nach einer Diskussion hätten sie beschlossen, diese zu ignorieren und den Brief verschwinden zu lassen. Sie hätten nicht daran gedacht, solche heftigen Angriffe und Drohungen von ihrem Chef hinzunehmen.

Hier zeigt sich das seltsame Klima in der bolschewistischen Partei. Auf der einen Seite nimmt die Mehrheit eine abwartende Haltung ein und bemüht sich, den Fehler vom Juli nicht zu wiederholen. Auf der anderen Seite reagiert ein vor Ungeduld brennender Lenin mit Zorn darauf, daß er sich kein Gehör verschaffen kann. Noch wütender ist er darüber, daß das Zentralkomitee seine Briefe mit den Aufrufen zum sofortigen Aufstand unterschlägt und nicht in der Parteipresse abdruckt. Einige dieser Schreiben, die besonders scharf formuliert sind, gelangen erst 1921 an die Öffentlichkeit. Lenin ist so wütend, daß er dem ZK mit Rücktritt droht. Er werde persönlich nach Rußland kommen und vor der Basis verkünden, daß die eingeschüchterte Partei der Arbeiterklasse mißtraue, die zum entscheidenden Angriff auf die Staatsmacht bereit sei.

Lenin wird nicht zum ersten Mal durch die Vorsicht seiner Partei behindert. Im September verfügt er aber immerhin über einen potentiellen Verbündeten mit besonderer Autorität: Trotzki, der den Sowjet in eine Bastion der bolschewistischen Partei verwandelt hat. Wegen dieses Erfolgs teilt er auch Lenins Zuversicht, daß sich eine radikale politische Veränderung anbahne. Wie Lenin geht er davon aus, daß die Voraussetzungen für eine Machtübernahme erfüllt seien. Anderer Ansicht ist er lediglich im Hinblick auf den Zeitpunkt.

Lenin will nicht mehr warten. Er sieht die Notwendigkeit zu strategischen Überlegungen und zu einem sofortigen Handeln. Weiteres Abwarten ist für ihn »ein Verbrechen und eine Gefahr«: Die Konterrevolution sei nach wie vor eine Bedrohung. Dringenden Handlungsbedarf sieht er auch wegen der wachsenden Unruhe in den kapitalistischen Ländern, vor allem in Deutschland. In der Armee komme es zu Meutereien, so schreibt er, und ein zum Handeln bereites Proletariat werde die russische Revolution unterstützen. Auch denkt Lenin angestrengt über eine revolutionäre Strategie nach. Seiner Partei, der bolschewistischen, falle die Aufgabe der Machtergreifung zu. Sie nach Trotzkis Forderung dem Sowjet-Kongreß zu überlassen, würde die historische Rolle der Partei schmälern und sie den Sowjets unterordnen. Vorüber ist jetzt die Zeit, da Lenin forderte: »Alle Macht den Sowjets.« Die Sowjets, nicht nur in Petrograd und Moskau, sind inzwischen fest in der Hand der Bolschewiki. Sie haben im September auch die Sowjets von Iwanowo-Wosnessensk, Saratow und zahlreichen anderen Städten unter ihre Kontrolle gebracht. Jetzt ist die Partei am Zug.

Das Warten an einem stillen Ort, abseits des revolutionären Geschehens, ist Lenin unerträglich. Er spürt, daß er nicht nur nahe am revolutionären Zentrum, sondern auch bei den Bolschewiki sein muß, um diese unter Druck zu setzen. In den letzten Septembertagen übersiedelt er von Finnland, noch immer heimlich, nach Wyborg. Sinowjew folgt ihm wie stets. Zu dieser Zeit schickt er auch einen Artikel an den *Rabotschi Put* mit dem Titel: *Die Krise ist herangereift.*[49] Darin verkündet er: »Wir erleben den Vorabend der Weltrevolution.«

Von nun an kann die Partei sich Lenins Druck nicht mehr entziehen. Der Weg von Wyborg nach Petersburg ist kurz. Einige Tage später beschließt er, zu den Genossen zu stoßen und mit Trotzkis Unterstützung die Schlußphase der Umsetzung seiner Pläne einzuleiten. Dieses Vorhaben gibt dem Kampf seines Lebens und seinem gesamten Dasein einen Sinn: die Eroberung der Macht.

IX Alle Macht den Bolschewiki

In den ersten Oktobertagen gibt es in Petrograd mehrere Entscheidungszentren, zwischen denen die Akteure der Revolution unablässig hin und her eilen. Zunächst die beiden offiziellen Zentren der »Doppelherrschaft«: Die Regierung hat sich nach den Juli-Ereignissen im Winterpalais am Ufer der Newa eingerichtet. Zur gleichen Zeit ist der Sowjet vom Taurischen Palais ins Smolny-Institut hinübergewechselt, das vor der Revolution eine Bildungsanstalt für höhere Töchter gewesen ist. Nach der Ausrufung der Republik durch Kerenski am 1. September ist das Vorparlament, offiziell der »Provisorische Rat der Russischen Republik«, feierlich in das Marienpalais eingezogen. Jedes Zentrum wird von bestimmten politischen Kräften beherrscht. Die Bolschewiki sind in der Koalitionsregierung nicht vertreten. In ihr herrscht nach wie vor ein Gleichgewicht zwischen Sozialrevolutionären und Liberalen. Die Sowjets von Petrograd und Moskau werden zu dieser Zeit dagegen von den Bolschewiki beherrscht. Diese haben zudem die Kontrolle über das Exekutivkomitee des Sowjets *(Ispolkom)*. Das Vorparlament mit seinen 308 Delegierten besteht mehrheitlich aus Sozialrevolutionären (120) und Menschewiki (60). Diesem Block gegenüber sind die Bolschewiki mit 60 Delegierten in der Minderheit, werden aber gelegentlich von 20 Linken Sozialrevolutionären unterstützt. Ihnen gegenüber spielen die 75 Konstitutionellen Demokratischen oder Kadetten in den Debatten kaum eine Rolle, ein Beleg für den Linksruck der politischen Instanzen in Rußland.

Die von den Parteien entsandten Delegierten des Vorparlamentes sind alle unsicher, welche Aufgaben ihr Gremium eigentlich haben soll. Wichtige Persönlichkeiten fehlen: Vor allem Plechanow kann wegen seines Alters und einer Erkrankung an den revolutionären Ereignissen nicht mehr teilnehmen. Lenin hält sich vorsichtshalber noch immer versteckt: Der Haftbefehl gegen ihn wird von Woche zu Woche weiter verlängert. Obwohl die Bolschewiki über einen Boykott debattiert haben, nimmt Trotzki an der Versammlung teil und richtet während der Eröffnungssitzung an die Provisorische Regierung eine regelrechte Kriegserklärung. Er ruft Rußland dazu auf, unverzüglich alle Macht den Sowjets zu übertragen. Seine wütenden Angriffe entfesseln einen unbeschreiblichen Tumult. Zwischenrufer geißeln Lenin wegen des berüchtigten »plombierten Wagens« als Verräter und beschimpfen Trotzki als »Schweinehund«. Die Bolschewiki verlassen daraufhin den Saal – ein Zeichen für den endgültigen Bruch mit dem Vorparlament, den bestehenden Institutionen und den anderen Sozialisten. Suchanow erfaßt die Situation richtig: »Aus dem Vorparlament gab es für sie nur einen Weg«, schreibt er, »den Weg auf die Barrikaden. Wenn man den Wahlzettel verschmäht, muß man zum Gewehr greifen.«[1]

Obwohl offiziell weiter bestehend, war das Vorparlament von nun an nicht mehr von Belang. Der politische Konkurrenzkampf reduzierte sich jetzt auf die beiden Instanzen der Doppelherrschaft.

Lenins Ungeduld

Von seinem Versteck aus verfolgte Lenin den Ablauf der Ereignisse. Einige bereiteten ihm Kopfzerbrechen: Er befürchtete negative Konsequenzen für seine Pläne. Gefährlich schien ihm vor allem die Wahl der Konstituierenden Versammlung. Nach langem Aufschub war der Urnengang schließlich für den 12. November anberaumt worden. Auf den ersten Blick schien vorstellbar, daß er zu einer Versammlung mit einer ähnlichen Zusammensetzung wie im Sowjet führen würde, also zu einer günstigen Situation für die Bolschewiki. Lenin befürchtete allerdings einen anderen Ausgang. Die Sowjets wurden in den Städten von Arbeitern gewählt. In der Gesamtbevölkerung stellten die Mehrheit dagegen die Bauern und somit Anhänger der Sozialrevolutionäre, die in den Wahlen daher ihre große Chance sahen. Eine solcherart legitimierte Versammlung wäre die einzige wirkliche Volksvertretung. Entgegen ihrer üblichen Praxis könnten die Bolschewiki sich dann nicht mehr auf das Volk berufen. Und dieser Konstituierenden Versammlung die Macht wieder zu entreißen, würde besonders schwierig sein.

Ohnehin hatte Lenin lange Zeit darauf verzichtet, das Projekt dieser Versammlung zu unterstützen. Im April hatte er die Parole »Alle Macht den Sowjets« ausgegeben und diese seither erbittert verfochten. Sie ließ keinen Platz für die Autorität einer landesweit gewählten Versammlung. Die Bolschewiki vertraten folglich mehrere Monate lang in dieser Frage eine auffallend zwiespältige Position. Während Lenin dazu schwieg, schrie die übrige Partei lauthals: »Es lebe die Macht der Sowjets im Namen der Konstituierenden Versammlung!«

Als im Oktober die Wahlen in greifbare Nähe rückten, war diese zwiespältige Position nicht mehr zu halten. Die Bolschewiki versuchten folglich, Lenin als einen Verfechter der Konstituanten darzustellen. Der *Rabotschi Put* schrieb am 4. Oktober: »Niemals ist Lenin gegen die Konstituierende Versammlung gewesen. Schon in den ersten Monaten, mit der Gesamtheit unserer Partei, entlarvte er die Provisorische Regierung, die ihre Einberufung verzögerte. Wenn unsere Revolution gelingt, erleben wir in der Praxis ein vollkommenes Zusammenspiel zwischen der Republik der Sowjets und der Konstituierenden Versammlung.« Dieser ohne Unterschrift erschienene, aber glänzend formulierte Artikel stammte wahrscheinlich aus der Feder Sinowjews. Sinowjew wich Lenin in dieser Zeit im Untergrund nicht von der Seite und erlebte so dessen Verunsicherung angesichts einer beängstigenden Situation mit, mit der man sich arrangieren mußte.

Neben den Wahlen fürchtet Lenin auch die Deutschen, die inzwischen die Hauptstadt bedrohen. Kerenski, so seine Angst, könnte die Situation ausnutzen und die Position der Bolschewiki schwächen. Die deutschen Truppen sind in die baltischen Provinzen einmarschiert und nahe an Petrograd herangerückt. In den ersten Oktobertagen sieht es so aus, als könnten sie in die Hauptstadt einmarschieren. Für den Fall einer Zuspitzung der Lage denkt Kerenski an eine Verlegung des Regierungssitzes nach Moskau. Für die Hauptstadt erstellt er einen Evakuierungsplan. Das Exekutivkomitee (*Ispolkom*) soll eigene Beschlüsse fassen. Lenin argwöhnt hinter dieser Entscheidung das Vorhaben, die Hauptstadt, die Arbeiterklasse und die von den Bolschewiki beherrschten Instanzen den Deutschen auszuliefern. Um an der Macht zu bleiben, wolle Kerenski sich mit deutscher Hilfe das bolschewistische Problem vom Hals schaffen. Auf Anweisung von Trotzki erklärt das Exekutivkomitee, es wolle an sämtlichen Entscheidungen beteiligt werden. Vor allem wendet es sich gegen Kerenskis Anweisungen, Soldaten aus der Garnison der Hauptstadt zur Verstärkung an diese bedrohte Front zu entsenden.

Schließlich wird Lenin auch mit dem Problem des einzuberufenden Sowjet-Kongresses konfrontiert. Dieser, so glaubt er, könne gegebenenfalls als Gegengewicht zu der noch inexistenten Konstitutierenden Versammlung fungieren. Da vornehmlich in den Städten gewählt, könne der Kongreß den Bolschewiki als Basis für eine Legitimation dienen und so ihren Anspruch, die eigentlichen Vertreter des Volkes zu sein, untermauern. Falls notwendig, könnte er sogar einen bolschewistischen Staatsstreich decken und rechtfertigen. Bei der Einberufung eines Sowjet-Kongresses stoßen die Bolschewiki allerdings bei den anderen Sozialisten aus zwei Gründen auf Widerstand: Dieser Schritt könnte einerseits die Konstituante schwächen und sogar überflüssig machen. Zum anderen befürchten die Sozialisten dort eine bolschewistische Mehrheit, während sie selbst die für November anberaumte Wahl zur Konstituanten für sich zu entscheiden hoffen. Auf ähnliche Vorbehalte stoßen die Bolschewiki bei Umfragen dann auch bei den Sowjets selbst. Auch in ihnen hat die Konstituante, die in Kürze gewählt werden soll, alle Sympathien. Seit Februar ist sie in Rußland geradezu zum Mythos geworden – schon deshalb, weil ihre Wahl immer wieder auf unbestimmte Zeit hinausgeschoben worden ist. Als Kerenski nach den Juli-Tagen schließlich ihre Einberufung bekanntgegeben hat, regt sich neue Hoffnung. Jetzt warten alle auf diesen Augenblick, sogar die bolschewisierten Sowjets in der Hauptstadt.

Aber die Bolschewiki dulden keine Opposition, weder von Gegnern noch von Kräften, die sie zu kontrollieren glauben. Trotz verschiedener Einwände muß schließlich das von ihnen beherrschte Exekutivkomitee bekanntgeben, daß der II. Sowjet-Kongreß am 20. Oktober in Petrograd zusammentreten wird. Dann wird das Datum nochmals verschoben und endgültig auf den 25. Oktober festgelegt.

Bei den Wahlen zum Kongreß finden die Regeln für eine

repräsentative Vertretung kaum Beachtung. Aus Furcht, in die Minderheit zu geraten, manipulieren die Bolschewiki bei den Vorbereitungen so augenfällig, daß sogar das *Ispolkom* dagegen protestiert und die *Iswestija* diese Machenschaften der Bolschewiki anprangert. Die Quoten für die Vertretung – ein Delegierter für jeweils 25 000 Wähler eines Sowjets – werden ignoriert. Manche Wahlkreise werden von den Bolschewiki einfach abgeschafft, in anderen Fällen wird eine Gruppe von ein paar hundert Personen zum »Wahlkreis« gekürt und diesem das Recht zur Entsendung eines Delegierten zugesprochen. Die anderen sozialistischen Parteien bringen das Manöver ans Tageslicht, aber es ist schon zu spät, um die angelaufene Wahlmaschinerie noch zu stoppen und den trickreich erworbenen Einfluß der Bolschewiki zurückzudrängen.

Die Macht an sich reißen?

Für Lenin gibt es keinen Zweifel: Die Stunde des Aufstands ist da. Mit Gewalt müssen die Bolschewiki die Macht ergreifen. Schon Ende September schrieb Lenin an seine Genossen: »Da die Bolschewiki im Sowjet über die Mehrheit verfügen, können und müssen sie die Staatsgewalt übernehmen.« Und diese Feststellung begleiten konkrete Anweisungen: »Ohne eine Minute zu verlieren, müssen wir einen Generalstab aufständischer Abteilungen organisieren, unsere Kräfte aufteilen, unsere zuverlässigen Regimenter zu den wichtigsten Punkten entsenden, die Telegrafen- und Telefonzentralen besetzen ... dort unseren Generalstab installieren und ihn telefonisch mit allen Betrieben, mit allen Regimentern verbinden.« Statt den Befehlen zu gehorchen, versuchten die Bolschewiki Lenin zu überreden, in Finnland zu bleiben, damit er nicht der Polizei in die Hände falle. Aber Lenin gehorcht nur der eigenen Eingebung. Um dem Schauplatz der revolutionären Operationen näher zu sein, hat er sich heimlich nach Wyborg begeben. Von dort aus schärft er seinen Anhängern in zahlreichen Mitteilungen immer wieder ein, es dürfe nicht mehr abgewartet werden. Die Gründe für die Ungeduld sind klar: Nach dem Mißerfolg der Bolschewiki im Juli rechnet er nicht mehr mit einer breiten Unterstützung durch die Massen, was die Mehrheit seiner Genossen allerdings anders sieht. Lenins Schlußfolgerung deckt sich mit seiner von jeher vertretenene Ansicht: Der Umsturz muß durch »Berufsrevolutionäre« herbeigeführt werden, nach einem ordentlich vorbereiteten Aufstand. Es gehe darum, die Machtzentren auszuschalten, und nicht einfach abzuwarten, bis einem durch einen Volksaufstand die Macht in den Schoß fällt.

Lenin setzt seine erbitterten Angriffe gegen die »Attentisten« in der Partei fort. Am 7. Oktober schreibt er: »Wenn die Bolschewiki den Verfassungsillusionen auf den Leim gehen, dem Glauben an die Einberufung der Konstituierenden Versammlung, dem Warten auf den Sowjet-Kongreß, dann erscheinen sie als die wahren Verräter der proletarischen Sache.«[2] Schließlich hat er es endgültig satt, aus der Ferne Instruktionen zu erteilen, auf die die Genossen unwillig oder zögernd reagieren, und reist nach Petrograd. Am 10. Oktober geht er mit Perücke und bartlos an Land, zusammen mit einem kahlrasierten Sinowjew mit Bart. Über die Maskerade sind beide sehr amüsiert. Lenin nimmt an der Sitzung des Zentralkomitees der Partei teil. Die findet in Suchanows Wohnung statt, obwohl dieser nicht anwesend und nicht einmal informiert worden ist. Seiner Empörung wird Suchanow später in seinen Memoiren Luft machen.[3] Wichtig ist aber etwas anderes: Lenin will dem ZK den Beschluß abringen, den bewaffneten Aufstand noch vor der Zusammenkunft des Sowjet-Kongresses zu organisieren.

Einen wichtigen Verbündeten findet er hier in Trotzki, der ebenfalls von der Notwendigkeit überzeugt ist, die Macht durch einen bewaffneten Aufstand zu ergreifen. Er hält die Lage für einen Staatsstreich für günstig. Aber die beiden Männer können sich nicht auf einen Termin einigen.

Lenin verlangt einen sofortigen Aufstand, also noch vor dem 25. Oktober: Die innenpolitische Situation sei für diesen Schritt reif, die Massen würden den Bolschewiki folgen, sobald diese der Regierung die Macht entrissen hätten. Zudem entwirft Lenin die Vision von der Weltrevolution, die durch die russische Revolution entfacht werden könne.

Trotzki ist zwar von der Notwendigkeit eines Staatsstreiches überzeugt, will aber die Zusammenkunft der Sowjets abwarten, um die Erhebung zu legitimieren.

Gegen Lenins Pläne sind der treue Sinowjew, Kamenew, Nogin, Urizki und Rykow, die alle einen Aufstand ablehnen. Für sie kommt die Aktion verfrüht. Die Bolschewiki würden einen Fehlschlag riskieren, während der Kongreß und gut vorbereitete Wahlen es ihnen ermöglichen könnten, friedlich an die Macht zu gelangen.

Beim abschließenden Votum, das zwischen den beiden Lagern im ZK eine klare Entscheidung herbeiführt, findet Lenins These eine Mehrheit. Es ist ihm gelungen, sämtliche ZK-Mitglieder, die für Abwarten plädiert hatten, auf seine Seite zu ziehen. Ausnahmen sind Sinowjew und Kamenew. Kamenew findet sich mit dieser Entscheidung nicht ab und wird später als ZK-Mitglied zurücktreten. Lenin hat den anderen ZK-Mitgliedern zwar die Annahme seiner Resolution abgerungen, wonach der Aufstand »unumgänglich und völlig herangereift« sei, doch hat sich das ZK auf keinen genauen Termin festgelegt. Der Aufstand soll aber unmittelbar vor dem Sowjet-Kongreß stattfinden und von diesem dann legitimiert werden. Die beiden Gegner der Resolution wenden sich am nächsten Tag mit einem Brief an die bolschewistischen Organisationen und kritisieren darin den ZK-Beschluß – ein Verstoß gegen die Parteidisziplin. Am 16. Oktober, auf einer erweiterten Zusammenkunft des Zentralkomitees, bekräftigen sie ihre Opposition. Am 18. Oktober veröffentlichen sie schließlich in Gorkis Zeitung *Nowaja Shisn* einen Brief und bezeichnen den geplanten Aufstand darin als »Verzweiflungstat«. Lenin, der in sein Versteck zurückgekehrt ist, beschimpft die beiden daraufhin in einem Brief an das Zentralkomitee als »Streikbrecher« und verlangt ihren Parteiausschluß. Kamenew hat beim ZK bereits seinen Rücktritt eingereicht. Obwohl die anderen ZK-Mitglieder die Position Lenins vertreten, stehen sie keineswegs einvernehmlich hinter ihm. So wird Lenins Brief im *Rabotschi Put* veröffentlicht – mit einer mißbilligenden Anmerkung Stalins: »Der harsche Ton des Genossen Lenin darf die Tatsache nicht verdecken, daß wir im Grunde einverstanden sind.«

Lenins *Brief an die Mitglieder der Partei der Bolschewiki*[4] erscheint in den drei Ausgaben der Zeitung vom 19. bis zum 21. Oktober. Am 21. tritt erneut das ZK zusammen – ohne Lenin. Es befaßt sich mit seinen Instruktionen und dem Brief, in dem Lenin die »Verbrecher« beschimpft. Kamenews Rücktritt als ZK-

Mitglied wird angenommen, Lenins Forderung nach einem Parteiausschluß der beiden Opponenten durch das ZK dagegen »übergangen«. Das ZK erlegt ihnen lediglich auf, sich nicht mehr öffentlich gegen den mehrheitlich gefällten Beschluß zu wenden. Im übrigen folgen die Ereignisse inzwischen so rasch aufeinander, daß die ZK-Mitglieder sich lieber mit den Vorbereitungen des Aufstandes befassen, als Zerwürfnisse zu vertiefen.

Ein militärisches Instrument für den Aufstand

Alle Bolschewiki, ob Anhänger oder Gegner einer bewaffneten Aktion, waren sich über ihre recht schwache Position im klaren. Ihnen war bewußt, daß Agitationen unter Militäreinheiten nicht ausreichen würden, um die Mehrheit der Soldaten hinter sich zu bringen. Um zur Aktion zu schreiten, benötigten sie folglich ein wirkungsvolles militärisches Instrument. Dies fanden sie im Militärischen Revolutionskomitee, das am 9. Oktober, einen Tag vor der ZK-Sitzung, gegründet wurde. Den Anstoß zur Schaffung dieser Instanz gaben die Menschewiki des Sowjets, die damit angesichts der drohenden Offensive der Deutschen die Verteidigung der Hauptstadt organisieren wollten. Nach einiger Überlegung hatten die Bolschewiki begriffen, daß sie aus einem solchen Vorhaben Nutzen ziehen konnten. Bei der Debatte legten sie eine Resolution mit ihren Vorstellungen von einem solchen Verteidigungskomitee vor: Es solle zur Abwehr des äußeren, aber auch des »inneren« Feindes dienen. Die Resolution der Bolschewiki zählte zudem die Instanzen auf, die an dem Komitee beteiligt sein sollten, sowie deren jeweilige Kompetenzen. Beim genaueren Lesen dieser Resolution stellt man fest, daß die Verwirklichung dieser bolschewistischen Pläne bereits einem Staatsstreich gleichkam. Die legalen Organe der Herrschaft waren in dem Militärischen Revolutionskomitee nicht vertreten, lediglich der Sowjet. Alle militärische Autorität sollte in den Händen des Exekutivkomitees oder *Ispolkom* konzentriert sein – was faktisch einer Übertragung der Macht gleichkam. Suchanow berichtet über die Umstände, unter denen die Resolution der Bolschewiki vom Plenum des Sowjets schließlich verabschiedet wurde. Während der Debatte erklärte ein menschewistischer Deputierter: »Das Militärische Revolutionskomitee ist ein Apparat für einen Staatsumsturz, für die Eroberung der Macht durch die Bolschewiki.« Trotzki entgegnete sofort mit der boshaften Frage, ob er für Kerenski oder für die Ochrana spreche – und löste so im Saal einen Begeisterungssturm aus. Das Projekt wurde schließlich mit überwältigender Mehrheit verabschiedet.

Das revolutionäre Werkzeug war folglich vorhanden. Es lag in den Händen der Bolschewiki, die so über ein wirksames Mittel verfügten, die Regierung von den militärischen Einheiten zu isolieren und diesen ganz legal Instruktionen zu erteilen. Plötzlich wurden Stimmen über die wachsende Macht der Bolschewiki laut, aber nur wenige hatten eine genaue Vorstellung davon, was Lenin vorbereitete und erreichen konnte. Gorki veröffentlichte am 18. Oktober einen aufrüttelnden Artikel: »Die Gerüchte über eine Aktion der Bolschewiki werden immer lauter ... Das bolschewistische Zentralkomitee hat die Gerüchte über einen Staatsstreich nicht bestätigt, sie aber auch nicht dementiert. Dies muß es tun, wenn es wirklich ein starkes Organ ist, das Handlungsfreiheit besitzt und in der Lage ist, die Massen zu lenken.« Geteilt wurden Gorkis Befürchtungen vom Chef des Generalstabs. Der gab verschiedene Gerüchte wieder, die in der Hauptstadt für Aufregung sorgten. So merkte er in einem Bericht an Kerenski an: »Die Bolschewiki bereiten eine Protestdemonstration gegen die Regierung vor. Angeblich friedlich, aber Arbeiter werden daran teilnehmen, und zwar bewaffnet.«

Mit Suchanow kann man sich fragen: Wie erklärt es sich, daß Kerenski trotz solcher Warnungen so erstaunlich untätig blieb? Kerenskis damalige Reaktionen decken sich mit der Antwort, die er selbst ein halbes Jahrhundert später[5] in Gesprächen gegeben hat: Er habe einfach nicht geglaubt, daß es Lenin gelingen werde, seine Pläne zu verwirklichen.

Verfolgt man Kerenskis Reaktionen über den gesamten Zeitabschnitt von April bis Oktober 1917 hinweg, so fallen bei seinen Entscheidungen zwei charakteristische Haltungen auf.

Offenkundig ist zunächst, daß er Lenin zwar für einen gefährlichen Agitator hielt, ihn aber dennoch ständig unterschätzt hat. Suchanow bezeichnet seine Haltung als »kindliche Naivität«. Sehr naiv ist zweifellos sein beharrlicher Wunsch, sich bei seinem

Widerstand gegen Lenin auf schwankende Institutionen zu stützen. Erstaunlich kurzsichtig ist seine Hoffnung im Oktober 1917, die russische Bevölkerung lasse sich durch das Vorparlament und die angekündigten – aber viel zu spät anberaumten! – Wahlen zur Konstituierenden Versammlung beschwichtigen. Dabei haben so weitblickende Männer wie Dan und Martow Kerenski immer wieder vor dem Militärischen Revolutionskomitee gewarnt, das sich bedrohlich viel Macht angemaßt hatte. Martow hatte sofort begriffen, daß diese Organisation jeden direkten Kontakt der Regierung zur Armee unterbinden und den Bolschewiki noch vor ihrer Machtübernahme volle Gewalt über die Militärs geben würde. Was aber würde eine Regierung in äußerster Bedrängnis ohne Streitkräfte noch ausrichten können? Dieser Frage ist Kerenski bis zum Schluß aus dem Weg gegangen.

Für seine Haltung gibt es allerdings noch eine zweite und ebenso einleuchtende Erklärung, die der amerikanische Historiker Richard Pipes ausführlich dargelegt hat. Demnach habe Kerenski zugleich einen Staatsstreich von rechts befürchtet.[6] In den dramatischen Juli-Tagen – und noch im Oktober – sei er davon ausgegangen, daß die Rechte Lenin als Popanz benutze, um einen Putsch vorzubereiten und möglicherweise zu versuchen, die Monarchie wiederherzustellen. Diese Erklärung paßt übrigens mit der ersten zusammen: Beide sprechen für Kerenskis Blindheit gegenüber Lenin und seinen Machenschaften. Da Kerenski Lenins Machtgier und die Wirksamkeit seiner Mittel unterschätzte, ließ er es zu, daß dieser unbehelligt die aktivsten Elemente von Armee und Arbeiterklasse mobilisierte. Statt gegen Lenin vorzugehen, konzentrierte er sich auf den Widerstand gegen ein befürchtetes Komplott von rechts. Vor allem beunruhigte ihn zu keiner Zeit die Einrichtung des Militärischen Revolutionskomitees. Die Menschewiki, obgleich sehr viel hellsichtiger im Hinblick auf Lenins Gefährlichkeit, hatten dieser Naivität Kerenskis mitunter Vorschub geleistet. Ein Beispiel sind die Debatten im Zentralexekutivkomitee über die Maßnahmen, mit denen die Hauptstadt verteidigt werden sollte. Dan forderte naiv die Bolschewiki zu einer Stellungnahme darüber auf, ob sie eine Machtübernahme planten. Darauf antwortete ihr Sprecher Rjasanow: »Dan weiß, daß wir Marxisten sind und nicht den Aufstand vorbereiten.«

Die Gutgläubigkeit, die in diesem Dialog zum Ausdruck kommt und ebenso erstaunlich ist wie Kerenskis zögerliche Haltung, erklärt auch, warum Lenin, der noch im Juli übervorsichtig war, im Oktober eine unerschütterliche Entschlossenheit unter Beweis stellen konnte.

Der »schleichende« Aufstand

Schon am 21. Oktober mehren sich in der Hauptstadt die Anzeichen, daß die Bolschewiki eine Machtübernahme vorbereiten. An Smilga, den Präsidenten des Komitees der Arbeiter, Soldaten und Matrosen von Helsinki, richtet Lenin folgende Nachricht[7]: »Nehmen wir nur Resolutionen an? Wir verlieren Zeit, setzen ›Termine‹ fest (Am 20. Oktober ist der Sowjetkongreß – ist es nicht lächerlich, die Sache so aufzuschieben? Ist es nicht lächerlich, sich darauf zu verlassen?) [...] Sie sollten keine Zeit mit ›Resolutionen‹ vergeuden, sondern Ihre *ganze* Aufmerksamkeit der militärischen Vorbereitung der finnländischen Truppen und der Flotte auf den bevorstehenden Sturz Kerenskis widmen.«

Schon am nächsten Tag kommen die Operationen in Gang. Das Militärische Revolutionskomitee trifft Vorbereitungen, um die Garnison der Hauptstadt seiner Autorität zu unterstellen: Es setzt die Soldaten davon in Kenntnis, daß sie nur noch Befehle von ihm empfangen dürften und ihm allein verantwortlich seien. Als der Generalstab über diesen Coup informiert wird, wendet er sich an den Sowjet, der im Prinzip das jetzt fast vollständig von den Bolschewiki kontrollierte Komitee eingerichtet hat. Die Generäle verlangen vom Sowjet die sofortige Widerrufung der Anweisung an die Garnison. Andernfalls begebe er sich in eine offene Konfrontation mit der Regierung. Kerenski ist ausreichend informiert, unterschätzt aber noch immer die Stärke der Bolschewiki. Er glaubt, auch diesen Putschversuch für sich nutzen und seine Feinde schließlich vernichten zu konnen. Dabei stützt er sich nach wie vor auf seine Einschätzung der Kräfteverhältnisse vom Juli. Daß Lenin mit dem festen Entschluß, seine Pläne diesmal zu verwirklichen, in Petrograd eingetroffen ist, übersieht er geflissentlich.

Am gleichen Tag tritt der Sowjet im Smolny-Institut zu einer

Sondersitzung zusammen. Die Bolschewiki haben dafür gesorgt, daß die Befehlshaber oder Vertreter der Truppen in der Hauptstadt daran teilnehmen. Trotzki gibt ihnen die Weigerung des Generalstabs bekannt, sich der Autorität des Militärischen Revolutionskomitees zu unterwerfen: »Da der Generalstab es abgelehnt hat, die Befehle des Komitees anzuerkennen [...], macht er sich zum Instrument der Konterrevolutionäre. Soldaten von Petrograd, Euch fällt die Verteidigung der Revolution unter der *alleinigen* Weisung des Militärischen Revolutionskomitees zu!«

Diese Worte kommen einer Kriegserklärung an Regierung und Generalstab gleich. Kerenski muß reagieren. Seine Antwort fällt zaghaft und unangemessen aus. Er beordert die Kosaken vom Don herbei, die unter dem Befehl von General Krasnow zusammengezogen worden sind. Aber die Bolschewiki sind auf der Hut. Sie stoppen sofort die Kosaken, die die Regierung in Marsch gesetzt hat. Am Abend des 22. Oktober appelliert Kerenski an die Offiziersanwärter der Militärschulen. Unter dem Eindruck einer intensiven bolschewistischen Propaganda zögern diese allerdings, dem Befehl einer Regierung zu folgen, die bereits im Ruf der Illegalität steht. Erst zwei Tage später, am 24., postieren die Kadetten sich an den verschiedenen strategischen Punkten der Hauptstadt. Nachdem sie zersprengt worden sind, muß die Verteidigung des Winterpalais' einem weiblichen Stoßbataillon übertragen werden. Von da an versichert sich die herbeibeorderte Verstärkung, ob die Befehle der Regierung durch den Sowjet gedeckt sind. Damit hat der Sowjet leichtes Spiel, den Soldaten jede Bewegung zu untersagen. So kann die Regierung nur einen kleinen Teil ihrer immer noch eindrucksvollen militärischen Mittel mobilisieren.

Während Kerenski Zeit an Befehle verschwendet, die nur zögerlich ausgeführt werden, laufen die Vorbereitungen zum Umsturz weiter. Am 23. hat Lenin während einer Debatte mit den Genossen seinen Standpunkt durchgesetzt: Der Aufstand kann nicht mehr warten, er muß spätestens am folgenden Tag, also vor der Eröffnung des Sowjet-Kongresses, stattfinden.[8]

Kurz bevor der Aufstand losbricht, treten im Militärischen Revolutionskomitee zwei ZK-Mitglieder der bolschewistischen Partei, zwei Linke Sozialrevolutionäre, vier Vertreter der Soldaten von Petrograd und vor allem die aktivsten Figuren zusammen: Trotzki, der alle Operationen leitet, Dserschinski, Antonow-Owssejenko, Laschewitsch, Newski und Podwoiski. Die Bolschewiki, die in diesen entscheidenden Stunden um Trotzki versammelt sind, sind trotz ihres unterschiedlichen Werdegangs alle dazu berufen, in dieser Nacht des 24. Oktober im Smolny-Institut an dem beginnenden Staatsstreich federführend mitzuwirken.

Antonow-Owssejenko ist vornehmlich dazu bestimmt, sich um den militärischen Aspekt des Putsches zu kümmern. Als ein in der Hauptstadt ausgebildeter Berufsoffizier ist er am ehesten in der Lage, die Kadetten, junge Offiziersanwärter von 1917, zu indoktrinieren. Diese Aufgabe hatte er bereits 1905 übernommen. Als Offizier und Mitglied der SDAPR hatte er damals an den subversiven Aktivitäten seiner Armee teilgenommen und den Aufstand von zwei Regimentern in Polen mitorganisiert. Bis 1914 als Menschewik und dann als Mitglied der Gruppe der Internationalisten um Trotzki stand er diesem sehr nahe. Seine militärische Vergangenheit und seine Erfolge von 1905 hatten Antonow-Owssejenko den Ruf eines besonders kompetenten Experten in der Organisation von Aufständen eingetragen. Zu Lenin blieb sein Verhältnis allerdings schwierig: Als Menschewik hatte er die Bolschewiki heftig angegriffen und ihren Chef und dessen Partei als »Verderber« beschimpft. Seine Rolle innerhalb der Führungstroika des Aufstandes verdankte er Trotzkis Unterstützung ebenso wie seinen brillanten militärischen Fähigkeiten.[9]

Ganz anders Dserschinski, ein polnischer Landadliger, der sich schon früh der Sozialdemokratie angeschlossen hatte, zunächst Rosa Luxemburg nahestand, sich dann aber von ihr abwandte und Lenin anschloß. Von dieser Zeit an, seit 1911, erwies Dserschinski sich für diesen als ein unvergleichlich treuer Verbündeter. In Zeiten der Spaltung der Partei, vor allem immer dann, wenn Lenin in die Minderheit geriet, war er für diesen ein wertvoller Unterstützer: So in der Debatte am 16. Oktober, als das Zentralkomitee Lenin in der Frage des Aufstandes nicht vorbehaltlos folgte. Damals griff er Sinowjew und Kamenew heftig an und sorgte damit für eine Veränderung der Mehrheitsverhältnisse zu Lenins Gunsten. Selbstverständlich in das Militärische Revolutionskomitee berufen, fiel ihm am 24. Oktober die schwierige Aufgabe zu, alle Bewegungen der Provisorischen Regierung zu überwachen.

Podwoiski und Newski, beide um einige Jahre jünger als Lenin, hatten im Sommer 1917 die Militärorganisation der Partei in der Hauptstadt aufgebaut. Podwoiski agiert zudem als Vorsitzender des Militärischen Revolutionskomitees. Nach der Revolution wird er sich mit den Problemen der Armee befassen.

Laschewitsch schließlich war einfacher Arbeiter, hatte also nicht die besten Voraussetzungen, um die Stufenleiter der bolschewistischen Hierarchie zu erklimmen. 1917 hatte er allerdings gute Aussichten darauf, die ihm zukommende Rolle zu spielen, denn als Unteroffizier war es ihm gelungen, sein gesamtes Regiment auf die Seite der Revolution zu bringen.

Das »Werkzeug« des Aufstandes reduzierte sich folglich nicht auf eine rein formelle Struktur, es setzte sich vielmehr aus regelrechten Experten zusammen.

Am Tag des 23. haben beide Seiten – Bolschewiki und Regierung – Entscheidungen mit dem Ziel getroffen, eine unumkehrbare Situation zu schaffen. Das Militärische Revolutionskomitee hat Delegierte – die ersten politischen Kommissare für Militärangelegenheiten – zu sämtlichen Einheiten der Garnison entsandt und ein Kommuniqué verbreiten lassen: Demnach gehöre jetzt »alle Macht dem Militärischen Revolutionskomitee. Die Truppen müssen den von den Kommissaren übermittelten Befehlen des Komitees gehorchen.« Eine militärische Abordnung unter dem Befehl eines Kommissars wird zur Druckerei der *Prawda* entsandt, um diese nach der Schließung durch die Provisorische Regierung unter dem Schutz der Truppen nun wieder in Betrieb zu nehmen. Daraufhin lösen widersprüchliche Anweisungen einander ab. Zur Eindämmung der bolschewistischen Propaganda beschließt Kerenski, die Blätter der Partei zu verbieten. Zur Vorbeugung gegen die Reaktion verbietet er gleichzeitig auch die rechten Zeitungen, womit sein symbolischer Akt den praktischen Nutzen verliert. Auch zieht er eine Verhaftung der Mitglieder des Militärischen Revolutionskomitees in Betracht. Einen ausgezeichneten Vorwand für diesen Schritt liefert ihm deren soeben erfolgter Aufruf an die Armee zum Ungehorsam. Der Justizminister ist allerdings gegen diese Maßnahme, da sie als Provokation aufgefaßt werden könne.

Noch immer unsicher, ruft Kerenski das Vorparlament dazu auf, repressiven Maßnahmen zuzustimmen. Dieser Schritt spiegelt die seltsame Lage in Rußland wider: Das Militärische Revolutionskomitee hat sich bereits zum legalen Machthaber erklärt, und Kerenski bittet eine geschwätzige Versammlung um Erlaubnis, mit »energischen Maßnahmen« die Ordnung wiederherzustellen. Martow, der Chef der menschewistischen Reihen – er verfügt unbestreitbar über politische Intelligenz, aber oft fehlt ihm der Weitblick –, legt der Versammlung eine Resolution vor, die dann auch verabschiedet wird. Sie fordert die Regierung auf, den Bürgerkrieg durch ein demokratisches Vorgehen zu verhindern. Wie das gehen soll, verrät Martow nicht.

Die Versammlung spricht sich dagegen für die Bildung eines Wohlfahrtskomitees aus, das aber stets im Reich der Ideen bleiben wird. Auf welche Kräfte sollte ein solches sich auch stützen? Die Garnison ist der Kontrolle der Regierung ja bereits entzogen.

Während noch debattiert, die Lage eingeschätzt und Vorschlag um Vorschlag gemacht wird, eröffnen die Handelnden den ersten Akt des offenen Aufstands. Unter dem Befehl eines Kommissars besetzt eine kleine Gruppe von Matrosen das staatliche Telegrafenamt. Da dies kaum bewacht wird, verursacht die Besetzung keinerlei Schäden. Etwas lächerlich ist die folgende Szene. Kerenski, der von dem Ereignis und der geringen Anzahl von Besetzern erfährt, vertreibt mit einer kleinen Gruppe von Armeekadetten die Matrosen und diese bringen die Einrichtung kampflos unter ihre Kontrolle. Sofort läßt er die Telefonleitungen des Smolny-Instituts kappen. Damit sind die Bolschewiki von ihren Unterstützern draußen abgeschnitten.

Diese Episode zeigt, daß der Umsturz durch eine größere Entschlossenheit vielleicht hätte verhindert werden können. Der »Sieg« der Regierung ist allerdings von kurzer Dauer. Am 24. fallen die Würfel anders und sichern den Bolschewiki den Endsieg.

Das Gelingen des Aufstandes

Der entscheidende Tag ist der 24. Oktober. Die beiden verfeindeten Generalstäbe haben beschlossen, die Sache zu Ende zu bringen. Die Rückeroberung des Telegrafenamtes gibt Kerenski Auftrieb. Überzeugt, daß seine Gegner ohne Telefonkontakt von nun an in Schwierigkeiten sind, gibt er das Signal zum Handeln. Während überall in der Stadt Armeekadetten stationiert sind, befiehlt er den Kosaken, die endlich in der Hauptstadt eingetroffen sind, die Bolschewiki zu bekämpfen. Zudem bittet er den Kommandanten der Nordfront telegrafisch dringend um Verstärkung. Dann läßt er die Zugbrücken über der Newa öffnen, um die Bolschewiki von ihrem Nachschub abzuschneiden. Derweil bereitet Lenin weiter den Aufstand vor. Am Tag oder spätestens in der Nacht des 25. sollen die Meutereien beginnen. Den Operationsplan erstellt das Militärische Revolutionskomitee. Am Abend geht Lenin geschminkt und verkleidet ins Smolny-Institut, wo er mit Mitgliedern des Komitees die Nacht verbringt, vor allem mit Trotzki, der als Koordinator der gesamten Operation den reibungslosen Ablauf überwacht.

Als erste Aktion werden die Zugänge nach Petrograd freigemacht und alle Truppen ausgeschaltet, die verdächtig sind, die Regierung zu verteidigen. Die Soldaten, die dem Befehl der Kommissare unterstehen, schließen die Brücken über der Newa wieder. Nachts besetzen Abteilungen zunächst die Region um den Finnischen Bahnhof. Dann stoßen sie ins Stadtzentrum vor. Alle strategischen Punkte, alle Machtzentren, werden überrannt: Die Bahnhöfe, Brücken, Telefon- und Telegrafenzentralen sowie die Staatsbank werden besetzt. In der Telefonzentrale zahlen die Bolschewiki es der Regierung mit gleicher Münze heim. Nachdem sie tagsüber ihre eigenen Verbindungen wiederhergestellt haben, kappen sie jetzt die Leitungen zum Winterpalais. Damit ist die Provisorische Regierung isoliert und nicht mehr in der Lage, den Verlauf der Ereignisse zu verfolgen.

Das Besondere am Aufstand vom 25. Oktober liegt darin, daß er bereits in den vorangegangenen Tagen maßgeblich vorbereitet worden ist – durch das Militärische Revolutionskomitee, das die Armee unter seine Kontrolle gebracht hatte. Der Teil des Aufstandes, zu dem Lenin am 24. das Signal gegeben hat, ist eigentlich keine Erhebung mehr. Er vollzieht sich in erstaunlicher Ruhe. Die Armeekadetten, die für die Regierung die strategisch wichtigen Stellen bewacht haben, können den anrückenden kommunistischen Abteilungen nichts entgegensetzen. Sie werden von dem Kommissar, der die revolutionären Truppen anführt, zum Abmarsch aufgefordert und kommen dem Befehl auch nach. Ohne daß ein Schuß fällt, gelangt die Stadt unter die Herrschaft der Bolschewiki.

Wie Suchanow allerdings mit Recht hervorhebt, ist der entscheidende Augenblick die Einnahme des Regierungssitzes. In der Nacht des 25. machen sich allerdings weder Kerenski noch seine Minister Sorgen um das Winterpalais. Und Lenin, der von dieser Machtübernahme ein Leben lang geträumt hat und nun in vollen Zügen seinen Triumph genießt, hat es eiliger, seinen Sieg öffentlich zu verbreiten, als das Schicksal seiner Gegner zu besiegeln. Um zehn Uhr morgens läßt er die Glocken läuten. Dann verkündet er die Erklärung, die später in allen Städten gelesen und knisternd und kaum verständlich aus Rundfunkempfängern an der Front und in den entlegendsten Winkeln Rußlands ertönen wird:

»An die Bürger Rußlands! Die Provisorische Regierung ist gestürzt. Die Staatsmacht ist in die Hände des Organs des Petrograder Sowjets der Arbeiter- und Soldatendeputierten, des Revolutionären Militärkomitees, übergegangen, das an der Spitze des Petrograder Proletariats und der Petrograder Garnison steht. Die Sache, für die das Volk gekämpft hat: das sofortige Angebot eines demokratischen Friedens, die Aufhebung des Eigentums der Gutsbesitzer an Grund und Boden, die Arbeiterkontrolle über die Produktion, die Bildung einer Sowjetregierung – sie ist gesichert. Es lebe die Revolution der Arbeiter, Soldaten und Bauern!«

Dieser Text[10] wird vom Militärischen Revolutionskomitee unterzeichnet. Inhalt und Wortlaut sind jedoch allein das Werk Lenins, der einige Stunden später im Smolny-Institut rastlos an eine immer weiter anschwellende Menschenmenge Ansprachen halten wird. Suchanow, der sich gegen 15 Uhr dorthin begibt, berichtet: »Ich ging [...] direkt in den großen Saal. [...] Trotzki führte den Vorsitz. [...] Als ich eintrat, stand auf der Tribüne ein unbekannter, kahlköpfiger Mann mit glattrasiertem Gesicht, der eine flammende Rede hielt. Nur seine heiser-kräftige Kehlstimme und eine äußerst typische Betonung am Satzende kamen einem merkwürdig bekannt vor ... Das war doch – Lenin! Nach viermonatigem Aufenthalt in den Souterrains war er heute wieder aufgetaucht.«

Augenblicke zuvor hatte Trotzki Lenins Text verlesen und hinzugefügt: »Man sagte uns, der Aufstand werde einen Pogrom auslösen und die Revolution in Strömen von Blut ertränken. Bis jetzt ist alles unblutig verlaufen. Uns ist kein einziges Opfer gemeldet worden. Mir ist aus der Geschichte kein Beispiel einer revolutionären Bewegung bekannt, an der derart gewaltige Massen beteiligt waren und die solchermaßen unblutig verlaufen wäre.«[11] Für diesen Zeitpunkt hat Trotzki tatsächlich recht: Lenins Revolution zeigt ein friedliches Antlitz. Noch ahnt keiner, daß bald Ströme von Blut fließen werden und daß diese Revolution an einem sonnigen Tag im August 1940 auch Trotzki das Leben kosten wird …

Diese Stunden des Sieges gehören nicht nur dem Optimismus, sondern auch der Utopie. So verkündet Lenin seinen Zuhörern: »Die unterdrückten Massen werden selbst eine Regierung bilden!« Wer in der Hauptstadt weiß schon, daß die bisherige politische Ordnung zusammengebrochen ist? Informiert sind nur diejenigen Akteure, die ständig zwischen Marienpalais und Smolny hin und her geeilt sind. Die Geschäfte sind geöffnet. In der Stadt bummeln zahlreiche Menschen. Louis de Robien, der Botschaftsattaché in Rußland und ein Augenzeuge der Revolution, schreibt am 7. November (des Gregorianischen Kalenders, also dem 25. Oktober des russischen Kalenders) in sein Tagebuch: »Die Stadt ist dem Anschein nach ganz ruhig. Man sieht nicht einmal die gewöhnlichen Lastwagen mit ihren Ladungen *Towarischtsch* in Heldenpose.«[12]

Dennoch muß das Problem dieser – obwohl inzwischen fast unsichtbaren – Regierung gelöst werden. Die Bolschewiki haben ihre Machtergreifung – oder besser die Machtergreifung des von ihr beherrschten Sowjets – *urbi et orbi* verkündet. Dennoch gibt es die Regierung noch immer. Auch wird demnächst der II. Sowjet-Kongreß eröffnet. Wer hat folglich die legale Macht inne?

Lenin beschließt also die Erstürmung des Winterpalais' und zwar noch vor der Eröffnung des Kongresses. Ist dies gefahrlos zu bewerkstelligen? Kerenski ist zum Truppenkommando der Nordfront nach Pskow gereist, um dort um Verstärkung nachzusuchen, nachdem eine Reaktion auf seinen Hilferuf ausgeblieben ist. Die Bolschewiki fürchten nun, er könne tatsächlich mit Truppen in die Hauptstadt zurückkehren. Die Minister haben sich im Winterpalais verschanzt – ohne ausreichenden Schutz.

Suchanow wird später schreiben, die Schutztruppen vor dem Regierungssitz seien zahlenmäßig unzureichend gewesen und hätten kaum Kampfmoral gehabt, zum Zeitpunkt des Angriffs habe aber das weibliche Stoßbataillon echte Tapferkeit bewiesen. Insgesamt ändert dies aber nichts: Weder bei den Aufständischen noch bei den Verteidigern herrscht große Kampfbegeisterung. Und dies ist auch das Besondere an diesen revolutionären Tagen. Die Garnison der Hauptstadt umfaßt 200 000 Mann, die ständig unter dem Druck der Bolschewiki stehen. Allerdings nimmt kaum ein Zehntel dieser Soldaten an deren Kampf teil. Und im anderen Lager warten die Armeekadetten, mit denen Kerenski so fest rechnet, nur darauf, in ihre Offiziersschulen zurückkehren zu können, sobald man sie im Namen der Revolution dazu auffordert. Auch die als regierungstreu geltenden Regimenter reißen sich nicht darum, Kerenski zur Hilfe zu eilen. Daraus erklärt sich, daß in Petrograd bis zum Sturm auf das Winterpalais Ruhe herrscht.

Am Tag des 25. Oktober ist ein weiteres Abwarten allerdings nicht mehr möglich. Lenin befürchtet einen Einmarsch der von Kerenksi angeforderten Verstärkung in die Stadt. Er ist nicht ganz sicher, ob die zu ihm übergelaufenen Kontingente die Angreifer gegebenenfalls in Schach halten können. Zudem kann er nicht vor den Sowjet-Kongreß treten, solange eine Regierung, so phantomhaft und unsichtbar sie auch ist, immer noch existiert. Der Mythos der siegreichen Revolution verlangt nach der Konzentration der Macht auf ein einziges Zentrum. Und in der Tat ist das politische System, das im Anschluß an die Februarrevolution entstanden ist, letztlich an der Zweiteilung der Macht zugrunde gegangen.

So gibt Lenin nachmittags den Befehl zum Sturm auf das Winterpalais und zur Verhaftung der Regierung. Inzwischen bemüht sich Trotzki, die Eröffnung des Sowjet-Kongresses hinauszuzögern. Die im Smolny versammelten Delegierten verstehen allerdings nicht die Gründe für den Aufschub und reagieren deshalb mit Ungeduld. Der von allen mit Spannung erwartete Lenin will nicht vor der Versammlung erscheinen, ehe das Winterpalais eingenommen ist. In einer Kammer auf einem Notbett wartet er den Ausgang der Ereignisse ab.

Um die Sache zu Ende zu bringen, stellt das Militärische

Revolutionskomitee den Belagerten im Winterpalais ein Ultimatum: Wenn sie sich nicht sofort ergäben, werde der Palast gestürmt. Vor dem Palais ankert der Panzerkreuzer *Aurora,* der seit drei Tagen der Kontrolle des Komitees untersteht. Unter Feuer genommen werden kann der Palast auch von der Peter-und-Pauls-Festung, die dem Komitee ebenso in die Hände gefallen ist. Um acht Uhr abends – das Ultimatum ist zurückgewiesen worden – erfolgt ein rascher und heftiger Angriff. Widerstand ist zwecklos. Die Verteidiger, die vergeblich auf Kerenskis Verstärkung gewartet haben, geben schließlich auf. Das Stoßbataillon der Frauen hat bis zuletzt Widerstand geleistet. Aber trotz seiner Tapferkeit konnte es den zahlenmäßig überlegenen Angreifern nicht standhalten. Gegen Mitternacht dringen die Bolschewiki unter Führung von Antonow-Owssejenko in das Winterpalais ein. Sie verhaften die Mitglieder der Regierung und überlassen den Bau der aufgebrachten Menge. Betrunkener Pöbel plündert, vergewaltigt und mordet.

Als Lenin die Nachricht vom Sieg erfährt, eilt er unverzüglich zum Sitzungssaal des Sowjet-Kongresses. Vor Ungeduld vergißt er beinahe, die Perücke abzunehmen, mit der er sich vorsichtshalber verkleidet hat. Für seine volle Zufriedenheit benötigt er jetzt nur noch die Nachricht von der Verhaftung Kerenskis. Allerdings hat sich der Chef der Ex-Regierung inzwischen aus dem Staub gemacht. Die anderen Minister sind in die Peter-und-Pauls-Festung verbracht worden – in einem Klima der Gewalt. Und Gewalt wird auch schon am nächsten Tag die bisherige Ruhe in der Hauptstadt ablösen.[13]

Das Winterpalais hat als Machtzentrum zu existieren aufgehört. Alle Aufmerksamkeit und alle Bemühungen der Bolschewiki verlagern sich jetzt zum Smolny-Institut, wo der II. Gesamtrussische Sowjet-Kongreß tagt.

Der II. Sowjet-Kongreß

Einige Stunden vor der Erstürmung des Winterpalais' ist der Sowjet-Kongreß feierlich eröffnet worden.[14] Trotz aller Bemühungen war es Trotzki nicht gelungen, die Ungeduld der Delegierten zu zügeln und die Eröffnung weiter hinauszuzögern.

Den Beratungen sitzt zunächst der Menschewik Dan vor. Aber gleich danach zeigt die Wahl zum Präsidium, daß die Bolschewiki unbestreitbar über einen gewaltigen Einfluß verfügen. 14 der 25 Mitglieder sind Bolschewiki: Lenin, Trotzki, Sinowjew, Kamenew, Rykow, Nogin, Kollontai, Antonow-Owssejenko, Lunatscharski, Muralow, der Trotzki stets nahesteht, Rjasanow und andere. Die Zusammensetzung des Kongresses spiegelt auch deren beherrschende Stellung wider: Von 650 Delegierten sind 360 Bolschewiki. Ihnen wird sich zudem eine starke Gruppe von fast hundert Sozialrevolutionären anschließen. Der Vorsitz über den Kongreß fällt natürlich einem Bolschewiken zu: Kamenew. Ihm obliegt es wenige Stunden später, feierlich den Fall des Winterpalais' zu verkünden. Mit Nachdruck und unter dem Beifall eines Teils der Versammlung verliest er die Liste der verhafteten Minister. Ein Linker Sozialrevolutionär protestiert gegen die Verhaftung der sozialistischen Minister. Trotzki erwidert barsch, die Zeiten seien vorüber, in denen man sich mit Bagatellen aufhalten dürfe.

Die Revolution hat die alte Ordnung hinweggefegt. Die ehemaligen Minister gelten plötzlich als Vertreter einer illegitimen Herrschaft. Die Menschewiki und die Sozialrevolutionäre verlassen vorzeitig den Kongreß. Für die Bolschewiki wird die Lage damit noch bequemer: Ihre Vorherrschaft in der Versammlung ist noch überwältigender. Zudem fehlen in den Debatten jetzt die brillanten Redner, die den Machtmißbrauch der Bolschewiken wirkungsvoll anprangern könnten. So Martow, der empört ist über Trotzkis Vorwurf, die Opposition werde »im Mülleimer der Geschichte landen«.

Nach der ersten Sitzung des Kongresses bereitet Lenin Dekrete vor, mit denen die komplette Umwälzung des politischen Systems festgeschrieben wird, und legt sie dann der Versammlung vor. Kamenew hat diese zweite Sitzung mit der Ankündigung eröffnet, die Todesstrafe werde abgeschafft und alle unter der Koalitionsregierung verhafteten politischen Gefangenen befreit. (Inzwischen füllen sich die Gefängnisse mit neuen »Gästen« – mit den Besiegten der revolutionären Tage.) Nun tritt Lenin ans Rednerpult und verliest ein langes, aus drei Einzelentwürfen bestehendes Schriftstück: das *Dekret über den Frieden*, das *Dekret über den Boden* und das *Dekret über die Bildung einer neuen Regierung*.

Das erste Dekret entfacht einen Sturm der Begeisterung. Als Lenin zu Ende liest, stimmen die Delegierten die *Internationale* an. Der Text wird einstimmig verabschiedet.

Nicht ganz so begeistert zeigt sich die Versammlung, als Lenin ihr das Dekret über den Boden vorlegt. Es wird zwar verabschiedet, doch gibt es auch gewisse Vorbehalte, die sich in einer Gegenstimme und acht Enthaltungen äußern. Angesichts der fast religiösen Begeisterung im Smolny und der ständig applaudierenden Bolschewiki, die über die Zuhörer mißtrauische Blicke schweifen lassen, braucht man für solche kritischen Äußerungen durchaus Mut.

Dann geht es um die Regierung. Sofort stellt sich die Frage der Benennung. Wie sollen sich in ihr die neuen revolutionären Verhältnisse widerspiegeln? Wie soll in ihr die »neue Welt«, in die Rußland eingetreten ist, zum Ausdruck kommen? Lenin ist an dieser Frage besonders gelegen. Bei der Ankunft im Smolny-Institut, vor der Vorlage der Dekrete, hat er triumphierend verkündet: »Begrüßen wir den ersten Tag der Revolution!« Und dieser Tag bedeutet für ihn den vollständigen Bruch mit der Vergangenheit. Als Suchanow in diesen unruhigen Tagen Kamenew über den Weg läuft, fragt er diesen: »Sagen Sie, wie werden Sie denn regieren? Werden Sie Minister und Ministerien nach dem Muster des bürgerlichen Systems einrichten?« Kamenew erläutert ihm daraufhin: »Die Verwaltung wird durch Kollegien erfolgen, wie im Konvent. Die Vorsitzenden der Kollegien werden das oberste Regierungsorgan bilden.«[15] Diese Formel wird zwar nicht berücksichtigt, aber Lenin schließt den Begriff »Minister« von vornherein aus. »Irgend etwas, nur nicht Minister«, dekretiert der Chef der Bolschewiki. Schließlich schlägt Trotzki vor, die Regierungsmitglieder »Kommissare« und die Regierung »Rat der Volkskommissare« zu nennen. Wie Suchanow anmerkt, stieß der Begriff der »Kommissare« einigen seiner Freunde unangenehm auf, da er eindeutig mit einer Polizeifunktion in Verbindung gebracht werde. Die Bolschewiki haben diese Bezeichnung wohl unbewußt in der Vorahnung gewählt, ihre Herrschaft werde sich vor allem auf diese Funktion stützen müssen …

Die Ankündigung, daß Lenin eine Regierung bilden wird, löst auch gewisse Besorgnis aus. Die Delegierten, die mit ihrer vorzeitigen Abreise gegen die Methoden der Bolschewiki protestiert haben, haben eine dornige Frage in der Schwebe gelassen, die in den nächsten Tagen für allerhand Zündstoff sorgen wird: die Frage nämlich, ob den Bolschewiki alle Macht zustehe. Zwar kündigt Lenin an, seine »Provisorische Regierung« solle Rußland nur bis zur Wahl der Konstituierenden Versammlung führen. Dennoch löst deren Zusammensetzung – sie besteht ausschließlich aus Bolschewiki – bei den anderen sozialistischen Parteien zwangsläufig Empörung aus.

Lenin will dem Rat der Volkskommissare (oder *Sownarkom*) zunächst nicht angehören und bietet dessen Vorsitz Trotzki an.[16] Trotzki lehnt die Offerte aber ab. Von den vertrautesten Genossen bedrängt, muß Lenin den obersten Posten, der mit keinem Portefeuille verbunden ist, schließlich selbst übernehmen. Die Regierung setzt sich folgendermaßen zusammen: Das Innere geht an Rykow und die Landwirtschaft an Miljutin (er wurde als Verfasser einer Broschüre über die Landwirtschaft vor 1917 mehrfach verhaftet und zu Gefängnis und Verbannung verurteilt). Mit dem Geschäftsbereich Arbeit wird der Gewerkschafter A. Schljapnikow betraut. Das Heer und die Marine werden von einem Kollegium geleitet: von Antonow-Owssejenko, dem Organisator des Petrograder Aufstandes, dem Offiziersanwärter Krylenko, der ihn unterstützt hat, und dem Marineangehörigen Dybenko. Für Handel und Industrie ist fortan der Moskowiter Nogin zuständig, für Bildung der brillante Intellektuelle Lunatscharski, für die Justiz G. Lomow (eigentlich Oppokow), der ein Jurastudium absolviert hat, für die Finanzen I. Skworzow, für die Ernährung I. Theodorowitsch und für Post und Telegrafie Glebow (Avilow).

Zwei weitere Portefeuilles werden besonders hochkarätig besetzt: Die äußeren Angelegenheiten gehen an Trotzki. Dieser im Grunde sehr angesehene Posten muß allerdings von Grund auf umgestaltet werden, um Lenins Konzeptionen gerecht zu werden. Deshalb hat er letztlich nur noch zweitrangige Bedeutung. Das Kommissariat der Nationalitäten, eine Neuerung der Oktoberrevolution, fällt zwangsläufig Stalin zu.[17]

Beachtung verdient zudem des Fehlen zweier wichtiger Namen in dieser Regierung: Sinowjew und Kamenew. Zwar haben beide in den ZK-Sitzungen vom 10. und 16. Oktober Lenin im Hinblick auf den sofort zu entfachenden Aufstand heftigen

Widerstand geleistet, sich ihm dann aber wieder angeschlossen. Zudem handelt es sich um zwei Anhänger, die ihn in den harten Jahren der Isolation vor dem Krieg niemals im Stich gelassen hatten. Daß beide nicht an der Regierung beteiligt wurden, erklärt Suchanow so: »Zweitens war es aus taktischen Gründen nicht unklug, die Zahl der Minister jüdischer Abstammung nach Möglichkeit einzuschränken (eine Ausnahme wurde nur für Trotzki gemacht).[18]« In Wahrheit hatte Lenin mit diesen beiden Getreuen anderes vor: Sinowjew erhielt die Leitung der *Iswestija,* die zum offiziellen Regierungsorgan wurde, und Kamenew den Vorsitz über das Exekutivkomitee *(Ispolkom),* wo er allerdings nur für kurze Zeit blieb.[19] Dem Exekutivkomitee sollte die Regierung verantwortlich sein, es sollte die Aktivitäten der Kommissare kontrollieren und diese sogar abberufen können.

So hatten die Bolschewiki am Abend des 26. Oktober folglich fast alles unter Kontrolle. Daß die Macht in Petrograd gewonnen war – darauf hatte schon Trotzki hingewiesen – beinhaltete allerdings noch nicht den Erfolg in ganz Rußland. Die Kämpfe in Moskau nach dem Aufstand vom 25. Oktober in der Hauptstadt zeigten die Widerstände, die jetzt noch überwunden werden mußten.

In Moskau, der ehemaligen russischen Hauptstadt, vertreten die Bolschewiki in der Frage, ob ein bewaffneter Aufstand angezeigt sei, eher die Positionen Sinowjews und Kamenews. Die Nachricht vom Gelingen der Revolution in Petrograd hat ihre Zweifel allerdings beseitigt: Nach dem bewährten Modell bilden sie sofort ein Militärisches Revolutionskomitee. Die Sozialrevolutionäre, die ihrerseits ein Wohlfahrtskomitee gebildet haben, verweigern ihnen die Kooperation. Unter der Führung Bucharins beschließen die Moskauer Bolschewiki, zum Zeichen ihrer Herrschaft über die Stadt den Kreml unter ihre Kontrolle zu bringen. Nach einer ersten Niederlage werden sie von eintreffender Verstärkung gerettet. Das Wohlfahrtskomitee der SR, das sich zunächst als Sieger gefühlt hat, bricht daraufhin zusammen.

Nach dieser Zusammenfassung scheint sich die Bolschewisierung Moskaus ohne Schwierigkeiten vollzogen zu haben. Dieser Bericht wäre allerdings unvollständig ohne den Hinweis, daß die bolschewistischen Kräfte zur Niederwerfung des erbittert ringenden Gegners überall Straßenkämpfe führen, Häuser bombardieren und Zerstörungen anrichten mußten. Und letztlich gesiegt haben sie nur dank der zu ihrer Unterstützung herbeigeeilten Truppen.

Auch in der Provinz ist es häufig zu erbitterten Kämpfen gekommen. Während die Städte sich der Macht der Bolschewiki schließlich beugen, bleiben die ländlichen Gebiete und die Peripherie des Landes – darauf wird zurückzukommen sein – im allgemeinen uneinnehmbares Gebiet.

Der II. Sowjet-Kongreß vertagt sich am 27. Oktober. Es wird der kürzeste seiner gesamten Geschichte gewesen sein. In der Hauptstadt ist die Atmosphäre schon nicht mehr so friedlich wie am ersten Tag der Revolution. Am 26. Oktober hat das Militärische Revolutionskomitee Matrosen in die Druckereien der als feindlich geltenden Zeitungen entsandt und alle greifbaren Exemplare öffentlich verbrennen lassen. Niemals hatte sich die zaristische Regierung eine derartige Aktion der Zensur geleistet. Diese brutalen Maßnahmen und das Verschwinden der gesamten sogenannten »bourgeoisen« Presse binnen weniger Stunden hinterlassen bei zahlreichen Einwohnern der Hauptstadt einen üblen Eindruck, vor allem bei denjenigen Kräften, die von der Macht ausgeschlossen bleiben: bei den Menschewiki und den SR. Verhaftungen, oft diktiert vom Militärischen Revolutionskomitee, häufen sich. Martow verlangt vom ZK der Bolschewiki die Rückkehr zur Legalität und die Freilassung der sozialistischen Minister. Seine Forderung stößt nicht auf Resonanz. Ganz allgemein berufen die Bolschewiki sich darauf, sie seien trotz ihres Sieges von Gefahren umgeben. Das Land sei noch lange nicht für ihre Sache gewonnen. Den geflohenen Kerenski verdächtigen sie, in der Provinz Truppen um sich zu scharen und eine Revanche vorzubereiten. Folglich sehen sie es als ihr Recht an, das Land de facto im Ausnahmezustand zu halten.

Trotz ihres Sieges sind die Bolschewiki vorsichtig: Sie müssen nicht nur das Programm umsetzen, das Lenin vor dem II. Sowjet-Kongreß verkündet hat, sondern vor allem ihre jetzige Position behaupten.

Die Geschichte der Revolution von Februar bis Oktober verläuft in zwei Phasen. Von der Februarrevolution bis zum Sommer 1917 scheinen verschiedene politische Lösungen, unterschiedliche Realisierungen der politischen Linie der Regierung noch möglich. Obwohl Lenin nach seiner Rückkehr die Provisorische Regierung und den Sowjet unter Druck setzt, sind die Aussichten seiner Partei, die Macht zu ergreifen, eher gering. Schon deshalb, weil nach der Februarrevolution viele zurückgekehrte Genossen dazu neigen, sich mit der augenblicklichen politischen Situation und der bürgerlichen Revolution zu arrangieren und an der Führung des Landes teilzunehmen. Daß die faktische Teilung der Macht zwischen Regierung und Sowjet die damalige politische Lage kennzeichnet, ist dabei nicht entscheidend. Wichtiger sind die Erwartungen der Bevölkerung an die Provisorische Regierung, bei der die Entscheidungs- und Handlungsgewalt liegt (der Sowjet rückt erst später ins Zentrum des Interesses). Die Menschen wollen eine Antwort auf ihre drängendsten Anliegen: den Frieden und die Landreform. Die Schwäche der Provisorischen Regierung, deren Legitimationsbasis immer schmaler wird, liegt in der Unfähigkeit oder Weigerung, auf diese beiden zentralen Forderungen der Gesellschaft geeignete Antworten zu finden.

Der von Miljukow und dann von Kerenski erklärte Wille, die Bündnisverpflichtungen zu erfüllen und somit den Krieg fortzusetzen, widerspricht von vornherein den Bestrebungen einer Gesellschaft, die einen sofortigen Friedensschluß will.

Im Widerspruch zu den Wünschen der Bevölkerung stehen auch die Antworten der aufeinanderfolgenden Koalitionsregierungen auf das Problem der Verteilung des Bodens. Bei der Agrarreform wird bis zum Oktober auf die zuständige Stelle verwiesen: die Konstituierende Versammlung. Und deren Wahl schieben die Regierungen mit Ausflüchten monatelang vor sich her, womit sie dieser einen Teil des öffentlichen Ansehens nehmen und sich selbst in Mißkredit bringen.

Mit ihren Manövern setzt sich die Provisorische Regierung so immer stärker in Gegensatz zu den Hoffnungen des Volkes. Dessen tiefe Enttäuschung steht am Beginn von zwei sich seit Sommer 1917 abzeichnenden Entwicklungen. Da die Bevölkerung von der Regierung nichts mehr zu erwarten hat, wendet sie sich anderen Instanzen zu, vor allem dem Sowjet. Innerhalb von wenigen Monaten gewinnt dieser so das Vertrauen der Massen und erhält eine eigene Legitimierung. Gleichzeitig besinnt sich die enttäuschte Bevölkerung aber auch auf sich selbst. Schon im

Sommer 1917 sucht sie ohne Rücksicht auf die Staatsmacht nach eigenen Lösungen für ihre Probleme. In der Armee häufen sich Desertionen. Bauern besetzen Grund und Boden. Diese spontanen Aktionen schaffen vollendete Tatsachen, mit denen das im Oktober 1917 entstehende Regime sich dann arrangieren muß.

Dank seines unstrittigen politischen Instinktes hat Lenin die Entwicklung, die sich zwischen Februar und April 1917 in Rußland anbahnte, schon früh erkannt. Seine Parole: »Alle Macht den Sowjets« läßt erkennen, daß er bereits bei seiner Rückkehr gesehen hat, daß der Sowjet und seine Schwesterinstitutionen eine eigene Legitimität gewinnen: auf Kosten der Provisorischen Regierung. Und daß diese Legitimität eines Tages von der bolschewistischen Partei beansprucht werden könnte.

Ist der Sieg der Bolschewiki deshalb unvermeidlich? Ist er schon im Sommer 1917 absehbar? Strömen dem bolschewistischen Lager schon damals unaufhaltsam die Massen zu? Nein. Die Bevölkerung steht zu dieser Zeit den anderen sozialistischen Parteien näher, obwohl diese sich durch Teilnahme an der Koalitionsregierung kompromittieren. Die Bauernschaft, die größte gesellschaftliche Kraft in Rußland, erhofft sich die Lösung ihrer Probleme von den Sozialrevolutionären. Und in der Arbeiterklasse haben noch immer die Menschewiki einen starken Einfluß. Die gescheiterten Gewaltstreiche der Bolschewiki fördern deren Ansehen keineswegs. Aber Lenin erhält unfreiwillige Schützenhilfe von Kerenski.

Vom Sommer bis zum Oktober 1917 werden die Ereignisse auf der politischen Bühne in Rußland de facto von der latenten Konfrontation zwischen diesen beiden Männern bestimmt. Lenin hat die Schwächen Kerenskis erkannt und analysiert, vor allem seine beiden wichtigsten: seinen schwachen Charakter und seine Unfähigkeit zu einer richtigen Berurteilung der Lage. Kerenski ist wankelmütig und unfähig, Vorhaben konsequent in die Tat umzusetzen. In besonders schwierigen Situationen zaudert er, ändert seine Meinung und verhält sich abwartend. Sicher ist er nur in seinem zynischen Verhalten gegen andere. So gegenüber General Kornilow, den er für seine Zwecke einspannt, dann jedoch täuscht, womit er sich die Sympathie der Armee endgültig verscherzt. Ebenso unfähig ist er zu einer richtigen Beurteilung komplexer Situationen, die sich rasch verändern. So ist er ständig wie besessen von der Furcht, die Konterrevolution könne wieder die Monarchie oder die Armee an die Macht bringen. Auf diesen imaginären Gegner konzentriert er seine gesamte Aufmerksamkeit und Schlagkraft. Zugleich unterschätzt Kerenski Lenins Fähigkeit, aus dieser einseitig gegen rechts gerichteten Politik Kapital zu schlagen. Ebenso unterschätzt er bis in den Oktober hinein die Fähigkeit der Bolschewiki, sich nach ihren vielen Niederlagen wieder aufzurichten. Als er den Irrtum erkennt, hat er die Partie schon verloren.

Gegenüber der politischen Blindheit Kerenskis glänzt Lenin als ein geschickter Spieler. Zwar hat auch er sich getäuscht, vor allem im Juli 1917. Aber in einem Punkt unterläuft ihm in diesen schwierigen Monaten kein einziger Schnitzer: in seiner Einschätzung Kerenskis. Er erkennt stets die Fehler im Urteil und im Handeln seines Gegners und bezieht sie in seine politische Strategie mit ein.

Die »Karte Kerenski« ist für Lenin mit Sicherheit ein hervorragender Trumpf – obwohl die bolschewistische Partei in der Minderheit ist. Zu dieser Trumpfkarte kommt eine zweite hinzu, die Lenin von den gegnerischen Sozialisten, vor allem von den Menschewiki, zugeschoben bekommt. In der Überzeugung, sie seien populärer, in der Arbeiterschaft besser verankert und folglich auch einflußreicher als die Bolschewiki, unterschätzen sie Lenin in gleicher Weise wie Kerenski. Deshalb übersehen sie die Strategie, mit der er den Sowjet und dann die Armee unterwandert.

Die Gegner begehen letztlich den Fehler, daß sie sich nicht ausreichend mit Lenins Reden und Schriften auseinandersetzen. Hätten sie dies getan, hätten sie einen Faktor, der in der Oktoberrevolution eine bedeutende Rolle spielte, wohl besser durchschaut und vorhergesehen: die Rolle der »Berufsrevolutionäre« und deren bravouröse, von ihrem Chefideologen gesteuerte Manipulation der politischen Institutionen.

Vierter Teil

Das Ende des Traumes (1917 – 1924)

X Vom Untergang des Staates zum Staat der Revolution

Im Oktober 1917 erstattet Capitaine Jacques Sadoul, Mitglied der französischen Militärmission in Petrograd, seinem Minister Albert Thomas täglich Bericht zu den revolutionären Ereignissen in Rußland. Dieser nicht ganz neutrale Zeitzeuge sympathisiert mit dem Lager der Sieger. Dennoch liefert er als scharfer Beobachter wertvolle Hinweise zum Verlauf der Revolution. Am 31. Oktober, einige Tage nach Lenins Sieg, vermerkt er[1]:

»Auf den Straßen herrscht vollkommene Ruhe. Eine unglaubliche Tatsache: In dieser blutigen Woche sorgten der eiserne Griff und die mächtige Organisation der Bolschewiki dafür, daß der reguläre Betrieb der öffentlichen Dienste (Straßenbahnen, Telefon, Telegraf, Post, Transport) stets aufrechterhalten blieb. Niemals war besser für Ordnung gesorgt.

Nur die Beamten und die Bourgeoisie schmollen. Die Ministerien arbeiten nicht. Trotzki wird sie schonungslos zur Pflichterfüllung zwingen … Alle werden begriffen haben, daß der bolschewistische Aufstand in der Lage ist, jeden Widerstand zu brechen.«

Sadoul schneidet an dieser Stelle die große Frage von Ende Oktober 1917 an: Lenin hatte dem Aufstand nach sorgfältiger Vorbereitung endlich zum Sieg verholfen. Wie würden die Bolschewiki jetzt die landesweite Staatsgewalt organisieren, die Widerstände brechen und die Erwartungen an die Revolution erfüllen?

Welcher Staat für die Revolution?

Lenin hat sich von jeher für das Problem der Machtergreifung begeistert und in zahlreichen Schriften deren Regeln und Mittel bestimmt. Das Gelingen des Aufstandes wirft nun neue Probleme auf. Unmittelbar vor der Revolution befaßt er sich in seiner finnischen Zuflucht beim Warten auf den geeigneten Augenblick zur Rückkehr erneut mit diesen Fragen. Dabei entsteht seine Schrift *Staat und Revolution*[2], die den vielsagenden Untertitel: »Die Lehren des Marxismus vom Staat und die Aufgaben des Proletariates in der Revolution« trägt. Der rasch zu Papier gebrachte Text ist allerdings nicht nur unter dem Eindruck äußerer Ereignisse entstanden. Vorangegangen sind vielmehr systematische Vorarbeiten, mit denen Lenin sich schon seit Jahresbeginn befaßt hatte: Das Material trug er dann in zwei Heften zusammen: *Marxismus und Staat*[3] und *Vorhaben und Anmerkungen zum Buch: »Staat und Revolution«*.[4] Das seltsame Werk, das aus diesen vorbereitenden Schriften hervorging, läßt verschiedene Deutungen zu.

Lenin polemisiert darin vornehmlich gegen Vertreter bestimmter Gedankenrichtungen, die der russischen revolutionären Bewegung zugrunde lagen, und wendet sich gegen deren Konzeptionen vom Staat: In den Anarchisten (Proudhon, Bakunin, Kropotkin) bekämpft er die föderalistische Sichtweise vom Staat und den Mythos von der Revolte, die jede Organisation ersetzen könne. Den orthodoxen Marxisten (Kautsky, Plechanow) und Reformisten wie Bernstein wirft er dagegen Verrat an Marx vor: »Ein Abgrund klafft zwischen Marx und Kautsky«, schreibt er, »in ihrem Verhältnis zu der Aufgabe der proletarischen Partei, die Arbeiterklasse auf die Revolution vorzubereiten.« Und dann fügt er das endgültig vernichtende Urteil hinzu: »In der Person Kautsky erklärte die deutsche Sozialdemokratie gleichsam: Ich bleibe bei den revolutionären Anschauungen [...] Aber dennoch gehe ich hinter das zurück, was Marx bereits 1852 gesagt hat, wenn es sich um die Frage nach den Aufgaben der proletarischen Revolution in bezug auf den Staat handelt (1912).«

Die ideologischen Gegner, die Lenin in dieser Schrift bekämpft, leugnen entweder die Bedeutung des Staates oder schreiben ihm während der Revolution einen von der Marxschen Analyse abweichenden Status zu.

Zu dieser pauschalen Verurteilung gelangt Lenin allerdings erst im Schlußteil seiner Schrift. Wesentlich ist etwas anderes, nämlich der Staat während und nach der Revolution, wobei Lenin sich hier auf Marx und Engels stützt. Auch nach seiner Sicht muß der Staat als Instrument zur Unterdrückung einer

Klasse durch eine andere zerschlagen werden. Darauf zu zählen, daß er von selbst abstirbt, wäre sinnlos. Damit würde die Revolution auf Eis gelegt oder sogar negiert. Der Staat muß mit Gewalt zerschlagen werden, denn allein revolutionäre Gewalt vermag der Gewalt der herrschenden Klasse etwas entgegenzusetzen. Schon in *Was tun?* hatte Lenin die Notwendigkeit der revolutionären Gewalt und des bewaffneten Kampfes für den Sieg des Proletariates dargelegt. Obwohl die Gewalt im eigentlichen Sinne in dieser Schrift weniger stark betont wird und der Begriff seltener auftaucht, nimmt er doch eine zentrale Stelle ein: Eine »besondere Gewalt der Unterdrückung, die die Bourgeoisie gegen das Proletariat ausübt«, oder die »Diktatur des Proletariates« sind alles andere als pazifistische Begriffe. Anhand von Engels-Zitaten vesucht Lenin aufzuzeigen, daß dessen Gedanken sich nicht auf das »Absterben des Staates« reduzieren, und präzisiert: »Dieses Werk von Engels, von dem jedermann noch weiß, daß es Gedanken zum Absterben des Staates enthält, umfaßt zugleich weitere zur Bedeutung des gewaltsamen Umsturzes.«

In der historischen Wertung der Rolle der Gewalt stimmt Engels auf sie geradezu eine Lobeshymne an: Im Sprachgebrauch der Revolution gehe es darum, die Staatsmaschine zu »zerschlagen, zu zerbrechen, zu sprengen«. Die Liste solcher Begriffe, mit denen Lenin, an Marx und Engels anknüpfend, die Abschaffung des Staates durch die Revolution beschreibt, ließe sich beliebig fortführen.

Doch begnügt Lenin sich nicht damit, die revolutionäre Gewalt zur Abschaffung der bestehenden Staatsordnung als unvermeidlich zu rechtfertigen. Gleichzeitig schlägt er – einmal mehr unter Berufung auf Marx – als Staatsmodell die Pariser Kommune vor:

»Die Kommune ist die von der proletarischen Revolution ›endlich entdeckte‹ Form, unter der die ökonomische Befreiung der Arbeit sich vollziehen kann.«

Lenin entwirft – mit Hinweis auf Marx und Engels – letztlich eine zweiteilige Vision davon, mit welcher revolutionären Strategie dem Staat zu begegnen sei. *Vor* der Revolution könne dieser als Unterdrückungsorgan der besitzenden Klassen weder geläutert noch für revolutionäre Zwecke genutzt werden und sei deshalb zu zerschlagen und beiseite zu fegen. *Nach* der Revolution, wenn das Proletariat den Sieg errungen habe, existiere der Staat als ein revolutionärer – hier im Modell der Pariser Kommune – eine Zeitlang weiter, bereite aber selbst seine Auflösung vor. Lenin geht in der Beschreibung dieses absterbenden Staates allerdings behutsam vor. Er zeichnet vor allem dessen Funktionsweise in der Phase der Diktatur des Proletariates, in der er auf eine nie dagewesene Weise existiere und funktioniere. Nach dem Sieg des Proletariates bestehe der Staat nur noch deshalb eine Zeitlang fort – Lenin spricht in dieser Schrift kaum von der Partei und weist die zentrale Rolle den Massen zu –, weil er den Widerstand der ausbeutenden Klassen brechen müsse, die sich mit ihrem Verschwinden aus der Geschichte nicht abfinden würden. Aus ihrem Widerstand erkläre sich die Notwendigkeit, den Staat vorübergehend aufrechtzuerhalten. Aber mit welchen politischen Gewalten?

Hier dient die Pariser Kommune als Vorbild: mit der Gewalt der Mehrheit, das heißt des Proletariates, das über die einstigen, dann in der Minderheit befindlichen Ausbeuter eine echte Diktatur ausübt. Diese politische Gewalt gleicht aber nicht den traditionellen Gewalten. Vor allem deshalb nicht, weil sie nicht über die Vollzugsinstrumente – Armee und Polizei – verfügt, die den Staat von jeher charakterisiert haben. Die Aufgaben von Armee und Polizei werden vielmehr vom bewaffneten Volk übernommen. Ohne diese beiden Stützen kann der Staat gegen das Volk keine Gewalt ausüben und hängt im Gegenteil ganz von ihm ab. Das gleiche gilt für Verwaltungsaufgaben und Führungsfunktionen: Die Beamten, die sie ausüben, gehen durchweg aus dem Volk hervor, werden von ihm gewählt und können von ihm abberufen werden. Der Staat kann somit über das Volk, dem er sein Funktionieren verdankt, keine Herrschaft ausüben. Und genauer entwirft Lenin die Vision von der »uneingeschränkten Wählbarkeit und jederzeitigen Abberufbarkeit ohne Ausnahme aller Beamter zu jedem Zeitpunkt; die Reduzierung ihrer Besoldung auf das normale Niveau der Entlohnung eines einfachen Arbeiters«. Hier ist man beim Vorbild der Kommune. Sie, »schrieb Marx, machte das Stichwort aller Bourgeoisrevolutionen – wohlfeile Regierung – zur Wahrheit, indem sie die beiden größten Ausgabequellen, die Armee und das Beamtentum, aufhob«.[5]

Wer nun ist dieser neue Typ des Beamten? Jeder. Denn um diesen vereinfachten Staat am Funktionieren zu halten, sind keine besonderen Kenntnisse notwendig:

»Die spezifische ›Vorgesetztenrolle‹ der Staatsbeamten kann und muß man sofort, von heute auf morgen, durch die einfachen Funktionen von ›Aufsehern und Buchhaltern‹ zu ersetzen beginnen, Funktionen, denen der heutige Städter bei seinem Entwicklungsniveau im allgemeinen schon vollauf gewachsen ist und die für einen ›Arbeiterlohn‹ durchaus ausführbar sind.«

Aus dieser Konzeption entsteht denn auch der Slogan: »Der Koch ist fähig, den Staat zu lenken.« Dabei schließt das Postulat von der Austauschbarkeit aller Proletarier die Hypothese aus, wonach eine neue Führungsschicht von Bürokraten in Erscheinung treten und dazu neigen werde, die Staatsgewalt für ihre Zwecke zu nutzen. Lenin schöpft aus dieser dauernden Rotation der gesellschaftlichen Akteure die Gewißheit, daß sämtliche gesellschaftlichen Probleme, die vom Machtstreben hervorgerufen werden – so Kriminalität und ökonomische Ungleichheiten –, von selbst verschwinden werden: Nach der Befreiung von der kapitalistischen Lohnsklaverei, den Schrecken und der Barbarei werden »alle gelernt haben, selbständig die gesellschaftliche Produktion zu leiten [... Dann wird] die Notwendigkeit zur Einhaltung der Grundregeln für jedes Zusammenleben von Menschen sehr bald zur Gewohnheit werden.«

Wenn Lenin über ein demokratisches Prinzip rasch hinweggeht, so über das der Gewaltenteilung. Die Kommune ist gleichsam eine Verurteilung des traditionellen Parlamentarismus, der »käuflich, bis ins Mark verfault« sei, so Lenin. Sie allein realisiere die Synthese zwischen exekutiver und legislativer Gewalt. Schon Marx habe ja geschrieben, die Kommune sei »eine arbeitende Körperschaft, vollziehend und gesetzgebend zur gleichen Zeit«.

Diese utopische Schrift, die so manchen anarchistischen Zug aufweist, wirft eine Reihe von Fragen auf. Zunächst die Frage der Beziehung zwischen dem Proletariat, das im Staat aufgeht – für Lenin ist der Staat »das als beherrschende Klasse organisierte Proletariat« und dessen historische Rolle die Errichtung einer proletarischen Diktatur –, und der Partei. Denn von ihr hatte Lenin ja stets hervorgehoben, sie dürfe nicht mit dem Proletariat gleichgesetzt werden, sie sei vielmehr zu dessen Führung berufen und verfüge über die Kenntnisse, die das Proletariat zur Erfüllung seiner historischen Aufgabe benötige. Welche Stellung hat in diesem Konzept vom herrschenden Proletariat nun die Partei? Von ihr ist tatsächlich kaum die Rede. Und Lenin klammert nicht nur die Frage der Partei aus. Er schweigt sich auch darüber aus, woher das Proletariat plötzlich sein Klassenbewußtsein habe, von dem er doch stets betonte, daß es nicht angeboren sei, sondern von außen ins Proletariat hineingetragen werden müsse. Vielmehr steht die Vorstellung von der Partei, die dazu aufgebaut worden ist, die Macht zu ergreifen, und die aus »Berufsrevolutionären« besteht – auf deren Notwendigkeit Lenin immer abgehoben hat –, in einem Gegensatz zu den Proletariern, die den Staat selbst führen können, weil dazu – nach seiner Theorie – keine besondere Kompetenz mehr benötigt wird.

Lenin versucht in seiner Schrift im übrigen auf sehr zweifelhafte Art, widersprüchliche Konzepte unter einen Hut zu bekommen. So setzt er dem von Marx und Engels betonten »zentralisierten« Staat anarchistische Vorstellungen entgegen. Ebenso wichtig: »Die Einheit der Nation sollte nicht gebrochen, sondern im Gegenteil durch die Kommunalverfassung organisiert werden.« Von Marx übernimmt er zudem den Ausdruck, wonach »›die Einheit der Nation organisiert werden‹ sollte, um den bewußten, demokratischen, proletarischen Zentralismus dem bürgerlichen, militärischen, bürokratischen entgegenzustellen«. Gut organisiert und zentralisiert ist in seiner Sichtweise auch der soziale Aufbau des Landes: »Die gesamte Gesellschaft wird ein Büro und eine Fabrik mit gleicher Arbeit und gleichem Lohn sein.« Aber diese »Fabrikdisziplin«, die das Proletariat nach dem Sieg über die Kapitalisten in der gesamten Gesellschaft durchsetzen wird, so fügt Lenin hinzu, »ist nichts weniger als unser Ideal oder unser Endziel«. Sie ist nur eine Stufe. Das Endstadium ist die kommunistische Gesellschaft am Ende eines »langfristigen Prozesses« in einer Zukunft, die weder Marx noch Lenin sich konkret vorstellen konnten.

Lenin beläßt es dabei, diese Schwierigkeiten einzuräumen. So bleibt der Leser von *Staat und Revolution* etwas orientierungslos zurück. Lenin entwirft nach dem Vorbild der Pariser Kommune eine anarchistische Vision von einem allmächtigen Proletariat, das zu jedem Zeitpunkt wählen und abberufen kann und zugleich legislativ und exekutiv tätig ist. Wie ist eine solche Vision vereinbar mit der Vorstellung vom wohlgeordneten Staat, der sich durch »Zentralisierung«, »Einheit« und »Fabrikdisziplin« auszeichnet? Wie kommt man von dieser straffen Organisation zu einem Zustand völliger Organisationslosigkeit? Durch welche Art Entscheidung? Duch eine kontinuierliche Entwicklung? Durch den Beschluß von Proletariern, die in dem riesigen »Büro und in der Fabrik« eine Zeitlang das Sagen haben?

Daß Lenin das Endstadium dieses gesellschaftlichen Entwurfs im dunkeln läßt, macht seine Argumentation keineswegs überzeugender.

Letztlich stellt sich die Frage: Welche Bedeutung kommt in Lenins Ideologie der Utopie zu? Zwar ist diese Schrift* in der Euphorie eines Augenblicks entstanden, in dem Lenin in einem Schlupfwinkel auf den Beginn des ersehnten Aufstandes wartet. Aber er hatte für sie bereits seit Monaten Material gesammelt, was sein besonderes Interesse an diesem Thema belegt. Die beste Antwort auf die aufgeworfene Frage erhält man wohl, wenn man von einer Entwicklung seiner Gedanken vor dem Hintergrund der revolutionären Ereignisse ausgeht.

Als Lenin sich Anfang 1917 in eine Auseinandersetzung mit Marx und Engels über den Staat stürzt, tut er dies vornehmlich mit Blick auf das von militärischen Niederlagen gebeutelte Rußland. Aber er erwartet auch eine Weltrevolution. Sein Buchprojekt zielt nicht ausschließlich auf Rußland ab. Denn zwischen Ende 1916 und Anfang 1917 tritt der Erste Weltkrieg in eine seltsame Phase. Von überall her kommen Friedensvorschläge. »Die Mittelmächte schlugen am 12. Dezember 1916 Friedensverhandlungen vor. Wilson legte am 18. einen Friedensplan vor, ebenso die russischen Sozialisten im März 1917, dann die holländischen und die skandinavischen Sozialisten. Um nicht abseits zu stehen, unterbreitete Papst Benedikt XV. im August einen Vorschlag …«[6] Durch diese Friedensappelle, so glaubt Lenin, erhielten die pazifistischen Kräfte in der Zivilbevölkerung und im Militär Auftrieb. Zugleich sieht er auch die seit Ausbruch des Krieges erwar-

* Diese Schrift ist unvollendet. Lenin verfaßt am 30. November 1917 ein Nachwort für die nächste Ausgabe. Sie wird 1918 als Broschüre veröffentlicht.

tete Auflösung der politischen Systeme heranrücken. Es ist also an der Zeit, sich über die Zukunft der kommenden revolutionären Gesellschaft Gedanken zu machen. Lenin wendet sich mit seiner Schrift, die aus seinem übrigen Werk herausfällt und sich in sein Denken so schlecht einordnen läßt, folglich vornehmlich an ein Rußland, das schon vor Monaten in einen revolutionären Prozeß eingetreten ist. Vor diesem Hintergrund scheint es ihm vornehmlich darum zu gehen, die Vorschläge seiner vermeintlichen Hauptgegner zurückzuweisen: die der Sozialisten, die einer Koalitionsregierung gegenüber offen sind.

Vor allem will Lenin die spätere bolschewistische Machtübernahme durch einen geschichtlichen Bezugspunkt legitimieren. Das utopische Konzept von der Kommune – ein ganzes Volk als Machthaber – ist sicherlich einfacher zu rechtfertigen als das Streben einer Partei nach der Alleinherrschaft. Daß dieses gesellschaftliche Modell, das nur kurze Zeit Bestand hatte, wenig überzeugend wirkt, spielt dabei keine Rolle. Wesentlich ist dagegen, daß es bei allen Sozialisten Verehrung genießt und dem revolutionären Abenteuer, in das Lenin sich stürzen will, unter Berufung auf Marx eine besondere Aura verleihen kann.

Lenin vermeidet es in seiner Schrift möglichst, den Namen seiner Partei zu erwähnen. Ein Täuschungsmanöver? Oder der Ausdruck seiner revolutionären Begeisterung, die im utopischen Traum gipfelt? Man kann sich der zweiten Hypothese nur schwerlich anschließen. Eher hielt Lenin es für nützlich, mit einer theoretischen Schrift und unter Berufung auf die »Väter des Marxismus« die Machtergreifung seiner Partei vorzubereiten, die Ausschaltung aller oppositionellen Kräfte von vornherein zu rechtfertigen und seine autoritäre Herrschaft zu legitimieren.

In *Staat und Revolution* zeigt Lenin unverhohlen Verachtung für die parlamentarischen Verfahren und für Wahlen (außer für das System der ständigen Wahlen von Funktionsträgern in der Pariser Kommune). Ebenso deutlich fällt seine Absage an die Gewaltenteilung aus. Diese unverblümt formulierten Positionen untermauert er geschickt durch Bezüge auf Marx. Die Lösung des Problems, daß seine anarchistische Vision von der proletarischen Macht schlecht zu seiner Sicht von der zentralistischen Macht der Partei paßt, verschiebt er klugerweise auf die Zeit nach der Machtergreifung. Er hat sich ja explizit zu Napoleons

Formulierung bekannt: »On s'engage et puis on voit.« (Ungefähr: »Wir stürzen uns erst einmal ins Gefecht und sehen dann weiter.«) Paßt diese Devise nicht auf seine gesamte Haltung während der Oktoberrevolution, als er in seiner Umgebung Verzagte umstimmen muß, die eine sozialistische Revolution zur gegenwärtigen Zeit für übereilt halten?

Staat und Revolution mag auf den ersten Blick inkohärent erscheinen, denn man kann aus diesem Werk nach Belieben anarchistische oder autoritaristische Tendenzen herauslesen. In Wahrheit gibt es einen offenkundigen inneren Zusammenhang, denn die beiden verschiedenen Deutungen entsprechen zwei unterschiedlichen historischen Etappen: einer Übergangszeit, in der eine Mischung aus anarchischer Bestrebung und Organisationswillen vorherrscht, und einer fernen Zeit, in der schließlich der Staat absterben wird. Darüber, wie diese Zeit aussehen und wann sie beginnen wird, schweigt Lenin sich wohlweislich aus. Eine solche Utopie wird niemals auch nur im Ansatz Wirklichkeit werden. Lenins Charakter und seinen Äußerungen in anderen, im Umfeld entstandenen Schriften deuten darauf hin, daß in seinen Gedankengängen eine Utopie in Wahrheit keinen Platz hat. Sie ist lediglich eine »Komponente« in einer Strategie, die auf die Ergreifung der Macht zielt.

Staat und Revolution angesichts der Realität

Das augenblicklich drängendste Problem – Lenin glaubte es bei seinem Auftritt vor dem Sowjet-Kongreß bereits gelöst zu haben – ist die Frage der Machtausübung, das heißt die der Regierung. Ganz nach seiner Gewohnheit, die Partei als wichtigstes Instrument zur Verwirklichung seiner Pläne zu nutzen, hat er vorsorglich eine Regierung gebildet, aus der alle anderen sozialistischen Parteien ausgeschlossen sind. Mit diesem Schritt löst Lenin nicht nur bei den Sozialrevolutionären und Menschewiki, sondern sogar im eigenen Lager Empörung aus. Am 1. November schreibt Sadoul seinem Minister nach Frankreich:[7]

»Eine Krise bahnt sich an. Kamenew, der am ehesten parlamentarisch eingestellte der maximalistischen Führer, ist über die glanzvolle Isolation der Bolschewiki erschreckt. Wie Sinowjew, Rykow, Schljapnikow, Rjasanow und die Mehrheit seiner Genossen ist er überzeugt davon, daß nur eine Regierung mit sozialistischer Konzentration in der Lage wäre, die Errungenschaften der dritten Revolution zu retten.«

Diese Krise in der Partei zeichnete sich bereits während des Sowjet-Kongresses ab. Die Delegierten haben mit überwältigender Mehrheit eine Resolution Martows verabschiedet, die die Öffnung der von Lenin angekündigten Regierung für alle sozialistischen Parteien verlangte. Dieses Votum der bolschewistisch dominierten Versammlung erfolgte unmittelbar nach der Machtübernahme durch Lenin und seine Genossen und war für die Stimmungslage in der Partei bezeichnend. Der Bolschewik Lunatscharski hatte Martows Vorschlag in der Debatte sogar entschieden unterstützt. Diese Opposition gegen Lenins Konzeption eines bolschewistischen Machtmonopols ist einfach zu verstehen: Zahlreiche Genossen hatten sich dem Aufstand nur widerstrebend angeschlossen, und sie zweifeln noch immer an der Richtigkeit dieses Schrittes. Viele Bolschewiki der ersten Stunde halten ihn für ein gefährliches Abenteuer, unter anderem Bogdanow, Krassin und Gorki. Da die Macht unter ungünstigen Bedingungen erobert worden ist, so glauben sie, müsse sie jetzt durch eine Beteiligung der anderen Sozialisten gesichert werden. Der Traum von der Einheit, der Lenin so fremd ist, lebt unter seinen Genossen noch immer fort. Die Einheit der Sozialisten ist für sie jetzt notwendiger denn je. Vorbehaltlose Unterstützung erhält Lenin nur von Trotzki. Capitaine Sadoul gegenüber äußert er Zuversicht darüber, daß die Bolschewiki sich mit autoritären und repressiven Maßnahmen an der Macht halten können. Obwohl Trotzki sich Lenin erst kurz zuvor angeschlossen hat, wird er bei Ausbruch dieser Krise zu dessen wichtigstem Unterstützer.

Allerdings sind in diesem Konflikt nicht nur die Führungsfiguren des Bolschewismus von Bedeutung. In die Diskussion greift auch das Exekutivkomitee der mächtigen Eisenbahnergewerkschaft *Wikshel* ein. Es fordert die Bolschewiki zu einem Verzicht auf das Machtmonopol und zur Bildung einer Koalitionsregierung auf. Entschlossenheit demonstriert die Gewerkschaft mit einer massiven Drohung: Falls die Bolschewiki mit den ausgeschlossenen Parteien nicht sofort Verhandlungen aufnähmen, werde sie sämtliche Eisenbahnlinien unterbrechen.[8] Die Drohung ist keine stumpfe Waffe. Entgegen Sadouls bewundernder Äußerung, wonach die Bolschewiki während der revolutionären Ereignisse den regulären Betrieb der öffentlichen Dienste aufrechterhalten konnten, hat sich die Lage binnen Tagen zugespitzt. Schon am 28. Oktober kommt es dort und im Bankensektor zu Streiks. Die Angestellten, die an der Revolution nicht teilgenommen, die Veränderungen aber begrüßt haben, sind seit dem 26. Oktober über die Bolschewisierung des Landes schockiert. Lenin ist folglich mit dem wirksamen Widerstand der öffentlichen Angestellten, mit dem heftigen Druck der Eisenbahnergewerkschaft und mit den Zweifeln seiner Freunde konfrontiert.

Nur wenige Getreue liegen mit ihm auf einer Linie. Außer Trotzki wird er nur von Stalin und Ordshonikidse unterstützt. Das genügt nicht, um sich jedem Dialog mit anderen Parteien zu verweigern. Folglich stimmt er Gesprächen grundsätzlich zu, versteht sie aber als ein formelles Zugeständnis und ist fest entschlossen, bei seiner Linie zu bleiben.

Als Lenin am 29. Oktober erfährt, daß die Revolution in Moskau zu einem Blutbad geführt hat und in Petrograd die gesamte Verwaltung lahmliegt, ist er zum Nachgeben gezwungen. Auf Druck des *Wikshel* wird eine Versammlung einberufen, an der die Bolschewiki – Lenin, Trotzki und Stalin bleiben außen vor – und die Vertreter verschiedener linker Organisationen teilnehmen. Ziel dieses Treffens, über dem das Damoklesschwert eines Eisenbahnerstreiks schwebt, ist »der Aufbau einer staatlichen Herrschaft«.[9] Zu der bolschewistischen Delegation gehört auch Kamenew, der am Ende des bolschewistisch dominierten II. Sowjet-Kongresses zum Präsidenten des Zentralexekutivkomitees der Sowjets gewählt worden ist (die Bolschewiki verfügten in dem Kongreß über 66 Vertreter gegenüber 39 Vertretern der Linken Sozialrevolutionäre und 10 »Verschiedenen«). Kamenew wirft in der Sitzung sein gesamtes politisches Gewicht zugunsten einer Koalitionsregierung in die Waagschale. Aus seinen Vorschlägen ergibt sich eine Konsequenz, die am nächsten Tag deutlich formuliert werden wird: Jede Übereinkunft, die zu einer Koalition führt, bedeutet faktisch den Ausschluß Lenins und Trotzkis – denn an ihrer Kompromißlosigkeit würde jede Zusammenarbeit mit anderen in der Regierung scheitern.

Lenin hat die Gefahr, einem solchen Kompromiß geopfert zu werden, richtig erkannt. Deshalb bemüht er sich um eine Festigung seiner Autorität innerhalb der Partei. Am 1. November geißelt er die bolschewistischen Unterhändler der Übereinkunft vor dem Petrograder Parteikomitee als »erbärmliche Betrüger«. In seinem Schlußsatz lehnt er jeden Kompromiß ab: »Eine Verhandlung mit den Sozialisten kommt nicht in Frage. Unsere Devise lautet: keinen Kompromiß und eine homogene bolschewistische Regierung.«

Gleichwohl bemüht sich Lenin, seine Gesprächspartner nicht vor den Kopf zu stoßen. Zu groß ist das Risiko der Bildung einer Allianz, bei der er an den Rand gedrängt würde. Dennoch versucht er die Partei auf einen Kurs zu bringen, der den Zugeständnissen jede Bedeutung nimmt. Diese Aufgabe überträgt er Wolodarski, der als sein Sprecher dem Zentralexekutivkomitee Vorschläge übermittelt.

Lenin, so Wolodarski, akzeptiere einen Dialog und vor allem eine Erweiterung des Zentralexekutivkomitees um Vertreter der Gewerkschaften und der Sowjets der Bauern und Soldaten. Auch bejahe er die Unterordnung der Regierung unter das ZEK. Ein zwiespältiger Kompromiß. Für die nichtbolschewistischen Kräfte bleibt zwar die Regierung unverändert. Daß das ZEK für andere Kräfte geöffnet wird und dieses die oberste Regierungsgewalt erhält, wirkt auf sie dennoch verlockend. So glauben die anderen Sozialisten, die bolschewistische Regierung kontrollieren zu können. Für Lenin bleibt dagegen das Wesentliche gewahrt: ihre monolithische Zusammensetzung. Was das ZEK angeht, so ist er überzeugt davon, daß er den Einfluß seiner Partei darin schrittweise verstärken kann. Vor allem muß er Zeit gewinnen.

Die Bolschewiki im ZEK haben Lenins Hintergedanken nicht durchschaut. Die Übereinkunft wird mit 38 gegen 29 Stimmen angenommen. Der *Wikshel* hält das Zugeständnis allerdings für unzureichend und verlangt schlicht den Rückzug der Bolschewiki aus der Regierung. Um die Schwierigkeit auszuräumen, schlägt Kamenew vor, Lenin durch den Sozialrevolutionär Wiktor Tschernow zu ersetzen. Lenin platzt daraufhin der Kragen. Er beruft das Zentralkomitee ein und verlangt den Abbruch aller Gespräche zur Bildung einer Koalitionsregierung. Bei der Abstimmung sieht er sich einer fast geschlossenen Front gegenüber: Bei zehn Gegnern kann er auf nur drei Unterstützer zählen, darunter natürlich auf Trotzki. Der schlägt zur Rettung der Situation einen Kompromiß vor: Die Verhandlungen sollen nur mit den Linken Sozialrevolutionären fortgeführt werden – ein allerletztes Zugeständnis zur Überwindung der Krise. Der Vorschlag wird von den anwesenden ZK-Mitgliedern angenommen. Trotzki wird später in seinen Schriften über Stalin anmerken, dieser habe während der Debatte zunächst geschwiegen und sich dann auf seine Seite gestellt.

Lenin ist fest entschlossen, die Konfrontation durchzustehen, und nutzt die Gelegenheit, die Unterwerfung der Minderheit zu verlangen. Das Ultimatum wird mit zehn Namen unterzeichnet. Das ZK-Mitglied Bubnow wird über diese Episode, die für Lenins Methoden so typisch ist, später berichten: Lenin verfaßte zunächst den Text und »rief dann die Mitglieder einzeln in sein Büro, legte ihnen den Text vor und verlangte die Unterzeichnung«.[10]

Gleichzeitig mit diesem Gewaltstreich, der die Mehrheitsmeinung unter den Bolschewiki zur Minderheit macht, fällt Lenin einen einschneidenden Beschluß. Die Bolschewiki hatten sich bisher zur Respektierung der Pressefreiheit verpflichtet – eine Reaktion auf die Schließung ihrer eigenen Blätter durch die Provisorische Regierung während der Krisen. Damals hat Lenin sich selbst zum Verfechter der Pressefreiheit gemacht und verkündet, diese existiere nur dann, wenn »alle Meinungen *aller* Bürger frei verbreitet werden können«.[11] Diese Schrift mit dem Titel: *Wie wird der Konstituierenden Versammlung der Erfolg gesichert? (Über die Pressefreiheit)* hat er keine drei Monate später vergessen. Kaum an die Macht gelangt, will er von Pressefreiheit und einer Konstituierenden Versammlung nichts mehr wissen ... Zu dieser Zeit erscheint das Dekret, das die Freiheit der »konterrevolutionären Presse« einschränkt. Als der Bolschewik Juri Larin die Maßnahme vor dem Zentralexekutivkomitee kritisiert, erhält Lenin ein weiteres Mal Gelegenheit, eine Auflehnung gegen die Parteidisziplin zu geißeln. Mit nur zwei Stimmen Mehrheit wird Larins Antrag, das Pressedekret zu verurteilen, vom Exekutivkomitee abgelehnt. Viele Bolschewiki votieren folglich gegen den *Sownarkom* (Rat der Volkskommissare) und somit gegen

Lenin. Die Stunde der Entscheidung ist gekommen. Lenin fordert die Opponenten auf, sich den Positionen des Zentralkomitees anzuschließen. Einige treten lieber aus Protest zurück. Kamenew, Sinowjew, Rykow, Miljutin und Nogin verlassen das Zentralkomitee. Die drei letztgenannten treten auch als Volkskommissare zurück. Kamenew gibt den Vorsitz im Zentralexekutivkomitee ab. Als Nachfolger bestimmt Lenin sofort Swerdlow. Die Zurückgetretenen rechtfertigen ihren Schritt in einem offenen Brief an die *Iswestija*, dem offiziellen Organ des *Sownarkom*. Darin bekennen sie sich erneut zur Überzeugung, die Regierung müsse allen Sozialisten offenstehen. Gleichzeitig bekunden sie die Absicht, sich an die Bevölkerung zu wenden, um dem absoluten Autoritätsanspruch »der im Zentralkomitee herrschenden Gruppe« zu begegnen.

Die Partei ist offenkundig gespalten. Aber Lenin duldet keine Spaltung. Er schließt aus, »purifiziert« und nutzt die Krise zur Stärkung der eigenen Position. Man ist weit entfernt vom Inhalt von *Staat und Revolution* und von den Vorstellungen einer Machtausübung nach dem Vorbild der Pariser Kommune. Gleichzeitig profitiert Lenin von der Spaltung der Sozialisten. Die gemäßigten unter ihnen haben sich wegen seiner Rücksichtslosigkeit aus den Debatten im Zentralexekutivkomitee zurückgezogen und hoffen jetzt auf die Konstituierende Versammlung, um die Frage der Regierung zu klären. Im November 1917 gehen sie noch davon aus, daß Lenin sich einer nach dem allgemeinen Wahlrecht gebildeten Versammlung wird beugen müssen. Im ZEK sieht Lenin sich so nur noch den Linken Sozialrevolutionären gegenüber, und die sind durchaus bereit, auf seine Vorschläge, die in Wahrheit geschickte Manöver sind, einzugehen. Obwohl sie sein Streben nach einem Machtmonopol angeprangert haben, gelingt es Lenin, sie mit Angeboten und Avancen zu ködern: Er bietet ihnen eine Beteiligung an der Regierung und eine Erweiterung des Zentralexekutivkomitees vornehmlich um Bauernvertreter an. Am 15. November wird nach tagelangen zähen Verhandlungen die vorgeschlagene Übereinkunft geschlossen. Partner sind freilich nur die Linken SR. Ihre übrige Partei und die Menschewiki bleiben ausgeschlossen. Einige Linke Sozialrevolutionäre treten jetzt in die Regierung ein, darunter I. N. Steinberg, der Volkskommissar für die Justiz wird.

Um die Gewerkschaft der Eisenbahner stillzubekommen, geht Lenin auf deren Forderung ein und schlägt vor, ihrem Mitglied Kruschinski, einem Linken Sozialrevolutionär, den Posten des Volkskommissars für Transport zu übertragen. Kruschinski hat in der Auseinandersetzung mit den Bolschewiki eine wichtige Rolle gespielt. Obwohl dieser neue Kommissar sich als unkontrollierbar erweisen könnte, kommt Lenin der Gewerkschaft so einen großen Schritt entgegen. Eventuellen Schwierigkeiten beugt er dadurch vor, daß er Kruschinski seinen Schwager Mark Jelisarow als Vizekommissar zur Seite stellt. Jelisarow ist Ingenieur und Gewerkschaftsmitglied, also stimmt die *Wikshel* der Ernennung zu. Alle drei Parteien des Handels – Lenin, Jelisarow und die Gewerkschaften – verfolgen eine bestimmte Strategie: Lenin hofft darauf, sein Schwager werde im Kommissariat auf den zuständigen Volkskommissar und auf die Gewerkschaft der Eisenbahner Einfluß ausüben. Jelisarow bekundet die Absicht, zwischen beiden Lagern einen Ausgleich zu schaffen. Und die *Wikshel,* die Lenins Wunsch erfüllt hat, hofft nun darauf, auf das Ministerium für Transport und auf die Regierung unangefochten Einfluß nehmen zu können.

In seinem Kalkül am sichersten fühlt sich Lenin. Die Koalition ist für ihn nur ein momentanes Zugeständnis und die Teilnahme nichtbolschewistischer Volkskommissare am *Sownarkom* nur vorübergehend. Jetzt kommt es nicht nur darauf an, den drohenden Streik der Eisenbahner abzuwenden – hierbei hofft Lenin ja auf seinen Schwager –, sondern auch die Vorbereitungen zu dem für Anfang Dezember anberaumten Kongreß der Eisenbahnergewerkschaft zu manipulieren. Die jetzigen Führungsfiguren, die den Bolschewiki ständig Schwierigkeiten machen, sollen hinausgedrängt und durch eine versöhnlichere Führung ersetzt werden. Die »Erweiterung der Regierung« bedeutet für Lenin folglich kein wirkliches Nachgeben gegenüber der Forderung, neben Bolschewiki auch andere Parteien und Gruppen an der Macht zu beteiligen.

Unter dem Deckmantel einer politischen Öffnung dehnt Lenin sein Manöver auf das Zentralexekutivkomitee aus, damals der Ersatz für eine noch fehlende Legislative. Die Übereinkunft vom 15. November sieht eine solche Erweiterung vor. So läßt Lenin das 108 Mitglieder starke Gremium um zahlreiche Vertreter von Bauern, Soldaten und Gewerkschaftern vergrößern. Das scheinbare Zugeständnis führt in der Folge allerdings nur eine stärkere Zentralisierung der Macht herbei: Das ZEK vergrößert sich auf 366 Mitglieder. Die Arbeit wird dadurch vollends ineffizient, denn die Masse der neu hinzugekommenen Bauern und Soldaten sorgt für ein noch heterogeneres Meinungsbild und für noch größere Unterschiede in den Forderungen. Daß die Bolschewiki als zweite Konsequenz dadurch gegenüber den Linken SR, die tendenziell die Bauern auf ihrer Seite haben, an Gewicht verlieren, ist für Lenin kein Problem: Am 12. Dezember wird das Präsidium gebildet, und hier gelingt es den Bolschewiki, 12 Plätze zu besetzen – gegenüber 7 der Linken SR. Das Präsidium ist natürlich das eigentliche Machtzentrum. Das ZEK, das wegen seiner Größe schwierig zusammenzubekommen ist und noch größere Probleme hat, Sachfragen effizient zu debattieren, erleidet das Schicksal vieler schwerfälliger Versammlungen: Die Sitzungen werden spärlich besucht, die Debatten verlaufen im Sand. Die Zusammenkünfte werden plötzlich seltener, und der *Sownarkom* legt ihm entgegen dem vorgesehenen Verfahren keine Gesetzentwürfe mehr vor. Der täglich zusammenkommende Rat der Volkskommissare zieht so immer mehr exekutive und legislative Machtbefugnisse an sich. Lenin hatte in *Staat und Revolution* betont, daß auch Marx mit einer solchen Anhäufung von Macht sympathisiert hatte. Dank der starken Erweiterung des ZEK bleibt dem *Sownarkom* nun fast nichts anderes übrig, als zwei Gewalten auf sich zu vereinen. Dieser Teil der Utopie in Lenins Schrift ist so binnen weniger Monate zur Realität geworden.

Der politische Trick bleibt auch den Partnern der Bolschewiki nicht verborgen: Die Linken Sozialrevolutionäre reagieren darauf mit Empörung, doch als Teilnehmer an der Regierung haben sie sich gewissermaßen zu Erfüllungsgehilfen gemacht, so daß ihre Proteste keinen Widerhall finden.

Während Lenin im Dezember 1917 seine Machtposition ausbaut, warten sämtliche Gegner seiner Methoden ungeduldig auf die Wahl und Einberufung der Konstituierenden Versammlung. Mit ihr, so hoffen sie, werde Rußland wieder über eine politische Instanz verfügen, die die Kräfteverhältnisse in der Gesellschaft wirklichkeitsgetreu abbildet.

Leben und Sterben der Konstituanten

Seit dem Zusammenbruch des zaristischen Systems hatten die politischen Hoffnungen der Bevölkerung vornehmlich auf der Einberufung einer verfassungsgebenden Versammlung geruht. Die Regierungen, die von Februar bis Oktober 1917 aufeinanderfolgten, taten sich keinen Gefallen damit, die versprochenen Wahlen zu dieser Instanz immer wieder hinauszuschieben. Angesichts der tiefen Enttäuschung der Öffentlichkeit blieb Lenin nichts anderes übrig, als sich zum Befürworter des Urnengangs zu machen. Da dessen Datum zum Zeitpunkt seiner Machtergreifung bereits feststand, mußte er folglich versprechen, diese Wahlen nun auch zu organisieren. Diese Zusage war ihm allerdings eher lästig. Engen Vertrauten gegenüber sprach er über die Möglichkeit, die Wahlen aufzuschieben. Trotzki warnte ihn vor den Risiken, die gleiche Taktik einzuschlagen wie die Provisorische Regierung. Daraufhin fuhr Lenin ihn an: »Unsinn, Tatsachen sind wichtig, nicht Worte.«[12] Schließlich mußte Lenin seine Absicht doch fallenlassen: Die anderen politischen Parteien, allen voran die Sozialisten, die die Macht der Bolschewiki durch eine vom ganzen Volk gewählte Versammlung einzudämmen hofften, betrieben seit Anfang November intensiv Wahlkampf. Vor allem die SR reisten durch das Land und mobilisierten die Bauern. Entsprechend hoch war die Wahlbeteiligung in ländlichen Gebieten, während die in den Städten mit ungefähr 60 Prozent geringer ausfiel. Aus praktischen Gründen zogen die Wahlen, die von der Provisorischen Regierung für den 12. November anberaumt worden waren, sich bis zum 26. November hin. Keine unbedeutende Rolle spielte, daß damals auch Frauen wählen durften. Lenin hatte eine Zeitlang darüber nachgedacht, das Wahlalter von 20 auf 18 Jahre abzusenken – in der Hoffnung auf ein leichter beeinflußbares Wählerpotential. Allerdings war die Zeit für Veränderungen des Wahlmodus bereits abgelaufen. Hinter Lenins Absichten (Annullierung der Wahlen oder Herabsetzung des Wahlalters) steckte die richtige Einschätzung, wonach die Bolschewiki sich gegenüber den SR als zweitrangige Kraft herausstellen würden.

Das Ergebnis des Urnengangs, der von den Wählern sehr

ernst genommen wurde und der, von wenigen Zwischenfällen abgesehen, vollkommen fair verlief, bestätigte Lenins Befürchtungen. Die Sozialrevolutionäre brachten 17 Millionen, also 40 Prozent der Wähler hinter sich, die Bolschewiki dagegen kaum 10 Millionen, also ganze 24 Prozent. Die SR wurden zudem verstärkt durch ihre ukrainische Schwesterpartei, die 5 Millionen Stimmen (12 Prozent) auf sich vereinigte. Insgesamt verfügten die SR damit über einen Stimmenanteil von über 50 Prozent. Zu den Stimmen für die Bolschewiki kam dagegen nur noch die halbe Million (10 Prozent) Stimmen der verbündeten Linken SR hinzu. Für die Menschewiki wurden die Wahlen zum Desaster. Mit kaum mehr als 1,3 Millionen Stimmen erreichten sie einen Anteil von ganzen 3 Prozent. Die liberalen Parteien, an der Spitze die Kadetten (Konstitutionell-Demokratische Partei oder KD) errangen trotz ihres fast vollständigen Ausschlusses aus dem politischen Leben etwas über 3 Millionen Stimmen, also einen Anteil von 7 Prozent. Sie verfügten über hervorragende Zeitungen und erreichten so unter den Gegnern der Bolschewiki eine breite Öffentlichkeit. Für sie bedeutete dieses Wahlergebnis zumindest einen Achtungserfolg und – angesichts des Staatsstreichs vom Oktober – keineswegs eine Katastrophe. Die Kadetten wurden vor allem in Großstädten gewählt und bildeten noch immer die Hoffnung eines Teils der Stadtbevölkerung.

Das Wahlergebnis und die Sitzverteilung in der verfassungsgebenden Versammlung waren für Lenin eher beunruhigend. Von den 703 Sitzen entfielen 419, also 60 Prozent, auf die SR; auf die Bolschewiki 168, zu denen die 40 Sitze der Linken SR hinzukamen; auf die Kadetten 17 und die Menschewiki 16 Sitze. 90 Sitze gingen an Vertreter nationaler Minderheiten. Die Zusammensetzung der gewählten Versammlung spiegelte deutlich die politische Veränderung in Rußland wider, das die Bolschewiki zu beherrschen geglaubt hatten. Die Versammlung – die hohe Wahlbeteiligung belegte die Bedeutung, die ihr in der Bevölkerung beigemessen wurde – war zu zwei Dritteln mit Gegnern der Bolschewiki besetzt. Diese waren folglich von nun an mit einer Instanz konfrontiert, die sich ganz ihrer Kontrolle entzog und ihr den Machtanspruch streitig machte. Bislang war es Lenin gelungen, durch seine Manöver, die sogenannten »Erweiterungen«, den Gesamtrussichen Sowjet-Kongreß und später das

Zentralexekutivkomitee bis zur Bedeutungslosigkeit zu schwächen. Mit der Konstituierenden Versammlung war dies nicht möglich. Damit stellte sich ihm erneut die von Tschernyschewski übernommene Frage: Was tun?

Besonders akut wurde sie durch die Gründung eines Komitees zur Verteidigung der Konstituierenden Versammlung: Seine Entstehung deutete darauf hin, daß es in der Bevölkerung ein wachsendes Bewußtsein dafür gab, daß die Konstituante für die Bolschewiki eine plötzliche Herausforderung bedeutete. Dieses Komitee bestand aus Vertretern aller Parteien – ausgenommen Bolschewiki und Linke SR – und zahlreicher Gewerkschaften und Verbände. Es war gewissermaßen die Nachfolgeinstitution des »Komitees zur Rettung des Vaterlandes und der Revolution«, das einen Monat zuvor entstanden war, um sich den nach Allmacht strebenden Bolschewiki in den Weg zu stellen. Nun stellte sich das Problem erneut: Die nichtbolschewistischen Parteien und viele Gewerkschaften, die über Lenins Machtbesessenheit bestürzt und empört waren, verfügten Ende November 1917 über ein echtes politisches Instrument, um ihn in Schach zu halten: die neu gewählte Versammlung. Jetzt drehte sich alles darum, zu verhindern, daß sie durch Lenin aufgelöst würde. Denn Lenins scharfsinnige Gegner rechneten natürlich damit, daß er dies zumindest versuchen würde.

Die Provisorische Regierung hatte vor ihrer Auflösung neben dem Wahltag auch den Termin des Zusammentretens der Versammlung bestimmt, nämlich den 28. November. Das neue Komitee versuchte nun die Bevölkerung zu mobilisieren, um zu gewährleisten, daß die Konstituante am festgesetzten Tag zu ihrer Eröffnungssitzung zusammentreten konnte. Bis dahin waren die Vertreter allerdings noch nicht einmal offiziell einberufen worden, und nur ein kleiner Teil hatte überhaupt Zugang zum Sitzungsort, dem Taurischen Palais. Obwohl Scharen von Demonstranten die Versammlung zu schützen versuchten, mußte ihr Zusammentreten ohne offiziellen Status, mit nur ein paar Dutzend Teilnehmern und von einer Beschlußfähigkeit weit entfernt, als Machtdemonstration zwangsläufig scheitern.

Lenin blieb in dieser Zeit nicht untätig. Er hatte im *Sownarkom* bereits vorgeschlagen, die erste Sitzung der Versammlung aufzuschieben – angeblich wegen der besonderen Schwierigkeiten, die Vertreter einzuberufen. Gleichzeitig ging er zu einem Angriff auf die Kadetten über: Am 28. November – dem anberaumten Termin zur Eröffnung der Konstituanten – wurden sie durch ein Dekret des *Sownarkom* als »konterrevolutionäre Partei« verboten. Der Vorwurf: Sie mißbrauchten die Konstituierende Versammlung dazu, einen Umsturz zugunsten der Bourgeoisie vorzubereiten. Gleichzeitig wurde gegen die Führer der Partei, die bei den Wahlen einen gewissen Erfolg errungen hatte, Haftbefehl erlassen. Die Vorwürfe – ein Komplott gegen die Staatsgewalt – waren im übrigen so vage formuliert, daß sie nach Bedarf auf alle sozialistischen Parteien ausgedehnt werden konnten.

Das Dekret vom 28. November zeigt die Unfähigkeit der bei den Wahlen siegreichen Parteien, sich gegen Lenins Anschlag auf die Konstituante wirkungsvoll zur Wehr zu setzen. Von nun an trifft Lenin Vorbereitungen, um mit Hilfe der Straße und durch seine Leute in der Versammlung sein Vorhaben zu vollenden. Der Architekt dieses Unternehmens ist Swerdlow. In der Zeit der inneren Krise in der bolschewistischen Partei, als zahlreiche Führungsfiguren gegen Lenins monolithische Regierung opponierten, hatte er sich als Mann des Vertrauens hervorgetan und dessen radikale Position vorbehaltlos unterstützt. Wegen seiner besonders lenintreuen Haltung ersetzte er Kamenew an der Spitze des ZEK und leitete weiterhin das Sekretariat des Zentralkomitees, ein Posten, der ihm die Kontrolle über die gesamte Parteiorganisation verschaffte. Georges Haupt, der herausragende Historiker der II. Internationalen, schrieb über Swerdlow[13]:

»Lunatscharski zeichnete ein eindringliches psychologisches Porträt dieses braunhaarigen Mannes, der von kleiner Statur und eine ausgeprägt jüdische Erscheinung war. Er kleidete sich als erster ganz in schwarzes Leder, was dann zur Uniform der Kommissare wurde. Der Zug, den Lunatscharski bei allen großen Revolutionären ausmachte, ihre Ruhe und Ausgeglichenheit in den aufreibendsten Situationen, erlangte bei Swerdlow ›imposante und gewissermaßen monumentale‹ Dimensionen. Seine Rolle und seine Stellung in der Partei definierte Lunatscharski so: Während Lenin und wenige andere die ideologische Führung innehatten, garantierte Swerdlow ihnen den Kontakt zu den

Massen, zur Partei, zum sowjetischen Apparat und schließlich zu ganz Rußland.«

In dieser herausragenden Funktion als zentraler Mittelsmann der Partei führt Swerdlow nun stellvertretend den Kampf gegen die Konstituierende Versammlung, die Lenin unter keinen Umständen dulden will. Swerdlow bestellt die gewählten Bolschewiki nach Petrograd ein und schmiedet sie zu einer straff organisierten Gruppe mit der Bereitschaft zusammen, die ihr zugewiesene Aufgabe zu erfüllen. Dann schickt er diese Vertreter in die Betriebe, wo sie die »überflüssige« Versammlung systematisch kritisieren sollen. Die Propaganda stößt dort bei den Arbeitern, die sich weiterhin für die von ihr gewählte Versammlung stark machen, allerdings auf Widerstand und wird deshalb rasch aufgegeben. Von da an zielen Swerdlows Bemühungen direkt auf die Abgeordneten der Bolschewiki. Sie werden kollektiv einem vom ZK gebildeten Büro unterstellt, das ihre Arbeit in der Versammlung überwachen soll. Leiter dieses Büros sind zwei ganz unterschiedliche Männer: Zum einen Bucharin, dessen ganzes Denken von der Weltrevolution beherrscht wird und der in den Fragen des Staates und der Nationalitäten mit Lenin bereits aneinandergeraten war, bis 1915 jedoch wie Lenin von der Notwendigkeit einer russischen Niederlage im Krieg überzeugt gewesen ist. Zum anderen Sokolnikow, den Lenin für einen besonders treuen Anhänger hält. Sokolnikow hat während des Aufstandes vorbehaltlos zu ihm gehalten und seine Forderung nach einer homogenen Regierung verteidigt. Zudem teilt er Lenins Abneigung gegen die Konstituierende Versammlung. Unter dieser Führung wird den Abgeordneten der Bolschewiki eingeimpft, hartnäckig Lenins These zu vertreten, wonach die Existenz dieser Versammlung nur solange hinnehmbar sei, als ihre Abgeordneten von der Regierung jederzeit abberufen werden können.

Am 12. Dezember bezieht Lenin direkt Stellung und veröffentlicht in der *Prawda* seine *Thesen über die Konstituierende Versammlung.*[14] Seine Haltung ist kompromißlos: Die Versammlung habe keine Existenzberechtigung, denn das parlamentarische Stadium der Gesellschaft sei überwunden. Die Gesellschaft, so Lenin, befinde sich ganz im Einklang mit der Staatsmacht. Dagegen bringe die Konstituante, in die bürgerliche Parteien hineingewählt worden sind, eine überholte Stufe des gesellschaftlichen Bewußtseins zum Ausdruck. Das revolutionäre Rußland dürfe aber keinen Schritt zurückgehen. Die Konstituierende Versammlung als Ausdruck eines vorrevolutionären gesellschaftlichen Bewußtseins bedeute einen historischen Rückschritt.

Diese Thesen decken sich mit Gedanken, die Lenin seit Monaten vertritt. Ende Juli hat er eine Schrift mit dem Titel: *Über die Verfassungsillusionen*[15] verfaßt. Ohne Umschweife erklärt er darin, in einer revolutionären Periode zähle nicht »der Wille der Mehrheit«. Vielmehr gebe es »zahllose Beispiele dafür, wie eine besser organisierte, zielbewußtere und besser bewaffnete Minderheit der Mehrheit ihren Willen aufzwang und diese besiegte«.

Zur Durchsetzung seiner Überzeugungen fehlt es Lenin nicht an den Mitteln. In den nächsten Tagen läßt er die Führer des Komitees zur Verteidigung der Konstituierenden Versammlung verhaften, z. B. rechte SR wie Awksentjew. Weitere Haftbefehle ergehen gegen Wiktor Tschernow und Zereteli. Statt zu reagieren, verhalten die SR sich ruhig in der Überzeugung, die Konstituante werde sich nach der Einberufung gegen die – in der Minderheit befindlichen – Bolschewiki durchsetzen und deren illegitimen Machtanspruch aufdecken. Bestärkt werden sie in ihren Hoffnungen durch die Linken Sozialrevolutionäre, von denen sie, wenn auch eingeschränkt, Unterstützung erhalten. Die Linken SR sind gegen die Auflösung der Versammlung und machen deren offizielle Einsetzung zu einer Vorbedingung, um die Bolschewiki weiter zu unterstützen.

Lenin muß in diesem Punkt zwar einlenken, doch bereitet er bereits den Schlußakt des Dramas vor. Die Ankündigung der Eröffnung der Konstituanten am 5. Januar wird begleitet von einer offiziellen Warnung Sinowjews, der sich im November gegen die Einheitsregierung aufgelehnt hatte, aus dem Zentralkomitee zurückgetreten, dann jedoch schnellstens auf seine Posten zurückgekehrt war.[16] Kamenew wird noch ein paar Wochen abwarten und ihm dann auf dem Weg der Unterwerfung unter Lenin folgen. Bei der offiziellen Einberufung der verfassungsgebenden Versammlung haben die Bolschewiki ihre Reihen geschlossen, und so gibt Sinowjew den Abgeordneten bekannt, daß der Fortbestand der Versammlung von ihrem Wohlverhalten abhänge: Die Versammlung müsse die Legitimität der Regierung anerkennen und deren Vorlagen verabschieden. Um ganz sicherzugehen, verkündet Lenin die Einberufung des III. Sowjet-Kongresses zum 8. Januar. Damit werden sich die beiden Versammlungen gegenüberstehen.

In den Tagen vor dem Zusammentritt der Konstituierenden Versammlung herrscht in beiden Lagern fieberhafte Aktivität. Menschewiki und rechte SR arbeiten an ihren Vorlagen. Mit äußerster Sorgfalt bereiten sie sich auf die Sitzungen vor. Erschwert wird ihre Arbeit durch Verhaftungen und die Tatsache, daß ihre angesehensten Vertreter, sofern sie in Freiheit sind, im Untergrund arbeiten müssen. Die bolschewistische Revolution ist mit Freiheit nicht vereinbar, auch nicht in den Tagen, als Lenin seinen Vernichtungsschlag gegen die einzige demokratisch legitimierte Institution in Rußland vorbereitet und diesem Schlag einen legalen Anstrich zu geben versucht.

Die SR begnügen sich nicht mit dem Verfassen eines Programms. Einige besinnen sich darauf, daß zu ihren Kampfmitteln einst auch der Terrorismus gehört hat. Für sie ist Lenin das eigentliche Problem. Folglich sei mit ihm so zu verfahren wie einst mit dem Zaren. Ein Tyrann bleibe ein Tyrann, sei er auch Bolschewik. Als Lenin am 1. November 1918 mit dem Schweizer Platten und seiner Schwester zum Smolny-Institut fährt, gerät sein Wagen unter Dauerfeuer. Daß er den Kugeln entgeht, verdankt er Platten, der ihn im Fond des Wagens niederdrückt. Das Attentat macht den bislang schwelenden Krieg zwischen Lenin und den SR offenkundig.

Während die Gegner ein demokratisches Programm erstellen, verfaßt Lenin den Entwurf, den die Abgeordneten verabschieden »sollen« und der zwei Tage vor Eröffnung der Konstituanten vom Exekutivkomitee gebilligt wird. Der Entwurf trägt den Titel *Deklaration der Rechte des werktätigen und ausgebeuteten Volkes*[17] und ist eine Art konstitutioneller Charta, die später in die Verfassung der Russischen Sozialistischen Föderativen Sowjetrepublik (RSFSR) eingehen wird. Der Konstituierenden Versammlung, die grundlegend die Weichen für die Zukunft des Landes stellen soll, wird mitgeteilt, sie habe keine andere Wahl, als das politische Programm der bestehenden Regierung zu übernehmen. Andernfalls werde sie aufgelöst. Eine klare Erpressung.

Gleichzeitig verhindern polizeiliche Maßnahmen, daß die gewählte Versammlung aus der Bevölkerung Unterstützung erfährt. Lenin, zu ihrer Liquidierung fest entschlossen, rechnet mit Widerständen. Trotz der eingeschränkten Pressefreiheit, den Verhaftungen und der rücksichtslosen bolschewistischen Propaganda fürchtet er noch immer eine Reaktion aus dem Volk, das nach wie vor auf die lange herbeigesehnte Versammlung hofft. Urizki, der Chef der Petrograder Tscheka, verkündet so vorsichtshalber den Ausnahmezustand und stationiert lettische Truppen in der Stadt. Das Taurische Palais wird von Matrosen umzingelt. An die Beamten, die in ihm Dienst tun, ergeht eine Anweisung, nur den Befehlen des Kommandanten des Palastes – er untersteht Urizki – zu gehorchen. Damit sind schon am Vortag des Zusammentritts der Konstituanten alle Vorbereitungen zu deren Ausschaltung getroffen.

Lenin hat gut daran getan, die neue Versammlung belagern zu lassen. In der Nacht versuchen Gruppen friedlicher Demonstranten, sich in der Umgebung des Taurischen Palais' niederzulassen, um gegebenenfalls die Abgeordneten vor Übergriffen durch Urizkis Truppen zu schützen. Noch vor dem Morgengrauen peitschen Schüsse. Es gibt einige Opfer. So wird die Versammlung am 5. Januar in angespannter Atmosphäre eröffnet. Die Abgeordneten, die nicht zum Lager der Bolschewiki gehören, benötigen einigen Mut, um die Sperren der Matrosen zu überwinden, die sie pöbelnd, mit erhobener Faust und die *Internationale* singend empfangen.

Im Sitzungssaal geben von Anfang an Lenins Anhänger den Ton an. Als der Alterspräsident auf die Tribüne steigt, um nach parlamentarischer Tradition den Vorsitz zu übernehmen, wird er gleich darauf von Swerdlow vertrieben: Er habe Auftrag vom Exekutivkomitee, den Vorsitz zu übernehmen. Swerdlow verliest Lenins am Vortag verfaßte Erklärung. Daraufhin stimmen die Bolschewiki mit erhobener Faust die *Internationale* an. Die Atmosphäre entspricht allem anderen als der Würde eines Hohen Hauses. Dann kommt der Augenblick der Wahl eines Präsidenten. Als Kandidaten dienen zwei Sozialrevolutionäre, allerdings aus verschiedenen Parteiflügeln: Wiktor Tschernow wird von sämtlichen nichtbolschewistischen Gruppen unterstützt. Dagegen ist Maria Spiridonowa, die in ihrer frühen

Jugend dem terroristischen Flügel der SR angehörte und 1906 zum Tod verurteilt worden war, die Kandidatin der Bolschewiki und der Linken Sozialrevolutionäre. Tschernow wird mit 246 zu 151 Stimmen gewählt. Gleich nach der Amtseinführung versucht er seine Kollegen von der Notwendigkeit einer Zusammenarbeit zu überzeugen. Seine emotionslose Rede, die auf Aussöhnung zielt, erscheint allen fehl am Platz angesichts der Begleitumstände dieser eröffnenden Sitzung: Das Taurische Palais ist von Truppen umzingelt, die die Massen der Sympathisanten zu vertreiben versuchen. Schreie gellen, es wird geprügelt, Schüsse knallen.

Ebenso aufgeheizt ist die Stimmung im Inneren des Palais'. Während von links Zwischenrufe und Beschimpfungen ertönen, hören Anhänger betroffen Tschernow zu, der in seiner Rede mit kaum einem Wort erwähnt, daß die Bolschewiki die Demokratie bedrohen. Erst in dem leidenschaftlichen Beitrag Zeretelis kommen ihr gewaltsames Vorgehen, ihre Machtgier, die vollendeten Tatsachen, die Lenin dem Wählerwillen entgegensetzt, zur Sprache. Trotz der Zwischenrufe kann Zereteli seine Rede beenden. Sein Beitrag mobilisiert erneut das Lager der SR, der Menschewiki und der Kadetten. Dann legt Raskolnikow, der Kommandant der Kronstädter Matrosen während des Oktoberputschs, der Versammlung eine Resolution vor, die als ihr Programm dienen soll: die vielzitierte *Deklaration der Rechte der werktätigen Massen.* Sie wird mit 237 Gegenstimmen abgelehnt und statt dessen das Programm der Sozialisten verabschiedet.

Die Lage ist klar: Die Versammlung ist gegen die Bolschewiki, ebenso ein Großteil der Straße. Dagegen liegen alle Instrumente der Macht – die Regierung, die Armee, etc. – in Lenins Händen. Wozu also die Versammlung aufrechterhalten? Lenin hat der Eröffnung der Sitzung unbeeindruckt beigewohnt. Als die Volksvertreter schließlich ihre reguläre Arbeit aufnehmen, verläßt er demonstrativ den Saal. Mit ihm ziehen unter großem Aufsehen auch die Bolschewiki und die Linken SR aus.

Tschernow nutzt die Gelegenheit, um eine Reihe entscheidender Anordnungen diskutieren und verabschieden zu lassen: die Verstaatlichung des Bodens, die Errichtung einer föderativen demokratischen Republik in Rußland, Appelle an die Alliierten, einen generellen Frieden zu schließen. Die Konstituierende Versammlung erfüllt damit unbestreitbar die Erwartungen der Bevölkerung. Gestört wird die Debatte durch Urizkis Wachen, die in den Saal eindringen, auf eine Beendigung drängen und dazwischenrufen. Auf der Tribüne sorgen von den Bolschewiki aufgewiegelte Zuhörer für ständige Unruhe. Dann droht ein Ordner, den Strom abzuschalten oder den Saal gewaltsam räumen zu lassen, falls die Sitzung nicht sofort beendet werde. Obwohl über der Versammlung also das Damoklesschwert der Auflösung schwebt, sind die Abgeordneten fest entschlossen, den widrigen Umständen und ihrer Erschöpfung zum Trotz eine geschichtsträchtige Aufgabe zu erfüllen, auch wenn diese für die Gegenwart in Rußland keinerlei Bedeutung haben wird.

Um vier Uhr morgens sind sie am Ende ihrer Kräfte. Sie unterbrechen die Sitzung mit der Vereinbarung, in ein paar Stunden wieder zusammenzutreten. Nach der Rückkehr werden sie von Soldaten am Betreten des Taurischen Palais' gehindert. An der Tür klebt ein Dekret der Regierung, das vom Zentralexekutivkomitee abgesegnet worden ist: Es erklärt die Versammlung für aufgelöst. Die Verordnung erscheint zudem in der *Prawda*. Zeitungen, die über die Debatten der Konstituierenden Versammlung berichten, werden beschlagnahmt und vernichtet. Lenin hat auf der ganzen Linie gesiegt.[18]

Am gleichen Abend brandmarkt er in einer Rede vor dem ZEK die demokratischen Bestrebungen als das Werk konterrevolutionärer Kräfte. Der Volkswille komme nicht hier, sondern im Sowjet zum Ausdruck. Erneut greift er auf sein altes Argument zurück: In der Zeit der Sowjets und des revolutionären Volkes sei die Konstituierende Versammlung als Sprachrohr der Kapitalisten, der Besitzenden und der Bourgeoisie nur noch das Symbol einer untergegangenen Zeit. Die auf den Straßen erschallende Parole: »Es lebe die Konstituierende Versammlung!« bedeute in Wahrheit: »Nieder mit der Macht der Sowjets!« Wer die Sowjets beibehalten wolle, dürfe die Konstituante nicht am Leben erhalten. Die Zukunft der Revolution, der Wille des Volkes hingen von ihrer Auflösung ab.

Lenin ist bekanntlich stets gegen eine Einberufung dieser Versammlung gewesen. Er mißtraut den Wählern, verachtet den Parlamentarismus und sucht nach immer neuen Möglichkeiten, diesen zu unterdrücken, auch noch nach den Wahlen. Die Gewalt bringt ihn schon deshalb bequem an sein Ziel, als seine Gegner sich kaum wehren können und es nicht wagen, offen an die Unterstützung des Volkes zu appellieren. Lenins Sieg ist das Ergebnis seines eisernen Willens, die Konstituante zu vernichten, aber er verdankt ihn auch der moralischen Schwäche der Sozialisten: Das Land hat ihnen ihre Stimme gegeben, in den Städten erhielten sie in den entscheidenden Stunden Rückendeckung, aber ihnen fehlte unbestreitbar die notwendige Entschlossenheit.

Die Auflösung der Konstituanten wird in Petrograd von gewaltsamen Ausschreitungen begleitet. Bolschewistische Matrosen ermorden die beiden liberalen Abgeordneten Schingarew und Kokoschkin. Lenin amüsiert sich über die wütenden Proteste seiner Gegener: »Laßt sie nur schreien. […] Das ist ihre Haupttätigkeit. Sie taugen auch zu nichts anderem.« Und gegenüber Trotzki kommentiert er, die Auflösung der Konstituanten durch die Sowjetregierung bedeute die Liquidierung des Gedankens der Demokratie zugunsten der Diktatur. Auf Lenins zynische Äußerungen entgegnen einige Genossen: »Sie haben nicht den Bürgerkrieg eingeleitet, sondern den Krieg gegen die SR.«

Der Erfolg von Lenins Strategie bestätigt sich in den kommenden Tagen im III. Sowjet-Kongreß. Der tritt ebenfalls im Taurischen Palais zusammen, in dem zuvor die Konstituierende Versammlung belagert worden ist.

Am 9. Januar, am Vortag der Eröffnung des Kongresses, haben in Petrograd Menschenmassen diejenigen zu Grabe getragen, die in den bewaffneten Auseinandersetzungen umgekommen waren. Gorki gedenkt ihrer in der *Nowaja Shisn.* Er erinnert daran, daß der Traum von der Konstituierenden Versammlung dem russischen Volk fast ein Jahrhundert lang Hoffnung gegeben habe und Arbeiter im Kampf um seine Verwirklichung ihr Leben geopfert hätten. Ein sterbender Plechanow sollte später äußern, diese »Diktatur ist nicht die der arbeitenden Klassen, sondern die Diktatur einer Clique. Und eben aus diesem Grunde werden sie immer zu terroristischen Methoden greifen müssen.«[19]

Im Gegensatz zur Konstituierenden Versammlung war für Lenin der III. Kongreß der Sowjets der Arbeiter und Soldaten das eigentliche Parlament des Volkes, dazu bestimmt, seine Macht zu legitimieren. Allerdings hatte dieser Kongreß nichts mit einem

Parlament oder einer Instanz gemein, die zu ernsthaften Beratungen in der Lage gewesen wäre. Dem stand schon die große Teilnehmerzahl von fast zweitausend Personen entgegen, bei denen es sich entgegen der Ankündigung bei weitem nicht durchweg um »Delegierte der Sowjets« handelte. Tatsächlich wurde der Kongreß an seinem dritten Sitzungstag um die Delegierten eines rasch einberufenen Kongresses der Sowjets der Bauern erweitert. Zudem nahmen an den Sitzungen eine große Anzahl Soldaten und Vertreter der Gewerkschaften und Fabrikkomitees etc. teil, die den Delegationen ursprünglich nicht angehört hatten. Die Bolschewiki hatten die Auswahl der Delegierten streng kontrolliert, und einige Delegierte waren sogar ohne Beschluß eines Sowjets ernannt worden. Die Repräsentativität dieser Versammlung war damit mehr als fragwürdig. Die hohe Teilnehmerzahl machte sie zu einer einfachen Absegnungsinstanz für bolschewistische Vorschläge. Unter diesen Umständen erstaunt es nicht, daß die von der Konstituanten abgelehnte Resolution gleich zweimal mit Jubel angenommen wurde: zunächst vom Sowjet der Arbeiter und Soldaten und dann von der erweiterten Versammlung.

Während Lenin und Swerdlow im Kongreß die Aufmerksamkeit der Zuhörer fesselten und der brillante Redner Trotzki Bewunderung erntete, stieß Martow auf völlige Gleichgültigkeit, als er vor dem Terror der russischen Regierung zu warnen versuchte. Die Zeiten waren vorbei, da man ihm Gehör schenkte. Im abgeschotteten Taurischen Palais konnte er gerade noch auf eine Handvoll Sympathisanten zählen.

Der Kongreß verabschiedete alles, was von ihm verlangt wurde. Er wählte ein neues Zentralexekutivkomitee, das die Bolschewiki vollständig dominierten. Beschlossen wurde zudem, den Begriff »provisorisch« zu streichen, mit dem der *Sownarkom* seit seiner Bildung näher bezeichnet worden war. Auf Bezugnahmen auf die aufgelöste Konstituierende Versammlung würde künftig ausdrücklich verzichtet. Das Spiel war gewonnen: Lenins Herrschaft segelte unter der legitimierenden Flagge eines ihm hörigen Sowjet-Kongresses, und die lästige Versammlung eines Volkes, von dem diese Herrschaft abgelehnt wurde, war aus der Geschichte getilgt. Um dieses seit langem angestrebte Ziel zu erreichen, hatte Lenin seine häufig widerspenstigen Anhänger botmäßig machen, Gegner ausschalten und Tricks, Manipulationen und Gewalt einsetzen müssen. Dieses Projekt, das sein politisches Lebenswerk darstellt, hat er mit nicht zu unterschätzendem politischen Genie verwirklicht. Seinen unvergleichlichen Zynismus bekamen dabei nicht selten auch Vertraute zu spüren. Ende Januar 1918 ist der Sowjetstaat schließlich geboren. Seine Regierung ist nicht mehr »provisorisch« und nicht mehr durch den Volkswillen eingeschränkt. Denn dessen Organ hat sie ja abgeschafft. Die Demokratie war damit gestorben. Aber war es nicht genau das, was Lenin hatte erreichen wollen?

Jetzt mußte nur noch ein dringendes Problem gelöst werden, das schon der Zarenherrschaft und dann den nachfolgenden Regierungen zum Verhängnis geworden war, weil sie seine Lösung auf unabsehbare Zeit hinausgeschoben hatten: Die Beendigung des verhaßten Krieges.

Der Frieden von Brest-Litowsk

Als erste Amtshandlung hat die bolschewistische Regierung das *Dekret über den Frieden* veröffentlicht. Dieser Erlaß gibt wertvolle Hinweise auf Lenins Prioritäten und seine politischen Vorstellungen im allgemeinen. Auch basiert dieses Dekret auf den von ihm seit 1914 unablässig wiederholten Ansichten zum Krieg.

Als konsequenter Kriegsgegner hat Lenin nach Februar 1917 die Parole »Frieden sofort!« zur Schwächung der Provisorischen Regierung eingesetzt, sich dabei aber nicht dazu geäußert, wie ein Frieden in der Praxis erreicht werden könne. Von Februar bis Oktober war der Frieden für Lenin nur ein Kampfmittel gewesen, das ihm den Weg an die Macht ebnen sollte. Ab Oktober ist die Zeit der Slogans vorüber. Die Bolschewiki sind nun selbst mit den konkreten Problemen eines Friedensschlusses konfrontiert. Absichtserklärungen reichen nicht mehr aus. Der Appell vom 26. Oktober verkündet ihren Willen zu einem »Frieden ohne Annexionen und Kontributionen«, der sich auf den Untergang der multinationalen Staaten und Kolonialreiche gründet. Lenin weiß genau, daß dieses Friedensprogramm, das den Mittelmächten ihre Besitzungen nehmen und die Kolonialmacht der Verbündeten Rußlands beenden würde, für beide Seiten inakzeptabel ist. Aber der Appell richtet sich auch nicht an Regierungen. Er ruft vielmehr die Völker dazu auf, über die Köpfe ihrer Regierungen hinweg und *gegen sie* Frieden zu schließen.

Das *Dekret über den Frieden* ist insofern besonders bedeutsam, als der klassische diplomatische Prozeß zur Konfliktbeilegung verneint und ein Schritt propagiert wird, der von der Existenz einer neuen politischen Ordnung ausgeht. Abgelehnt wird dabei die traditionelle Vorstellung von der internationalen Staatengemeinschaft, in der die zwischenstaatlichen Beziehungen durch Kontakte von Regierungen geregelt werden. Die Akteure der neuen Gemeinschaft, an die Lenin sich wendet, sind jetzt die Völker selbst. Diese ehrgeizige Neuerung findet ihren Ursprung sicher in Zielen der Arbeiterbewegung, auch wenn diese nur eine Klasse und nicht die gesamte Gesellschaft vertreten hatte. Daß es der Arbeiterbewegung 1914 nicht gelungen war, die Arbeiter der verschiedenen Länder Europas gegen den Krieg zu mobilisieren, hatte eines bewiesen: Die nationale Solidarität in den Einzelstaaten wirkte unendlich stärker als die Klassensolidarität. Lenin hatte die Arbeiterbewegung deshalb von jeher angeprangert und den Reformismus ihrer Führer für ihr Scheitern verantwortlich gemacht. Im Oktober 1917 nimmt Lenin sich des Traumes von der internationalen Klassensolidarität erneut an und macht ihn zur Grundlage seiner Politik. Ob sein Friedensappell bei den Regierungen Gehör findet, ist unwichtig. Statt an diese appelliert er an die Völker, das Kriegsproblem zu lösen: Wie das russische Volk sollen sie die Entscheidung über Krieg und Frieden durch einen Umsturz ihren Regierungen aus der Hand nehmen. Lenin hofft auf diese Weise in der Praxis zwischen Krieg und Revolution jene Beziehung herzustellen, die er in seinen Schriften vielfach erörtert und zur Theorie erhoben hat. Das *Dekret über den Frieden* ist folglich gleichzeitig ein Aufruf zur Revolution. Lenin offenbart seine Absichten: Mit der Übernahme der Macht in Rußland will er nicht nur die Geschicke seines Landes lenken. Das revolutionäre Rußland soll vielmehr zur Ausgangsbasis für einen Umsturz der gesamten Weltordnung werden.

Mit seinem Appell legt er zudem das Wesen des angestrebten

Sowjetstaates fest. Dieser sei von den traditionellen Staaten völlig verschieden. Er solle vielmehr das erste Glied einer Reihe von Staaten sein, von denen aus die Weltrevolution ihren Lauf nehmen werde. Trotzki teilt diese Vision ohne Vorbehalte. Der Volkskommissar des Äußeren begreift sein Amt als vorübergehende Funktion. Seine einzige Aufgabe besteht demnach darin, das Friedensproblem zu lösen und dann »den Laden zu schließen«, wie er sich ausdrücken wird. Wozu brauchen denn auch revolutionäre Völker, die nach dem Sieg des Prolatariates in einer friedlichen Weltordnung vereint sind, »äußere« Angelegenheiten und einen Außenminister? Lenins Appell an »den Frieden der Völker« bezieht sich folglich auf einen ganz neuen Staatstyp.

Sein Aufruf, gleichzeitig mit einem Friedensschluß eine neue Weltordnung zu errichten, findet bei den Adressaten allerdings kein Gehör. Nach wie vor kämpfen die Soldaten für ihre jeweiligen Länder, und trotz innenpolitischer Krisen wird die alte Herrschaft von keiner Revolution hinweggefegt. Auf Interesse stößt das *Dekret über den Frieden* nur bei den Mittelmächten, denn es ermutigt ihre Hoffnungen auf einen Separatfrieden, mit dem sie die an der Ostfront gebundenen Truppen freibekommen. Folglich führt das Dekret, das Lenin als Kriegsmaschine zur Verbreitung der Revolution ersann, zu einem ganz unerwarteten Ergebnis...

Es mündet in langwierige Verhandlungen zu einem Separatfrieden zwischen den Mittelmächten und dem jungen Sowjetstaat. Den Frieden, den Wilhelm II. sich von seinem Vetter Nikolaus II. erhofft hatte, bekommt er jetzt von Lenin angeboten. War dies nicht auch die Hoffnung der deutschen Regierung gewesen, als sie ihm 1917 die Rückkehr nach Rußland ermöglicht und seine Bewegung finanziell unterstützt hatte? So erhält der junge Sowjetstaat auf der internationalen Bühne ein Entree, das ganz dem eines herkömmlichen Staates entspricht. Die Gesprächspartner sehen in ihm nichts Neues. Nur, daß die Verhandlungspartner jetzt andere sind.

Während die Mittelmächte sich sogleich in Bewegung setzen, löst Lenins Friedensappell bei den Genossen ganz andere Reaktionen aus. Hier herrschen unterschiedliche Vorstellungen vor, die die Zukunft der Revolution und des Sowjetstaates berühren. Zum Frieden gibt es damals drei Positionen, die auf verschiedenen Einschätzungen zu den Möglichkeiten des neuen Staates beruhen. Ihre drei Hauptvertreter sind Lenin, Bucharin und Trotzki. Während die beiden zuerst genannten Extrempositionen beziehen, steht Trotzki in der Mitte.

Lenin zieht aus der aktuellen Lage seines Landes Rückschlüsse für die internationale Politik. Er stellt fest: Rußland hat die sehnsüchtig erwartete Revolution vollendet und die »alte Welt« beseitigt. Aber das Land befindet sich in einer sehr schwachen Position und benötigt eine Atempause. Gegenwärtig sieht es sich zwei Feinden gegenüber, dem äußeren, dem Kriegsgegner, und dem inneren, der Konterrevolution. Um sich gegen diese Feinde zu verteidigen, fehlt ihm nicht nur eine schlagkräftige Armee, sondern auch praxiserprobte politische Instanzen mit klar festgelegten Aufgaben. Folglich ruht in Rußland alles auf den Schultern weniger, entschlossener Männer. Und dabei kann Lenin sich nicht einmal auf seine Vertrauten fest verlassen. Die fortgesetzten Krisen an der Parteispitze zeigen seine letztlich prekäre Lage. Kann unter solchen Umständen die innere Front gehalten und gleichzeitig nach außen Krieg geführt werden? Lenin hält dies für eine Illusion: Um den Sturz des revolutionären Staates zu verhindern, müssen jetzt alle Kräfte gebündelt und gegen den Gegner von innen gerichtet werden. Ein Ausgleich mit diesem Klassenfeind, der sein Lebenswerk bedroht, ist unvorstellbar. Obwohl dieser eine Niederlage erlitten und die Macht verloren hat, bleibt er eine gewaltige Bedrohung. Eine Fortsetzung des Krieges würde ihm eine Atempause gönnen. Rußland muß sich also für eines der Ziele entscheiden: Den Krieg beenden und den inneren Feind schlagen oder den Krieg gegen den äußeren Feind fortsetzen.

So, wie Lenin an das Problem herangeht – eine Vorwegnahme seiner künftigen Vorgehensweise –, stellt er den »Klassenfeind«, also alle, die nicht für die Bolschewiki sind, mit dem äußeren Feind auf eine Stufe. Ihn wird er folglich mit allen Mitteln bekämpfen und dabei alle Gegner zu liquidieren versuchen: Personen, Parteien und ganze gesellschaftliche Gruppen. Dieser, seinem Wesen nach erbarmungslose Krieg beruht auf einem einfachen Prinzip: Der endgültigen Ausmerzung des Unterlegenen. Lenin setzt hier klar Prioritäten. Er will die Revolution retten und kann sich dies nur durch einen rücksichtslosen Vernichtungsfeldzug vorstellen. Gegenüber diesem Ziel haben Bündnisverpflichtungen oder Überlegungen, wonach ein Friedensschluß den deutschen Imperialismus stärken könne, wenig Gewicht. Denn die gerettete Revolution in Rußland, da ist sich Lenin sicher, werde letztlich auch den deutschen Imperialismus besiegen.

Lenin unterstreicht hier einen Gedanken, auf den er später immer wieder zurückkommen wird: Nach seiner Meinung dürfen Revolutionen keine unmotivierten Handlungen bleiben, folgenlos und nur dazu bestimmt, die Völker regelmäßig an ein Fernziel zu erinnern. Sie dürfen nicht zu einem bloßen Stück ruhmreicher Erinnerung werden wie die Pariser Kommune. Wenn man die Welt verändern will, muß man vielmehr an den erfolgreichen Revolutionen festhalten und ihre Realität akzeptieren. Sie dürfen nicht dem diffusen Wunsch nach Perfektion geopfert werden. Lenin weist der bolschewistischen Revolution noch keine herausragende Rolle zu. Sie soll lediglich der »Funke« sein, der die Flamme der anderen Revolutionen entfacht. Die herausragende Bedeutung der russischen Revolution liegt für ihn allein in der Tatsache, daß sie bereits existiert.

Zur Verwirklichung der Weltrevolution muß also die russische Revolution gerettet und dazu um jeden Preis Frieden geschlossen werden – auch unter Bedingungen, die von Berlin diktiert werden: der Annexion sämtlicher besetzter Gebiete und damit der territorialen und wirtschaftlichen Stärkung des Deutschen Kaiserreichs. Lenin verteidigt diesen Gedanken in seinen zweiundzwanzig *Thesen über den sofortigen Abschluß eines annexionistischen Separatfriedens* vom Januar 1918 und in der am 7. des gleichen Monats stattfindenden Debatte des Zentralkomitees.[20] Bucharin ist damals der Führer der innerparteilichen Opposition. Der begeisterte Internationalist kennt die dramatische Situation Rußlands ebenso gut wie Lenin, lehnt dessen Schlußfolgerung aber ab. Zwar räumt er ein, daß die russische Armee faktisch aufgelöst sei, doch kann er sich mit einem Friedensschluß nicht abfinden: Dieser würde den Imperialismus stärken, käme einer Opferung des Proletariats gleich und würde die Chancen der Weltrevolution vernichten. Zur Lösung des Dilemmas schlägt Bucharin vor, an das revolutionäre Bewußtsein des gesamten russischen Volkes zu appellieren. Der Vormarsch der Deutschen solle durch eine Partisanenarmee gestoppt und die Revolution vom Volk gerettet werden. Wie könnten die Proletarier in den feindlichen Armeen es hinnehmen, in einen Krieg gegen andere Proletarier geschickt zu werden, die für die Rettung der Revolution kämpfen?

Eine Position zwischen Bucharin und Lenin vertritt Trotzki. Als Inhaber des Außenamtes unterliegen ihm die Friedensverhandlungen, von denen er aber nicht so recht weiß, ob er sie tatsächlich führen soll. Wie Lenin sieht er in der Fortsetzung des Krieges eine Gefahr, solange sich die innere Opposition formiert und die bolschewistische Herrschaft bedroht. Wie dieser begreift er es als gefährliches Abenteuer, die russische Revolution den westeuropäischen Arbeiterbewegungen zu opfern, von denen sie keine Unterstützung erhält. Zugleich teilt er Bucharins Furcht, ein Friedensschluß mit einer Stärkung des Deutschen Reiches durch Gebietsgewinne könne das westliche Proletariat von seinem revolutionären Weg für immer abbringen. Wie Bucharin möchte Trotzki sich an das Klassenbewußtsein der Arbeiter wenden, kann sich letztlich aber nicht für eine Linie entscheiden. Welche Argumente überwiegen? Die Lenins? Die Bucharins? Bald neigt Trotzki der Überzeugung zu, ein Friedensschluß werde auf das deutsche Proletariat als Schock wirken und es so zur Revolution ermutigen, bald teilt er Bucharins Befürchtungen, ein Frieden werde das westliche Proletariat zum Schweigen bringen. Seine Unsicherheit kommt schließlich auch in seiner Devise zum Ausdruck: »Weder Frieden noch Krieg.« Dieser Linie will nach Möglichkeit auch das Zentralkomitee folgen, das am 8. Januar zusammentritt.

Die Meinungsverschiedenheiten innerhalb der bolschewistischen Führung spiegeln sich in den Verhandlungen in Brest-Litowsk wider, die schon am 18. November angelaufen sind. An diesem Tag versucht eine russische Delegation, zunächst unter Führung des Trotzki-Vertrauten Adolf Abramowitsch Joffe und verstärkt durch Kamenew, einen Waffenstillstand auszuhandeln. Als die Deutschen allerdings feststellen, daß sie die Frontsoldaten und Gefangenen zum Aufstand anzustacheln versuchen, beginnen sie an den Absichten der Regierung zu zweifeln. Was wollen die Russen wirklich? Den Frieden? Oder nur Zeit gewinnen?[21] Ende Dezember übernimmt Trotzki die Leitung der russischen Delegation. Seine Haltung bestärkt die Deutschen in ihren

Zweifeln. Die Fronten verhärten sich. Waren die Deutschen anfangs bereit, den von Rußland vertretenen Gedanken eines »Friedens ohne Annexionen und Kontributionen« zu diskutieren – der Wegfall der Ostfront ist dieses Zugeständnis sehr wohl wert! –, so haben sie inzwischen Rußlands Schwäche vollends erkannt und lassen diesen Gedanken fallen. Vielmehr entschließen sie sich zu einem Separatfrieden mit der Ukraine (der am 9. Februar unterzeichnet wird) und verlangen von Rußland die Abtretung sämtlicher besetzter Gebiete.

Diese Forderung muß die Meinungsunterschiede zwischen Lenin, Bucharin und Trotzki zwangsläufig vergrößern. Das Zentralkomitee neigt Trotzkis Position zu und entscheidet sich gegen die Position Lenins, der für einen sofortigen Friedensschluß ohne Rücksicht auf die Bedingungen plädiert. Mit dieser Rükkendeckung fährt Trotzki erneut nach Brest-Litowsk und spielt bei den Verhandlungen auf Zeit. Dann wird er mit einem Ultimatum konfrontiert: Falls die russische Seite die deutschen Bedingungen nicht unverzüglich und ohne Einschränkungen annehme, würden die Verhandlungen abgebrochen und die deutsche Offensive fortgesetzt.

Nach diesen kompromißlosen Forderungen reist Trotzki am 10. Februar aus Brest-Litowsk ab: Die Friedensgespräche sind gescheitert. Die Deutschen nehmen die Offensive wieder auf und bedrohen sogar die Hauptstadt. Das Zentralkomitee ist erneut gespalten. Soll es sich der Meinung Lenins anschließen, der die sofortige Unterzeichnung eines Vertrages verlangt, oder der Trotzkis, der beschlossen hat, die Kämpfe einfach einzustellen und die gesamte Armee – oder was von ihr übrig ist – zu demobilisieren.

Am 30. Januar schreibt Capitaine Sadoul seinem Minister nach Frankreich:

»Ein Theatercoup: Trotzki unterzeichnet keinen Frieden, erklärt den Kriegszustand zwischen Rußland und den Mittelmächten dennoch für beendet.«[22] Trotzki wird in dieser Haltung, die von Sadoul als »sonderbarer Ausgang der Verhandlungen« bezeichnet wird, von Bucharin unterstützt. Im Zentralkomitee erhält sie eine Mehrheit von einer Stimme. Am Tag nach der ZK-Sitzung, dem 18. Februar, rücken die Deutschen so rasch voran, daß Trotzki die Sinnlosigkeit der Formel vom »Frieden ohne Annexionen und Kontributionen« einsehen muß: Sie kann weder die deutschen Truppen aufhalten noch verschafft sie Rußland Unterstützung im westeuropäischen Proletariat. Vielmehr öffnet sie dem Feind eine Tür zur Eroberung von russischem Territorium. Trotzki schlägt sich folglich an Lenins Seite, während Bucharin eine Rückkehr an den Verhandlungstisch weiterhin hartnäckig ablehnt. Die Mehrheitsverhältnisse haben sich damit geändert: Sieben Stimmen votieren für die Annahme eines Friedensschlusses. Sofort erhalten die Deutschen die Mitteilung, ihre Bedingungen seien angenommen. Die Delegation kehrt nach Brest-Litowsk zurück und unterzeichnet einen Vertrag, der Rußland sehr teuer zu stehen kommt: Neben Gebietsabtretungen und gewaltigen finanziellen Verlusten gefährdet er auch den Zusammenhalt der politischen Führung: Um seinen Kollegen die Zustimmung zu dem »Diktatfrieden« abzuringen, muß Lenin mit Rücktritt drohen. Obwohl dieser Schritt einhellig abgelehnt wird, geben zahlreiche Gegner seiner Lösung ihre Posten auf. Trotzki tritt als Volkskommissar zurück und überläßt die Unterzeichnung des Friedensvertrages Tschitscherin – mit einem tiefen Seufzer der Erleichterung, wie er schreibt. Der Vorsitzende der Delegation, zu der Joffe und Karachan gehören, ist diesmal Grigori Jakowlewitsch Sokolnikow. Bucharin, der sich mit dem »Verrat am westlichen Proletariat« nicht abfinden will, tritt aus Protest von allen Ämtern zurück. Einige linke Bolschewiki folgen ihm.

Der Frieden, der am 3. März 1918 unterzeichnet wird, bedeutet für Rußland immense Gebietsverluste: Polen, Finnland und die Baltenstaaten gehen verloren. Die Ukraine wird unabhängig. Rußland verliert zugleich einen Großteil seiner Bevölkerung und gewaltige wirtschaftliche Ressourcen. Von Turkestan und dem Kaukasus abgesehen, bleibt von dem Riesenreich, das über drei Jahrhunderte entstanden war, praktisch nichts übrig. Dagegen verbucht das Deutsche Reich beachtliche Gebietsgewinne.

Lenin hat sich nach harten Auseinandersetzungen durchgesetzt. Allerdings verteidigen seine Gegner ihre Thesen auch weiterhin. Der Vertrag muß Mitte März noch von dem eigens zu diesem Zweck einberufenen Sowjet-Kongreß ratifiziert werden. Zuvor findet der VII. (außerordentliche) Parteitag statt. Lenin bittet die Delegierten um Unterstützung – im Gegenzug für eine

Geheimresolution, die das Zentralkomitee ermächtigen soll, »alle Friedensverträge mit imperialistischen und bourgeoisen Regierungen jederzeit zu annullieren«.[23] Die Resolution macht das ZK der Partei zum Hauptakteur der Außenpolitik des revolutionären Rußlands. Die Gültigkeit geschlossener Verträge wird damit von vornherein geleugnet. Das Papier liegt auf einer Linie mit der Position, die Lenin seinem *Dekret über den Frieden* zugrunde gelegt hat: Lenin glaubt nicht an zwischenstaatliche Beziehungen, folglich fühlt er sich nicht an die Verträge zwischen Regierungen gebunden. Diese dürften der Partei der Arbeiterklasse als der alleinigen Entscheidungsträgerin also auch nicht aufgezwungen werden.

Im Sowjet-Kongreß, der am 14. März mit einer bolschewistischen Mehrheit zusammentritt, sind die Widerstände schwieriger zu überwinden als im Zentralkomitee der Partei. Lenin und seine Mitarbeiter werden von einer »linken« Minderheit von Ratifizierungsgegnern um Bucharin, Kollontai, Rjasanow und Dybenko heftig angegriffen. Dieser Frieden sei zwar die momentane Rettung Rußlands oder besser der bolschewistischen Herrschaft, bedeute für die Weltrevolution aber das Todesurteil. Lenin habe sich für das nationale Interesse und gegen die internationalistische Sichtweise der Revolution entschieden. Lenin weist die Vorwürfe zurück und beruft sich in seiner Entgegnung ebenfalls auf die Weltrevolution. Der Vertrag von Brest-Litowsk, so sagt er, bringe nur eine Atempause, er werde nicht umgesetzt, denn die Revolution werde sich ausweiten. Schon deshalb, weil die russische Revolution ihr als Ausgangsbasis und Vorbild dienen werde: »Wenn wir die ganze Angelegenheit in die Hände der Bolschewiki gelegt haben«, so fügt er hinzu, »so deshalb, weil die Revolution in allen Ländern heranreift, und weil die internationale sozialistische Revolution erst ganz am Ende und nicht schon zu Anfang kommt!«

Lenin blickt auf den gleichen Horizont wie Bucharin: den der Weltrevolution. Aber ihre revolutionären Strategien beruhen auf unterschiedlichen Optionen. Wenn sie über den Frieden reden, sind sie sich in einer zentralen, über den Frieden hinausgehenden Frage uneins: Was ist die Triebfeder der Weltrevolution? Die bolschewistische Partei? Oder das Weltproletariat (also das westliche)? Darf die russische Revolution, die schon stattgefunden hat, der – ungewissen – Zukunft der westlichen Arbeiterbewegung geopfert werden? Oder hängt deren Erfolg nicht eher vom Überleben der russischen Revolution ab?

In seiner Antwort bleibt Lenin sich und seinen Überzeugungen treu. Als Verfechter des Parteiapparates, als Skeptiker gegenüber dem revolutionären Bewußtsein des Proletariates, verläßt er sich ganz auf das von ihm geschaffene revolutionäre Instrument, das ihm die Machtübernahme in Rußland ermöglicht hat. Wie könnte er auf die westeuropäischen Proletarier vertrauen, die kein solches Instrument hervorgebracht haben. Ihre Schwäche und ihr Opportunismus haben es erst möglich gemacht, daß die Arbeiter für ihre jeweilige Regierung in einem Weltkrieg gegeneinander kämpfen. Dennoch hat Lenin mit seinen Gegnern in der Partei eine Überzeugung gemein: Die russische Revolution ist allein nicht überlebensfähig. Sie benötigt zu ihrer Rettung den Ausbruch der Weltrevolution. Weder Lenin noch seine Gegner halten es für möglich, daß die Revolution sich allein innerhalb eines einzigen Landes abspielen könne. Alle blicken über die Landesgrenzen hinaus und stellen sich die eine Frage: Wie kann man den Funken der Revolution nach Europa hineintragen?

Am Ende der Debatte setzt sich Lenin mit seiner Überzeugung durch. Der Kongreß ratifiziert den Vertrag mit 724 gegen 276 Stimmen bei 118 Enthaltungen. Die Gegenstimmen kommen in der Hauptsache aus den Lagern der Linken Sozialrevolutionäre und der links stehenden Bolschewiki*. Die zuerst genannten halten diese Entscheidung für so katastrophal, daß sie beschließen, mit der Pseudokoalition zu brechen und sich aus der Regierung zurückzuziehen. Angesichts der militärischen Bedrohung durch die Deutschen ist das Machtzentrum inzwischen von Petrograd nach Moskau umgezogen. Lenin würde zur Rettung des Systems mit der Regierung sogar bis zum Ural fliehen. So merkt Sadoul an: »Die Bolschewiki sind notfalls sogar bereit, das europäische

* 1918 bildet sich innerhalb der Partei eine Gruppe – mit Bucharin, Radek, Pjatakow, Urizki, Bubnow –, die später »Linke Kommunisten« genannt wird. Sie opponiert gegen den Frieden von Brest-Litowsk, will den Krieg in einen »revolutionären Krieg« verwandeln und verlangt radikale wirtschaftspolitische Maßnahmen, vor allem die vollständige Verstaatlichung der Wirtschaft.

Rußland im Stich zu lassen«[24], ein unübersehbares Zeichen für seine Bestürzung. Denn wer wollte leugnen, daß die Deutschen nach der Unterzeichnung des Friedens eine beträchtliche Stärke hinzugewonnen haben. Aber trotz der zahllosen Schwierigkeiten teilt Lenin nicht den allgemeinen Pessimismus. Im sichereren Moskau[25] steht er an der Spitze der Einheitsregierung, nach der er von Beginn an gestrebt hat, und kann sich so an die jetzt anstehende Aufgabe machen: Den Staat zu organisieren, der bislang noch keiner ist und von dem dennoch die Weltrevolution ausgehen soll.

XI Die Macht um jeden Preis behaupten

Als ein Staat ganz neuer Art, der sich zudem im Übergang befindet, benötigt das bolschewistische Rußland zum Überleben einen organisierten Aufbau. Nachdem Lenin sich mit einer Frage viele Jahre lang obsessiv herumgeschlagen hatte – Wie die Macht ergreifen? –, zerbricht er sich jetzt über deren logische Folge den Kopf: Wie die Macht behaupten? Die Antwort ist nicht einfach. Die Bolschewiki haben vieles gegen sich: die anderen politischen Parteien, die sie aus den Instanzen der Macht verdrängt haben, einen Großteil des Landes – die Provinz und das flache Land stehen nicht hinter ihnen – und die deutschen Armeen, die jeden Augenblick auf die Hauptstadt vorzurücken drohen. Auch sind von den Resten der zersprengten, zaristischen Armee Umsturzversuche zu erwarten. Daß für Lenin Kompromisse und somit eine Schwächung seiner Position nicht in Frage kommen, ist mit der Auflösung der Konstituierenden Versammlung und seiner Ablehnung einer Regierungskoalition deutlich geworden. Und noch weniger denkt er daran, vor den Problemen zu kapitulieren und die Macht freiwillig aus der Hand zu geben. Gefragt sind jetzt vielmehr Standfestigkeit und die notwendigen Instrumente zur Ausübung der Herrschaft.

Die Instrumente der Staatsmacht

Gleich nach der Machtübernahme hat Lenin das Regierungsorgan des *Sownarkom* ins Leben gerufen. Allerdings ist dieser zunächst nur scheinbar ein Machtzentrum, denn die eigentliche Herrschaft – darauf hat Lenin ja hingearbeitet – liegt bei den Sowjets.

Im Winter 1917/1918 bestimmen zwei große Sowjets Rußlands politisches Leben: der von Petrograd und der von Moskau. Weitere Sowjets sind überall in der Provinz entstanden. Sie spiegeln je nach Region völlig unterschiedliche Kräfteverhältnisse wider und sind ganz heterogen zusammengesetzt. Der angesehenste Sowjet, der Petrograder, der als Träger der Revolution gilt, macht nach Oktober rasche Veränderungen durch, denen dann auch die anderen folgen. Zunächst nur als Vertretung der Arbeiterdeputierten entstanden, wird er um Repräsentanten der Soldaten – eine treuere Klientel der Bolschewiki – und dann auch um Bauernvertreter erweitert. Daraus ergeben sich zwei Konsequenzen: Wegen der vergrößerten Teilnehmerzahlen werden die Sitzungen ineffizent. In diesem immer inhomogener werdenden Gremium können sich außerdem die Soldaten, bei denen die bolschewistische Agitation auf einen besonders fruchtbaren Boden fällt, stärker in den Vordergrund spielen. Waren die Sowjets (vor allem der Petrograder) anfangs von den Menschewiki und SR dominiert, so werden diese Kräfte nun dank Lenins systematisch betriebener Unterwanderung immer mehr an den Rand gedrängt. Sie ziehen sich immer mehr zurück und überlassen den Bolschewiki das Feld. In Moskau kann der Sowjet dem bolschewistischen Druck offenbar besser standhalten. Aber auch hier und in der Provinz sorgen ihre Vertreter bei den inneren Abläufen und bei den Abstimmungen für Gleichschaltung und Zentralisierung.

Schon Ende November werden die Sowjets angewiesen, dem Rat der Volkskommissare über ihre Aktivitäten zu berichten. Petrowski, der Volkskommissar des Inneren, erhält so eine Art Vormundschaft über die Versammlungen, die im Prinzip die eigentlich legitimen Machtzentren der Revolution sind. Schrittweise kommt es zu zwei Veränderungen: Die Bolschewisierung der Sowjets beschleunigt sich. Gleichzeitig errichtet die Zentralgewalt, so schwach sie auch sein mag, eine hierarchische Beziehung zu den Sowjets und unterwirft sie sich auf diese Weise.

Eine Schwierigkeit bleibt für die Bolschewiki indes bestehen: Bei der Machtübernahme verfügen sie weder über Führungserfahrung noch über die notwendigen Organe zur Verwaltung des Landes. Die Büros der Kommissariate sind spärlichst möbliert. Den Amtsinhabern fehlen Mitarbeiter und Kontakte zum übrigen Land. Dagegen sind die Sowjets überall in der Bevölkerung fest verankert, vor allem im ländlichen Raum, wo die Bolschewiki wenig Einfluß haben. Zwar sorgt Lenin für die Umsetzung der Devise, die er Monate zuvor ausgegeben hat: »Alle Macht den Sowjets!«, aber seit Oktober hat diese Parole eine andere Bedeutung erhalten: Die Sowjets sollen in der nächsten Zeit als Instrumente der bolschewistischen Herrschaft dienen.

Die ersten Monate nach der Revolution sind folglich gekennzeichnet durch eine Ausweitung der Macht der Sowjets, wobei die Partei eher unsichtbar wird. Diese Verlagerung der Macht ist Ende 1917 und Anfang 1918 in der Sowjetrepublik von zentraler Bedeutung. Während innerhalb weniger Monate die aktivsten Funktionäre der Partei sich in diesen Räten engagieren, verliert die Partei selbst immer mehr Aktivisten.

Ein weiterer Grund für das Erstarken der Sowjets sind finanzielle Schwierigkeiten. Da vor Ort verankert, können die Sowjets alle vorhandenen Ressourcen mobilisieren, während die jeweiligen Ortsgruppen der Partei oft auf deren guten Willen angewiesen sind.

Die Ausweitung ihrer Autorität ist vor allem auch durch die damals bestehende Verwirrung um die verschiedenen Funktionen der Macht begründet: Die an der Spitze des Systems stehenden Führungsfiguren repräsentieren neben dem Sowjetstaat auch die Partei. So sitzt der Parteigründer Lenin dem *Sownarkom* vor, und der ZK-Sekretär Swerdlow ist gleichzeitig Sekretär des Zentralexekutivkomitees der Sowjets. In der Gründerzeit des Sowjetstaates scheint die Aufteilung der Befugnisse zwischen Partei, Sowjets und Regierung folglich unklar.

Aber schon bildet sich ein entscheidendes Instrument der neuen Herrschaft heraus – das gleiche, das Lenin in seiner Schrift *Staat und Revolution* großzügigerweise der Bevölkerung zugesprochen hatte: die repressive Gewalt. Fast zeitgleich mit der revolutionären Gewalt entstanden, rechtfertigt Lenin sie bald darauf als notwendigen Bestandteil des revolutionären Terrors. Sein alter Freund Adoratski berichtet, schon 1906 habe Lenin auf die Frage nach dem Schicksal der Besiegten nach der Machtübernahme geantwortet: »Wir werden den Mann fragen, ›Wie stellst du dich zu der Revolution? Bist du dafür oder dagegen?‹ Wenn er dagegen ist, werden wir ihn an die Wand stellen. Ist er dafür, so werden wir ihn […] auffordern, mit uns zu arbeiten.«[1] Und er berief sich gerne auf das Wort von Marx, wonach revolutionärer Terror für die Entstehung der neuen Ordnung unerläßlich sei. So verwundert es nicht, daß innerhalb des Militärischen Revolutionskomitees eine »militärische Untersuchungskommission« aus fünf Mitgliedern gebildet wird, die sich sogleich durch gewaltsame Übergriffe bemerkbar macht. Lenin beurteilt die Arbeit dieses erstmals am 1. November 1917 erwähnten Organs allerdings als unzulänglich und ineffizient. Nachdem er mehrere Lösungen in Betracht gezogen hat, setzt er am 7. Dezember schließlich eine »Gesamtrussische Sonderkommission zum Kampf gegen Konterrevolution, Sabotage und Spekulation« ein, eine Organisation, die mit ihrer Kurzbezeichnung auf tragische Weise in die Geschichte eingehen wird: die Tscheka. Ihr Gründer, Felix Edmundowitsch Dserschinski, übernimmt sogleich ihre Leitung. Dserschinski hat während des Oktoberaufstandes eine besonders aktive Rolle gespielt. Seine Beziehungen zu Lenin sind nicht immer unproblematisch gewesen. Trotz seiner Unterstützung in den Tagen der Revolution hat er sich bei den Friedensverhandlungen von Brest-Litowsk gegen diesen aufgelehnt und sogar seine Absetzung verlangt. Für die Bolschewiki ist er so zu einer Symbolfigur für die Reinheit der Revolution geworden. Verhaßt ist er dagegen bei den linken Sozialisten wegen seiner Grausamkeit und seiner geradezu genialen Begabung zur Manipulation, Charakterzüge, die ganz dazu angetan sind, Lenin für sich einzunehmen. Unmenschlich hart gegen sich und andere – er diente oft als Freiwilliger bei terroristischen Aktionen –, erinnert er in vielerlei Hinsicht an den eisern entschlossenen »neuen Menschen«, über den Lenin in der Jugend gelesen hatte …

Das Dekret zur Einsetzung der Tscheka fand in der Presse kaum Beachtung. Ihre Aufgaben wurden dort im übrigen nur vage definiert.[2] Während damalige Veröffentlichungen davon sprachen, daß diese Sabotage und konterrevolutionäre Umtriebe abwehren und Beschuldigte vor Gericht stellen solle, verfügte sie in Wahrheit von Anfang an über uneingeschränkte Befugnisse bei der Aufklärung und Ahndung konterrevolutionärer Umtriebe. So machte die Tscheka ausgiebig von Hinrichtungen Gebrauch – ohne Rücksicht auf den Beschluß des II. Sowjet-Kongresses vom 27. Oktober 1917, der die Todesstrafe abgeschafft hatte. Lenin hielt den Beschluß für naiv: »Wie soll man eine

Revolution ohne Erschießungen durchführen?« Und wenig später stellte er die Frage: »Ist unter uns denn kein Fouquier-Tinville zu finden?« So gab er Dserschinski von Anfang an die notwendigen Mittel an die Hand, um die Arbeit der Tscheka effizient zu gestalten. Während die Volkskommissare ihre Behörden erst noch aufbauen mußten, begann diese Organisation ihre Tätigkeit mit einem Stab von 120 Mitarbeitern, und schon ein Jahr später war er auf über 3000 Mitarbeiter angewachsen!

Wie bereits in *Staat und Revolution* beschrieben, hatte Lenin eine weitere Einrichtung – getreu nach Marx' Analyse der Pariser Kommune – der Kontrolle des Volkes unterstellt: die Armee. Auch hier entwickelte Lenin Marx' Gedanken weiter und setzte sie fast unverzüglich in die Praxis um. Trotzki, eben erst als Volkskommissar des Äußeren zurückgetreten, erhielt jetzt das Kriegsministerium und rechnete diesmal nicht damit, bald den »Laden zu schließen«. Die russische Armee befand sich 1918 in einem Zustand der Auflösung. Übrig war lediglich die Rote Garde, und sie verfügte weder über einen inneren Aufbau noch über Disziplin oder militärische Erfahrung. Es mußte ganz von vorn begonnen werden. Trotzki, ein begeisterter Leser von Clausewitz, aber auch von Jean Jaurès, hatte unter deren Einfluß eigene Konzepte vom Krieg und von der Armee entworfen. Mit Jaurès teilte er zunächst die Vorstellung einer Volksmiliz, aus der heraus er dann sein eigenes Konzept entwickelte: Die Schaffung einer russischen Volksarmee. Obwohl er ein Berufsheer prinzipiell ablehnte, sah er darin eine Notwendigkeit für die Übergangszeit bis zur Verwirklichung seines Fernziels: Die Volksarmee würde erst entstehen, wenn Rußland sämtliche Überbleibsel des alten Systems beseitigt, seine Rückständigkeit aufgeholt, die Sowjetmacht gefestigt und alle Bedrohungen überwunden haben werde. Auch im drohenden Bürgerkrieg sah er einen Grund, den Traum von der Volksarmee vorerst zu begraben und statt dessen ein militärisches Instrument traditioneller Art aufzubauen.[3]

Trotzkis Armee erinnerte dem inneren Aufbau nach stark an die Organisation jeder anderen Armee in der Welt. Vor allem ging er von einem dauerhaften und hierarchisch aufgebauten Militärapparat auf, dessen Mitglieder Befehlen präzise zu gehorchen hatten. Das Wahlprinzip, das nach der Revolution zur Auflösung der Armee geführt hatte, wurde wieder abgeschafft. Die

Offiziere sollten auf der jeweils nächsthöheren Hierarchiestufe ernannt werden, und zwar nicht nach politischen Kriterien, sondern nach der militärischen Eignung. Die Disziplin, die ebenfalls der revolutionären Begeisterung zum Opfer gefallen war, wurde notgedrungen wieder eingeführt und von da an nie wieder in Frage gestellt. Eignung und Kompetenz mußte Trotzki dort suchen, wo sie zu finden waren: bei den Offizieren und Militärexperten des untergegangenen Zarenreichs. Die vor kurzem noch von der Truppe geschmähten und degradierten Militärs wurden jetzt aufgefordert, in die neu entstehende Armee einzutreten. Zwar ließ Trotzki Raum für die später bekannte Kategorie der politischen Kommissare[4], doch hatte er 1918 von der Rolle von Offizieren und Kommissaren eine genaue Vorstellung, wobei jede politische Einmischung in Militärangelegenheiten im engeren Sinne vermieden wurde. Dazu äußerte er sich im Juni 1918 vor dem Gesamtrussischen Kongreß der politischen Kommissare: »Die Offiziere haben die volle Verantwortung für die Militäroperationen. Den Kommissaren obliegt es, Moral und Loyalität durchzusetzen.« Kurz zuvor hatte er vor der Moskauer Parteiorganisation die Grundprinzipien der Militärmoral in drei Worten zusammengefaßt: »Arbeit, Disziplin, Ordnung.« Welche Armee würde sich darin nicht wiedererkennen?

Als neuer Kriegskommissar verlor Trotzki beim Aufbau seiner Armee allerdings nicht die Ziele und die Zukunft der Revolution aus den Augen. Dies machte er immer wieder deutlich: Die gegenwärtige Armee sei das effiziente Instrument zum Schutz der Revolution, doch würde sie nach dem Untergang des Staates durch eine vollständig demokratisierte Volksarmee ersetzt. Mit diesem Hinweis auf eine vage Zukunft söhnte er sich mit Jaurès aus und betonte zugleich, die bestehende Armee der Revolution sei entgegen ihrem äußeren Anschein keine Armee traditioneller Art. Der Unterschied, so meinte er in der Phase der »Grundsteinlegung«, bestehe darin, daß sie von einem ganz anderen Geist getragen werde. Trotz Befehlsgewalt, militärischer Rangordnung und Disziplin, dieser Barriere zwischen den Offizieren und den Mannschaften, wirkten doch alle in der Gewißheit zusammen, eine gemeinsame Zukunft vollkommener Gleichheit zu errichten. In der neuen Armee würden sich vor allem Arbeiter und Bauern sammeln, der Beginn einer Zukunft, in der sich alle gemeinsam für ein Ideal aufopfern würden. Aus den Arbeitern und Bauern würden sich dann auch die Offiziere rekrutieren, auch wenn diese zunächst von den Offizieren des alten Systems ausgebildet werden müßten. Die Klassenarmee, die am Anfang der Roten Armee stehe, werde so mit dem Untergang der Klassen zu einer Armee des Proletariats werden.

Trotz dieser mehrfach wiederholten Grundsätze gab Trotzki sich nicht der Illusion hin, daß Militärisches mit Politischem vermischt werden dürfe. Die von der Roten Armee rekrutierten Offiziere, die unter dem alten Regime gedient hatten, versuchten sich bei den neuen Machthabern gelegentlich dadurch anzubiedern, daß sie eine »proletarische Militärstrategie« propagierten. Trotzki verurteilte diese heftig und erklärte gelassen, der Marxismus biete in militärstrategischen Fragen keinerlei Hilfe. Hier müsse man ihn vergessen! Die Militärdoktrin müsse auf Fachkompetenz und gesammelter Erfahrung beruhen. Ideologische Spekulationen seien fehl am Platz. Wie beim Schachspielen könne man sich auch in der Kriegführung nicht von Marx leiten lassen.

Während die Bolschewiki sich diese grundlegenden Gedanken machten, zwangen die Ereignisse sie zum raschen Handeln. Konkrete Maßnahmen wurden um so dringender, als in Sibirien die tschechoslowakischen Kriegsgefangenen rebellierten. Diese Soldaten, einst Teil der österreichisch-ungarischen Streitmacht, waren noch unter dem Zaren in russische Gefangenschaft geraten und dann von der Provisorischen Regierung für den Kampf Rußlands angeworben worden. Nach dem Frieden von Brest-Litowsk – die Bolschewiki erkannten die Kontingente als »autonome Truppen« mit einem von den Alliierten garantierten unabhängigen Status an – sollten sie über Wladiwostok in die Heimat zurückgeführt werden. Bis dahin war ihnen jede politische Aktivität in Rußland streng untersagt. Daß sie gegen dieses Verbot dennoch verstießen, hing mit ihren periodisch wiederkehrenden Konflikten mit den örtlichen bolschewistischen Behörden zusammen. Diese stellten sie vor die Wahl, für die Revolution zu kämpfen oder ihre Waffen abzuliefern. Die Situation spitzte sich zu, als Trotzki plante, sie in die entstehende Armee einzugliedern. Die rückkehrwilligen tschechoslowakischen Abteilungen gingen daraufhin zum Aufstand über und bedrohten die noch schwache Sowjetmacht in Sibirien und im Ural. Capitaine Sadoul faßt die Krise so zusammen[5]: »Während die Affäre für die Alliierten ärgerlich ist, ist sie für die Sowjets extrem gefährlich. Sie sehen sich 25 000 freiwilligen, tapferen und disziplinierten Männern gegenüber. [Diese] halten eine Region besetzt, in der sich viele tschechoslowakische Gefangene aufhalten, die sich ihnen unweigerlich anschließen werden.«

Ganz zu schweigen von der Zuspitzung der Lage in anderen Regionen, vor allem in der Ukraine. Um damit fertigzuwerden, benötigen die Bolschewiki dringend eine schlagkräftige Armee. Trotzki hat bereits bei den Alliierten, vor allem den Franzosen, um die Entsendung von Militärexperten nachgesucht.

Am 11. April notiert Sadoul:[6] »Auf meine nachdrückliche Initiative hin haben die Bolschewiki von Frankreich ein Kontingent von vierzig Offizieren erbeten ... Sie wollten sehr viel mehr, und eine weitaus größere Anzahl wäre tatsächlich notwendig, um das Vertrauen zu gewinnen und die gesunden Elemente in die Armee zurückzuholen.«

Sehr um Objektivität bemüht, beschreibt er im Anschluß die schwierigen Umstände, unter denen die russische Armee aufgebaut werde: »Das Werk der Reorganisation geht langsam voran. Die Verlegung von einem Teil des Kommissariates nach Moskau, die Aufrechterhaltung bestimmter Büros in Petrograd und die Zerstreuung der verschiedenen Generalstäbe über das Zentrum von Rußland haben für eine Vielzahl weiterer Schwierigkeiten gesorgt ... Um das Führungspersonal des Kommissariats, das zunächst nur bolschewistisch, konfus und unfähig war, sammeln sich allmählich professionelle Männer. Die zuerst Zurückgekehrten sind nicht die besten Fachleute, noch immer ist eine Anzahl guter Stellen mit Unfähigen und unloyalen Intriganten besetzt ... Aber Trotzki zeigt eine wirklich vollständige politische Neutralität, den Willen, Fachleute zu bekommen und sie nur nach den Fähigkeiten zu beurteilen.«

Sadoul zeichnet hier ein eindrucksvolles Bild der Verhältnisse. Nach ihm hat Trotzki die besten Absichten, kennt sich in militärischen Dingen aber kaum aus. In der Jugend hatte er sich um den Militärdienst gedrückt. Er läßt sich ausgiebig beraten, rekrutiert ehemalige zaristische Offiziere und greift auf alliierte Militärfachleute zurück. Aber der Aufstand der Tschechoslowaken macht jetzt radikale Entscheidungen notwendig. In den Großstädten werden einundzwanzigjährige Arbeiter zu einem sechsmonatigen Militärdienst eingezogen. Per Dekret wird die Militärpflicht wieder eingeführt. Ein zweites Dekret, ebenfalls vom Juni 1918, zwingt alle Offiziere der aufgelösten Armee, in die Rote Armee einzutreten. Auf den Appell an Freiwillige erfolgt so die Verpflichtung zur Teilnahme an der Landesverteidigung. Wer sich ihr entzieht, riskiert exemplarische Strafen. Der politische Kommissar gewinnt damit verstärkt an Bedeutung: Denn mit Aufgabe des Freiwilligkeitsprinzips kann Trotzki sich nicht mehr auf die Loyalität der Offiziere verlassen. Eine neu gegründete Militärakademie dient dem Aufbau eines Offizierskorps. Innerhalb weniger Monate wird eine Rote Armee aus dem Boden gestampft, vorerst noch ein zusammengewürfelter und schlecht geführter Haufen. »Gebt mir Leute, die gehorchen können«, hat Trotzki bei der Übernahme der Amtsgeschäfte gesagt. Die Wiedereinführung des Prinzips von Befehl und Gehorsam, das erst einige Monate zuvor über Bord geworfen worden ist, erweist sich allerdings als schwierig. Es kann nur unter Zwang und mit massiven Drohungen durchgesetzt werden.

So zeigt sich schon im Sommer 1918 eines deutlich: Der Traum von der Kommune ist ausgeträumt. Der eben erst entstandene Sowjetstaat, dessen innerer Aufbau noch nicht festgelegt ist, hat die beiden Stützpfeiler der traditionellen Staatsmacht neu errichtet: die Armee und die Polizei. Beide unterstehen der Zentralgewalt und werden weder von den Sowjets noch von der Basis kontrolliert. Während die Grundsteine für eine starke und zentralisierte Staatsmacht gelegt sind, ist der Aufbau der politischen Macht noch immer ungewiß und in ihrem Bestand kaum gesichert.

Die Bolschewiki hatten gegenüber dieser rasanten Entwicklung des Systems ein gewisses Unbehagen bekundet. Während Trotzki schon eine Armee der Zukunft beschrieb, die den gesellschaftlichen Veränderungen Rechnung tragen würde, gab Sinowjew sich 1918 noch zuversichtlich, die Tscheka werde als eine Sonderkommission mit dem Untergang des Staates wieder verschwinden. Äußerungen dieser Art von 1918 spiegeln allerdings eher den Wunsch wider, die Widersprüche zwischen der vorrevolutionären Ideologie und der nachrevolutionären Wirklichkeit zu verkleistern. Von einem tatsächlichen Willen, auf die rasche Abschaffung von Polizei und Armee hinzuwirken, konnte kaum die Rede sein. Lenin, der sich heftig gegen die von Kamenew verteidigte Abschaffung der Todesstrafe wandte, orientierte sich von jeher am Vorbild des Militärs – davon zeugen alle seine Schriften und sein Sprachgebrauch. Hatte Lenin seine Partei zu Beginn des Jahrhunderts nach dem Vorbild der Armee organisiert – vor allem nach den Prinzipien von Zentralismus, Rangordnung und Disziplin –, so wurde nach der Revolution und mit der Auflösung der Streitmacht die Partei zwangsläufig zum Vorbild für die neu entstehende Armee. Anders als Trotzki oder Sinowjew hat Lenin sich niemals zu einem bedauernden Wort über die Strukturen des Zwangs hinreißen lassen, die sich jetzt etablierten. Zu keinem Zeitpunkt beschwor er die letzte Stufe der gesellschaftlichen Entwicklung, in der diese Strukturen wieder verschwinden würden. Lag die immer mächtiger werdende Polizeigewalt nicht auch in der Logik des Mottos, unter das er sein Buch über die Partei gestellt hatte: zu »purifizieren«? Die 1918 entstehende Praxis entsprang unbestreitbar den Vorstellungen von Herrschaft und Kontrolle, die Lenin bereits 1902 dargelegt und von denen er sich niemals distanziert hatte.

Versprechungen und Rückzieher

Vor der Machtübernahme hatte Lenin der Bauernschaft zahlreiche Versprechen gegeben. Da er auf die Bauern wenig Einfluß hatte und als Marx-Schüler wußte, daß eine Revolution ohne die Bauern scheitern würde, hatte er ihnen bereits im April 1917 die Erfüllung ihres glühendsten Wunsches versprochen: die Umverteilung des Bodens. Seine nach der Revolution ausgegebene Parole stellte freilich nichts Neues dar und bedeutete lediglich die Anpassung an eine schon vollzogene Entwicklung. Bei Lenins Machtergreifung im Oktober hatten die Bauern vollendete Tatsachen geschaffen und sich das begehrte Land selbst angeeignet. Der alte Traum von der »großen Landverteilung« hatte damit bereits Gestalt angenommen.

Am 26. Oktober legt Lenin nun dem Sowjet-Kongreß das *Dekret über den Boden* vor. Mit ihm wird der Großgrundbesitz entschädigungslos aufgehoben und der Boden denjenigen zur Verfügung gestellt, die ihn bebauen. Obwohl darin auf eine von der Konstituierenden Versammlung noch festzulegende Agrarreform verwiesen wird, ist deren Rahmen durch die ersten Erlasse nach der Revolution bereits abgesteckt. Die Konstituante kann nur wenig Neues oder geringfügige Ergänzungen hinzufügen. Tatsächlich legalisiert das *Dekret über den Boden* die von den Bauern seit 1917 geschaffenen Verhältnisse. Die Bolschewiki erfüllen so unverzüglich deren Forderungen, um sie für ihre Sache zu gewinnen. Dabei entsteht aber eine paradoxe Situation: Während die Revolution im Zeichen des Sozialismus steht, beginnt sie mit der grundsätzlichen Anerkennung des Grundbesitzes. Es wird nicht lange dauern, bis Lenin und die Bauern diesen Widerspruch erkennen und die Konsequenzen ziehen werden.

Vorerst aber gehen die Bauern angesichts des *Dekrets über den Boden* davon aus, daß die »schwarze Umverteilung« *(tschernji peredel)* weitergehen müsse. Sie eignen sich das noch verbliebene Land mitsamt Geräten, Vieh, Karren usf. an. Am 9. Dezember 1917 kommentiert die *Iswestija,* das offizielle Organ der Staatsmacht, diese illegale Aufteilung des Bodens: »Die Bauern haben von dem *Dekret über den Boden* nichts begriffen. Sie beginnen die Herden und die Gerätschaften in der Region [Samara] zu plündern. Der Sowjet mußte Truppen entsenden, um die Ordnung wiederherzustellen.«

Die autonome Revolution auf dem Land ist um so bemerkenswerter, als unter der Arbeiterklasse genau die gegenteilige Entwicklung abläuft. Um die Vorgänge in der proletarischen Welt zu ermessen, muß man sich an Lenins Vorstellungen vor der Machtergreifung erinnern. In dieser Phase war er sich im klaren darüber, daß der Sozialismus in Rußland augenblicklich noch nicht verwirklicht werden konnte. In seiner letzten Schrift vor dem Oktoberaufstand, *Die drohende Katastrophe und wie man sie bekämpfen soll*[7], geht Lenin von der Idee aus, der Kapitalismus könne durch die Kontrolle der Arbeiter über die Produktion abgeschafft werden, und schlägt fünf wirtschaftliche Maßnahmen einer »revolutionären Demokratie« vor:

»1. Vereinigung aller Banken zu einer einzigen Bank und staatliche Kontrolle über ihre Operationen oder Nationalisierung der Banken;

2. Nationalisierung der wichtigsten Syndikate, d.h. der größten monopolistischen Verbände der Kapitalisten (Zucker-, Erdöl-, Kohlen-, Hüttensyndikat usw.);
3. Aufhebung des Geschäftsgeheimnisses;
4. Zwangssyndizierung (d.h. Zwangsvereinigung in Verbänden) der Industriellen, Kaufleute und Unternehmer überhaupt;
5. Zwangsvereinigung der Bevölkerung in Konsumgenossenschaften oder Förderung einer solchen Vereinigung und Kontrolle über sie.«

Diese nichtsozialistischen Maßnahmen kommentiert Lenin folgendermaßen: »Wenn die Nationalisierung so oft mit der Konfiskation der Privatvermögen verwechselt wird, so trägt die Schuld an der Verbreitung dieser Begriffsverwirrung die bürgerliche Presse [...] Das Eigentum an den Kapitalien [...] wird durch gedruckte und schriftliche Urkunden bescheinigt [...] Keine einzige derartige Bescheinigung würde durch die Nationalisierung der Banken [...] verfallen oder ihren Charakter ändern.« Und er fügt hinzu: »Gerade für die *kleinen* Eigentümer, für die Bauernschaft, würden Kredite dadurch außerordentlich erleichtert und viel zugänglicher gemacht werden.«

Lenin präsentiert die Nationalisierungen auf diese Art als Maßnahmen zur Rationalisierung des Wirtschaftslebens und zur Entlastung von Kleinunternehmern, denen so die Kapitalbeschaffung erleichtert werden soll. Es gehe nicht um die Aufhebung des Privateigentums. Auch beim Thema Kartellbildung schränkt Lenin ein, daß diese die Eigentümer keine einzige Kopeke kosten werde. Die vorgeschlagenen Maßnahmen vergleicht er mit denen in westeuropäischen Ländern. Es gehe nur darum, die Kapitalisten dazu zu bewegen, mit der Revolutionsregierung zu kooperieren. Durch Kontrollen sollen diese im übrigen daran gehindert werden, die staatliche Wirtschaftspolitik zu sabotieren. Was Lenin am Vorabend der Revolution letztlich anstrebt, ist der Aufbau eines »Staatskapitalismus« als Übergangsphase zum Sozialismus. Der Sozialismus, so schreibt er, sei nichts anderes als das Stadium, das unmittelbar auf den Staatskapitalismus folge.

Der Sozialismus der Übergangszeit, der in dieser Schrift beschrieben wird, ist problemlos mit dem bäuerlichen Grundeigentum vereinbar. Nach der Machtergreifung geht Lenin einen

Schritt weiter. Er führt eine Kontrolle der Arbeiter über die Unternehmen ein. Diese Verfügung, die erst nach dem *Dekret über den Boden* umgesetzt wird, bleibt freilich weit hinter den Forderungen der Arbeiterklasse zurück. Denn während vorgesehen ist, daß die Fabrikbesitzer auf ihrem Posten bleiben, haben die Arbeiter sich zum Teil bereits zu Herren über ihre Betriebe aufgeschwungen und die Chefs hinausgejagt. Nachdem sie die Expropriateure expropriiert haben, reicht ihnen die bloße Kontrolle über die Produktion nicht mehr, schon deshalb nicht, weil sie sich als die eigentlichen Urheber von Lenins siegreicher Revolution sehen. Dennoch bestätigt im Januar 1918 die *Deklaration der Rechte des werktätigen und ausgebeuteten Volkes*[8] Lenins Konzeptionen und bedeutet eine offenkundige Absage an die Erwartungen der Arbeiterklasse. Die *Deklaration* ist ein Beleg für Lenins Absicht, die Bewegung der spontanen Enteignungen durch die Arbeiter aufzuhalten. Und erst am 28. Juni 1918 erscheint schließlich das Dekret zur Enteignung der Schwerindustrie. Zu dieser Zeit sind die expropriierbaren Fabrikbesitzer von den Arbeitern bereits gewaltsam vertrieben worden oder wegen der feindseligen Stimmung von sich aus gegangen.

So herrschen in Rußland von Oktober 1917 bis Ende Juni 1918 – entgegen dem verkündeten einheitlichen Prinzip der sozialistischen Revolution – zwei sich widersprechende gesellschaftliche und rechtliche Prinzipien vor: Während Lenin das Eigentumsstreben der Bauern auf dem Land von vornherein anerkannt und legalisiert hat, verschließt er vor der seit Monaten herrschenden, revolutionären Situation in der industriellen Welt und vor dem eigenmächtigen Vorgehen der Arbeiter die Augen. Legalisiert hat er lediglich den Aspekt der Kontrolle der Produktion durch die Arbeiter. Diese widersprüchliche Haltung spiegelt den Pragmatismus wider, den Lenin Zeit seines Lebens unter Beweis stellen wird: Immer wieder ordnet er seine Prinzipien augenblicklichen Sachzwängen unter. Da seine Partei auf dem Land eine Minderheit verkörpert und in Konkurrenz zu den Sozialrevolutionären steht, versucht er sich seit Oktober 1917 als diejenige Kraft zu profilieren, die die traditionellen Forderungen der Bauern sofort erfüllt hat: So hofft er die SR bei den anstehenden Wahlen zur Konstituanten auszustechen. Eine vergebliche Mühe: Die Bauern organisieren selbständig die Bewirtschaftung des Bodens auf der Grundlage des bolschewistischen Dekrets, wenden sich von ihrer traditionellen Interessensvertretung, den SR, aber keineswegs ab. Die Wahlen zur Konstituierenden Versammlung belegen einmal mehr ihre Bindungen an die SR. Jetzt sieht sich Lenin in seiner Einschätzung bestärkt: Von jeher war die russische Bauernschaft für ihn ein Symbol für die Rückständigkeit und das asiatische Erbe Rußlands, ein Mißtrauen, das er niemals ablegen wird. Lenin ist Realist: Die Beteiligung der Bauern an der revolutionären Bewegung zwischen April und Oktober 1917 ist ihren individualistischen Neigungen und der Hoffnung auf Grundbesitz entsprungen, keineswegs sozialistischen Überzeugungen.

Der Gründervater der Bolschewiki wird mit den Bauern deshalb rücksichtslos brechen. Und sie werden für ihre Illusionen teuer bezahlen müssen: dafür, daß sie ihm geglaubt und angenommen haben, ihre Bestrebungen nach eigenem Boden seien endgültig anerkannt.

In entgegengesetzter Richtung entwickeln sich Lenins Beziehungen zur Arbeiterklasse – was allerdings keine ernstzunehmende Verbesserung ihrer Lage bedeutet. Jedenfalls verteidigen die Arbeiter ab Sommer 1918, als die bolschewistische Herrschaft von allen Seiten unter Beschuß gerät, an Lenins Seite die Revolution. Eine prekäre Allianz. Denn schon Anfang der zwanziger Jahre werden die Arbeiter versuchen, sich von einer Partei zu emanzipieren, die sie nach den Prinzipien, die Lenin in *Was tun?* niedergelegt hat, führen will. Die Suche der Arbeiter nach eigenen Aktionsformen bildet für Lenin dann ein weiteres Problem. Einmal mehr muß er feststellen, daß zwischen der Gesellschaft – ob Arbeiter oder Bauern – und den Instanzen der Staatsmacht keineswegs Einvernehmen herrscht. Die Isolation der bolschewistischen Herrschaft, die Lenin so gerne dem Verrat des westeuropäischen Proletariates zuschreibt, das dem russischen Beispiel nur zögernd folgt, ist vor allem sein eigener Verrat an der Bevölkerung.

Versprechungen hat Lenin zu Beginn der Revolution schließlich auch an die Adresse der Nationalitäten des ehemaligen russischen Reiches gerichtet. Nachdem er deren Selbstbestimmungsrecht in den Kriegsjahren anerkannt hatte, schlägt er in dieser Frage die gleiche Taktik wie in der Frage der Bodenverteilung ein: Um die Betroffenen auf seine Seite zu ziehen, erkennt er ihre Bestrebungen zunächst vorbehaltlos an. Wie bei den Bauern fallen seine Parolen auf einen um so fruchtbareren Boden, als das Unabhängigkeitsstreben an den Rändern des Reichs durch den Untergang der Zarenherrschaft und die Schwäche der Provisorischen Regierung gefördert wird. Am 26. Oktober verliest Lenin vor dem Gesamtrussischen Sowjet-Kongreß das *Dekret über den Frieden,* eine erste offizielle Erklärung zu einem Friedensschluß mit den Mittelmächten. Das Dekret bezieht zugleich auch Stellung zum Problem der Annexionen und damit zur Frage des untergegangenen Zarenreichs mit einer offiziellen Verurteilung jeder »Angliederung einer kleinen oder schwachen Völkerschaft an einen großen oder mächtigen Staat, ohne daß diese Völkerschaft ihr Einverständnis und ihren Wunsch unmißverständlich, klar und freiwillig zum Ausdruck gebracht hat, unabhängig davon, wann diese gewaltsame Angliederung erfolgt ist, sowie unabhängig davon, wie entwickelt oder rückständig eine solche mit Gewalt angegliederte oder mit Gewalt innerhalb der Grenzen eines gegebenen Staates festgehaltene Nation ist, und schließlich unabhängig davon, ob diese Nation in Europa oder in fernen, überseeischen Ländern lebt«. Das *Dekret über den Frieden* legt fest, daß dies auch für die Annexionen der Großrussen, also für das russische Reich gelte. Am 2. November legt die *Deklaration der Rechte der Völker Rußlands* – sie trägt die Unterschriften Lenins und Stalins, des Kommissars für Nationalitätenfragen – die vier Grundsätze fest, nach denen die Beziehungen der neuen Regierung zu den einverleibten Völkern geregelt werden sollen:

- die Gleichheit und Souveränität der Völker Rußlands;
- das Recht der Völker Rußlands auf freie Selbstbestimmung und gegebenenfalls auch auf die Abspaltung und Gründung unabhängiger Staaten;
- die Abschaffung aller Privilegien und Beschränkungen aufgrund der Nationalität oder Religion;
- die freie Entfaltung der nationalen Minderheiten oder ethnischer Gruppen auf russischem Boden.

Wie die Bauern erhalten die Nationalitäten über Nacht das Recht, über ihr Schicksal selbst zu bestimmen. Auch hier gewinnt Lenin in der Zeit zwischen Machtergreifung und Konsolidierung eine Atempause und, so glaubt er zumindest, die Unterstützung der seit Monaten in Aufruhr befindlichen Volksgruppen an den Rändern des Reichs. Die meisten Nationalitäten verstehen Lenins Dekrete wie die überwältigende Mehrheit der Bauern als endgültige Festlegungen – nicht als geschickte Manöver einer Strategie zur Festigung der eigenen Macht. Auch hier werden die Akteure des Dramas ihren Irrtum rasch begreifen und es in der Stunde der Wahrheit auf eine schreckliche Kraftprobe ankommen lassen.

Die Zwänge: Bürgerkriege, nationale Kriege

Mit der Unterzeichnung des Friedens von Brest-Litowsk hatte Lenin auf eine Atempause *(Peredyschka)* gesetzt, um seine Macht zu festigen und abzuwarten, bis der revolutionäre Funke auf Europa überspringen und seinem Land die Unterstützung des westeuropäischen Proletariates verschaffen würde. Diese Hoffnung wird bald enttäuscht. Statt die Probleme zu lösen, eröffnet der Frieden Rußland eine neue Periode des Schreckens, die ein Krieg an drei Fronten kennzeichnet: der Bürgerkrieg, eine ausländische Intervention und nationale Kriege.

Lenin hatte bei seiner Machtergreifung Frieden, Boden und Brot versprochen. So ist er von Anfang an mit dem gleichen Problem konfrontiert, das seit 1914 die Herrschaft der Vorgänger erschüttert hatte: der Hunger, der die Bevölkerung von den Machthabern entfremdet. Die Menschen verlangen von jeder Regierung die Sicherung ihrer Lebensgrundlagen. Sie haben nicht vergessen, daß sich die Lebensbedingungen vor dem Krieg – das Jahr 1913 liegt erst fünf Jahre zurück – verbessert hatten. Der Krieg hat diesen allgemeinen Fortschritt zwar aufgehalten, aber die Verschlechterung der Verhältnisse in den Jahren 1914–1917 ist nichts im Vergleich zu dem Niedergang Rußlands ab 1918. Alle Faktoren deuten auf eine Katastrophe hin: die politische Situation nach dem Frieden und die Lage der Bauern.

Mit dem Frieden von Brest-Litowsk hat das Land eine seiner wohlhabendsten Regionen verloren: die Ukraine, die einstige Kornkammer Rußlands, die zudem 90 Prozent seines Zuckers und 70 Prozent seines Eisenerzes geliefert hatte. Und am Don ist die Sowjetmacht in Gefechte mit den weißgardistischen

Armeen unter General Kornilow und – nach dessen Tod in der Schlacht – unter General Denikin verwickelt. Die Kosaken versuchen sich aus diesen Kämpfen auf ihrem Gebiet zunächst herauszuhalten, aber dann rebellieren sie doch gegen die Bolschewiki. Auf erobertem Gebiet errichten die Roten Garden sogleich eine Schreckensherrschaft; sie beschlagnahmen, verhaften und erschießen jeden, der ihnen in die Hände fällt. Dennoch gelingt es den Kosaken unter dem Hetman Krasnow, den gesamten Don der bolschewistischen Kontrolle zu entziehen. Im Osten weitet sich derweil die Revolte der Tschechoslowaken aus. Nachdem die Abteilungen mehrere Städte des Ural – Nowonikolajewsk, Kurgan, Omsk und Samara – unter ihre Kontrolle gebracht haben, dringen sie bis Kasan vor und verbünden sich dort mit den aufständischen Bauern an der Wolga. Überall kämpfen Kosaken, Tschechoslowaken und Bauern erbittert gegen die Roten Garden. In zahlreichen Städten wie Tula, Kostroma und Saratow schließen sich ihrer Rebellion auch Arbeiter an.

Das Regime geht gegen den Widerstand mit verschärfter Gewalt vor. Trotzki befiehlt seiner im Aufbau befindlichen Armee, die Aufstände gnadenlos niederzuwerfen und ausgiebig von Erschießungen Gebrauch zu machen. Überall werden Menschen rücksichtslos an die Wand gestellt. Opfer sind neben Weißgardisten und Bauern auch Rotarmisten und deren Offiziere, die nicht hart genug durchgegriffen haben. Die Armee gewinnt an Stärke: Schon im Herbst 1918 zählt sie fast eine Million Mann. Sie verbreitet Angst und Schrecken unter dem Befehl einer radikalen Führung, die immer stärker unter die Kontrolle der politischen Kommissare gerät.

Der wachsende Terror löst keine Probleme, schon gar nicht das dringendste des Hungers. Die mangelnde Organisation im Land hat fatale Folgen für das Transportwesen und damit für die Beförderung von Lebensmitteln. Obendrein ist das russische Eisenbahnnetz, das die verschiedenen Teile des Riesenreichs noch nie vollständig miteinander verbunden hat, zum Teil zerstört. Besaß Rußland 1913 noch 18 000 Lokomotiven mit einer Transportkapazität von 10 Millionen Tonnen Gütern, so sind es 1918 noch ganze 7000 bis 8000. Und die Transportkapazität ist auf ein Drittel geschrumpft. Oft bleibt die Ernte vor Ort liegen und verfault. Wo sie in Waggons verladen wird, verläuft der

Transport in die Städte so schleppend, daß am Zielort das meiste verdorben ist. Zudem häufen sich unterwegs Überfälle und Plünderungen. Den Bauern fehlt zum Verkauf ihrer Waren der Anreiz. Lenins Slogan: »Der Boden den Bauern!« wird rasch – davon wird noch die Rede sein – von einem Klassenkampf gegen die Bauern abgelöst. Die verzweifelten Landbewohner ziehen sich deshalb auf sich selbst zurück, während in den Städten Menschen verhungern.

Zwei Phänomene verschärfen die Lage in den städtischen Ballungszentren dramatisch: die Arbeitslosigkeit und die Rückkehr von Soldaten und Kriegsgefangenen. Die Rückkehr der Industrie zu einer Produktion für Friedenszeiten gestaltet sich schwierig. Wegen der Transportprobleme sind die Fabriken von den Rohstoffen des Donez abgeschnitten. Wenn die letzten Reserven aufgebraucht sind, schließen sie ihre Tore. Die Arbeiter, die zur Revolution und zum Aufbau einer »neuen Weltordnung« aufgerufen waren, verlieren die Arbeit. Gleichzeitig schießen die Preise in die Höhe. Der Schwarzmarkt blüht. Der Wiedereintritt der Soldaten ins zivile Leben nach dem Frieden von Brest-Litowsk verschärft die Situation. 1,5 Millionen Verwundete, davon viele Versehrte, und 3 Millionen Kriegsgefangene strömen in die Städte, wo es für sie weder Arbeit noch eine Versorgung gibt. Andere Soldaten kehren aufs Land zurück und vergrößern dort die Heerscharen der Unzufriedenen.

Das Frühjahr 1918 wird für die gesamte Bevölkerung Rußlands, vor allem in den Städten, zu einer Schreckenszeit. In Petrograd sind 70 Prozent der Bevölkerung ohne Arbeit. Für ein Pfund Brot müssen die Menschen endlos Schlange stehen. Überrascht es da, daß die Bolschewiki immer unbeliebter werden? Als im April 1918 in Sormowo der örtliche Sowjet gewählt wird, erringen Menschewiki und SR eine Mehrheit. Die Parteien, die von Lenin um den Sieg der Wahlen zur Konstituierenden Versammlung gebracht worden sind, erhalten Gelegenheit zur Revanche. Begünstigt werden sie durch die Isolation der Bolschewiki, die auf die Herausforderungen immer nur mit Gewalt reagieren. Auf den nichtbolschewistischen Parteien, die bei den Wahlen zur Konstituanten eine Mehrheit errungen haben, ruhen noch immer die Hoffnungen der Bevölkerung.

In Moskau versucht die Partei der Kadetten eine oppositionelle Organisation aufzubauen, die möglichst viele Unzufriedene sammeln soll. Diese Union zur Erneuerung Rußlands zieht rechte Sozialisten und linke Kadetten an. Ihr Programm sieht fürs erste die sofortige Einberufung der Konstituierenden Versammlung vor. Boris Sawinkow, eine angesehene Figur der SR, gründet dagegen eine Vereinigung zur Verteidigung von Vaterland und Freiheit. Er ruft Offiziere zur Teilnahme auf und versucht sich am Aufbau einer gut strukturierten Geheimorganisation, deren Zentren in Moskau und in der Provinz den Sturz der bolschewistischen Herrschaft vorbereiten sollen. Geschwächt wird diese Opposition allerdings durch die fehlende lokale Verankerung, ihre Zerstrittenheit und ihre oft kraftlosen Programme, die von der Wiederherstellung der Monarchie bis zur Wiederbelebung der totgeborenen Konstituante reichen. Wenn diese Kräfte in den chaotischen Verhältnissen in Rußland auch auf geringe Resonanz stoßen, so zeigen sie doch die prekäre Situation der bolschewistischen Herrschaft: Die überall in Erscheinung tretende Opposition macht der Revolutionsregierung deutlich, daß ihre von Lenin verkündete Legitimität nur dem Anschein nach besteht. Auch links von den Bolschewiki formiert sich Widerstand: Sowenig wie die gemäßigten Parteien finden die Anarchisten sich damit ab, daß Lenin die Macht an sich gerissen hat. Anarchistische Gruppen, verstärkt durch Scharen von Hungernden, ziehen durch die Straßen: Schwarze Fahnen schwenkend, stacheln sie zum »Aufstand gegen die Kommissare!« auf. Im Mai und Juni kommt es verstärkt zu bewaffneten Zusammenstößen. Zarizyn (das spätere Stalingrad, dann Wolgograd), Samara, Saratow und zahlreiche andere Städte werden zu Schauplätzen blutiger Unruhen. Sie werden von den Bolschewiki mit beispielloser Brutalität niedergeschlagen.

Zur Hungersnot, dem kompletten Zusammenbruch der Wirtschaft und örtlich auch der Staatsmacht, kommen ab März weitere Schwierigkeiten hinzu: Neben der Konterrevolution greift das Ausland in die Ereignisse in Rußland ein.

Teile der Armee – im wesentlichen Offiziere – begehren gegen den »Schandfrieden« von Brest-Litowsk auf. Nach der Rückkehr ins zivile Leben weigern sie sich mehrheitlich, der Einberufung in Trotzkis Rote Armee Folge zu leisten. Vielmehr bemühen sie sich um den Aufbau eigener militärischer Organisationen, die den Bolschewiki die Macht entreißen sollen. Die unterschiedlichsten Bewegungen arbeiten dabei zusammen. Weißgardisten und Bettlerarmeen scharen sich nicht selten um Anarchisten. Zu ihnen stoßen enttäuschte und verzweifelte Bauern, die Lenins Gewaltherrschaft und sein Bürgerkrieg auf dem Land der Konterrevolution in die Arme getrieben haben. Die Überreste der zaristischen Armee – eine halbe Million Mann – bilden »weiße« Armeen. Sie scharen sich um ehrgeizige Generäle, die sich mit der Revolution, dem Frieden oder beidem nicht abfinden wollen. Die fünfzigtausend tschechoslowakischen Legionäre werden nach und nach französischen Offizieren unterstellt. Dieser schlagkräftigen Armee schließen sich russische Freiwillige an.

Aus dieser Vereinigung verschiedener Kräfte gehen neue Regierungen hervor. In Omsk entsteht so eine Regierung Westsibiriens mit konservativer Ausrichtung. In Samara etabliert sich eine von SR geführte Regierung, die den aufständischen Kosaken des Ural nahesteht. Im Süden stellt General Denikin eine Freiwilligenarmee auf, die durch die Londoner Regierung ausgerüstet und von einer britischen Militärmission unterstützt wird. Dieses Eingreifen der Alliierten, obwohl sehr diskret, unterstützt die antibolschewistischen Kräfte auf nicht zu unterschätzende Weise. Seit März 1918 sind französisch-englische Truppen zunächst in Murmansk, dann in Archangelsk und im Sommer schließlich in Wladiwostok gelandet. Im April sind japanische Truppen im Fernen Osten auf russisches Territorium vorgedrungen.

Dieses Bild der chaotischen Verhältnisse in Rußland wäre unvollständig ohne die nationalen Abspaltungen, die den Herrschaftsbereich von Lenins Regierung verringern. Mit der Ukraine haben die Deutschen einen Separatfrieden geschlossen und das Land dem Einflußbereich der Russen entzogen. Die Rada, der Regionalsowjet, wurde wegen mutmaßlicher antideutscher Gesinnung vertrieben. Mit deutscher Unterstützung stellte General Skoropadski die *Hetmanat*, eine vorrevolutionäre Einrichtung, wieder her. Gestärkt durch das deutsche Truppenkommando und die Großgrundbesitzer baut Skoropadski die Ukraine zur Basis für eine mögliche Intervention gegen die bolschewistische Herrschaft aus. Feindlich gesinnt ist den Bolschewiki auch die Bevölkerung in Zentralasien. Nach ihrem Aufstand gegen das russische Reich Ende 1916 hatten sich dort gegnerische Regierungen etabliert, so in der Republik Kokand, die 1917 proklamiert und im Februar 1918 von den Bolschewiki gestürzt worden war. Für die Verfechter dieser Republik begann so ein neues Kapitel der verhaßten russischen Fremdherrschaft. Auch im gesamten Fergana-Becken formiert sich im Volk der Widerstand gegen die russische Zentralgewalt: Die Bewegung der sogenannten *Basmatschi* (der Barfüßer), einer Guerilla aus Bauern, wird Lenin und seinen Nachfolgern noch viele Jahre zu schaffen machen. Von den gleichen Hoffnungen und dem gleichen Kampfgeist sind auch die Völker des Kaukasus durchdrungen. Alle diese Regierungen und nationalen Widerstandsbewegungen stützen sich auf England als der Schutzmacht ihres Kampfes gegen den Bolschewismus, der für sie ein verkappter Imperialismus ist.

Zwischen den organisierten konterrevolutionären Truppen, den aufständischen Volksgruppen und den ausländischen Interventionstruppen agieren die sogenannten »Grünen«, undefinierbare Banden, die keinem Lager zuzurechnen sind. Im allgemeinen Chaos verbreiten sie überall, wo sie auftauchen, Angst und Schrecken und bringen zuweilen ganze Städte unter ihre Kontrolle.

Die Wiederauferstehung der Opposition

Im Sommer 1918 erscheint die Situation der Bolschewiki ausweglos. Ihr Aktionsfeld wird zusehends enger, während ihre Gegner großen Zulauf haben, an Terrain gewinnen und ihnen den Machtanspruch streitig machen: Legitimiert sieht sich diese Opposition durch so verschiedene Faktoren wie die Monarchie, den – in den Wahlen zur Konstituanten zum Ausdruck gekommenen – Volkswillen oder schließlich durch das wachsende Elend und Chaos, das die Bolschewiki angerichtet haben oder zumindest nicht eindämmen konnten. Selbst dort, wo Lenins Partei noch Herr der Lage ist, vor allem in der Hauptstadt – dies ist seit kurzem Moskau –, ist ihre Macht bedroht.

Die SR erkennen klar und deutlich die Schwäche ihrer Gegner. Schon im Mai 1918 hat ihr Nationalrat die Einberufung der Konstituierenden Versammlung verlangt. Da die Bolschewiki diese

Forderung ignorieren – für Lenin hat diese Versammlung noch nie existiert, ist der Ruf nach dem Volksvotum reiner »Schwachsinn« –, schreiten sie zur Tat. Im Juli organisieren sie in Moskau und Petrograd Aufstände. Der Ruf nach einer Volksvertretung weicht jetzt dem terroristischen Kampf. Bekämpft werden die Bolschewiki nun nicht mehr nur – wie unmittelbar nach ihrem Staatsstreich – durch den rechten Flügel der SR, sondern auch durch die Linken Sozialrevolutionäre, die bis zum Sommer 1918 noch treue Verbündete gewesen sind. Im Juni wenden sie sich gegen Lenin und verlangen vom Sowjet-Kongreß einen radikalen Politikwechsel: die sofortige Auflösung der Roten Armee und der Tscheka und die Abschaffung der Brigaden, die auf dem Land Getreide beschlagnahmen. Nachdem Lenin diese Forderungen arrogant ignoriert hat, ist für die SR die Stunde der Konfrontation gekommen.

Der Sozialrevolutionär J. Bljumkin ermordet den deutschen Botschafter, Graf von Mirbach, eine Symbolgestalt des deutschen Militarismus. Während die Legende vom »plombierten Wagen« in allen Köpfen noch immer präsent war, galt Mirbach als geschickter Taktierer, der Lenin im Sinne der deutschen Interessen manipuliert habe. Mit seiner spektakulären Ermordung geben die SR sich allerdings nicht zufrieden. Anschließend nehmen sie Dserschinski gefangen und ermorden Wolodarski und Urizki. Die Wahl dieser beiden Figuren als Zielscheiben der terroristischen Gewalt ist bezeichnend. Am Vorabend der Revolution hatte Wolodarski sich als einer der entschiedensten Gegner einer Koalitionsregierung profiliert. Mit den Vorbereitungen zu den Wahlen der Konstituanten betraut, definierte er seine Aufgabe mit den Worten: »Entweder die Versammlung hat eine bolschewistische Mehrheit oder wir brauchen eine neue Revolution.« Bei den SR ebenso verhaßt ist Moissej Urizki, der sich bei der Auflösung der Konstituanten hervorgetan hat. Als »Kommissar der Versammlung« hatte er Anteil an der gewaltsamen Vertreibung der Abgeordneten und organisierte als Chef der Tscheka den Terror in der Hauptstadt. Da beide Opfer der SR in der Bevölkerung verhaßt waren, sind über ihre Ermordung nur die Bolschewiki empört.

Durch ihren Erfolg bestärkt, besetzen Sozialrevolutionäre das Telegrafenamt der Hauptstadt und rufen die Bevölkerung zum

Aufstand auf. Der Kampf gegen den bolschewistischen Terror tritt in die entscheidende Phase. Wie sollte er sich nicht auch direkt gegen Lenin richten? Seit April 1917 wird Rußland durch diese starke Persönlichkeit dominiert. Lenin hat der Revolution bisher kompromißlos seinen Stempel aufgedrückt und für seine Partei alle Macht beansprucht. Folglich wird auch er zu einer Zielscheibe der SR. Im Januar werden auf ihn Schüsse abgefeuert, die ihn knapp verfehlen. Seine Schwester Anna, die sonst über alle Ereignisse seines Lebens berichtet, schweigt sich über diesen Zwischenfall aus. Daß ihn auch Capitaine Sedoul nicht erwähnt, läßt darauf schließen, daß er zunächst niemanden besonders erregt hat. Aber am 30. August kommt es zu einem weiteren Anschlag, der für gewaltiges Aufsehen sorgt und einschneidende Folgen hat.

Obwohl man diese Affäre in wenigen Worten zusammenfassen kann, ist sie weniger klar, als man lange Zeit hatte glauben wollen: Am 30. August spricht Lenin vor einer Betriebsversammlung des Michelson-Werkes im alten Moskau. Vor den erwartungsvollen Arbeitern geißelt Lenin, daß die Demokratie als Lockmittel mißbraucht worden sei, und ruft zu besserer und intensiverer Arbeit auf. Nur so seien die Feinde des Regimes zu besiegen. Nach der Rede, vornehmlich eine Verherrlichung des Klassenkampfes, verläßt er das Gebäude. Auf dem Weg zu seinem Wagen fallen Schüsse. Lenin wird von zwei Projektilen am Schulterblatt und am Hals getroffen. Die Verletzung setzt ihn für geraume Zeit außer Gefecht. Die junge Attentäterin heißt Fanja Efimowna Rotman alias Dora Kaplan. Als Tochter eines jüdischen Lehrers aus Wolhynien hat sie sich früh den Anarchisten angeschlossen und an terroristischen Aktionen beteiligt. In einem Gefangenenlager lernte sie die legendäre Maria Spiridonowa vom terroristischen Flügel der SR kennen und wechselte daraufhin zur sozialrevolutionären Bewegung über. Nach der Festnahme bekennt Dora Kaplan sich voll zu ihrer Verantwortung. Dem Vernehmen nach hat sie allein gehandelt, um das Land von seinem Unterdrücker zu befreien und es auf den Weg der Revolution zurückzubringen. Nach raschen Verhören wird sie ohne Prozeß zum Tode verurteilt. Mit der Liquidierung betraut man den Kreml-Kommandanten Malkow, der später über diese schmutzige Angelegenheit berichten wird, die Hinrichtung einer Frau sei ihm nicht leicht gefallen. Zudem sind die äußeren Umstände der Exekution besonders anrüchig: Sie wird am 4. September, wenige Tage nach dem Attentat, in einer Garage vollzogen. Um den Lärm der Schüsse zu übertönen, läuft der Motor eines Lastwagens. Anwesend ist zudem der »proletarische Dichter Demjan Bedny – um sich von dem Ereignis revolutionär inspirieren zu lassen«.[9]

Soweit die Berichte der Historiker. Angelica Balabanowa hat Lenin am Ende der Rekonvaleszenz in seinem Landhaus besucht. Ihrer Schilderung nach hat er sich zum Fall Dora Kaplan nur sehr ungern geäußert. Die Hinrichtung sei ihm deshalb so unangenehm gewesen, weil er als Opfer im Zentrum der Affäre gestanden habe. Bei einem Attentat gegen einen anderen Volkskommissar hätte ihn die Exekution gleichgültig gelassen, so Balabanowa. Als sie sich bei Lenin über die repressiven Maßnahmen gegen eine Gruppe Menschewiki beschwerte, antwortete Lenin: »Begreifen Sie denn nicht? Wenn wir jetzt zögern, diese paar Führer zu erschießen, stecken wir bald in der Situation, zehntausend Arbeiter erschießen zu müssen.«[10] Für Balabanowa war Lenin davon überzeugt, aus einer Notwendigkeit heraus zu handeln.

Dennoch waren die Ereignisse um die Hinrichtung der Terroristin Dora Kaplan anscheinend nicht so klar, wie sowjetische Historiker Glauben machen wollten. General Wolkogonow, der sich mit der gesamten Affäre eingehend auseinandergesetzt und zu den Einzelaspekten in Archiven Recherchen angestellt hat, zweifelt am Wahrheitsgehalt der offiziellen Version. Nach seiner Untersuchung ist allein das Attentat als solches bewiesen, alles andere sei »Mystifikation«. Nach seiner Darstellung war Dora Kaplan wahrscheinlich nicht die wirkliche Attentäterin, vielmehr hätten die Bolschewiki ihre Beziehungen zur Partei der SR dazu benutzt, um den lästig gewordenen Bündnispartner nach dem Bruch eliminieren zu können. Die Linken SR hatten von ihnen ja die Rückkehr zur Legalität verlangt. Falls Wolkogonows Zweifel an der offiziellen Version berechtigt sind, wäre den Bolschewiki das Attentat wie gerufen gekommen, um die SR auszuschalten und ihre Forderungen als »konterrevolutionäre Bestrebungen« abtun zu können.

Jetzt konnte jedenfalls der Staatsterror entfesselt werden.

Die Tragödie auf dem Land

Das Gespenst des Hungers hatte schon in den Kriegsjahren über Rußland gelegen. Ab Sommer 1917 verschärfte sich die Lage. Schon früh hatte die Provisorische Regierung autoritäre Verfügungen getroffen, um die Versorgung der Städte und der Armee zu sichern. Auf lokaler Ebene und in der Hauptstadt bemühten sich eigens ins Leben gerufene Sonderkomitees darum, Spekulationskäufe zu verhindern und den Handel und die Lieferung von Lebensmitteln, vor allem von Getreide, besser zu organisieren. Schon im Mai 1917 war dazu ein Ministerium für Versorgungsfragen eingerichtet und der Autorität des rechten Volkstümlers A. Peschechonow unterstellt worden. Peschechonow geriet allerdings rasch in Konflikt mit Wiktor Tschernow, der die Selbständigkeit der Bauernkomitees aufrechterhalten wollte und sich weigerte, sie den Versorgungskomitees zu unterstellen. Im Sommer 1917 führten diese Streitigkeiten von Dienststellen und die Bestrebungen der Bauern nach Wahrnehmung ihrer Interessen dazu, daß der Großteil der Erträge in den ländlichen Regionen blieb oder auf dem Schwarzmarkt verkauft wurde. Immer mehr Städter flohen vor dem Hunger aufs Land, ebenso Soldaten, die in Erwartung eines baldigen Friedens auf die Umverteilung von Boden hofften. Schon bei seiner Machtergreifung sah Lenin sich so mit einer kritischen Situation konfrontiert, die von Versorgungsengpässen und der Unabhängigkeit der bäuerlichen Vertretung bestimmt wurde. Von dieser Krise wurde er vollkommen überrascht.

Für Versorgungsfragen war der als gemäßigt geltende Volkskommissar Iwan Theodorowitsch zuständig, der Gewaltmaßnahmen gegen die Bauernschaft ablehnte. Seine Haltung löste sofort heftigen Streit zwischen den zuständigen Behörden aus. Während der ihm beigefügte Kommissar von Petrograd sich gleich nach der Ernennung zum Verfechter von Strafmaßnahmen gegen die Bauern machte, taten sich die konzilianteren Moskauer Bolschewiki als Gegner von Gewalt hervor. Das seit Dezember 1917 amtierende Gesamtrussische Komitee für Versorgungsfragen wurde zum Forum für diese Streitereien zwischen den Vertretern der verschiedenen Positionen. Die Debatte dieser mutmaßlichen Experten für landwirtschaftliche Probleme drehte sich letztlich um die Frage, ob die Bauern durch Anreiz oder durch Zwang dazu gebracht werden konnten, die Bevölkerung zu ernähren. Am 14. Januar 1918 schaltete sich schließlich Lenin mit einer Rede vor Deputierten des Sowjets und Mitarbeitern des Petrograder Komitees für Versorgungsfragen in die Diskussion ein. Ohne Scheu vertrat er seine Lösung: die Bildung von mehreren tausend Truppenabteilungen aus jeweils zehn bis fünfzehn Mann. Die seien mit der Befugnis aufs Land zu entsenden, alle Bauern zu erschießen, die ihre Forderungen nicht erfüllten. Erstmals trat Lenin (zumindest öffentlich) mit so radikalen Äußerungen in dieser Frage hervor. Von Einsätzen der Tscheka gegen »Saboteure« und von Zwangslieferungen der Bauern war zwar schon die Rede gewesen. Dennoch waren Lenins Zuhörer geschockt darüber, daß er jetzt ganz offen einen organisierten Terror auf dem Land propagierte.

Der III. Gesamtrussische Sowjet-Kongreß, der am 18. Januar zusammentrat, schlug eine gemäßigtere Lösung vor: Die Verantwortung für die Überwindung der Krise sollte einem Sowjet-Kongreß für Versorgungsfragen übertragen werden. Dieser delegierte dann die Aufgabe an ein fünfunddreißigköpfiges Gremium. Lenin hatte darauf geachtet, daß zwanzig Bolschewiki vertreten waren. Das Gremium war direkt dem *Sownarkom* und nicht dem obersten Wirtschafsrat verantwortlich. Wegen dieser komplizierten Organisation – Lenin hatte seine Kollegen nicht davon überzeugen können, die Landbevölkerung mit offenem Terror unter Druck zu setzen – versuchte er das von Bolschewiki unterwanderte Gremium ganz unter seine Kontrolle zu bekommen. Dessen Aufgabe sollte darin bestehen, mit allen verfügbaren Mitteln die Versorgung der Bevölkerung zu sichern. Da das Gremium in der Praxis keinerlei Einfluß hatte, gelangte seine Arbeit bald an einen toten Punkt. Am 15. Februar erschien schließlich ein Dekret, in dem Trotzkis Ernennung zum »Direktor für Versorgung« – als Chef einer neu gebildeten Sonderkommission – bekanntgegeben wurde. Trotzki war über diese neuerliche Ernennung allerdings zunächst nicht informiert worden und übte das Amt denn auch kaum aus…

Diese wahllose Einrichtung von immer neuen Instanzen, die alle die Aufgabe hatten, die Städte und die Armee mit Lebensmitteln zu versorgen, belegt die mangelnde Vorbereitung der Bolschewiki auf diese kritische Situation. Sie haben die Krise zunächst vollkommen unterschätzt. In der Zeit zwischen Oktober 1917 und Mai 1918 begreifen sie erstmals deren gesamtes Ausmaß. Auch müssen sie feststellen, daß die Regionen, die das Land ernähren könnten, ihrer Kontrolle immer mehr entgleiten. Nach dem Verlust der Ukraine bleiben Sibirien – zahlreiche Missionen werden nach dort entsandt – und die ländlichen Gebiete Zentralrußlands, wo sie allerdings auf den Widerstand der Bauern stoßen. Wegen der – bislang noch punktuellen – Beschlagnahmungen verhärten sich die Fronten weiter. Die Staatsmacht, die von der Provisorischen Regierung im Prinzip ein Monopol über den Getreidehandel übernommen hat, schwankt noch zwischen zwei politischen Linien: einem marktwirtschaftlichen Versorgungskonzept, das von örtlichen Komitees umgesetzt werden soll, und einem Konzept der Gewalt, das von den von Lenin im Januar beschlossenen Beschlagnahmungen ausgeht. Lenin, der eher auf Konfiskationen als auf Verhandlungen setzt, hat darin die Unterstützung der bolschewistischen Instanzen in Petrograd, in denen noch immer revolutionäre Begeisterung herrscht. Von dort aus ziehen die ersten Abteilungen – Kronstädter Matrosen und Arbeiter – aufs Land mit dem Auftrag, Konfiskationen »durchzuboxen«. Die noch immer gültige, offizielle Parole von der Achtung des bäuerlichen Eigentums läßt den illegalen Charakter dieser Aktionen noch stärker hervortreten. Diese verstärken zudem das Mißtrauen und die Feindseligkeit der aufgebrachten Landbevölkerung gegen die bolschewisierten Städte. Die Einheit der Gesellschaft, die Lenin im Oktober noch für möglich hielt, zerbricht bald endgültig an den widersprüchlichen Interessen der gesellschaftlichen Gruppen. Noch ehe die Politik der Versöhnung gebrandmarkt wird, wird unter der Hand ein Klassenkampf gegen die Bauern betrieben.

In dieser spannungsgeladenen Zeit, als noch nichts entschieden ist, vertraut die Landbevölkerung auf ihre Interessensvertretung und die Partei der SR. Bei dieser Vertretung handelt es sich um den Gesamtrussischen Kongreß der Bauerndeputierten, der im Mai 1917 erstmals zusammengekommen ist. Ein anschließend gebildetes Exekutivkomitee sollte zwischen den Kongressen als Bindeglied der Basisorganisationen fungieren und die zukünftigen Foren vorbereiten. Vor Lenins Staatsstreich hatte es beschlossen, den II. Kongreß erst nach dem Zusammentritt der Konstituierenden Versammlung einzuberufen. Mit dieser Entscheidung, die in völliger Verkennung von Lenins Absichten fiel, hatten die Bauernvertreter das Feld den Bolschewiki überlassen. Der Staatsstreich vom 25. Oktober wurde von einem Sowjet-Kongreß aus Arbeitern und Soldaten ohne Beteiligung der Bauern gebilligt. Vertreten waren diese nur insofern, als die Soldaten vielfach vom Land stammten. Lenin konnte sich dadurch auch ohne das Votum der Bauern auf den Rückhalt in der gesamten russischen Gesellschaft berufen. Zur Korrektur dieses Fehlers beriefen die Bauernführer zum 10. November einen Außerordentlichen Kongreß ein, der für die Zeit nach dem Wechsel des Regimes eigene Ziele festlegen sollte. Die hektisch einberufene Versammlung, die die Kräfteverhältnisse nicht ganz genau widerspiegelte, wurde von den Linken SR dominiert. Deren Fraktion war dreimal so stark wie die der gemäßigten Sozialrevolutionäre. Vertreten war zudem eine bolschewistische Abordnung. Die temperamentvolle Persönlichkeit Maria Spiridonowa, die zur Präsidentin gewählt wurde, beherrschte die Versammlung und trug mit zu deren linken Ausrichtung bei. Für die Kongreßteilnehmer ging es freilich vor allem darum, die Unabhängigkeit der bäuerlichen Organisationen aufrechtzuerhalten und die vordringlichen Ziele der SR zu unterstützen: die Bildung einer Koalitionsregierung. Zugleich beschloß der Kongreß, Vertreter ins Zentralexekutivkomitee zu entsenden. Zu den 108 ursprünglichen Mitgliedern kamen so noch einmal 108 bäuerliche Vertreter hinzu – außerdem 100 Vertreter der Armee und 50 Vertreter der Gewerkschaften. Dank dieser bereits erwähnten Erweiterung sollte das ZEK, so die Hoffnungen der Bauernvertreter, als ein richtiges Parlament fungieren, die verschiedenen Bevölkerungsgruppen vertreten und in den Debatten ein Gegengewicht zur Regierung bilden. Diese Entscheidung, die scheinbar eine Schwächung der Regierungsgewalt bedeutete, beunruhigte Lenin überhaupt nicht. Durch seine Schwerfälligkeit verlor das ZEK jede tatsächliche Handlungsfähigkeit. Daß die Linken SR in der Bauernvertretung des ZEK überrepräsentiert waren, bedeutete für Lenin einen weiteren Vorteil: Dies entkräftete den Vorwurf der Gegner, er versuche den Bolschewiki ein Machtmonopol zu sichern. Vielmehr wurde so der Anschein einer Koalition verstärkt. Lenin mußte allerdings noch für eine bessere Kontrolle der bäuerlichen Organisationen sorgen.

Der II. Bauernkongreß (die Tagung vom November zählte nicht als regulärer Kongreß) tagte vom 26. November bis zum 11. Dezember 1917 und war gekennzeichnet durch die Konfrontation zwischen der radikalen Maria Spiridonowa und Wiktor Tschernow, der den bäuerlichen Organisationen die Unabhängigkeit sichern wollte. Die Delegierten waren sich vornehmlich in zwei Fragen uneins. Zunächst bestanden die Gemäßigten um Tschernow auf der sofortigen Einberufung der Konstituierenden Versammlung. Die Bolschewiki sollten deren »konstituierenden« Auftrag respektieren. Diese Forderung löste bei Lenin heftige Irritationen aus. Er dachte nicht daran, sie ernst zu nehmen. Seine Rede vor dem Kongreß wurde deshalb mit Buhrufen quittiert. Spiridonowa gelang es eine Zeitlang nicht, die Ruhe im Saal wiederherzustellen. Das andere entzweiende Thema war die Vereinigung des Bauernkongresses mit dem Kongreß der Arbeiter- und Soldatendeputierten. Während die Bolschewiki sie anstrebten und die Linken SR sie befürworteten, wurde sie von den Zentristen in der Gefolgschaft Tschernows bekämpft. Spiridonowa gelang es, die Frage auf den III. Kongreß zu vertagen, der zunächst für Februar 1918 anberaumt und dann auf Mitte Januar vorverlegt wurde. Dabei sorgte sie für eine geschickte Manipulation: Die Vertreter des künftigen Kongresses sollten nicht neu gewählt werden. Vielmehr wurden einfach die Mandate der derzeitigen Delegierten verlängert. Dank dieses Tricks, bei dem alle demokratischen Spielregeln außer acht gelassen wurden, fanden sich die Linken SR und die Bolschewiki auf dem am 13. Januar eröffneten Bauernkongreß erneut in einer Position der Stärke.

An dessen erstem Sitzungstag herrschten denkbar günstige Bedingungen, um das bäuerliche Streben nach Unabhängigkeit zu unterbinden. Die Konstituante war aufgelöst worden, und die Bolschewiki beherrschten die Szene. Die Linken SR waren für sie nur noch schwache Verbündete, die ihnen folgen oder das Schicksal der rechten Parteigenossen teilen mußten, deren Wahlsieg Lenin durch die Ausschaltung der verfassungsgebenden Versammlung zunichte gemacht hatte. So wundert es nicht, daß Spiridonowa sich bei den Bolschewiki geradezu dafür entschuldigte, daß die SR dem »überholten historischen Mythos von der Konstituanten angehangen« hätten. Ohne Rücksicht auf die Tagesordnung ließ sie den Kongreß dann über die Vereinigung des Bauernsowjets mit dem Sowjet der Arbeiter- und Soldatendeputierten abstimmen. Das Ergebnis fiel einstimmig aus. Die Unabhängigkeit der Bauernorganisationen gehörte damit der Vergangenheit an.

Die Delegierten des III. Kongresses verabschiedeten ebenfalls einhellig die *Deklaration der Rechte des werktätigen und ausgebeuteten Volkes,* die von der verfassungsgebenden Versammlung abgelehnt worden war. Das ZEK wurde aufgefordert, auf der Grundlage dieses Textes für Rußland eine Verfassung auszuarbeiten. Der Bauernkongreß sprach sich zudem für das Gesetz zur Vergesellschaftung des Bodens aus, mit dem das *Dekret über den Boden* vom 26. Oktober mit einem konkreten Inhalt gefüllt wurde.

In der letzten Frage herrschen zwischen den Bauernvertretern, genauer zwischen der Gesamtheit der Sozialrevolutionäre und den Bolschewiki, ernsthafte Mißhelligkeiten, auch wenn diese im Januar 1918 noch nicht deutlich zutage treten. Dieser Konflikt wird wenige Monate später allerdings für alle Parteien sichtbar werden. Für die SR entspricht die »Vergesellschaftung des Bodens« ihren traditionellen Vorstellungen: Sie beinhaltet, daß in der entstehenden sozialistischen Gesellschaft die Macht von der Basis ausgeht und von den verschiedenen gesellschaftlichen Gruppen getragen wird. Die Bauern müssen sich demnach selbst organisieren und über ihre Orientierung entscheiden. Die Bolschewiki haben dagegen die »Nationalisierung« des Bodens zum Ziel. Als Konsequenz wird die Landbevölkerung in einen umfassenden wirtschaftlichen Plan einbezogen. Dessen privilegierte Akteure sind die industrielle Welt und die Arbeiterklasse, wobei die Bauern dazu aufgerufen sind, mit ihren Anstrengungen den Wirtschaftsplan zu unterstützen. Ein solcher Wirtschaftsplan setzt die absolute Herrschaft einer Zentralgewalt als Trägerin einer gemeinsamen Vision voraus.

Lenin war sich der ideologischen Unterschiede, die ihn von der Bauernschaft trennten, stets bewußt. Dennoch war er bereit, so lange wie nötig eine Gesetzgebung mitzutragen, die die Bauern versöhnen und so die Versorgung Rußlands mit Lebensmitteln sichern würde. Das *Dekret über den Boden* und anschließend das Gesetz zur Vergesellschaftung des Bodens bereiteten ihm so keine Sorge. Wichtiger als der Wortlaut dieser Verfügungen war für ihn ja deren Auslegung und Umsetzung. Diesen Konflikt, den er möglichst herunterzuspielen versuchte, kommentierte er so: »Es genügt, wenn wir ein Mittel finden, um die Idee der Volkstümler von der Vergesellschaftung an unsere Sichtweise anzupassen.«[11] Die SR gingen dagegen davon aus, die Bolschewiki seien nach Verabschiedung des Gesetzes gezwungen, dieses auch zu respektieren. Deshalb bestanden sie auf seiner Verabschiedung durch den III. Sowjet-Kongreß.

Das Gesetz wurde folglich angenommen. Die Regierung hatte den Auftrag – und das war das Wesentliche –, die kollektive Landwirtschaft zu fördern, da sie zum wirtschaftlichen Fortschritt besser beitragen könne als die individuelle Bodennutzung. Es ging um den Aufbau kollektiv bewirtschafteter Bauernhöfe, der mit der Neuverteilung des Bodens Priorität besaß. Die SR hatten dieses Ringen um eine Gesetzgebung damit zwar gewonnen, aber sie übersahen eines: Während sie sich mit ihrer Sichtweise durchsetzten, schuf Lenin bereits die Bedingungen, um die bäuerlichen Anstrengungen in den Dienst der industriellen Entwicklung des Landes zu stellen.

In dieser Phase, in der die Staatsgewalt einer offenen Konfrontation mit den Bauern noch aus dem Weg geht, bemüht sie sich neben der Lösung der Versorgungsprobleme besonders konsequent darum, in die Bauernschaft proletarische Elemente einzuschleusen – der Auftakt des kommenden Klassenkampfs. Unter verschiedenen Bezeichnungen – »Agitatoren«, »Kommissare«, »Instruktoren« – entsendet die Regierung Arbeiter und Soldaten aufs Land: zu Beschlagnahmungen ebenso wie zur Organisation der Bauernschaft. Diese verfügen zwar über geringe legale Befugnisse, operieren aber nach der Ankunft in den Dörfern recht willkürlich, da eine übergeordnete Dienststelle zur Koordinierung ihrer Aktionen fehlt. Dennoch erfüllen diese aufs Land versetzten Städter, die auf ihre »proletarische Mission« stolz sind, eine nicht zu unterschätzende Rolle. Ein großer Teil von ihnen stammt aus Petrograd und Moskau und damit aus revolutionären Zentren, in denen zudem Hunger herrscht. Auf dem Land treffen sie nun auf die als »Saboteure« oder »Spekulanten« diffamierten Bauern. Sie haben den Auftrag, sich über die Vorgänge in den Dörfern zu informieren, diese zu überwachen und die Bauern propagandistisch auf die Vergesellschaftung des Bodens, also auf die Kollektivwirtschaft, vorzubereiten. Diese ungebildeten Städter fühlen sich der Landbevölkerung überlegen und neigen schon deshalb zum Machtmißbrauch. Für alle russischen Regionen sind zahlreiche Fälle von Übergriffen belegt. Der Bekehrungseifer und die Willkürmaßnahmen dieser »Agitatoren« sorgen in den Dörfern nur für ein noch tieferes Mißtrauen gegenüber den Städtern. Ihre beiden wichtigsten Aufgaben – den Bolschewiki auf Kosten der SR Sympathien zu verschaffen und die örtlichen Sowjets auf ihre Seite zu ziehen – bleiben dabei unerfüllt. Das von Lenin verfolgte Ziel, die Bolschewisierung des Landes, wird somit verfehlt. Die ländlichen Sowjets gewinnen wenig Einfluß und können der Zentralgewalt nicht als verlängerter Arm dienen. Lenin, der einen schonenden Umgang mit den Bauern noch nie für notwendig befand, wird in seinem Urteil über diese bestärkt: daß sie mit wenigen Ausnahmen Träger des »bourgeoisen Denkens« seien und nur unter Zwang zum Fortschritt des sozialistischen Systems beitragen würden. Die Wende im Mai/Juni 1918, die die Zeit des »Kriegskommunismus« und des Klassenkampfes auf dem Land eröffnet, deckt sich insofern vollständig mit seinen Vorstellungen.

Der Kriegskommunismus

Im Mai 1918 hat Lenin keinen Grund mehr zu zögern. Der Vertrag von Brest-Litowsk hat ihn zwar vom Krieg befreit, doch werden die negativen Folgen des gewaltigen Gebietsverlusts und die Einbußen des wirtschaftlichen Potentials für Rußland sofort spürbar. Der IV. Gesamtrussische Sowjet-Kongreß, der vom 14. bis zum 16. März getagt und den Vertrag ratifiziert hat, gab bereits das Signal für eine notwendige Wende in der Wirtschaftspolitik. Auf den Weg gebracht wurden diese Veränderungen vom Obersten Rat der nationalen Wirtschaft (WSNCH), der im November 1917 geschaffen und im März 1918 der Präsidentschaft Alexej Rykows unterstellt worden ist. Rykow sollte den Wirtschaftsrat so umorganisieren, daß er die ökonomische Politik der Bolschewiki würde effizient umsetzen können.

Von diesem Mann an der Spitze des WSNCH war allerdings kaum zu erwarten, daß die Wende auch gelingen würde. Rykow hatte von jeher an den Möglichkeiten eines Agrarlandes wie Rußland gezweifelt, eine sozialistische Revolution zu realisieren. Auch ließ seine bäuerliche Abstammung kaum erwarten, daß er gegen die Landbevölkerung einen erbarmungslosen Krieg führen würde. Allerdings geriet dieser schwache Charakter ganz unter den Einfluß stärkerer Persönlichkeiten, die sich die Wende in der Wirtschaftspolitik zum Ziel gesetzt hatten: Miljutin und Juri Larin wurden so zu den eigentlichen Führungsfiguren des WSNCH. Beide waren begeisterte Verfechter einer zentralistisch geführten, strengen Planwirtschaft. Larin, ursprünglich Menschewik, war zudem ein fanatischer Anhänger der industriellen Konzentration und der Organisationsmethoden der Deutschen in der Kriegswirtschaft. Zu Recht hat R. Pipes an Larins Beinamen als der »russische Saint-Just« erinnert. Diese Bezeichnung bringt den Fanatismus zum Ausdruck, mit dem Larin später den Gedanken der »Wende nach links« verfechten und in die Tat umsetzen wird.

Hintergrund der politischen Diskussion um diese Wende war der Friedensvertrag von Brest-Litowsk, der für eine tiefe Spaltung der Partei sorgte. Dabei standen sich die von Lenin geführten Realisten und die von Bucharin geführten Linken gegenüber. Larin war – jedenfalls in Wirtschaftsfragen – ein Vertreter der Linken.

Ende April schreibt Lenin den Artikel *Die nächsten Aufgaben der Sowjetmacht*[12], den die *Iswestija* ungekürzt abdruckt. Der vom ZK unterstützte Text wird am 3. Mai vom ZEK debattiert und gegen den Widerstand Bucharins als Vertreter der Linken schließlich angenommen. Wenig später schlägt Lenin noch einmal in die gleiche Kerbe und veröffentlicht das bissige Pamphlet *Über linke Kindereien und über Kleinbürgerlichkeit.*[13] Inhaltlich gemäßigt, äußert er sich darin zu den Möglichkeiten Rußlands, sofort einen sozialistischen Staat aufzubauen, eine Kritik an Bucharin und den Linken, die angesichts des niederschmetternden Friedens von Brest-Litowsk davon ausgehen, daß mit dem Kapitalismus nun keine Kompromisse mehr geschlossen werden dürfen. Nach der geglückten Revolution sei vielmehr ein vollständiger Bruch mit der Vergangenheit zu vollziehen. Banken und Industrie müßten verstaatlicht, die Privatwirtschaft ganz abgeschafft, die Wirtschaft einer vollständigen Planung unterworfen und der Agrarsektor vergesellschaftet werden. Lenin antwortet darauf mit einem Plädoyer für den Staatskapitalismus: In einer Zeit des Übergangs solle es Rußland ermöglicht werden, sich die bislang noch fehlenden Produktivkräfte und Kapitalien anzueignen. Zwar betont er die Notwendigkeit von Diktatur und repressiver Gewalt, die eine Festsetzung dieses Kompromißsystems auf Dauer verhindern sollen. Doch diktiert ihm sein Pragmatismus einmal mehr Interimslösungen, die angesichts der derzeitigen gesellschaftlichen Verhältnisse Rußlands eher angezeigt scheinen. Lenin will die politischen Zügel fest in der Hand behalten, dabei die wirtschaftliche und gesellschaftliche Entwicklung aber nur nach Maßgabe des Möglichen vorantreiben. Die von ihm als »linke Kindereien« gegeißelte Utopie könne nicht der Maßstab sein.

Trotzdem wird sich die linke These durchsetzen. Die Gründe dafür sind vielfältig. Angesehene Figuren der Partei wie Bucharin, Radek, Pjatakow und Kollontai drängen auf eine Umsetzung linker Rezepte. In den Städten verlangen die Arbeiter, die über ihre Lebensverhältnisse erbittert sind, die Unterwerfung der Bauernschaft unter das Gemeininteresse. Angesichts der Lage in Rußland im Frühjahr 1918 – Hunger, Verzweiflung, wachsende Kriminalität und verwahrloste Kinder, die für ihr Überleben stehlen müssen – erscheint der Kompromiß der vergangenen Monate nicht mehr haltbar. Wenn Lenin dem Druck nachgibt, dann wohl deshalb, weil er die vordringliche Aufgabe jetzt darin sieht, die aufgebrachte Bevölkerung zu beschwichtigen. Ohnehin ist die proletarische Basis seit Oktober seinen Direktiven im Hinblick auf eine nur eingeschränkte Nationalisierung niemals gefolgt. Vielmehr kommt es immer wieder zu wilden Kollektivierungen von Betrieben durch die Arbeiter, die so zum allgemeinen Chaos beitragen. Auch dort, wo Proletarier die Betriebsleitung übernehmen, steigt die Arbeitslosigkeit weiter. Die Preise schnellen monatlich um ca. 30 Prozent in die Höhe. Angesichts der Geldentwertung und -knappheit vertritt Bucharin die These, die Ära der Geldwirtschaft sei vorüber …

Was hat Lenin dem entgegenzusetzen? Mit Blick auf das wirtschaftliche Chaos und das – am 22. April dekretierte – staatliche

Monopol im Außenhandel haben seine Appelle an ausländische Investoren wenige Aussichten auf Erfolg. Abschreckend wirkt auch die Tatsache, daß Lenin bisher kaum Bereitschaft signalisiert hat, die Auslandsverbindlichkeiten seiner Vorgänger zu erfüllen. Folglich bleibt nur die linke Lösung übrig, und damit die der Gewalt.

Die Landbevölkerung wird zur ersten Zielscheibe dieser neuen Politik. Die Staatsgewalt stellt sich die Aufgabe, die Bauern zur Ernährung der Stadtbevölkerung und zur Ablieferung ihrer gesamten Erträge zu zwingen. Die Zeiten, da abwechselnd verhandelt und Zwang ausgeübt wurde, sind endgültig vorüber. Übrig bleibt der zügellose Einsatz von Gewalt. Swerdlow erklärt dem Zentralexekutivkomitee: »Wir müssen das Problem des Dorfs in Angriff nehmen. Wir müssen dort zwei feindliche Lager schaffen, die Armen gegen die Kulaken aufbringen. Wenn es uns gelingt, das Dorf in zwei Lager zu spalten, dort den Bürgerkrieg zu entfachen, dann gelingt uns im Dorf die gleiche Revolution wie in den Städten.« Dieser martialische Sprachgebrauch ist keine hohle Propaganda. Hinter ihm steckt ein präzises Vorhaben: Den Willen der Bauern durch Terror zu brechen. Der Feind und das Werkzeug dieser Politik sind benannt: die Kulaken und die Armen.

Die Wirklichkeit ist freilich ganz anders: Auf dem russischen Land leben mehrheitlich nicht Kulaken und Arme, sondern mittelständische Bauern. Damit gehört ein gewaltiger Teil der Landbevölkerung zum ausgemachten Feind. Am 11. Juni wird per Dekret offiziell der Klassenkampf auf dem Land ausgerufen: mit der Einrichtung von »Armenkomitees« *(Kombedy)*. Deren Funktion ist zunächst nicht genau festgelegt. Für die einen sollen sie als provisorische Organe die Sowjets erweitern und in einer Übergangszeit bei der Beschlagnahmung von Ernten mithelfen. Nach einer radikaleren Vorstellung – zahlreiche Äußerungen Lenins weisen ihn als Urheber aus – sollen die *Kombedy* dagegen den Klassenkampf aufs Land hinaustragen und die Gesamtheit der landbesitzenden Bauern (Kulaken) zwingen, sich endgültig dem Willen der Staatsmacht zu beugen. Vor Ort setzt sich die radikalere Linie durch. Die *Kombedy* werden zu Akteuren einer terroristischen Politik, die in einen regelrechten Vernichtungsfeldzug gegen die Bauern mündet. Der »arme Bauer« wird in dieser finsteren Epoche zum großen Mythos, der sein Gegenstück im Mythos vom mächtigen Kulaken findet. Der Kulak, ein »Agent der Konterrevolution«, hat den Hunger des Volkes zu verantworten. Sein Zwillingsbruder ist der »Schieber« *(Meschotschnik)* oder Spekulant vom Land, der in den Städten Lebensmittel zu Wucherpreisen feilbietet. In dieser simplen Vorstellungswelt ist er die Symbolgestalt für den »Wohlstand der reichen Bauern«, dem Gegenstück zum proletarischen Elend. Mit dieser simplen Einteilung der Landbevölkerung in Arm und Reich hofft das Regime, das Vertrauen der Arbeiterklasse zurückzugewinnen und ihr eine Gruppe von Bauern zur Seite zu stellen: die Armen *(Bednota)*, deren Anzahl dabei allerdings gewaltig überschätzt wird.

Die »Wende« kündigt sich mit einer Reihe von Maßnahmen an. So soll ein neu gegründetes Volkskommissariat für Versorgung *(Narkomprod)* jedes Privateigentum beseitigen. Dessen vollständige Aufhebung erfolgt per Dekret am 21. November 1918. Als Anreiz erhalten die Mitglieder der *Kombedy* kostenlos Lebensmittel zugeteilt, die sie mitunter auch weiterverkaufen. Auf dem Land kommt es immer öfter zu Strafexpeditionen, an denen sich Abteilungen von Arbeitern beteiligen. Trotzdem erweist sich die Methode als unzureichend: *Kombedy* entstehen keineswegs überall, obwohl überall Arme zur Ausplünderung der angeblich Wohlhabenden aufgestachelt werden. Die mittelständischen Bauern leisten Widerstand, üben Druck auf die ärmeren Bauern aus. Viele schrecken vor einer Teilnahme an den Komitees zurück, verkörpern diese doch die Sowjetmacht auf dem Land. Generalstabsmäßig werden Konfiskationen geplant und mit rücksichtsloser Gewalt durchgeführt. Die aufs Land entsandten Abteilungen schießen auf jeden Bauern, der sich ihnen in den Weg stellt, oder statuieren einfach Exempel.

Ende 1918 muß Lenin feststellen, daß diese Form der organisierten Gewalt an der Basis nicht ausreicht. Er richtet folglich ein Quotensystem für Beschlagnahmungen von Lebensmitteln in den Dörfern ein. Die Umsetzung der Planziele obliegt der Dorfgemeinschaft. Um sich mehr Glaubwürdigkeit zu verschaffen, erteilt er am 11. August den Kommunisten der Stadt Pensa genaue Anweisungen, wie der Widerstand der Bauern zu brechen sei:

»Das Interesse der Revolution als Ganzem verlangt [...] ein Exempel:

1. Mindestens eine Hundertschaft bekannter Kulaken (ohne zu zögern, damit alle es sehen können) aufhängen;
2. Ihre Namen veröffentlichen;
3. Ihnen *allen* Weizen abnehmen;
4. Geiseln bestimmen.«

Auf diesen Brief[14] folgen zahllose Mitteilungen gleicher Art: Angesichts des gesellschaftlichen Widerstands weiß Lenin sich nur noch mit blankem Terror zu helfen. Drei Wochen später spricht er in einem an den ZK-Sekretär Krestinski gerichteten Memorandum von der Notwendigkeit, eine geheime Kommission zu bilden. Sie soll die dringend erforderlichen Maßnahmen ergreifen, »um den Terror vorzubereiten«.[15] Daß die Bolschewiki in der Tat einen zügellosen Terror entfesseln, wird noch erörtert werden. Schon jetzt sei darauf hingewiesen, daß die Bauern heftigen Widerstand leisten. Sie kämpfen dabei nicht nur gegen den Terror, sondern auch gegen eine Politik der Konfiszierungen, mit der sie ausgehungert und so in die Knie gezwungen werden sollen.

Mit der Gewalt der Verzweiflung gegen Lenins Gewalt: In Rußland wird ein noch noch nie dagewesener Staatsterror entfesselt. Mit einer Flucht nach vorn vollzieht die Staatsmacht den totalen Bruch mit der Landbevölkerung: Im Februar 1919 dekretiert die Regierung die Verstaatlichung des gesamten Bodens und die Kollektivierung seiner Bewirtschaftung. An die Bauern ergeht eine Aufforderung, sich Produktionsgenossenschaften, Kolchosen, oder staatlichen Bauernhöfen, Sowchosen, anzuschließen. Sofort werden fünftausend Höfe dieser Art gegründet. Attraktiv sind sie allerdings nur für die Ärmsten der Armen oder für die ganz Glücklosen. Die anderen leisten mit dem Mut der Verzweiflung Widerstand.

Der Bürgerkrieg auf dem Land hat nicht die erhofften wirtschaftlichen Auswirkungen. Die Versorgungsengpässe bleiben im gleichen Ausmaß bestehen, und Lebensmittel sind weiterhin nur zu Wucherpreisen zu haben. Die Bauern haben sich weder mit der im Oktober 1918 dekretierten Besteuerung in Naturalien noch mit den entschädigungslosen Beschlagnahmungen vom Januar 1919 abgefunden. Die ausbleibende Versorgung mit Industriegütern und die Empörung der Bauern über die feindselige Behandlung durch das Regime drosseln die Agrarproduktion. 1919 werden – im Vergleich zu 1913 – nur noch 85 Prozent der Fläche bewirtschaftet. Ende des Jahres 1920 sinkt dieser Anteil auf 60 Prozent ab. So überrascht es nicht, daß in Rußland die Naturalwirtschaft Einzug hält. Am gefragtesten auf diesem Markt sind Nahrungsmittel. Eine Kinokarte ist 1919 für ein Hühnerei zu haben. Der berühmte Opernsänger Schaljapin verlangt als Konzertgage zweihundert Kilogramm Mehl! Die Preisentwicklung spiegelt die katastrophale Lage wider: Lag der Preisindex 1913 bei 100 Punkten, so klettert er 1918 auf 1285 hinauf. Im Juli 1919 ist er bei 10 000 Punkten angelangt. Bucharin und Preobrashenski, die von Lenin verabscheuten »linken« Kommunisten, begrüßen die astronomischen Preise und den Tauschhandel. Beides bedeute das Ende der Geldwirtschaft, folglich stehe der Kommunismus vor der Tür. Das Geld solle gleich ganz abgeschafft werden. Die Bevölkerung in den Städten hat davon freilich nichts. Dort grassieren Typhus und Cholera, schließen Fabriken, fliehen Arbeiter aufs Land oder treten, so sie können, in die Armee ein. Hatte Rußland 1917 noch drei Millionen Arbeiter gezählt, so sind es Anfang der zwanziger Jahre nur noch halb so viele. Gibt es unter der Diktatur des Proletariates noch ein Proletariat?

Der Kriegskommunismus bringt neben allgemeinen wirtschaftlichen Verfügungen eine Reihe disziplinarischer Maßnahmen, die die letzten Reste der proletarischen Welt retten sollen. Seit April 1918 liegen die Unternehmen in Industrie und Handel praktisch lahm. Wenig später wird das Erbrecht aufgehoben. Das Privateigentum existiert nicht mehr. Der Staat bringt alle Elemente des Wirtschaftslebens mit vier Maßnahmen unter seine Obhut: Nationalisierung aller Produktionsmittel (der Boden unterliegt dagegen, wie erwähnt, einer anderen Politik), die Nationalisierung des gesamten Handels, eine zentrale Planung der Wirtschaft und die Aufhebung der Geldwirtschaft.

Kriegskommunismus bedeutet zugleich eine strikte Reglementierung der menschlichen Aktivitäten. Schon mit der Anfang 1918 durchgesetzten Lebensmittelrationierung zeichnen sich die wahren Konturen des bolschewistischen Gesellschaftssystems ab: Die Zuteilung erfolgt nach einer Einteilung der Stadtbevölkerung in vier und später in acht Kategorien. Dieses hierarchische System erstreckt sich über die aktivsten Elemente im Proletariat über die weniger aktiven bis hinunter zu den Mitgliedern der einstigen Elite. Die Arbeiter werden einer strengen Arbeitsdisziplin unterworfen. Der Arbeitstag umfaßt zehn bis elf Stunden. Ab Januar 1919 dürfen die Werktätigen ihren Arbeitsplatz nicht mehr verlassen. Im folgenden Jahr wird unerlaubtes Fehlen unter schwere Strafe gestellt. Das Arbeitsrecht wird zum Instrument der Unterdrückung einer Arbeiterklasse, deren Mitglieder nur nach einer Möglichkeit suchen, den Betrieben und der Stadt zu entfliehen. Das Regime unterwirft die Arbeiter einer fast ebenso schonungslosen Behandlung wie die Bauern. Der einzige Unterschied: Offiziell gelten sie noch immer als Stützen des Systems, während die Bauern das Stigma des Klassenfeindes tragen. Allerdings ist die Arbeiterklasse mit Blick auf die Kriegswirtschaft zudem einer dauernden Mobilisierung unterworfen: Mobilisierung am Arbeitsplatz, Mobilisierung in der Armee, die zu dieser Zeit von Trotzki aufgestellt wird. Arbeitslose werden zwangsrekrutiert. Mit der Wiedereinführung der Todesstrafe im Juni 1918 erhalten Hinrichtungen einen legalen Status. Getreu Lenins Parolen: »Hängt auf! Erschießt!«, haben Dserschinskis Mitarbeiter von Exekutionen allerdings schon zuvor ausgiebig Gebrauch gemacht.

Innerhalb von zweieinhalb Jahren hat die Diktatur des Proletariates ihr wahres Gesicht gezeigt: Sie ist die Diktatur einer Partei und ihres verlängerten Armes, der Tscheka, die über eine ganze Gesellschaft die Kontrolle ausübt. Ihr Terror kommt unbeschränkt zum Einsatz. Dennoch fühlt sich das Regime nicht als Herr der Lage.

Der »Rote Terror«[16]

In dieser Zeit nimmt der Terror vielerlei Gestalt an. Ab Sommer 1918 intensivieren die neuen Machthaber Rußlands auf dem Land den Kampf gegen den Klassenfeind. Im Zuge eines Dekrets vom 4. September 1918 werden in großem Stil Verhaftungen, Hinrichtungen ohne Gerichtsverfahren und Geiselnahmen organisiert. Gleichzeitig entstehen die ersten Konzentrationslager. Inhaftiert werden dort alle Verdächtigen oder Mitglieder bestimmter gesellschaftlicher Gruppen: »Priester, Weißgardisten, Kulaken und andere zweifelhafte Elemente«, so der stets um Präzision bemühte Lenin. Das bekannteste dieser Lager ist gleich nach der Oktoberrevolution in einem Kloster auf den Inseln Solowki entstanden. Sehr bald schon erfolgt die Einrichtung zahlreicher weiterer Lager.[17]

Die Gründlichkeit der Bolschewiki bei der Ausschaltung mutmaßlicher Gegner macht hier freilich nicht halt. Lenin, der eine Infragestellung seiner Autorität noch nie geduldet hat, beschließt im Juli 1918 die Verhaftung der menschewistischen Führer. Wenig später, nach dem Attentat Dora Kaplans, sind die Sozialrevolutionäre an der Reihe. Am 5. September wird per Dekret offiziell der »Rote Terror« entfesselt, ein Massenterror. Die Tscheka kann jetzt ohne jede Rücksicht auf legale Verfahrensweisen schalten und walten, wie sie will.

Die Zarenfamilie ist im Juli 1918 ermordet worden. Die Bluttat ist Teil einer Politik mit dem Ziel, alle gesellschaftlichen Elemente zu liquidieren, die sich der bolschewistischen Macht in den Weg stellen könnten. Seit dem Machtantritt der Bolschewiki hatten Nikolaus II. und seine Familie in ihrem Verbannungsort Jekaterinburg im Mittleren Ural in Gefangenschaft gesessen. Dort waren sie zahllosen Entbehrungen und Demütigungen ausgesetzt. Verschlimmert wurde ihre Lage durch die nicht abreißende Serie der Gerüchte um eine geplante Flucht, die von Helfern in der Tat – allerdings ohne jede Aussicht auf Erfolg – in Angriff genommen wurde. Trotzki machte sich für eine Aburteilung des »blutigen Nikolaus« nach dem Vorbild des Tribunals gegen Ludwig XVI. stark. Dagegen hatte Lenin sich schon früh für eine eilige Lösung ausgesprochen: Die Romanows sollten ausgerottet werden, »das heißt, etwa hundert von ihnen«. Durchgeführt wurde das Vorhaben dann am 16. Juli 1918 von einem Kommando der Tscheka – unter ihnen fünf Letten – unter der Leitung Jakow Jurowskis. Jurowski gehörte neben der Tscheka auch dem Exekutivkomitee des Ural an. Neben den Mitgliedern der Zarenfamilie starben im Kugelhagel auch deren Begleiter. Fast zur gleichen Zeit wurden, ganz nach Lenins Wunsch, auch die anderen Mitglieder der Familie Romanow in Perm und Alapajewsk ermordet. Alle, die den Bolschewiki in die Hände gefallen waren, wurden jetzt ausgelöscht.

Trotz der bekundeten Absicht, die Zarenfamilie auszurotten, bekannten die Bolschewiki sich zunächst nicht öffentlich zu den Morden. Als Trotzki sich bei Swerdlow nach den Umständen erkundigte, unter denen die Tötung beschlossen worden war, erhielt er zur Antwort: »Das haben wir hier beschlossen. Iljitsch war überzeugt, wir dürften den Weißen kein Symbol hinterlassen, um das herum sie sich sammeln könnten.« Lenin versuchte dagegen den Anschein zu erwecken, nur Nikolaus II. sei einem Erschießungskommando zum Opfer gefallen. Offenbar befürchtete er, die Ermordung von Jugendlichen könne – selbst in dieser Zeit des Terrors – eine Welle der Empörung auslösen. Erst 1919 räumte die Staatsmacht ein, daß sie kein Mitglied der Zarenfamilie am Leben gelassen hatte. Lenins Versuch, diese kaltblütig geplanten Morde zu vertuschen, entsprach ganz seiner allgemeinen Geheimhaltungstaktik beim Terror. Die meisten seiner Anordnungen – »Tötet, erschießt, deportiert, etc.« – ergingen geheim. Stets blieb er bemüht, in der Öffentlichkeit das Bild des rücksichtsvollen Mannes aufrechtzuerhalten. Der Mythos vom »guten Lenin« begann sich hier bereits abzuzeichnen.

Die Ermordung der Zarenfamilie ist nur der bekannteste Aspekt des »Roten Terrors«. Zu dessen Bilanz gehört auch der im Januar 1919 beschlossene Vernichtungskrieg gegen die Kosaken. Ihm fiel ein großer Teil der kosakischen Gemeinschaft zum Opfer. Alle Rechte der Kosaken wurden abgeschafft, ihr gesamter Besitz beschlagnahmt: ein regelrechter Völkermord.[18] Hinzu kam die Niederschlagung der Bauernaufstände in einem gnadenlosen Bürgerkrieg – auf ihn wird zurückzukommen sein –, die Abschaffung der politischen Parteien, das Verbot der oppositionellen Zeitungen und schließlich die Ermordung oder die Deportation aller »Elemente«, die nicht in den »proletarischen« Rahmen hineinpaßten. Lenins Säuberungskampagnen machten auch nicht vor Prostituierten halt. Die Bilanz des Roten Terrors, der mit dem Kriegskommunismus untrennbar verknüpft ist, wurde bereits gezogen. Wichtig ist hervorzuheben, daß das Nichtwissen, auf das sich die Verfechter des Systems lange Zeit beriefen, fast von Anfang an ein gewolltes Nichtwissen war: Melgunows Werk, *Der Rote Terror 1918–1923*, war schon 1927 erschienen. Man brauchte es nur lesen.

Angelica Balabanowa, eine treue Anhängerin Lenins, merkt in ihren Memoiren an:[19]

»Je mehr ich über die Ausmaße des Terrorismus erfuhr, desto mehr erschütterte er mich. Ich wußte sehr genau, daß Revolutionen stets von Blut begleitet werden und daß das Regime diesen Vormarsch der Konterrevolution um jeden Preis aufhalten mußte. Rußland mußte sich nicht nur gegen die Angriffe der Kapitalisten verteidigen, sondern auch gegen Tausende von Verschwörern und Reaktionären, die es in seinen Grenzen zählte. Aber war dieses Blutbad notwendig? Hat der Terror sein Aktionsfeld nicht überschritten?«

Obwohl Angelica Balabanowa den damaligen Terror mit den Argumenten der Bolschewiki rechtfertigt, zeigt sie sich über das Ausmaß der Repression bestürzt. Und dabei ging die Zahl der Opfer der Tscheka schon damals in die Tausende. Die Schreckensbilanz dieser Ära war unübersehbar. Eine entfesselte Staatsgewalt wütete gegen die gesamte eigene Bevölkerung. Die nichtbolschewistische Linke, die Liberalen, die Bauern, die »Weißgardisten« und verschiedene Nationalitäten nahmen Lenins Herrschaft hin, weil sie sich gegen seinen Terror nicht zur Wehr setzen konnten. Nach seiner Machtergreifung Ende Oktober 1917 hatte er sofort das Instrument zur Überwachung und Kontrolle der Bevölkerung geschaffen: die Tscheka. Dank dieses Instruments, das unter größter Geheimhaltung operierte und sich selbst legitimierte, sollte die bolschewistische Herrschaft, die im gleichen Monat eine ausgeblutete Provisorische Regierung besiegt hatte, sich bis zum Ende der achtziger Jahre halten. Ein Dreivierteljahrhundert lang hielt sie eine Bevölkerung in Schach, deren Ruf nach Freiheit immer lauter wurde. Lenin hatte sich innerhalb weniger Jahre durchgesetzt. Sein Ehrgeiz zielte – dies hatte er klar angekündigt – nicht auf eine Nachahmung der kurzlebigen Pariser Kommune. Vielmehr ging es ihm darum, die im Oktober 1917 errungene Macht auf Dauer zu erhalten.

Aber um welchen Preis? Und mit welchen Folgen?

XII Weltrevolution? Revolution in einem einzigen Land?

Lenins Leben stand ganz im Zeichen der revolutionären Begeisterung. Er hatte die Partei als das Instrument der Revolution geschaffen, die Machtergreifung organisiert und nach dem Oktober 1917 als Regierungschef mit größter Kompromißbereitschaft die Schläge abgewehrt, die sein Lebenswerk bedrohten. Sein Einfluß in dieser Hinsicht kann nicht in Zweifel gezogen werden. Aber auf zwei anderen Gebieten wirkte er auf eine noch entscheidendere Weise: in der Außenpolitik und, damit zusammenhängend, in der Politik gegenüber den Nationalitäten. In Fragen der Parteiorganisation, bei Entscheidungen zur Revolution und in der Regierung stieß er oft auf Widerstand, und seine Genossen akzeptierten keineswegs alle seine Entscheidungen. Den Entscheidungen Trotzkis, der die Rote Armee aufgebaut hatte und sie jetzt führte, kam in einer Zeit des Bürgerkrieges besondere Bedeutung zu. In der Außenpolitik besaß dagegen Lenin höchste Autorität. Zwar mußte er während der Friedensverhandlungen in Brest-Litowsk vorübergehend die Positionen seiner Kollegen akzeptieren, doch ging er aus dem weiteren Verlauf der Ereignisse gestärkt hervor. In der Nationalitätenfrage konnte er seine ab 1914 entwickelten Positionen wegen der Turbulenzen am Rand des russischen Staates ebenfalls bald durchsetzen. Deshalb schlug die russische Außenpolitik schließlich doch die von ihm angepeilte Richtung ein. Drei Jahre lang war sie allerdings auch durch Kurswechsel und Kehrtwendungen gekennzeichnet.

Das Werkzeug der Außenpolitik

Das *Dekret über den Frieden* beinhaltete, wie erwähnt, implizit die Auflösung der zwischenstaatlichen Beziehungen. An ihre Stelle sollten revolutionäre Beziehungen zwischen den Völkern treten. Trotzki, der zum Volkskommissar des Äußeren ernannt wurde, hatte diese Vorstellung übernommen – was sich in seiner Bemerkung widerspiegelt, er werde nach Beendigung des Krieges »den Laden schließen«. Sein Volkskommissariat verfügte anfangs nicht über eine weit verzweigte Organisation. Die einstigen Mitarbeiter des Ministeriums, kompetente Diplomaten, waren gegangen oder aus dem Amt gejagt worden. Wenn Trotzki anderweitig beschäftigt war, unterstellte er die Büros seinem Stellvertreter, einem gewissen Salkind, der stets eine große Pistole mit sich herumtrug und in seiner Dienststelle Maschinengewehre hatte aufstellen lassen. Gleich nach Abschluß des Friedensvertrages von Brest-Litowsk trat Trotzki von seinem Posten zurück. Mit dem Amtsantritt des neuen Volkskommissars Tschitscherin kam frischer Wind ins Ministerium. An die Stelle der amateurhaften Arbeitsweise trat eine professionell betriebene Außenpolitik. Tschitscherin war ein Berufsdiplomat, der sich auf dem internationalen Parkett gewandt bewegte, mehrere Fremdsprachen beherrschte und über besonderes Verhandlungsgeschick verfügte. Obwohl lange Zeit sein Gegner, erkannte Lenin durchaus dessen Begabungen und potentiellen Nutzen für diesen Posten und begrüßte es sehr, als Tschitscherin sich ihm schließlich anschloß. Tschitscherin sollte der späteren Außenpolitik des bolschewistischen Staates ein achtbares und zuverlässiges Erscheinungsbild geben. Gleichwohl blieb er stets der Ausführende von Lenins Politik, wie er in seinen Memoiren später ohne Umschweife zugab. Ab 1921 wurde er in seinem Amt von Maxim Litwinow unterstützt, der 1930 sein Nachfolger wurde. Obwohl Litwinow sich von ihm in jeder Hinsicht unterschied, betrieben beide einige Jahre lang für die Bolschewiki eine geschickte Diplomatie.

Das Kommissariat für Äußeres, das Tschitscherin im Frühjahr 1918 übernimmt, hat zu diesem Zeitpunkt noch keine klar umrissenen Ziele. Seit der Gründung spielt es eine zwiespältige Rolle: Im Dezember 1917 wird es zunächst mit bedeutenden Finanzmitteln »für die Erfordernisse der revolutionären Bewegung« ausgestattet. Das *Narkomindel* (so seine russische Kurzbezeichnung) wird wenig später um eine »Abteilung für internationale Propaganda« erweitert. Die Verantwortung dafür erhält Radek. Seine Abteilung befaßt sich in der Hauptsache damit, unter den deutschen und österreichischen Kriegsgefangenen und unter deutschen Frontsoldaten Propaganda zu betreiben. Dann wird die Abteilung aus dem *Narkomindel* ausgegliedert und direkt dem Gesamtrussischen Zentralexekutivkomitee unterstellt. Die zweifache Rolle des Kommissariates für Äußeres wird so schon von Anfang an deutlich: Sie soll die Revolution fördern und zugleich dem entstehenden bolschewistischen Staat eine Atempause verschaffen. Der Gang der Ereignisse wird dafür sorgen, daß die russischen Diplomaten – oder besser Lenin, der eigentliche Architekt dieser Politik – beide Ziele abwechselnd verfolgen müssen.

Eine zwiespältige Politik

Lenin hat die Macht in einer Zeit ergriffen, die für den Aufbau des Sozialismus ungünstig ist. Er rechtfertigt dies mit seiner Überzeugung, die russische Revolution sei nur das erste Glied einer Kette von Revolutionen, gewissermaßen der *Zündfunke,* der auf ganz Europa überspringen werde. Daß er davon so felsenfest überzeugt ist, mag überraschen. Seit Anfang des Jahrhunderts hat keiner den Opportunismus des westeuropäischen Proletariates so heftig kritisiert und das Scheitern der Arbeiterbewegung 1914 so laut beklagt wie er. Seinem Pessimismus angesichts eines korrumpierten Proletariates steht freilich sein Voluntarismus gegenüber. Als Lenin sich im Oktober 1917 ins Abenteuer der Revolution stürzt, behauptet er kühn, die anderen Länder würden Rußland auf diesem Weg folgen. Den plötzlichen Optimismus bewahrt er sich nicht lange: Bei den Friedensverhandlungen von Brest-Litowsk stellt er gegenüber den revolutionären Überzeugungen Bucharins eine sehr viel realistischere Einschätzung der Lage unter Beweis. Er macht sich für Verhandlungen stark, weil er keine Hoffnung mehr hat, daß das westliche Proletariat der russischen Revolution zur Hilfe eilen werde. Hier wird die Zwiespältigkeit seiner Positionen deutlich: Einerseits analysiert er mit kühler Berechnung und scharfem Blick die Situation, vergißt aber alle seine Überzeugungen und Einsichten, sobald er das Gefühl hat, daß die Macht zum Greifen nah vor ihm liege. Dann triumphiert der Voluntarismus über jeden Realitätssinn. Anschließend ist er gezwungen, sich mit der Wirklichkeit – Brest-Litowsk – zu arrangieren. Das Ziel verliert er dabei freilich nicht aus den Augen: die Weltrevolution zu entfesseln. Trotzkis Positionen sind von denen Lenins weniger weit entfernt, als es scheint, weshalb er sich als Leiter der Außenpolitik auch ebenso zwiespältig verhält wie Lenin. Kaum haben die Bolschewiki die Macht ergriffen, attackiert er die »führenden Klassen Europas«, weil sie nicht begriffen hätten, daß das *Dekret über den Frieden* von einem Staat verkündet worden sei, der viele Millionen Menschen vertrete. Während Lenin und Trotzki zwischenstaatliche Beziehungen per se ablehnen, berufen sie sich gegenüber dem Ausland auf die »Staatsmacht« der russischen Revolution.

Der *Sownarkom* hat dem *Narkomindel* Mittel zur »revolutionären« Propaganda bewilligt und ein Büro zu ihrer Bewirtschaftung eingerichtet. Das hindert die Verhandlungsführer in Brest-Litowsk nicht daran, vorbehaltlos Artikel 2 des Vertrages zu akzeptieren, wonach »jede Vertragsseite auf jede Agitation oder Propaganda gegen die Regierung, den Staat oder die militärischen Einrichtungen der anderen Seite verzichtet«. Verpflichtet dieser Artikel nicht zur Aufgabe aller revolutionären Ziele? Die Bolschewiki ziehen sich mit einer zwiespältigen Erklärung aus der Affäre. Tschitscherin wiederholt immer wieder: »Wir respektieren diesen Artikel, und wenn irgendein Organ unseres Landes ihn verletzte, würde der *Sownarkom* sofort darauf reagieren.« Auf dem VII. Parteitag, der vom 6. bis zum 8. März 1918 über die Ratifizierung des Vertrages berät, erklärt er dagegen gelassen, die russische Regierung habe die Klausel bereits gut vierzigmal verletzt. Noch deutlicher äußert sich Swerdlow in seiner Erklärung an die Kollegen, der Artikel müsse richtig interpretiert werden: »Er bedeutet zwar, daß die russische Regierung, der *Sownarkom,* auf propagandistische Aktivitäten verzichten muß; aber dies spielt kaum eine Rolle, da das, was der *Sownarkom* aufgrund seiner Verpflichtungen nicht tun kann, durch die Partei erledigt wird.«[1]

Die Partei übernimmt daraufhin selbst die kleinen Gruppen von Kriegsgefangenen, die von Radeks Abteilung zu »nationalen« Propagandagruppen organisiert werden. Ihr Auftrag lautet, unter ihren Landsleuten bolschewistisches Gedankengut zu verbreiten. Als sogenannte »Auslandsabteilungen der russischen kommunistischen Partei« werden sie direkt dem Zentralkomitee unterstellt. Radeks Büro wird aufgelöst, er selbst arbeitet von da an direkt mit dem ZK zusammen. Die propagandistischen Aktivitäten werden so keineswegs eingestellt. Ihre Übertragung von staatlichen Organen auf die der Partei ermöglicht es dem Staat, sich auf die Einhaltung des Vertrages zu berufen.

Diese doppelbödige Politik sorgt auf dem Gesamtrussischen Kongreß der Internationalistischen Kriegsgefangenen für Empörung. Am 16. April 1918 in Moskau eröffnet, nehmen an ihm »ungefähr vierhundert Delegierte teil«, berichtet Jacques Sadoul. »Man kann sich die entsetzte Verblüffung der deutschen Regierung vorstellen. Die internationalistischen Kriegsgefangenen haben in der Tat bereits ihre vollständige Solidarität mit der Sowjetregierung und ihre Absicht bekundet, sich auf ihre Seite zu schlagen und außerhalb der russischen Grenzen die Revolution zu entfachen.«[2]

In die gleiche Richtung zielen die Aktivitäten Joffes in Deutschland. Joffe ist ursprünglich ein heftiger Gegner von Lenins These gewesen, wonach die Friedensgespräche von Brest-Litowsk fortgesetzt werden müßten, hat diese nach der Wiederaufnahme aber selbst geleitet und zum Abschluß gebracht. Er glaubt fest daran, daß es auf kurze Sicht zu einer deutschen Revolution kommen könne. Aus diesem Grund wird er im Mai 1918 als erster russischer Botschafter des Sowjetstaates nach Deutschland entsandt. Joffe widmet seine Mission vor allem der politischen, aber auch finanziellen Unterstützung der dortigen revolutionären Kräfte, womit die russische Botschaft zu einem Zentrum revolutionärer Aktivitäten wird.

Lenin ist über diese Aktivitäten allerdings besorgt, da Deutschland nach wie vor ein mächtiger Staat ist. Am 14. Mai 1918 wendet er sich mit einer Mahnung zur Vorsicht an Joffe: »Rußland ist von Feinden umgeben.« Da dem Land noch die Möglichkeiten zu seiner Verteidigung fehlten, müsse wie in Brest-Litowsk ein Kompromiß gesucht werden. Eine Konfrontation könne Rußland sich nicht leisten. Lenin beschließt deshalb, wirtschaftliche Beziehungen zu Deutschland zu knüpfen. Neben Joffe – einer janusköpfigen Figur, die mit einer Regierung einen Vertrag aushandelt und gleichzeitig eine revolutionäre Bewegung gegen sie vorbereitet – nehmen an den Verhandlungen federführend Larin, der den »Kriegskommunismus« mit anregt, Sokolnikow und Menshinski teil. Menshinski, der künftige Leiter der GPU, so der Name der Tscheka ab 1922, ist 1918 noch Generalkonsul in Berlin. Trotz des chaotischen Charakters der russisch-deutschen Beziehungen werden am 27. August in Berlin drei ergänzende Abkommen zum Vertrag von Brest-Litowsk paraphiert: Es handelt sich um ein politisches und ein finanzielles Abkommen. Das dritte Abkommen ist vertraulicher Art und umfaßt eine Reihe von Noten zu den russisch-deutschen Beziehungen im Hinblick auf die Baltenstaaten und Georgien und zu den Mitteln, mit denen die Streitkräfte der Entente aus dem Norden von Rußland eliminiert werden sollen.

Diese geheimen Noten sagen viel über die Entwicklung von Lenins Denkweise. Sie sind ein erster Hinweis darauf, daß er selbst an der von ihm vielgescholtenen Geheimdiplomatie teilnimmt, sobald sie Rußland nützt. Nicht einmal ein Jahr nach dem *Dekret über den Frieden* und der feierlichen Ankündigung, wonach ein neues Kapitel in den internationalen Beziehungen aufgeschlagen werden solle, beschreitet Lenin vorbehaltlos die Wege der traditionellen Diplomatie. Das Geheimabkommen bleibt übrigens ohne Folgen, da Deutschland vor dem militärischen Zusammenbruch steht. Diese kritische Lage erklärt im übrigen auch, warum Lenin seine ambivalente Politik fast ohne Schwierigkeiten verfolgen kann: Während Rußland mit Deutschland verhandelt, hat Joffe als Unterhändler freie Hand, dort die Revolution zu schüren.

Ein Motiv für diese Politik ist allerdings auch die Sorge um den Bestand der Herrschaft. Lenin sieht sich der wachsenden Feindseligkeit der Franzosen und Briten gegenüber. Die anfängliche Neugierde der Engländer ist rasch dem Bestreben gewichen, die bolschewistische Macht zu zerstören. Von Juni bis August 1918 sprechen die Aktivitäten der einstigen Alliierten Rußlands eine klare Sprache: Die Briten landen in Murmansk, weitere britische und französische Truppen in Archangelsk. Im Norden werden sie von den Amerikanern unterstützt, während die Japaner sich in Wladiwostok festsetzen. Im Süden Rußlands erhalten General Denikins Streitkräfte die immer aktivere Unterstützung der Alliierten. Die Kooperation mit dem noch kriegführenden Deutschland wird in dieser so gefährlichen Zeit zum letzten Mittel Lenins, um die tödliche Bedrohung seines Regimes durch die Alliierten abzuwenden. Daß er dennoch weiterhin auf die revolutionäre Karte setzt, hat seine Gründe: Er erkennt die schwindenden Kräfte Deutschlands und träumt davon, in diesem Land die *wahre* Revolution auslösen zu können.

Das revolutionäre Deutschland soll sich dann an die Spitze der Bewegung stellen.

Endlich! Die Revolution in Deutschland!

Ende September 1918 ist Deutschland besiegt und bittet um einen Waffenstillstand. In Lenin erwacht erneut die revolutionäre Begeisterung. Er sieht seine Hoffnungen bestätigt. Deutschland liegt am Boden. Die Stunde der Revolution ist gekommen. Seine eigene, allzufrüh erfolgte Revolution, die nach Marx gar nicht hätte stattfinden dürfen, erhält eine Rechtfertigung, denn sie kann jetzt dem deutschen Proletariat zum Durchbruch verhelfen. Sofort äußert Lenin die Gewißheit: »Schließlich werden alle Proletarier der Welt feststellen, daß wir recht hatten, unser ganzes Handeln auf die Unterstützung der proletarischen Weltrevolution zu gründen.« Zudem kündigt Lenin an, Rußland werde noch vor dem Frühjahr zur Unterstützung der Weltrevolution eine Armee von drei Millionen Mann mobilisieren.[3] In einem Brief beglückwünscht er die Spartakisten*, die die Ehre der deutschen Arbeiterbewegung gerettet hätten.[4] Auch der eben aus dem Gefängnis entlassene Liebknecht erhält ein Glückwunschschreiben. Den russischen Kommunisten sei es zu verdanken, so erklärt er darin, wenn ein weltumspannender proletarischer Staat in Sicht sei. Zur gleichen Zeit entsteht *Die proletarische Revolution und der Renegat Kautsky.*[5] In dieser Schrift erinnert Lenin an »seine« Rolle, die in der Vorbereitung der Weltrevolution bestanden habe und noch darin bestehe.

* Die Spartakusgruppe um Rosa Luxemburg, Leo Jogiches und Karl Liebknecht umfaßt diejenigen deutschen Sozialisten, die sich als Kriegsgegner hervorgetan haben. Aus dem linken Flügel der SPD hervorgegangen, steht die Gruppe im Zentrum der neugegründeten KPD.

Von da an überschlagen sich in Deutschland die Ereignisse – unter den begeisterten Augen Lenins. Am 9. November dankt der Kaiser ab. Eine deutsche Delegation fährt nach Compiègne, um einen Waffenstillstand zu unterzeichnen. Inzwischen ernennen in Berlin die Arbeiter- und Soldatenräte einen Rat der Volksvertreter unter Vorsitz des Sozialdemokraten Friedrich Ebert. Lenin feiert das Ereignis in einer Ansprache vor einer Menschenmenge am Kreml. Vor allem aber nutzt er diese Gelegenheit, um den Vertrag von Brest-Litowsk für null und nichtig zu erklären. Die deutschen und österreichischen Arbeiter, die gestern noch Feinde waren, ruft er zum Aufbau einer neuen internationalen Ordnung auf. Eine Wiederholung des 26. Oktober 1917?

Allerdings sind Lenins Beziehungen zur deutschen Revolution, die soeben begonnen hat, keineswegs ungetrübt. Radek, der nach Deutschland geeilt ist, um die Revolutionäre zu unterstützen, wird mit ihnen bald in einen schwierigen Dialog eintreten. Zum Auftakt möchte Lenin Solidarität mit dem revolutionären Deutschland demonstrieren. Als Geste bietet er den hungernden Deutschen zwei Güterzüge Weizen aus dem ebenfalls Hunger leidenden Rußland an. Zu seiner Empörung lehnen die Deutschen das Angebot ab. Zugleich läßt man ihn wissen, Amerika habe bereits eine ausreichende Nahrungsmittelhilfe zugesagt. Lenin faßt die Absage als Kränkung, ja als Verrat auf. Zieht das deutsche Proletariat die Großzügigkeit amerikanischer Kapitalisten der brüderlichen Hilfe des russischen Proletariats vor?

Für Lenin durchläuft Deutschland zu dieser Zeit die »Kerenski-Phase« der Revolution. Besorgt ist er deshalb auch über den Einfluß seines einstigen Gegners Kautsky und Rosa Luxemburgs. Beide haben sich trotz ihrer ideologischen Differenzen nicht nur gegenüber der russischen Revolution, sondern auch gegenüber jeder Revolution in Deutschland einhellig kritisch geäußert. Nach Rosa Luxemburg kann eine sozialistische Revolution in Deutschland nur dann von Erfolg gekrönt sein, wenn sie von einer Partei der Massen getragen werde. Und die gibt es in Deutschland im Augenblick noch nicht. Ganz entschieden hat sie sich gegen Lenins Gedanken gewandt, wonach die Massen durch eine Partei angeführt werden müßten.

Die »Kerenski-Phase« der deutschen Revolution sollte niemals in die Phase des »russischen Oktober« münden. Die Kommunistische Partei wird im Januar 1919, bald nach der Gründung, wieder verboten. Ihre Führer Rosa Luxemburg und Karl Liebknecht werden verhaftet und ermordet. Anschließend wird auch Leo Jogiches, angeblich auf der Flucht, erschossen. Paul Levi wird daraufhin zur herausragenden Figur der KPD. Radek landet wenig später im Gefängnis. Die deutsche Revolution bricht daraufhin ohne großen Widerstand zusammen.

Für Lenin kommt dies nicht überraschend. Auf seine Begeisterung ist rasch Ernüchterung gefolgt. Seine Vision von den zukünftigen Revolutionen steht ganz unter dem Blickwinkel des russische Modells. Dabei hat er feststellen müssen, daß die Deutschen weit davon entfernt sind, diesem Modell zu folgen. Zwar hat in Deutschland wie in Rußland eine militärische Niederlage zum Untergang des politischen Systems geführt, hat sich in beiden Ländern eine kriegsmüde Bevölkerung gegen ihre politische Führung aufgelehnt und sie für die Katastrophe verantwortlich gemacht. Aber während es Lenin in Rußland gelungen war, die aufgebrachte Bevölkerung in das revolutionäre Abenteuer zu locken, waren in Deutschland weder die Reformkräfte noch die Spartakisten bereit, sich auf ein so gewagtes Unternehmen einzulassen. Hier konnte sich niemand vorstellen, ein Volk gegen seinen Willen in den revolutionären Kampf hineinzuziehen. Eine Zeitlang hatte Lenin noch daran geglaubt, daß die Weltrevolution bevorstehe, wenn die Völker dem russischen Beispiel folgen würden. So schrieb er am 29. Januar 1919 dem menschewistischen Historiker N. A. Roshkow (den er 1922 durch Stalin deportieren lassen wird[6]): »Der Bürgerkrieg in Deutschland und der Kampf nach dem sowjetischen Vorbild gegen die konterrevolutionäre Versammlung [...] haben gezeigt, daß ohne Bürgerkrieg nichts gelingen kann. Die Intelligenzija muß den Arbeitern dadurch zu Hilfe kommen, daß sie sich auf die sowjetische Plattform bezieht.«[7] Das Scheitern der deutschen Revolution bestärkte Lenin in der Überzeugung, daß die Weltrevolution ein Instrument brauche: die III. Internationale, für die er sich schon in den Kriegsjahren vergeblich eingesetzt hat. Am 21. Januar merkt er in einem Brief an die Arbeiter Europas und Amerikas[8] an, daß die III. Internationale, obwohl offiziell noch nicht existent, faktisch bereits ins Leben gerufen worden sei. Ihre

Geburtsstunde sei die Umwandlung der Spartakusbewegung in die Kommunistische Partei Deutschlands (KPD). Die Partei sei das entscheidende Werkzeug, mit dem die großen revolutionären Umwälzungen vollbracht werden könnten. Über die Jahre und über alle Schwierigkeiten hinweg bewahrt Lenin sich so seinen Glauben an die Partei. Von den Massen, von denen er nur selten spricht, ist er dagegen nicht überzeugt.

1919, das Jahr aller Gefahren

Angefangen mit dem Scheitern der deutschen Revolution und der Ermordung Rosa Luxemburgs – einer der herausragendsten Figuren der revolutionären Bewegung Europas – sollte sich das Jahr 1919 für den jungen Sowjetstaat als das gefährlichste erweisen. Mit dem totalen Zusammenbruch der Wirtschaft und des »Kriegskommunismus« gerät Lenin vollends in Gegensatz zur Gesellschaft. Durch das Zusammenspiel aus Bürgerkrieg und ausländischer Intervention verliert die russische Regierung auf ihrem immer stärker bedrohten Territorium zusehends an Autorität. Lenins vordringliche Sorge gilt dem Überleben des Staates. Der Rückschlag in Deutschland bestärkt ihn in der Überzeugung, daß Rußland vom europäischen Proletariat keinerlei Hilfe zu erwarten habe. Deshalb interessiert er sich für die Aufrufe der Großmächte, die auf der türkischen Insel Prinkipo* die verschiedenen Kriegsparteien in Rußland – Rote und Weiße – an den Verhandlungstisch bekommen wollen. Für die Unterstützung durch die europäischen Staaten – und durch die Arbeiter, die die Bedrohung Rußlands kalt läßt – ist er sogar bereit, die russischen Schulden anzuerkennen und an die Alliierten Konzessionen an Minen etc. zu vergeben. So soll der Sowjetstaat die notwendige Atempause erhalten.

Das Vorhaben scheitert am Widerstand der von Frankreich unterstützten Weißen. Nach und nach reißen die Beziehungen zwischen Rußland und den westlichen Staaten ab. Die Teilung in zwei Welten, das Herzstück von Lenins Vorhaben, das im *Dekret über den Frieden* zum Ausdruck gekommen ist, nimmt

* Eine der Prinzeninseln im Marmarameer vor Istanbul.

Gestalt an. Allerdings stellt dabei nicht das revolutionäre Rußland die kapitalistische Welt in Frage. Ganz im Gegenteil isolieren die kapitalistischen Länder den Sowjetstaat und unterstützen dessen innere Gegner, um das Regime zu stürzen. Lenin muß einsehen, daß Rußland in einem Staatensystem lebt, in dem eine Koexistenz zwischen ihm und den anderen Staaten auf Dauer unmöglich erscheint. Welche Welt wird untergehen?

1919 scheint die Antwort offensichtlich: Das Rußland der Sowjets wird kaum überleben können. Zweimal scheint sein Ende unmittelbar bevorzustehen: Im Frühjahr 1919 unternehmen Admiral Koltschaks Armeen in Sibirien einen Vorstoß ins Zentrum des Landes. Mehrere Monate später, im September, rücken General Denikins Truppen auf Moskau vor, während baltische Truppen unter General Judenitsch Petrograd einzunehmen versuchen.

Die zweite Offensive, bei der die beiden Hauptstädte der Bolschewiki in Bedrängnis geraten, ist die gefährlichere. Denikin befehligt schlagkräftige, disziplinierte Truppen, die von erfahrenen Militärführern ausgebildet worden sind. Auf den von ihm kontrollierten Gebieten kann er sich sogar auf eine gewisse zivile Organisation stützen. Wenn er zu Beginn des Winters dann doch geschlagen wird, so hängt dies wahrscheinlich mit seiner kompromißlosen Haltung gegenüber den nationalistischen Bestrebungen zusammen. Sein Fernziel, das »starke und unteilbare Rußland«, ist ein schwer zu verteidigendes Ideal in einer Zeit, da alle Nationalitäten des ehemaligen Reiches nur noch eines anstreben: die Loslösung von Rußland. Da er nicht nur diesen Unabhängigkeitsbestrebungen, sondern auch den Autonomieträumen der Kosaken am Kuban und am Don mit Arroganz begegnet, entfremdet er sich diese bemerkenswerten Kämpfer, die an der Seite der Weißgardisten gegen die unerfahrenen Rotarmisten wahre Wunder bewirken könnten.[9] Mit seiner allzu nachdrücklichen Betonung »Großrußlands« schreckt er neben seinen natürlichen Verbündeten als mögliche Bündnisparter auch die Polen ab. In gleicher Weise verspielt Admiral Koltschak, ebenfalls ein glühender Verfechter des »großrussischen« Traumes, beim Marsch auf Petrograd die Unterstützung der Finnen, weil er deren Forderung nach Anerkennung ihrer Unabhängigkeit zurückweist.[10] Da die Führer der antibolschewistischen

Truppen sich beharrlich weigern, die Auflösung des russischen Reichs anzuerkennen, gelingt es ihnen zudem kaum, die öffentliche Meinung in Westeuropa auf ihre Seite zu ziehen. Verhindert wird dies vor allem auch durch Übergriffe ihrer Truppen in den von ihnen kontrollierten Zonen. Obwohl Greueltaten auf beiden Seiten verübt werden, sorgt eine geschickte bolschewistische Propaganda dafür, daß nur die des Gegners in ganz Europa für Empörung sorgen.

Dagegen hatte Lenin die Bedeutung der Parole von der nationalen Selbstbestimmung längst erkannt. Sie wurde zum Leitfaden einer persönlichen Strategie, von der er im Bürgerkrieg ausgiebig Gebrauch machte. Dabei berief er sich stets darauf, daß den Völkern, die nach Selbstbestimmung verlangten, diese auch zustehe. Die Praxis zeigte freilich, daß es sich hierbei um eine vorübergehende Strategie handelte, die nur beschränkt zum Einsatz kam. Allerdings bewirkte sie, daß die Nationalitäten im Kampf gegen die Bolschewiki Neutralität wahrten, auch wenn sie ihnen und ihrem System nichts abgewinnen konnten. Im Gegensatz zu den gegnerischen Generälen hatte Lenin ganz richtig erkannt, daß es den Nationen des ehemaligen russischen Reichs vordringlich um ihre Unabhängigkeit ging und daß sie das Problem der Beziehungen zu den Bolschewiki auf eine ungewisse Zukunft verschoben.

Im Frühjahr 1919 ist Lenin so mit drei Gefahren konfrontiert: mit dem Vormarsch der antibolschewistischen Truppen, mit der vollständigen Isolation Rußlands – die anderen Mächte erkennen es nicht als »normalen« Staat an – und mit dem Desaster der deutschen Streitkräfte. Angesichts dieser Bedrohungen kann Lenin die beiden Ziele seines gesamten Handelns – dem bolschewistischen Staat das Überleben zu sichern und das Lager der Revolution auszuweiten – nur dann erreichen, wenn er sie miteinander verknüpft und sie nicht, wie seit Oktober 1917 geschehen, abwechselnd und unabhängig voneinander verfolgt. Die Lösung liegt in der Gründung einer neuen – der dritten – Internationale. Sie gibt ihm ein Mittel an die Hand, auf die westliche Arbeiterschaft über deren Parteien einzuwirken. Mit der Gründung der III. Internationale hofft er zugleich auf ein geeignetes Instrument, mit dem sich der Verlauf der Revolutionen beschleunigen lasse. Vor allem aber – und hier deutet sich bereits seine künftige Strategie in der neuen Einrichtung an – soll sie als ein Propagandakanal dienen, über den die öffentliche Meinung in den kapitalistischen Ländern zugunsten Rußlands beeinflußt werden kann. So soll in die Mauer der Feindseligkeit, die sein Land umgibt, eine Bresche geschlagen werden.

Die Komintern, die Internationale Lenins

Obwohl Lenin durch eine Vielzahl von Schwierigkeiten zur Gründung der III. Internationale gedrängt wird, hat er mit dem Gedanken zu diesem Schritt schon seit 1914 und der Veröffentlichung der April-Thesen gespielt. Nach seiner Machtergreifung gab es allerdings vordringlichere Aufgaben: Frieden schließen und die Macht konsolidieren. So blieb kaum Zeit, eine Weltpartei der Revolution zu gründen. Daß die Frage im Frühjahr 1919 wieder auf die Tagesordnung kommt, hat nicht nur die oben erwähnten Gründe. Lenin befürchtet außerdem, die von ihm verabscheute II. Internationale könne auf kurze Sicht wiederbelebt werden. Die englischen Arbeiter hatten sich bereits auf einer Konferenz in Bern getroffen, um dieser Einrichtung neues Leben einzuhauchen. Auf der Veranstaltung fehlen mehrere sozialistische Parteien. Die in Rußland vorherrschenden »diktatorischen« Methoden wurden heftig angeprangert und somit auch Lenin verurteilt. Aber wie Angelica Balabanowa schreibt, »war dies das Signal zur sofortigen Gründung der III. Internationale, für die Lenin in Zimmerwald und Kienthal gekämpft hatte und die er jetzt durchsetzen konnte«.[11]

Die Umstände, unter denen die III. Internationale aus der Taufe gehoben wurde, sind kennzeichnend für das Ineinandergreifen von Staat und Partei im Rußland des Jahres 1919. Lenin, damals Vorsitzender des *Sownarkom*, beschließt im Januar, den Gründungskongreß für die Organisation nach Moskau einzuberufen. Einladungen erhalten 39 Gruppen und Parteien, die nach den Vorstellungen der Unterzeichnenden der neuen Internationale angehören sollen. Unterzeichnet wird das Einladungsschreiben von Lenin und Trotzki – stellvertretend für das ZK der Russischen Kommunistischen Partei und für verschiedene ausländische, damals in Rußland lebende Kommunisten.[12] In seiner ausgezeichneten *Histoire de l'Internationale communiste* analysiert der Historiker Pierre Broué die Einberufung dieses Kongresses im einzelnen.[13]

Wir beschränken uns hier auf zwei Feststellungen: Zum einen steht Lenin ganz im Zentrum des Vorhabens. Für den Kongreß verfaßt er »Thesen« über *Bürgerliche Demokratie und Diktatur des Proletariats*[14], während das Manifest zur Gründung der Komintern, so die Kurzbezeichnung dieser Internationale, Trotzki übertragen worden ist. Zudem ruft am 24. Januar auch Tschitscherin, der Volkskommissar für Äußeres, im Radio die ausländischen kommunistischen Parteien dazu auf, an dem Kongreß in Moskau teilzunehmen – eine klare Vermischung von staatlichen Funktionen und dem parteieigenen Anliegen, die Weltrevolution zu fördern. Und Tschitscherin veröffentlicht auch Lenins und Trotzkis Einladungsschreiben. Schon Anfang 1918 hat sein Kommissariat, das *Narkomindel,* den Grundstein für eine Zimmerwalder Konferenz gelegt, die zum Frieden aufrufen sollte, auch wenn diese nicht in der geplanten feierlichen Form zustande kam, weil der Aufruf durch den Frieden von Brest-Litowsk hinfällig geworden war. Diese schon früh von der russischen Regierung ergriffene Initiative zeigt sehr deutlich, daß die Idee zur Gründung einer neuen Internationale bereits als gewöhnliche Aufgabe des *Narkomindel* betrachtet wurde. Tschitscherins Aufruf im Radio von 1919 bestätigt folglich, daß nach Lenins Vorstellung zwischen der Außenpolitik und der Organisation der Revolution eine enge Beziehung besteht.

Der zweite Hinweis: Eingeladen werden die europäischen und nordamerikanischen Sozialisten. Außen vor bleiben dagegen – mit Ausnahme der japanischen Sozialisten – die Parteien oder Gruppen der außereuropäischen oder der noch kolonialen Welt, der Lenin soviel Beachtung schenkt. Im Januar 1919 sieht er die Ausweitung der Revolution als eine Sache der westlichen Gesellschaften an. Aber schon bald wird er zur Überzeugung gelangen, daß er sich auch mit den sogenannten »rückständigen« Gesellschaften befassen muß.

Die entstehende III. Internationale tagt vom 2. bis zum 6. März 1919 in Moskau.[15] 51 Delegierte nehmen daran teil. Die meisten von ihnen haben ein Wahlrecht, etwa ein Dutzend verfügt nur über eine konsultative Stimme. Die größte Zahl an Delegierten entsenden Rußland (8) und die Parteien der nationalen Gruppen, die bis 1917 zum russischen Reich gehört hatten (Letten, Armenier etc.), oder der »ausländischen Sektionen« der kommunistischen Partei. Ihre Delegierten leben im wesentlichen unabhängig von ihrer nationalen Zugehörigkeit in Rußland, so der schweizerische Delegierte Fritz Platten. Einige Mitglieder der russischen Partei vertreten ausländische Organisationen. So ist Rakowski als Delegierter der sozialistischen Balkanföderation anwesend. Der Kongreß steht folglich ganz unter der Herrschaft der Bolschewiki – mit Trotzki, Sinowjew, Bucharin, Stalin, Tschitscherin, die von zwei Delegierten mit konsultativer Stimme, Worowski und Obolenski unterstützt werden –, und vor allem Lenins selbst, der sogleich ins Präsidium gewählt wird. Neben ihm sitzen dort der Deutsche Eberlein und der Schweizer Platten.

Die Teilnehmer stehen zunächst vor dem Problem, den Status ihrer Zusammenkunft festzulegen: Soll sie, wie von Lenin gewünscht, ein Gründungskongreß sein? Oder soll sie nur als Tagung dienen? Dies wollen vor allem die Deutschen, denn sie befürchten, die Internationale werde sonst von den Russen dominiert werden, da der Kommunismus im Ausland noch schwach ausgeprägt sei. Angesichts dieser Besorgnisse kann Lenin darauf verweisen, daß als Arbeitssprache das Deutsche dienen soll. Die russische Ausgabe der Unterlagen solle eine reine Übersetzung der deutschen Ausgabe sein. Tatsächlich verfügen die russischen Delegierten – Stalin ausgenommen – über hervorragende Kenntnisse des Deutschen und verfassen ihre Redebeiträge ausschließlich in Deutsch. Obwohl anfangs noch Unsicherheit darüber herrscht, um welche Art von Versammlung es sich handelt, hat Lenin seine Ansicht von Anfang an geltend gemacht: An der Wand hinter den Präsidiumsmitgliedern trägt eine riesige Fahne die Aufschrift: »Es lebe die III. Internationale!« Auch die Auflösung der Zimmerwalder Gruppe und ihre Ersetzung durch die III. Internationale sind bereits beschlossene Sache. Das Büro dieser Einrichtung, die die II. Internationale seit dem Krieg immer mehr verdrängt hat, wird ihre Funktionen und alle Unterlagen demnächst an die III. Internationale abgeben.

Nach zwei Tagen der Ungewißheit, in denen die Anhänger einer einfachen Tagung ihre Position erbittert verteidigt haben, schließen sich die Teilnehmer einstimmig Lenins Projekt an: Die

Konferenz wird zum I. Kongreß der Kommunistischen Internationale. Wie es zu diesem Stimmungsumschwung kam, ist noch nicht ganz geklärt. Angelica Balabanowa, die sich wegen der abrupten inoffiziellen Auflösung der »Zimmerwalder Gruppe« vor den Kopf gestoßen fühlte, führt ihn auf den spektakulären Auftritt des österreichischen Delegierten Steinhardt (alias Gruber) zurück. Steinhardt zeichnete vor den Teilnehmern das mitreißende Bild eines Proletariates, das überall der Revolution entgegenfiebere. Dieser Entwicklung müsse die Internationale Rechnung tragen.[16] Pierre Broué zieht diese Deutung in Zweifel und schließt sich dem Gedanken an, wonach eine Zeitlang selbst Lenin und Trotzki nicht so recht gewußt hätten, ob mit der Gründung jetzt ernst gemacht werden solle. Die Vorbereitungen zu dieser Versammlung und der Redebeitrag Lenins lassen allerdings nur einen Schluß zu: daß Lenin fest entschlossen war, die russische Revolution mit einem Instrument zu versehen, das die Ausweitung der Revolution nach russischem Vorbild fördern und so sein Werk schützen sollte. In seinem Beitrag hat Lenin nachdrücklich die Notwendigkeit hervorgehoben, eine Diktatur des Proletariates zu errichten. Mit Bourgeoisie und Parlamentarismus dürfe es keine Kompromisse geben. Der Mann, der so zielstrebig auf den Aufbau einer zentralisierten und straff organisierten Partei hingearbeitet hat, kann sich unmöglich mit einer Internationalen zufriedengeben, die nur ein Verbindungsorgan der sozialistischen Parteien ist. Dies entspricht so gar nicht seinen Prinzipien. Er wiederholt daher eindringlich: Das russische Modell habe gesiegt und müsse als Vorbild dienen.

Vor seiner Auflösung legt der I. Kongreß die Regeln fest, nach denen die neu entstandene Komintern funktionieren soll. Diese ähneln stark denen der russischen KP. Ein Exekutivkomitee der Komintern (EKKI) wird gebildet. Es besteht aus Lenin, Trotzki, Sinowjew, Rakowski und Platten. Unterstützt wird es durch das Sekretariat Angelica Balabanowas. Balabanowa erwähnt die Umstände, unter denen sie auf diesen Posten gehievt wurde, den sie nicht angestrebt hatte: Sie sagen viel über Lenins Beziehungen zu den anderen Parteimitgliedern aus. Als sie Vorbehalte gegen ihre Ernennung geäußert habe, sei Lenin ihr ins Wort gefallen: »Er schloß ein Auge, wie er es immer tat, wenn er sich auf kategorische Weise äußerte, und sagte mir: ›Meine liebe Genossin, die Parteidisziplin gilt auch für Sie. Das Zentralkomitee hat eine Entscheidung gefällt.‹ (So verfuhr Lenin gewöhnlich, wenn er etwas beschlossen hatte, für das noch die Zustimmung des ZK fehlte – um überflüssige Diskussionen zu vermeiden.)«

Diese Vorgehensweise kennzeichnete denn auch die gesamten vier Tage des Kongresses: So verlangte er von einer italienisch-russischen Genossin, sie solle die Selbstauflösung der Zimmerwalder Bewegung mittragen und eigenmächtig den Beitritt der italienischen Partei zur III. Internationale verkünden. Alle seine Forderungen wurden mit der angeblichen Zustimmung des Zentralkomitees gerechtfertigt. Aber wie Balabanowa sarkastisch anmerkt, verbarg sich hinter diesen Beschlüssen nichts anderes als Lenins Wille und seine radikale Vorstellung von Parteidisziplin.[17]

Der Gedanke zur Gründung dieser III. Internationale hatte Lenin seit 1914 beherrscht. Schon in Zimmerwald und Kienthal hatte er versucht, diesen Plan in die Tat umzusetzen. Er ließ sich folglich auch nicht von den Einwänden Eberleins aufhalten, einer farblosen Figur unter den Spartakisten, die ihre angesehensten Führer verloren hatten. Eberlein sollte später im übrigen angeben, seine Opposition gegen eine sofortige Gründung der Internationale sei durch Rosa Luxemburg diktiert gewesen. Sie habe ihm wenige Tage vor ihrer Ermordung aus dem Gefängnis heraus den Auftrag erteilt, sich für einen Aufschub der offiziellen Gründung der Komintern und für einen günstigeren Zeitpunkt einzusetzen. Ihr Genosse Leo Jogiches, der Mitbegründer des Spartakusbundes, habe den deutschen Kommunisten empfohlen, den Kongreß zu verlassen, sollte dieser die sofortige Gründung der Komintern beschließen.

Eberlein erhob während der Debatten hauptsächlich den – durchaus fundierten – Einwand, daß die Repräsentativität der Delegierten fraglich sei. Der Kongreß werde vielmehr von den russischen Kommunisten beherrscht. Tatsächlich hatten zahlreiche Parteien und Organisationen ihre Einladungen so spät erhalten, daß sie keine Vertreter mehr nach Moskau hatten entsenden können. Zudem war wegen einer »Seuchensperre« an den Grenzen die Einreise nach Rußland äußerst schwierig gewesen.

Da dieser Einwand nicht von der Hand zu weisen war, versuchte Lenin das deutsche Mißtrauen zu beschwichtigen: Er habe nicht die Absicht, so betonte er, Moskau zum Sitz der Internationale zu machen. Daß der Gründungskongreß in der russischen Hauptstadt habe einberufen werden müssen, sei nur durch außergewöhnliche Umstände begründet gewesen. Anderswo habe er nicht stattfinden können. Überall sonst wäre die Versammlung durch Polizeigewalt aufgelöst worden. Dagegen sei es der Wille der Bolschewiki, die III. Internationale und ihr Exekutivkomitee in eine andere Hauptstadt, nach Berlin oder Paris, zu verlegen. (Sinowjew als Chef des EKKI sollte dieses Versprechen Lenins auf dem VIII. Parteitag der KPR wiederholen, der kurz nach dem Gründungsparteitag der Komintern vom 18. bis zum 23. März zusammentrat.) Diese Verlegung sollte das Startsignal zur territorialen Ausweitung der Revolution in Europa geben.

Die Bemühungen, der Internationale einen universellen oder zumindest europäischen Charakter zu verleihen, ist leicht nachzuvollziehen. Lenin ist 1919 zwar von der Notwendigkeit überzeugt, ein revolutionäres Instrument zu schaffen, das effizient funktioniert und folglich den gleichen Prinzipien gehorcht wie seine eigene Partei. Andererseits ist er von jeher ein überzeugter Internationalist gewesen. Wenn er die Vorzüge des russischen Modells preist, so keineswegs aus Nationalismus. Ganz im Gegenteil wartet er ungeduldig darauf, daß die Revolution die Grenzen seines Landes überwindet. Denn nur so kann die russische Revolution auf Dauer überleben, und vor allem kann sie nur so ihr wahres Gesicht als eine internationale und proletarische Revolution zeigen. 1919 ist Lenins Bemühen, sein Werk in Rußland zu retten, mit seinem Bemühen um die Weltrevolution verknüpft. Die russische Revolution ist nur ein Zündflämmchen, das am Brennen gehalten werden muß, und nicht etwa ein typisch russisches Ereignis. Wenn ihm die Verlegung der Komintern nach Westeuropa als wünschenswert erscheint, so zwar auch wegen der symbolischen Geste, vor allem aber aus Gründen der Effizienz. Lenin ist sich außerdem bewußt, daß der russische Staat – der in einem Staatensystem existiert, dessen Untergang zwar erwünscht, aber bislang noch nicht in Sicht ist – vor den anderen Regierungen als respektable Institution und nicht als einfacher Agent der Revolution auftreten muß. Wenn die Interessen der Weltrevolution und die Sicherheit Rußlands auch untrennbar miteinander verknüpft sind, so ist sich Lenin dennoch bewußt, daß diese Tatsache vor dem Ausland möglichst verborgen bleiben muß. Davon hängt Rußlands Sicherheit ab.

Im Frühjahr 1919 scheint es allerdings nicht vorstellbar, die Komintern an einem anderen Ort als in Moskau anzusiedeln. Aber zu dieser Zeit keimt für den isolierten und von innenpolitischen Gefahren bedrohten Sowjetstaat offenbar von außerhalb seiner Grenzen Hoffnung auf. Kommt die Weltrevolution wieder auf die Tagesordnung? Dann könnte die Komintern dazu beitragen, sie zu beschleunigen.

Das Erwachen der Proletariate?[18]

Am 21. März 1919 – der I. Kongreß der Komintern ist vorüber – schlägt auf dem VIII. Parteitags der RKP eine Nachricht wie eine Bombe ein: In Budapest ist Revolution! Eine wunderbare Neuigkeit für die in Bedrängnis geratenen Bolschewiki.

Diese Revolution ist zweifellos ungewöhnlich, denn sie bringt eine Koalition aus Sozialisten und Kommunisten an die Macht. Deren beherrschende Figur ist Béla Kun, ein alter Bekannter Lenins, der sich nach seiner Entlassung aus dem Gefängnis am Experiment einer Räterepublik versucht. Wie sein Lehrmeister Lenin ist er überzeugt davon, daß die Revolution dynamisch sein und über die Grenzen ihres Ursprungslandes Ungarn hinausgehen müsse. Wie Lenin ruft auch er – allerdings sehr viel ungeschickter – die Proletarier in seinen Nachbarländern – in Böhmen und der Slowakei – zum Aufstand auf. Im Inneren wird er den »Kriegskommunismus« Rußlands nachahmen, die Betriebe, den Boden und den privaten Handel nationalisieren – dies alles kombiniert mit Rotem Terror. So überrascht es denn nicht, daß diese Räterepublik nach nur 143 Tagen alle Unterstützung verlieren und zusammenbrechen wird. Im März 1919 ist sie allerdings noch ein Zeichen dafür, daß der »Funke« der russischen Revolution das Feuer weitergetragen hat. Und wenn Lenin sich auch etwas besorgt äußert, weil ihm diese Revolution eher als Putsch erscheint, so schöpft er dennoch neue Hoffnung.

Inzwischen sind die westlichen Regierungen im anderen Lager bestürzt: Der Schatten des Bolschewismus breitet sich über Europa aus, wie der Brite David Lloyd George sagen wird.

Besorgnis und Hoffnung werden auf den jeweiligen Seiten einen knappen Monat später noch verstärkt: Am 13. April hält in Bayern die Räterepublik Einzug. München ist Deutschland! Die langerwartete deutsche Revolution ist da! Tschitscherin begrüßt das Ereignis und erklärt Rußland zum direkten Verbündeten dieser Räterepublik. »Jeder Schlag gegen sie ist ein Schlag gegen uns.« Wer verkündet dies? Der Chef der russischen Diplomatie oder ein Sprecher der Komintern? Die Vermischung beider Ebenen, der von Staat und Partei, ist nie deutlicher zutage getreten. Einen Monat später wird der Volkskommissar für Äußeres die Tätigkeit der Komintern zur »Außenpolitik des Proletariates« erklären – ganz im Sinne des Konzeptes, das dem *Dekret über den Frieden* zugrunde liegt.

Aber die Enttäuschung folgt auf dem Fuß. Die Münchner Räterepublik hat ganze zwei Wochen lang Bestand. Ihr Untergang am 1. Mai 1919 erscheint als Symbol für die Orientierungslosigkeit des deutschen Proletariates, das nach den Schrecken des Krieges kaum noch Neigung verspürt, die Welt zu verändern. Im folgenden Monat scheitert in Wien ein Staatsstreich, Zeugnis für die Schwierigkeiten der kommunistischen Führer, die Arbeiter zu mobilisieren. Im August bricht die Räterepublik Béla Kuns zusammen: Sie kann dem vereinten Druck der rumänischen Truppen, die von der Entente unterstützt werden, und der inneren Opposition nicht standhalten. Innerhalb von nur fünf Monaten mündet das revolutionäre Erwachen in Ungarn, Bayern und Österreich in ein Desaster. Sie kommen zu dem Desaster des deutschen Kommunismus am Jahresanfang hinzu.

Während Sinowjew unvorsichtigerweise zur Aktion rät, hat Lenin die in die Komintern eingebundenen Parteien dringend vor revolutionären Abenteuern gewarnt. Diese könnten sich als schlecht vorbereitete Putschversuche erweisen. Angesichts der Niederlagen kommt er auf seine erste These zurück: Die Organisation sei Voraussetzung für die Revolution, und sie habe oberste Priorität. Jetzt hält er den Augenblick für gekommen, auf eine andere Karte zu setzen: auf die nationale Empörung des deutschen Volkes über die harten Bedingungen des Versailler Vertrags. Als dessen Klauseln im Sommer 1919 an die Öffentlichkeit dringen, schlägt Lenin sofort daraus Kapital. Tschitscherin und Sinowjew eröffnen als Chefs des *Narkomindel* und der Komintern ein Trommelfeuer gegen den Friedensvertrag. Die beiden Argumente: »Versailles ist ein neues Brest-Litowsk« und »Unterdrückte Proletarier, unterdrückte Völker [Deutschland und Rußland] müssen einen gemeinsamen Kampf führen«. Schon hier kommt ansatzweise eine Ideologie zum Ausdruck, die an die Solidarität der von kapitalistischen Interessen bedrängten »Völker« appelliert. Sie führt zu einer Annäherung zwischen den Bolschewiki und dem besiegten Deutschland (nicht nur der deutschen Kommunisten) zu Beginn der zwanziger Jahre. In diese Strategie paßt auch die direkte Unterstützung der Roten Armee beim Wiederaufbau der Reichswehr und 1923 die (durch Radek bekundete) Sympathie der Komintern gegenüber Leo Schlageter, der aus Protest gegen die französische Besetzung des Ruhrgebietes eine Brücke in die Luft gesprengt hat. Die positive Bedeutung, die die Komintern dem nationalen Kampf in bestimmten Fällen abgewinnt, und die Anerkennung seiner Verwandtschaft mit dem sozialistischen Kampf – die sogenannte »Schlageter-Linie«, wie man sie eine Zeitlang nennen wird – ist in Lenins Beurteilung des Versailler Vertrages bereits erkennbar.

Damals entdeckt Lenin eine andere Aktionsweise, mit der die deutsche und ganz allgemein die europäische revolutionäre Bewegung mit Leben erfüllt werden soll: Nach Lenins Vorstellungen muß die Komintern in größerer Nähe zu den kommunistischen Gruppen in den verschiedenen Ländern agieren. Entsprechend wird im Herbst 1919 in Berlin ein Sekretariat der Komintern für Westeuropa eröffnet. Leiter sind Jakow Reich alias Thomas und Warszawski alias Bronski. An ihrer Seite agieren später die deutschen Kommunisten Paul Levi, August Talheimer und Willi Münzenberg. Bei der Einrichtung dieser »Antenne« dient im Hintergrund Karl Radek, der seit zwei Monaten in Moabit im Gefängnis sitzt, den deutschen Kommunisten als Berater. Radek tritt dabei als inoffizieller Vertreter Moskaus auf. Auf dem VIII. Parteitag der RKP im März in Abwesenheit in das ZK gewählt, wird er nach der Entlassung aus dem Gefängnis und der Rückkehr nach Rußland Ende 1919 zum Sekretär der Komintern ernannt. Dem Holländer Rutgers, der die niederländischen Kommunisten auf dem Moskauer Gründungskongreß vertreten hat, überträgt Lenin zur gleichen Zeit die Aufgabe, in Amsterdam ein Büro der Komintern zu eröffnen.

Nach Amsterdam soll er zudem eine kommunistische Konferenz einberufen. Diese findet im Februar 1920 statt. Vertreter der Komintern ist Michail Borodin, zugleich Mitarbeiter des *Narkomindel*, der aus den Vereinigten Staaten zurückgekehrt ist, wo er mit einer Mission der Internationale betraut war.* Clara Zetkin nimmt an der Spitze einer Delegation der KPD teil. Die Konferenz, die durch Polizeigewalt unterbrochen wird, dauert nur zwei Tage und bleibt ohne Folgetreffen. Dennoch ist der Beweis erbracht, daß die Komintern tatsächlich existiert.

Mit diesen Schritten versuchen die Bolschewiki die Umklammerung Rußlands durch innere und äußere Feinde wieder etwas zu lockern. Hinzu kommt die Eröffnung eines Büros der Komintern in der Ukraine. Dort ist der Bulgare Rakowski, ursprünglich ein Menschewik, zum Vorsitzenden des *Sownarkom* ernannt worden. Daß dieses Büro der Autorität Balabanowas unterstellt wurde, zeigt die große Bedeutung, die Lenin den verschiedenen ausländischen Niederlassungen beimaß. Zum Ausdruck kommt dies auch in Lenins Erwiderung auf Balabanowas Klage darüber, daß sie Moskau verlassen muß: »In unserem augenblicklichen Kampf ist die Ukraine unser wichtigstes Ziel.« Die Komintern verschafft sich auf diese Art trotz der Schwierigkeiten neue Mitarbeiter, Niederlassungen und vor allem Finanzmittel. Am Rande sei erwähnt, daß viele der ins Ausland entsandten Bolschewiki von einem altbekannten Finanzfachmann der Partei mit Geldern versorgt werden: von Jakob Hanecki ...

Daß Lenin über Auslandsbüros der Internationale verfügte, hatte für ihn einen weiteren Vorteil: Über sie konnte er bei Problemen oder Krisen der kommunistischen Parteien – so während der Krise der KPD im Herbst 1919 – auf diese vermittelnd einwirken. So kann denn auch Radek, der die Stimmung vor Ort sehr gut kennt – er hat im Gefängnis gesessen, wo sich fast die gesamte deutsche kommunistische Führung aufhielt –, Lenin über die Notwendigkeit aufklären, seine Thesen sehr behutsam zu formulieren. Zu diesem Zeitpunkt herrscht in Moskau im Hinblick auf die Revolution ein gewisser Optimismus vor, der in Bucharin seinen glühendsten Fürsprecher hat. Dagegen weiß Lenin nicht so recht, welche Haltung einzunehmen sei: Soll man die deut-

* 1923 wird er dann als Berater der Kuomintang nach China entsandt.

schen Kommunisten zu einer Vereinigung drängen, damit sie zu einer wirklichen Massenpartei werden, oder die kleine, schon bestehende Kommunistische Partei unterstützen? Ende 1919 deuten die Diskussionen in Deutschland auf eine mögliche Renaissance der revolutionären Bewegung hin. Clara Zetkin befürchtet sogar, das Büro in Amsterdam könne das Sekretariat in Berlin verdrängen, wo doch der deutsche Kommunismus fast schon im Begriff sei, zur Tat zu schreiten. Am 13. Mai 1920 unternehmen zwei deutsche Generäle einen Putschversuch und errichten in Berlin unter Führung Wolfgang Kapps eine nationalistische Regierung. Sie wird durch einen Generalstreik zu Fall gebracht: Die eigentlichen Akteure dieser Opposition sind die Gewerkschaften. Der Komintern bleibt keine Zeit zu einer Reaktion. Dennoch richtet sie – *a posteriori* – an die deutschen Arbeiter Glück- und Erfolgswünsche, während die Situation auf ganz unterschiedliche Weise kommentiert wird. Hat die KPD sich allzu zimperlich verhalten, als sie für den Fall eines Sieges über den Putsch ihr Einverständnis mit einer sozialdemokratischen Regierung signalisierte? Während Radek und Béla Kun der Partei dies zum Vorwurf machen, unterstützt Lenin, der es besser weiß, die moderate Haltung der deutschen Kommunisten und hält ihre Strategie in diesem Moment der Schwäche und Zerstrittenheit für angemessen. Einmal mehr projiziert Lenin seine Erfahrungen mit der russischen Revolution auf die Ereignisse im Ausland und entdeckt im Kapp-Putsch eine Neuauflage der Kornilow-Affäre. Falls seine Einschätzung richtig ist, scheint auch für Deutschland eine »Oktoberrevolution« in greifbare Nähe gerückt.

Der II. Kongreß der Komintern

Während in Deutschland die revolutionäre Hoffnung wiedererwacht, laufen die Vorbereitungen zum II. Kongreß der Komintern, der für Sommer 1920 einberufen worden ist. Im Kreml herrscht eine generell optimistische Stimmung. Koltschak und Denikin sind besiegt. Die militärische Bedrohung von innen ist damit ganz oder fast vollständig gebannt. In Kopenhagen handelt Litwinow mit England ein Abkommen zur Rückführung der Kriegsgefangenen aus, das am 12. Februar 1920 paraphiert wird. Schon am 2. Februar ist der Friedensvertrag zwischen Polen und Estland unterzeichnet worden. Tallinn (Reval) kann jetzt als Verbindungsweg für den russischen Außenhandel dienen, den Lenins Gesandte im Ausland wieder aufzubauen versuchen. Der russische Staat beginnt auf der europäischen Bühne wieder eine Rolle zu spielen. Auf dem IX. Parteitag der RKP, der im März 1920 zusammentritt, ruft Lenin schließlich zur Wiederherstellung des Friedens und zu normalisierten Wirtschaftsbeziehungen zwischen den Staaten auf.

Kaum ist das Jahr 1919 überwunden – in seiner vollständigen Isolation war Rußland geradezu gezwungen, sich ganz auf die Perspektiven der Weltrevolution zu konzentrieren – werden neue Töne angeschlagen. Der Sowjetstaat signalisiert Bereitschaft, auf ein Universum aus verschiedenen Systemen zu setzen. Tschitscherin erörtert rastlos das Thema von der unvermeidlichen Koexistenz zwischen der kommunistischen und der kapitalistischen Welt. Radek geht später einen Schritt weiter und versichert, Rußland werde auf jede revolutionäre Agitation in den Staaten des anderen Systems verzichten, wenn diese ihrerseits die Unterstützung der Konterrevolution einstellten.

Der Gedanke an eine »friedliche Koexistenz« bestimmt Lenins Äußerungen von 1920. Durchdrungen von dieser optimistischen Sichtweise, schreibt er im April des Jahres sein letztes großes Werk, *Der »Radikalismus«, die Kinderkrankheit des Kommunismus*[19]. Darin vertritt er einen Bruch mit der ziemlich radikalen Linie, die die Komintern 1919 vertreten hatte. Deren Gründung hatte die Niederlage des Reformismus besiegelt. 1920 müssen nun vernünftige und der Situation angepaßte Strategien entwickelt werden. Als Beispiel führt Lenin die Geschichte des Bolschewismus an, der immer wieder mit den verschiedensten politischen Kräften Kompromisse geschlossen und damit Erfolg gehabt habe. Zwar verurteilt er den linken Radikalismus nicht vollständig, doch plädiert er für eine Vorgehensweise, die die Gewerkschaften und die Parlamente miteinbezieht und so die Massenbewegung fördert.

Gleichwohl spiegelt diese Schrift aus dem Jahr 1920, das in Europa eine Wende einleitet, einen gewissen Widerspruch in Lenins Denken wider. Im Erfolg der russischen Revolution sieht er einen Beleg dafür, daß der richtige Weg eingeschlagen worden sei, und schließt daraus, daß sich dieser Prozeß zwangsläufig überall wiederholen werde. Diesen Erfolg würden die Bolschewiki ihrer eisern disziplinierten Partei, aber auch der zuverlässigen Unterstützung durch die Massen verdanken. Um ihn zu erlangen, hätten sie Kompromisse schließen müssen. Kompromisse seien allerdings nur insofern zulässig, als sie durch äußere Umstände erzwungen seien. Die Parteien müßten die objektiven Umstände ihres Handelns richtig einschätzen. Lenin hebt hierbei auf das notwendige Zusammenspiel zwischen den Massen und ihren Führern ab. Ein gewaltiger Irrtum wäre es, von einer Diktatur der Führung oder von einer Diktatur der Massen zu sprechen, denn erst beide in der gemeinsamen Aktion bildeten das revolutionäre Universum. Lenin übersieht dabei freilich, daß die »Massen« der am weitesten entwickelten europäischen Länder bereits auf eine lange Erfahrung der Arbeiterbewegung zurückblicken. Und genau hier gerät er in einen Widerspruch: Einerseits ruft er die Kommunisten der anderen Länder dazu auf, »ihre« gesellschaftlichen Bedingungen, »ihre« Geschichte bei ihrem Vorgehen ins Kalkül zu ziehen; auf der anderen Seite verlangt er, aus dem Vorbild der russischen die geeigneten Strategien abzuleiten.

Lenins bissige Kritik war dennoch zwingend geboten. Vom Radikalismus zersetzt, predigte das Amsterdamer Büro der Komintern den Arbeitern inzwischen, ihre gewerkschaftlichen und parlamentarischen Aktivitäten einzustellen. Die Internationale reagierte sofort, schloß das Büro und übertrug dessen Aufgaben dem Sekretariat in Berlin. Diese Entscheidung fällte das Exekutivkomitee – ohne eine Beratung des II. Kongresses der Komintern abzuwarten.

Tatsächlich sieht sich Rußland im Frühjahr 1920 einer neuen Bedrohung gegenüber, die Lenin in seinem Willen bestärkt, sich vor der Außenwelt als Führer eines Staates zu präsentieren, der nicht mehr auf ihre revolutionäre Destabilisierung setzt. Anlaß für die russischen Befürchtungen ist diesmal Polen. An der Spitze des unabhängigen polnischen Staates steht Josef Pilsudski, der zugleich Oberbefehlshaber der polnischen Streitkräfte ist. Der im russischen Teil Polens geborene Pilsudski wahrte in der Zeit, da Lenins Herrschaft durch die »weißen« Generäle bedroht wurde, zwischen beiden Lagern vorsichtig die Neutralität. Damals hegte er vor allem die Befürchtung, mit einem Sieg der Generäle könne Polen wieder unter russische Herrschaft geraten. Am Anfang des Jahrhunderts noch Sozialist (er war der Begründer der *Rabotnik*, der Zeitung der sozialistischen Partei), wandte er sich offen dem polnischen Nationalismus zu und stellte sich an die Spitze einer Unabhängigkeitsbewegung. Die Bolschewiki standen ihm folglich nicht näher als die weißen Generäle, auch wenn er es in der Zeit der Erfolge der antibolschewistischen Kräfte für klüger hielt, beide Lager sich gegenseitig aufreiben zu lassen und für keines Partei zu ergreifen. Kaum waren die Weißen jedoch besiegt, sah Pilsudski den Augenblick gekommen, von der Schwäche der Bolschewiki zu profitieren. Er unterstützte die Bildung und Konsolidierung der unabhängigen Staaten, die einst dem russischen Reich angehört hatten – Baltenstaaten, Ukraine und Weißrußland. So sollte um den Sowjetstaat herum eine Barriere aus Pufferstaaten entstehen, die ihn im Vergleich zum Zarenreich zu einer weniger aggressiven Außenpolitik gegenüber den Nachbarn zwingen sollte.

Eine Entente zwischen Pilsudski und Lenin kam nicht in Frage, weil Pilsudski als Voraussetzung dafür die Unabhängigkeit der Ukraine verlangte, und dies lehnte Lenin ab. Tschitscherin versuchte Pilsudski vor Augen zu führen, daß er mit seiner Politik den Deutschen in die Hände spiele. Deutschland warte nur darauf, daß eine von Frankreich unterstützte, polnische Bewegung ihm die Gelegenheit zur Revanche verschaffe.[20] Seine Warnungen waren vergeblich. Die polnischen Truppen, unterstützt von denen des ukrainischen Hetmans Semion Petljura, gingen zum Sturmangriff auf Kiew über und eroberten es im Mai. Die Rote Armee, die den polnisch-ukrainischen Truppen Widerstand leistete, wurde von dem jungen General Michail Tuchatschewski befehligt, einem ehemaligen zaristischen Offizier. Es gelang Tuchatschewski, den siegreichen Vormarsch der polnischen Armee schrittweise zu verlangsamen. Das Bündnis von Polen und Ukrainern stand allerdings auf schwachen Beinen. Die ukrainische Landbevölkerung begegnete den Polen mit dem gleichen Mißtrauen wie den Bolschewiki: Die Polen verkörperten für sie die Großgrundbesitzer, die das Land vor der Revolution beherrscht hatten. Zudem weckten die polnischen Gebietsansprüche und die polnisch-russische Erbfeindschaft bei den Russen das Nationalbewußtsein. Um den polnischen Feind zu schlagen, traten zahlreiche Offiziere des Zaren in die Rote Armee ein. Durch diese erfahrenen Militärs und eine wiederaufflammende Kampfmoral gestärkt, ging die Rote Armee im Juni zur Gegenoffensive über. Nach und nach zwang sie die gegnerischen Truppen zum Rückzug und stieß Ende Juli schließlich an die Grenzen Polens vor.

Ganz unverhofft stand Lenin vor der Frage: Sollten die Truppen an den Grenzen haltmachen? Oder sollten sie den siegreichen Vormarsch fortsetzen und versuchen, in Polen ein kommunistisches Regime einzusetzen? Lenin erwartete, daß der russische Vormarsch in Polen zu einer revolutionären Erhebung führen würde.

In außenpolitischen Fragen hat Lenin sich bislang stets vorsichtig verhalten. In dieser entscheidenden Stunde erkennt er, daß die polnische Frage zwei Aspekte hat: Sie betrifft, da es sich um einen Krieg handelt, zwischenstaatliche Beziehungen. Andererseits könnte dieser Krieg zum Startsignal für eine Revolution und so zum Teil einer Strategie der Weltrevolution werden. Im Juli 1920 läßt Lenin alle Vorsicht außer acht, gibt sich der Begeisterung hin und optiert für die revolutionäre Lösung. In seinen Augen geht diese Angelegenheit über den Fall Polen hinaus. Er hofft, daß dieser Krieg zwischen Staaten in einen revolutionären Krieg umschlagen und so die Möglichkeit bieten werde, über Polen auch auf das deutsche Proletariat zuzugehen: Dieses soll sich beim Vormarsch der Roten Armee gegen seine Unterdrücker im eigenen Land erheben. Der Traum von einem Krieg, der sich in einen revolutionären Krieg verwandelt – Bucharin hat ihn Ende 1917 vertreten und Lenin ihn damals als Utopie zurückgewiesen –, kommt im Juli 1920 wieder zum Vorschein.

Sind die Umstände jetzt nicht auch anders? Der Sowjetstaat hat den Bürgerkrieg überwunden, die Feinde der Bolschewiki besiegt und gegenüber den polnisch-ukrainischen Truppen Stärke bewiesen. Wenn die Rote Armee, die Armee des ersten Proletariates, dem die Revolution geglückt ist, die polnischen und die deutschen Proletarier zu einer Erhebung aufruft, wie könnten sich diese einem solchen Appell entziehen? Ist das Zusammenfallen dieser plötzlich auftauchenden historischen Chance und dem bevorstehenden Kongreß der Komintern nicht ein Fingerzeig des Schicksals? Angesichts eines erfolgreichen

»Marschs auf Berlin« könnten die in Moskau versammelten kommunistischen Parteien ebenfalls beschließen, in die revolutionäre Bewegung einzutreten.

Für Lenin ist diese Entscheidung vom Juli 1920 gewissermaßen eine Neuauflage seiner Entscheidung von 1917. Der »Funke«, auf den er damals gesetzt hat, scheint die Welt in Flammen zu setzen. In dieser Überzeugung gibt er der Roten Armee den Befehl zum weiteren Vormarsch. Er ist überzeugt davon, die polnischen Kommunisten seien stark genug, um in Polen den Aufstand zu entfachen. Einige polnischstämmige Berater mahnen allerdings zur Vorsicht: Das polnische Nationalgefühl werde über die Klassensolidarität die Oberhand behalten, auch unter den Proletariern. Lenin ignoriert die Warnungen und besteht darauf, daß die Rote Armee so rasch wie möglich an die deutsche Grenze vormarschiert. Zudem beschließt er, unter dem Schutz dieser Armee in Polen ein provisorisches Revolutionskomitee einzurichten, das von polnischstämmigen Bolschewiki geleitet werden soll: von Dserschinski, dem Gründer der Tscheka, seinem Stellvertreter Joseph Unschlicht und von Julian Marchlewski, der dem Komitee vorsitzen soll.

Vor diesem Hintergrund wird der II. Kongreß der Komintern am 21. Juli in Moskau eröffnet. Er wird sich bis zum 7. August hinziehen. Derweil marschiert die Rote Armee unter dem Befehl von Tuchatschewski in die Vororte von Warschau ein. Erwartungsgemäß herrscht Siegesstimmung. Die Hoffnungen sind gewaltig. Auf dem Kongreß ist alles anders als 1919. Während die Zahl der Delegierten damals gering und ihre Repräsentativität zweifelhaft war, kennzeichnet den Kongreß von 1920 eine massive Präsenz: 217 Delegierte vertreten 37 Länder und 67 Organisationen. Von weither angereist, können diese sich davon überzeugen, daß der Sowjetstaat gefestigt ist, auch wenn sich dies nur darin zeigt, daß ihnen ein wunderbarer Empfang zuteil wird. Der Kongreß tagt zunächst im Taurischen Palais in Petrograd und wird dann im Kreml in Moskau fortgesetzt. Im Gegensatz zum I. Kongreß wird jetzt dessen internationaler Charakter betont – mit dem Gebrauch der vier Sprachen Deutsch, Russisch, Französisch und Englisch. Die Redebeiträge der russischen Führung sind allerdings auch diesmal in Deutsch gehalten.

Von Sinowjew eröffnet, wird der Kongreß von Lenin, Bucharin und Radek dominiert. Lenin ergreift zu fast jedem Thema das Wort. Er kommt sofort auf die polnische Situation zu sprechen und unterstützt den Vorschlag des Deutschen Paul Levi, an die Arbeiter aller Länder zu appellieren, sich mit Streiks und Demonstrationen jeder Hilfe an Polen und jedem Angriff auf Rußland zu widersetzen.

Da zum gegenwärtigen Zeitpunkt die Weltrevolution in greifbare Nähe gerückt zu sein scheint, wird auf dem Kongreß die revolutionäre Sache weniger stark mit Rußland identifiziert, als dies auf dem vorangegangenen der Fall gewesen ist. Die Möglichkeiten der Weltrevolution und ihrer Strategie werden ausgiebig erörtert. Zu ihrer Unterstützung soll die Komintern zu einer regelrechten Partei der Weltrevolution umgestaltet werden: Deshalb werden allen kommunistischen Parteien, die ihr angehören wollen, »einundzwanzig Bedingungen« – neunzehn sind es in der ersten Fassung – aufgezwungen. Damit wird die Internationale zentralisiert und hierarchisch durchorganisiert, wobei die Disziplin zu einer unantastbaren Regel erhoben wird. Alles erinnert unweigerlich an Lenins Konzept von der Partei.

Nach der Verabschiedung der einundzwanzig Bedingungen ist die III. Internationale faktisch zu seiner Schöpfung geworden: Er hat schließlich erreicht, daß alle kommunistischen Parteien auf einer Linie mit der Partei liegen, die er zwei Jahrzehnte zuvor gegründet hatte. War die Komintern ursprünglich als eine flexible Organisation konzipiert gewesen, die Parteien mit gleichen Prinzipien und Zielen als »gemeinsames Haus« dienen sollte, so ist sie nur ein Jahr später selbst zu einer Partei geworden, die mit ihren verschiedenen nationalen Büros auf die gesamte Welt Einfluß nimmt. Dabei ist die Parteidisziplin mehr als alles andere zu einem Schlüsselwort geworden. Die nationalen Parteien oder Sektionen müssen sich strikt an die Spielregeln und Strategien der Internationale halten. Wie im Motto von Lenins *Was tun?* propagiert, wird das »Purifizieren«, also die Säuberung durch Ausschluß derjenigen Parteien, die gegen Beschlüsse verstoßen, zur logischen Folge der von allen akzeptierten Disziplin. Die Komintern verkörpert den Willen und die Einheit der kommunistischen Weltbewegung. Sie ist Trägerin des Wissens und der Wahrheit – das Gewissen des Weltproletariates –, setzt die Disziplin durch und jagt alle, die gegen sie verstoßen, aus ihrer Mitte.

Die Geschichte der Internationale wird später zeigen, welcher Preis in vielen Länder bei zahlreichen Gelegenheiten für diese Zentralisierung der kommunistischen Bewegung bezahlt werden muß. Die Teilnehmer des II. Kongresses stellen die ihnen vorgeschlagenen Organisationsprinzipien im Verlauf der Debatte kaum in Frage und verabschieden sie fast einstimmig.

Zu diesem Thema wie auch zu den anderen, die Gegenstand der Debatten werden, hat Lenin bereits ein Thesenpapier vorbereitet[21]: ein Beleg für die entscheidende Rolle, die er – neben seinen schwierigen Aufgaben als Regierungschef – bei den Vorbereitungen zu diesem Kongreß gespielt hat. Die künftige Strategie der Komintern ist folglich sein vordringliches Anliegen – Sinowjew kann ihm dabei nicht als Sprachrohr dienen –, vor allem die entscheidende Frage der internationalen Lage, zu der er in den Debatten – vor Bucharin – den größten Redebeitrag leistet. Die Beratungen zur Nationalitätenfrage und zum Kolonialproblem werden hauptsächlich in Ausschüssen behandelt. Sie werden dort allerdings so hitzig debattiert, daß sich mit ihnen oft mehr Teilnehmer eingehend befassen als mit den im Plenum behandelten Themen. Und Lenin hat sich mit ihnen lange vorbereitend auseinandergesetzt.[22]

Auf dem I. Kongreß waren diese Fragen kaum zur Sprache gekommen. 1920 nehmen an den Beratungen der Komintern neben den europäischen Revolutionären allerdings auch einige asiatische Delegierte teil, ein Beleg für die Erweiterung ihres Aktionsbereichs. Da die Revolution sich an den kolonialen Rändern Rußlands entwickelt hat, geht Lenin davon aus – er hat diese Entwicklung 1916 in seinen Schriften vorweggenommen –, daß diese Regionen in die Strategie der Komintern einbezogen werden müssen. Dadurch treffen in der Debatte drei verschiedene Positionen aufeinander, von denen zumindest zwei noch nie auf einer Versammlung europäischer kommunistischer Parteien vertreten worden sind.

Die erste ist traditionell: Sie geht davon aus, daß die Revolution als Ergebnis des Klassenkampfs ihr Zentrum in Europa habe und die Internationale Europa in ihrer Strategie Vorrang geben müsse. Vertreten wird diese Position von dem Italiener Serrati. Er wendet sich heftig gegen Lenins Referat in der ersten Sitzung[23], wonach der »Weltimperialismus nur dann zusammenbrechen kann, wenn die revolutionäre Offensive der ausgebeuteten und unterdrückten Arbeiter in jedem Land [...] zusammengeht mit der revolutionären Offensive der Hunderte von Millionen Menschen, die bisher außerhalb der Geschichte gestanden haben«.

Serrati sieht in dieser Auffassung Lenins eine Gefahr für das westliche Proletariat.

In der eigentlichen ideologischen Debatte sehen sich Lenin und Serrati allerdings dem Vertreter der indischen Kommunisten, Manabendra Nath Roy, gegenüber. Roy versucht hartnäckig zu demonstrieren, daß die westliche Revolution nicht ohne das Zutun der östlichen Bewegungen zustande kommen könne und daß »der revolutionäre Nationalismus zum Sturz des europäischen Imperialismus führen« werde.[24] Der Schlüssel zur Weltrevolution liegt für ihn deshalb im Osten.

Lenin steht dabei zwischen Serratis und Roys Position. Von Serrati wird er angegriffen, weil er den Veränderungen außerhalb Europas übertriebene Bedeutung beimesse. Gleichzeitig kann er sich aber auch Roys Position nicht anschließen, wonach den östlichen Revolutionen eine herausragende Bedeutung zukomme, was die marxistische Vorstellung vom Klassenkampf in Frage stellt. Schließlich wird Lenins mittlere Position von der Gesamtheit des Kongresses unterstützt und übernommen.

Die Konfrontation zwischen Rußland und Indien – die radikal eurozentristische Sichtweise Serratis spielt in der Debatte eine wesentlich geringere Rolle, obwohl sie die ideologische Grundstimmung bei den meisten europäischen Kommunisten widerspiegelt – ist allerdings aufschlußreich mit Blick auf die Probleme, mit denen Lenin in eigenen Land fertigwerden muß. Während die Diskussion von den meisten Teilnehmern auf einer intellektuellen Ebene wahrgenommen wird, hat sie für Lenin eine ganz konkrete Bedeutung: Als Chef der Sowjetregierung und nicht nur als Gründer der Komintern muß er außerhalb Europas Verbündete suchen, die in der Lage sind, das Hinterland der feindlichen Kolonialmächte zu destabilisieren. Bei diesen Verbündeten in den unterdrückten Ländern handelt es sich, daraus macht Lenin keinen Hehl, um das jeweilige Bürgertum, das die Vorhut des nationalen Kampfes bildet und nicht, wie Serrati und Roy hier ausnahmsweise einhellig meinen, um das Proletariat und die Massen. Denn weder ein Proletariat noch organisierte Massen sind dort existent. Lenin stellt so in der kolonialen Frage vom Stuttgarter Kongreß 1907 bis zum II. Kongreß der Komintern 1920 eine erstaunliche gedankliche Kontinuität unter Beweis. Seit langem hat er erkannt, daß ihm selbst die Kommunisten der Kolonialmächte die Gefolgschaft verweigern, wenn es darum geht, sich mit dem nationalistischen Kampf der kolonisierten Länder gegen ihre Unterdrücker zu solidarisieren. Die Konfrontation mit Serrati macht dies einmal mehr deutlich. Lenin wird bis zu seiner Krankheit innerhalb der Komintern, auf deren III. und IV. Kongreß, gegen eine Position ankämpfen, die er für eine Erscheinungsform des »kolonialistischen« Denkens bestimmter europäischer Kommunisten hält.

Seine Strategie verbindet so die revolutionären und nationalen Bewegungen Europas und des Ostens miteinander, wobei er sich im Osten auf diejenigen gesellschaftlichen Kräfte stützt, die solche Bewegungen mit Leben erfüllen können. Dennoch verweist er die künftigen Revolutionen der noch rückständigen Länder, sobald diese stattfinden werden, an das russische Modell. Für ihn kann die Phase des Kapitalismus übersprungen und sofort der Sozialismus eingeführt werden, wenn die Revolution nach sowjetischem Vorbild organisiert wird. Ihre Basis sind dabei nicht die Arbeiter, die bislang noch nicht zahlreich sind, sondern die Bauern und, allgemeiner, sämtliche »Werktätigen«, also alle »Ausgebeuteten«.

Mit seiner realistischen Sichtweise der historischen Gegebenheiten in den außereuropäischen Ländern betont Lenin erneut die Legitimität und den Modellcharakter der russischen Revolution. Auch hier spricht nicht nur der Regierungschef des Sowjetstaates, sondern auch der Revolutionär Lenin: Beide Funktionen sind für ihn nicht voneinander zu trennen.

Zum II. Kongreß der Komintern sind zwei weitere Bemerkungen angebracht[25]:

Der erste Hinweis betrifft Lenin. Als ein Staatsmann, der um die Eingliederung Rußlands in die Staatengemeinschaft kämpft, war er an den Vorbereitungen zu diesem Kongreß federführend beteiligt. Diese Rolle hatte er zwar schon 1919 gespielt, doch war der I. Kongreß eine eher unauffällige Veranstaltung ohne internationalen Widerhall gewesen. Die Versammlung von 1920 begleitet dagegen ein beachtlicher propagandistischer Aufwand, der dazu führt, daß die Staats- und Regierungschefs der Welt auf ein Forum blicken, das den Untergang ihrer alten Ordnung verheißt. Dabei tritt Lenin nicht nur als Regierungschef, sondern auch als ein Revolutionär hervor, der die Absicht bekundet, die bestehende Ordnung in allen Teilen der Welt zu stürzen und den großen Kolonialstaaten die Grundlage ihrer Macht zu entreißen.

Lenins Haltung im Jahr 1920 zeugt von seinem Glauben an die Weltrevolution. Als Regierungschef wartet er vor allem auf die Entstehung eines weltumspannenden Sowjetstaates. Dabei trennt er nicht zwischen seiner augenblicklichen Funktion und seinem großen Vorhaben für die Zukunft. Als auf dem III. Kongreß der Komintern 1921 deutlich wird, daß die Weltrevolution in weite Ferne gerückt ist, zeigt er sich wieder diskreter. Der Herold, der große Umbrüche verkündet, tritt hinter dem Staatsmann zurück. Auf dem IV. Kongreß, seinem letzten, ist Lenin schließlich fast nur noch ein stummer Beobachter. Das hindert ihn nicht daran, Thesen vorzubereiten und über die zu debattierenden Themen Schriften zu verfassen. Aber 1920 ist er noch voller Begeisterung bestrebt, diese Organisation anzuführen und revolutionäre Strategien zu entwickeln, während er auf der anderen Seite immer schärfer zwischen dem Sowjetstaat, dessen Sicherheit er nur durch ein staatsmännisches Auftreten gewährleisten kann, und dem »globalen« revolutionären Projekt unterscheidet.

Der zweite naheliegende Hinweis betrifft die wichtige Bedeutung, die das russische Modell 1920 in der Komintern innehat. Sie rührt vermutlich daher, daß die Komintern zum damaligen Zeitpunkt straff durchorganisiert wird, Regeln für ihr Funktionieren erhält und sich als dauerhafte Institution etabliert. Diesen Status hatte sie im Jahr 1919 noch nicht. Als 1920 der II. Kongreß der Komintern zusammentritt, lassen die militärischen Erfolge Rußlands in den eigenen Grenzen und in Polen erwarten, daß die russische Revolution nicht nur geglückt ist, sondern sich auch noch zur Weltrevolution ausweiten wird. Um dies zu erzwingen, verlangt Lenin von allen Kommunisten, sich unter der Fahne der Komintern zu sammeln, die als der verlängerte Arm seiner Partei, der RKP, fungiert. Dabei geht es ihm darum, der Revolution über die Grenzen seines Landes hinaus zum Durchbruch zu verhelfen, ohne dabei den anderen Ländern das russische Modell und die Herrschaft der russischen Partei aufzuzwingen. Als dann aber der »globale« revolutionäre Traum ausgeträumt ist, bleibt nur dieses russische Modell und die Unterwerfung aller Parteien unter eine russisch dominierte Komintern. Lenin wird so die Geister, die er rief, nicht wieder los.

Nach Ende des Kongresses gehen die Delegierten in der Überzeugung auseinander, daß die Revolution im Westen unmittelbar bevorstehe. Die russischen Truppen sind bereits in Warschau einmarschiert. Die von den Polen erhoffte Unterstützung ist ausgeblieben. Die zu Hilfe gerufenen Alliierten sehen dem Debakel der Polen schweigend zu. In Danzig verhindern deutsche Hafenarbeiter die Auslieferung von bezahlten Gütern an das Land. Doch plötzlich kommt es in der Hauptstadt zu einem nationalen Erwachen: Die polnischen Sozialisten stellen Arbeiterbataillons auf die Beine und appellieren an die nationale Solidarität – gegen die von den Rotarmisten propagierte Parole von der Klassensolidarität. Die demoralisierten polnischen Truppen werden von diesem Erwachen des zivilen Widerstandes mitgerissen und starten daraufhin einen heftigen Gegenangriff. In weniger als einer Woche wird die Rote Armee unter Tuchatschewski von den Truppen von General Sikorski umzingelt. Zigtausende Russen geraten in Gefangenschaft. Die versprengten Reste der Roten Armee flüchten in alle Richtungen. Nicht besser ergeht es den Truppen von General Semjon Budjonny. Angesichts der Auflösung der russischen Armee denken die polnischen Generäle nun daran, nach Moskau zu marschieren. Lenin bleibt nur ein Ausweg: Er muß die Niederlage anerkennen, um Frieden bitten und mit Gebietsabtretungen die sofortige Einstellung der Gefechte erreichen.

Joffe, der schon in Brest-Litowsk aktiv gewesen ist, muß diesen demütigenden Frieden aushandeln. Am 12. Oktober 1920 wird zunächst ein Waffenstillstand unterzeichnet. Am 18. März 1921 setzen dann die Beteiligten ihre Unterschrift unter den Frieden von Riga. Große Teile der weißrussischen und ukrainischen Gebiete fallen an Polen. Wenigstens das Kernstück der Ukraine verbleibt innerhalb der Grenzen der Sowjetrepublik.

In einem Gespräch mit Clara Zetkin hat Lenin die Ursachen

für diese Niederlage analysiert: Die polnischen Bauern »erblickten in den Rotarmisten Feinde, nicht Brüder und Befreier. Sie fühlten, dachten und handelten keineswegs sozial, sondern national und imperialistisch.«[26] Er machte sich Vorwürfe, weil er sich trotz Radeks Warnungen einen Augenblick lang zu einem überzogenen Optimismus hatte hinreißen lassen. Er bedauerte dies schon deshalb, weil gerade er – anders als die meisten Kommunisten – von jeher die Bedeutung der nationalen Solidarität und die Notwendigkeit erkannt hatte, sie stets ins Kalkül miteinzubeziehen. Clara Zetkin verwies nachdrücklich auf den hohen Preis dieses Abenteuers: Es hatte alle Aussichten zunichte gemacht, in Deutschland eine Revolution zu entfachen. Lenin warf sich selbst einen weiteren Fehler vor: Nach seiner Einschätzung rettete die Niederlage der Russen nicht nur die Unabhängigkeit Polens, sondern sie zementierte auch die politischen Verhältnisse in Europa nach dem Versailler Vertrag.

Wenigstens erhält Lenin nach dem Abschluß des Friedensvertrages die Möglichkeit, sich ganz darauf zu konzentrieren, die letzten Bastionen des Bürgerkrieges zu beseitigen. Wrangels Armee muß sich auf die Krim zurückziehen und fluchtartig in die Türkei einschiffen. Nachdem der Süden Rußlands wieder unter sowjetischer Herrschaft ist, gibt es noch eine letzte Enklave: die Fernöstliche Republik. Eine Zeitlang ist sie von der sowjetischen Herrschaft geduldet worden – als Pufferstaat gegen die japanischen Truppen. Ende 1921 fühlt Rußland sich allerdings stark genug, um Japan daran zu hindern, sich in Sibirien festzusetzen. Ende 1922 wird die Fernöstliche Republik von russischen Truppen besetzt und dem sowjetischen Territorium einverleibt.

Der Osten, Schauplatz der Ersatzrevolution

Nach der Abreise der Delegierten des II. Kongresses der Komintern müssen die Bolschewiki den Realitäten ins Gesicht sehen: Rußland ist zwar das Land der Revolution, aber auch der einzige Staat seiner Art. Und dies wird er auf absehbare Zeit wohl auch bleiben. Kann er unter diesen Umständen überleben? Lenin hat dies stets bezweifelt und akzeptierte es auch in diesem verhängnisvollen August nicht. Die Revolution ist für ihn seit langem eine weltweite und nicht nur eine europäische Frage gewesen. Jetzt scheint die Stunde gekommen, diese Überzeugung auf den Prüfstand zu stellen. Lenin ist sogar bereit, sich von den Ergebnissen früherer Analysen zu verabschieden, sich dem Inder Roy anzuschließen und zu versuchen, das westliche Proletariat durch den Kampf an der Seite der unterdrückten Massen im kolonialen Hinterland aus seiner Passivität herauszureißen. Denn für die Niederlage vor Warschau macht er nicht nur eine Strategie verantwortlich, hinter der ein übertriebener Optimismus steckt. Schuld seien ebenso die polnischen Proletarier gewesen, die sich unter dem Einfluß des Nationalismus dem Vormarsch der Bolschewiki in den Weg gestellt hätten; ebenso das deutsche Proletariat, das dem Vormarsch der Roten Armee unbeteiligt zugesehen habe, statt die Lage zum Aufstand zu nutzen und die Polen dazu zu bewegen, sich der Roten Armee anzuschließen. Lenin bleibt nichts anderes übrig, als zu seinen frühesten Einsichten zurückzukehren und sich dem »Hinterland« des westlichen Proletariates zuzuwenden. Der II. Kongreß der Komintern hat in seinem Programm festgelegt, daß der Dialog zwischen Lenin und Roy fortgeführt werden müsse. Die Gelegenheit dazu bietet sich auf dem Kongreß von Baku.

Dieser Kongreß ist übrigens nicht der erste seiner Art. Zum November 1918 hat Stalin den I. Kongreß der muslimischen kommunistischen Organisationen in Moskau einberufen und in der Folge ein zentrales Büro für die muslimischen Organisationen innerhalb der Kommunistischen Partei Rußlands *(Müsbüro)* eingerichtet. Damals ging es darum, die zerstreuten Organisationen zu sammeln und miteinander zu vernetzen. Ein Jahr später, im November 1919, eröffnete Lenin den II. Kongreß der kommunistischen Organisationen der Völker des Ostens und hielt vor den Delegierten ein wichtiges Referat[27], in dem er erklärte: »Selbstverständlich kann den endgültigen Sieg nur das Proletariat aller fortgeschrittenen Länder der Welt erringen, und wir Russen beginnen das Werk, das vom englischen, französischen oder deutschen Proletariat gefestigt wird. Wir sehen aber, daß sie ohne die Hilfe der werktätigen Massen aller unterdrückten Kolonialvölker, und in erster Reihe der Völker des Ostens, nicht siegen werden.« Eine Resolution zur Frage des Ostens wurde mit den Worten eingeleitet:

»1. Der Kongreß geht davon aus, daß das Problem der sozialistischen Weltrevolution nicht ohne die Teilnahme des Ostens gelöst werden kann.«

Der I. Kongreß der unterdrückten Völker, der im September 1920 auf Anregung des II. Kongresses der Komintern nach Baku einberufen wird, fügt sich nun in die von Lenin 1919 festgelegte Linie. Bei den Teilnehmern des II. Kongresses der Komintern hat diese Einberufung kaum Beachtung gefunden. In der allgemeinen revolutionären Hochstimmung in Europa kehrten die Teilnehmer rasch in ihre Heimatländer zurück, um gegebenenfalls an der Revolution mitzuwirken. Die Beratungen an den Rändern des Sowjetstaates und diese scheinbar marginalen Themen interessierten da wenig. Ein ganz anderes Klima herrscht nun in den neun Tagen (1. bis 9. September) des Kongresses von Baku. Zunächst, weil diese Versammlung eine etwas andere Zusammensetzung hat als die in den Sälen des Kremls. In Baku sind vornehmlich Vertreter der östlichen Regionen anwesend. Von den 1891 Delegierten sind 235 Türken, 192 Perser, 8 Chinesen, 8 Kurden und 3 Araber. Alle anderen stammen aus den nichtrussischen Regionen des ehemaligen Reichs, aus Zentralasien und dem Kaukasus.

Die einstigen Untertanen des russischen Reiches – vor allem die Bewohner Turkestans – haben eigene Erfahrungen mit dem Kolonialismus gesammelt und die Revolution aus der Perspektive eines kolonialen Umfeldes miterlebt.[28] Im Gegensatz zu den europäischen Kommunisten sind sie mit den marxistischen Debatten kaum vertraut und wollen sich statt dessen über ihre augenblicklichen Erfahrungen austauschen: über die Revolution in den Kolonien, über die Rolle zwischen Kolonisatoren und Kolonisierten und über deren Beziehungen zueinander. Sie nutzen die Gelegenheit, diese konkreten Erfahrungen den realitätsfernen theoretischen Gedanken der europäischen Kommunisten gegenüberzustellen. Ihre Sichtweise des Problems geht in der erbarmungslosen Formel auf: »Die Kommunisten, die eine Mentalität von Unterdrückern bewahrt haben, betrachten die Muslime geringschätzig als ihre Untertanen.«[29]

Den selbstsicher und fordernd auftretenden Delegierten stehen mehrere Führer der Komintern gegenüber: Sinowjew, der angesichts der inzwischen wieder in weite Ferne gerückten Aussichten auf eine westliche Revolution nur noch daran denkt, wie die Isolation der russischen Revolution durchbrochen werden kann; Béla Kun, der Apparatschik der Komintern, und Radek, die beide ebenfalls vom Gedanken an die gescheiterten Revolutionen in Europa beherrscht werden; Georgi Safarow, ein scharfer Beobachter der Revolution in Turkestan und Lenins Berater in dieser Frage, und schließlich Michail Weltman, alias Pawlowitsch, der bis zur russischen Revolution dem Menschewismus angehört hat. Pawlowitsch ist Orientalist und von Lenin deshalb als Berater angeworben worden: Die Partei muß eine Strategie gegenüber dem Osten entwickeln und Institutionen schaffen, mit denen sie diese umsetzen kann. Alle sehen in dem Kongreß von Baku eine letzte Chance, ihre Mission zu erfüllen: Sie wollen die Orientalen für die Weltrevolution mobilisieren. Diese kennen sich zwar bei Marx und Lenin schlecht aus, wollen aber eine Revolution vollenden, die mit ihrer nationalen Emanzipation verknüpft ist.

Zwischen beiden Gruppen herrscht ein gewaltiges Mißverständnis. Die Vertreter der Komintern stellen nur eine Handvoll Delegierter, die aber alleine das Präsidium des Kongresses bilden; an ihrer Spitze steht Sinowjew. Sie beherrschen die gesamte Versammlung und verfügen über die Autorität der Komintern, die sich in Moskau selbst zur »Weltpartei der Revolution« gekürt hat. Mit Ausnahme Safarows, der sich über die politischen Kräfteverhältnisse unter den Delegierten im klaren ist, meinen sie, diese Massen für ihr Vorhaben mobilisieren zu können: für die Weltrevolution, das heißt vor allem für die europäische Revolution. Und sie gehen davon aus, daß *sie* die Mittel dieses Kampfes bestimmen.

Zunächst scheint noch alles einfach. Sinowjews Eröffnungsrede und der anschließende Aufruf zum »heiligen Krieg gegen den Imperialismus« lösen bei den Zuhörern Jubel und Begeisterung aus. Der Ruf »*Dschihad!*« und »Es lebe die Internationale!« ertönt. Vor allem aber ist auch zu hören »Es lebe die Wiederauferstehung des Ostens!« Die östlichen Delegierten heben in ihren Redebeiträgen die Besonderheit ihrer Regionen und der dort herrschenden historischen Bedingungen hervor. Die Komintern, so fordern sie, solle der östlichen Revolution eine privilegierte Stellung einräumen. Die revolutionäre Stagnation im Westen zeige doch, daß die unmittelbare Zukunft außerhalb Europas liege. Sie gehöre den Emanzipationsbewegungen, die ihre jeweilige Region erschütterten. Bestürzt müssen die Vertreter der Komintern mit anhören, wie ihre Sichtweisen auf den Kopf gestellt werden. Die östlichen »Kommunisten« sehen eine Verlagerung des Aktionsfeldes der Geschichte hin zu ihren Regionen: Das Gelingen ihrer Revolution werde eines Tages eine Renaissance der revolutionären Hoffnungen in Europa ermöglichen. Ist Rußland als Staat zwischen Europa und Asien nicht ein anschauliches Beispiel für diese Veränderung in der Perspektive? Das Land, das eines der rückständigsten Europas gewesen ist, hat der Revolution zum Durchbruch verholfen. Jetzt müsse diese sich zum Osten hinwenden und sich so durch ihre Ausweitung das Überleben sichern.

Die noch ungeschickt vorgetragenen Gedanken – Sinowjew und seinen Mitstreitern sind sie völlig neu – waren zuvor bereits von dem Tataren Sultan Galijew vorgebracht worden: Schon 1919 hatte er geschrieben, die russische Revolution stütze sich zwar mit Recht auf die Weltrevolution, doch liege eine Quelle für ihr Scheitern darin, wenn man diese Unterstützung im Westen suche.[30]

Solche Thesen, mit denen der Schwerpunkt der revolutionären Aktivitäten verlagert werden soll – eine Vorwegnahme späterer Veränderungen, so z. B. der Strategie der Einkreisung der Städte durch das Land oder des chinesischen Gedankens, wonach »der revolutionäre Wind von jetzt an aus dem Osten bläst« –, stoßen im Präsidium des Kongresses von Baku, das von der Führung der Komintern gebildet wird, auf Ablehnung. Statt dessen setzt es Schlußfolgerungen durch, die auf einen Rückzug auf die Positionen des II. Kongresses hinauslaufen. In ihren Redebeiträgen bestehen Radek, Béla Kun und Pawlowitsch auf der *sekundären* Bedeutung der Befreiungsbewegungen der östlichen Völker (die Lenin dagegen in seine Strategie der Weltrevolution mit einbezogen hatte). Deren Daseinsberechtigung liege hauptsächlich in der Unterstützung und Stärkung der Weltrevolution. Ganz entschieden weisen sie den Gedanken zurück, die Befreiung der Völker des Ostens könne eine Alternative zur Revolution im Westen sein. Aus dieser Haltung der Komintern ergibt sich die Strategie, die Bedingungen des Kampfes im Osten denen im Westen möglichst stark anzunähern. Ohne die Eigenarten der östlichen Revolution vollständig zu ignorieren, heben die Führer der Komintern in Baku hervor, daß diese Besonderheiten nur vorübergehend und beschränkt anerkannt werden könnten. Hier weichen sie von Lenins Empfehlungen ab. Ihr Rückzieher ist allerdings leicht verständlich: Während der neuntägigen Beratungen mußten sie erkennen, daß die entstehende nationale revolutionäre Bewegung im Osten sich ihren Direktiven weitgehend entziehen werde. Die Kommunisten des Ostens und die des Westens haben unterschiedliche Ziele, und zudem träumen ihre Gesprächspartner davon, sich von dem – kapitalistischen oder kommunistischen – Westen ganz zu emanzipieren. Und mit Blick auf ihre Unterdrückung denken sie sogar an eine Revanche.

Noch ist der Komintern der Name Mao Zedongs unbekannt. Dagegen lenkt der Name des Sultans Galijew in Baku bereits die Aufmerksamkeit der russischen Vertreter auf sich. Der Sultan wird seine theoretischen Gedanken zwischen 1923 und 1928 systematisch weiterentwickeln und dann eine wichtige These vertreten: Zwischen dem Westen, wo die Unterdrückten die Klasse des Proletariates bilden, und dem Osten, wo alle Klassen als *Nation* unterdrückt sind, klaffe eine fundamentale und unüberbrückbare Kluft. Die Emanzipation des Ostens und aller seiner Klassen könne daher nur dann erfolgen, wenn die Unterdrückung durch den Westen durch eine Ordnung abgelöst werde, bei der die proletarischen »Nationen« des Ostens eine Diktatur über den Westen ausüben.[31]

Die Ablehnung der Thesen der östlichen Kommunisten durch Sinowjew und seine Mitstreiter – hierbei knüpfen sie an die Ergebnisse des II. Kongresses der Komintern an – geht zugleich von der Notwendigkeit einer einheitlichen revolutionären Strategie aus, die von der Komintern festzulegen sei. Ihr hätten sich alle angeschlossenen Parteien ohne die geringste Abweichung zu unterwerfen.

Lenin, der in der Hauptstadt geblieben ist, kennt bereits die Tatsachen: Nur Rußland hält die revolutionäre Flamme am Brennen. Und schon jetzt akzeptiert er stillschweigend die Konsequenzen dieser Einsicht: Die Revolution bleibt vorerst auf

Rußland beschränkt, also muß sich Rußland die Mittel beschaffen, um als revolutionärer Staat überleben zu können. Der Staatsorganisation kommt deshalb oberste Priorität zu. Als Regierungschef muß Lenin sich um die Konsolidierung und die Sicherheit des Staates auf allen Gebieten bemühen. Nach innen und nach außen muß er folglich vornehmlich die Rolle des Staatschefs spielen. Daraus erklärt sich auch, warum er innerhalb der Komintern weniger präsent ist als zuvor. Dieser Rückzug ist nicht Anzeichen für ein mangelndes Interesse, sondern vielmehr für die Erkenntnis, daß die Komintern ihre Bedeutung als Weltpartei der Revolution verlieren wird. Statt dessen verwandelt sie sich in eine Vertretung der nationalen Interessen des Sowjetstaates.

Im März 1921 scheitert in Deutschland ein letztes, eher spontanes und unreflektiertes, revolutionäres Aufbegehren. Lenin ist nun vollends davon überzeugt, daß er und die Kommunisten alle verfügbaren Kräfte in den Dienst des Sowjetstaates stellen müssen. Dabei geht es vor allem darum, diesem Staat den Lebensraum, die Bevölkerung und die Ressourcen zurückzugeben, die er durch die Revolution verloren hat. Jetzt ist es an der Zeit, wieder ein Groß-Rußland aufzubauen und alle Unabhängigkeitsbestrebungen zu brechen. Hatten diese zuvor der Revolution gedient, so könnten sie 1921 den Bestand des Sowjetstaates gefährden.

XIII Nach der Selbstbestimmung – Der wiederhergestellte Staat

Lenin hatte sich jahrelang im stillen Gedanken zum Nationalitätenproblem gemacht und sich dabei in einen Gegensatz zur Mehrheit der Arbeiterbewegung gestellt. Auch bei den Bolschewiki konnte er für diese Fragen kein echtes Interesse wecken. Nach der Rückkehr nach Rußland 1917 zwingt er seine Partei, die ketzerischste seiner Thesen zu akzeptieren: Das Recht auf Loslösung als Bestandteil der revolutionären Strategie. Das Problem wird auf der sogenannten April-Konferenz (vom 24. bis zum 29. April) in Petrograd debattiert und löst eine heftige Kontroverse aus. Stalin referiert über die Nationalitätenfrage. Er verteidigt Lenins These, wonach den Nationen das Recht auf eine Loslösung vom ehemaligen russischen Reich zustehe. Dabei schränkt er indes ein, die Nationen müßten von diesem Recht keinen Gebrauch machen. Außerdem seien dabei vor allem die Interessen der proletarischen Revolution zu berücksichtigen. Einer Abspaltung Transkaukasiens werde er persönlich nicht zustimmen. Stalins Äußerungen auf der Konferenz werden durch das Vorgehen gegen seine georgischen Landsleute einige Jahre später auf tragische Weise bestätigt werden. Pjatakow und Dserschinski wenden sich vehement gegen den Gedanken, den Nationen das Recht auf eine Loslösung einzuräumen. Nach Pjatakow werde dieses Recht gegen und nicht für das Proletariat eingesetzt werden. Deshalb legt er dem Plenum einen Resolutionsentwurf mit einer Verurteilung des Selbstbestimmungsrechtes vor. Lenin muß seine gesamte Autorität aufbieten, damit die Vorlage abgelehnt und Stalins Resolution angenommen wird. Sie wird schließlich mit 56 Ja- gegen 16 Nein-Stimmen und bei 8 Enthaltungen verabschiedet.

Diese Thesen enthalten vier Punkte: Das Recht auf Loslösung, eine weitgehende regionale Autonomie für Nationen, die sich von Rußland nicht trennen, eine gesetzliche Garantie der Minderheitsrechte und die Einheit der Partei.

Einige Punkte sind dagegen sehr vage formuliert: Ab wann darf das Recht auf Selbstbestimmung ausgeübt werden? Nach einem Friedensschluß? Oder wenn die betroffenen Nationen sich dazu entschließen? Und vor allem, welchen Nationen oder Nationalitäten wird dieses Recht zugebilligt?

Obwohl die Bolschewiki über diese Fragen hinweggehen und sie mit Vorbehalten behandeln, wird die Verabschiedung dieser Thesen Lenins die russische Politik grundlegend verändern.

Die Waffe der Selbstbestimmung

Die Zukunft der Nationen gehört zu den von Lenin bei der Machtergreifung vordringlich behandelten Fragen. Die *Deklaration der Rechte der Völker Rußlands* wird am 2. November 1917 veröffentlicht, also unmittelbar nach den Dekreten über den Frieden und über den Boden. Festgelegt werden darin zwei Grundprinzipien, die Lenin in der Partei durchgesetzt hat. Aus ihnen ergeben sich zwei Probleme: das der Grenzen des Sowjetstaates und das seines inneren Aufbaus.

Am 12. Januar 1918 wird vom III. Sowjet-Kongreß die *Deklaration der werktätigen und ausgebeuteten Massen* verabschiedet. Das Prinzip der Selbstbestimmung wird darin bekräftigt, wobei näher ausgeführt wird, alle Nationen hätten das Recht, »selbständig auf ihrem eigenen, bevollmächtigten Sowjetkongreß zu beschließen, ob und auf welcher Grundlage sie sich an der föderativen Regierung und an den übrigen föderativen Sowjetinstitutionen beteiligen wollen«.

Lenins Sicht des Nationalitätenproblems schließt so schon zu Beginn der neuen Herrschaft und gleichrangig mit dem Selbstbestimmungsrecht eine Option mit ein, die er bislang abgelehnt hatte: die einer Föderation.

Zur gleichen Zeit, als die Leitlinien der Politik gegenüber den Nationen flexibler gestaltet werden, schafft Lenin auch die Instrumente zu deren Umsetzung. Der Regierung wird ein Volkskommissariat für Nationalitäten *(Narkomnaz)* unterstellt, das Stalin und zwei Stellvertreter leiten werden.[1] Ursprünglich ist das *Narkomnaz* nur eine Koordinierungsstelle für die Aktivitäten von acht Abteilungen oder Sektionen, die von Vertretern der betreffenden Nationen geleitet werden. Eingerichtet werden die Sektionen erst beim Auftauchen konkreter Probleme. So entstehen im November 1917 zunächst das polnische, dann das litauische, das jüdische und schließlich das muslimische »Kommissariat«, wie die Sektionen damals heißen.

Schon 1918 koordiniert das *Narkomnaz* die Aktivität von achtzehn Sektionen. Das Kollegium ihrer Leiter, das ebenfalls Stalin untersteht, gerät mit diesem oft in Konflikt, weil es versucht, entgegen Stalins zentralistischen Vorstellungen den Forderungen der »Basis« der einzelnen Nationen Geltung zu verschaffen. So spielt sich zwischen dem Zentrum und der Peripherie ein Antagonismus ein, der Lenin von der Notwendigkeit überzeugt, einer Entwicklung des *Narkomnaz* hin zu einem »Nationalitätenparlament« vorzubeugen. Mit der Reform vom 9. Juni 1918 werden zwar nicht die Sektionen, jedoch ihr systematischer Vertretungsanspruch innerhalb des Kollegiums abgeschafft, das jetzt nur noch aus neun Mitgliedern besteht. Dieses wird sowohl dem Zentralkomitee der Partei als auch dem *Sownarkom* unterstellt. Beide segnen die Auswahl der Mitglieder ab und sollen im Fall innerer Streitigkeiten als Schiedsstelle wirken.

Die häufigen Veränderungen in der Organisation des Kommissariats folgen einem durchaus erkennbaren Ziel: der Weiterentwicklung der Beziehungen zwischen Staatsmacht und Nationalitäten. Anfangs geht es noch darum, die Nationen an der Politik des neuen Regimes zu beteiligen, um so ihre Unterstützung zu gewinnen. Daraus erklärt sich, warum seltsamerweise auch eine jüdische und eine muslimische Sektion eingerichtet werden, obwohl die Marxisten weder Juden noch Muslime als Nationalität anerkennen. Aber die politischen Gegebenheiten von 1918 zwingen Lenin diese Lösung auf, obwohl sie seinen Prinzipien widerspricht.

Wie sich allerdings bald herausstellt, versuchen die verschiedenen ethnischen Gruppen das Kommissariat dazu zu benutzen, nationale Forderungen durchzusetzen und eine »gemeinsame Front« gegen die Zentralgewalt zu bilden. Darauf muß Lenin reagieren. Stalin, dem die Umsetzung der zentralistischen Politik unterliegt, führt deshalb zahlreiche Reformen mit dem Ziel durch, dem zentralen Kommissariat eine immer größere Macht zu verschaffen und es so zur Schaltstelle der Beziehungen zwischen den Nationen zu machen. So sollen ihre Solidarität untereinander gebrochen und ihre Prärogativen beschnitten werden. 1924 wird das Kommissariat der Nationalitäten mit der Gründung der UDSSR schließlich verschwinden. Der föderative Staat ist dann der einzige Organisator und Garant der nationalen Rechte. Sämtliche durch die verschiedenen Ethnien entstehenden Probleme gelten damit als ein für alle Mal gelöst.

Das föderative Prinzip wird in Artikel 2 der *Deklaration der Rechte des werktätigen und ausgebeuteten Volkes* festgeschrieben, begleitet von einer ziemlich präzisen Doktrin zur Existenz der Selbstbestimmung, die auf mehrdeutige und oft widersprüchliche, frühere Erklärungen folgt. Die Deklaration vom 12. Januar legt fest, daß *alle* Werktätigen dieses Recht innerhalb des Sowjet-Kongresses ausüben dürfen. Der Kongreß ist in dieser Frage folglich letzte Entscheidungsinstanz. Die erste russische Verfassung, die am 10. Juli 1918 vom V. Sowjet-Kongreß einstimmig verabschiedet wird, erhellt Lenins Ideologie und die Anschauungen zum Föderalismus, zu denen er angesichts der Ereignisse notgedrungen gelangt ist. Die Verfassung besteht aus der Deklaration vom 12. Januar und aus weiteren Bestimmungen zum Aufbau der Russischen Sozialistischen Föderativen Sowjetrepublik (RSFSR). Beim Lesen dieser Texte fällt zweierlei auf: Zunächst der besonders sparsame Umgang mit den Begriffen »föderal« und »Föderation«. »Föderation« taucht überhaupt nur in Artikel 2 von Kapitel 1 auf. Zwar ist die Rede von einer »föderativen« Organisation der verschiedenen Staatsgebilde, doch geht es dabei eher um eine Dezentralisierung. Der Föderalismus von 1918 scheint sich so letztlich auf ein freiwilliges Zusammenleben der Völker zu beschränken – und auf die Feststellung, daß im Sowjetstaat alle Nationen gleichberechtigt seien. Mit der Zusammenführung der beiden Verfassungsentwürfe – der eine stammte aus einer von Swerdlow geleiteten Kommission, der andere aus dem Justizministerium – ist eine Sonderkommission des ZK befaßt, auf die Lenin Einfluß ausgeübt hat. Für ihn ist Föderalismus nur ein Zugeständnis, das auf das Wesentliche beschränkt bleiben muß: auf »das Interesse der werktätigen Klassen«. Andererseits ist dieses Zugeständnis – und das ist das Wichtige – nur »vorübergehend«. Es gebe den Arbeitern die Möglichkeit, »sich über die nationalen Konflikte zu erheben«.[2] Entsprechend faßt

Lenin seinen Entwurf so zusammen: »Die Föderation ist eine Etappe zur freiwilligen Fusion.«[3]

Diese realistische Sichtweise, in deren Zentrum die Lösung der vordringlichen Probleme steht, ist gut nachvollziehbar: Anfang 1918 herrscht in Rußland das reinste Chaos, und die spontane Selbstbestimmung der Nationen trägt zu diesem Durcheinander in bedeutendem Maß bei.

Die Selbstbestimmung »an der Basis«

Als Lenin die Devise vom »Recht der Völker auf Selbstbestimmung« ausgab, hatte er gehofft, er werde die Entscheidungsgewalt darüber behalten, wann dieses Recht in der Praxis ausgeübt werden dürfe. Aber die Nationalitäten des ehemaligen russischen Reichs warten nicht erst auf seine Unterstützung bei der Verwirklichung ihrer Forderungen. Sie drängen um so entschiedener zum eigenständigen Handeln, als sie auf ausländische Unterstützung zählen können und ihre Forderungen nach Emanzipation in der ganzen Welt auf ein positives Echo stoßen. Entsprechend radikal treten sie auf.

Lenin hatte die Selbstbestimmung zwar selbst vorgeschlagen, dabei aber gehofft, daß er ohne sie auskommen werde. Dies stellt sich als Illusion heraus. Das russische Reich beginnt mit der Revolution zu zerfallen, und wie die Bolschewiki nach der Machtergreifung feststellen müssen, erstreckt sich ihr Einflußbereich nur auf das russische Territorium, von dem die in wirtschaftlicher und strategischer Hinsicht überlebensnotwendigen Gebiete jetzt abgetrennt sind. Keine der Nationen kümmert sich um die Modalitäten ihrer Selbstbestimmung, und die Bolschewiki tun sich im übrigen auch schwer damit, diese klar zu definieren. Die verschiedenen Völker bekunden einfach den Wunsch, sich von Rußland zu lösen.

Den ersten Schritt tun die Polen und die Finnen. Polen befindet sich im Oktober 1917 praktisch in einem Zustand der Unabhängigkeit: Der Krieg und die deutsche Besatzung haben vollendete Tatsachen geschaffen, mit denen Lenin sich ohne Vorbedingungen und Diskussionen abfinden muß. 1920 wird er diese Unabhängigkeit allerdings doch noch einmal in Frage stellen: Wie erwähnt, hofft er darauf, in Polen die Revolution entfachen und dort den Sowjetstaat etablieren zu können.

Finnland entscheidet sich für die Unabhängigkeit. Lenin akzeptiert dies nicht uneingeschränkt, denn er geht davon aus, daß im Land eine revolutionäre Situation herrscht. Auch könnten der sozialdemokratischen Partei die dort noch stationierten russischen Truppen zu Hilfe eilen. Im Herbst 1917 wagt er es allerdings noch nicht, eine Nation zur Union mit Rußland zu zwingen: Dies könnte bei den anderen Nationen Befürchtungen wecken. Die Mehrheit seiner Kollegen ist für die Lösung einer »unterstützten« Revolution in Finnland, aber er setzt schließlich die Respektierung des Selbstbestimmungsrechtes der Finnen durch. Am 14. November schickt er Stalin nach Helsingfors, um die Regierung Mannerheim und die finnische Unabhängigkeit feierlich anzuerkennen. Diese wird dann am 17. November 1917 durch ein Dekret des *Sownarkom* bestätigt.[4] Hinter dieser Anerkennung stehen allerdings Hintergedanken. So merkt Lenin an: »Wir werden Finnland erobern, unsere Vereinigung wird auf der Solidarität der Ausgebeuteten beruhen.« Und diese Rückeroberung, von der Lenin träumt, läßt nicht lange auf sich warten: Am 15. Januar 1918 unterstützt die Rote Armee, deren Abzug die Finnen nicht hatten durchsetzen können, einen Staatsstreich der örtlichen probolschewistischen Sozialisten. Unter Kullervo Manner ergreift in Helsiniki ein Rat der Volksvertreter die Macht. Zu den vierzehn Ministern gehört der für Bildung zuständige Otto Kuusinen, der einige Monate später die finnische kommunistische Partei gründen wird. Von da an gehört er zu den zentralen Figuren innerhalb der Komintern und zu den engvertrauten »Genossen« der späteren UDSSR. Diese Regierung ruft am 1. März 1918 die Sozialistische Republik der Arbeiter Finnlands aus und unterzeichnet einen Freundschaftsvertrag mit dem Sowjetstaat.

Lenin triumphiert: Er hält den »Coup von Helsinki«, den er einige Tage vor dem Ereignis vor dem Eisenbahnerkongreß angekündigt hat, für eine Bestätigung der Richtigkeit seiner Strategie.[5] Nachdem Rußland das Selbstbestimmungsrecht anerkannt und den Nationen demonstriert hat, daß es diese Verpflichtung respektiert, belegt die »Selbstbestimmung der Arbeiter« – so die offizielle Verbrämung dieser manipulierten Revolution –, daß das Proletariat durchaus in der Lage ist, sein Schicksal selbst in die Hand zu nehmen. Dieses revolutionäre »Modell« wird nach dem Zweiten Weltkrieg in Osteuropa reüssieren. Einstweilen ist es für Lenin der Beweis für die Richtigkeit seiner Vorgehensweise und für das Voranschreiten der Revolution. Allerdings hat das finnische »Modell« von 1918 nur kurze Zeit Bestand. Die Regierung Mannerheim, die von Rußland am 17. Dezember 1917 anerkannt worden ist, streckt keineswegs die Waffen und appelliert an die Hilfe der Deutschen. Wenige Wochen nach deren Eingreifen stürzt die sozialistische Republik. Ihre Führer gehen nach Moskau ins Exil.[6]

Das Scheitern der finnischen Revolution ist der Auftakt zu einer ganzen Serie revolutionärer Niederlagen – in Berlin, Ungarn, Bayern, Österreich. Die Souveränität, die die Finnen dank deutscher Hilfe wiedergewonnen haben, ist den anderen Nationen eine Lehre: Jetzt begreifen sie, daß es nicht genügt, auf Lenins Versprechen zu vertrauen. Vielmehr benötigen sie den Schutz von Drittstaaten, wenn sie es vermeiden wollen, unter dem bequemen Vorwand des proletarischen »Willens« wieder unter russische Herrschaft zu geraten.

Dieses komplizierte Spiel, in dem nationale Bestrebungen, Lenins Pläne und ausländische Interventionen zusammenwirken, wird durch die leidvolle Geschichte der Baltenstaaten veranschaulicht. In Estland und Lettland werden sowjetische Regimes errichtet, die im Zuge des deutschen Vormarschs dann wieder weggefegt und schließlich durch nationale Regierungen ersetzt werden. In Litauen kommt im Februar 1918 eine prodeutsche Regierung an die Macht und verliert mit dem deutschen Zusammenbruch ihren Rückhalt. Für Lenin stellt sich die Frage, wie Rußland diese Probleme lösen kann, ohne sich dem Vorwurf einer imperialistischen Politik auszusetzen. Könnte die in Finnland erprobte Lösung nicht überall Anwendung finden? Ein entsprechender Versuch wird nach Abzug der deutschen Truppen in Estland unternommen, wo Lenin die Bildung einer Arbeiterkommune unterstützt, die am 7. Dezember 1918 von der RSFSR offiziell anerkannt und in der Folge finanziell und militärisch unterstützt wird. Um die gleiche Zeit leitet in Lettland der *Sownarkom* den Aufbau einer »Regierung der Deputierten der Arbeiter, landlosen Bauern und Strelitzen«, die Rußland in gleicher

Weise wie die Arbeiterkommune von Estland anerkennt und unterstützt. Ihr Präsident, Pjotr Stutschka, der Gründer der lettischen kommunistischen Partei, wird anschließend im Exekutivkomitee der Komintern (EKKI) wirken.

Um die »Selbstbestimmung der Werktätigen« zu organisieren, stützt Lenin sich auf Kräfte, die den Bolschewiki nahestehen – und sogar auf Agenten. Handelt es sich bei diesen politischen Veränderungen um die Selbstbestimmung eines Volkes oder um eine Revolution? Fest steht jedenfalls, daß die russische Regierung dabei die entscheidende Rolle spielt. Aber hier wie in Finnland stößt sie auf den Widerstand anderer Staaten, die sich mit diesen manipulierten Umstürzen nicht abfinden wollen. So unterstützt die englische Flotte im Baltikum die Rückkehr von nationalen Regierungen in Estland und Lettland. Und Judenitsch macht die Baltenstaaten zu einem Stützpunkt für seine antibolschewistischen Aktivitäten. Nach dieser Niederlage erkennt Lenin, daß einer Wiederbelebung der Revolution im Baltikum neben dem nationalen vor allem auch der Widerstand Großbritanniens entgegensteht. Die Stunde der Revolution ist bei den Balten rasch vorüber, und die englische Protektion garantiert ihnen eine reale Selbstbestimmung, das heißt die Unabhängigkeit.

In Litauen glaubt Lenin dank des Abzugs der Deutschen eine Lösung zu finden. Er unterstützt die Bildung einer provisorischen Revolutionsregierung unter dem Vorsitz von Mitskewitsch-Kapsukas und erkennt diese am 22. Dezember 1918 offiziell an. Im Februar 1919 fördert er die Vereinigung von Litauen und Weißrußland und die Bildung einer gemeinsamen Regierung in Wilna. Offenbar ein kluger Schachzug. Die Bolschewiki sind in Weißrußland aktiv. Im Land herrscht Unsicherheit darüber, ob man sich im Zuge der früheren historischen Beziehungen mit Moskau oder mit Warschau verbünden soll. Lenin hat diese echte Chance erkannt: In Weißrußland bietet sich die Möglichkeit, eine »Selbstbestimmung«, die in eine Vereinigung mündet, in die Tat umzusetzen – ein Szenario, das von den weißrussischen Bolschewiki angestrebt und von Lenin dann zum Modell erhoben wird. Eine Einverleibung Weißrußlands durch Rußland ist damit nicht mehr notwendig: Vielmehr wird das Land am 31. Januar 1919 zu einer souveränen Sowjetrepublik, die mit ihrem »älteren Bruder, dem russischen Staat, durch enge föderative Beziehungen auf wirtschaftlichem und politischem Gebiet verbunden ist«. Weißrußland zu einer unabhängigen Republik zu machen fällt Lenin um so leichter, als der Bolschewismus dort gut verankert ist: Bei den Wahlen zur Konstituante haben die Bolschewiki 60 Prozent der Stimmen errungen (anderswo nur ein Viertel). Die Bolschewiki bilden hier rasch straff organisierte, kommunistische Gruppen, deren Bildung durch das politische Vakuum begünstigt wird. Lenins Entscheidung hat einen bedeutenden Vorteil: Die Bevölkerung der neuen Republik steht Rußland mehrheitlich positiv gegenüber, wodurch Weißrußland zu einer regelrechten »Schwesterrepublik« wird.

Lenin drängt allerdings auch auf die Vereinigung mit Litauen. Diese wird entgegen dem litauischen Traum von der Unabhängigkeit im Februar 1919 vollzogen. Im Mai verlangt der Verteidigungsrat der Republik von Weißrußland und Litauen eine Vereinigung der Sowjetrepubliken auf militärischem Gebiet. Dieser geschickte Vorschlag, der scheinbar nicht durch Rußland angeregt ist, kommt Lenins Plänen sehr entgegen. Der litauische Nationalismus wird so durch seine Einbindung in einen binationalen Staat mit litauischer Minderheit gebändigt. Zudem wird Litauen dank dieser Lösung der britischen Protektion entzogen, die den beiden anderen Baltenstaaten eine tatsächliche Unabhängigkeit garantiert.

Ohne das militärische Abenteuer, mit dem Lenin 1920 die Revolution nach Polen hineinzutragen hoffte, wäre Litauen wahrscheinlich auf Dauer unter russischem Einfluß geblieben. Die polnische Episode setzt diesen Hoffnungen aber ein Ende: Im Sommer 1920 muß Lenin gleich zwei seiner Ambitionen aufgeben: In Polen scheitert die Revolution. Nach der militärischen Niederlage und dem Frieden von Riga schrumpft Weißrußland auf die ursprüngliche Größe zusammen: Es behält zwar seine Unabhängigkeit, aber Litauen schert aus der Union mit ihm aus. Außerdem wird es in den Verhandlungen von Riga durch Rußland vertreten. Obwohl »unabhängig«, hat das Land plötzlich keine eigene Außenpolitik mehr. Die Geschicke Weißrußlands bestimmt fortan die Tatsache, daß es einen Sonderfall darstellt: Da ein Nationalismus dort praktisch inexistent ist, macht Lenin das Land zum Modellfall für den »Internationalismus«, der in den Beziehungen zwischen Moskau und den einstigen Untertanen des Zarenreichs herrschen soll. Diese eher aufgezwungene als angestrebte Unabhängigkeit verunsichert das Ausland. Kein Staat ist daran interessiert, sich zu ihrem Garanten zu machen.

Eine sehr viel kompliziertere Situation finden die Bolschewiki in der Ukraine vor. Am 7. November 1917 hat die *Rada* (Versammlung) die Ukraine zur Volksrepublik erklärt, die von Rußland im Dezember des gleichen Jahres anerkannt wird. Diese Volksrepublik erscheint zunächst als Prototyp eines Modells, das später am besten durch Weißrußland verkörpert wird. Aber der »Modellversuch« scheitert. Kaum an die Macht gelangt, wendet sich die ukrainische Regierung gegen die Sowjetmacht und unterstützt General Kaledin, der den Widerstand der Kosaken am Don organisiert. Darf eine Nation unter Berufung auf ihre Selbstbestimmung die Revolution bekämpfen? Diese Frage stellen sich die Bolschewiki. Vor allem aber haben sie große Versorgungsprobleme. Zur Ernährung der russischen Bevölkerung benötigen sie dringend ukrainisches Getreide. Wie sollen sie einen unabhängigen Staat zu Lieferungen zwingen? Die ukrainische Regierung gerät folglich zunehmend unter Druck. Beunruhigt sucht sie bei den Franzosen um Protektion nach. Die russische Regierung sorgt daraufhin mit dafür, daß in Charkow eine bolschewistische Regierung gebildet wird. Gleichzeitig entsendet sie Truppen zur Belagerung nach Kiew, dem Sitz der unabhängigen Regierung.

Am 26. Januar wird Kiew von russischen Truppen besetzt. Eine ukrainische Sowjetregierung kommt an die Macht. Aber schon zwei Monate später wird sie durch eine Allianz aus den Deutschen und den Truppen Petljuras wieder aus dem Amt gejagt. Daraufhin regiert unter deutscher Protektion Skoropadski die Ukraine.

Das Land versinkt im Chaos. Die Rote Armee, Weißgardisten und die Truppen Nestor Machnos, der zwischen Frühjahr 1918 und November 1920 die lokalen Bauern zum Aufstand aufstachelt, liefern sich blutige Gefechte.[7] Kiew gerät in ständig wechselnde Hände. Alle Parteien setzen auf Terror. 1919 wird in Charkow unter Pjatakow schließlich die Sowjetmacht errichtet. Pjatakow ist ein entschiedener Gegner der Selbstbestimmung, die für ihn gleichbedeutend mit »Konterrevolution« ist. Darüber gerät er in einen heftigen Streit mit Lenin. Für Lenin ist Pjatakow ein »großrussischer Chauvinist«, der die Beziehungen Rußlands zu den anderen Völkern belaste.

Auf dem VIII. Parteitag im März 1919 liefern sich Lenin und die Parteilinke – Pjatakow, Jewgenia Bosch – heftige Wortgefechte. Die Linken verlangen eine Abkehr vom Prinzip der Selbstbestimmung, wenn es nicht zum Vorteil der Werktätigen eingesetzt werde. Um Pjatakows Einfluß zu beschränken, wird Rakowski zu seiner Ablösung in die Ukraine entsandt. Wegen des weiterhin herrschenden Chaos bleibt der Status der Ukraine allerdings noch bis 1921 ungewiß. Um der russischen Herrschaft zu entgehen, suchen die Nationalisten abwechselnd bei Deutschland und bei Frankreich Schutz.

Nach Ende des polnischen Krieges und der Flucht Machnos nach Rumänien kann Rußland den ukrainischen Staat endlich nach Belieben organisieren. Der Ukrainer Nikolaj Alexejewitsch Skrypnik, der sich für die Respektierung föderalistischer Prinzipien stark macht, wird am Aufbau der Sowjetrepublik der Ukraine beteiligt sein: Dieser Mitbegründer der ukrainischen kommunistischen Partei hat im Kommunismus eine Möglichkeit gesehen, sein Land zu emanzipieren. In den Jahren des Chaos hat er Pjatakows zentralistische Thesen unablässig bekämpft.

Lenin ist davon überzeugt, daß der Zentralismus nur den ukrainischen Nationalismus stärken und das Land von Rußland für immer entfremden werde. Deshalb greift er 1920 in den Konflikt zwischen den ukrainischen Kommunisten ein, unterstützt entschieden Skrypnik gegen Pjatakow und macht ihn zum Innenminister der von Rakowski geführten Regierung. Die Ukraine wird von da an zum Gegenstand eines weiteren Streites: Soll sie als Sowjetrepublik eine gewisse Souveränität genießen – so die Vorstellung Skrypniks – oder muß, wie Stalin glaubt, der russische Zentralismus die Oberhand behalten?

Ein letzter Fall von Selbstbestimmung trägt zusätzlich zum Chaos dieser Jahre bei: der Fall Georgien und damit auch der ganz Transkaukasiens. Im Oktober 1917 vollendet ein kaukasisches Kommissariat unter Vorsitz des georgischen Sozialdemokraten Gegeschkori die Vereinigung der Region. Die Beziehungen zu den anderen Nationen sollen daraufhin durch die

Konstituante geregelt werden. Nach deren Auflösung sind allerdings die Bolschewiki Herr der Lage, wobei sie versichern, sie verstünden sich nicht als Nachfolger des zaristischen Rußlands. Sie treten Batum und die Regionen von Kars und Ardahan an die Türkei ab – ohne vorherige Abstimmung mit Georgien und Armenien, zu denen die Regionen gehört hatten. Empört beschließen diese ihre Loslösung und verkünden am 25. April 1918 die Unabhängigkeit der Republik Transkaukasien. Am 26. Mai zerbricht diese Republik an nationalistischen Rivalitäten, mitgeschürt durch die »Kommune von Baku«, eine von Schaumian beherrschte Hochburg der Bolschewiki. An ihre Stelle treten drei unabhängige Staaten: Georgien unter Führung der Menschewiki, Armenien unter den Daschnaks und Aserbaidschan, das von der Partei der Mussawat beherrscht wird. (Mit Baku hat Aserbaidschan im übrigen sein bedeutendstes Zentrum verloren.) 1920 setzt allerdings der Vormarsch türkischer Truppen der armenischen und aserbaidschanischen Unabhängigkeit ein Ende. Übrig bleibt Georgien, das sich nacheinander dem deutschen und dann dem britischen Schutz unterstellt.

Im Fall des Kaukasus steht Lenin der Selbstbestimmung ablehnend gegenüber. Die 1918 errichtete Kommune von Baku ist ein Zeugnis für den Willen der Bolschewiki, in der Region präsent zu bleiben. Die Menschewiki als Führungsmacht in Georgien sind Lenin natürlich ein Dorn im Auge. Seit 1909 trifft er bereits auf ihren Widerstand. Bis 1920 kann er nichts gegen sie unternehmen. Allerdings versteht er das Prinzip der Selbstbestimmung, das er gegen die Bestrebungen Pjatakows und Bucharins verteidigt, ganz offensichtlich nur als ein vorübergehendes Zugeständnis an die Realitäten. So räumt er während des VIII. Parteitags gegenüber Pjatakow dann auch ein, dieser sei zwar allzu radikal, habe im Kern aber »tausendfach recht: Die Einheit ist für uns unentbehrlich.«

Trotz seiner sehr oft bekundeten Achtung vor der Souveränität der Staaten, die nach der Revolution entstanden sind, versucht Lenin diese immer wieder zu unterwerfen. Von der Ukraine verlangt er Weizenlieferungen und telegrafiert am 22. Mai 1919 an Trotzki, er solle den dortigen Bauern Weizen »abnehmen« und die russische Militärpräsenz sichern. Dazu müßten »ein Bataillon Tschekisten, mehrere hundert Matrosen aus dem Baltikum, eine Abteilung Arbeiter aus Moskau oder Iwanowo-Wosnessensk und tatkräftige Propagandisten« entsandt werden.[8] Daraufhin richtet er ein einheitliches Verteidigungsorgan für Rußland, die Ukraine und Weißrußland-Litauen ein. Dieses überträgt den russischen Institutionen die Aufgabe, die Armee und ihren Nachschub zu zentralisieren[9], womit die Souveränität der Republiken ernsthaft eingeschränkt wird. Vor allem greift die russische kommunistische Partei auf autoritäre Weise in das Leben der regionalen Parteien ein. Im März 1920 beschließt das Zentralkomitee, sein ukrainisches Gegenstück sei antirussisch eingestellt und müsse deshalb sofort aufgelöst werden. Hier tritt die »Selbstbestimmung der Werktätigen« mit einem massiven Eingriff in das Selbstbestimmungsrecht der Nationen in Erscheinung.

Bis zum Sommer 1920 glaubt Lenin allerdings noch an eine Ausweitung der Revolution nach Westen. Die Auflösung des ehemaligen russischen Reichs ist in seinen Augen ein sekundäres Problem. Welche Rolle spielt schon die Verringerung des russischen Territoriums, solange Hoffnung auf die Errichtung eines weltweiten Sowjetstaates besteht? Die Selbstbestimmung ist für ihn zunächst eine revolutionäre Waffe gewesen. Von 1918 bis 1920 begreift er diese Problematik in erster Linie im Zusammenhang mit der Sicherheit und Versorgung seines hungernden und allseits bedrohten Landes. Wie kann Rußland ohne ukrainischen Weizen und kaukasisches Öl überleben?, fragen sich Lenin und Trotzki.

Doch nach dem polnischen Militärdebakel und dem Zusammenbruch der revolutionären Hoffnungen im Westen stellt sich das Problem auf eine neue Art. Er und seine Genossen seien allein, stellt Lenin fest, und würden dies auch auf lange Sicht bleiben. Was tun? Lenin denkt keinen Augenblick daran, die Hände in den Schoß zu legen. Er hat stets wiederholt: Revolutionäre arbeiten nicht auf einen Umsturz hin, nur um dem großen Buch der gescheiterten Revolutionen ein weiteres Kapitel hinzuzufügen. Die bei den Marxisten vielbeschworene Pariser Kommune ist für ihn ein geradezu abschreckendes Beispiel. Zwar hat er einmal stolz verkündet: »Wir werden uns so lange gehalten haben wie die Kommune.« Aber 1920 akzeptiert er dieses Vorbild nicht mehr. Er will in Rußland eine Herrschaft auf Dauer errichten und dazu benötigt das Land ein Territorium, Ressourcen und sichere Grenzen. Was durch die Selbstbestimmung zerfallen ist, muß jetzt wieder zusammengefügt werden.

Die Anfänge des Föderalismus

Schon 1918 wird mit einer Verfassung, die die Mittel eines föderativen Staatsaufbaus bestimmt, ein Rahmen für das künftige Zusammenleben innerhalb der russischen Republik festgelegt. In der Diskussion um die Selbstbestimmung hatte Lenin von jeher betont, daß diese nicht auf alle Völker angewandt werden könne, vor allem nicht auf Enklaven. Ihnen billigt er nur die Wahl zwischen der Integration oder einer mehr oder weniger weitreichenden Autonomie zu.

Im Jahr 1919 – die Sowjetmacht muß sich damals noch gegen verschiedene Feinde behaupten – wird die föderative Integration in Angriff genommen. Moskau verhandelt zunächst mit Baschkirien. Admiral Koltschak hat die Republik Baschkirien unter Walidow für aufgelöst erklärt. Rußland schlägt aus diesem imperialistischen Schritt nun Kapital: Es unterzeichnet im März 1919 mit der baschkirischen Republik einen Vertrag und erkennt damit deren Unabhängigkeit an. Diese Anerkennung ist allerdings nur vorübergehend. Sie beinhaltet Abhängigkeitsbeziehungen, die im Mai 1920 in eine Annexion münden werden. Bis dahin ist die Republik um die tatarische Republik und das autonome Gebiet der Tschuwaschen vergrößert worden. Der Vorwand für diese Annexion – der Schutz von Kleinstaaten vor dem weißen Imperialismus – ermöglicht es Lenin, Völker zu integrieren, deren immense Territorien wegen ihres begeisterten Nationalismus für Rußland verloren schienen.

Diese Politik wird gleichzeitig auf die Kasachen angewandt, die in den Steppen eine nationale Regierung errichtet haben; ebenso auf die Kalmücken am Kaspischen Meer. Die Sowjetmacht ermöglicht es diesem kleinen mongolischen Volk aus Buddhisten, sich gegen Denikins Truppen zu verteidigen. Im Namen der »Selbstbestimmung der Werktätigen« – so nennt Lenin dies explizit – werden die Arbeiter dazu aufgerufen, an der Urne über ihre nationale Zukunft zu entscheiden. Dabei interessiert es kaum, daß es unter Kalmücken »Werktätige« im eigentlichen

Sinne gar nicht gibt! Das Ergebnis dieser »Selbstbestimmung« ist am 25. November 1920 die Bildung einer autonomen kalmückischen Region, dic sofort Rußland eingegliedert wird.

Nach der gleichen Methode verleibt Rußland sich die Kommune der Arbeiter von Karelien, die kirgisische autonome Republik (beide im August 1920) und die autonome Republik der Mari ein. In den folgenden Monaten schluckt die russische Republik immer weitere Regionen, die sich während der Revolution zu unabhängigen Kleinstaaten organisiert hatten: Der Kaukasus mit seinen zahllosen, nach Unabhängigkeit strebenden Völkern, die Krim, die von Jakuten bevölkerten Regionen und viele andere geraten zwischen 1921 und 1923 unter russische Herrschaft. Das Vorgehen ist überall gleich: Die russische Staatsmacht unterstützt bzw. entfacht einen Aufstand im Zuge der »proletarischen Selbstbestimmung« gegen die jeweilige, vormals entstandene, nationale Regierung. So wird rasch der Schritt von der nationalen Republik zur Sowjetrepublik vollzogen. Aus Sicherheitsgründen und wegen der politischen Verwandtschaft mit der russischen Sowjetrepublik wird dann die Vereinigung des Kleinstaates mit Rußland vollzogen. Die Mittel zur Erlangung dieses Ergebnisses sind einfach. Bald unterstützt die russische kommunistische Partei – zuweilen mit Militärhilfe – die kleinen, lokalen kommunistischen Parteien und sichert ihnen so den Sieg über die nationale Regierung, bald übt Rußland unverhohlen Druck auf den nationalen Staat zu einer Vereinigung aus. Und am Ende heißt es dann, der »Wille der Werktätigen« habe zu einer Eingliederung in den Schoß des großen Staates der Revolution geführt.

Im Jahr 1923 gewinnt Rußland so siebzehn autonome Staatsgebilde hinzu, von denen einige nur administrative Freiheiten besitzen, während andere, sogenannte Republiken, (zumindest theoretisch) auch eine politische Autonomie genießen. Der Zerfall des russischen Territoriums ist damit rückgängig gemacht und die territoriale Einheit wiederhergestellt. Problematisch bleibt die Region, die einst das Zarenreich im eigentlichen Sinn ausgemacht hatte: die Peripherie, in der unermeßliche Ressourcen schlummern und die dem Reich sichere Grenzen beschert hatte. Nach dem russischen Territorium muß folglich das Gebiet des einstigen Zarenreichs zurückerobert werden.

Die Wiedergewinnung durch Verträge

Damals hat sich die gesamte Peripherie von Rußland losgelöst. Lenin hält es für wünschenswert und notwendig, auch diese Entwicklung rückgängig zu machen. Aber hier herrscht eine andere Situation vor als bei der Rückeroberung der Enklaven. Echte unabhängige Staaten sind entstanden. Fünf von ihnen können 1920 – zum Teil wegen ausländischer Protektion – der russischen Expansionslust nicht mehr zum Opfer fallen. Polen kann sich militärisch selbst schützen, während die Baltenstaaten und Finnland unter dem Schutz Deutschlands oder – später – von westeuropäischen Ländern stehen. Obwohl der Sowjetstaat jede Kontinuität mit dem Zarenreich leugnet, wird er sich mit dem Verlust der Völker und Territorien westlich von Rußland – und folglich mit einer Verschiebung der Grenzen nach Osten – niemals abfinden. Lenins Nachfolger wird sich keine zwei Jahrzehnte später um die Rückgewinnung dieser 1917 verlorenen Gebiete bemühen, und dies, außer im Falle Finnlands, auch mit Erfolg. Obwohl Lenin sich mit diesen Gebietsverlusten zunächst abzufinden scheint, versucht Rußland zwischen 1917 und 1920 mehrmals, in diesen Regionen wieder Fuß zu fassen. Aber die Serie der Niederlagen, die russische Isolation um 1920 und die Notwendigkeit, sich nach den gescheiterten Versuchen, in Westeuropa die Revolution zu entfachen, wieder in die Staatengemeinschaft einzufügen, zwingen Lenin schließlich, die Verluste im Westen zu akzeptieren.

Dagegen bemüht er sich darum, andere Regionen, auf die der Westen kein wachsames Auge hat, zurückzugewinnen. Verschiedene Nationen haben inzwischen Staaten gebildet und wollen an einer vollständigen Unabhängigkeit festhalten: die Ukraine, Weißrußland, Aserbaidschan, Armenien, Georgien, die Republiken Buchara und Chiwa. Durch den Zusatz »Volks-« oder »Sowjet-« in ihrem Namen und durch Verhandlungen hoffen die meisten auf gleichberechtigte Beziehungen zu Rußland. Lenin ermutigt sie mit dem Angebot von Verträgen, die sie dauerhaft zu ebenbürtigen Partnern machen sollen. Schon im Oktober 1920 legt Stalin[10] detailliert die von Lenin propagierte Politik dar: Die Aufnahme bilateraler, freundschaftlicher Beziehungen, deren Modalitäten durch förmliche Abkommen geregelt werden. Diese Angebote sind insofern verlockend, als sie das Konzept von der revolutionären Integration scheinbar überwinden. Die zwischenstaatlichen Beziehungen, die den Kern des Systems bilden, setzen faktisch die Gleichberechtigung der Vertragspartner und die Anerkennung der jeweiligen Unabhängigkeit voraus. Aber schon der bilaterale Vertrag, der am 30. November 1920 zwischen der RSFSR und Aserbaidschan geschlossen wird, zeigt Lenins wahre Absichten.

Im April 1920 ist Aserbaidschan Schauplatz eines Szenarios geworden, das sich in späteren Jahren in anderen Regionen wiederholen wird. Unter russischem Schutz stürzen die dortigen Kommunisten die Regierung der Partei der Mussawat. Nach dem Vorbild der Oktoberrevolution richten sie ein Militärisches Revolutionskomitee ein, das dann Moskau um Schutz vor der »Konterrevolution« bittet. In seinem Entwurf zu den Thesen zur nationalen Frage, die Lenin für den II. Kongreß der Komintern vorbereitet[11], geht Lenin erklärtermaßen von föderativen Beziehungen zwischen Rußland und Aserbaidschan aus. Die Deklaration datiert vom 5. Juli 1920, ist also fast fünf Monate vor Vertragsabschluß verfaßt worden! Lenin ist also damals bereits von »Fakten« ausgegangen, die erst nachträglich ihren rechtlichen Niederschlag finden sollten.

Dieser Vertrag, der als Vorbild für alle anderen dienen wird, sieht eine militärische und wirtschaftliche Union und eine Zusammenarbeit auf verschiedenen Gebieten vor, vor allem auf den Gebieten Transport und Kommunikation. Vom russischen Außenminister Tschitscherin paraphiert, scheint der Vertrag mit allen Garantien zwischenstaatlicher Beziehungen ausgestattet. Er enthält allerdings leoninische Klauseln (vor allem die aserbaidschanische Verpflichtung zur Erstellung eines Produktionsplanes im Einklang mit den Russen – vor allem bei der Ölförderung), bei denen keinerlei Rücksicht auf die Formen genommen worden ist. Mit ihnen gleicht der Vertragstext letztendlich eher einem Ultimatum als einem Bündnis gleichberechtigter Partner: Lenin beherrscht der Gedanke an die Notwendigkeit, das kaukasische Öl in Aserbaidschan für Rußland verfügbar zu halten. Wie könnte der Staat andernfalls überleben?

Deutlich vorsichtiger sind die Bedingungen des Vertrages formuliert, den Rußland am 28. Dezember mit der Ukraine abschließt: Sie hat sehr viel mehr Gewicht als das kleine Aserbaidschan. Außerdem wird sie von außen durch Exilregierungen unterstützt, die sich in der internationalen Gemeinschaft Gehör verschaffen können. Plötzlich respektiert ein Vertrag die Souveränität des Partnerlandes in weitaus stärkerem Maße, läßt er sehr viel mehr Raum für ein echtes staatliches Eigenleben. So behält die Ukraine vor allem die Hoheit über die Außenpolitik, die Aserbaidschan sofort an Rußland abtreten mußte. Die Bolschewiki, die die Geschicke der Ukraine lenken – Rakowski und Skrypnik –, sind zwar treue Mitarbeiter Lenins, dabei aber kaum bereit, als eine Marionettenregierung herzuhalten. Daß die Ukraine als eigenständiger Staat erscheint, hat dabei auch für Moskau Vorteile. Steht Rakowskis Ukraine nicht für die beiden Facetten der russischen Politik: für den Aufbau eines Staates und für das revolutionäre Vorhaben? So ist Rakowski ab 1919 nicht nur ukrainischer Regierungschef, sondern auch der Leiter der südlichen Abteilung der Komintern. Angelica Balabanowa, die deren Sekretariat leitet, muß zugleich auch als Stellvertreterin Rakowskis »als ukrainischer Kommissar für Äußeres« fungieren, wie sie selbst schreibt. Bei der Unterzeichnung des bilateralen Abkommens ist das südliche Büro der Komintern wahrscheinlich wieder nach Moskau zurückverlegt worden (kurz darauf wird es aufgelöst), und die Trennlinien zwischen staatlichen Aufgaben und den Funktionen der Komintern verschwimmen bereits. Dennoch ist die Selbständigkeit der Außenpolitik noch kein entscheidendes Problem, und Rakowski verkörpert neben der offiziellen Unabhängigkeit der Ukraine auch die solidarischen Beziehungen der Kommunisten mit Rußland.

Einige Wochen später unterzeichnet Weißrußland mit der RSFSR einen ähnlichen Vertrag. Einige Klauseln deuten allerdings auf eine größere Einschränkung der Unabhängigkeit hin. Überdies wird im Juni 1921 ein Zusatzabkommen zu den Finanzen geschlossen: Rußland erhält damit das Recht, einen Vertreter in die weißrussische Regierung zu entsenden, der in finanziellen und ganz allgemein in wirtschaftlichen Fragen über eine entscheidende Stimme verfügt.

Auf diese Art wachsen hinter den Bündnisverträgen langsam und kaum merklich Abhängigkeiten. Mit Ausnahme der Ukraine in einer Anfangszeit sichert Rußland sich so – peu à peu und ohne Krisen auszulösen – einen beherrschenden Einfluß über seine unabhängigen Nachbarstaaten.

Lenin kann zufrieden sein. Es ist sein erklärter Wille, mit den früheren russischen Besitzungen freundschaftliche Beziehungen anzuknüpfen, ohne sich dem Verdacht auszusetzen, Rußland wolle darüber hinaus einen tiefergehenden Einfluß ausüben. Als Regierungschef betreibt er diese Politik innerhalb des Rahmens normaler zwischenstaatlicher Beziehungen und präsentiert Rußland so nach außen hin als einen ganz gewöhnlichen Staat. Er legt Wert darauf, seine direkten Gesprächspartner und den Rest der Welt zu beruhigen. Aber seine wahren Absichten zielen auf eine Wiederherstellung des zerfallenen russischen Reichs.

Ohne Georgien hätte dieses politische Doppelspiel vielleicht friedlich weitergespielt werden können. Aber das Land zeigte sich als ein widerspenstiger Gesprächspartner, und zudem verlor Lenin die Kontrolle über die Politik im Kaukasus. Er geriet dabei mit Stalin aneinander, dem die Georgienpolitik ein persönliches Anliegen war. Stalins Ziel – Georgien wieder unter russischen Einfluß zu bringen – war zwar das gleiche wie das Lenins, aber er setzte auf ganz andere Mittel als dieser. An die Stelle von Lenins Verschleierungstaktik trat bei Stalin die direkte und rücksichtslose Eroberungsstrategie.

Die Rückeroberung mit Gewalt

In Georgien trifft Lenins übliche Politik von Anfang an auf Hindernisse. Zunächst hat er es hier nicht mit verbündeten Bolschewiki zu tun, sondern mit einer menschewistischen Regierung und einem Land, das fest entschlossen ist, seine wiedergefundene nationale Identität zu verteidigen. Man kann diesen Menschewiki – die ja auch Sozialisten sind – nur schlecht vorwerfen, sie seien eine Gefahr für die Revolution. Zudem sind sie auf der internationalen Bühne besonders aktiv: Sie haben die förmliche Anerkennung der georgischen Unabhängigkeit durch zahlreiche Staaten erreicht. Mit dem Vertrag vom 7. Mai 1920 haben sie faktisch sogar eine Anerkennung durch die RSFSR erlangt.[12] Die europäischen Sozialdemokraten – Henri de Man und

Vandervelde – bekunden mit einer Reise nach Georgien ihre Sympathie für die »wahren« Sozialisten, die dort an die Macht gelangt sind. Wiederholt äußern sie ihre Zuversicht darüber, daß das bolschewistische Rußland den Grenzfluß Kura nach Georgien nicht überschreiten werde. Georgien wird für Lenin so in zweifacher Hinsicht zur Herausforderung. Zum einen hält er das Land für einen vorgeschobenen Posten der Entente vor den Grenzen Rußlands. Zum anderen stellt sich die Frage, wie er Aserbaidschan und Armenien bolschewisieren soll, wenn der dritte transkaukasische Staat die russische Herrschaft und das russische Modell ablehnt. Ist die von Lenin angestrebte Einheit Transkaukasiens mit einer sozialdemokratisch regierten Enklave vereinbar?

Von dem auf Winkelzüge setzenden Lenin bis zu den Anhängern der brutalsten Lösungen sind sich alle Bolschewiki darin einig, daß der Fall Georgien für Rußland eine Schwächung bedeutet. Wie aber kann man Georgien schwächen? Als Verfechter der Gewaltlösung, dem in georgischen Fragen alle eine außergewöhnliche Kompetenz zutrauen, bringt Stalin die Sache auf den Punkt: »Der Kaukasus ist für die Revolution entscheidend, denn er ist eine Quelle für Rohstoffe und Nahrungsmittel. Aber entscheidend ist er auch wegen seiner Lage zwischen Europa und Asien, Europa und der Türkei, denn hier laufen alle wirtschaftlichen und strategischen Verbindungen hindurch, die von beachtlicher Bedeutung sind. Wir müssen diese Region kontrollieren.«[13]

Diese Einschätzung, die alle Bolschewiki teilen, spiegelt eine veränderte Perspektive wider. 1917 war die Basis des Sowjetstaates die Revolution. 1921 organisiert und definiert sich dieser nun im Hinblick auf seine strategischen Interessen und seine wirtschaftlichen Ressourcen.

Um Georgien in den sowjetischen Einflußbereich zurückzuholen, verfügt Lenin über drei Trümpfe: über die XI. Armee, die 1920 Baku eingenommen hat und die augenblicklich im Kaukasus stationiert ist; über den Vertrag vom 7. Mai, der zwar die Unabhängigkeit Georgiens vorsieht, aber eine Geheimklausel enthält, die das Land zur Legalisierung der kommunistischen Partei zwingt und ihr totale Aktionsfreiheit sichert; und drittens über das kaukasische Büro des Zentralkomitees *(Kawbüro)*, das gemeinsam mit der XI. Armee die Rückeroberung Georgiens vorbereitet.

Georgien sieht sich in zweifacher Hinsicht bedrängt: von innen durch die Kommunisten und von außen durch das *Kawbüro*. Unter Druck steht auch Lenin, der sich über das weitere Vorgehen selbst noch nicht im klaren ist: Ihm setzen aggressive und ungeduldige Kollegen zu, vor allem Ordshonikidse, der wie Stalin ebenfalls Georgier ist und sich auf seine Kenntnisse der Region beruft, und Kirow. Beide wollen die XI. Armee in Marsch setzen – angeblich zum Schutz der georgischen Kommunisten. So soll mehr oder weniger das aserbaidschanische Szenario wiederholt werden. Sogar der viel gemäßigtere Tschitscherin beruft sich auf ein Recht zum Eingreifen – angeblich wegen der fortgesetzten Verstöße der Georgier gegen den Vertrag vom 7. Mai. Das vorgeschlagene Szenario entspricht ganz dem Vorgehen gegen Aserbaidschan: erst soll ein innerer Aufstand ausgelöst und dann auf einen Hilferuf der »wahren«, also der kommunistischen Revolutionäre hin, eingegriffen werden. Nachdem Lenin Ordshonikidse am 5. Mai 1920 noch per Telegramm das Eingreifen in Georgien verboten hatte[14], stimmt er schließlich doch zu: Der Präzedenzfall Aserbaidschan läßt erwarten, daß diese Operation gelingen kann und kaum wahrgenommen werden wird. Seiner Zustimmung sind jedoch größte Bedenken und hitzige Debatten im Zentralkomitee vorangegangen. Nach dem erteilten Befehl verläuft die georgische Operation reibungslos. Am 15. Februar dringt die XI. Armee nach Georgien vor. Am 25. fällt Tiflis. Die Sowjetrepublik wird ausgerufen. Alles scheint planmäßig zu verlaufen: Der Erfolg der Militärexpedition ist nicht zu leugnen. Am 21. Mai 1921 paraphiert auch Georgien den bilateralen Vertrag, den Rußland allen Sowjetstaaten aufzwingt, und scheint so mit ihnen auf einer Linie zu liegen.

Aber der Fall Georgien, der sich bislang als sehr viel problematischer erwiesen hat als die anderen, bleibt auch nach der Unterzeichnung des Vertrages prekär. Er zeigt zugleich Lenins innenpolitische Schwierigkeiten. Die georgische Episode verdient es deshalb gleich doppelt, daß man sich eingehend mit ihr befaßt.

Die Debatte um die Sowjetisierung Georgiens verdeutlicht zunächst einmal das besondere Interesse, das Lenin damals dem russischen »Staat« entgegenbringt. Im Falle einer verfrühten oder allzu sichtbaren Operation befürchtet er eine Reaktion der Engländer, die dann einmal mehr Rußlands Sicherheit bedrohen und seine Bemühungen vereiteln könnten, den Sowjetstaat in die internationale Gemeinschaft einzuführen. Und dieses Ziel hat für Lenin Anfang 1921 Priorität. Besorgt ist er zudem über die Reaktion der Türkei, mit der Rußland sich zu dieser Zeit in Verhandlungen befindet (die am 16. März 1921 in einen Freundschaftsvertrag münden werden). Im Hinblick auf Rußlands Comeback auf der internationalen Bühne ist dieser Vertrag mit Mustafa Kemal – natürlich ohne revolutionäre Perspektive – wichtiger, als den georgischen Menschewiki die Macht zu entreißen. Daß Lenin den Kollegen schließlich doch nachgibt, hängt damit zusammen, daß Tschitscherin ihn von der Bereitschaft der Briten überzeugt hat, den gesamten Kaukasus dem russischen Einflußbereich zu überlassen. Lloyd George hat Krassin dies wissen lassen. London ist nur daran gelegen, daß Rußland sich auf diese Region beschränkt und alle revolutionären Hoffnungen anderswo, vor allem in Europa, begräbt. Die Verhandlungen um Georgien laufen letztlich darauf hinaus, daß die territorialen russischen Interessen im Kaukasus als Gegenleistung für den sozialen Frieden und das Ende der revolutionären Pläne in Europa anerkannt werden. In die gleiche Richtung geht auch der Handel mit Mustafa Kemal: Dieser will die Augen vor der Rückeroberung des Kaukasus durch Rußland verschließen, wenn Lenin im Gegenzug bereit sei, Enver Pascha und die türkischen Kommunisten im Stich zu lassen. Daß Lenin der Operation zur Gleichschaltung Georgiens letztlich doch zustimmt, hat folglich einen einfachen Grund: Seine Kollegen haben ihn davon überzeugen können, daß die kapitalistische Welt diese Operation als Teil eines Handels billigend in Kauf nehmen werde.

Aber die Affäre um Georgien ist auch deshalb so interessant, weil sie die Entwicklung des politischen Systems in Rußland in dieser Zeit zeigt. Zwei Instrumente haben dabei eine entscheidende Rolle gespielt: das *Kawbüro* und die XI. Armee. Das *Kawbüro* ist im April 1920 gegründet worden, um die Aktivitäten der kommunistischen Organisationen des Kaukasus zu koordinieren. Es wurde Dserschinski unterstellt und gewann sehr bald eine unumstrittene Autorität. Es informiert Lenin, der sich selbst kein Bild machen kann, über die Probleme vor Ort, und schließt sich zugleich dem eigenmächtigen Vorgehen der XI. Armee an: Als Lenin für den 14. Februar 1921 einem Eingreifen vor Ort zustimmt, sind das *Kawbüro* und die XI. Armee bereits seit achtundvierzig Stunden mit den Operationen beschäftigt. Mit dieser Quasi-Selbständigkeit der Machtorgane im Kaukasus bekommt es auch Trotzki zu tun. Als Kriegskommissar muß er am 21. Februar – also sechs Tage nach Beginn der Operationen – eine Untersuchung darüber einleiten, wie und durch wen die Entscheidungen dazu getroffen worden sind.[15] Während der Sowjetstaat sich in dieser Zeit im Inneren konsolidiert, machen sich an seinen Rändern gewisse Auflösungserscheinungen bemerkbar: Die Führer der Machtinstrumente – so Ordshonikidse an der Spitze des *Kawbüros* – beginnen sich als wahre Prokonsuln zu gebärden. Die georgische Krise von 1923 wird dies mehr als deutlich machen. Die Vertreter vor Ort schrecken auch nicht davon zurück, Lenin mit falschen Informationen zu versorgen, um für die von ihnen geplanten Operationen sein Einverständnis zu erhalten. So versichert ihm Ordshonikidse im Februar, im Kaukasus herrschten Unruhen, die durch einen Konflikt zwischen Georgiern und Armeniern ausgelöst worden seien. Zur Befriedung sei nur eine beschränkte Intervention notwendig. Nach der Intervention bestreiten die georgischen Kommunisten Budu Mdiwani und Filip Macharadse, die diese vorbereitet haben, daß es den angeblichen Konflikt je gegeben habe. Und für das Szenario machen sie das *Kawbüro* verantwortlich. Lenin ist zwar auch der Meinung, daß Georgien wieder in den Einflußbereich Rußlands zurückkehren müsse. Aber er hat sehr bald begriffen, daß die Affäre um die Region vor allem von seinen Kollegen manipuliert worden ist und er selbst keine Kontrolle über sie hat. Er wünscht ein vorsichtiges Vorgehen und empfiehlt Ordshonikidse noch am 3. März in einer Mitteilung, nach einem Kompromiß mit dem menschewistischen Staatspräsidenten Noe Jordania zu suchen und eine akzeptable Koalition zu bilden, statt Georgien »das russische Modell aufzuzwingen«. Aber hier kann er sich nicht durchsetzen.[16]

Die Zwangssowjetisierung wird ohne Zurückhaltung und Vorsicht im Eilverfahren durchgezogen. Aus Moskau werden Emissäre der Tscheka entsandt, um die Errichtung der neuen

Ordnung mit eiserner Hand zu unterstützen. Die georgische kommunistische Partei wird dem Ordshonikidse-Vertrauten Mamia Orachelaschwili unterstellt. Binnen weniger Monate verwandelt Georgien sich in ein besetztes Land. Sehr bald zeigen sich Konsequenzen und rechtfertigen im nachhinein Lenins Mahnungen zur Besonnenheit.

An dieser Stelle erhebt sich die Frage, warum Lenin gegenüber dem eigenmächtigen Handeln Ordshonikidses soviel Schwäche zeigt. Stalin hat hier die gleiche Verantwortung, aber Lenin weiß dies noch nicht und vertraut auf seine Ratschläge. Eine Erklärung liegt wohl vor allem in der besonderen Bedeutung, die Lenin zur damaligen Zeit den Problemen der Regierung beimißt. Rußland soll ein Staat wie jeder andere werden und normalisierte internationale Beziehungen unterhalten. An diesem Konstrukt, das mit einer Neuorientierung und beträchtlichen Anstrengungen verbunden ist, hält Lenin eisern fest. Jetzt zieht er nicht mehr das doppelte Register von Staat und Revolution. Seine Bemühungen zielen auf Dauerhaftigkeit, nicht auf Provisorien. Und alles muß erst noch aufgebaut werden. Die Führer müssen Fachleute sein, im Staat wie innerhalb der Komintern und der kommunistischen Instanzen, und für bestimmte Aufgaben müssen Kader gebildet werden. Daß in dieser ersten Phase einer allgemeinen Neuorientierung in den Entscheidungen und Handlungen gewisse Unsicherheiten deutlich werden, ist nur allzu natürlich. Und die territoriale Ausdehnung Rußlands, die 1921 noch erweitert wird, macht diese Kurskorrekturen keineswegs leichter.

Nichtsdestoweniger scheint die Affäre um Georgien im Sommer erledigt. Zudem endet das Jahr mit einer Reihe ähnlicher Verträge (nach dem Abkommen mit Chiwa, das die Liste am 20. September 1920 eröffnet): mit Buchara am 4. März 1921 und mit Armenien am 30. September 1921. Die Diskussion um die Selbstbestimmung, die eine positive Einstellung zur Revolution gefördert hat, hat sich offenbar ausgezahlt. Rußland hat durch Verträge mit den ehemaligen Besitzungen des Zarenreichs einen Ausgleich erreicht. Die Verträge selbst sind auf den ersten Blick kaum zu kritisieren, auch wenn ihr Abschluß in einigen Fällen mit Gewalt erzwungen worden ist. Durch sie ist ein traditionelles Bündnis gleichberechtigter Staaten mit einer militärischen und wirtschaftlichen Kooperation entstanden. Eine gemeinsame Außenpolitik wird nicht festgeschrieben. Ab 1921 kommen hinter der tadellosen juristischen Fassade allerdings zwei Elemente zum Vorschein, die diese Vertragspolitik diskreditieren und die letzte Phase auf dem Weg zur Union vorwegnehmen. Zunächst der militärische Aspekt: In den Verträgen ist auf diesem Gebiet von einer Kooperation die Rede. Aber die Rote Armee ist allenthalben präsent und realisiert schon jetzt die künftige Einheit. Was die eigenständige Außenpolitik angeht, so kann lediglich die Ukraine noch eine Zeitlang eine unabhängige Diplomatie betreiben. Beim Vertrag von Riga sind zwar zwei ukrainische Vertreter anwesend, allerdings als Teil einer gemeinsamen russisch-ukrainischen Delegation, was bereits auf eine Föderation hindeutet. Beim russisch-türkischen Abkommen vom März 1921, das Grenzprobleme mit der Republik von Transkaukasien regelt, ist zwar auch eine transkaukasische Delegation vorgesehen, doch werden sämtliche Klauseln von Rußland ausgehandelt. Die Vertreter des Kaukasus erscheinen lediglich zur Unterzeichnung des Vertrages von Kars.

Die europäischen Staaten lassen sich von der Fiktion einer Unabhängigkeit dieser Republiken kaum täuschen. Deshalb wird zur Konferenz von Genua 1922 nur Rußland eingeladen. Die Ukraine fühlt sich übergangen und verlangt eine eigene Vertretung. Aber sie kämpft auf verlorenem Posten. In Moskau ist schon alles entschieden. Am 27. Januar verkündet Kalinin, der Präsident des Gesamtrussischen Zentralexekutivkomitees, Rußland werde in Genua die Interessen der acht Sowjetrepubliken vertreten – eine Entscheidung des ZEK. Die Republiken können sich diesem Moskauer Beschluß nur noch beugen. Am 22. Februar geben sie der RSFSR ein Mandat, stellvertretend alle Vereinbarungen auf der Konferenz von Genua zu diskutieren und zu unterschreiben.[17] Die Unabhängigkeit ist als eine Fiktion entlarvt.

Die bilateralen Abkommen zwischen gleichberechtigten Staaten ähneln so letztlich sehr stark Einigungverträgen. Dennoch kann Lenin sich damit nicht zufriedengeben. Er ist mit zwei weiteren Problemen konfrontiert. Zum einen bilden die offiziell unabhängigen Staaten einen guten Nährboden für das Erwachen oder Wiedererwachen von Unabhängigkeitsbestrebungen, die

Rußland schwächen könnten. Und andererseits entstehen erneut nationale Konflikte innerhalb der russischen Republik und innerhalb der Sowjetrepubliken.

In Rußland regen sich im Land der Tataren, in der dortigen kommunistischen Partei, inzwischen Widerstände. Sultan Galijew wirft unverblümt die Frage auf, die, weniger präzise formuliert, schon während des Kongresses von Baku im Raum gestanden hatte: Macht der proletarische Internationalismus einen Sinn, wenn er auf die Beziehungen zwischen Nationen mit ungleichem Entwicklungsstand angewandt wird? Seine Antwort lautet »Nein«. Damit entfacht er einen Streit, der umso ernster ist, als er die Solidarität der Arbeiterklasse in Frage stellt.

In Zentralasien bricht ein nationalistischer Aufstand aus. Seine Kämpfer, die *Basmatschi,* bedrohen die gesamte Einigungspolitik in der Region.[18] Ihre Bewegung wird erst viele Jahre später zerschlagen werden. Bis dahin ist die Sowjetmacht auch an dieser Front erneut mit unsicheren Verhältnissen konfrontiert.

In Georgien schließlich stößt die russische Politik weiterhin auf Widerstand. In dieser Region, angegliedert und besetzt, regt sich ab Sommer 1921 eine Opposition in Gestalt der örtlichen Kommunisten, die zuvor die russische Intervention unterstützt hatten. Es sind die gleichen Figuren – Macharadse und Mdiwani –, die in der Vergangenheit an der Seite Rosa Luxemburgs gegen Lenins hartnäckig vertretene Position in der Nationalitätenfrage gekämpft hatten. Angesichts des heftigen russischen Drucks entsinnen sie sich nun plötzlich wieder ihrer georgischen Wurzeln und berufen sich auf die Verteidigung der nationalen Interessen ihrer Republik. Am 13. Dezember 1921 beklagt sich Stalins Schwager Alexis Swanidse: »Ordshonikidse traktiert uns mit dem schweren Knüppel der Zentralgewalt.«[19] Und in Moskau häufen sich die Klagen der Georgier über Verletzungen der Souveränität ihrer Republik. Anfang des Jahres hatte Lenin noch versucht, eine eher schrittweise Integration Georgiens durchzusetzen. Ende 1921 hält er die Zeit für gekommen, um das zurückgewonnene Territorium definitiv zu organisieren. Rußland, das den »Kriegskommunismus« hinter sich gelassen hat, benötigt jetzt die soliden Grenzen, die Institutionen und die wirtschaftlichen Mittel eines konsolidierten Staates. Die Übergangsphase der bilateralen Abkommen ist vorüber. Die Stunde der Einheit ist gekommen. Die Beschwerden der Georgier oder die Debatten innerhalb der Partei sind von untergeordneter Bedeutung. Rußland bereitet die Entwicklung zum föderativen Staat vor, legt aber weiterhin Wert darauf zu demonstrieren, daß hier etwas anderes entstehe als das einstige russische Reich. Das Prozedere hin zur Union, die Beziehungen zwischen den Gliedstaaten und alle weiteren Fragen müssen durch eine neue Verfassung festgelegt werden. Aber bevor dieser rechtliche Rahmen des künftigen Rußlands abgesteckt wird, müssen sämtliche noch unabhängigen Staaten in die neue Struktur, die künftige Föderation, integriert werden.

Die Zwangsunion

Die Vereinigung der unabhängigen Sowjetrepubliken mit Rußland ist 1922 vor allem aus ökonomischen Gründen dringend geboten. Die wirtschaftliche Zerrüttung, die auch zur Einführung der Neuen Ökonomischen Politik (NEP) führt, soll durch eine rationelle Nutzung der bestehenden Ressourcen schrittweise behoben werden. Die Wirtschaftsunion trägt so zum Vollzug der politischen Union bei.

Diese Entwicklung läuft bereits 1921 an. Ihr erster Schritt: Lenin ermuntert zu regionalen Zusammenschlüssen, die später allerdings zur Ursache einer neuen Krise im Kaukasus werden. Während Armenier und Aserbaidschaner der Weiterentwicklung regionaler Beziehungen prinzipiell zustimmen, wird diese von den Georgiern abgelehnt. Georgien ist auf die Wahrung seiner Unabhängigkeit und auf eine Koexistenz mit den anderen Republiken auf einer Ebene der Gleichberechtigung bedacht. Wie die anderen Kaukasusrepubliken mußte es 1921 die Einführung gemeinsamer Regeln und einer gemeinsamen Führung akzeptieren, durch die in der Region die Eisenbahnverbindungen wiederhergestellt und der Außenhandel wieder in Gang gebracht werden sollen. Aber durch Handelsschranken und eigene Währungen bekunden die lokalen Führer den Willen, die Partikularismen aufrechtzuerhalten. Zu dieser Zeit betraut Lenin Ordshonikidse damit, die Einheit im allzu unruhigen Transkaukasien mit seinen komplizierten Verhältnissen durchzusetzen. Von Dserschinski und Molotow unterstützt, arbeitet Ordshonikidse mit dem kaukasischen Büro und der Zentralgewalt den Entwurf für eine transkaukasische Föderation aus.[20] Die lokalen Eliten werden dabei fast vollständig übergangen. Einmal mehr wenden die georgischen Kommunisten sich an Lenin und beklagen sich über diesen offiziellen Zusammenschluß, den sie für bürokratisch und unnütz halten. Aber mehr noch beschweren sie sich über die Methoden dieser Politik: Der föderative Prozeß ist in Moskau ohne vorherige Konsultation mit den nationalen Führungen beschlossen und mit Gewalt durchgesetzt worden. Diesmal ergreift Lenin ganz für Ordshonikidse und das *Kawbüro* Partei. Der X. Parteitag in Moskau hat soeben Fraktionen innerhalb der kommunistischen Partei verboten. Eine Opposition gegen die Föderation des Kaukasus käme einer fraktionellen Tätigkeit und somit einem Verstoß gegen einen mehrheitlich gefällten Parteitagsbeschluß gleich. Ein drohender Parteiausschluß zwingt folglich die georgischen Opponenten zur Kapitulation. Sie müssen sich damit abfinden, daß die Konferenz zur Vereinigung des Kaukasus in Tiflis am 12. März 1922 ein föderatives Statut verabschiedet. Damit ist die Föderation der Sowjetrepubliken des Transkaukasus geboren.

Diese Föderation, die Georgien trotz seines Widerstandes aufgezwungen worden ist, sorgt dort für eine dauerhafte Verbitterung. Die drei Republiken erhalten zwar eine gewisse Autonomie, doch wird diese durch eine Reihe von Verträgen mit Rußland rasch unterminiert. Die georgischen Führer, überzeugte Kommunisten und bis zum März 1921 Internationalisten, finden sich mit der erzwungenen Aufgabe der Unabhängigkeit nicht ab, richten weiterhin zahlreiche Protestschreiben an Lenin und versuchen ihre Landsleute gegen eine kaukasische Föderation zu mobilisieren, hinter der sich bereits ein entstehender föderaler Sowjetstaat abzeichnet. Lenin stellt sich taub. Vielmehr werden die georgischen kommunistischen Führer Macharadse und Mdiwani, die nach der Sowjetisierung von 1921 an die Macht gelangt sind, nach Moskau zitiert, kaltgestellt und durch ein neues Zentralkomitee ersetzt, dessen Mitglieder als kooperativer gelten. Als Urheber der Gewaltmethoden gegenüber Georgien gilt gewöhnlich Stalin. In seiner ausgezeichneten Biographie des späteren Diktators[21] weist Robert Tucker darauf hin, Stalin habe ab Mitte

1921 aus verschiedenen Gründen (Lenins Sommerurlaub 1921, seine Krankheit vom Dezember 1921 bis zum März 1922) viele Entscheidungen in der Georgienpolitik eigenmächtig getroffen. Hier habe sich bereits sein späterer Konflikt mit Lenin angedeutet. Aber der Ablauf der kaukasischen Krise weist in die andere Richtung: Lenin hat Stalin in den Jahren 1921 und 1922 bis zu seinem Schlaganfall und seiner Lähmung im Dezember 1922 offenbar als Mann seines Vertrauens betrachtet und sich an der Lösung der Kaukasusfrage persönlich beteiligt. Ende 1921 und bis zur Kaltstellung der georgischen Kommunisten hat er die Aktivität des *Kawbüros* mit deutlichen Worten unterstützt und dabei jegliche Diskussion über die beiden Grundfragen abgelehnt: die notwendige Zwangsvereinigung Transkaukasiens mit Blick auf dessen Eingliederung in den späteren föderativen Sowjetstaat und die Tatsache, daß die Organisation des Kaukasus »von oben« beschlossen und nicht durch die Basis oder aufgrund nationaler Bestrebungen vollzogen werde.

Das Einigungswerk, das Rußland den Georgiern aufzwingt, spiegelt die zu dieser Zeit in Moskau stattfindende, allgemeine Neuorientierung wider. Mit dem Aufbau des Sowjetstaates soll das revolutionäre Werk von 1917 am Leben erhalten werden. Um lebensfähig zu bleiben und, mehr noch, um sich in der internationalen Staatengemeinschaft einen Platz zu erobern, benötigt dieser Staat ausreichende Mittel. Dazu sind die Rückeroberung und die vernünftige Organisation der einstigen Territorien des Zarenreiches und seiner Ressourcen unverzichtbar.

Wie einschneidend die von Lenin vollzogene Richtungsänderung 1921 ausfällt, darf nicht unterschätzt werden. Kaum hat er den Glauben an einen möglichen Export der Revolution verloren, konzentriert er alle Kräfte auf die Errichtung des Sowjetstaates. Dazu mobilisiert er sämtliche verfügbaren Mittel: die Partei, die Tscheka und die Armee. Wenn er Anfang 1921 auf Ordshonikidse – im wesentlichen, was das Tempo der Sowjetisierung Georgiens angeht – auch mäßigend einwirkt, so lehnt er dessen Maßnahmen keineswegs vom Prinzip her ab. Ebenso verhält er sich im Streit um die zwangsläufige Einbindung Georgiens in die transkaukasische Föderation: Als die Georgier 1921 von ihm eine Schlichtung erhoffen, denkt er überhaupt nicht daran, das kaukasische Büro zu bremsen. Vielmehr stärkt er die Autorität

Moskaus und der Partei gegen eine unbotmäßige Basis. Er billigt die Ablösung der georgischen Kommunisten durch Parteimitglieder, die der Parteizentrale gegenüber als gefügig gelten. Diese Haltung entspricht ganz jener Vorstellung von der Partei, die Lenin zu Beginn des Jahrhunderts entwickelt und in der Zeit der Vereinigung des Kaukasus praktiziert hat: Der demokratische Zentralismus erfordert eine Autorität »von oben«, selbst im Falle einer Konsultation der Basis (bei Unstimmigkeiten wird sie eben kaltgestellt, wie im Fall Georgiens im Frühjahr 1921).

Dank eines ganzen Bündels von Maßnahmen – vertragliche Vereinbarungen, Druck durch die Partei und die Tscheka usf. – sind die nationalen Bestrebungen bis Ende 1921 schließlich gebrochen. Die russische kommunistische Partei übt auf alle kommunistischen Organisationen an der Peripherie vollkommene Autorität aus. Die ökonomischen Zwänge sind ein starkes Argument für die Zentralisierung. Und die wirtschaftliche Zusammenarbeit wird zu einem effizienten Mittel der politischen Zentralisierung. So wird die Region um Baku, die wegen der Ölvorkommen für Moskau so wichtig ist, der direkten wirtschaftlichen Kontrolle der Machtorgane der RSFSR unterstellt.

Zu Beginn des Winters 1922 hat Rußland es nur noch mit Sowjetrepubliken zu tun. Ihre Zahl ist zudem kleiner geworden – die Ukraine, Weißrußland und Transkaukasien – und ihre Integration nur noch eine Frage der Modalitäten. Sie haben in allen Bereichen ihre Unabhängigkeit abgetreten. Wieso sollten sie jetzt noch Widerstand leisten?

Welche Föderation? Der Verfassungskonflikt

Der Erfolg des Unternehmens, bei dem es um die Rückgewinnung verlorener Gebiete geht, erinnert in gewisser Weise an die »Sammlung der russischen Gebiete« der Zaren nach ihren Siegen über die tatarischen Invasoren. Diese hatte in weniger als vier Jahrhunderten zur Bildung des mächtigen Zarenreichs geführt. 1922 ist dieser Erfolg unbestreitbar: Er resultiert zweifelsohne aus der allgemeinen Vision des zukünftigen Rußland, die Lenin nach der Niederlage in Polen vom Sommer 1920 entworfen hat. Damals hatte er verkündet: »Wenn man die Föderation als einen

Status des Übergangs zur vollständigen Union anerkennt, ist es unverzichtbar, die föderalen Beziehungen immer enger zu fassen.«[22] Wenn Lenin von einer Föderation spricht, hat er kein präzises Modell im Kopf. Er geht davon aus, daß die Praxis über die geeigneten Beziehungen zwischen den Staaten entscheiden wird. In Frage kommen für ihn tatsächlich zwei Arten einer föderativen Organisation: ein *auf Verträgen beruhender* Typ, bei dem die RSFSR die Republiken an sich bindet und diesen eine gewisse Souveränität beläßt; und der andere, *organische* Typ, der sich auf die Autonomie nationaler Staatsgebilde gründet, die der russischen Republik eingegliedert sind. In diesem Sinne zielt das erste Modell auf die Ukraine und auf Transkaukasien, während das zweite Tatarien und Baschkirien betrifft. Die Wirklichkeit ist allerdings vielschichtiger und zeigt schon Anfang der zwanziger Jahre eine dritte Kategorie, unter die Weißrußland und Turkestan fallen, in denen die vertraglichen und die autonomen Beziehungen in kombinierter Form vorliegen.

Lenins Politik wird allerdings vor allem durch die unterschiedlichen Reaktionen der betroffenen Staaten bestimmt. So akzeptiert Weißrußland zwischen 1920 und 1921 nicht nur die Aufnahme föderaler Beziehungen, sondern auch eine dynamische Sicht von diesen Beziehungen, die eines Tages in eine vollständige Union münden sollen. Als sehr schwierig erweist sich dagegen die Integration der Georgier und der Ukrainer. Und angesichts der ukrainischen Opposition kommt Lenin zur Überzeugung, daß schleunigst gemeinsame Institutionen ins Leben gerufen und föderale Strukturen geschaffen werden müssen, um diese Widerstände zu brechen. Lenin bringt dies auf dem XI. Parteitag, der vom 27. März bis zum 2. April 1922 stattfindet, ohne Umschweife zum Ausdruck. Die Opposition der Ukrainer, die sogar in der Partei zum Ausdruck komme, müsse »gebrochen« werden.

Auf dem X. Parteitag (März 1921) ist die Generallinie in der Nationalitätenfrage noch von Stalin als Referenten festgelegt worden: Zur damaligen Zeit war Stalin nur der treue, ja ergebene Sprecher Lenins, dessen Gedanken er in seinem Referat wiedergab.[23] Die geplante Föderation, so legte Stalin dar, bilde den Rahmen für die Einheit. Als Modell diene die föderative Republik Rußlands, die eines Tages auch Vorbild für eine künftige, weltweite Föderation der sozialistischen Staaten sein werde. Damit nimmt er einen von Lenin schon 1918 formulierten Gedanken wieder auf: »Die Föderation, die wir aufbauen, wird ein Schritt nach vorn zur Vereinigung der verschiedenen Nationalitäten Rußlands in einem einheitlichen, demokratischen und zentralisierten Staat sein.« Anfang 1922 gibt es also keine grundlegenden Meinungsunterschiede zwischen Stalin und Lenin.

Allerdings muß sich das Vorhaben in der Praxis erst noch bewähren. Deshalb wird am 10. August 1922 eine Verfassungskommission eingerichtet, an der unter der zentralen Führung Stalins, Molotows, Kuibyschews, Ordshonikidses, Rakowskis und Sokolnikows auch Vertreter der fünf unmittelbar betroffenen Republiken teilnehmen. Stalin ist der Verfasser des Entwurfs. Er verliest ihn vor der Kommission und schickt ihn im September an die verschiedenen Zentralkomitees der Parteien in den Republiken. Der Entwurf stimmt in allen Punkten mit dem Referat vom X. Parteitag überein. Wie vorgesehen, wird das Modell der RSFSR auf die noch unabhängigen Republiken ausgedehnt. Diese sollen »förmlich« dem Sowjetstaat beitreten und dann wie alle bereits eingegliederten Nationen einen Autonomiestatus erhalten. Die kommunistischen Parteien von Aserbaidschan, Armenien und Weißrußland beugen sich. Was sollten sie auch sonst tun? Der Entwurf stammt ja aus einer Kommission, deren wichtigster Akteur seit 1922 Generalsekretär der kommunistischen Partei ist. Lenin persönlich hat Stalin für diesen Posten vorgeschlagen. Der demokratische Zentralismus verlangt, daß dieser »von oben« eingebrachte Entwurf angenommen wird.

Ganz anders entwickeln sich die Dinge in den Fällen der Ukraine und Georgiens. In der Ukraine lehnt sich Nikolai Skrypnik, der damalige Volkskommissar für Justiz in der unabhängigen Republik, energisch gegen diesen Verfassungsentwurf auf. Er wendet sich – mit Rakowskis Unterstützung – entschieden gegen einen zentralisierten Staat, der seiner Ansicht nach mit Kommunismus nichts zu tun habe. Der zentralistisch föderative Verfassungsentwurf solle zugunsten eines Modells mit einer Konföderation als äußerem Rahmen aufgegeben werden. Skrypnik, ein Altbolschewik, genießt in der Partei hohe Autorität. Daß er sich nun zur Verteidigung der nationalen Rechte in die Schlacht wirft, beeindruckt Lenin ebenso wie der erbitterte

Widerstand der georgischen Kommunisten. Allerdings ruft erst Skrypniks Eingreifen in dieser Frage eine Reaktion Lenins hervor, denn an die Beschwerden der georgischen Kommunisten hat er sich nach zahlreichen Krisen inzwischen fast schon gewöhnt. Im September 1922 schlägt deren Unmut aber schließlich in offene Opposition um. Das Zentralkomitee der Kommunistischen Partei Georgiens lehnt den Verfassungsentwurf ab und verlangt, daß die Souveränitätsrechte des Landes erhalten bleiben. Skrypnik betont die Notwendigkeit, den Status quo in den Beziehungen zwischen Moskau und den Republiken aufrechtzuerhalten. Hinter dieser schroffen Ablehnung Georgiens und der Haltung Skrypniks steht zwar die gleiche Absicht, doch ist der Tonfall ein anderer: diplomatischer in Kiew, aggressiver in Tiflis.

Im September 1922 erholt Lenin sich noch von den Folgen des Schlaganfalls vom Mai, des ersten einer ganzen Serie von Attakken, an denen er schließlich sterben wird. Er ruht sich aus, bleibt aber nicht untätig, wie Briefe an Kollegen über verschiedenste Themen (die Deportation Intellektueller oder die anstehenden Wahlen in England)[24] belegen. Da ihm die Ärzte die Ausübung seiner Ämter verboten haben, muß er sich darauf beschränken, den Gang der Ereignisse mit brennendem Interesse zu verfolgen und zu kommentieren. Ende September kehrt er ins aktive Leben zurück. Er verfolgt die Reaktionen der Ukrainer und der Georgier und befaßt sich vor allem mit Stalins Verfassungsentwurf. Zum ersten Mal verurteilt er nicht nur Stalins hastiges Vorgehen – »er neigt dazu, sich zu übereilen« –, sondern vor allem auch den Hintergrund seiner Pläne. Die »Autonomisierung« sei sein Fehler, sie könne nur »Wasser auf die Mühlen der Verfechter der Unabhängigkeit« sein.[25]

Trotz seiner Krankheit arbeitet Lenin damals unermüdlich daran, Grundzüge für einen föderalistischen Verfassungsentwurf zu entwickeln, bei dem gleichberechtigte Republiken mit der RSFSR vereinigt, aber nicht angegliedert werden sollen. »Wir betrachten uns und die Ukrainische SSR u.a. als gleichberechtigt und werden mit ihr zusammen und auf gleichem Fuße mit ihr der neuen Union, der Föderation, […] beitreten.« Lenin fügt hinzu, diese Föderation müsse eigene, von Rußland unabhängige Machtorgane besitzen, die ihr ebenso wie den anderen Republiken »ein neues *Stockwerk* aufsetzen und eine Föderation *gleichberechtigter* Republiken schaffen«. Insbesondere benötige die Föderation eine eigene Regierung und ein eigenes Exekutivkomitee. Da der Frieden zwischen den Nationen auf dem Spiel steht, beschließt Lenin, die ganze Angelegenheit wieder selbst in die Hand zu nehmen.

Stalin, der sich gemaßregelt fühlt, beklagt sich bei den Kollegen im Politbüro: »Lenin betreibt einen nationalen Liberalismus.« Und weiter kritisiert er Lenins Absichten: »Die Schaffung eines Exekutivkomitees der Föderation neben dem der RSFSR ist meiner Ansicht nach inakzeptabel.« Nachdem er seinem Unmut Luft gemacht hat, gibt er nach, berücksichtigt in dem Entwurf Lenins Einwände und legt dem Zentralkomitee am 6. Oktober einen tadellosen Text vor. Als geschickter Taktiker geht Stalin über seinen Konflikt mit Lenin hinweg. Die Ersetzung des Begriffs »Autonomisierung« durch »Föderation« – eine radikale Veränderung der Perspektive in dem Entwurf – stellt er als rein sprachliche Veränderung hin.

Lenin ist zufrieden und legt die Angelegenheit zu den Akten. Er begnügt sich damit, in einem Brief an Kamenev dem »großrussischen Chauvinismus« einen »Kampf auf Leben und Tod« zu erklären.[26] Auch müsse man »*unbedingt* darauf bestehen, daß im Zentralexekutivkomitee der Union der Reihe nach ein Russe, ein Ukrainer, ein Georgier usw. den Vorsitz führt«.

Am 6. Oktober wird der von Stalin, Ordshonikidse, Molotow und Miasnikow unterzeichnete Entwurf an das Zentralkomitee weitergeleitet und auf Anhieb verabschiedet. Der Konflikt zwischen Zentrum und Peripherie scheint beigelegt; ebenso der grundsätzliche Streit zwischen Lenin und Stalin. Der Frieden an beiden Fronten wird allerdings nicht lange halten. Bevor darauf eingegangen werden kann, ist erst einmal festzustellen, welche genauen Absichten sich hinter den Haltungen der beiden Protagonisten Lenin und Stalin im September 1922 verbergen.

Wie in zahlreichen früheren Debatten zur Nationalitätenfrage dürfen die damaligen Meinungsverschiedenheiten zwischen beiden nicht überschätzt werden. Wenn Stalin in seinem Entwurf eine zentralistische Organisationsweise vertritt, so steht er damit Lenins Grundhaltung durchaus nahe. Denn auch Lenin stellt sich die Zukunft der Nationen in einem zentralisierten Sowjetstaat vor, eine Vorstellung, an der er bis zu seinem Tod festhalten wird. Nur aus taktischen Erwägungen nimmt er hier eine gemäßigte Haltung ein. Lenin, von jeher ein bemerkenswerter Taktiker, bleibt sich in diesem Punkt treu. Wenn er allen Nationen einen gleichrangigen Status einräumen will, so nicht aus einem plötzlichen Interesse am nationalen Gedanken. Für Lenin zählen nicht Nationen, sondern allein die Gefahren nationaler Streitigkeiten, die die Sowjetrepublik destabilisieren könnten. Seine Sorge ist 1922 die gleiche wie schon 1913. Er will die Nationen von den Vorzügen des Internationalismus – 1913 in Form des »gemeinsamen Kampfes«, 1922 in Form des »Zusammenlebens« – überzeugen und sie dazu bringen, ihre Nationalgefühle eines Tages durch eine bewußte Klassensolidarität zu überwinden. Sein Vorwurf an Stalin zielt also nicht auf den Inhalt von dessen Entwurf, sondern nur auf den Zeitplan seiner Umsetzung. Für Lenin ist es noch zu früh, die Einheit zu propagieren, denn noch sind die nationalen Gefühle allzu lebendig. Das beste Mittel, sie ersterben zu lassen, besteht seiner Meinung nach in ihrer vorübergehenden Respektierung. Lenin lehnt Stalins Verfassungsentwurf folglich nur aus taktischen und pädagogischen Gründen ab. Ebenso entschieden wendet er sich aber auch gegen das nationalistische Gezeter der Georgier (während die gemäßigtere Haltung Skrypniks einer Ahndung entgeht) und unterstützt im Konflikt mit ihnen deshalb eine Zeitlang Stalin.

Entsprechend erklärt sich Stalins konziliante Haltung gegenüber Lenin aus der Einsicht, daß ihre Meinungsverschiedenheiten nicht grundsätzlicher Natur sind. Wie Lenin ist er davon überzeugt, daß die Zukunft dem Zentralismus gehört. Wie dieser ist er vor allem ein zynischer Pragmatiker. Er glaubt fest daran, daß der derzeitig ausgearbeitete Verfassungsentwurf letztlich keine große Bedeutung haben werde. Viel wichtiger sei, welche Praxis sich in einer Realität durchsetze, die von der Macht von Menschen und von der Politik Rußlands bestimmt werde. Rußland werde innerhalb der Föderation zwangsläufig seine Vorherrschaft durchsetzen. Gegenüber dem faktischen Ungleichgewicht zwischen ihm und den anderen Republiken werde die rechtliche Gleichstellung nur geringes Gewicht besitzen. Und diese Sichtweise wird sich in der Geschichte dann auch bestätigen.

Die letzte Schlacht der Georgier

Nach dem Moskauer Zentralkomitee haben alle nationalen kommunistischen Parteien Stalins abgeänderten Entwurf verabschiedet. Die georgischen Kommunisten haben ihn zwar ebenfalls gebilligt, aber mit einem Zusatz, der ihren Beitritt zur Föderation an Bedingungen knüpft. Sie sehen sich auf einer Ebene mit den Ukrainern – mit denen sie gemeinsam gekämpft haben – und verlangen für Georgien den Status eines Vollmitgliedes der Föderation und nicht nur eine Mitgliedschaft als Teil von Transkaukasien, die nur mit einer indirekten Souveränität verbunden ist.[27] Das Duo Stalin-Ordshonikidse, dem wegen seiner georgischen Abstammung die höchste Autorität in dieser Frage zuerkannt wird, vertritt eine ganz andere Sicht der Dinge. Für Stalin machen die gewaltigen nationalen Unterschiede in der Kaukasus-Region eine Zwischeninstanz notwendig, damit die Streitigkeiten zwischen den Nationen nicht sofort auf der Ebene der Föderation ausgetragen werden.[28] Moskau dürfe nicht zum Auffangbecken für innerkaukasische Beschwerden und Zwistigkeiten werden. Stalin hält folglich daran fest, daß allein die transkaukasische Föderation Anspruch auf einen Eintritt in die Union habe. Die Georgier erhielten so nur den Status einer einfachen Autonomie.

So ist der gesamte Oktober 1922 gekennzeichnet durch die Kämpfe der Georgier an zwei Fronten. In Georgien kämpfen sie gegen Ordshonikidse als Vertreter der Zentralgewalt in der Republik. Dieser regelrechte Krieg wird mit besonderer Rücksichtslosigkeit ausgetragen. Ordshonikidse, unterstützt durch Moskau, greift auf die althergebrachten Mittel zurück: Er spricht Drohungen aus, stellt Parteimitglieder kalt und ersetzt Opponenten durch vermeintlich zuverlässigere Kandidaten, die sich dann ebenfalls gegen ihn wenden. Lenins Stellvertreter machen von seiner alten Methode des »Purifizierens« ausgiebig Gebrauch. Die zweite Front der Georgier ist Moskau: Sie appellieren an Lenin, Bucharin und Kamenew, schicken ihnen Telegramm um Telegramm, entsenden Emissäre und beschuldigen Ordshonikidse, er übe gegen sie – auch physische – Gewalt aus.

Lenin, der die Affäre als abgeschlossen betrachtet, reagiert empört auf diese Beschwerden. Er fordert die Bittsteller in einem Telegramm dazu auf, den Konflikt »in loyalem und anständigem Ton« zu lösen und sich an das Sekretariat des russischen Zentralkomitees zu wenden. Über dieses Sekretariat herrscht allerdings Stalin, ein fanatischer Verfechter der Politik Ordshonikidses und der vor Ort eingesetzten Methoden. Daß sie gerade an ihre Peiniger verwiesen werden, bringt die Georgier gegen Moskau noch heftiger auf. Statt die Waffen zu strecken, leisten sie weiterhin Widerstand. Als Geste des guten Willens beschließen Lenin, Bucharin und Kamenew, eine Untersuchungskommission vor Ort zu entsenden. Wieder sehen die Beschwerdeführer sich entschlossenen Gegnern gegenüber. Bei der Zusammenstellung der Kommission hat Stalin als Generalsekretär der Partei freie Hand und unterstellt sie Dserschinski. Dserschinski hat für die Georgier, die sich auch über die Tscheka beschwert haben, keinerlei Sympathien. Folglich nimmt die Kommission zu den Aufrührern nicht einmal Kontakt auf, schließt sich den Argumenten Ordshonikidses an und kommt zu dem Schluß, für den Konflikt seien allein die georgischen Nationalisten verantwortlich![29]

Lenin hat inzwischen allerdings Zweifel an der Richtigkeit der bei ihm eingehenden Informationen, und er bittet enge Mitarbeiter um Auskunft. Seine Gesundheit ist sehr angegriffen. Zur Verschlechterung seines Zustands trägt vielleicht auch eine Ahnung bei, von Stalin und Ordshonikidse hintergangen zu werden. Seit Ende November ist er an das Bett gefesselt, versucht aber trotz mehrerer Krankheitsanfälle nach dem 20. Dezember die Kontrolle über die Situation zurückzugewinnen. Die Nationalitätenfrage ist in seinen Augen zu wichtig, um sie Genossen zu überlassen, die er von da an nach Gogol *Dershimordi* (der Inbegriff des polternden Bürokraten) oder auch *Welikodershawniki* (Großmachtchauvinisten) nennt.[30] Ein letztes Mal wendet er sich der Nationalitätenfrage zu und verfaßt dazu einen Beitrag.[31] Seine Aufzeichnungen sind für den XII. Parteitag gedacht, der im März des folgenden Jahres stattfinden soll. Er vertraut darauf, daß er sich wieder erholen werde – was so oft schon der Fall war! – und einige verirrte Mitglieder im Zentralkomitee auf Kurs bringen könne. »Es scheint«, so schreibt er, »ich habe mich vor den Arbeitern Rußlands sehr schuldig gemacht, weil ich mich nicht mit genügend Energie und Schärfe in die ominöse

Frage der Autonomisierung eingemischt habe [...]. Unter diesen Umständen ist es ganz natürlich, daß sich die ›Freiheit des Austritts aus der Union‹, mit der wir uns rechtfertigen, als ein wertloser Fetzen Papier herausstellen wird, der völlig ungeeignet ist, die nichtrussischen Einwohner Rußlands vor der Invasion jenes echten Russen zu schützen, des großrussischen Chauvinisten, ja im Grunde Schurken und Gewalttäters, wie es der typische russische Bürokrat ist.«

Lenins besorgte Reaktion hält den Gang der Dinge allerdings nicht auf. Am 21. November veröffentlicht die Sonderkommission des russischen Zentralkomitees trotz der anhaltenden georgischen Proteste den Terminplan für die nationale Integration: Veröffentlichung des endgültigen Wortlauts der neuen Verfassung, dann Unterzeichnung des Unionsvertrages. Am 30. November, als Lenin sich noch bemüht, seine Einwände zu Papier zu bringen, verabschiedet das Politbüro den Text über die »grundlegenden Prinzipien der Union«. Artikel 1 verpflichtet die transkaukasische Föderation zum Beitritt zur Union. Das Zentralkomitee stimmt dem Text zu. Die Georgier, die nicht einmal gehört worden sind, beharren auf ihrer Position. Aber diesmal sind sie isoliert. In der Ukraine spricht sich am 13. November der VII. Sowjet-Kongreß für den Unionsvertrag aus. Die transkaukasische föderative Republik gibt sich in aller Eile eine Verfassung und beschließt ihren Beitritt. Weißrußland folgt am 18. Dezember. Am 30. Dezember 1922 wird per Vertrag schließlich die UDSSR gegründet. Unterzeichnende sind die russische Sowjetrepublik und die drei Sowjetrepubliken der Ukraine, Weißrußlands und Transkaukasiens.

Lenin, der nach den Schlaganfällen vom 13. und 22. Dezember vorübergehend gelähmt ist, blickt auf die eingeschlagene Politik zurück. Einen Schwachpunkt entdeckt er in seiner Überzeugung, daß die Beteiligten an dieser Politik als Kommunisten per Definition auch Internationalisten seien. Im Falle von Stalin und Ordshonikidse stellt er fest, daß sich Kommunisten aus Minderheiten zu »russischen Ultranationalisten« entwickeln könnten. Sie teilten hier das Problem vieler Führungsfiguren, die ihre Herkunft vergessen machen wollten. Die weiteren Ereignisse werden zeigen, daß Lenins Befürchtungen sich auch hier nur als allzu begründet erweisen werden.

In den folgenden Monaten arbeitet eine Kommission unter dem Vorsitz von Kalinin für die Union eine Verfassung aus.[32] Die Verabschiedung durch das gesamtrussische Zentralexekutivkomitee findet am 6. Juli 1923 statt, zu einem Zeitpunkt, als der gelähmte Lenin am öffentlichen Leben schon nicht mehr teilnimmt. Am 31. Januar 1924 – wenige Tage nach seinem Tod – wird diese durch den II. Sowjet-Kongreß der Union bestätigt werden.[33]

Diese Verfassung entspricht sehr genau Lenins Vorstellungen. Die Union ist danach als ein Zusammenschluß gleichberechtigter Staaten konzipiert, die nach Artikel 4 das Recht behalten, sich aus ihr auch wieder zurückzuziehen. Mit dem Beitritt geben die Staaten ihre Souveränität nicht auf. Damit wird der von Lenin vorbereitete Entwurf respektiert – im Gegensatz zu dem Stalins, der den Staaten lediglich einen Autonomiestatus hatte zubilligen wollen. Obwohl sich anscheinend Lenin durchgesetzt hat, ist Stalin nicht weniger ein Gewinner, denn die beitretenden Republiken geben ihre wichtigsten Kompetenzen an die Union ab.

Dieser Verfassungstext von 1924 ist nicht nur insofern interessant, als er die ehemaligen Teile des russischen Reiches nach der Revolution neu organisiert. Seine Bedeutung liegt vor allem darin, daß er im Gegensatz zur russischen Verfassung von 1918 auf Dauer angelegt ist und sich auf ein bestimmtes, abgegrenztes Territorium bezieht. Die Verfassung von 1918 sah eine zeitliche und räumliche Dynamik vor. Sie diente als ein befristeter Rahmen für einen Staat in der Übergangsphase und gab allen Beitrittskandidaten die Möglichkeit, sich an diesen Staat anzunähern. Dagegen schreibt die Verfassung von 1924 die Existenz und die Konturen eines bereits bestehenden Staates fest und macht dessen Rechte geltend. Zwar heißt es im ersten Teil des Textes – der Deklaration zur Gründung der Union –, der Beitritt zur Union stehe nicht nur den existierenden, sondern auch künftig entstehenden Sowjetrepubliken offen. Der Geltungsbereich soll folglich als noch nicht endgültig festgelegt und gegebenenfalls erweiterbar angesehen werden. Aber in dieser Deklaration ist auch die Rede davon, daß die Union in einer Welt existiere, die »in zwei Lager«, das des Kapitalismus und das des Sozialismus, geteilt und vom Kapitalismus »eingekreist« sei. Diese »Einkreisung« rechtfertigt nun den Vollzug der Union, einschließlich sicherer Grenzen. Dieses Ergebnis hatte Lenin 1921 und 1922 angestrebt, als er mit Polen, mit der Türkei, dem Iran und Afghanistan Verträge zur Sicherung der sowjetischen Grenzen schloß.

Letztlich spiegelt diese Verfassung eine Synthese aus den beiden entgegengesetzten Tendenzen wider, die Lenins Politik seit 1917 bestimmten: das Streben nach Expansion, nach Universalität einerseits, das dem Sowjetstaat einen aggressiven Charakter gab (vor allem bis zur Niederlage in Polen); und auf der anderen Seite der Wille zur Bewahrung des Errungenen, die Festschreibung des Sowjetstaates auf Dauer, sein Rückzug auf sich selbst und seine Verteidigungsbereitschaft. Die stabilisierte Lage an den Grenzen 1921 und 1922 sind dafür ein Beleg. In dieser Synthese der beiden von Lenin abwechselnd eingeschlagenen politischen Richtungen liegt letztlich das Interessante dieser Verfassung.

Nicht vergessen werden darf, daß diese Verfassung, die am Ende langer Debatten steht, zugleich auch eine Weiterentwicklung des Staates beinhaltet. Hinter dem Wortlaut werden die zurückliegenden Diskussionen und die Absichten ihrer Verfasser deutlich. Und auch hier scheint wieder der grundlegende doppeldeutige Charakter durch. Die Verfassung spiegelt eine endgültige Tatsache wider: den Sieg der Revolution, mit der politische und wirtschaftliche Veränderungen auf den Weg gebracht werden; Neuerungen, die die Gesellschaft und ihr Bewußtsein verändern sollten. Aber zugleich handelt es sich um eine Verfassung des Übergangs: insofern sie eine föderalistische Verfassung ist und die Errichtung des Staates auf der Grundlage verschiedener Nationen vorsieht. Die Existenzberechtigung der Revolution und des Sowjetstaates – sei es in seiner Form von 1918 oder in der von 1924 – liegt ja gerade darin, den im Bewußtsein verankerten Nationalismus langsam zu überwinden und so zum wahren Klassenbewußtsein zu gelangen. Die Verfassung und die Föderation, die die Revolution hervorbringt, sind so gesehen letztlich nur vorübergehende Zugeständnisse an die besondere Situation Rußlands (an seine nationale Heterogenität) und an momentane Erfordernisse (die Einkreisung durch die kapitalistischen Länder, mit der die nationalen Gegensätze verschärft und zementiert werden). Wie einige Jahre zuvor die Parole von der »Selbstbestimmung«, ist der Föderalismus jetzt vor allem eine

Pädagogik, eine Schule des Internationalismus. Zu einer solchen Form des Föderalismus hatte Lenin sich 1917 bekehrt. Und so versteht er ihn auch noch auf dem Höhepunkt seiner Auseinandersetzung mit den *Dershimordi.* Wenn die Methoden von 1922 auch nicht nach seinem Geschmack sind, so spiegelt die Verfassung von 1924 seine Vorstellungen doch sehr genau wider. Seine Sichtweise wird die gesamte Weiterentwicklung der Sowjetunion auch in jenen Jahren bestimmen, in denen er selbst nicht mehr in der Lage ist, die geeignete Taktik für die jeweilige konkrete Situation zu entwickeln.

Der eigentliche Kern des Vorhabens, in das die Nationalitäten und Nationen 1924 zwangsläufig eingebunden werden, ist ein Projekt, das Lenin schon seit Oktober 1917, auf jeden Fall aber seit 1920, hartnäckig betrieben hat: der Erhalt der Schicksalsgemeinschaft jener Völker, die auf dem Gebiet des einstigen Zarenreiches leben. Der äußere Rahmen eines gemeinsamen Staates ist für den Bestand der Gemeinschaft entscheidend. Damit die Unterschiede innerhalb dieser Gemeinschaft überwunden werden können, bedarf ihr Zusammenleben einer Zentralisierung und Verschärfung der Kontrolle. Grundlage der gesamten Konstruktion ist letztlich der demokratische Zentralismus.

Auch nach seinem Tod bleibt Lenin der eigentliche Architekt des föderalen und multinationalen Staates, der 1924 offiziell ins Leben gerufen wird.

XIV »Ein Schritt vor, zwei Schritte zurück ...«

»Ist uns ein Winterfeldzug beschieden, so werden wir siegen, daran ist nicht zu zweifeln. Dafür bürgt auch unsere wirtschaftliche Lage. Sie hat sich bedeutend gebessert. [...] Das gibt uns das Recht zu sagen, daß der Sieg, wenn wir unsere Kräfte zusammenfassen, unser sein wird.«[1]

Diesen siegesgewissen Bericht legt Lenin stellvertretend für das Zentralkomitee der vom 22. bis zum 25. September 1920 beratenden IX. Parteikonferenz vor. Das Zitat stammt allerdings aus dem geheimgehaltenen Teil dieses Berichtes, in dem Lenin sich im wesentlichen bemüht, die Niederlage der Roten Armee in Polen und die strategischen Konsequenzen daraus zu erklären. Er rechtfertigt die polnische Expedition mit der Überzeugung, daß die Weltrevolution im August 1920 in greifbare Nähe gerückt sei. Die Bolschewiki hätten alle Chancen besessen, sich aus der Isolation zu befreien. Zwar habe man eine Niederlage erlitten, doch müsse man jetzt an die Zukunft Rußlands denken: Rußland sei mit der Revolution allein, aber jetzt müsse es allen widrigen Umständen trotzen und für das Überleben alle seine wirtschaftlichen Mittel mobilisieren.

In Erwartung der Weltrevolution und angesichts der Bürgerkriegsgefahr hatten die Bolschewiki von 1918 bis 1920 den »Kriegskommunismus« betrieben, eine Politik der direkten rücksichtslosen Eingriffe des Staates in alle Lebensbereiche. Mit ihr sollten alle erforderlichen menschlichen und wirtschaftlichen Ressourcen für den Kampf gegen die inneren und äußeren Feinde aufgeboten werden. Obwohl anfangs nur durch momentane Erfordernisse gerechtfertigt, wurde diese Staatspolitik *(ogossudarstwlenije)* zugleich auch zum »sozialistischen Prinzip« erhoben. Im September 1920 kündigt Lenin vor der Partei nun die Fortsetzung dieser Politik an, vor allem auf dem wichtigen Gebiet der Zwangseintreibung von Getreide bei den Bauern, die er als einen dauerhaften Erfolg darstellt. Und dieser soll nun durch den »Winterfeldzug« bestätigt werden.

Der Winter 1920/1921 wird allerdings eine ebenso herbe Enttäuschung wie der Sommer, in dem Lenin auf die Weltrevolution gehofft hatte. Die innere Konsolidierung bleibt aus. Und die Krise spitzt sich so dramatisch zu, daß sie einen radikalen politischen Rückzieher erforderlich macht: eine Abkehr vom »Kriegskommunismus« und Zugeständnisse an eine Bevölkerung, die zur offenen Rebellion übergegangen ist. Die sogenannte NEP (Neue Ökonomische Politik) wird dabei zum innenpolitischen Gegenstück der internationalen Verträge, die 1920 und 1921 mit den Nachbarstaaten und Großbritannien geschlossen werden – und zu den Militärabkommen mit Deutschland.

Die aufständischen Bauern

»Mit 260 Millionen Pud* Weizen pro Jahr in den Händen des Staates, der sie nach dem Quotensystem eingetrieben hat […], lösen wir das Problem der Verteilung von Lebensmitteln auf die richtige Weise.«[2] In diesen Äußerungen, die ebenfalls aus dem Bericht an die Partei vom September 1920 stammen, hebt Lenin die besondere Bedeutung und die – seiner Meinung nach – zufriedenstellenden Ergebnisse der eingeschlagenen Politik zur Versorgung der Bevölkerung hervor.

1918 hat Trotzki das Kommissariat für Versorgung *(Narkomprod)* übernommen und wird dieses Amt bis Ende 1921 bekleiden. Daß er die Funktion des Kriegskommissars und die des Kommissars für Versorgungsfragen in Personalunion ausübt, kommt nicht von ungefähr: In den Beziehungen zu den Bauern ist ein gewaltsamer Konflikt schon vorprogrammiert. Der herrschende Bürgerkrieg kann nicht darüber hinwegtäuschen, daß die Bolschewiki letztlich die Bauern als den Klassenfeind betrachten, dem sie den Kampf angesagt haben: Diese seien von der Habgier *(sobstwennitschestwo)* und von kapitalistischen Neigungen beherrscht. Der Krieg gegen die Bauern wird nun mit verschiedenen Mitteln geführt: mit den Armenkomitees *(Kom-*

* Ein russisches Pud entspricht ungefähr 16,38 Kilogramm.

bedy), denen 1918 reale Machtbefugnisse übertragen werden[3], mit der Versorgungsarmee *(Prodarmija),* die durch eine Reihe von Dekreten zwischen Mai und Juli 1918 eingerichtet und mit bestimmten Befugnissen ausgestattet wird[4], und schließlich mit den für die Versorgung der Stadt betrauten Arbeiterbrigaden. Die Bauern sind so schon 1918 in ein Netz von Institutionen eingebunden, das dazu dient, Erträge aus ihnen herauszupressen. Da die *Kombedy* wegen ihrer allzu großen Nähe zu den Bauern als schwer kontrollierbar galten, wurden sie bereits Ende 1918 wieder abgeschafft. Sie überließen das Terrain den Arbeiterabteilungen und vor allem den Militärs, also letztlich der Armee.

Trotz Lenins zuversichtlichen Äußerungen zu den Vorzügen des Systems herrscht in Rußland ab 1920 eine katastrophale Versorgungslage.[5] Im Februar präsentiert Trotzki nach einer Reise in den Ural dem Zentralkomitee einen Bericht über die Ineffizienz von Beschlagnahmungen und schlägt deshalb vor, sie durch eine Naturalsteuer zu ersetzen. Wenn die Bauern keine Industriegüter kaufen könnten, so Trotzki, fehle ihnen der Anreiz zur Produktionssteigerung. Seine Vorschläge laufen somit letztlich auf die Wiedereinführung der Marktwirtschaft hinaus.

Sie stoßen allerdings auf den Widerstand Lenins, der 1920 die Fortsetzung der bisherigen Politik gegenüber den Bauern und Arbeitern verficht. In der Versorgungsfrage reagiert er auf die Unzulänglichkeit der Beschlagnahmungen mit einer Intensivierung der Militäroperationen. Die Bauern setzen sich mit der gleichen Heftigkeit dagegen zur Wehr. Immer häufiger kommt es zu Aufständen. Die Versorgungslage in den Städten verschärft sich zudem dadurch, daß die Armee vor allem eigene Interessen im Auge hat und vornehmlich für den Eigenbedarf beschlagnahmt. Gleichzeitig laufen desertierte Rotarmisten und hungernde Arbeiter zu den Bauern über und kämpfen an ihrer Seite.[6]

Trotzkis Vorschlag wird in der zweiten Jahreshälfte 1920 von einzelnen örtlichen Führern übernommen. Sie verlangen von Moskau, die Gewaltaktionen und Zwangseintreibungen einzustellen. Vielmehr sei mit den Bauern ein Einvernehmen anzustreben, denn nur so könnten der wachsende Widerstand auf dem Land und die sich rasch ausbreitende Hungersnot eingedämmt werden. Die Zentralgewalt, das *Narkomprod,* reagiert dagegen mit unerbittlichen Befehlen: Die Bauernaufstände sollen mit Repressalien beantwortet, Dörfer niedergebrannt und aufständische Bauern erschossen werden. Zur Abschreckung solle vor allem die Sippenhaft eingeführt und ganze Familien exekutiert werden. Gewalt gegen Gewalt – so die Befehle Trotzkis, der sich nach einer Ablehnung seiner Vorschläge ohne Widerworte auf Lenins fanatischen Kurs begibt.[7]

Im Februar 1921 erreicht die Krise einen Höhepunkt. In der Provinz Tambow, also im Schwarzerdegürtel, kommt es zu einer allgemeinen Erhebung. Sie greift anschließend auf die Wolgagebiete, den Ural und Westsibirien über. Dabei widersetzen sich die Bauern nicht nur den Beschlagnahmungen, sondern der bolschewistischen Herrschaft insgesamt. Ab jetzt machen sie ihr eigenes Gesetz. Sie stoppen und plündern die Getreidetransporte auf dem Weg durch die Steppen nach Moskau. Die Truppen, die eilig vor Ort entsandt werden, bekommen es nicht nur mit vereinzelten aufständischen Bauern zu tun. Vielmehr leistet die gesamte ländliche Region Widerstand. Die Bevölkerung ist mit den Rebellen geschlossen solidarisch und bietet ihnen Unterschlupf. In den Regionen, die noch nicht vom Aufstand betroffen sind, ist die Lage nicht weniger katastrophal: 25 Prozent des vor 1913 bebauten Bodens liegen brach, die Erträge sind auf 40 Prozent der einstigen Produktion geschrumpft. Nirgendwo werden Gerätschaften instandgehalten, geschweige denn modernisiert. Die totale Opposition der Bauern, die »Unzulänglichkeit« der Gewaltmaßnahmen, vor denen Trotzki noch einige Monate zuvor gewarnt hatte, werden überall erkennbar. Und die Armee ist weder stark noch selbstsicher genug, um den um sich greifenden Aufstand einzudämmen. Für die Staatsmacht stellt sich eine Frage: Kann sie weiterhin auf reine Konfrontation setzen? Oder muß sie nach Kompromissen suchen? Kann sie es zulassen, daß die gesamte Ukraine unter Machno ihrer Kontrolle entgleitet? Daß die Bauern um Saratow unbehelligt alle Kommunisten niedermetzeln?

Bis zum Winter 1920 ist es üblich gewesen, für die Probleme auf dem Land den »bäuerlichen Kapitalisten«, den Kulaken und Spekulanten, verantwortlich zu machen. Jetzt brechen all diese Klischees in sich zusammen. Die Bauern sind zum Aufstand übergegangen, die Armee beginnt zu wanken, und die Arbeiterklasse stellt fest, daß sie keinen Grund mehr hat, mit ihren selbsternannten Vertretern Solidarität zu pflegen.

Der Aufstand von Kronstadt

Der Aufstand der Kronstadter Matrosen, dem »Stolz und dem Ruhm der Revolution«, wie Trotzki sie genannt hatte, veranschaulicht nicht nur auf besonders tragische Weise die Kluft zwischen Staat und Gesellschaft, sondern liefert der russischen Arbeiterklasse zugleich die Gelegenheit, ihre Opposition gegen Lenins bis zum Frühjahr 1921 betriebene Politik zu demonstrieren.

Um die Meuterei von Kronstadt und den gleichzeitigen Arbeiteraufstand[8] verstehen zu können, müssen erneut Lenins Entscheidungen beleuchtet werden. So vertrat er auf dem IX. Parteitag (März/April 1920) die Einführung autoritärer Führungsstrukturen in der Produktion, mit denen die Arbeiterklasse aus der Betriebsführung und den Entscheidungsprozessen ausgeschlossen wurde. Drei Maßnahmen galten dabei als entscheidend: die Anwerbung auch nichtkommunistischer Fachleute nach dem Vorbild der Armee, die Einführung einer einheitlichen Führungsstruktur in der Produktion und schließlich eine Entwicklung, bei der die in den Statuten vorgesehenen Wahlen an der Basis in Partei und Gewerkschaften immer stärker durch Ernennungen von oben abgelöst wurden. Letzteres galt allerdings nicht als offizielles Prinzip. Vielmehr handelte es sich um eine bequeme Praktik, die sich mit den Erfordernissen eines raschen und effizienten Handelns rechtfertigen ließ.

Dieser neue Kurs Lenins ruft bereits 1920 heftigen Widerstand hervor, der getragen wird von zwei Bewegungen unter Führung von Bolschewiki, die bei der Arbeiterklasse zum Teil hohes Ansehen genießen:

Zunächst formiert sich eine sogenannte Arbeiteropposition um Alexander Schljapnikow, ZK-Mitglied seit 1918, und Juri Lutowinow, einem Arbeiter und Führer der Metallgewerkschaft. Sie zieht gewerkschaftlich engagierte Kommunisten an und vertritt die These von der gewerkschaftlichen Kontrolle der Produktionsmittel. Gleichzeitig prangert sie die ausufernde Bürokratie der Partei an, verlangt deren Säuberung von nichtproletarischen Elementen und fordert bei der Besetzung von Führungspositionen die Rückkehr zum Prinzip der Wahl. Ihr Widerstand richtet sich somit gegen die gesamte von Lenin propagierte Politik.

Eine zweite Gruppe formiert sich zur Verteidigung eines wirklich demokratischen Zentralismus. Von Walirian Ossinski, Timofei Sapronow und Wladimir Smirnow gegründet, geißelt sie die wild wuchernde Bürokratie und den herrschenden Zentralismus. Sowohl Lenin als auch Trotzki sind die Zielscheiben ihrer Kritik.

Ausgebrochen war der Konflikt zwischen der Parteiführung und diesen beiden Gruppen bereits im Dezember 1919 im Zentralkomitee, als Trotzki sich für die angeblich notwendige Militarisierung der Arbeit einsetzte. Neben der Auseinandersetzung mit diesen Opponenten geriet er auch mit Bucharin aneinander, der deren Forderungen in der *Prawda* aufgegriffen hatte. Lenin warf ihnen Anarchosyndikalismus vor, zögerte allerdings, sich Trotzkis radikalen Positionen anzuschließen. Der IX. Parteitag hatte zwischen den beiden gegensätzlichen Positionen keine Entscheidung herbeiführen können, so daß vom X. Parteitag eine klare Stellungnahme erwartet wurde. Dieser fand dann allerdings vor dem Hintergrund eines Ereignisses statt, das den Bolschewiki viel Kopfzerbrechen bereitete: der Revolte von Kronstadt. Mit ihr sollte sich alles ändern.

Schon vor diesem Aufstand herrscht unter den Arbeitern ganz allgemein Aufruhr, ausgelöst durch die katastrophale Versorgungslage in den Städten. Den ganzen Winter 1920/1921 über versammeln sich die Proletarier zu Kundgebungen und Protestmärschen. Sie demonstrieren gegen ihre Lage, die »Diktatur« in den Fabriken und die Mangelwirtschaft. Eine Betriebsversammlung im Werk Trubotschnoi Sawod, einer der wichtigsten Fabriken in Petrograd, spiegelt die Stimmung in der Belegschaft besonders gut wider: In einer abschließenden Resolution verlangen die Arbeiter höhere Lebensmittelrationen und die sofortige Verteilung von Schuhen und Winterkleidung. Am nächsten Tag ermorden Arbeiter der gleichen Fabrik den Vorsitzenden des Petrograder Gewerkschaftsrates, den Bolschewiken Anzelowitsch, weil er die Rückkehr an die Arbeit verlangt hat. Danach ziehen sie in andere Betriebe und rufen dort die Arbeiter zur Solidarität auf. Die Unruhe erfaßt schließlich die ganze Stadt. Sinowjew als Vorsitzender des Petrograder Verteidigungsausschusses versucht die Krise zu entschärfen, indem er an den Ausgängen der Stadt die Sperren entfernen läßt, mit denen die Bewohner an der Flucht aufs Land gehindert werden. Damit können sie sich – durch Beschlagnahmungen – ihre Nahrungsmittel selbst beschaffen.

Aber das revolutionäre Feuer hat bereits auf den Marinestützpunkt Kronstadt übergegriffen, einst der Stolz des Sowjetregimes. Die Matrosen solidarisieren sich mit den Streikenden, kündigen die Auflösung des Sowjets der Stadt und die Bildung eines provisorischen Militärkomitees an, das diesen bis zu Neuwahlen vertreten soll. »Ein Sowjet ohne Kommunisten« – unter dieser Parole vereinigen sich die aufständischen Bauern in der Region von Tambow mit den Matrosen der Ostseeflotte. Letztere errichten eine revolutionäre Kommune, die sechzehn Tage Bestand haben, den Arbeiteraufstand ablösen und ein Programm propagieren wird, das eine Alternative zu dem seit 1918 herrschenden politischen System bildet: die Auflösung der Sowjets und ihre Neubildung durch freie und geheime Wahlen; Presse- und Versammlungsfreiheit für Sozialisten, Anarchisten und Gewerkschafter; die freie Verfügung der Bauern über ihre Ernten; die Abschaffung der Truppenabteilungen für Beschlagnahmungen auf dem Land und ein Verbot von Durchsuchungsaktionen; Berufsfreiheit für Handwerker, die keine Lohnabhängigen beschäftigen.

Kronstadt ist, wie Lenin sagen wird, zwar nicht *ganz* Rußland, aber die »Kommune« dieser Stadt ist zum beunruhigenden Symbol für eine Entwicklung geworden, bei der die einst begeistertsten Verfechter der kommunistischen Macht davonlaufen. Sie ist zugleich der Beleg dafür, daß es eine Beziehung zwischen all diesen Revolten gibt: der der Bauern von Tambow, der in der Ukraine um Machno und der der gesamten russischen Landbevölkerung. Rasch schließen sich Sozialrevolutionäre den Aufständischen auf dem Land und in Kronstadt an. In Kronstadt predigt Wiktor Tschernow die Rückkehr zur Konstituierenden Versammlung und zur Legalität. Vor allem aber stoßen nach anfänglichem Zögern auch die Anarchisten zu den Matrosen und versuchen, eine letzte Konfrontation mit der Staatsmacht zu verhüten.

Hier und da brechen alte Feindschaften wieder auf: Auf dem Land, aber auch in der Stadt grassiert erneut der Antisemitismus. Trotzki und Sinowjew werden wegen ihrer Abstammung an den Pranger gestellt. Allenthalben tragen Spruchbänder die Hetzparole: »Rußland, die erste Judenrepublik!« In den Provinzen von Minsk und Gomel kommt es zu Massakern unter Juden. Die Pogrome sorgen in der jüdischen Sektion der Partei *(Jewsekzija)* für Empörung.[9] Sie wendet sich daraufhin an Lenin und stigmatisiert die »Unfähigkeit der russischen Regierung, die Juden vor den Banditen« (d.h. vor den Bauern der umliegenden Dörfer) zu schützen. Bisweilen greift sie die Vorwürfe jüdischer Bauern auf, die die Staatsgewalt indirekt für die Übergriffe verantwortlich machen[10]: Die russische Führung habe – wie schon die Vorgänger der Bolschewiki im Zarenreich – den Zorn der Bauern auf die traditionellen Sündenböcke gelenkt.

Bestärkt werden sie in ihrem Verdacht durch Lenins Reaktion auf frühere Beschwerden: Schon einmal, Ende 1920, wurde er in Kenntnis darüber gesetzt, daß sich aus Polen zurückkehrende Abteilungen von Rotarmisten an Judenpogromen beteiligt hatten. Statt auf die antisemitischen Ausschreitungen zu reagieren und eine Untersuchungskommission vor Ort zu entsenden, versah Lenin die erhaltenen Unterlagen mit dem Vermerk: »Für das Parteiarchiv.« Nirgendwo findet sich ein Hinweis auf einen Befehl, weitere Übergriffe zu verhindern.

Daß Lenin den Juden zumindest mit zwiespältigen Gefühlen gegenüberstand, belegt auch der Entwurf für ein Thesenpapier des Zentralkomitees zu der Linie, die die russischen Behörden nach Denikins Niederlage in der Ukraine einschlagen sollten, die von den Russen erneut besetzt gehalten wurde. Der Text, der am 21. November 1919 vom Politbüro verabschiedet wurde, enthält folgenden Absatz 7: »Die Juden und Bürger in der Ukraine mit eiserner Hand behandeln und sie nicht in die Regierung eintreten lassen.« Das Wort »Jude« hat Lenin am Rand mit dem Vermerk versehen: »Drücken Sie das freundlich aus: jüdisches Kleinbürgertum.« Die Passage wurde mit der gewünschten Veränderung verabschiedet.[11]

An dieser Stelle sei daran erinnert, daß Lenin Trotzki in seinem Streit mit ihm 1911 als »kleinen Judas« bezeichnet hatte.[12]

Ganz allgemein erreichen Lenin in dieser Zeit zahlreiche Bittbriefe, die an seinen Gerechtigkeitssinn oder sein Mitgefühl appellieren, um die unmenschlichen Haftbedingungen einzelner oder ganzer Gruppen zu erleichtern. Er versah sie stets mit dem gleichen Vermerk: »Für das Archiv.« Umso besser versteht man den wachsenden Zorn der Bevölkerung, der sich plötzlich auf dem Land und, im Februar und März 1922, auch in Kronstadt in antikommunistischen Protesten Luft macht. Dabei stellen die Bauern und die Matrosen die gleiche Forderung: »Gebt den Bauern die Freiheit zur Produktion und zum Handel zurück!« Die gesamte russische Gesellschaft erkennt, daß diese schreckliche Krise nur dann überwunden werden kann, wenn die Bauern vor Terror und Beschlagnahmungen sicher sind.

Lenin äußert sich über die Kommune von Kronstadt mit folgenden Worten: »Der ›Schieber‹ hatte solche Macht, daß er mit der Parole von der Freiheit des Handels bewaffnet, sogar die Festung Kronstadt eroberte.« Diesem zutreffenden Urteil hätte er hinzufügen können: »Und daß er für die bolschewistische Macht zur tödlichen Bedrohung wurde!« Obwohl er es nicht mit scharfer Deutlichkeit sagt, hat Lenin sehr wohl begriffen, daß er sich den Realitäten nicht weiter verschließen kann. Er muß nachgeben.

Seine Entscheidung liegt auf der Hand: Da von den Bauern alles abhängt, muß er mit ihnen Kompromisse schließen. Zuvor steht allerdings die Eindämmung, ja die Niederschlagung des Arbeiteraufstandes an.

Die Entscheidung, gegen die Kronstadter Kommune Gewalt anzuwenden, fällt ohne jedes Zögern. Alle Gruppierungen der sonst so zerstrittenen Partei sind fast einhellig dafür. In den Augen aller ist es weder denkbar noch hinnehmbar, daß die Arbeiterklasse und die Matrosen, die bislang Bolschewiki gewesen sind, sich der Staatsgewalt widersetzen. Die einzige Lösung des Problems besteht in der gewaltsamen Niederschlagung des Aufstandes.[13] Während in Petrograd Milizionäre der Tscheka streikende Arbeiter, Demonstranten und militante Gewerkschafter verhaften, werden Elitesoldaten unter dem Befehl von Tuchatschewski nach Kronstadt entsandt. Zehn Tage lang, vom 8. bis zum 18. März 1923, kämpfen sie mit Unterstützung von Luftwaffe und Artillerie zu den Klängen der *Internationale* gegen die Aufständischen. Um die Niederschlagung zu rechtfertigen, wird die Kommune von Kronstadt als »kleinbürgerliche, anarchistische und bäuerliche Bewegung« hingestellt! Dennoch löst der von den Sowjets ausgelöste Angriff unter der Arbeiterklasse einen Sturm der Entrüstung aus. In Zarskoje Selo, Oranienbaum und anderswo versuchen Eisenbahner, die Truppentransporte zu unterbrechen. Sie rufen die Soldaten zur Meuterei und zur Solidarität mit den Verteidigern der Demokratie auf. Vergebens: Zu groß sind die aufgebotenen Mittel. Zudem kommen die Beschlüsse des X. Parteitags den Bauern entgegen und verhindern so, daß die vorwiegend vom Land stammenden Soldaten den Aufständischen zu Hilfe eilen. Mit der Wende zur NEP (Neue Ökonomische Politik), von der die Armee am 15. März erfährt, sichert sich die Staatsmacht die Unterstützung der Soldaten. Damit geht die Schlacht ihrem Ende entgegen.

Die Bilanz der Gefechte ist erschreckend. Beide Lager zählen Tausende von Toten. In der Armee, die während der Frostperiode kämpfen mußte, sind zehntausend Mann gefallen, verwundet oder verschollen. Nach ihrem Sieg begehen die Rotarmisten unter den Aufständischen Massaker. Mutmaßliche Rädelsführer werden ohne Untersuchung ihrer Verantwortlichkeit sofort erschossen. Die Überlebenden werden später zu Hunderten und Tausenden von der Tscheka abgeurteilt, erschossen oder in die Konzentrationslager deportiert. Diese gibt es im hohen Norden schon seit 1918 – und später werden sie Solschenizyn zu seinen Anklagen veranlassen. (Ihre Existenz wird mit der Öffnung der Archive der Sowjetunion weitgehend bestätigt werden.[14]) Nach dem X. Parteitag schlägt Dserschinski vor, die Überlebenden von Kronstadt in die »Strafkolonie von Uchta« zu verschicken. Mit Lenin beschließt er zudem die Einrichtung einer sogenannten »Strafkolonie« in Cholmogory.

Zur gleichen Zeit, zu der Staat und Partei auf dem besten Wege sind, sich durch die Wende zur NEP mit der Bevölkerung auszusöhnen, entstehen immer weitere Konzentrationslager – ein Zeichen dafür, daß der soziale Kompromiß im Schatten einer verschärften Repression vollzogen wird. Der soziale Frieden geht im übrigen bei weitem nicht mit einer politischen Befriedung einher. So läßt Dserschinski damals alle in den staatlichen Verwaltungen und Betrieben beschäftigten Menschewiki, Anarchisten und Sozialrevolutionäre verhaften. Und Tuchatschewski erhält gleich nach der Niederschlagung des Kronstadter Aufstandes den Auftrag, die bäuerliche Rebellion von Tambow zu liquidieren. Er erfüllt diese Mission ohne Rücksicht auf Verluste. Bauern, bei denen Waffen auftauchen, werden mit der Familie erschossen, Flüchtlinge in die Wälder verfolgt und gegen die verzweifelte Bevölkerung Giftgas eingesetzt. Wer in Gefangenschaft gerät, wird in eines der vielen neuen Konzentrationslager verschleppt. Deportation ohne Wiederkehr, Giftgas gegen die Bevölkerung: Diese Waffen setzt Lenins Regierung gegen all jene ein, die ihr nicht mit blindem Gehorsam folgen wollen. Dies ist der Hintergrund, vor dem der X. Parteitag die NEP beschließt.

Ein Bauern-Brest-Litowsk: Die NEP

Am 15. März – die Rote Armee greift damals die Aufständischen von Kronstadt an – verabschiedet der X. Parteitag (8. bis 16. März 1921) eine Reihe von Maßnahmen zur Förderung der Landwirtschaft. Die Neue Ökonomische Politik (NEP) bezeichnet später der marxistische Theoretiker Dawid Rjasanow als ein »Bauern-Brest-Litowsk«. Als erste Maßnahme werden die Beschlagnahmungen von Erträgen abgeschafft – das einzige Mittel, um das Vertrauen der Landbevölkerung zurückzugewinnen. Statt dessen wird eine Naturalsteuer eingeführt, wobei die Bauern das Recht erhalten, über Überschüsse frei zu verfügen. Mit anderen Worten: Die Wiedereinführung des Handels wird beschlossen.

Daß diese radikale Wende im März 1921 problemlos verabschiedet wird, hängt zweifellos mit der desolaten Lage in Rußland zusammen. Lenin beruft sich im übrigen darauf, der Aufstand von Kronstadt habe das ganze Ausmaß der Probleme im Land deutlich gemacht. Hinter ihm stecke letztlich die Unzufriedenheit der Bauern. Um den zunächst widerstrebenden Parteitag zu überzeugen, fügt er hinzu: »Nur das Einvernehmen mit der Bauernschaft kann die russische Revolution retten und ihr ein Überleben bis zu dem Augenblick ermöglichen, an dem anderswo Revolutionen ausbrechen.«

Tatsächlich hatte sich das Problem der Aussöhnung mit den Bauern seit Monaten gestellt, und so wirft diese Diskussion zwei Fragen auf: Welchen Anteil hatte Lenin an dieser Entscheidung? Und was beabsichtigte er mit der NEP?

Festzuhalten ist zunächst, daß Lenin sich einer solchen Wende in der Wirtschaftspolitik lange Zeit widersetzt hatte. Daher seine Reaktion auf Trotzkis Vorschlag Anfang 1920, eine Annäherung an die Bauernschaft zu suchen. Lenin weist das Ansinnen zurück[15] und beschließt im Gegenteil, die Arbeit beschleunigt zu militarisieren.[16] Setzt er noch immer auf die Weltrevolution? Auf dem IX. Sowjet-Kongreß wird Trotzkis Gedanke von den Menschewiki und den SR aufgegriffen. Er selbst hat sich allerdings inzwischen begeistert dem »Kriegskommunismus« angeschlossen. Zwar schließt er sich 1921 in der Debatte um die Einführung der NEP der übrigen Partei an, doch plädiert er schon im Sommer 1921 dafür, die Wirtschaft der Zentralgewalt zu unterstellen. Umgekehrt bekehrt Lenin sich Anfang 1921 zum Gedanken an eine »Wende«. Das Reformvorhaben, das am 8. Februar im Politbüro und am 24. im Zentralkomitee diskutiert wird, erscheint schließlich auf der Tagesordnung des X. Parteitages. Vor diesem Gremium hat Lenin die These vertreten, ohne Zugeständnisse an die Bauern werde die politische Krise den endgültigen Sturz des Regimes herbeiführen.

Diese späte Bekehrung folgt auf die Einsicht, daß die bolschewistische Herrschaft bei der Bevölkerung inzwischen auf Ablehnung stößt. Aber Lenins Entscheidungen sind von jeher durch taktische Erwägungen bestimmt worden. Es sollte bis zum Sommer 1923 dauern, bis Lenin seine Entscheidung von 1921 auch auf theoretischer Ebene verarbeitet. So schreibt er in einem Kommentar zu Suchanows Aufzeichnungen zur Revolution[17]: »Rußland hat in der Entwicklung der Produktivkräfte noch nicht die Höhe erreicht, bei welcher der Sozialismus möglich wäre.« Und er fügt hinzu: »Wenn zur Schaffung des Sozialismus ein bestimmtes Kulturniveau notwendig ist [...], warum sollten wir nicht damit anfangen, auf revolutionärem Wege die Voraussetzungen für dieses bestimmte Niveau zu erringen, und *dann* schon, auf der Grundlage der Arbeiter- und Bauernmacht und der Sowjetordnung, vorwärtsschreiten und die anderen Völker einholen.« Erstaunliche Äußerungen für einen orthodoxen Marxisten, der stets die Volkstümler bekämpft hatte. Sie belegen jedenfalls Lenins Besorgnis über die Konsequenzen des russischen Entwicklungsrückstandes.

Auf dem X. Parteitag trifft Lenin mit seiner neuen Linie jedenfalls auf keinen allzu großen Widerstand. Die Mehrheit der Genossen interessiert sich eher für Fragen der Gewerkschaft und der Parteiorganisation als für die Probleme der Bauern. Wie die Protokolle belegen, hat sich weniger als ein Zehntel der

Diskussionen um die NEP gedreht. Dabei war Lenin sich durchaus bewußt, daß er bei den Vertretern der Arbeiter mit seiner Neuen Ökonomischen Politik auf Widerstand stoßen würde. Deshalb brachte er seine Vorschläge sehr vorsichtig vor und versuchte, sie als beschränkte Maßnahmen zu präsentieren.

Wie muß man die NEP bewerten? Welche Bedeutung hatte sie für Lenin?

War sie ein Zugeständnis an die Gegebenheiten in der russischen Gesellschaft, von der er wußte, daß sie sich nur langsam verändern ließ? Oder zielte sie auf eine Atempause zur Rettung der Revolution? Der Ausdruck »Bauern-Brest-Litowsk« zeigt sehr wohl, auf welch breiter Basis das Thema diskutiert wurde und welche Überraschung die Beschlüsse ausgelöst haben. Wie beim Friedensvertrag von Brest-Litowsk war die politische Führung darüber zerstritten, wie die Aussöhnung mit den Bauern aussehen sollte. Für Lenin – das belegen seine Schriften und 1923 seine Anmerkung zu Suchanows Aufzeichnungen – geht es (wie in Brest-Litowsk) nur um eine vorübergehende Atempause, nicht aber um dauerhafte Zugeständnisse. Diese Feststellung wirft allerdings eine noch kompliziertere Frage auf: Geht es um eine kurze Pause, damit die Bolschewiki die Bevölkerung beschwichtigen, ihre Macht festigen und das Vertrauen des russischen Volkes zurückgewinnen können, bevor dann wieder im Eiltempo der Sozialismus angestrebt wird? Oder geht es vielmehr um einen längeren Rückzug, der durch die Rückständigkeit Rußlands und durch das Ausbleiben der Weltrevolution motiviert ist?

Die Haltung, die in Lenins *Die Aufgaben der Revolution* von 1917 und seinen ersten Amtshandlungen im Oktober und November des gleichen Jahres zum Ausdruck kommt, spricht eher für die Annahme einer dauerhaften Pause. So erklärt er denn auch vor dem X. Parteitag: »Laßt uns unsere Politik gegenüber der Bauernschaft revidieren [...], denn die Umformung des kleinen Landwirts, die Umformung seiner ganzen Mentalität und seiner Gewohnheiten ist eine Sache, die Generationen erfordert. [...] Wir müssen uns bemühen, die Forderungen der Bauern zu erfüllen...« In ähnlich großen Zeiträumen denkt Lenin auch im Zusammenhang mit den Anstrengungen, die für den Aufbau einer modernen Industrie zur Unterstützung des gesellschaftlichen Wandels benötigt werden. 1921 gibt er so anscheinend seinen menschewistischen Erzfeinden recht, wenn auch mit einem Unterschied: Er hat es dabei ausschließlich darauf abgesehen, das Machtmonopol und die Kontrolle der kommunistischen Partei über alle gesellschaftlichen Bereiche aufrechtzuerhalten.

Diese strategische Wende, die auf eine Anpassung der Politik an die gesellschaftlichen Realitäten abzielt, ist der Partei insgesamt und den Gewerkschaften indes nur schwer zu vermitteln. Besonders die Gewerkschafter begreifen die NEP als eine Veränderung, die aus den Bauern die wichtigsten Akteure des russischen Lebens machen werde, von denen dann die Weiterentwicklung des Landes abhänge – eine Wende auf Kosten der privilegierten Position der Arbeiter. Eine solche Rolle der Bauern ist für die Gewerkschafter folglich nicht hinnehmbar – ebensowenig für viele Kommunisten. Um die Wende trotz der Widerstände durchsetzen zu können, ist eine Stärkung der Parteidisziplin unerläßlich. Denn die Partei ist 1921 gespalten und geschwächt.

Und die Bauern? Man darf davon ausgehen, daß sie versuchten, die ihnen zuerkannte Rolle zu erweitern, zu stärken und auf Dauer zu festigen. Um die Unabhängigkeit der Bauern auf den wirtschaftlichen Sektor zu begrenzen, um sie kontrollieren und ihre Ambitionen beschränken zu können, ist eine starke, zentralisierte und autoritäre Partei notwendig.

Daraus ergibt sich die andere von Lenin angestoßene Reform: eine Parteireform, die vom X. Parteitag verabschiedet wird. Man versteht nicht, welche Bedeutung die NEP für Lenin hatte, wenn man sie nicht im Zusammenhang mit den Neuerungen innerhalb der Partei sieht. In der Kombination beider Reformen wird einmal mehr Lenins generelle Sichtweise von den Beziehungen zwischen Partei und Gesellschaft erkennbar. Für ihn ist die Anpassung an die Realitäten – die Entscheidung für die NEP – nur dann akzeptabel, wenn die Kontrolle der Gesellschaft und die Aufrechterhaltung der uneingeschränkten bolschewistischen Macht gesichert sind. Hier zeigt sich, daß seine Bekehrung zur Neuen Ökonomischen Politik – sie ist letztlich nur von seinem gewöhnlichen Pragmatismus diktiert – an seiner allgemeinen Sichtweise vom Primat der Politik nichts verändert hat.

Eine Priorität: Die Einheit der Partei

Wenn dem X. Parteitag in der sowjetischen Geschichte eine so entscheidende Rolle zukommt, so nicht wegen der Veränderungen innerhalb der Partei. Seine Bedeutung liegt vielmehr darin, daß mit ihm ein Plan zu Ende gebracht wird, den Lenin schon zu Beginn des Jahrhunderts gehegt hatte, als die Revolution noch ein reiner Traum war. 1921 bezieht der Chef der Revolution in das Leben und die Aufgaben der Partei nun offiziell all das mit ein, was bisher nur in der Konsequenz dazugehört hatte: einen monolithischen Aufbau und ein Verbot jedweder Opposition. Wurde ein solcher Aufbau nicht schon vorausgesetzt, als Lenin seine Konzeption von der Partei in *Was tun?* unter das Motto stellte, sie zu »purifizieren«? Auch Lenins Praktiken als Parteichef basierten bereits auf einem solchen Parteiaufbau, der vom X. Parteitag dann festgeschrieben werden sollte.

Auf der Tagesordnung des Parteitages steht nur eine große Frage: Welche politische Rolle sollen die Gewerkschaften spielen? Und hinter dieser Frage verbirgt sich ein weiteres, noch entscheidenderes Problem: Von wo soll die Macht tatsächlich ausgehen? Von der Spitze oder von der Basis der Partei?

Das erste Problem, das explizit formuliert wird, hat schon in den Monaten vor dem Parteitag durch persönliche Querelen besondere Schärfe erhalten; vor allem durch ein regelrechtes Komplott gegen Trotzki, dessen Drahtzieher oder böser Geist kein anderer als Sinowjew gewesen ist. Der schwelende Streit des Jahres 1920 entbrennt mit voller Schärfe auf dem X. Parteitag anläßlich einer Debatte um verschiedene Programme und Konzeptionen. Dabei stehen sich Trotzki und die Arbeiteropposition gegenüber. Während Trotzki dafür eintritt, die Gewerkschaften in den Dienst der Produktion zu stellen und sie in die Verwaltungsstrukturen zu integrieren, kämpft die Arbeiteropposition für die gewerkschaftliche Unabhängigkeit. Auch solle die wirtschaftliche Führung einem »Gesamtrussischen Kongreß der Produzenten« unterstellt werden. Lenin neigt zwar eher Trotzkis Meinung zu, verurteilt aber dessen radikale und intolerante Linie in der Diskussion. Obwohl es zwischen beiden keine grundlegenden Meinungsverschiedenheiten gibt, entsteht wegen ihres unterschiedlichen Auftretens der falsche Eindruck eines echten Konfliktes.

Daß Trotzki und die Arbeiteropposition ihren Streit auf einem Parteitag austragen, gibt diesem eine besondere Tragweite. Die Kontrahenten versuchen daher, durch die Ausarbeitung von »Plattformen« – 1921 eine ganz unübliche Praxis – ihre Anhänger zu mobilisieren. Der *Kurze Lehrgang der Geschichte der kommunistischen Partei Rußlands,* der 1938 unter der Herrschaft des allmächtigen Stalin erscheint, gibt diese Episode mit folgenden Worten wieder:

»Entgegen der Parteidisziplin tat Trotzki seine abweichende Meinung kund: Er erklärte in seinem Namen und in dem seiner politischen Freunde, daß er mit dem Zentralkomitee nicht einer Meinung sei. Er verkündete, der Parteitag müsse zwischen zwei wichtigen Plattformen wählen, zwischen seiner und der Lenins.«

Diese Darstellung ist typisch für die Geschichtsfälschungen unter Stalin. Zunächst einmal hatte Trotzki seine These keineswegs auf der Grundlage einer Plattform diskutieren wollen. Im Gegenteil hatte er darauf hingewiesen, daß ein solches Vorgehen die Positionen nur verhärten und dadurch jede Diskussion verhindern würde. Außerdem hatte es auf dem Parteitag zwar Konfrontationen gegeben, aber diese waren viel komplexer als ein einfaches Rededuell zwischen Lenin und Trotzki. In der Diskussion um die Stellung der Gewerkschaften gab es mehrere Plattformen. Trotzki wurde hauptsächlich von Bucharin, Preobrashenski und Serebriakow unterstützt. Lenin hatte eine Zehnergruppe um sich geschart, Unterzeichner der These, wonach die Gewerkschaften unabhängig sein sollten. Wortführer dieser »Plattform der Zehn« waren Sinowjew und Stalin. Die Beiträge beider waren eher eine Polemik gegen Trotzki als eine Diskussion darüber, welche Rolle die Gewerkschaften spielen sollten. Die Arbeiteropposition wurde dagegen von Schljapnikow angeführt und von Alexandra Kollontai unterstützt, einer hochgeschätzten Figur, deren Gedanken zu den zwischenmenschlichen Beziehungen, vor allem zu Frauen, mit Lenins zur Schau getragener Sittenstrenge schlecht vereinbar waren. Die Arbeiteropposition verurteilte die Militarisierung der Arbeit und die mangelnde innerparteiliche Demokratie. Verlangt wurde die Umsetzung einer egalitären Konzeption der wirtschaftlichen Aktivitäten –

Vorstellungen, die von Preobrashenski im Namen der Partei zerpflückt wurden. Heftig bekämpft wurden diese Gedanken auch von Trotzki, der eine gewerkschaftliche Unabhängigkeit nicht akzeptieren konnte, und ebenso heftig von Lenin, der den Gewerkschaften die Rolle der »Schulen des Kommunismus« für eine rückständige Arbeiterklasse zuschrieb und sie der Vormundschaft der Partei unterstellt sehen wollte. Lenin hatte eindeutig sehr eng gefaßte Vorstellungen von der gewerkschaftlichen Unabhängigkeit.

Die mittlere Position, die der Parteitag in seiner Resolution schließlich übernahm, leitete sich aus Lenins Thesen her:

»In den Gewerkschaften ist es unerläßlich, daß die Wahl aller Organe sichergestellt und die Methode der Ernennung abgeschafft wird. Die Auswahl des Führungspersonals der gewerkschaftlichen Bewegung muß selbstverständlich unter Kontrolle der Partei erfolgen.«

Dieser Passus aus der Resolution steht ganz im Einklang mit der Leninschen Konzeption des demokratischen Zentralismus. Die gewerkschaftlichen Organisationen erhalten die Aufgabe, die Arbeiter einer Führung zu unterstellen und ihre Interessen zu vertreten. Die Wiedereinführung des Prinzips der Wahlen trägt den wiederholten Beschwerden der Arbeiteropposition gegen die innere Bürokratisierung Rechnung. Gleichzeitig werden die Gewerkschaften aber auch der ständigen Kontrolle durch die Partei, also einer übergeordneten Autorität, unterworfen.

Die Arbeiteropposition geht so aus der Debatte als Verlierer hervor. Allerdings erspart ihr die Partei eine Demütigung, indem sie Schljapnikow ins Zentralkomitee holt. Dahinter steckt einmal mehr die seltsame Art Lenins, seine Gegner zwar mundtot zu machen, sie aber in den Führungsorganen zu belassen – und so zu vermeiden, daß sie sich in eine Fundamentalopposition begeben. Schon 1917 war er so mit Sinowjew verfahren, der sich unbeugsam einem sofortigen Aufstand widersetzt hatte. Gleichzeitig gelingt es Lenin so, Gegnern seine Sicht der Dinge aufzuzwingen und trotz der Kritik Geschlossenheit in der Partei zu demonstrieren.

In dieser friedlichen Stimmung, nach der Wahl des Zentralkomitees, ließ Lenin zwei weitere Resolutionen verabschieden, die entscheidenden Einfluß ausüben sollten: eine zur Einheit der Partei und eine zur »syndikalistischen und anarchistischen Abweichung«. Daß Lenin so wichtige Resolutionen nach Abschluß der Beratungen persönlich einbrachte, deutete darauf hin, daß er Diskussionen und eine anschließende Verwässerung möglichst vermeiden wollte – und daß er ihnen besonderen Wert beimaß.

Die Resolution zur Einheit der Partei untersagte die Verbreitung von Gedanken, die von der Mehrheit verurteilt worden waren. Diese durften nur in einem geeigneten Rahmen diskutiert werden. In einer gelehrten Unterscheidung zwischen der »Abweichung«, dem »Beginn einer politischen Richtung, die von der Partei wahrgenommen werden muß«, und der »Fraktion«, die »mit der Parteizugehörigkeit unvereinbar« sei, wurde mit dieser Resolution jede Form der Fraktionsbildung verboten. Mit der Verabschiedung dieses Prinzips verfügte der Parteitag zugleich auch die sofortige Auflösung von Gruppen, die sich um bestimmte Plattformen herum organisiert hatten. Alle Parteiorganisationen wurden angewiesen, fraktionelle Aktivitäten zu unterbinden. Im – geheimzuhaltenden – Punkt 7 der Resolution wurde dem Zentralkomitee die Aufgabe übertragen, die Parteidisziplin durchzusetzen und bei Verstößen alle vorgesehenen Strafmaßnahmen anzuwenden – einschließlich des Parteiausschlusses. Für die Mitglieder der Führungsgremien sollte diese letzte Maßnahme durch ein Plenum aus Zentralkomitee und Kontrollkommission mit Zweidrittelmehrheit beschlossen werden. Lenin bat um Geheimhaltung dieser Bestimmung, die nur in außergewöhnlichen Fällen, das heißt nur dann angewandt werden sollte, wenn der Partei die Spaltung drohe. Trotz seiner Beschwichtigungen ahnten freilich viele Kollegen, daß das Fraktionsverbot und das besondere Verfahren zum Parteiausschluß eines Tages zur Regel werden und auch sie treffen könnte. Radek sprach dies offen aus. Dennoch stimmte auch er trotz der von mehreren Seiten geäußerten Befürchtungen *für* die Resolution – als der einzig möglichen Garantie für die Einheit der Partei.

Wieder hatte Lenin sich als geschickter Taktiker erwiesen und seine Kollegen davon überzeugt, mit ihrer Stimme der Einheit der Partei absoluten Vorrang einzuräumen. Da er die Resolution erst ganz am Schluß der Beratungen eingebracht hatte, waren Zweifel erst gar nicht diskutiert worden. Dies erklärt auch, warum die Resolution verabschiedet wurde, obwohl zahlreiche Bolschewiki die verhängnisvollen Konsequenzen, die sich in naher Zukunft zeigen sollten, bereits vorausahnten.

Die Bilanz des X. Parteitages[18] zeigt klare Widersprüche, wurden mit ihm doch zwei gegensätzliche politische Richtungen abgesegnet: eine gewisse Liberalisierung im Hinblick auf die Gesellschaft (die NEP und eine, wenn auch nur teilweise, Ablehnung der autoritären Konzeptionen Trotzkis) und, auf der anderen Seite, nie dagewesene, autoritäre Führungspraktiken innerhalb der Partei. Neu ist 1921 die Verabschiedung von Prinzipien und Mechanismen, die ihre Einhaltung durchsetzen sollen. Lenin war zwar schon immer als Verfechter einer eisernen Parteidisziplin aufgetreten. Aber 1921 läßt er die Delegierten eine inoffizielle Praxis förmlich absegnen und sie zum unantastbaren Prinzip erheben. Zwar rechtfertigt er diesen Absolutismus durch das große Bemühen, die Demokratie innerhalb der Partei zu schützen. Aber zum Zeitpunkt des X. Parteitages zeigen der Umgang mit der Arbeiteropposition und die sich anschließenden Säuberungen sehr deutlich, daß die »Demokratisierung« in der verabschiedeten Parteireform kaum Platz hat.[19]

Der Parteitag segnete zudem wichtige Veränderungen in der Parteiführung ab. Die drei Sekretäre des Zentralkomitees Krestinski, Preobrashenski und Serebriakow, die sich um mehr Toleranz in der Partei bemüht und vor allem beim Parteiausschluß eine breitere Diskussion vertreten hatten – die beiden letzteren hatten in der Gewerkschaftsfrage zudem Trotzkis Position bezogen –, wurden nicht wiedergewählt. Mehrere Altbolschewiken stiegen in die wichtigsten Führungsgremien auf: Ordshonikidse, Frunse, Woroschilow, Kuibyschew, Molotow und vor allem Stalin, dem einige der Gewählten nahestanden. Mit Stalin wird im übrigen Molotow, der durch die Eliminierung der drei vorherigen Sekretäre zur dominanten Figur des Sekretariats geworden war, eng zusammenarbeiten.

Auf dem folgenden, dem XI. Parteitag, der vom 27. März bis zum 2. April 1922 zusammentritt, wird Stalin »Generalsekretär«, eine in der Partei bisher inexistente Funktion. An seiner Seite werden dann Molotow und Kuibyschew wirken.[20] Offiziell schlägt Kamenew diese Ernennung Stalins in der Vollversammlung des ZK vor. Aber angesichts der Aufmerksamkeit, die Lenin

Stalins Verdiensten in dieser Zeit widmet, geht Wolkogonow davon aus, daß diese Ernennung auf Lenin zurückgehen müsse.[21] Bestätigt wird diese Annahme durch Molotow, der mit dem Schriftsteller Felix Tschujew über die Jahre zahlreiche Gespräche geführt hat. Darin sagte er ausdrücklich: »An Stalins Namen hatte Lenin eigenhändig ›Generalsekretär‹ geschrieben.«[22]

Zu dieser Zeit wird die Parteibasis einer ausgiebigen Säuberung unterzogen. 136 800 Mitglieder werden ausgeschlossen. Die Gründe reichen von Untätigkeit über Undiszipliniertheit bis zu Gesetzesverstößen. Von der gewaltigen Säuberungsaktion sind damit über 20 Prozent der Mitglieder betroffen.

Der X. Parteitag hat folglich die Konsequenzen aus den Schwierigkeiten gezogen, in denen sich Rußland befindet, also aus der Ausrichtung auf den »Kriegskommunismus«, auf die mit der NEP reagiert wird. Vor allem aber hat der Parteitag einer Feststellung Lenins Rechnung getragen: daß es unmöglich sei, das Heil in einer möglichen Weltrevolution zu suchen. Mit ihr könne Rußland nicht rechnen, hatte Lenin seit 1920 unermüdlich wiederholt. Im Frühjahr 1921 wird so ein stabilisierter Staat erkennbar, der sich auf sich selbst zurückzieht, sich ganz auf das eigene Überleben und die eigene Weiterentwicklung konzentriert und dazu alle Kräfte mobilisiert. Der III. Kongreß der Komintern wird diese Stabilisierung bestätigen und den Auftakt zu einer Entwicklung bilden, bei dem die Interessen des Sowjetstaates und die der Weltrevolution miteinander verknüpft werden.

Der auf dem X. Parteitag beschlossenen Atempause steht allerdings eine grausige Realität gegenüber: die der großen Hungersnot. Die absolutistische Weichenstellung des Parteitages gewinnt angesichts dieser Tragödie eine besondere Bedeutung, vor allem was Lenins Politik gegenüber der Religion betrifft. Der soziale Frieden wird von ihr keineswegs profitieren.

Die große Hungersnot. Die Rückkehr zur Härte

Am 12. Juli 1921 veröffentlicht Michail Kalinin, Swerdlows Nachfolger als Präsident des Zentralexekutivkomitees der Sowjets, in der *Prawda* einen »Appell an die Bürger«.[23] Wegen der ungewöhnlichen Trockenheit, heißt es da, stehe Rußland vor gravierenden Versorgungsproblemen. Hinter der vorsichtigen Bekanntmachung, in der wie üblich angebliche »Profiteure« und »Saboteure« für die Probleme verantwortlich gemacht werden, verbirgt sich eine gewaltige Katastrophe: In Rußland grassiert der Hunger. Mit der Dürre allein ist er nicht zu erklären. Die Beschlagnahmungen und Gewaltmaßnahmen haben das soziale Gefüge auf dem Land zerstört, die Bauern durch Hunger geschwächt und ihre Produktivkraft zerschlagen. Besonders dramatisch ist der Hunger in der mittleren und unteren Wolgaregion, im Norden des Kaukasus und in einem Teil der Ukraine. Nach verfügbaren Statistiken[24] hungern damals 40 Millionen Menschen in 35 Regionen. 60 Prozent der russischen Ackerflächen sind von der Dürre betroffen. Die Bilanz lautete: 5 Millionen Tote und Millionen obdachloser Kinder, die zu einer kriminellen Existenz verurteilt sind. Neben der Dürre ist diese Bilanz vor allem einer Politik zu verdanken, die den Bauern zum Klassenfeind gestempelt und ihn zum beliebig ausbeutbaren Objekt degradiert hat. Keine der vielen Naturkatastrophen in Rußland hatte je so viele Opfer gefordert. Manche Hungernde essen Leichenteile oder töten sogar, um sich am Leben zu erhalten. Nach einem Dekret des Politbüros können diese Kannibalen nicht nach gewöhnlichem Gesetz bestraft werden. Vielmehr sollen sie ohne Urteil »isoliert« werden.

Um die Geißel zu bekämpfen, setzt die Regierung eine Kommission ein. Unter dem Vorsitz von Kalinin und unter Mitarbeit von Kamenew und Rykow sammelt diese an zentraler Stelle alle verfügbaren Fakten zu dem Thema.[25] Der Patriarch Tichon und Maxim Gorki appellieren gemeinsam an Europa und Amerika, das hungernde Rußland zu unterstützen. Der Appell löst eine Welle der Hilfsbereitschaft aus. In Frankreich führt das Kinderhilfswerk Kollekten durch. Das Rote Kreuz und das Komitee Nansen koordinieren die Anstrengungen der Europäer. Gleichzeitig startet in den Vereinigten Staaten die American Relief Administration unter Vorsitz Herbert Hoovers eine beträchtliche Hilfsaktion.[26]

Während alle Seiten zur Unterstützung der Hungernden aufrufen, scheint Lenin die Hauptursache der Katastrophe ignorieren zu wollen: die Gewaltmaßnahmen gegen die Bauern. Am

30. Juli 1921 richtet er ein Telegramm an alle Parteikomitees in den Regionen und Provinzen und befiehlt ihnen, zur Bewältigung der Krise die – seiner Meinung nach – geeigneten Maßnahmen zu ergreifen. Was schlägt er vor? Oder besser, was ordnet er an? Die Strukturen, innerhalb derer die Beschlagnahmungen durchgeführt worden sind, seien sofort wiederherzustellen und für den Apparat sofort eine beträchtliche Anzahl von Aktivisten zu mobilisieren. Schließlich sollten dazu diejenigen wieder herangezogen werden, die solche Funktionen bereits ausgeübt hätten! Ein Satz von Lenin gibt seine Einstellung in dieser Frage besonders gut wieder: »Die Grundvoraussetzung zur Lösung der Versorgungskrise ist die effiziente Eintreibung der Naturalsteuern in Form von Lebensmitteln.«[27]

In der Stunde der größten Gefahr beschränkt Lenin sich so darauf, Beschlagnahmungen und ein gewaltsames Durchgreifen anzuordnen, ein Beleg für seinen Willen, die eigentlichen Ursachen der Katastrophe zu ignorieren. Wieder gibt er seiner Vorliebe für Gewaltlösungen nach. Daß er diese Linie nur wenige Monate nach Verabschiedung der NEP vertritt, sagt viel aus über sein Verständnis von einer »Atempause«: Es geht nur um einen taktischen Rückzug, der jeden Augenblick ausgesetzt werden kann.

Lenin, der sich über die ausländische Hilfe zur Rettung Rußlands kaum dankbar zeigt, reagiert empört auf Herbert Hoovers Forderung, die Helfer der amerikanischen Verwaltung in Rußland frei agieren zu lassen. Allerdings kann er sich der Forderung nicht widersetzen, ohne eine Übereinkunft mit den Vereinigten Staaten zu brechen. Deshalb baut er ein ganzes System zur Bespitzelung der amerikanischen Helfer im Land auf. Es soll zudem die amerikanische Kommission unterwandern, die zur Organisation der Hilfsleistungen nach Moskau entsandt worden ist. Am 23. August 1921 weist er Molotow in einer geheimen Note an, »eine Kommission einzurichten, die die Überwachung und die Beziehungen zu diesen Ausländern über die Tscheka und andere Organe vorbereiten, organisieren und gewährleisten soll«.[28] Und er fügt hinzu: »Wir benötigen ein Maximum an Kommunisten mit Englischkenntnissen, um sie in die Kommission Hoover einzuschleusen und für andere Aufgaben der Überwachung und der Spionage in diesen Fällen.«

Die Hungersnot gibt Lenin gleichzeitig Gelegenheit, mit der Religion, konkreter, mit der verhaßten Kirche, abzurechnen. Es ist zuvor bereits erwähnt worden, daß der Revolutionsführer als Kind ganz nach dem Brauch in seinen Kreisen getauft worden ist und daß er sogar kirchlich geheiratet hat. Das heißt allerdings nicht, daß er je am Glauben festgehalten oder an ihm zumindest Interesse gezeigt hat. Nach eigenem Bekunden soll er sein Kreuz mit sechzehn Jahren in den Mülleimer geworfen haben.[29] Seine Grundhaltung gegenüber der Religion war einfach und brachte im Gegensatz zu der Bogdanows oder Lunatscharskis kaum eine inhaltliche Auseinandersetzung mit sich. Seine Sichtweisen hierzu hat er schon 1905 in *Sozialismus und Religion*[30] dargelegt und sie in zahlreichen Artikeln ohne eine Weiterentwicklung bekräftigt. Demnach sei der religiöse Glaube das Ergebnis der Unterdrückung des Volkes, seines Bedürfnisses nach Trost. Gerne greift Lenin die schlagende Formel der Gründerväter des Marxismus auf: »Die Religion ist das Opium des Volkes.« Allerdings weist er dem Glauben auch eine ganz bestimmte politische Rolle zu: Im Dienst der Mächtigen habe er stets und überall die Unterwerfung der Massen legitimiert, wobei die Orthodoxe Kirche für die Herrschenden Rußlands die Rolle der »ideologischen Knute« gespielt habe.

Allerdings haben für ihn Partei und Staat ein unterschiedliches Verhältnis zur Religion. Aus der Sicht des Staates ist der Glaube eine Privatangelegenheit, woraus sich die Notwendigkeit einer Trennung von Kirche und Staat und damit auch ein Verbot des Religionsunterrichtes an Schulen ergibt. Dagegen darf sich die Partei nicht mit der einfachen Neutralität begnügen, denn sie ist ja keine ideologisch neutrale Organisation. Lenins Philosophie ist materialistisch, also atheistisch und antiklerikal. Er sieht die Aufgabe der Partei folglich auch darin, antireligiöse Propaganda zu betreiben und die Parteimitglieder und die gesamte Gesellschaft zu einem militanten Atheismus zu erziehen. Die antireligiöse Propaganda ist letztlich ein Element des Klassenkampfs. Sie beruht nicht auf einem unabhängigen Denken und darf unter keinen Umständen mit dem freien Denken verwechselt werden. Ebenso feindlich wie der institutionellen Kirche steht Lenin philosophischen Bewegungen gegenüber, die – wie die Bewegung des sogenannten »Gottesbildnertums« –

mit der Religion einen Kompromiß anstreben: denn religiöses Denken, so fortschrittlich es sich auch geben mag, ist dem Atheismus vollkommen fremd.

Hatte Lenin vor der Revolution die Trennung von Kirche und Staat mit dem Ziel vertreten, dem zaristischen Staat seine religiöse Legitimation zu entziehen, so muß er nach dem Oktoberumsturz eine eigene Politik zum Umgang mit der Religion entwickeln. Die Trennung von Kirche und Staat ist mit der Wiedereinsetzung des Patriarchates durch ein Konzil, das im August 1917 einberufen wurde, bereits vollzogen. Auch wenn Lenin einen Moment lang zu taktischen Zugeständnissen an die Gläubigen bereit scheint, ist für die Religion nach seiner Meinung in der sozialistischen Gesellschaft kein Platz. Am 23. Januar 1918 erscheint ein Dekret zum Laizismus und zur Trennung von Schule und Kirche. Sofort kommt es zu Übergriffen gegen Geistliche und Nonnen. Viele werden verhaftet oder öffentlich gedemütigt. Kirchen und Klöster werden geschlossen und geplündert. Mit Duldung der Staatsgewalt organisieren Aktivisten antireligiöse Maskenzüge und parodistische religiöse Zeremonien an geweihten Stätten und um Reliquienschreine. Für Lenin sind die Geistlichen nur »Konterrevolutionäre im Priestergewand«. Vorsichtig bemüht sich der vom Konzil gewählte Patriarch, die Wogen zu glätten. Er will verhindern, daß die Kirche in den Bürgerkrieg hineingezogen wird. Mehrfach bemüht er sich um eine Unterredung mit Lenin, um einen *modus vivendi* zu finden. Seine Mühe ist vergebens: Lenin lehnt jeden Kontakt ab.

Die Hungersnot gibt dem neuen Herrscher Rußlands allerdings Gelegenheit, gegen die Religion, die er bislang nur hinterlistig bekämpft hat, einen offenen Krieg zu führen. Nach einem Aufruf zur Unterstützung der Hungernden bildet der Patriarch zu deren Organisation einen nationalen Kirchenrat. Er wird sofort verboten: Die Kirche hat sich in die Angelegenheiten der Nation nicht einzumischen. Am 19. Februar 1922 verfügt der Patriarch für die Opfer eine Spende aller Kirchenkleinodien – außer dem geweihtem Meßgerät. Am 23. Februar wird per Dekret – nach Wolkogonow mit Billigung Lenins – die Beschlagnahme sämtlicher gespendeter Gegenstände verfügt. Gläubige und Geistliche versuchen sich der Aktion hier und da zu widersetzen – das Startsignal für Massaker und blutige Gewaltmaßnahmen gegen den Klerus. Ein »streng geheimes« Memorandum vom 19. März 1922 wirft ein finsteres Licht auf Lenins Haltung in dieser Angelegenheit. Es ist an Molotow adressiert und nur für Mitglieder des Politbüros bestimmt. Lenin geht darin von der – niemals bewiesenen – Behauptung aus, der konterrevolutionäre Klerus der »Schwarzen Hundert« habe das beschlagnahmte Kirchengerät zur Finanzierung seines Kampfs gegen die Sowjetmacht einsetzen wollen. Lenin schreibt:

»Für uns ist jetzt der Augenblick gekommen, an dem wir zu 99 Prozent die Chance habe, den Feind [die Kirche] zu vernichten und uns die Position zu verschaffen, die für uns in den kommenden Jahrzehnten unerläßlich ist. Genau jetzt, und nur jetzt, da sich die Leute in den Hungergebieten mit Menschenfleisch ernähren und [da] in den Straßen Hunderte, wenn nicht Tausende von Leichen verwesen, können (und müssen) wir die Beschlagnahme der Kirchenschätze mit der wildesten und erbarmungslosesten Energie in die Tat umsetzen. Was auch geschieht, wir müssen die Kirchengüter schleunigst und entschlossen konfiszieren. So verschaffen wir uns ein Kapital von mehreren Hundert Millionen Goldrubel. Ohne dieses Kapital ist ganz allgemein keine Regierungsarbeit, vor allem keine wirtschaftliche Anstrengung und keine Verteidigung unserer Position auf der Konferenz von Genua vorstellbar …« Zur erfolgreichen Durchführung ordnet Lenin im gleichen Schreiben ein rücksichtsloses und unerbittliches Vorgehen an, bei dem »vor nichts haltgemacht« werden dürfe. Notwendig sei zudem die »Exekution einer möglichst großen Zahl von Vertretern des reaktionären Klerus und der reaktionären Bourgeoisie […]. Je größer die Zahl der Exekutionen, desto besser.«

Dieses Schreiben wirft ein schonungsloses Licht auf seinen Verfasser. Bis Ende der sechziger Jahre im Archiv unter Verschluß gehalten, wurde es außer Landes nach Frankreich geschmuggelt und dort 1970 veröffentlicht.[31] 1990 erschien es dann auch in der UDSSR und wurde durch das offizielle Organ des Zentralkomitees der Partei endgültig für echt erklärt. Das Schreiben, das lange Zeit als apokryph ausgegeben wurde, läßt keinen Zweifel mehr an der Rolle, die Lenin in dieser üblen Affäre gespielt hat. Er war fest entschlossen, die äußeren Umstände zur Zerschlagung der Kirche auszunutzen und die Bauern, die noch immer dem religiösen Glauben anhingen, gegen sie aufzubringen.

Lenins Instruktionen zu den Hinrichtungen wurden befolgt. Fast 8000 Kirchenleute wurden so 1922 »liquidiert«. Nach den Zählungen Nikita Struves kamen allein in diesem Jahr 2691 Priester, 1962 Mönche und 3447 Nonnen ums Leben. Diese Zahlen wurden 1990 von einem sowjetischen Historiker bestätigt.[32] Zu den Märtyrern der Kirche kamen zahlreiche Gläubige hinzu, die Priester und Mönche vor Übergriffen schützen wollten und dabei selbst ihr Leben verloren. Die meisten Bischöfe wurden verhaftet und in Lager deportiert – wegen ihres angeblichen »Komplotts«. Verschont blieb lediglich der Patriarch Tichon. Seine Festnahme hatte im Westen einen Sturm der Entrüstung ausgelöst. Deshalb begnügte sich Lenin damit, ihn unter Hausarrest zu stellen. Im Gegenzug mußte dieser ein Schuldeingeständnis unterschreiben: »Da ich in der monarchistischen Gesellschaft aufwuchs und bis zu meiner Verhaftung unter dem Einfluß antisowjetischer Personen stand, begegnete ich der Sowjetmacht feindselig. Von einer passiven Feindseligkeit schritt ich bisweilen auch zur Tat... Ich bereue diese Fehler.«[33]

Diese »Selbstkritik«, die Stalin später allen unliebsamen Elementen auferlegen sollte, hält also schon damals ihren Einzug in die sowjetische Politik. 1923 steht allerdings noch Lenin an der Spitze des Systems: Stalin ist also nicht der Erfinder eines Verfahrens, bei dem Regimegegner vor ihrer Liquidierung mit Schuldbekenntnissen ihren Henkern die Absolution erteilen müssen.

Lenin begnügt sich im übrigen nicht mit allgemeinen Instruktionen. Er verfolgt den Feldzug gegen die Kirche aus der Nähe weiter. Am 11. März 1922 verlangt er von Trotzki in einem Schreiben Auskunft darüber, wie weit die »Säuberung« der Kirche, also ihre Ausplünderung, gediehen sei[34] – mit der Bitte um konkrete Zahlen. Gleichzeitig fordert er Angaben darüber, wie viele Priester exekutiert oder verhaftet worden seien.[35] Am 4. Mai 1922 wird per Dekret für die Ausübung des Priesteramtes die Todesstrafe eingeführt. Gleichzeitig veröffentlicht Lenin einen langen Artikel »*Über die Bedeutung des streitbaren Materialismus*«[36], ein Beleg für seine Absicht, den Kampf gegen die Religion weiter zu intensivieren.

In dieser doppelten Tragödie nutzt er eine furchtbare Hungersnot dazu aus, um gegen die Kirche einen offenen Krieg zu führen. Was bleibt an dieser schmutzigen Affäre festzuhalten? Zunächst, daß der Vorwand für diesen Kampf Lenins nicht fadenscheiniger hätte sein können. Sein geheimes Schreiben ist auch deshalb bemerkenswert, weil auf die Hungersnot nur insofern eingegangen wird, als diese eine willkommene Gelegenheit bietet, die Kirche auszuplündern und einen antireligiösen Terror zu entfachen. Bei der Aufzählung der Gründe, die für die Beschlagnahmung der Kirchengüter sprechen – der wirtschaftliche Aufbau, die Konferenz von Genua etc. –, wird die Hilfe für Hungernde mit keinem Wort erwähnt. Der Patriarch hatte Anweisung gegeben, die Kirchenkleinodien zum Ankauf von Lebensmitteln zu verwenden. Lenin wird dafür keine Kopeke ausgeben!

Aber er geht aus dem gewünschten Kräftemessen als Sieger hervor: Die Kirche ist enthauptet (der Pariarch wird 1925, noch immer unter Hausarrest, isoliert sterben); der Sowjetmacht ist es gelungen – mit der Entstehung der »Lebendigen Kirche« – die Kirche zu spalten. Diese ist für lange Zeit zum Schweigen, ihre Diener zum Martyrium verurteilt. Der Atheismus wird, ganz nach Lenins Wunsch, zum entscheidenden Bestandteil der Staatsideologie.

Der wirtschaftliche Aufschwung

Nach der gewaltigen Tragödie des Jahres 1921/1922 erkennt Lenin die Notwendigkeit, zu einer versöhnlicheren Politik zurückzukehren. Mit ihr will er die Bauern beschwichtigen und so die Ernährung der entkräfteten Gesellschaft ermöglichen. Wie soll man von den Bewohnern des verödeten Landes – brachliegende Felder, dezimierte Herden und heruntergekommene Höfe – besondere Anstrengungen erwarten, wenn das Vertrauen in den Staat fehlt? Die landwirtschaftliche Gesetzgebung von 1922 markiert eine Rückkehr zu den wirtschaftlichen Zielen, die schon mit der NEP verkündet worden sind. Zwar wird versucht, weiterhin das Kollektiveigentum an Boden zu privilegieren und der früheren Dorfgemeinschaft, die jetzt eine Bodennutzungsgemeinschaft ist, einen juristischen Status zu geben. Aber die Bauern können frei wählen, in welcher Form sie an der gemeinschaftlichen Bodennutzung teilnehmen wollen. Insbesondere können sie sich während der Saison zur genossenschaftlichen Bewirtschaftung des Bodens zusammenschließen und gleichzeitig Herr über den eigenen Familienbetrieb bleiben, eine Lösung, für die sich die meisten Bauern entscheiden. Sie können aber auch – unter Beibehaltung ihres Wohnsitzes und eines kleinen Stück Landes – in das »Artel« eintreten, wo alles kollektiviert ist: Boden, Zugtiere, Gerätschaften und Saatgut. Diese Lösung ist nur für Arme und Glücklose attraktiv. Eine weitere Möglichkeit ist der Anschluß an die vollständig kollektive »Kommune«, die aber nur wenigen einen Anreiz bietet.

Im Jahr 1923 widmet Lenin dem »Genossenschaftswesen«[37] einen Artikel, in dem er sich zu seiner Vorliebe für die kollektive Produktionsform bekennt. Sie sei geeignet, die Bauern von der Notwendigkeit und dem Nutzen einer raschen Veränderung der Lebens- und Arbeitsstrukturen auf dem Land zu überzeugen. Aber es gelingt ihm nicht, den Bauern die Vorteile der Kooperative deutlich zu machen. Im Gegenteil nutzen sie Schlupflöcher in der neuen Gesetzgebung dazu, das ländliche Privateigentum wiedereinzuführen.

Die Staatsmacht, die aus den Erfahrungen der vorangegangenen Jahre gelernt hat, setzt jetzt lieber auf Ausgleich. Schon 1922 hat sie die Naturalsteuer auf 10 Prozent der Erträge begrenzt und die Konfiszierung von Vieh bei Nichtentrichtung verboten. Der XII. Parteitag (17.–25. April 1923) begrenzt diese Abgabe noch stärker. 1924 wird sie schließlich ganz abgeschafft und durch eine in Geld zu entrichtende Agrarsteuer ersetzt, was die bäuerlichen Einkünfte stabilisiert. Im gleichen Jahr gründet die XIII. Parteikonferenz eine Landwirtschaftsbank – die Wiedereinführung des Kreditwesens auf dem Land. Im Mai 1922 bekommen die Bauern per Dekret das Recht, über ihren Boden frei zu verfügen und vor allem Arbeitskräfte einzustellen, die 1924 einen offiziellen Status erhalten werden. Daraufhin arbeiten über 1,5 Millionen Hilfskräfte legal für wohlhabendere Bauern. Diese Zugeständnisse beleben die Landwirtschaft und sorgen schon 1922 für steigende Erträge.

Wie aber sollen die Bauern Anreize zur Produktionssteigerung erhalten, wenn der Markt keine Industriegüter hergibt?

Die Ergänzung zur NEP ist folglich die Wiederbelebung der Industrie, die durch den »Kriegskommunismus« zum Erliegen gekommen war. Am 7. Juli 1921 erhalten private Handwerksbetriebe per Dekret einen legalen Status und dürfen bis zu zwanzig Personen beschäftigen. Im Dezember werden nationalisierte Betriebe mit bis zu zehn Arbeitern privatisiert. Später wird die Maßnahme auf Betriebe mit bis zu zwanzig Beschäftigten ausgedehnt. Zur beschränkten Privatwirtschaft kommt ein Staatskapitalismus, der auf einer Kooperation der Unternehmer mit dem sozialistischen Staat in zwei Formen beruht: der »Verpachtung«, die es den einstigen Unternehmern ermöglicht, auf vertraglicher Basis in ihre Betriebe zurückzukehren, und der Vergabe von »Konzessionen« an ausländische Firmen. Die Großindustrie bleibt allerdings in staatlicher Hand, wobei die Methoden der Führung mit Blick auf die Konkurrenzfähigheit gegenüber dem Privatsektor flexibilisiert werden. Schon 1922 hält so im Industriebereich wieder der Kapitalismus Einzug, wenn auch nur in beschränktem Maß und unter strenger Kontrolle.

Während die Entscheidung für die NEP fällt und diese in die Tat umgesetzt wird, bleiben manche Bolschewiki dem Geist des »Kriegskommunismus« verhaftet, der mit dem Stolz auf die Abschaffung der Geldwirtschaft verbunden war. Sie glauben die Zugeständnisse an die Bauern mit einer reinen Naturalwirtschaft kombinieren zu können. Dieser Illusion hängt 1921 beispielsweise der Ökonom Stanislas Strumilin an. Ursprünglich ein Menschewik, der sich erst spät Lenin anschloß, predigt er zunächst die nichtmonetäre Wirtschaftsweise und wird später zu einem Verfechter der Planwirtschaft unter Stalin. Die Bolschewiki geben diese Illusion aber notgedrungen bald auf und finden sich mit der Wiedereinführung der Geldwirtschaft und des Handels ab, wie aus dem Dekret vom 8. August 1921 zur »monetären Form des Warentauschs« hervorgeht. Im Mai 1922 wird ein Kommissariat für den Binnenhandel *(Komwnutorg)* geschaffen. Damit stellt sich das Problem einer stabilen Währung. Schon im Oktober 1921 hat die Regierung die Staatsbank eingerichtet, zunächst als eine Abteilung des Volkskommissariats für die Finanzen. Rasch entwickelt sie sich zu einer Zentralbank mit einer Kontrolle über die Kreditinstitute. Nach der Revolution kommt der sogenannte *Sowsnak* in Umlauf, eine Art Assignate, die unablässig an Wert verliert. Am 24. Oktober 1922 wird per Dekret der *Tscherwonez* (nach einer alten russischen Goldmünze) als neue Währung eingeführt, gedeckt durch die Goldreserven und Devisen der Staatsbank. Der *Tscherwonez* besteht als Zahlungsmittel neben dem *Sowsnak* (1924 im Verhältnis 1 : 50 000). 1924 erfolgt eine echte Währungsreform: Beide Währungen werden abgeschafft und der Rubel wieder eingeführt. Schließlich kommt auch der Außenhandel wieder in Gang: Als erste Etappe unterzeichnet Leonid Krassin ein anglo-russisches Handelsabkommen.

Die Auswirkungen dieser Politik werden rasch spürbar. Die Landwirtschaft, von zahlreichen Zwängen befreit, kommt sehr rasch wieder in Schwung. Die Industrie, die einer noch stärkeren Kontrolle untersteht, erlebt ebenfalls einen Aufschwung, aber viel langsamer, so daß die Auswirkungen erst 1925 spürbar werden. Eine Folge der Normalisierung des Wirtschaftslebens ist die Wiederbevölkerung der Städte. Ihre Einwohner waren wegen der Arbeitslosigkeit und der mangelhaften Versorgung mit Lebensmitteln und Brennmaterial aufs Land geflohen. In den Ballungszentren steigen die Bevölkerungszahlen nach und nach wieder auf das Niveau der Vorkriegszeit. In manchen Städten, vor allem in Moskau, sorgt ein starker Zustrom von Menschen sogar für eine Wohnungsnot. Das Leben in den Städten ist keineswegs einfach. Viele Neuankömmlinge sind ruinierte und entwurzelte Bauern. Nicht alle kommen in der Industrie unter. Die Arbeitslosenzahlen steigen: 1922 gibt es 500 000 Erwerbslose, ein Jahr später sind es schon 700 000. Und bis 1927 hat sich ihre Zahl mehr als verdoppelt.

Die Arbeiter der zwanziger Jahre unterscheiden sich stark von denen in der Zeit vor der Revolution. Sie müssen sich ständig mit Materialsorgen herumschlagen, sind ernüchtert, demotiviert und unpolitisch – meilenweit entfernt von der lernbegierigen, kampfbegeisterten und politisierten Arbeiterklasse, die sich vor der Revolution um eine Nadeshda Krupskaja scharte und 1918 die Führung der Industrie übernahm! Dieses Proletariat ist weniger eine Gesellschaftsklasse als vielmehr eine amorphe Masse, wie sie Lenin zu Beginn des Jahrhunderts beschrieben hatte. Welcher Rückschritt! Jetzt hat Lenin recht, wenn er sagt, daß die Partei keine gesellschaftliche Basis habe.

Der »neue Mensch«?

Die kommunistische Revolution lebt nicht nur von der Parole der Veränderung des politischen Systems. Sie beinhaltet zugleich eine Utopie, auch wenn Lenin auf diesen Aspekt kaum abgehoben hat. Es geht dabei auch um die Erschaffung einer radikal neuen Welt, wobei die moralische Veränderung des Individuums ein entscheidender Bestandteil ist. Der rasche Ablauf der revolutionären Ereignisse in Rußland und die chaotischen Umstände, unter denen die Bolschewiki ihre Herrschaft errichten, haben für die Entwicklung eines zusammenhängenden moralischen und gesellschaftlichen Modells kaum Platz gelassen. Da alle Veränderungen unter Zwang und infolge vereinzelter, oft widersprüchlicher Maßnahmen erfolgten, hatten die neuen Herren Rußlands keine Zeit, ihre Vorstellungen vom »neuen Menschen« klar zu umreißen. Ihre Politik gegenüber der Religion, bestimmte politische Entscheidungen, ihre Haltung gegenüber der Presse und einige literarische Werke und Filme geben dennoch ein Bild von den moralischen Qualitäten, mit denen man sich in den Jahren unter Lenin den »neuen Menschen« im Sozialismus vorgestellt hat.

Der erste Aspekt einer Politik, die – wenn auch nicht erklärtermaßen – auf eine Erziehung zum kommunistischen Bewußtsein abzielt, ist die unverzügliche Abschaffung jeder Pressefreiheit. Die liberalen und sogar die sozialistischen Blätter verschwinden. Die Parteipresse beherrscht den Informationsmarkt. Gleichzeitig wird jede Form des literarischen Schrifttums – wegen des Papiermangels – schrittweise der staatlichen Kontrolle unterworfen. 1919 gründet die Regierung den Staatsverlag *Gossisdat*, der über die Papierzuteilung das gesamte Publikationswesen kontrolliert. Nach Ende des »Kriegskommunismus« und mit der Renaissance der Privatverlage entsteht allerdings wieder ein einigermaßen selbständiges literarisches Leben.

Die Literatur ist allerdings nur ein wichtiger Teilaspekt der Kultur. Nach der Revolution entspinnt sich eine Diskussion darüber, wie diese im postrevolutionären Rußland aussehen soll. Hier gibt es zwei einander entgegengesetzte Thesen:

Bogdanow und Lunatscharski, die zu Beginn des Jahrhunderts Lenin nahestanden, propagieren begeistert eine »proletarische Kultur«, die aus dem Proletariat hervorgehen und dem »neuen Menschen« als Bildungsgut dienen soll. Diese wirklich revolutionäre Kultur soll ohne Anleihen aus der Tradition und ohne äußeren Einfluß entstehen, auch nicht durch den Staat und seine Erzieher. Die Proletarier sollen so die Möglichkeit erhalten, eine eigene Kultur zu entdecken und zu entfalten. Die sogenannte *Proletkult*-Bewegung stützt sich auf einen »Gesamtrussischen Rat des Proletkults« und verfügt zur Verbreitung ihrer Lehre zudem über eine Zeitschrift.

Für Lenin ist dieser Ansatz nicht akzeptabel. In seinem Artikel zu Partei und Literatur[38] von 1905 hatte er zwar betont, das Schrifttum müsse den Parteigeist *(Partinost')* respektieren, mit Blick auf die Literatur aber angemerkt: »Kein Zweifel, das literarische Schaffen verträgt am allerwenigsten eine mechanische Gleichmacherei, eine Nivellierung, eine Herrschaft der Mehrheit über die Minderheit.« Wie dieses Zitat belegt, sollte die Übereinstimmung mit dem »Parteigeist« folglich wohl die Presse, nicht aber die Literatur betreffen.

In den Jahren des »Kriegskommunismus« verschärft die bolschewistische Presse ihre Angriffe auf Schriftsteller, denen vorgeworfen wird, sie ignorierten oder kritisierten den Kommunismus. Genau darum geht es den Anhängern des Proletkultes: Um die Ersetzung einer »historisch obsoleten« Kultur durch die des Proletariates. Seinem Denken von 1905 treu bleibend, tritt Lenin ihnen mit der scharfen Unterscheidung zwischen Kultur und Ideologie entgegen: Während die Kultur keiner Klasse angehöre, gebe es eine Ideologie des Proletariates, nämlich den Marxismus.[39] Auf den Punkt gebracht werden die Dinge 1922 von Trotzki, der sich mit kulturellen Problemen eingehend auseinandergesetzt hat und diesem Gebiet mehr Interesse entgegenbringt als Lenin: Nach ihm besteht der historische Fortschritt der Revolution genau darin, daß sie die Kultur einer bestimmten Klasse entzogen und sie einer allgemein menschlichen Dimension zugeführt habe. Humanistisch und universell, aber nicht »proletarisch«, so sieht er die Kultur, zu der die Revolution von 1917 die Tore aufgestoßen hat. Außerdem stellt er klar, daß die Kunst im weitesten Sinne als Schöpfung ein Gebiet sei, auf dem die Partei keine Befehlsgewalt habe.[40]

Statt zu polemisieren, handelt Lenin lieber[41]: Er beschließt, den Rat des Proletkultes dem Volkskommissar für das Bildungswesen – und damit keinem anderen als Lunatscharski – zu unterstellen. Der Beschluß sorgt in der Partei für so große Aufregung, daß die *Prawda* zu seiner Rechtfertigung sofort einen »Brief des Zentralkomitees«[42] veröffentlicht. Darin wird zugleich betont, daß die Unabhängigkeit der Kulturschaffenden von diesem Beschluß nicht berührt werde.

Dieser Streit ist jedoch nicht nur theoretischer Natur, er hat vielmehr praktische Auswirkungen. Es geht um den Umgang mit demjenigen Teil der intellektuellen Elite, der zwar nicht kommunistisch ist, mit der bolschewistischen Revolution aber mehr oder weniger sympathisiert. Die Staatsführung will diesen sich nicht entfremden oder in die Opposition treiben. Mit seiner Ablehnung, Kultur und Marxismus miteinander zu verknüpfen, zieht Lenin diese »Weggefährten« auf seine Seite. Für ihn zählt nur zweierlei: die Verbreitung von politischen Gedanken zu verhindern, die außerhalb der kommunistischen Ideologie stehen, und dazu genügt das Monopol der Presse; andererseits will er das Kulturschaffen aufrechterhalten und dessen führende Vertreter nutzen, um der sowjetischen Kultur deutliche Konturen zu geben. Exzellent veranschaulicht wird dieses Projekt durch die »Nutzung« Majakowskis, der 1922 schreibt: »Mußte man die Revolution akzeptieren? Die Frage stellte sich mir nicht, es war ›meine‹ Revolution.« Die Begeisterung dieses Dichters bildet den Auftakt zum Anschluß aller »Futuristen« an die Revolution. Majakowski stellt sein Talent in ihren Dienst und opfert Zeit, um Propagandaplakate zu zeichnen, mit denen einer unzivilisierten Bevölkerung Manieren beigebracht werden sollen (so seine »Comics« zur Verbreitung einer elementaren Hygiene: Hände waschen, Schuhe putzen etc.). Obwohl Lenin den Nutzen seines Beitrages anerkennt, schätzt er ihn nicht gerade und begegnet ihm mit Mißtrauen. Im April 1930 sollte Majakowski sich das Leben nehmen.

Lenins Haltung gegenüber dem »neuen Menschen« und den Mitteln seiner Heranbildung bestimmten letztlich Konzepte, die er bereits in *Was tun?* entwickelt hatte: die Dialektik der historischen Entwicklung als ein Widerstreit zwischen Spontaneität *(Stichinost)* und Bewußtsein *(Sosnatelnost)*. Für Lenin besteht der Fortschritt der Menschheit darin, daß die Gesellschaft – oder das Individuum – dem spontanen Bewußtsein entzogen und schrittweise an das wahre Bewußtsein herangeführt wird. Am Ende dieses Prozesses soll dann der »neue Mensch« stehen. Wie auf dem Weg zur Revolution wird für diesen Prozeß allerdings eine Avantgarde benötigt. Der Kampf gegen die Spontaneität muß von der Partei und dem Marxismus geführt werden, was voraussetzt, daß alle politischen Ideen außerhalb des Marxismus ausgemerzt werden. Die Religion als entscheidender Bestandteil des alten gesellschaftlichen Bewußtseins – sie hat in Rußland die meisten Werte, vor allem die politische Ordnung und den Zusammenhalt der Familie geprägt – muß folglich aus den Köpfen verschwinden. Deshalb schließt sich an den Kampf gegen die religiösen Institutionen und ihre Vertreter schon 1922 eine antireligiöse Kampagne an, die den Christen den Glauben durch Propaganda und Verspottung austreiben soll. Besondere antiklerikale Blätter, die sich – neben den kommunistischen Blättern von 1917 – gezielt an bestimmte Gruppen der Gesellschaft richten, blasphemische Veranstaltungen mit Masken und Agitatoren, die zur antireligiösen Propaganda abgestellt werden, zeugen von der umfassenden Dimension dieses Vorhabens. Das religiöse Bewußtsein, für Lenin Teil der verabscheuten Spontaneität, die das russische Denken seit Jahrhunderten geprägt hat, muß untergehen und schrittweise einem allein an der kommunistischen Ideologie geschulten Bewußtsein weichen.

Wichtig ist hier eine weitere Domäne: Der Bereich der Rechtskultur und der Rechtsbegriff. Der Untergang der Zwänge während der Revolution, die Überzeugung, daß von nun an alles erlaubt sei, und der Glaube an die angeborene Tugend des Proletariates sollten die alte Rechtsordnung ablösen und den Siegeszug eines »proletarischen Rechtes« einleiten, das aus dem Bewußtsein des Proletariates hervorgehen werde – so der Traum der Utopisten. Einen Augenblick lang können sie glauben, in Lenin einen Unterstützer gefunden zu haben. Dafür sprechen zumindest dessen Äußerungen zum Untergang des Staates und zum Beamtentum in *Staat und Revolution.* Aber schon im Sommer 1919 wendet Lenin sich von dieser Utopie ab: In einer Vorlesung an der kommunistischen Universität von Moskau verkündet er, um zur kommunistischen Gesellschaft zu gelangen, bedürfe es der Schaffung einer Rechtskultur.[43] Die Proletarier gelten damit nicht mehr als Träger eines angeborenen Rechtsbewußtseins; vielmehr würden zur Entwicklung eines Rechtssystems Fachleute wie Paschukanis benötigt, der führende Kopf der neuen Schule. Grundlage des auszuarbeitenden Rechtssystems sei zwar der Marxismus, doch komme es dabei in der Hauptsache darauf an, die revolutionäre Gesellschaft mit einer legalen »Superstruktur« auszustatten, die sich auf von Juristen präzise ausformulierte Prinzipien gründe – nicht auf das Rechtsempfinden der Proletarier. Eine Resolution zu dieser Rechtskultur, die von der XI. Parteikonferenz (Dezember 1921) verabschiedet wurde, gibt eine präzise Vorstellung von Lenins hier entworfenem Projekt: »Die unmittelbare Aufgabe ist es, alle Lebensbereiche [individuelle und gesellschaftliche] mit streng anzuwendenden Prinzipien einer revolutionären Legalität auszustatten.« Bei dieser Formulierung liegt der Akzent weniger auf dem »revolutionären« Aspekt. Wichtiger ist vielmehr der Begriff der »Legalität«. Die Resolution ist ein Meilenstein in einer Entwicklung, die 1924 zur Entstehung des Obersten Gerichtshofs der Union (mit der Verfassung von 1924) führt, »um die revolutionäre Legalität auf dem gesamten Territorium der Union zu verankern und zu festigen«.

Die Entwicklung des kulturellen und ideologischen Projektes wird zwischen 1917 und 1922 rasch und auf eindrucksvolle Weise vorangetrieben, wie aus den Ergebnissen bis 1922 abzulesen ist. 1917 ist der Proletarier noch der Held der Revolution, auch wenn die Revolution von der Partei ins Werk gesetzt worden ist. Die Utopie hat großes Gewicht. Das moralische Vorbild, an dem sich Bolschewiki, Intellektuelle und vor allem Arbeiter orientieren, ist der Proletarier, das heißt, der gewöhnliche Mensch, die Basis, die das Ideal einer mystifizierten Arbeiterklasse verkörpert. Der »neue Mensch« ist das Individuum, das über die angeborenen Tugenden und Fähigkeiten des Proletariers verfügt. Die erträumte Gesellschaft ist die brüderliche und egalitäre Gemeinschaft nach dem Vorbild dieses Menschen, der sich durch keine besonderen Eigenschaften auszeichnet und das Proletariat verkörpert. Sei es der *Proletkult,* der Anspruch darauf erhebt, die Kultur in den Dienst des Proletariates zu stellen und die Kulturschaffenden zu seinen Wortführern oder Sprachrohren zu machen, oder die Legalität, die zugunsten des proletarischen Rechtes zerschlagen wird; all dies soll die Vision vom Menschen und der Gesellschaft der Zukunft verwirklichen. Diese Utopie, die sich bei einer Arbeiterklasse anbiedert, der für den politischen Wandel gewaltige Opfer abverlangt werden, ist allerdings von kurzer Dauer. Sehr rasch gerät sie in einen Gegensatz zu der von Lenin propagierten Kultur der Partei und des Staates, dem Werk von Fachleuten. In der Armee, auf dem Gebiet des Rechts und in den staatlichen Einrichtungen, überall verdrängen Experten den Proletarier, den »kleinen Mann«; allenthalben entstehen in der politischen Kultur des Sowjetstaates schleichend hierarchische Strukturen, die die offizielle Ideologie noch einige Jahre lang ignorieren wird.

Die Weiterentwicklung des von Lenin verfochtenen ideologischen und moralischen Modells spiegelt sich auch in seiner Schrift *Staat und Revolution* wider: in dem Konflikt zwischen der »Köchin, die den Staat führen kann«, einer Symbolgestalt des »neuen Menschen«, und den Organisatoren des gewaltigen »Büros und der Fabrik«, einem Bild für die sozialistische Arbeitswelt. *Staat und Revolution* wirft hier eine Frage auf, die durch Lenins politische Praxis zwischen 1917 und 1922 und seine Vorstellung vom »neuen Menschen« beantwortet wird: Zwischen der Spontaneität, verkörpert in der »Köchin«, und der bewußten Organisation hat Lenin sich für letzteres entschieden. Darin ist er sich selbst treu geblieben. Von der ersten Kritik an der Spontaneität von 1902 bis zu den organisatorischen Entscheidungen zwischen 1917 und 1922 stellt er eine gedankliche Kontinuität unter Beweis, die sich auch in seinem Handeln niederschlägt. Der »neue Mensch« ist das Individuum, dessen Spontaneität Partei und Staat zu brechen versuchen. Beide bemühen sich darum, ihn – soweit möglich – an ein echtes Bewußtsein heranzuführen. Lenin glaubt letztlich kaum an diesen neuen Menschen. Seine Devise, die er 1922 und 1923 immer wieder äußert, lautet »Studieren!« oder auch »Lernen, lernen und nochmals lernen«.

XV Der geistige Verfall eines politischen Genies

Lenins Persönlichkeit wurde von zwei ganz widersprüchlichen Zügen gekennzeichnet: einem eisernen und unerschütterlichen Willen auf der einen und schwachen Nerven auf der anderen Seite. Dieses zweiten Zuges war er sich durchaus bewußt: In einem Brief an seine Schwester Maria von 1917 spricht er beispielsweise von seinen »unheilbar schlechten Nerven«. Und wie Wolkogonow hervorhebt, fanden sich zwischen seinen Papieren auch zahlreiche Adressen von Nervenärzten. Schon vor der Revolution war er aus nervlichen Gründen mehrfach gezwungen gewesen, seine politischen Aktivitäten zu unterbrechen und Erholungspausen einzulegen. Die Revolution, die gewaltige neue Aufgabenlast und der Ereignisdruck beeinträchtigten sein seelisches Gleichgewicht noch stärker. Und nun konnte er nicht einmal mehr auf das bewährte Genesungsrezept Krupskajas zurückgreifen: Lange Ferien und Ausflüge in die stille Natur. Ständige Anspannung war wohl eine der Ursachen für seine irreversible Gehirnerkrankung, deren Symptome sich schon Ende 1921 bemerkbar machten. Seit dieser Zeit erlitt Lenin periodisch Anfälle, die ihn beim Arbeiten stark beeinträchtigten und ihn fast ein Jahr vor seinem Tod endgültig an der Ausübung der Macht hinderten.

Erste Anzeichen dieser Erkrankung treten im Sommer 1921 auf. Lenin ist äußerst reizbar und vollkommen erschöpft – das Ergebnis der gewaltigen Anspannung während der Zeit der großen Hungersnot, als sich seine bisherige Politik als katastrophaler Fehlschlag erweist. Sich jetzt zu schonen kommt für ihn nicht in Frage: In diesen Monaten, in denen sich scheinbar ganz Rußland gegen seine Revolution verschworen hat, wird er als Entscheidungsträger so dringend gebraucht wie nie zuvor. Diese dauernde Überanstrengung hat ihren Preis. Am 25. Mai 1922 sorgt ein Anfall dafür, daß er eine Zeitlang nicht mehr an den Regierungsgeschäften teilnehmen kann. Aber diesmal handelt es sich nicht um einen Erschöpfungszustand oder eine Depression. Sein Leiden ist nach Doktor Kramer, einem behandelnden Arzt, vielmehr »auf eine schwere Gefäßerkrankung des Gehirns zurückzuführen«.[1]

Lenin ist krank. An seinem Bett drängen sich russische und ausländische Ärzte. Erst im Oktober kann er seine Amtsgeschäfte wiederaufnehmen, allerdings nur für kurze Zeit. Bei seinem Auftritt vor dem IV. Kongreß der Komintern (4. November bis 5. Dezember) fällt den Teilnehmern eine Veränderung auf. Der Revolutionsführer wirkt angeschlagen, er trägt seine Rede kraftlos und ohne Feuer vor.[2] Vor allem hält er sich während der Diskussionen zurück. Dies könnte allerdings auch auf seine veränderte Rolle zurückzuführen sein, denn als Staats- und Regierungschef muß er sich auf den Versammlungen der Weltpartei der Revolution Zurückhaltung auferlegen. Trotz der Erschöpfung geht es ihm noch so gut, daß er seine einstündige Rede auf Deutsch halten kann, ohne zu stocken oder sich zu verhaspeln. Er selbst erlebt die Situation allerdings anders, wie er den Ärzten später anvertraut: Er habe das Gefühl gehabt, plötzlich nicht mehr weiterzuwissen, außerdem hätten ihn Krämpfe in den Beinen fast dazu gezwungen, seine Rede abzubrechen. Jedenfalls kann man sagen, daß den Beobachtern im Dezember 1922 ein völlig anderer Lenin entgegentritt, sowohl in körperlicher Hinsicht als auch mit Blick auf seine inzwischen selten gewordenen Redebeiträge. Geistig erscheint er zwar unversehrt, aber der feurige Redner von einst trägt seine Worte jetzt eher bedächtig vor. Auch steht er am Rande eines weiteren Zusammenbruchs. Ab dem 13. Dezember deuten mehrere Anzeichen auf einen drohenden Schlaganfall hin, der sich dann am 16. Dezember ereignet. Lenin ist von da an gelähmt und muß auf jede politische Aktivität verzichten – allerdings macht er sich weiterhin Gedanken und fällt Entscheidungen. Er verlangt über alles auf dem laufenden gehalten zu werden und streitet sich mit den Ärzten, die ihn zur Ruhe zwingen wollen. Im Hader befindet er sich auch mit dem Politbüro, das seit Juli allein darüber befinden will, an welchen Sitzungen es ihn noch teilnehmen läßt. Der behinderte Revolutionsführer erträgt es nicht, daß er wie ein Kind bevormundet wird. Er verlangt die Entlassung der deutschen Ärzte. Und er beklagt sich erneut darüber, daß man sein Recht einschränken will, politischen Besuch zu empfangen.[3] Beschwerden dieser Art hat er bereits im Sommer 1922 gegenüber Stalin geäußert – in einem freundschaftlichen Ton, was darauf hindeutet, daß der von ihm designierte Generalsekretär der Partei zu dieser Zeit noch sein Vertrauen genießt.

In der Zeit von Dezember 1922 bis März 1923 befaßt Lenin sich trotz seines Zustandes mit einer ganzen Reihe von Problemen. Zwischen dem 6. und dem 10. März erleidet er weitere Anfälle, die Sprachstörungen nach sich ziehen. Diesmal ist die Behinderung unumkehrbar. Er kann weder sprechen noch schreiben, und gerade letzteres hat er sein ganzes Leben lang mit Begeisterung getan. Zudem ist er vollständig gelähmt. Das verzweifelte Bemühen seiner Frau, ihm das Sprechen wenigstens ansatzweise wieder beizubringen, und die Arbeit einer beachtlichen Anzahl von Ärzten bringen geringfügige Fortschritte. Im Oktober 1923 transportiert man ihn von seinem ländlichen Aufenthaltsort bei Moskau in den Kreml zurück. Dort kann er einen letzten Blick in die Räume werfen, von denen aus er einst eine gewaltige Macht ausgeübt hat. Am 21. Januar 1924 stirbt er schließlich. Bis dahin ist er aus dem politischen Leben bereits ausgeschlossen und nicht mehr bei klarem Verstand – entgegen der ärztlichen Bulletins und der zuweilen optimistischen Berichte, wonach sich sein Gesundheitszustand gebessert habe und er möglicherweise zu den Staatsgeschäften würde zurückkehren können.

Seit dem 10. März 1923 hat sich hinter den offiziellen Berichten zu Lenins Gesundheitszustand eine völlig andere Realität verborgen. Darauf deuten das medizinische Fachgutachten nach seinem Tod, die Berichte der Ärzte und zahlreiche Äußerungen aus seinem Umfeld hin. »Lenins Gehirn stirbt«, so die Schlußfolgerung, die der Maler Annenkow nach einem Krankenbesuch im Dezember 1923 gezogen hat. Er traf Lenin »auf einer Chaiselongue in eine Decke gewickelt« an. Lenin sah durch seinen Besucher hindurch. Auf seinen Lippen lag das »entwaffnende, verzerrte Lächeln eines Mannes, der in die Kindheit zurückgefallen ist«.[4] Diese Annahme ist auf jeden Fall wahrscheinlich: Die letzten Fotos zeigen einen an den Rollstuhl gefesselten Lenin im Park von Gorki. Besonders auffallend ist der völlig abwesende Blick. Lenin hat mit dem Vater der russischen Revolution nur noch eine vage Ähnlichkeit.

Lenins Krankheit, vor allem da sie ab Mai 1922 mit einem geistigen Verfall einhergeht, ist zwar eine Sache seiner Privatsphäre. Aber sie ist auch in dem Maße von Belang, in dem sie politische Auswirkungen hatte. Denn Lenin hat noch mindestens bis zum Winter 1922/1923 wichtige Entscheidungen getroffen und anschließend eine Art politisches »Testament« formuliert. Diese Verfügungen müssen auch im Licht der nachlassenden Geisteskräfte gesehen werden. So muß man sich fragen, inwieweit der Verfall des Kranken, der noch bis Ende März 1923 außergewöhnlichen Einfluß hatte, seine Persönlichkeit verändert und sein Urteilsvermögen getrübt hat.

Die Ausweisung der Intellektuellen

Im Mai 1922, wenige Tage vor seinem ersten Schlaganfall, fordert Lenin Dserschinski[5] in einem Schreiben auf, die GPU (die Bezeichnung der Tscheka ab 1922) solle eine Liste von Intellektuellen – Schriftstellern und Professoren – erstellen, die konterrevolutionärer Sympathien verdächtigt würden. Ziel sei deren Ausweisung aus Rußland. Dserschinski hat es zunächst nicht sehr eilig, die Mitarbeiter seiner Behörde Veröffentlichungen daraufhin überprüfen zu lassen, ob sich die jeweiligen Verfasser als Opfer einer Deportationskampagne eignen. Im Juli 1922 hakt Lenin – zu dieser Zeit kann er seine Aufgaben nicht wahrnehmen – noch einmal nach. Jetzt verlangt er von Stalin Auskunft darüber, warum die Operation, die er vor seinem Schlaganfall angeordnet hatte, noch immer nicht durchgeführt worden sei. Er nennt Namen von Sozialrevolutionären und Menschewiki und ordnet an: »Einige Hundert müssen auch ohne Begründung verhaftet werden; hinaus mit Ihnen, meine Herren!«[6] Lenins Ungeduld ist groß. Am 17. September 1922 – er befindet sich noch immer im krankheitsbedingten Urlaub – fordert er schließlich von Dserschinskis Stellvertreter Unschlicht Rechenschaft: »Veranlassen sie bitte, mir alle beiliegenden Blätter mit Vermerken darüber zurückzuschicken, wer ausgewiesen wurde, wer einsitzt, wer von der Ausweisung verschont blieb und warum dies geschah.«[7] Am 13. Dezember, dem Tag, an dem er den ersten einer ganzen Serie von Schlaganfällen erleiden wird, kommt er in einem für das ZK bestimmten Brief an Stalin auf die Angelegenheit zurück. Er beschwert sich, daß der menschewistische Historiker N. A. Roshkow, eine eher unbedeutende Figur, noch immer nicht ausgewiesen sei. Das solle schleunigst passieren. Daß Lenin dem Fall Roshkow im Dezember 1922 so große Beachtung schenkt, obwohl zu dieser Zeit sehr viel dringendere Angelegenheiten anstehen, deutet darauf hin, daß es sich hier eher um eine Obsession als um ein konsequentes politisches Vorhaben gehandelt hat. Allerdings steht diese Obsession bei der Verfolgung Andersdenkender völlig im Einklang mit seiner allgemeinen Einstellung gegenüber der Freiheit des Geistes.

Die Ausweisung der Intellektuellen löst bei Gorki, der sich zu dieser Zeit in Deutschland aufhält, eine heftige Reaktion aus. In einem Brief teilt er Lenin seine Besorgnis mit. Lenins Antwort an den Mann, den er bisher möglichst schonend behandelt hat, ist für seine autoritäre Haltung in dieser wie in vielen Fragen typisch. Am 15. September 1922 schreibt er ihm:

»Die intellektuellen Kräfte der Arbeiter und Bauern wachsen im Kampf gegen die Bourgeoisie und ihre Helfershelfer, die sogenannten Intellektuellen, diese Lakaien des Kapitals, die sich als das Gehirn der Nation wähnen. In Wirklichkeit sind sie doch nur der Unrat der Nation.«[8]

Zwar muß die Besessenheit, mit der Lenin gegen die geistige Elite Rußlands vorgeht, ganz offensichtlich im Zusammenhang mit seiner Erkrankung gesehen werden. Trotzdem werden seine Anweisungen sofort von Stalin an Dserschinski weitergeleitet und ausgeführt. Denn noch immer übt er die Herrschaft aus, daran zweifelt er nicht. Die von ihm verlangte Ausweisung von Intellektuellen zeigt freilich einmal mehr seine Unfähigkeit, irgendeine Form von Opposition zu akzeptieren – nicht einmal in den Stunden des Zweifels oder der Verzweiflung: Schon verlangt Lenin nach Gift, um seinem Leben ein Ende zu setzen[9]. Bereits 1922 schwankt er phasenweise zwischen der Hoffnung, wieder auf die Beine zu kommen und arbeiten zu können, und Augenblicken, in denen er an eine Genesung nicht mehr glaubt.

Wie überdauern? *(Prodershazia)*

In den langen Monaten, die Lenin abseits der Schaltzentrale der Macht verbringt, wird er von seiner Frau und seinen Sekretärinnen über die politischen Ereignisse im Land informiert. Da seine Kollegen seine Autorität benötigen, auch wenn er sie nicht mehr real ausüben kann, nähren sie den Mythos von seiner baldigen Rückkehr in die Regierung. Im Gegenzug müssen sie ihn über die Regierungsgeschäfte auf dem laufenden halten, seine Fragen beantworten und seine Anweisungen befolgen, wie der Fall der Ausweisung der Intellektuellen zeigt. So befindet Lenin sich in den Jahren 1922 und 1923 in einer für einen Machthaber außergewöhnlichen Situation: An der Ausübung seiner Aufgaben gehindert, aber moralisch präsent und durch die Möglichkeit einer Rückkehr gestärkt, kann er sich in aller Ruhe über den Gang der Ereignisse und über sein zurückliegendes Lebenswerk Gedanken machen. Und da er faktisch noch an der Macht ist, kann er theoretisch sogar an der weiteren Gestaltung des politischen Systems mitwirken, Fehler beseitigen und manche Entwicklung beschleunigen. Diese Betrachtungen aus der »Ferne«, die Staatsmännern sonst erst nach dem Rückzug ins Privatleben vergönnt sind, konnte Lenin noch in der Position der Macht entwickeln, und darin liegt die Bedeutung seines letzten Lebensabschnitts. Vor allem das Wesen der Staatsmacht, die er geschaffen hat, veranlaßt ihn in den letzten Monaten, in denen er noch bei klarem Verstand ist, zu Überlegungen – Reflexionen, an denen andere teilhaben können, weil er sie noch niederschreiben oder vielmehr diktieren kann. Nachdem er im Januar 1923 Suchanows Aufzeichnungen gelesen hat, verfaßt er einen wütenden Kommentar.[10] Ist die Revolution angesichts der russischen Gegebenheiten zu früh erfolgt? Nein, antwortet Lenin, denn man mußte diese Gelegenheit beim Schopf ergreifen. Wenn er auf Suchanows Kritik so empfindlich reagiert und ihr seine voluntaristische Sichtweise gegenüberstellt, so wohl auch deshalb, weil er gerade in diesem Augenblick eine Periode des Zweifels durchlebt. In dem Land, dessen Geschicke er jetzt nicht mehr lenken kann, ist der Sozialismus nach seiner Einschätzung auf zwei entscheidende Hindernisse gestoßen: auf das Ausbleiben der erhofften

Weltrevolution und auf innere Schwierigkeiten. Am 2. März 1923 zieht er in *Lieber weniger, aber besser*[11], der letzten Schrift, die er noch formulieren kann, bevor ihm ein weiterer Schlaganfall jede Möglichkeit nimmt, sich auszudrücken, eine düstere Bilanz der Situation:

»Wir haben die kapitalistische Industrie zerschlagen, haben alles getan, um die mittelalterlichen Einrichtungen, den gutsherrlichen Grundbesitz auszurotten, und haben auf diesem Boden eine Klein- und Zwergbauernschaft hervorgebracht, die dem Proletariat folgt, weil sie Vertrauen zu den Ergebnissen seiner revolutionären Arbeit hat. Mit diesem Vertrauen jedoch bis zum Sieg der sozialistischen Revolution in den höherentwickelten Ländern durchzuhalten, ist für uns nicht leicht [...].«

Nachdem er die Bauern als Feinde behandelt und ohne ein Wort des Mitleids die Tragödie der Hungersnot beobachtet hat, befürchtet Lenin mit Blick auf die Zukunft seines Lebenswerkes plötzlich eine mögliche Spaltung zwischen Proletariat und Bauernschaft. Diese Spaltung würde »für die Sowjetrepublik verhängnisvoll« sein.

In seiner Analyse kommt er letztlich zu einem ähnlichen Ergebnis wie Suchanow. Deshalb fragt er sich nach dem Wesen des Sozialismus unter diesen prekären Umständen. Seine Antwort ist die gleiche wie früher: Hinter dem Sozialismus steht ein politischer Wille, eine Entscheidung, die auf jeden Fall umgesetzt werden muß. Getreu seinen früheren Überzeugungen bekräftigt er 1923 den Primat des Politischen. Aufgabe der Genossen und der Regierenden ist es, den Fortschritt in Rußland voranzutreiben und seine wirtschaftliche Infrastrukur dem 1917 errichteten Herrschaftssystem anzugleichen. Auch in dieser letzten Schrift begreift Lenin den vollendeten Sozialismus – wie stets seit 1917 – als eine Machtfrage, nicht als Ergebnis des Willens der Gesellschaft oder der kollektiven Anstrengungen der Menschen. Seine Nachfolger haben die Aufgabe, zu organisieren und zu regieren: Das sind seine letzten Empfehlungen.

Lenins Instruktionen an seine Nachfolger betreffen verschiedene Fragen: die Rückständigkeit des Landes, die hochkomplexe Nationalitätenfrage und den bestehenden Konflikt zwischen Staatsmacht und Gesellschaft. Daß die Massen sich nicht an die neue politische Ordnung anpassen können, hänge mit der geistigen Rückständigkeit in Rußland zusammen. Dieser Rückstand müsse durch eine Kulturrevolution bezwungen werden, dies betont Lenin immer wieder. Die Revolution der Mentalitäten, des Bewußtseins, sieht er dabei allerdings – wie seine Verurteilung des Proletkultes bereits hinreichend gezeigt hat – aus einer durch und durch traditionellen Perspektive: »Alphabetisieren, freiwillig oder mit Gewalt.« – »Lesen und schreiben lernen und verstehen, was gelesen wird.« – »Man hält uns hochtrabende Reden über die proletarische Kultur. Fangen wir an, uns eine gute bürgerliche Kultur zuzulegen!« Rußland betont er, befinde sich im Jahr 1923 dagegen vielmehr in einem Zustand der »halbasiatischen Kulturlosigkeit«. Um von da zu einem minimalen Kulturniveau zu gelangen, müsse man »eine ganze Epoche der Kulturentwicklung durchlaufen«.

Auf dem Land müßten begleitend zur Kulturrevolution Strukturen entstehen, die von den Bauern auch angenommen würden. Denn sie verstünden nichts vom Kommunismus. Diese Strukturen gehen für ihn vom »Genossenschaftswesen« aus, dem er im Januar 1923[12] ebenfalls eine ausführliche Erörterung widmet. Er verurteilt den Gedanken, »den Kommunismus ins Dorf zu verpflanzen«. Ein solches Ziel hieße »der Sache Schaden statt Nutzen bringen«. Statt dessen präsentiert er die Genossenschaft als langfristige Grundlage für den Fortschritt der ländlichen Gesellschaft. Zwar seien auch die Industrialisierung, die Elektrifizierung und der Ausbau der Staatsmacht wichtig. Aber das Wesentliche liege in der NEP, denn sie ermögliche den »genügend breiten und tiefen Zusammenschluß der russischen Bevölkerung«, den die Kommunisten bräuchten. In der Genossenschaft entdeckt Lenin dann auch abschließend die Dimension des aufzubauenden Sozialismus: »Aber ein System zivilisierter Genossenschaftler bei gesellschaftlichem Eigentum an den Produktionsmitteln, beim Klassensieg des Proletariats über die Bourgeoisie – das ist das System des Sozialismus.«

Mit dieser Gleichsetzung von Genossenschaftswesen und Sozialismus gibt Lenin der NEP eine echte theoretische Grundlage. Konnte man sich 1921 noch fragen, welche Bedeutung sie für ihn hatte – Atempause oder dauerhafte Lösung –, so deutet diese Schrift nun eher darauf hin, daß sie als Dauerlösung gemeint war, die es dem System ermöglichen sollte, zu überleben – *prodershazia.* Dieser Begriff taucht in Lenins Überlegungen der letzten Lebensmonate dann auch immer wieder auf.

Wer kann diesem Genossenschaftswesen Kraft geben? Ihm Leben einhauchen? Ihm eine Richtung geben? Lenins Antwort ist klar: Es ist der Staat, der die Weichen für das Wirtschaftswachstum stellt, die Richtung vorgibt und die Mittel mobilisiert. Lenin macht deutlich, daß er 1923 im Gegensatz zu den Illusionen von 1920 und 1921 in dieser Politik der Aufrechterhaltung des genossenschaftlichen Sozialismus ein langsames Voranschreiten, einen *langen* Prozeß sieht, weist aber zugleich auch auf die Risiken hin: Wie kann vermieden werden, daß die Staatsmacht sich auflöst? Daß sie in den Interessensgegensätzen zwischen Arbeitern und Bauern zerrieben wird? Daß sie durch Forderungen aus dem Volk geschwächt wird?

Die einzige Garantie, die Revolution und den Sozialismus vor solchen Gefahren zu schützen, bietet für Lenin 1923 wie schon damals 1902 die Partei. Diese Partei ist zwar verändert, erweitert und an die Ausübung der Macht angepaßt, aber sie bleibt das reale Instrument der Ausübung der Staatsmacht. Um sie zu stärken und innere Konflikte oder gar eine Spaltung zu verhindern, gibt es für Lenin nur ein Mittel: die Führungsorgane personell zu verstärken und ihre Machtbefugnisse zu erweitern. Am 23. Dezember 1922 schlägt er eine Reform der Parteispitze vor: eine Erweiterung des Zentralkomitees von bisher weniger als 30 auf ungefähr 100 Mitglieder. Dabei solle diesem eine Zentrale Kontrollkommission aus mindestens 65 Mitgliedern beigefügt werden. Beide Gremien zusammen würden dann ein neues Zentralkomitee von fast 200 Mitgliedern bilden, das sechsmal im Jahr zusammentreten solle.

Was ist der Anlaß für diese Vorschläge? Lenin erklärt es selbst: Es sind seine Erkenntnisse vom Herbst 1922, als er für kurze Zeit an die Macht zurückkehrte. Damals war er schockiert über die persönlichen Rivalitäten, die sehr viel offener ausgetragen wurden als in der Vergangenheit. Gleichzeitig stellte er einen Wildwuchs an Verwaltungsorganen fest; außerdem eine wachsende Rivalität zwischen Regierung und Partei. Mit einer Umgestaltung des Zentralkomitees hofft er, persönliche Rivalitäten in einem größeren Gremium auszuschalten und diesem dann neue Verantwortlichkeiten zu übertragen, zu denen Regierungs-, aber auch Parteiaufgaben gehören. Lenin hatte seit 1917 mit dazu beigetragen, die Regierung auf Kosten der Partei zu stärken. Sein jetziges Vorhaben zielt letztlich darauf ab, die Partei wieder ins Zentrum des politischen Systems zurückzuholen, womit er die Debatte um die jeweiligen Aufgaben von Staat und Partei zu ihren Gunsten entscheidet.

Die Partei, so meint Lenin 1923, müsse jetzt, da das Land in eine neue Phase eintrete, einen geeigneten Staatsapparat aufbauen, und zur Erfüllung dieser Aufgabe eigne sich besonders die Zentrale Kontrollkommission. Muß der Staatsapparat, den er reformieren will, nicht einer dauernden Kontrolle unterliegen? Aber wie soll diese Kontrolle aussehen? 1923 erkennt Lenin zwar deren dringende Notwendigkeit, ist aber – möglicherweise auch krankheitsbedingt – nicht in der Lage, sich andere Lösungen vorzustellen, als die schon bekannten. 1920 hatte er die Arbeiter- und Bauerninspektion *(Rabkrin)* eingerichtet, die unter Stalins Führung die gesamte Verwaltung kontrollieren sollte. Nach Stalins Ausscheiden 1922 entwickelte sie sich zu einer schwerfälligen, bürokratischen und vollkommen ineffizient arbeitenden Behörde mit 12 000 Beamten. Zur Zeit der NEP gedeiht der bürokratische Wildwuchs also ausgerechnet in dem Organ, das dem Kampf gegen die Bürokratie hatte dienen sollen! Lenin fragt sich deshalb 1923, wie die Arbeiter- und Bauerninspektion reorganisiert werden könnte.[13] Zwischen dem 9. und 14. Januar diktiert er »Materialien« und anschließend seinen Vorschlag zur Restrukturisierung des Gremiums. Gedacht ist die Schrift für den XII. Parteitag, der vom 17. bis zum 25. April stattfinden wird. Zu diesem Zeitpunkt wird Lenin wegen seiner Erkrankung aus dem politischen Leben bereits endgültig ausgeschieden sein.

Das wirkungsvollste Mittel zur Eindämmung des bürokratischen Wildwuchses hätte ohne Zweifel darin bestanden, die Bürokratie einer gewissen Kontrolle durch das Volk zu unterwerfen. Aber daran denkt Lenin zu keinem Zeitpunkt. Sein Vorschlag an die Partei zur Entbürokratisierung ist wiederum bürokratischer Art: Die *Rabkrin* solle auf eine kleinere Anzahl von Funktionären reduziert werden, die dann Staat und Partei kontrollieren würden. Zur Kontrolle der staatlichen Verwaltung solle sie mit der Zentralen Kontrollkommission ein gemeinsames Gremium bilden. Ein paradoxer Vorschlag: Ein neues bürokratisches Organ, eine Art »Überbürokratie«, soll die herrschende Bürokratie bekämpfen! Lenin setzt sich damit für die Schaffung einer »administrativen Avantgarde« nach dem Vorbild der revolutionären Avantgarde aus *Was tun?* ein. Das Prinzip ist in beiden Fällen das gleiche: Da das gesellschaftliche Bewußtsein hinter den politischen Vorhaben und Möglichkeiten herhinkt, soll es durch eine bewußte Elite zum anvisierten Ziel »gezogen« werden. Von dieser administrativen Elite erwartet Lenin die gleichen Tugenden wie von der Elite der Partei: Disziplin, Organisationsvermögen, Loyalität und ein Bewußtsein für die historische Aufgabe.

Lenin verwendet seine letzten Kräfte noch auf eine weitere, ebenso wichtige Frage: das Nationalitätenproblem. Die georgische Krise von 1922 hat ihm deutlich vor Augen geführt, daß bei den Kommunisten nationale Widerstände und nationale Gefühle fortbestehen. Zwar hat er Stalin seine Sichtweisen zur Föderation und den notwendigen Zugeständnissen an die kaukasischen Nationalisten aufgezwungen. (Bei ihnen handelt es sich um Kommunisten, da nach der Annexion Georgiens und während des Konfliktes von 1922 nur noch Parteimitglieder in der Regierung sind.) Dieser erbitterte Kampf und die heftigen Wortgefechte zwischen Kommunisten haben Lenin tief erschüttert. Seine Aufzeichnungen vom 30. und 31. Dezember verdienen unter anderem auch deshalb besonderes Interesse, weil er darin – was sehr selten vorkommt – eigene Fehler einräumt. Sein Eingeständnis an dieser Stelle ist ergreifend, aber es verschleiert einmal mehr die im Grunde bestehende Übereinstimmung mit den Hardlinern in der Zentralgewalt. Er bekennt, den hartnäckig sich haltenden Großmachtchauvinismus und die Herrenmentalität der russischen Bürokraten unterschätzt zu haben, die einer tatsächlichen Lösung des Nationalitätenproblems im Wege stehen. Sehr genau sieht er, daß dafür nicht nur Ewiggestrige und Rückständige verantwortlich sind, daß vielmehr die höchsten Führer der Partei als Erben des alten imperialistischen Denkens auftreten. Um diese Fehlentwicklung zu korrigieren, propagiert er eine Politik, bei der gerade die unterdrückten kleinen Nationen von gestern bevorzugt werden sollen – gewissermaßen eine *affirmative action,* ein Antidiskriminierungsprogramm.

Aber diese scharfsinnige Analyse der nationalen Widerstände

und die Vorschläge zu ihrer Überwindung können über das eigentliche Problem nicht hinwegtäuschen: Lenin glaubt nicht an die Autonomie des Nationalitätenproblems. Seine Strategie ist durchaus mutig, aber sie zielt letztlich nur auf den Untergang der Nationen. Und das Instrument dieses Untergangs bleibt die Partei. Natürlich erkennt er, daß diese im Umgang mit den Nationen große Fehler macht. Dennoch überträgt er dieser Partei, die wie er Schuldgefühle hat, nun die Aufgabe, die eigenen Fehler zu korrigieren und dafür zu sorgen, daß sich ein echter Internationalismus entwickeln kann. Lenin folgt hier der gleichen Linie wie in der Frage der Arbeiter- und Bauerninspektion: Er erkennt zwar klar die Schwächen der Partei und ihrer Führer, sieht aber dennoch in ihrer obersten Führung die Hoffnungsträger der Zukunft. Alle seine Direktiven zielen auf die Stärkung der Partei durch eine Weiterentwicklung ihrer Organe und ihrer Kontrolle.

Bei einer eingehenden Betrachtung fällt an Lenins Gedanken in den Jahren 1922 und 1923 eine Neuerung auf: die verzweifelte Feststellung, daß er mit seinen Vorhaben vollständig oder fast vollständig gescheitert ist. Nicht neu sind dagegen seine Rezepte zur Überwindung des Mißerfolges. Obwohl er die Mängel mit klarem Blick erkennt, gelingt es ihm bei der Suche nach Lösungen nicht, die eingefahrenen Wege zu verlassen. Ist es die Krankheit, die sein Denken täglich weiter schwächt? Oder das System eines Denkens, das trotz scharfsinniger Analysen immer wieder in die Sackgasse führt? Der grundfalsche Charakter seiner Lösungen und deren fatale Folgen für sein Land und sein Volk werden wahrhaft historische Dimensionen erreichen.

Vor einer abschließenden Wertung seines Lebenswerkes muß ein letztes Unterkapitel sich mit Lenins Zweifeln und seinen letzten Anliegen befassen: sie betreffen die Frage seiner Nachfolge, die eng mit dem Bruch mit Stalin verknüpft ist.

Ein zwiespältiger Blick in die Zukunft

Mehrfach machte Lenin sich Sorgen darüber, wie sich das politische System in Zukunft ohne seine Mitwirkung weiterentwickeln würde. Bereits im Sommer 1922 dachte er in Augenblicken der

Resignation daran, sich ganz aus der Politik zurückzuziehen oder nach einer Übergangslösung zu suchen. In einem Brief an Stalin[14] vom 11. September spricht er sich dafür aus, während seiner Abwesenheit Trotzki und Kamenew mit neuen Aufgaben zu betrauen und so Alexander Zjurupa, seinen Stellvertreter als Vorsitzender im Rat der Volkskommissare, zu entlasten. Die Ärzte versichern Lenin damals, er könne seine Amtsgeschäfte – allerdings nur nach und nach, wie er schreibt – ab Anfang Oktober wieder aufnehmen. Das Politbüro, das in der Frage eine Entscheidung fällen muß, erhält von Trotzki eine klare Absage. Lenin ist darüber schon deshalb verärgert, weil Trotzki ihn, im Gegensatz zu anderen Parteigrößen wie z. B. Stalin, in den Monaten der Krankheit nur selten besucht. Er hat außerdem den – durchaus berechtigten – Eindruck, daß unter seiner Krankheit auch seine Autorität in der Partei leidet und die Kollegen seinen Anweisungen nur widerstrebend nachkommen. Sein wiederholtes Nachbohren in der Affäre um die Ausweisung von Intellektuellen belegt, daß ihm dieser Eindruck schwer zu schaffen macht.

Trotz der georgischen Krise ist Stalin bis Ende 1922 die Anlaufstelle für Lenins Beschwerden, Fragen und Anweisungen. Stalin sucht ihn auch am häufigsten auf – bedingt durch seine Funktion, aber auch durch das Vertrauensverhältnis beider, das zwischen 1917 und 1922 entstanden ist. Dennoch wird Lenin in seinen letzten klaren Monaten mit Stalin brechen, eine Annäherung an Trotzki suchen und sich Gedanken über sein politisches Umfeld machen.

Das Zerwürfnis mit Stalin ist im Grunde genommen mit der Affäre um Georgien verknüpft. Lenin hat zunehmend den brutalen Charakter seines einstigen Protegés erkannt. Zudem hat er bemerkt, daß Stalin sich immer größere Machtbefugnisse angeeignet und seine Direktiven als amtierender Chef Rußlands ignoriert hat. Beschleunigt wird der Bruch durch einen Zwischenfall im Zusammenhang mit einem Konflikt, der seit jeher zwischen Stalin und Trotzki schwelt.

Von Stalins üblichen Manipulationen vor den Kopf gestoßen, wendet Lenin sich allmählich Trotzki zu und beauftragt diesen, seine Besorgnisse auf dem XII. Parteitag öffentlich zu machen. Dabei geht es um den Machtmißbrauch der Partei gegenüber

Minderheiten. Diese Vorwürfe hat er in Aufzeichnungen vom 30. und 31. Dezember 1922 niedergelegt und läßt sie Trotzki mit dem gesamten Material zukommen, das er gesammelt hat[15], obwohl Stalin dies zu verhindern suchte. Bucharin sagt später, Lenin habe Trotzki »eine Bombe anvertraut«, um den Generalsekretär der Partei zu demontieren, den er weniger als ein Jahr zuvor selbst designiert hatte. Lenins plötzliches Vertrauen in Trotzki kommt auch in einer diktierten Notiz an diesen vom 21. Dezember zum Ausdruck. Darin fordert er Trotzki auf, am Außenhandelsmonopol festzuhalten und den Parteitag darauf einzuschwören.[16] Angesichts der bestehenden wirtschaftlichen Schwäche Rußlands hält er diesen Kampf für entscheidend. Auch in diesem Punkt hatte Stalin geglaubt, eine Gegenposition zu Lenin vertreten zu können.[17] Deshalb wendet dieser sich nun Trotzki zu und läßt Stalin wissen: »Ich habe mit Trotzki eine Übereinkunft getroffen, was die Verteidigung meiner Ansichten zum Außenhandelsmonopol angeht.«[18] Stalin ist über den schleichenden Verlust seiner Vertrauensposition erbost und betroffen. Doch Ende 1922 glaubt er über ein wirksames Mittel zu verfügen, um Lenin daran zu hindern, seine eigene politische Position zu schwächen: Stalin versucht, ihn ganz gegen die Außenwelt abzuschotten.

Tatsächlich hat ihm das Zentralkomitee am 18. Dezember die Aufgabe übertragen, darüber zu wachen, daß Lenin die ärztlichen Ratschläge zur Zurückhaltung und Ruhe streng befolgt.[19] Stalin ist somit für Lenins Gesundheitszustand verantwortlich und untersagt ihm unter Berufung auf die Ärzte jedwede Aktivität. Vor allem unterbindet er jeden Austausch von Informationen oder Unterlagen mit seinem Umfeld. Keiner darf sich von ihm etwas diktieren lassen. Lenin schöpft rasch den Verdacht, daß Stalin nicht ärztliche Verordnungen befolgt, sondern vielmehr von den Ärzten verlangt, ihn von der Außenwelt zu isolieren.[20]

Diese angemaßte Rolle des Krankenwärters bildet den unmittelbaren Grund für Lenins endgültigen Bruch mit Stalin: Am 21. Dezember diktiert er Krupskaja einen kurzen Brief an Trotzki. Als Stalin am nächsten Tag davon erfährt, ruft er diese sofort an und wirft ihr vor, sie habe die Anweisungen des Ärztekollegiums mißachtet. Dabei schlägt er einen so rüden und unverschämten

Ton an, daß Krupskaja sich darüber in einem Brief bei Kamenew beklagt: »Stalin hat sich mir gegenüber unerhörte Grobheiten geleistet ... Es hat sich herausgenommen, mir zu drohen.«[21]

Wann hat Lenin von dem Zwischenfall erfahren? Es gibt hierüber mehrere Vermutungen. Es ist bekannt, daß Lenins Zustand sich zwischen dem 22. und 23. Dezember rapide verschlechterte. Er war sehr erregt. Hatte Krupskaja ihn über den Krach mit Stalin informiert? Oder spürte er die Erregung seiner Frau? Krupskaja hat sich mit ihrer Beschwerde sehr wahrscheinlich zunächst an Kamenew gewandt, um Lenin nicht weiter aufzuregen. Lenin litt ohnehin stark unter den Einschränkungen seiner Aktivitäten. Er reagierte auf den Zwischenfall jedenfalls erst am 5. März 1923. In einem Schreiben verlangt er von Stalin, er solle sich bei seiner Frau entschuldigen, »oder die Beziehungen zwischen [ihnen seien] als beendet zu betrachten«.[22]

Lenin hatte den Bruch zu diesem Zeitpunkt allerdings schon vollzogen – mit seinem »Brief an den Parteitag«[23], den er am 23. und 24. Dezember 1922 diktiert hatte und der heute als Lenins »Testament« gilt. Dieses Schriftstück spiegelt zugleich auch Lenins Besorgnisse wider: Er spürt, daß die Zukunft nicht ihm gehört und daß er die Partei darauf vorbereiten muß, die wichtigsten Verantwortlichkeiten den Fähigsten zu übertragen. Aber diese Schrift ist auch sehr vieldeutig: Es ist schwierig, Lenins Absichten richtig herauszulesen und seine Urteile korrekt zu interpretieren.

Lenin hat diese Gedanken unter schwierigsten Umständen diktiert, wie das *Tagebuch* seiner Sekretärinnen belegt. Ausgangspunkt ist die Feststellung, daß die ohnehin schwierige Lage in Rußland sich wegen der ungünstigen internationalen Situation weiterhin verschlechtern werde. Zudem bedrohen die Rivalitäten zwischen verschiedenen Gruppierungen und Personen die Einheit der Partei. Um dieser Gefahr zu begegnen, schlägt Lenin Reformen vor, darunter die Erweiterung der Führungsgremien der Partei.[24] In einer diktierten Notiz vom 29. Dezember spricht er sich erneut für diese Reformen aus. In seiner detaillierten Analyse der russischen Verhältnisse hebt er die unverzichtbare Solidarität der Bauern und Arbeiter hervor, aber mehr noch betont er das Problem der persönlichen Rivalitäten an der Parteispitze. In diesem Zusammenhang wendet er sich sechs Parteigrößen zu, die er offenbar für befähigt hält, seine Nachfolge anzutreten. Lenin fällt hier präzise Urteile und bemüht sich sichtlich um eine gerechte Beurteilung. Persönliche Wertschätzungen und vor allem Parteinahmen klammert er aus. Ganz offenbar will er es vermeiden, daß sich aus seinen Urteilen später Ansprüche auf seine Nachfolge ableiten lassen. Lenin stellt jeweils zwei der Betreffenden einander gegenüber und würdigt sie in einer subtilen Mischung aus Lob und Kritik. Dies zeugt von seinem Willen, die spätere Wahl ganz dem Zentralkomitee zu überlassen.

Als erste erscheinen auf der Bühne – denn Lenin inszeniert diese Beurteilungen regelrecht – Bucharin und Pjatakow. Bucharin, so schreibt er, sei »ein wertvoller und bedeutender Theoretiker« und der »Liebling der ganzen Partei«, aber er habe »die Dialektik [...] nie vollständig begriffen«. Dagegen sei Pjatakow ein fähiger Administrator, dies aber in einem zu großen Maße. Da beide noch relativ jung seien, bestehe indes die Hoffnung, daß sie ihre Unzulänglichkeiten überwinden könnten.

Dann kommen Sinowjew und Kamenew an die Reihe. Lenin erinnert daran, daß beide sich im Oktober 1917 in Verkennung der historischen Situation seiner Entscheidung, einen Aufstand zu entfesseln, widersetzt hatten. Dieser kurzzeitige Fehler, so bittet Lenin die Partei, dürfe aber ihrer Zukunft nicht im Weg stehen.

Schließlich und in der Hauptsache vergleicht Lenin die beiden Männer, deren Rivalität er am meisten fürchtet: Stalin und Trotzki. Beiden spricht er herausragende Fähigkeiten zu, mit denen sie sich seit der Revolution eine führende Position in Rußland erobert hätten. Bei Stalin schränkt er allerdings ein, dieser habe »eine unermeßliche Macht in seinen Händen konzentriert«, und er sei »nicht überzeugt, daß er [Stalin] es immer verstehen wird, von dieser Macht vorsichtig genug Gebrauch zu machen«. Trotzki attestiert er »hervorragende Fähigkeiten«. Er sei »wohl der fähigste Mann im gegenwärtigen ZK«. Auf dieses Lob folgen allerdings zahlreiche Vorbehalte: Trotzki sei auf Umwegen zur Partei gestoßen. Er zeichne sich durch »ein Übermaß an Selbstvertrauen« aus und habe eine »übermäßige Vorliebe für rein administrative Maßnahmen«. Seinen späten Anschluß an die Bolschewiki dürfe man ihm »aber nicht als persönliche Schuld anrechnen«. Aber allein die Erwähnung dieses Faktums, weitere kritische Bemerkungen und die Behandlung gemeinsam mit Stalin zeigen auch Vorbehalte gegen Trotzki, obwohl er doch gerade diesem den Auftrag erteilt hat, ihn auf dem Parteitag als Sprecher zu vertreten und brisante Dossiers zu verteidigen.

Betrachtet man diese Auflistung, so läßt sich über Lenins Präferenzen in Hinblick auf seinen Nachfolger in dieser Zeit, Ende Dezember 1922, kaum etwas sagen. Im Verlauf der Tage und Wochen vor der Niederschrift hat er sich Trotzki anzunähern versucht. Dennoch nennt er ihn nicht als seinen Wunschkandidaten. Dagegen fügt er schon wenig später, am 4. Januar 1923, seinem *Brief an den Parteitag* eine Ergänzung hinzu, in der er sich zu Stalin unmißverständlich äußert:

»Stalin ist zu grob, und dieser Mangel, der in unserer Mitte und im Verkehr zwischen uns Kommunisten durchaus erträglich ist, kann in der Funktion des Generalsekretärs nicht geduldet werden. Deshalb schlage ich den Genossen vor, sich zu überlegen, wie man Stalin ablösen könnte, und jemand anderen an diese Stelle zu setzen, der sich in jeder Hinsicht von Gen. Stalin nur durch *einen* Vorzug unterscheidet, nämlich dadurch, daß er toleranter, loyaler, höflicher und den Genossen gegenüber aufmerksamer, weniger launenhaft usw. ist.«[25]

Diese Notiz ist in vielerlei Hinsicht aufschlußreich. Wie sie zeigt, hat Lenin schon Ende 1922 von Stalin ein negatives Bild gewonnen, das er nicht mehr in Frage stellen wird. Dabei geht es nicht um einen persönlichen Bruch, sondern um die Feststellung, daß der Posten des Generalsekretärs einem Mann wie Stalin unbeschränkte Möglichkeiten zum Machtmißbrauch geben würde. Innerhalb weniger Monate hat Lenin begriffen, daß der Mann, den er selbst auf diesen Posten gehievt hatte, immer größere Machtvollkommenheiten an sich gezogen hat und diese auch mißbraucht. Mit den Eigenschaften, die Lenin von einem eventuellen Nachfolger Stalins verlangt und die diesem selber fehlen, zeichnet er ein wenig schmeichelhaftes Bild von dem zukünftigen Diktator. Nach Lenins Darstellung ist Stalin weder geduldig noch höflich oder ausgeglichen. Vor allem aber ist er »unloyal«. Dieser zuletzt genannte Mangel ist ohne Zweifel einer seiner wichtigsten Vorwürfe an Stalin, den er jetzt plötzlich wie einen Gegner behandelt. Hat er Stalins mangelnde Loyalität nicht am eigenen Leib verspürt, die dieser kaum noch zu verbergen suchte, sobald er Lenins Ende kommen sah?

Die Adjektive, die Lenin in diesem Text gebraucht, zeugen von einem ungewöhnlich treffenden Urteil. Das russische *grub* oder *grubst,* mit dem er Stalin charakterisiert, steht zugleich für Grobheit und Brutalität. Lenin gebraucht das gleiche Wort in seinem Brief an Stalin, der ihren endgültigen Bruch markiert. Hier wirft er ihm Grobheit *(grubost')* gegenüber Krupskaja vor. Auch der gebildete Lenin selbst hatte freilich nie gezögert, seine Gegner mit Beleidigungen zu überhäufen. Seine Polemiken gegen die Menschewiki, gegen Fraktionäre jeder Art, lesen sich wie ein Florilegium an Grobheiten und Beschimpfungen. Der plötzliche Gesinnungswandel Lenins gegenüber einem Mann, dessen ungehobelte Art ihm auch zuvor sicher nicht verborgen geblieben war, offenbart eine Empfindlichkeit, die die Krankheit und die von Stalin erzwungene Isolation bis zur Unerträglichkeit gesteigert haben. Auch die Sorge um sein Lebenswerk, das er bedroht glaubt, trägt zu der Stimmungslage bei, in der Lenin diese Notiz diktiert hat.

Lenin ist zudem bewußt, daß die Genossen Stalins Charakterfehler nicht richtig durchschauen. Die großen Figuren der Partei – Bucharin und Trotzki – haben für administrative Aufgaben nur Verachtung übrig und sehen im Generalsekretariat einen reinen Verwaltungsposten. Keiner hat die Bedeutung des Stalin im April 1922 übertragenen Amtes begriffen – und auch nicht die mit ihm verbundene Machtfülle. Sie sind im Gegenteil dankbar, daß er diese unliebsamen Aufgaben übernimmt. In seinem Krankenzimmer erkennt Lenin deutlich diese Schwäche seiner potentiellen Nachfolger: Daß sie das eigentliche Zentrum der Macht nicht erkennen. Daher sein präziser und wohlbegründeter Vorschlag, Stalin abzulösen. Innerhalb weniger Tage – zwischen dem 23. Dezember und dem 4. Januar – hat Lenin seine Haltung vollkommen geändert. War sein Brief an den Parteitag noch geprägt von dem Willen, auf die Entscheidungen des Zentralkomitees keinen Einfluß zu nehmen, so schwenkt er jetzt plötzlich auf eine Forderung um. Seine Notiz vom 4. Januar ist vor allem eine Verurteilung Stalins, ohne daß ein entlastender Umstand angeführt wird.

Dieser Schritt, der *Brief an den Parteitag* und seine Ergänzung, entspricht so ganz der Haltung, die Lenin sein Leben lang unter Beweis gestellt hat. Im Dezember 1922 stellt er fest, daß die Partei einer gewaltigen Bedrohung ausgesetzt ist, daß ihre Führungsfiguren schwere Fehler haben oder daß sie für den Apparat gefährlich werden können. Gegenüber diesen vielen Gefahren kennt er wie üblich nur ein Hilfsmittel: Daß sich die Partei dieser Angelegenheit annimmt und alles regelt. So unvollkommen sie auch sein mag, für ihn ist sie nach wie vor die letzte Zuflucht.

Der Sterbende wird von den Getreuen verraten

In den letzten beiden bewußten Monaten seines Lebens versucht Lenin leidenschaftlich, seine Ansichten zu allen Gebieten der Politik kundzutun – entgegen dem Rat der Ärzte, trotz Stalins Versuchen, ihn daran zu hindern, und trotz der schwindenden Kräfte. Und er rechnet damit, daß die Partei auf seine Gedanken und Warnungen entsprechend reagieren wird. Seine Beiträge sind nicht für die Geschichtsbücher, sondern für den kommenden Parteitag bestimmt. Lenins Kollegen, vor allem Trotzki, den er ins Vertrauen zieht, interessieren sich allerdings kaum für die Wünsche des Kranken, den sie dem Ende nahe glauben. Sie ignorieren seine Anliegen ohne Skrupel oder Schamgefühle.

Der Fall ist dies zunächst bei der Schrift *Lieber weniger, aber besser,* die Lenin in der *Prawda* veröffentlichen lassen will. Bucharin, damals der Chefredakteur des Blattes, weiß nicht so recht, ob er einen Text veröffentlichen soll, der sich hauptsächlich gegen Stalins autoritäre Praktiken wendet. Er holt deshalb die Meinung des Politbüros ein, das sich daraufhin gegen eine Veröffentlichung ausspricht: Kuibyschew schlägt sogar vor, Lenin hinters Licht zu führen: der Artikel solle nur für Lenin in einem Sonderexemplar der *Prawda* erscheinen. Obwohl dieser Plan scheitert, weil Trotzki und Kamenew[26] dagegen sind, gibt er dennoch eine Vorstellung von der Ungeniertheit, mit der die Kollegen mit Lenin umzugehen beginnen.

Auch Trotzki wird seinen Anliegen kaum größere Aufmerksamkeit schenken. Am 6. März läßt ihm Lenin seine diktierten Aufzeichnungen vom 30. und 31. Dezember und das georgische

Dossier überbringen und bittet ihn dringend, er möge »die Verteidigung der georgischen Sache im ZK der Partei übernehmen. Die Angelegenheit steht jetzt unter ›Verfolgung‹ von Stalin und Dserschinski, und ich kann mich auf deren Unparteilichkeit nicht verlassen.«[27] Gleichzeitig informiert er die Georgier, er bereite Material für sie vor. Seine Mitteilung liest sich wie eine Drohung an die Verantwortlichen dieser Affäre. Lenin zeigt sich »tief entrüstet über die Grobheit Ordshonikidses und die Nachsicht von Stalin und Dserschinski«.[28] Er gibt den Georgiern mit seinem wütenden Brief Auftrieb und macht deutlich – auch als Signal an Trotzki –, daß er mit Stalin und dessen mutmaßlichen Komplizen gebrochen hat. Dieses Schreiben ergänzt die Mitteilung an Stalin, in der Lenin von diesem verlangt, sich bei Krupskaja wegen seiner Entgleisung zu entschuldigen, und mit dem Abbruch aller Kontakte droht. Wie in der Vergangenheit schon so oft geschehen, verstößt Lenin einen Vertrauten und will so die Partei säubern. Neu ist dabei allerdings, daß er sich diesmal auf einen Verbündeten stützen muß und diesem großartige Angebote für die Zukunft macht. Trotzki nimmt sie allerdings nicht an, und Stalin, der Anfang März politisch erledigt scheint und ganz offenbar gewaltige Ängste aussteht, geht schließlich als Sieger aus einem Kräftemessen hervor, dessen großer Verlierer diesmal Lenin selbst sein wird.

Um die Zeit der Eröffnung des Parteitages, der in dem Duell zwischen Lenin und Stalin eine entscheidende Rolle hätte spielen sollen, erleidet der Revolutionsführer seinen bislang heftigsten Schlaganfall und ist von da an ein lebender Toter. Einige Tage nach diesem verhängnisvollen 10. März 1923 versichert Trotzki Kamenew, daß er absolut gegen jede personelle Veränderung in der Partei sei. Am 20. März veröffentlicht er in der *Prawda* einen Artikel zur Nationalitätenfrage, wählt einen neutralen Tonfall und verschweigt die von Lenin erhaltenen Aufzeichnungen zu dem Problem. Auf dem Parteitag kommt er auf sie dann aber doch zu sprechen. Daß er sie in seinem Artikel in der *Prawda* vorsichtigerweise nicht erwähnt hat, wird ihn jetzt teuer zu stehen kommen. Lenin ist gelähmt und kann die Dinge nicht mehr klarstellen. Jetzt findet Stalin zu seiner arroganten Haltung zurück und wirft Trotzki vor, er habe der Partei Lenins Aufzeichnungen vorenthalten! Diese heftige Gegenattacke ist nur damit zu erklären, daß Stalin über den Zustand des Schwerstkranken informiert ist. Jedenfalls vereitelt er so Lenins verzweifeltes Bemühen, mit Trotzkis Hilfe den Parteitag zu beeinflussen und die Dinge in der Partei geradezurichten. Trotzki ist über den Vorwurf sprachlos. Bucharin springt für ihn ein: Er verteidigt die Georgier und schlägt sich auf ihre Seite, während Trotzki stumm bleibt. Alle Hoffnungen, die Lenin in den Parteitag gesetzt hat, sind damit zunichte. Stalin wird als Generalsekretär wiedergewählt. Da Trotzki weiter passiv bleibt, beschließt Bucharin schließlich, ebenfalls Stalin zu unterstützen. Damit ist dieser der eigentliche Sieger in der Auseinandersetzung mit Lenin. Als geschickter Taktierer hat er eine auf den ersten Blick verzweifelte Lage zu seinen Gunsten gewendet.

So kann Stalin am Ende des Parteitages schamlos verkünden: »Genossen, ich habe selten einen so einigen Parteitag erlebt, auf dem eine einzige Überzeugung herrschte...«

Lenin stirbt am Abend des 21. Januar 1924. In ihm stirbt auch der Chef der kommunistischen Partei Rußlands und der Gründer der UDSSR. Seine lange Abwesenheit von der politischen Bühne, sein Konflikt mit Stalin und seine wiederholten Warnungen vor den Bedrohungen der Partei, dies alles verschwindet sofort hinter dem Mythos Lenin, an dem sogleich gesponnen wird. Auf der XIII. Parteikonferenz, die vom 16. bis zum 18. Januar zusammengetreten war, hatte man den Todkranken noch in Abwesenheit ins Präsidium gewählt, gerade so, als sei er nur durch einen Schnupfen verhindert. Es ist Stalin, der nun die Aufgabe übernimmt, alle Instanzen der Partei auf allen Ebenen und in allen Regionen über Lenins Tod zu informieren. Ist dies nicht die Aufgabe des Generalsekretärs? Jedenfalls bedeutet es einen letzten Verrat an Lenins Willen.

Und wenn Lenin länger gelebt hätte? Einige Historiker, darunter Moshe Lewin, der sich in einem Buch eingehend und auf anregende Weise mit den letzten Monaten seiner Existenz befaßt hat, kommen zum Schluß, daß dies den weiteren Gang der Ereignisse in der UDSSR komplett verändert hätte.[29] Für Lenin sei sein nahes Ende und sein letzter Kampf gegen Stalin eine Gelegenheit gewesen, den Menschen und die menschliche Dimension in der Geschichte zu entdecken. Lenin habe sich in seinen letzten Wochen und Monaten letztlich über eine abstrakte Vorstellung von der Menschheit – als Proletarier oder Bourgeois – hinweg stärker dem konkreten Menschen zugewandt.

Liest man die Schriften, die Lenin in seinen letzten klaren Monaten verfaßt hat, so ist diese These kaum aufrechtzuerhalten. Zwar schenkt Lenin während seiner Krankheit den menschlichen Schwächen in seinem persönlichen Umfeld ein größeres Augenmerk als zuvor: Lange Jahre hatte er die Ereignisse und Schwierigkeiten eher durch die Brille der historischen Notwendigkeiten und Bedingungen betrachtet. Als Kranker macht er nun die Entdeckung, daß für die Schwächen der Partei auch das brutale und zynische Wesen von Stalin und anderen verantwortlich ist. Zuvor hatte er die Irrtümer seiner Gegner stets ganz mit den gesellschaftlichen oder politischen Hintergründen zu erklären versucht. So hat er den »Renegat Kautsky« oder den »Juduschka Trotzki« nie als Personen gesehen oder gar als Charaktere beschrieben. Er begnügte sich mit einer Geißelung ihrer Irrtümer. Die Erklärung dafür war einfach: Sie waren von seinen Prinzipien abgewichen oder hatten sich dem von ihm aufgebauten Parteiapparat widersetzt. Die Nationalitätenfrage führte ihm nun als ein Schlüsselerlebnis vor Augen, daß ein solcher Apparat auch von den Qualitäten der Männer abhängt, die ihn am Laufen halten. Schon 1922 hatte Lenin an die Adresse des XI. Parteitags gerichtet erklärt, was zähle, seien die Menschen, die Auswahl der Menschen. Deshalb setzt er in *Lieber weniger, aber besser* zur Beseitigung der innerparteilichen Mißstände auch auf die Parteielite. In dieser abstrakten Elite, so Lenin, finde man »die besten Elemente, die wir haben«. Dabei übersieht er freilich, daß gerade diejenigen, die er 1923 geißelt, ihm 1920 oder 1922 noch als die besten Mitglieder erschienen waren. Und menschliche Schwächen beunruhigen ihn nur insofern, als sie der Partei schaden. Zu keinem Zeitpunkt macht er sich Gedanken darüber, wie diejenigen, denen er ein rücksichtsloses Verhalten gegenüber anderen Kommunisten vorwirft – vor allem Dserschinski, dem Gründer und Leiter der Tscheka, der Menschen skrupellos einkerkert, foltert und erschießt –, mit der übrigen Gesellschaft, den gewöhnlichen Menschen, umgehen. Zum gleichen Zeitpunkt, da Lenin betont, die Partei müsse die »Besten« an ihre Spitze holen, verlangt er auch die Ausführung seiner Anordnung, mißliebige Schriftsteller aus dem Land zu jagen. Weder die notleidenden Bauern noch die zu Märtyrern gemachten Geistlichen veranlassen ihn zu einem Wort des Bedauerns. Sein Horizont bleibt einzig und allein die Einheit jener Partei, die er gegründet hat und die nach seinen Prinzipien – »purifizieren«, ausschließen – funktioniert. Schwächen darf sie sich nicht leisten. So bleibt Lenin sich und den Überzeugungen treu, denen er seit einem Vierteljahrhundert angehangen hat und die es ihm ermöglicht haben, sein Land von Grund auf zu verändern. Lenin hat sich verzweifelt bemüht, in seiner Partei die Tugenden wieder zu stärken, die in ihr herrschen müssen. Aber daraus kann man gewiß nicht ableiten, daß er vor seinem Tod mit Schrecken auf sein Lebenswerk zurückgeblickt und zur Kenntnis genommen hätte, daß der Mensch – der gewöhnliche Mensch – hinter der Parteiorganisation auf der Strecke geblieben war. Wie alle Utopisten wollte Lenin zwar das Glück der Menschheit, aber wie alle, die eine Utopie in die Tat umsetzen wollen, gab er dabei den realen Menschen zugunsten einer Abstraktion auf.

An der Schwelle zum Tod hatte Lenin sich nicht verändert.

Schlußfolgerung

Franz Borkenau, ein herausragender Historiker der Internationale, formulierte einst eine Art »Gesetz der Revolutionen«, wonach diese stets als anarchistische Bewegungen gegen den bürokratischen Aufbau des Staates beginnen und diesen dann unweigerlich zerstören würden. Anschließend ersetzten sie ihn durch eine andere, im allgemeinen stärkere Staatsorganisation, die die Freiheit jeder Massenbewegung unterdrücke.[1] Borkenau hatte dabei vor allem den Fall Rußlands vor Augen. Im Gegensatz zu zahlreichen Historikern geht er somit nicht davon aus, daß die russische Revolution das Ergebnis der besonderen kulturellen und historischen Gegebenheiten Rußlands zu Beginn des 20. Jahrhunderts sei. Damit stützt er eine These Lenins, der sich von jeher dagegen verwahrte, daß er eine besondere Spielart des Marxismus vertrete. Lenin berief sich in seinem Denken und Tun vielmehr stets auf den orthodoxen Marxismus.

Borkenau übersieht hier freilich drei besondere Züge von Lenins Wirken, die diesem eine ganz eigene Dimension verleihen.

Zunächst einmal ist festzuhalten, daß Lenin vor 1917 innerhalb der internationalen Arbeiterbewegung kaum Bedeutung hatte. In der Blütezeit der Sozialdemokratie, als diese über angesehene Führer verfügt und die europäische Arbeiterklasse anscheinend für ihre Ziele begeistern kann, genießt er nur ein dürftiges Renommee. Mit seinen Schriften kann er weder einen Kautsky noch eine Rosa Luxemburg ausstechen. Während die »Großen« der Sozialdemokratie seinen Gegnern wie Plechanow besondere Wertschätzung entgegenbringen, sehen sie in Lenin nur den skrupellosen Aufrührer. Und seine Partei gilt innerhalb der Sozialdemokratie als Sekte, die eines Tages in der großen sozialistischen Strömung Rußlands aufgehen werde. Weder seine Person noch seine Thesen oder seine Partei scheinen eine Zukunft zu haben. Und doch wird gerade diese Partei zur

Verkörperung des authentischen Marxismus werden, zu einer mächtigen Institution heranwachsen und die III. Internationale ins Leben rufen, die nach ihrem Vorbild aufgebaut sein wird. Dieser fulminante Erfolg einer Splittergruppe, der jedermann den baldigen Untergang vorausgesagt hätte, verlangt nach einer Erklärung.

Ein zweiter, ebenso unerwarteter Zug im Werdegang Lenins ist sein Erfolg beim Griff nach der Macht. 1917 bekennt sich das aufständische Rußland mehr oder weniger zu den großen sozialistischen Parteien, den SR oder den Menschewiki. Ihre Führer sind vor Ort, auf dem Land oder in den Sowjets, gut verankert. Die Macht scheint ihnen verheißen. Statt dessen reißt nun Lenin an der Spitze einer Handvoll Anhänger die Herrschaft an sich – Revolutionäre, die ihre Existenz bislang vornehmlich in den Lesesälen der Pariser Bibliothèque Nationale oder des Londoner British Museum zugebracht haben. Oder im Gefängnis... Zu Beginn der Revolution zählt die Partei gerade 24000 Mitglieder – sehr wenig für ein riesiges Land wie Rußland. Trotzdem trägt diese kleine Formation unter der Führung ihres soeben aus dem Exil zurückgekehrten Chefs den Sieg davon. Von allen möglichen Hypothesen im April 1917 war die einer Machtergreifung durch die Bolschewiki die unwahrscheinlichste.

Schließlich verwandelt sich dieser Berufsrevolutionär, der zuvor nur an die Zerschlagung der bestehenden Ordnung und an die Eroberung der Macht gedacht hat, fast augenblicklich in den Führer eines Staates, in dem alles erst noch aufgebaut werden muß. Er wird diese Macht nur vier Jahre lang ausüben können, eine sehr kurze Zeit, die zudem überschattet wird durch Ereignisse, die einer Konsolidierung entgegenwirken. Dennoch gelingt es ihm, einen dauerhaften und unvergleichlich starken Staat und ein System zu errichten, das seinen Gründer um 65 Jahre überleben wird. Zwar muß er die Macht sehr bald seinen Nachfolgern überlassen, aber der Staat und das System sind sein Werk.

Die zeitliche Aufteilung in Lenins Sein und Wirken ist erstaunlich. Fast zwanzig Jahre lang hat er im Exil fernab von Rußland gelebt, ohne richtige Kontakte zur Gesellschaft, höchstens zur Partei einer Minderheit. Und in kaum vier Jahren, in denen er an der Macht ist, entsteht das gewaltige Erbe des Leninismus, der ein Dreivierteljahrhundert lang Einfluß ausüben wird! Welcher andere Diktator kann einen solchen Erfolg für sich reklamieren? In der Geschichte eines Jahrhunderts, das vom Totalitarismus markiert wird, ist Lenin zweifellos der einzige, der ein neues System begründet und auf der Grundlage von Gewalt und Unrecht einen Staat errichtet hat, der ihn lange überdauern sollte. Unter diesem Aspekt ist Lenin mit keinem anderen zu vergleichen.

Diese Besonderheiten in der Erfolgsgeschichte Lenins wollen erklärt sein. Der deutsche Marxist Karl Korsch sieht eine Antwort darin, daß der Revolutionär auf ganz erstaunliche Weise eine orthodoxe Theorie mit einer vollständig orthodoxen Praxis kombiniert habe.[2] Dem ersten Teil dieser These kann man wohl nicht ohne weiteres zustimmen, denn Lenin entwickelt den Marxismus in eine ihm genehme, das heißt im wesentlichen »politische« Richtung weiter. Dabei erhebt er seinen eigenen Marxismus zum orthodoxen und qualifiziert alle Andersdenkenden als Reformisten oder Renegaten ab. So den Deutschen Bernstein, der seine pessimistische Einschätzung zum Bewußtsein der Arbeiter teilt, aber daraus nicht die gleichen Schlüsse zieht. Unter Berufung auf die marxistische Orthodoxie wird Lenin ihn stets als Gegner behandeln und ihm Reformismus vorwerfen. Festzuhalten ist dabei vor allem seine Fähigkeit, Opponenten seine Sichtweisen vom echten Marxismus aufzuzwingen, wie auch die spätere Auseinandersetzung mit den Menschewiki zeigen wird. Wenn es ihm gelingt, sein Urteil und seine Wahrheit durchzusetzen, so deshalb, weil seine Gegner – Plechanow oder Kautsky – ihm nicht genug Bedeutung beimessen, um sich mit seinen beleidigenden Vorwürfen ernsthaft auseinanderzusetzen. Im Vertrauen auf die eigene Überlegenheit lassen es diese brillanten Geister zu, daß Lenin die marxistische Orthodoxie für sich vereinnahmt.

Und dabei dreht sich alles um jene Gedanken – darauf stößt man immer wieder –, die Lenin in *Was tun?* dargelegt hatte, einer kleinen Gelegenheitsschrift, die aber zu einem außergewöhnlichen historischen Erfolg werden wird. Für Lenin ist die Spontaneität *(Stichia)* des Proletariates, die in den Analysen vieler russischer Revolutionäre immer wieder auftaucht, der eigentliche Feind, den es zu bekämpfen gilt. Als Waffe in diesem Kampf dient die Partei, für ihn die eigentliche Trägerin des proletarischen Klassenbewußtseins. Dieses negative Bild vom Proletariat scheint sich ganz offenbar auf die besondere historische Situation Rußlands zu gründen, wo die Industrialisierung noch in den Anfängen steckt und die Arbeiterklasse erst im Entstehen begriffen ist – ein legitimer Ansatz, würde es darum gehen, dieses junge Proletariat darin zu unterstützen, sich seiner Lage und Ziele bewußt zu werden. Aber darum geht es eben nicht. Lenin beschränkt sich nicht auf Rußland, wo der Entwicklungsrückstand das schwach ausgebildete proletarische Klassenbewußtsein erklären könnte. Sein Urteil ist allgemeiner Art und fällt noch strenger aus, was die Arbeiter der entwickelten kapitalistischen Welt angeht. Seine Gedanken hierzu wird er in den kommenden Jahren darlegen. Für den Marxismus ist die Entwicklung des Kapitalismus, von Industrie und Arbeiterklasse, von jeher eine wesentliche Vorbedingung für den Fortschritt der revolutionären Bewegung gewesen. Auch Lenin ist überzeugt davon, daß der Fortschritt des Kapitalismus für Rußland wünschenswert sei. Dieser Fortschritt bringt für ihn aber keineswegs notwendigerweise eine Weiterentwicklung des proletarischen Klassenbewußtseins mit sich. Vielmehr vergrößert er nur die Gefahr, daß sich in der Arbeiterschaft tradeunionistische Tendenzen breit machen. Die Notwendigkeit einer starken Partei wird für Lenin so nicht etwa durch den gesellschaftlichen Rückstand Rußlands begründet, sondern vielmehr durch die negativen Tendenzen im Proletariat, unabhängig vom Entwicklungsstand des jeweiligen Landes. Die Partei ist Lenins Waffe im Kampf gegen die Spontaneität; sie soll die Arbeiterklasse zwingen, im Einklang mit dem von ihr verkörperten Klassenbewußtsein zu handeln und nicht aus dem spontanen Antrieb der vermeintlich eigenen Interessen heraus.

Lenin verurteilt zugleich eine typisch russische Variante der Spontaneität, die mit der beherrschenden Stellung der Bauernschaft in der Gesellschaft verknüpft ist. Er stellt sich keineswegs als einziger die Zukunft Rußlands unter revolutionären Vorzeichen vor, gerät dabei aber in Konflikt mit rivalisierenden Bewegungen, die das gleiche Ziel auf der Grundlage der russischen Gesellschaft zu Beginn des 20. Jahrhunderts anstreben: einer Gesellschaft, die auf der bäuerlichen Dorfgemeinschaft beruht und die ein latenter Anarchismus und eine Gewaltbereitschaft kennzeichnen, die sich in terroristischen Aktionen oder spontanen Ausbrüchen des Volkszorns Luft machen können. Diese Tendenzen machen die Volkstümler und nach ihnen die Sozialrevolutionäre zur Grundlage ihres revolutionären Vorhabens. Dabei berufen sie sich gelegentlich auch auf Marx und dessen mehrdeutige Äußerungen zur Möglichkeit, die kapitalistische Phase zu überspringen. Gegen diese Kräfte macht Lenin nun unablässig Front. Er setzt ihnen den Gedanken entgegen, daß zunächst die kapitalistische Entwicklung vorangetrieben und gleichzeitig ergänzend die Gesellschaft durch die Gründung der Partei auf sie vorbereitet werden müsse. Seine Schrift *Was tun?* ist folglich eine Reaktion auf die bestehenden revolutionären Thesen. Sie beruht auf zwei Elementen: einer Verurteilung der Spontaneität und deren Bekämpfung durch die Partei.

Mit dieser schonungslosen Vision, die das Proletariat dazu verurteilt, einer Avantgarde blind zu folgen, hat Lenin auf seltsame Art eine Meisterleistung vollbracht. Allerdings besticht *Was tun?* weder durch seinen Stil noch durch besondere gedankliche Tiefe – während der Marxismus ansonsten reich an literarisch wertvollen Schriften ist, die beherrscht sind von philosophischen Gedanken, von der Diskussion um den Sinn von Geschichte und die Stellung des Menschen. Wie farblos erscheint Lenins Bändchen im Vergleich zu den brillanten Werken Kautskys, Rosa Luxemburgs und vieler anderer! Oder auch im Vergleich mit dem gesamten revolutionären Schrifttum Rußlands. Und doch überlebt gerade dieses Bändchen und wird zur Bibel für alle kommunistischen Parteien der Welt! Sein Verdienst besteht darin, daß es sich vor allem mit der revolutionären Taktik befaßt. Lenin sollte es 1905 im übrigen durch *Zwei Taktiken*[3] ergänzen, ein regelrechtes Handbuch revolutionärer Methoden. Daß seine Schriften eher schwerfällig und farblos geschrieben sind, ist deshalb ohne Belang. Ihre Bedeutung liegt vielmehr in ihrer praktischen Tragweite. Zitiert Lenin nicht gern Goethe, der da meinte: »Grau ist alle Theorie und grün des Lebens goldner Baum«?[4] Das Leben wird ihn vom Grau zum Grün führen und ihn lehren, die vielgeschmähte Spontaneität für sich zu nutzen!

So sagt er im Januar 1917 in einer Ansprache vor jungen Schweizer Arbeitern: »Wir dürfen uns nicht durch die jetzige

Kirchhofruhe in Europa täuschen lassen. Europa ist schwanger mit der Revolution. [... Die] kommenden Jahre [werden] eben die Volkserhebungen in Europa unter der Führung des Proletariats, gegen die Macht des Finanzkapitals, gegen die Großbanken, gegen die Kapitalisten erstehen lassen, und diese Erschütterungen können nicht anders als durch Expropriation der Bourgeoisie, als durch den Sieg des Sozialismus zu Ende kommen. Wir, die Alten, werden vielleicht die entscheidenden Kämpfe dieser kommenden Revolution nicht erleben.«[5] Lenin gibt sich vor der elektrisierten Jugend sehr optimistisch, wobei die Äußerung, wonach die »Alten« die Revolution nicht mehr erleben werden, nur rhetorisch zu verstehen ist. Auf die Gründe für seine Zuversicht geht er im September 1917 – damals wartet er auf das große Ereignis – in einer Schrift näher ein: Sie liegen in den spontanen Massenbewegungen, die in seinem Land zu dieser Zeit in Erscheinung treten: »Es unterliegt keinem Zweifel, daß die Spontaneität einer Bewegung ein Zeichen dafür ist, daß sie tiefe und feste Wurzeln in den Massen hat und nicht auszumerzen ist.«[6] Daß er jetzt plötzlich auf die Spontaneität des Volkes setzt und sich zu ihr bekennt, wird zum Schlüsselelement seines Erfolges von 1917 werden. Bisher hat er sich ganz auf die Partei verlassen, die unter der Bevölkerung nur geringen Einfluß hatte. Im Namen der Einheit hat Lenin sie zudem durch scharfe Urteile, Ausschlüsse und vor allem durch seine absolut kompromißlose Haltung gegenüber den Menschewiki geschwächt. Als er 1917 nun nach Rußland zurückkehrt, springt ihm sofort ins Auge, daß die dort in Gang gekommene Revolution ganz aus der Spontaneität geboren wurde. Die Bevölkerung interessiert sich nicht für Festlegungen und Programme, sie kämpft nicht für den Liberalismus oder den Sozialismus. Ihr geht es einzig und allein um ihre unmittelbaren Interessen: Brot und Frieden für alle, Boden für die Bauern, die Kontrolle der Arbeiter über die Betriebe, die Emanzipation der Nationalitäten. Die Revolution, die Lenin entstehen sieht, ist folglich ganz das Ergebnis und die Summe spontaner Willensäußerungen. Diese Realität bildet das genaue Gegenteil seiner Vorstellungen von einer Revolution. Genau an dieser Stelle stellt er seinen politischen Einfallsreichtum unter Beweis, den zu zeigen er bislang noch keine Gelegenheiten hatte. Entschlossen setzt er sich an die Spitze dieser spontanen Bewegung und macht sich zu ihrem Sprachrohr. Brot, Frieden, Boden, nationale Selbstbestimmung: in so viele verschiedene, ja widersprüchliche Forderungen sind die Gesellschaft und ihr Bewußtsein zersplittert. Doch Lenin erhebt sie für einen Augenblick zu seinem Programm und zu dem seiner Partei. »Alle Macht den Sowjets!« lautet eine Parole, die aus Sicht der leninistischen Theorie inakzeptabel, mit Blick auf die revolutionäre Taktik aber ein Geniestreich ist. Genau dies spiegelt sich auch in *Staat und Revolution* wider, einer zur gleichen Zeit entstandenen Schrift, die ganz unverhohlen an die Spontaneität der Massen appelliert.

Lenins Praxis steht ab April 1917 so in vollständigem Widerspruch zu der Theorie, die er seit 1902 in seinen Schriften entwikkelt hatte. Davon sind allerdings nur diejenigen Leser überrascht, denen bei der Lektüre zwei wesentliche Züge seines Denkens entgangen sind: Der »Marxismus« ist für ihn stets gleichbedeutend mit »Revolution« und »Macht« gewesen. Von daher haben taktische Überlegungen bei ihm stets überwogen, oder besser, ist die Taktik immer untrennbar verknüpft gewesen mit einer Theorie, die ohne sie nicht in die Praxis hätte umgesetzt werden können. Lenin hat vom Marxismus stets vor allem die politische Seite betont. Daraus erklärt sich auch, warum er vor der Revolution und sogar vor dem Krieg unablässig über die Bedingungen und Mittel nachgedacht hat, mit denen sich die Theorie in eine politische Aktion, genauer in die Revolution überführen lassen würde. Aus diesem Grund ist er innerhalb der marxistischen Bewegung auch der einzige Denker, der eine wirklich internationale und nicht nur europäische Dimension erreicht. In seine Strategie für die Nationen und Kolonien bezieht er das spontane Bewußtsein der nationalen und kolonialen Massen bereits mit ein. Da er sehr früh schon ahnt, daß hier die Chancen der Revolution liegen, wendet er sich von der marxistischen Orthodoxie und seinem eigenen Beitrag zum Marxismus ab und bemüht sich nur noch um taktische Belange der Revolution.

Betrachtet man Lenins Entwicklung in der Vorkriegszeit, so stellt man zwangsläufig fest, daß sogar sein so dogmatisch wirkendes Denken, das er seinen Anhängern unerbittlich aufzwingt und gegen seine Feinde durchsetzt, immer dann erstaunlich flexibel wird, wenn ihm dies im Interesse der Revolution notwendig erscheint. So schließt er ab April 1917 dann auch mit den spontanen Bewegungen der Volksmassen einen Kompromiß, der ihn an die Spitze der Macht führen wird.

Nach der Machtergreifung stellt Lenin nach sehr kurzer Zeit der Anpassung einmal mehr einen ungewöhnlichen politischen Instinkt unter Beweis. Der Berufsrevolutionär, der von der Machtausübung keine Ahnung hat, verwandelt sich augenblicklich in einen Staats- und Regierungschef, der sich fest im Sattel zu halten weiß. Und genauso plötzlich kehrt er zu der autoritären Konzeption der Beziehungen zum Proletariat zurück, die er seit 1902 in seinen Schriften dargelegt hatte. Um die Macht zu behalten, sie zu konsolidieren, kann er sich mit den spontanen Willensäußerungen einer Gesellschaft, die ihm feindlich gesonnen ist, nicht mehr arrangieren. Folglich muß die Partei allein die Marschroute festlegen. Das große Wort der Revolution war »Freiheit«, ihre große Hoffnung die »Konstituante«. Lenin schafft beides gleich am Anfang ab – unter Berufung auf den notwendigen Einklang zwischen dem gesellschaftlichen Bewußtsein und der Ideologie der Partei (und deren Presse, die als einzige übrig geblieben ist). Die Konstituierende Versammlung, in der die Bolschewiki in der Minderheit sind, ist demnach nur der Ausdruck des mangelnden Klassenbewußtseins eines Proletariates, das einer überkommenen Welt verhaftet ist. Hatte Lenin zuvor auf Spontaneität und Anarchie gesetzt, so stellt er beidem jetzt den Zentralismus und die Einheit der Partei entgegen. Mit ihnen errichtet er eine neue Staatsmacht in der neuerlichen Überzeugung, die eigentliche Macht ruhe in staatlichen Strukturen – eine erneute Verurteilung der Spontaneität, die schon immer der Todfeind des Staates gewesen sei. Verkündete dies nicht schon Bakunin? Predigte es nicht Tolstoi seinen Landsleuten? Für Lenin ist die Wiedererrichtung des Staates das unverzichtbare Mittel gegen die anarchischen Tendenzen in der Gesellschaft. Die Partei wechselt so die Rolle: Sie wird zur ideologischen Garantin des wiedererrichteten Staates, dessen Macht – und dessen Gewalttaten! – sie legitimieren wird. Und sie wird dem Staat bescheinigen, daß alle seine Handlungen mit den Gesetzen des Marxismus vom historischen Fortschritt im Einklang stehen.

Aber Lenin läßt sich nicht auf sein Genie als Stratege reduzieren. Sein Denken zeigt zwei weitere Aspekte, die ihm in der Familie der marxistischen Denker eine gewisse Originalität verleihen. Zunächst ist er sein gesamtes Leben lang beherrscht vom eisernen Willen, Rußland nach Westen hin zu öffnen. Wie alle Russen muß auch er in der seit langem geführten Diskussion um die Natur Rußlands und den russischen Weg zum Fortschritt einen Standpunkt finden. Wohin gehört Rußland: Nach Europa oder nach Asien? Muß es seinen Weg zum Fortschritt in der eigenen politischen und sozialen Kultur suchen, wie die Slawophilen, Bakunin und die Volkstümler meinten? Oder soll Rußland im Gegenteil den Weg der Europäer gehen? Lenins Antwort ist unmißverständlich: Er ist durch und durch Europäer. In Europa hat er den Großteil seines Lebens als Erwachsener verbracht. Er ist fasziniert von der deutschen Denkungsart (überhaupt besitzt die deutsche Philosophie um die Jahrhundertwende für die russischen Eliten eine große Anziehungskraft), von der deutschen Wissenschaft und Technik und vom deutschen Organisationstalent im Staats- und im Heereswesen. Verglichen mit Deutschland ist Rußland für Lenin der Inbegriff der »asiatischen Unkultur«. So sieht er es im übrigen auch nicht als Zufall an, daß der Marxismus von Deutschen begründet und entwickelt wurde. Für ihn ist die Revolution der einzige und sicherste Weg, Rußland aus der Rückständigkeit, der »asiatischen Unkultur« zu befreien und es eines Tages unter gewaltigen Anstrengungen zu einem zweiten Deutschland zu machen.

Lenin hat den Marxismus von jeher mit Revolution und Partei gleichgesetzt, aber auch als das einzige Mittel angesehen, um das Problem der Okzidentalisierung Rußlands endlich zu lösen. Er verabscheut neben Rußlands Rückständigkeit auch dessen kulturelle Besonderheiten. Und genau darin wird die große Tragik und das große Paradox des Leninismus liegen: Die Revolution findet in einem Land statt, das seinen Rückstand gerade erst aufzuholen begonnen hat. Die Reformen der drei letzten Zaren hatten aus Rußland noch keinen modernen Staat gemacht, aber immerhin bewegte es sich in diese Richtung. Mit der Februarrevolution wurden trotz der Schwierigkeiten und Schwächen der verschiedenen Regierungen die Weichen für die politische Erneuerung gestellt. Aber dann versucht Lenin, das Land durch die Revolution mit eisernem Willen zu einem westlichen

Land zu machen, und setzt dabei seine Vorstellungen von der Beziehung zwischen Staat und Gesellschaft um: Gerade dadurch hält er die in Gang gekommene Modernisierung auf, ersetzt die Demokratisierung durch den Totalitarismus und schließt Rußland für lange Zeit aus der westlichen Welt aus. Kann man den Gang der Geschichte wirklich beschleunigen? Sagte nicht schon Marx, man müsse deren natürlichen Verlauf respektieren?

Ein zweiter charakteristischer Zug in Lenins Denken ist seine globale Sichtweise. Zwar blickte auch der Marxismus auf die weltweite Emanzipation des Proletariates, doch beschränkte sich diese Vision auf das westliche Europa. Was die europäische Arbeiterbewegung anging, bewegten sich seine Vertreter auf theoretischer und praktischer Ebene von jeher eher in nationalen Bahnen, auch wenn sie dies hinter einem Internationalismus zu kaschieren versuchten. Der Krieg von 1914 zeigte dies auf grausige Weise. Dagegen stehen Lenins Denken und seine Vorhaben unter wahrhaft internationalen Vorzeichen. Die russische Revolution war für ihn nur der »Zündfunke«, der die ganze Welt in Brand setzen sollte. Und in das Abenteuer der russischen Revolution hat er sich nur deshalb gestürzt, weil sie bereits in Reichweite lag. Denn hatte er nicht vorher gehofft, sie in der Schweiz zu entfachen? Oder in einem beliebigen anderen Land? Als Internationalist war Lenin bereit, sich jedes Landes anzunehmen, wenn die Revolution dort nur eine Chance hätte. Aber er mußte sich für Rußland entscheiden. Hätte der »Zündfunke« die ihm zugedachte Funktion erfüllt, hätte Lenin in einem weit über die Grenzen seines Landes hinausgehenden Rahmen gewirkt. Nach der Revolution in Rußland und ihrem Ausbleiben anderswo konnte er sich einfach nicht vorstellen, daß diese Revolution sich nicht doch noch weiter ausbreiten würde. In einer ersten Phase, die bis 1920 reicht, steckte hinter diesen Hoffnungen allerdings vornehmlich der Wunsch, die russische Revolution zu retten. Und er konnte sich auch einfach nicht vorstellen, daß die Revolution auf ein einziges Land beschränkt bleiben könne.

Nach 1920, als alle revolutionäre Zuversicht verflogen ist, kommt wieder sein Pragmatismus zum Zuge, der bei Bedarf stets über die Theorie die Oberhand behält. Lenin gewöhnt sich an die – bislang undenkbare – Isolation der russischen Revolution und kämpft darum, »das Land der Revolution« und damit eine »Revolution in einem einzigen Land« zu retten. Auch wenn dies von niemandem so gesehen wird, bestimmt ab 1920 diese Absicht Lenins gesamtes Handeln. Er ordnet seine Gedanken bereitwillig den Erfordernissen eines starken Staates unter, während er dessen Grenzen konsolidiert und sogar das Territorium des einstigen Zarenreichs wiederherstellt. Und er findet sich nicht nur mit dem Überleben des Kapitalismus ab, er schließt mit ihm sogar Kompromisse, indem er noch vor dem Auftauchen dieses Begriffs eine »friedliche Koexistenz« von Kapitalismus und Sozialismus begründet, wie die Gründerväter des Marxismus sich ihn nie hätten vorstellen können! Ein solcher Kompromiß mit den Realitäten muß, so Lenins Überzeugung, allerdings mit der marxistischen Theorie vereinbar sein, und dazu bedarf es der Zustimmung seiner Sachwalterin, der Russischen Kommunistischen Partei, die durch die Revolution und durch Lenins Willen zur alleinigen Verkörperung des Marxismus geworden war. Nie hätte Marx sich eine solche Vereinnahmung seines Erbes vorstellen können! Ab 1920 (dem Datum des II. Kongresses der Kommunistischen Internationale) geht der Marxismus so ganz in der marxistischen Theorie Lenins auf, also in seiner theoretischen Rechtfertigung einer wechselhaften Praxis. Die II. Internationale und die IV. der Trotzkisten werden dagegen als ketzerische Zusammenschlüsse gebrandmarkt.

Lenin ist letztlich ein Mann der Widersprüche. Zunächst als Individuum: Ein kleiner, netter und äußerlich unscheinbarer Herr, der auf seine Gesundheit und Bequemlichkeit bedacht ist, der im Familienkreis glücklich und gegenüber seinen Angehörigen fürsorglich ist, der gerne lange Wanderungen in freier Natur unternimmt, friedlich durch die Pariser Straßen radelt und in der Bibliothek studiert. Wie paßt dieses Bild zusammen mit dem charismatischen Führer, der die Massen auf die Beine bringt und sie mit feurigen Reden in Atem hält? Wie geht dieses Bild des gewöhnlichen Menschen zusammen mit dem Mythos eines Mannes, dessen Bild lange Zeit neben denen der Gründerväter Marx und Engels prangte und mit denen er eine »Dreifaltigkeit« bildete, der ebensoviel Verehrung zuteil wurde wie einst den Ikonen und Reliquien – in kommunistischen und sogar in nichtkommunistischen Ländern? Wie passen seine Werke, in denen das vorherrschende Thema das Glück der Menschheit ist, zusammen mit einer Praxis, die auf dem Unglück von Menschen aufbaut, für die Lenin nie ein Wort des Mitleids und gar des Bedauerns übrig hatte?

Letztlich führen zwar alle Utopien zu solchen Widersprüchen. Dennoch ist der Fall Lenin in der Geschichte der Utopien in zweifacher Hinsicht außergewöhnlich. Zunächst einmal hatte bis dahin noch keine Utopie – weder der Traum Platons noch der von Thomas Morus – zur Gründung eines dauerhaften Staates geführt. Allerhöchstens waren hier und da »Kommunen« entstanden, die der Wind einer Welt, die sozialen Träumereien keinen Platz lassen will, rasch wieder hinweggefegt hat. Außerdem hätte der Widerspruch zwischen dem humanistischen Anspruch und den inhumanen Praktiken für eine Verurteilung Lenins und seines Lebenswerkes ausreichen müssen. Aber Lenin ist dieser Verurteilung, die über seiner Schöpfung schwebte, dauerhaft entgangen. Dagegen wurde Stalin, der machtbesessene Diktator und Unmensch, für die Pervertierung des Leninschen Werkes verantwortlich gemacht. Er selbst blieb – zumindest für lange Zeit – von einer Verurteilung durch die Nachwelt deshalb verschont, weil sich die Nachwelt der Einschätzung Karl Korschs angeschlossen hat: daß Lenin die Verkörperung der orthodoxen Theorie, also des Marxschen Vorhabens war.

Ebenso rätselhaft ist der Mensch Lenin auch, wenn man die Gründe seines Erfolges reflektiert. Wie kann man Lenin charakterisieren? Als Zyniker, Pragmatiker oder Opportunisten? Als einen Mann, der von einem Vorhaben – der Revolution – beherrscht wird und glaubt, er verkörpere ein angeborenes Wissen zu seiner Verwirklichung? Lenin behauptete stets, die Partei sei »die Trägerin« des Klassenbewußtseins, des historischen »Wissens«, doch gleichzeitig zwang er dieser Partei immer seinen eigenen Willen und sein Denken auf und setzte so seine Sicht der Dinge mit dem von der Partei verkörperten Klassenbewußtsein gleich, noch ehe diese Gleichsetzung von seinen Nachfolgern zur offiziellen Lehre erhoben wurde.

Lenin war so ein genialer Pragmatiker und ein politisches Genie, der die notwendigen Mittel ersann, um eine Utopie in einen Staat mit universellem Anspruch zu überführen. Hätte er sein Ziel nicht erreicht und seine Tage im Exil, auf der Wanderschaft von einer Hauptstadt zur anderen, beschlossen, dann wäre er wahrscheinlich als zweitrangige Figur des Marxismus in die Geschichte eingegangen. Mehr oder weniger als Illusionist. Aber er hat seinen Traum verwirklicht, und dieser Erfolg, der die Tragödien des revolutionären Vorhabens freilich nicht rechtfertigt, hat ihm einen herausragenden Platz in der Geschichte des 20. Jahrhunderts eingetragen. Angesichts seines Einflusses wahrscheinlich sogar den bedeutendsten. Obwohl ein mittelmäßiger Theoretiker, war Lenin wohl ein außergewöhnlicher politischer »Neuerer« – der einzige in einem Jahrhundert, in dem sonst alle Diktatoren die eingefahrenen Wege der Vorgänger beschritten und – außer Leichengruben – kaum etwas hinterließen.

Anmerkungen*

Vorwort

1. »Tschto goworjat rabotschi« (Was sagen die Arbeiter?), in: *Rabotschaja Moskwa*, 25. Januar 1924.
2. *Sa Leninism. Sbornik statei* (Für den Leninismus, Artikelsammlung), Moskau 1925.
   G. Sinowjew, *Leninism. Wwedenije w isutschenije Leninisma* (Der Leninismus, Einführung in das Studium), Leningrad u. Moskau 1925.
   J. Stalin, *Problems of Leninism*, Moskau 1953.
3. »Partija lenina s wami. Put wam ukajet Christos« (Lenins Partei ist mit euch. Christus weist euch den Weg), *Komsomolskaja Prawda* vom 4. Februar 1998.

I Die Schule des Lebens

1. »Dejateli oktjabrskoj rewoljuzi« (Die Akteure der Oktoberrevolution), in: *Enziklopeditscheski slowar russkogo instituta Granat*, Enzyklopädisches Wörterbuch, 7. Aufl., Moskau 1927–1929.
2. K. Pobedonoszew, *Pisma Pobedonoszewa k Alexandru III* (Briefe Pobedonoszews an Alexander III.), Moskau 1925–1926, Bd. 1, S. 315.
3. A. S. Poljakow, »Wtoroe 1^{go} Marta 1887« (Ein zweiter 1. März 1887), in: *Golos Minuwschtschego*, Moskau 1918, S. 10 ff.
4. G. Haupt u. J. J. Marie, *Les Bolcheviks par eux-mêmes*, Paris 1969, S. 151.

II Rußland im Strudel des Wandels

1. H. Norman, *All the Russias*, London 1902. »Russia! ... it would be easier to say what is *not* Russia«, S. 2.
2. J.-B. Duroselle, *Les Français 1900–1914*, Paris 1972, S. 60 f., u. J.-L. Bodiguel, *La Durée du temps de travail enjeu de la lutte social*, Paris 1970, S. 77 f.
3. R. Pipes, *Rußland vor der Revolution*, München 1977; ein ganzes Kapitel dreht sich um »Das nicht vorhandene Bürgertum«, S. 197–227.
4. F. Starr, *Decentralization and Self Government in Russia 1830–1870*, Princeton 1972, S. 48 ff.

* Die Zitate Lenins stammen vorwiegend aus der Werkausgabe des »Instituts für Marxismus-Leninismus des ZK der SED«. Die Zitate Suchanows gehen auf die (unvollständige) deutsche und auf die französische Ausgabe zurück.

5. Pipes, *Rußland vor der Revolution*, S. 319 ff.
6. Ebenda, S. 316, und P. A. Sajontschkowski, *Rossiskoje samodershawije w konze XIX^{go} stoletija* (Die russische Autokratie am Ende des 19. Jahrhunderts), Moskau 1970, S. 168 ff.
7. 1890/1891 wurden zehntausend jüdische Handwerker wegen einer fehlenden Aufenthaltserlaubnis aus Moskau vertrieben.
H. D. Löwe, *The Tsars and the Jews: Reform, Reaction and Antisemitism in Imperial Russia, 1772–1917*, 1977, S. 111.
8. *Swod sakonow rossiskoi imperi* (Gesetzessammlung des russischen Reiches), Sankt Petersburg 1892, Bd. II.
9. »Um den Arbeitern wahre Gewissensfreiheit zu garantieren, wird die Kirche vom Staat getrennt.« Verfassung der Russischen Sozialistischen Föderativen Sowjetrepublik. 1918, Kapitel V, § 13.
Aber die Wiederherstellung des Patriarchates durch das Konzil von 1917 kommt bereits einer Trennung von Kirche und Staat gleich.
10. P. Tschaadajew wurde unter Hausarrest gestellt. Seine in der *Apologie d'un fou* zum Ausdruck kommende Haltung zur russischen Geschichte ändert sich in der Folgezeit – hin zu einer differenzierteren Betrachtung in seinen *Lettres philosophiques.*
11. Nach A. S. Chomjakow, *Polnoje Sobranije Sotschineni* (Gesamtausgabe) Moskau 1904, Bd. 1, S. 639, haben die Slawophilen die Idee der traditionellen Dorfgemeinschaft mit Leben erfüllt und eine neue spirituelle Bewegung gegründet.
12. Siehe hierzu Bakunins Briefe an Netschajew, hg. von M. Confino, *Daughter of a Revolutionary*, London 1974, S. 238–280. Die Briefe belegen die engen Beziehungen beider zueinander. Siehe ebenso Confino, »Bakunin et Netchaev«, in: *Cahier du monde russe et soviétique*, Bd. 7, 1966, fasz. IV, S. 666 ff.
13. Zitiert nach F. Venturi, *Les Intellectuels, la révolution et le pouvoir*, Paris 1972, Bd. 1, S. 635.
14. Puschkin hat 1834 in Sankt Petersburg eine Geschichte des Pugatschow-Aufstands veröffentlicht. Siehe ebenso Pierre Pascal, *La Révolte de Pougatchev*, Paris 1971.

III Die Ursprünge des Bolschewismus

1. Brief von Engels an Sorge vom 26. Juni 1883. Engels schreibt, er habe in den Unterlagen von Marx zwei Kubikmeter Material zu Rußland gefunden.
2. Siehe Flerowski, *Situation de la classe ouvrière en Russie*, Petersburg 1869, und *Alphabet des sciences sociales.* Marx äußerte sich zu beiden anerkennend: Die Werke Tschernyschewskis und Flerowskis gereichten Rußland zur Ehre. Zitiert nach M. Molnar, *Marx, Engels et la politique internationale*, Paris 1975, S. 177.
3. Brief an Engels vom 12. Dezember 1870, Vorwort zur russischen Ausgabe des *Kommunistischen Manifestes.*

4. M. Rubel »K. Marx, F. Engels, écrits sur le tsarisme et le communisme russe«, in: *Économie et sociétés,* Bd. III, Nr. 67, Juli 1969, S. 1360.
5. Zu Pjotr Bernadowitsch Struve, 1870–1946, siehe R. Pipes, *Struve, Liberal on the Left,* 1870–1905, Cambridge (Mass.) 1970.
6. M. A. Silwin, »K biografi V. I. Lenina« (Für eine Biographie Lenins), in: *Proletarskaja Rewoluzia,* Nr. 7, 1924, S. 66.
7. »Was sind die ›Volksfreunde‹ und wie kämpfen sie gegen die Sozialdemokraten – Antwort auf die gegen die Marxisten gerichteten Artikel des ›Russkoje Bogatswo‹« (Frühjahr/Sommer 1894), in: Lenin, *Werke,* Bd. 1, S. 119–338.
8. A. N. Potressow (Hg.), *Krititscheskije sametki k woprosu ob ekonomitscheskom raswitije rossi* (Kritische Bemerkungen zur Frage der ökonomischen Entwicklung Rußlands), Sankt Petersburg 1894.
9. Zitiert nach R. Pipes, *Social Democracy and the Saint-Petersburg Labour Movement,* Cambridge (Mass.) 1963, S. 72.
10. I. Gezler, *Martov. A Political Biography of a Russian Social-Democrat,* Cambridge (Mass.) 1967, S. 28 f.
11. Z. Gittelman, *Jewish Nationality and Soviet Politics,* Princeton 1972, S. 24.

IV Die Einheit: Eine Partei, ein Programm, ein Chef

1. »Die Aufgaben der russischen Sozialdemokratie« (Ende 1897), in: Lenin, *Werke,* Bd. 2, S. 325–354.
2. N. Walentinow, *Malosnakomy Lenin,* Paris 1972, S. 55.
3. »Was tun? Brennende Fragen unserer Bewegung« (Herbst 1901–Februar 1902), in: Lenin, *Werke,* Bd. 5, S. 355–551; Zitate S. 436, 396 u. 395.
4. Brief an Joseph Wedmeyer vom 5. März 1852, in: M. Rubel, *Pages de Karl Marx,* Paris 1970, Bd. II., S. 80.
5. Wie Lenin die Tagesordnung und das Abstimmungsverhalten beeinflussen konnte, beschreibt er selbst in: »Zwei Briefe an I. I. Radtschenko«, 3. (16.) u. 9. (22.) Juli 1902, in: Lenin, *Werke,* Bd. 6, S. 168–177.
6. »Projekt Ustava parti« (Entwurf für Statuten der Partei), 1. Fassung Mai/Juni 1903, in: *Polnoje,* Bd. 54, S. 448–453; siehe ebenso den »Entwurf des Statuts der SDAPR« (Ende Juni/Anfang Juli 1903), in: Lenin, *Werke,* Bd. 6, S. 475–478.
7. »Ein Schritt vorwärts, zwei Schritte zurück. Eine Antwort Lenins an Rosa Luxemburg«, 2. (15.) September 1904, ebenda, Bd. 7, S. 480–491.
8. Auf *Die Krise der Sozialdemokratie,* Berlin o. J., die Luxemburg unter dem Pseudonym Junius veröffentlicht, antwortet Lenin mit »Über die Junius-Broschüre«, ebenda, Bd. 22, S. 310–325.
9. »Ein Schritt vorwärts, zwei Schritte zurück. Die Krise in unserer Partei«, ebenda, Bd. 7, S. 197–430.
10. Seit September 1903 zeichnet Lenin seine Version der Ereignisse auf. Siehe hierzu »Bericht über den II. Parteitag der SDAPR, 14. (27.) Oktober, ebenda, Bd. 7, S. 62.

V 1905 – Die Feuerprobe

1. Zum Jahr 1905 siehe P. Miliukow, *La Crise russe,* Paris 1907. Martow u.a. (hg.), *Obschtschestwennoje dwishenije w rossij w natschale XX^{go} weka* (Die gesellschaftliche Bewegung in Rußland zu Beginn des 20. Jahrhunderts), 2 Bde., Moskau 1906.
   F.-X. Coquin u. C. Gervais (Hg.), 1905, *La Première révolution russe,* Paris 1986.
2. A. Mazlemoff, *Russian Far Eastern Policy 1881–1904,* Berkeley 1958.
3. J. Schneiderman, *Sergei Zubatov and the Revolutionary Marxism,* New York 1976.
4. G. A. Gapon, *The Story of My Life,* New York 1906.
5. O. Anweiler, *Die Rätebewegung in Rußland, 1905–1921,* Leiden 1958.
6. Enzyklopädie *Granat,* siehe G. Haupt u. J. J. Marie, *Les Bolcheviks . . .,* S. 52.
7. N. Walentinow, *Malosnakomy Lenin,* S. 82.
8. Zu Maria Andrejewa und Lenin siehe A. Vaksberg, *Le Mystère Gorki,* Paris 1997, S. 36.
9. »Parteiorganisation und Parteiliteratur«, in: Lenin, *Werke,* Bd. 10, S. 29–34, besonders S. 31.
10. Walentinow, *Malosnakomy,* S. 32.
11. »Blutige Tage in Moskau«, 27. September (10. Oktober) 1905, in: Lenin, *Werke,* Bd. 9, S. 334–339, und »Polititscheskaja statschka i ulitschnaja borba w Moskwe« (Die Straßenschlacht von Moskau), in: *Polnoje,* Bd. 11, S. 418–421.
12. »Sozialdemokratie und Wahlabkommen«, (zweite Oktoberhälfte 1906), in: Lenin, *Werke,* Bd. 11, S. 267–291.
13. »Sozialdemokratie und Dumawahlen«, 13./14. (26./27) Januar 1907, ebenda, Bd. 11, S. 435–460.
14. »Kleinbürgerliche Taktik«, 22. Februar (7. März) 1907, ebenda, Bd. 12, S. 157–161.
15. Trotzki, *Staline,* Paris 1979, Bd. I, S. 151.
16. »Über den Boykott«, 12.–25. August 1906, in: Lenin, *Werke,* Bd. 11, S. 127–161.
17. »Über den gegenwärtigen Abschnitt der demokratischen Revolution«, 15.–18. Februar 1907, ebenda, Bd. 12, S. 127f.
18. »Über einen Artikel Plechanows«, 29. Oktober 1907, ebenda, Bd. 13, S. 127f. und »Über die Taktik des Opportunismus«, 23. Februar 1907, ebenda, Bd. 12, S. 165–170.
19. G. Haupt u. J. J. Marie, *Les Bolcheviks par eux-mêmes,* S. 93.
20. Siehe die Einführung von B. Nikolajewski zu den Memoiren Zeretelis über dessen Rolle und Ansehen in der Duma: Zereteli, *Wospominanija o fewralskoi rewoliuzi,* Paris 1963, Buch 1, S. XIII.
21. Lenins Kritiken in den Materialien zur Vorbereitung der III. Parteikonferenz der SDAPR (21.–23. Juli 1907), »Plan-konspekt retschi po woprosu o professionalnom sjesde« (Entwurf zur Rede über die Frage eines Gewerkschaftskongresses), in: *Polnoje,* Bd. 16, S. 478.

22. »Zwei Taktiken der Sozialdemokratie in der demokratischen Revolution«, Juni/Juli 1905, in: Lenin, *Werke*, Bd. 9, S. 1–130.
23. »Das Agrarprogramm der Sozialisten in der ersten russischen Revolution von 1905 bis 1907«, November/Dezember 1907, ebenda, Bd. 13, S. 213–437.
24. Ebenda.
25. »Die revolutionäre demokratische Diktatur des Proletariats und der Bauernschaft«, 30. März (12. April) 1905, ebenda, Bd. 8, S. 268–296, und vorbereitende Materialien, siehe *Polnoje*, Bd. 10, S. 366–369.
26. Trotzki, 1905, Moskau 1925, 4. Aufl., S. 225 f.
27. Er verfaßt damals »,Revolutionäre Armee und revolutionäre Regierung«, 27. Juni bis 10. Juli 1905, in: Lenin, *Werke*, Bd. 8, S. 563–572.

VI Die Durchquerung der Wüste 1905–1914

1. Zereteli, *Wospominanija*, S. XI f.
2. »Agrarnaja programma sozial-demokrati«, in: *Polnoje*, Bd. 16, S. 193–413.
   »Die Agrarfrage und die Kräfte der Revolution«, 1. April 1907, in: Lenin, *Werke*, Bd. 12, S. 329–333.
   »Die neue Agrarpolitik«, Februar/März 1908, ebenda, Bd. 13, S. 462–466.
3. Walentinow, *Malosnakomy Lenin*, a. a. O., S. 127.
4. P. Krapotkin, »Die soziale Enteignung der Enteigner (Die Expropriation)«, in: *Worte eines Rebellen*, Wien 1922, S. 215–234.
5. Ebenda, S. 230.
6. R. Arsenidse, »Is wospominani o Staline« (Erinnerungen an Stalin), *Nowy Shurnal*, Nr. 72, Juni 1963, S. 232.
   Trotzki, *Staline*, S. 216 f.
7. Trotzki, ebenda, S. 214 f. (Über die Bojewiki.)
8. Walentinow, *Malosnakomy Lenin*, S. 104. Er versichert, daß Schmidt im Gefängnis Selbstmord verübt habe und weder gefoltert noch ermordet worden sei.
9. Siehe das Protokoll zum Transfer der Gelder von Schmidt in die Zentrale der Bolschewiki. Das Protokoll wurde von sechs Personen unterzeichnet, darunter von Lenin, Sinowjew und Kamenew; veröffentlicht von R. Pipes, *Unknown Lenin. From the Secret Archive*, Yale 1996, S. 20 f.
10. Ebenda. Eine genüßliche Schilderung der ganzen Affäre findet sich bei Walentinow, *Malosnakomy Lenin*, S. 101 ff.
11. Ebenda, S. 116.
12. Wolkogonow, *Lenin. Utopie und Terror*, Düsseldorf, Wien, New York u. Moskau 1994, S. 61.
13. Zu Lenins Aussage in der Affäre Malinowski vom 26. Mai (8. Juni) 1917 siehe R. Pipes, *Unknown Lenin*, S. 35–40.
14. Siehe § 8 des Resolutionsentwurfs des Exekutivkomitees der Partei vom November 1919.
    »Was Trotzki angeht, so macht unsere Fraktion der *Prawda*, die in Wien bleibt, ein Maximum an Zugeständnissen.« Abgedruckt in Pipes, *Unknown Lenin*, S. 23.

15. »Die Wahlen und die Opposition«, 24. Juni (7. Juli) 1912, in: Lenin, *Werke,* Bd. 18, S. 122–125.
16. Anwort an C. Huysmans vom 3. Oktober 1912. Siehe hierzu G. Haupt (Hg.), *Correspondance entre Lénine et C. Huysmans,* Paris 1963, S. 118.
17. Antwort auf Camille Huysmans vom 25. September 1912, ebenda, S. 117.
18. Das Dokument vom 10. oder 11. Mai 1914 ist abgedruckt in Pipes, *Unknown Lenin,* S. 25.
    I. S. Rozental, *Ein Provokateur. Die Karriere des Roman Malinowski,* Moskau 1994.
19. »Über das Liquidatorentum und die Gruppe der Liquidatoren«, Januar 1912, Lenin, *Werke,* Bd. 17, S. 472 f. Siehe ebenso »Gegen eine Vereinigung mit den Liquidatoren«, Februar/März 1912, ebenda, S. 483–488.
20. Siehe Lenins Rede zum Bund von 1903 zum Zweiten Parteitag des SDAPR. »Rede über die Stellung des ›Bundes‹ in der SDAPR, 20. Juli (2. August) 1903, ebenda, Bd. 6, S. 485–488. Ebenso »Die Stellung des ›Bundes‹ in der Partei«, 22. Oktober 1903, ebenda, Bd. 7, S. 82–93.
21. »Pismo A. M. Gorkomu« (Brief an Gorki), in: *Polnoje,* Bd. 48, S. 160–163. Siehe auch: »Über den Nationalstolz der Großrussen«, in: Lenin, *Werke,* Bd. 21, S. 91–95.
22. Der zweite ist eine Zeitlang zunächst B. Kritschewski und 1904 dann der Sozialrevolutionär Rubanowitsch. Siehe hierzu Haupt, *Correspondance,* S. 19.
23. Haupt, *Correspondance,* S. 42.
24. *VIIe Congrès socialiste international tenu à Stuttgart du 16 au 24 Avril 1907,* Brüssel 1908, und Lenins Kommentar »Der Internationale Sozialistenkongreß in Stuttgart«, in: Lenin, *Werke,* Bd. 13, S. 66–73 und 74–85.
25. *Le Peuple* (Brüsseler Zeitung) vom 18. August 1907.
26. Siehe sein Kommentar: »Eine gute Resolution und eine schlechte Rede«, Dezember 1913, Lenin, *Werke,* Bd. 19, S. 524 ff.
27. Pipes, *Unknown Lenin,* hat Briefe aufgespürt, die in der Gesamtausgabe nicht enthalten sind. Siehe auch Wolkogonow, *Lenin. Utopie und Terror,* S. 445 f. Ebenso Alexander Solschenizyn, *Lenin in Zürich,* Bern 1977, S. 81 ff.
28. Die Gesamtausgabe von Lenins Werk enthält zahlreiche Briefe an Inessa vom Dezember 1913: *Polnoje,* Bd. 48, S. 238, 242 f., 248 f., und von 1914, allerdings sind diese zensiert. Die Zitate stammen aus Pipes, *Unknown Lenin,* S. 26–30.
29. Wolkogonow, *Lenin. Utopie und Terror,* S. 40.
30. Brief an Inessa Armand vom 23. Juni 1914, Pipes, *Unknown Lenin,* S. 27, und das Fragment »Pismo I. F. Armand«, in: *Polnoje,* Bd. 48, S. 299 f.
31. Gorki, *W. I. Lenin,* S. 10.

VII Die russische Niederlage zum Wohle der Revolution

1. »Pismo A. M. Gorkomu« (nach dem 12. Januar 1913), in: *Polnoje,* Bd. 48, S. 155.
2. *VIIe Congrès socialiste international,* ebenda, S. 99.
3. »O losunge prewraschtschenja imperialistitscheskoi woiny w woinu

grashdanskuju« (Zur Parole von der Umwandlung des imperialistischen Krieges in einen Bürgerkrieg), September 1914, in: *Polnoje,* Bd. 26, S. 36.
4. J.-B. Duroselle, *La Grande Guerre des Français,* Paris 1994, S. 17.
5. R. Pipes, *Unknown Lenin,* S. 27.
6. »Eine neue Demokratie«, 19. Januar 1913, in: Lenin, *Werke,* Bd. 18, S. 515 f.
7. »Die Aufgaben der revolutionären Sozialdemokratie im europäischen Krieg«, ebenda, Bd. 21, S. 1–5.
8. Walentinow, *Malonsnakomy Lenin,* S. 147.
9. »Pismo A. G. Schljapnikowu«, Oktober 1914, in: *Polnoje,* Bd. 49, S. 12–16, 20–28.
10. »Plan stati o zimerwaldowskoi konferenzi« (Entwurf für einen Artikel über die Konferenz von Zimmerwald), nach 26. August 1915, in: *Polnoje,* Bd. 54, S. 462 f.; siehe auch »Erste internationale sozialistische Konferenz in Zimmerwald. 23.–26. (5.–8.) September 1915«, in: Lenin, *Werke,* Ergänzungsband 1896–1917, S. 353–361; ebenso A. Balabanowa, *Ma Vie de rebelle,* Paris 1981, S. 143–152.
11. K. Kautsky, *Sozialismus und Kolonialpolitik,* Berlin 1907; R. Luxemburg, *Die Akkumulation des Kapitals,* Berlin 1912; R. Hilferding, *Das Finanzkapital,* Berlin 1910.
12. Lenin, *Werke,* Bd. 13, S. 74–85.
13. »Der Imperialismus als höchstes Stadium des Kapitalismus. Gemeinverständlicher Abriß«, ebenda, Bd. 22, S. 189–305, und »Der Imperialismus und die Spaltung des Sozialismus«, Oktober 1916, ebenda, Bd. 23, S. 102–118. Siehe ebenso den Entwurf zu diesem Artikel, in *Polnoje,* Bd. 30, S. 370 ff.
14. »Hefte zum Imperialismus«, in: Lenin, *Werke,* Bd. 39.
15. Ebenda, Bd. 22, S. 310–325; das Zitat von Luxemburg siehe *Die Krise der Sozialdemokratie,* Berlin o. J., S. 90.
16. »Gesetzentwurf über die Gleichberechtigung der Nationen und über den Schutz der Minderheiten«, (vor dem 26. Juni 1913), in: Lenin, *Werke,* Bd. 20, S. 280 ff.
»National-kulturelle Autonomie – *Kritische Bemerkungen zur Nationalen Frage*«, ebenda, Bd. 20, S. 18–25.
17. Ebenda, Bd. 20, S. 395–461, Februar–Mai 1914, und der Entwurf zu diesem Artikel in: *Polnoje,* Bd. 25, S. 435–440.
18. O. Bauer, »Die Nationalitätenfrage und die Sozialdemokratie«, in: *Werkausgabe,* Wien 1975, Bd. 1.
19. Lenin, *Werke,* Bd. 20, S. 415.
20. Siehe den Bericht zu den Kritiken des Bundisten Litwaks an Lenin, der diese nicht zur Kenntnis nahm.
A. Litwak, *In Zurich and in Geneva during the First World War. Reminiscences,* New York 1954, S. 246.
21. »Über den Nationalstolz der Großrussen«, Lenin, *Werke,* Bd. 21, S. 91–95.
22. Siehe die Thesen Radeks vom April 1916, in: O. H. Gankin u. H. H. Fischer, *The Bolsheviks and the World War,* Stanford 1940, S. 223–239 und 507–511.
23. »Über das Selbstbestimmungsrecht der Nationen«, in: Lenin, *Werke,*

Bd. 20, S. 395–461, und »Die sozialistische Revolution und das Selbstbestimmungsrecht der Nationen (Thesen)«, Januar–Februar 1916, ebenda, Bd. 22, S. 144–159.

24. »O nazionalnoi programme RSDPR« (Über das nationale Programm der SDAPR), in: *Polnoje,* Bd. 24, S. 223–229.

VIII Alle Macht den Räten (Februar–Oktober 1917)

1. N. N. Suchanow, 1917. *Tagebuch der Russischen Revolution,* München 1967, S. 18.
2. A. E. Senn, *The Russian Revolution in Switzerland,* S. 60–74.
3. M. G. Wachabow, *Taschkent w period trjoch rewoljuzi* (Taschkent in der Periode der drei Revolutionen), Taschkent 1957, S. 168.
4. I. Zereteli, *Wospominania, o Fewralskoi rewoljuzi, S.* 150.
5. A. Balabanowa, *Ma Vie de rebelle,* S. 154.
6. Ebenda S. 155.
7. Z. A. B. Zeman u. W. B. Scharlau, *Freibeuter der Revolution. Parvus-Helphand. Eine politische Biographie,* Köln 1964, S. 248 ff.
8. Siehe hierzu E. Bernstein im *Vorwärts* vom 14. Januar 1921.
9. A. Balabanowa, *Ma Vie de rebelle,* S. 155 f.
10. I. Zereteli, *Wospominania* S. 239, gibt in diesem Zusammenhang Äußerungen des Außenministers Tereschtschenko zum Verdacht gegen Grimm wieder.
11. Ebenda, S. 240 f.
12. N. N. Suchanow, *Tagebuch der Revolution,* S. 178 ff.
13. Ebenda, S. 181, und in der *Iswestija* vom 5. April 1917.
14. Suchanow, S. 287, und *Leninski Sbornik,* Bd. 21, S. 33.
15. A. S. Allilujewa, *Wospominanija* (Erinnerungen), Moskau 1946, S. 165 ff., zum Wiedereintritt Stalins in die *Prawda* und dessen Leitartikel »O Woine« (Über den Krieg), *Prawda* vom 17. März 1917.
16. Zu den Meinungsverschiedenheiten und den Umständen, unter denen das Trio Kamenew, Stalin und Muranow die *Prawda* unter ihre Kontrolle brachte, siehe A. Schljapnikow, *Semnadsaty god, kniga wtoraja* (Jahr 1917, 2. Buch), Moskau u. Petrograd 1923, S. 180.
17. »Briefe aus der Ferne«, in: Lenin, *Werke,* Bd. 23, S. 301–357; 5 Briefe vom 7., 9., 11., 12. und 26. März 1917 und ein Entwurf zum 5. Brief, *Polnoje,* Bd. 31, S. 58 f.
18. E. N. Burdjalow, »O taktike bolschewikow w marte aprele 1917 goda« (Über die Taktik der Bolschewiki im März/April 1917), in: *Woprosy Istori,* 4-1956, S. 48 ff. und Lenins Kommentar in: *Polnoje,* Bd. 31, S. 501–504. Siehe ebenso die »Briefe über die Taktik«, in: Lenin, *Werke,* Bd. 24, S. 24–37.
19. Suchanow, *Tagebuch der Revolution,* S. 294.
20. Dieser Einschätzung widerspricht Suchanow, ebenda, S. 298. Wie er betont, sah Miljukow in Lenin durchaus einen gefährlichen Gegner.
21. »Über die Aufgaben des Proletariates in der gegenwärtigen Revolution« (4./5. April 1917), in: Lenin, *Werke,* Bd. 23, S. 1–8.

22. E. N. Burdjalow, »Jeschtscho o taktike bolschewikow w marte–aprele 1917 g.« (Noch einmal zur Taktik der Bolschewiki im März/April 1917), in: *Woprosy Istori*, 8-1956, S. 109–114.
23. *Sedmaja (aprelskaja konferenzija, wserossiskaja i Petrogradskaja obschtschegorodskaja konferenzi RSDRP [b] aprel 1917 g.)*, Moskau 1934, (Dokumente zur 7. Konferenz, hg. v. M. Orachelaschwili). Zu den Einzelheiten der Abstimmung siehe S. 190 ff.
24. »Briefe aus der Ferne. 1. Brief. Die erste Etappe der ersten Revolution«, in: Lenin, *Werke*, Bd. 23, S. 311–323.
25. Zu dieser Verzögerung siehe die Erklärungen von Zereteli, *Wospominania*, S. 474–490.
26. »Tesisy po powodu deklarazi wremennogo prawitelstwa« (Thesen zur Erklärung der Provisorischen Regierung) – 4. Mai 1917 oder später, in *Polnoje*, Bd. 32, S. 437 f.
27. Zereteli, *Wospominania*, S. 271–285.
28. Balabanowa, *Ma Vie*, S. 164.
29. Suchanow, *Tagebuch*, S. 358 f.
30. Wolkogonow, *Lenin. Utopie und Terror*, S. 118 f., und R. Pipes, *Unknown Lenin*, S. 384 f.
31. Suchanow, *Tagebuch*, S. 384.
32. Zereteli, *Wospominania*, Bd. II, S. 53 ff.
33. B. Nikitin, *Rokowye gody* (Die Jahre der Prüfung), Paris 1937, S. 110–116.
34. Suchanow, *Tagebuch*, S. 390 ff.; siehe ebenso F. Raskolnikow, *Kronstadt i Piter w 1917 g.*, Moskau u. Leningrad 1925.
35. D. Schugajew, *Rewoljuzionnoje dwishenije w jule 1917* (Die revolutionäre Bewegung im Juli 1917), Moskau 1959, S. 290 ff.
36. Das Zitat Sinowjews siehe Suchanow, *Tagebuch*, S. 456; siehe ebenso Nikitin, *Rokowye*, S. 149 f.
37. Suchanow, *Tagebuch*, S. 466.
38. A. S. Allilujewa, *Wospominanija*, S. 176–182.
39. Ebenda, S. 190.
40. Zur Gesamtheit der Juli-Krise siehe den hervorragenden Bericht in A. Rabinowitsch, *Prelude to revolution, the Petrograd bolsheviks and the July 1917 uprising*, 2. Aufl., Bloomington 1968, S. 233 ff.
41. *Schestoi sjesd RSDPR (bolschewikow) Awgust 1917 goda – Protokoly*, Moskau 1958 (Protokolle des VI. Parteitages der SDAPR [b]).
42. Ebenda, S. 114.
43. Ebenda, S. 27 f. und S. 35 f.
44. Zur äußerst komplexen Kornilow-Affäre siehe die klare Darstellung in R. Pipes, *Die russische Revolution*, Bd. 2, Berlin 1992, S. 180–221. Siehe ebenso E. Martynow, *Kornilow*, Leningrad 1927, und Schugajew (Hg.), *Rewoljuzionnoje dwishenje w Rossi w awguste 1917. Rasgrom Kornilowskogo mjatesha* (Die revolutionäre Bewegung in Rußland im August 1917. Die Niederschlagung des Kornilow-Putsches), Moskau 1959.
45. Suchanow, *Tagebuch*, S. 567.
46. »Die Bolschewiki müssen die Macht ergreifen« (12.–14. September 1917), in: Lenin, *Werke*, Bd. 26, S. 1 ff.

47. »Marxismus und Aufstand« (Brief an das ZK der SDAPR vom 13.–14. Dezember 1917), ebenda, S. 4–10.
48. »Pismo w zk mk PK i tschlenam sowjeta Pitera i Moskwy bolschewikam«, in: *Polnoje,* Bd. 34, S. 340 f. und 347–350.
49. »Die Krise ist herangereift« (29. 9. 1917), in: Lenin, *Werke,* Bd. 26, S. 59–68.

IX Alle Macht den Bolschewiki

1. Zum damaligen Linksruck in Rußland siehe Suchanow, *Tagebuch,* S. 567. Zitate S. 571 und 573.
2. »Über Verfassungsillusionen« (Juli 1917), in: Lenin, *Werke,* Bd. 25, S. 193–208.
3. Suchanow, *Tagebuch,* S. 582.
4. »Brief an die Genossen« (17. 10. 1917), in: Lenin, *Werke,* Bd. 26, S. 182–203.
5. Suchanow, *Tagebuch,* S. 594; siehe außerdem zwei Gespräche der Autorin mit Kerenski in Stanford im Mai 1967 und in Paris am 10. September 1967.
6. Pipes, *Die russische Revolution,* Berlin 1992, Bd. 2, S. 221 ff.
7. »Brief an den Vorsitzenden des Gebietskomitees der Armee, der Flotte und der Arbeiter Finnlands …« (27. September 1917), in: Lenin, *Werke,* Bd. 26, S. 52–56.
8. Trotzki, *Geschichte der russischen Revolution,* Berlin 1967, siehe das Kapitel »Lenin ruft zum Aufstand«, S. 594–624.
9. G. Haupt u. J. J. Marie, *Les Bolcheviks par eux-mêmes,* Paris 1969, S. 262 und 264.
10. »Die Dekrete der Sowjetmacht«, in: Lenin, *Werke,* Bd. 26, S. 227.
11. Beide Zitate siehe Suchanow, *Tagebuch,* S. 656.
12. L. de Robien, *Journal d'un diplomate en Russie,* Paris 1967, S. 144.
13. Siehe hierzu den präzisen Bericht von Melgunow, *Kak bolschewiki sachwatili wlast* (Wie die Bolschewiki die Macht ergriffen haben), Paris 1953.
14. *Wtoroi wserossiski sjesd sowjetow* (II. Gesamtrussischer Sowjet-Kongreß), hg. von Kotelnikow, Moskau u. Leningrad 1928.
15. Suchanow, *Tagebuch,* S. 682.
16. Ebenda, S. 688 f.
17. E. N. Gorodezki, *Roshdenije Sowjetskogo gosudarstwa 1917–1918* (Die Entstehung des Sowjetstaates), Moskau 1964, S. 156 ff.
18. Suchanow, a. a. O., S. 684.
19. Porträts der russischen Regierung siehe »Petrograd sous la Commune«, in: *L'Illustration,* N° 3491, 11. September 1918, S. 259 f. Abgehoben wird dabei vor allem auf die Tatsache, daß fast alle Mitglieder Juden sind.

X Vom Untergang des Staates zum Staat der Revolution

1. J. Sadoul, *Notes sur la révolution bolchevique,* S. 75.
2. »Staat und Revolution«, August/September 1917, in: Lenin, *Werke,* Bd. 25, S. 393–507. Zitate siehe S. 434, 439, 440, 443, 445, 488, 489, 493, 494 und 498.

3. »Marxism o gosudarstwe« (Der Marxismus über den Staat), Januar/Februar 1917, in: *Polnoje,* Bd. 33, S. 123–307.
4. »Plany, konspekty i sametki k knigi gosudarstwo i rewoljuzija« (Entwürfe und Anmerkungen zum Buch »Staat und Revolution«), Januar – September 1917, ebenda, S. 308–328.
5. Lenin zitiert hier aus »Einleitung zu Marx' ›Der Bürgerkrieg in Frankreich‹«, ebenda, Bd. 25, S. 462–467. Siehe ebenso Karl Marx und Friedrich Engels, *Ausgewählte Schriften in 2 Bänden,* Berlin 1959, Bd. 1, S. 446–457.
6. Jean-Baptiste Duroselle, *La Grande Guerre des Français,* Paris 1994, S. 290.
7. J. Sadoul, *Notes sur la revolution bolchévique,* S. 81.
8. A. Popow (Hg.), *Oktjabrskii pereworot: fakty i dokumenty* (Der Oktoberputsch: Fakten und Dokumente), Petrograd 1918, S. 402 ff.
9. P. Wompe, *Dni oktjabrskoi rewoljuzi i shelesnodoroshniki – materialy* (Die Tage der Oktoberrevolution und die Eisenbahner), Moskau 1924, S. 21–26.
10. Trotzki, *Staline,* Bd. 2, S. 102.
11. »Wie wird der Konstituierenden Versammlung der Erfolg gesichert? (Über die Pressefreiheit)« (15. September 1917), in: Lenin, *Werke,* Bd. 25, S. 387–392; Zitat siehe S. 391.
12. Shub, Daniel, *Lenin,* Wiesbaden 1952, S. 307.
13. G. Haupt u. J. J. Marie, *Les Bolscheviks par eux-mêmes,* S. 75.
14. »Thesen über die Konstituierende Versammlung«, in: Lenin, *Werke,* Bd. 26, S. 377–381.
15. »Über Verfassungsillusionen«, 26. Juli 1917, in: Lenin, *Werke,* Bd. 25, S. 193–208; Zitat S. 201.
16. Balabanowa, *Ma Vie,* S. 221, weist auf den wankelmütigen Charakter Sinowjews hin.
17. »Deklaration der Rechte des werktätigen und ausgebeuteten Volkes«, spätestens 3. (16.) Januar 1916, in: Lenin, *Werke,* Bd. 26, S. 22–426.
18. »Entwurf eines Dekretes über die Auflösung der Konstituierenden Versammlung«, 6. Januar 1918, ebenda, S. 434 ff.
19. Shub, *Lenin,* a. a. O., S. 320 f.
20. »Thesen über den sofortigen Abschluß eines annexionistischen Separatfriedens«, in: Lenin, *Werke,* Bd. 26, S. 442–450. Siehe insbesondere auch »Krieg oder Frieden?«, 23. Februar 1918, ebenda, Bd. 27, S. 23 f.
21. »Die Deutschen sind zugleich nervös und gefährlich«, Sadoul, *Notes,* S. 192.
22. Ebenda, S. 237.
23. *KPSS w resoljuzijach i reschenijach, sjesdow konferenzi i plenumow ZK 1998–1903,* Moskau 1953, Bd. 1, S. 405.
24. Sadoul, *Notes,* S. 260.
25. Zum Wechsel der Hauptstadt: A. F. Fraiman, *Rewoljuzionnaja saschtschita Petrograda w Fewrale–Marte* 1918 (Die revolutionäre Verteidigung von Petrograd im Februar–März 1918), Moskau u. Leningrad 1964; und der Brief Lunatscharskis an den Sownarkom (März 1918), in: *Lenin i Lunatscharski – Pisma, doklady, dokumenty,* Moskau 1971, S. 59.

XI Die Macht um jeden Preis behaupten

1. Zitiert nach A. Shub, *Lenin,* S. 333.
2. M. I. Lazis, »Tow. Dsershinski i Wtschk« (Der Genosse Dserschinski und die Tscheka)«, in: *Proletarskaja rewoljuzija,* Nr. 56, 1926, S. 81. Die folgenden Zitate siehe Shub, *Lenin,* S. 333 f.
3. Trotzki, *Kak woorushalas rewoljuzija* (Wie die Revolution sich bewaffnete), Bd. 1, S. 186–195.
4. Ebenda, Bd. 1, S. 127–131.
5. Sadoul, *Notes,* S. 370.
6. Ebenda, S. 302.
7. »Die drohende Katastrophe und wie man sie bekämpfen soll«, 10.–14. September 1918, in: Lenin, *Werke,* Bd. 25, S. 327–377. Zitate siehe S. 337 ff. u. 341.
8. »Deklaration der Rechte des werktätigen und ausgebeuteten Volkes« (3. 1. 1918), ebenda, Bd. 26, S. 422–446.
9. Wolkogonow, *Lenin. Utopie und Terror,* S. 222.
10. A. Balabanowa, *Ma Vie de rebelle,* S. 190 f.
11. N. Krupskaja, *Wospominanije o Lenin* (Erinnerungen an Lenin), Moskau 1957, S. 316.
12. Die Schrift mit dem Titel »Sechs Thesen über die nächsten Aufgaben der Sowjetmacht« erschien erstmals am 28. April 1918 in der *Iswestija;* siehe Lenin, *Werke,* Bd. 27, S. 306–309.
13. »O lewom rebjatschestwe i o melko burshuasnosti« (Sechs Thesen über die Linke und das kleinbürgerliche Denken), 5. Mai 1918, in: *Polnoje,* Bd. 36, S. 283–314.
14. Dieser Text aus dem Geheimarchiv »An die Genossen Kurajew, Bosch, Minkin und andere Kommunisten von Pensa« erscheint vollständig in R. Pipes, *Unknown Lenin,* S. 50.
15. »Memorandum vom 3. oder 4. September 1918«, ebenda, S. 56. Lenin präzisiert: »Anfangs muß dies auf geheime Weise passieren.«
16. Siehe hierzu P. Melgunow, *Der Rote Terror in Rußland. 1918–1923,* Berlin 1924.
17. Dekret vom 10. September 1918 über den roten Terror, veröffentlicht in der *Iswestija.* G. Leggett, *The Cheka. Lenin's Political Police,* Oxford 1986, S. 100 ff. und 215 f.
18. P. Holquist, »Conduct merciless mass terror, Decossackization of the Don, 1919«, in: *Cahiers du monde russe et soviétique, 38,* Januar–Juni 1997, S. 127–162.
19. A. Balabanowa, *Ma Vie,* S. 184.

XII Weltrevolution? Revolution in einem einzigen Land?

1. *Sedmoi sjesd Rossiskoi kommunistischeskoi parti,* Moskau 1923, S. 195.
2. Sadoul, *Notes,* S. 313.
3. *Leninski sbornik,* 1933, Bd. 21, S. 252 f.
4. »Pismo tschlenam gruppi spartak« (Brief an die Mitglieder der Spartakusgruppe), 18. Oktober 1918, in: *Polnoje,* Bd. 50, S. 195 f.

5. »Die proletarische Revolution und der Renegat Kautsky« (geschrieben zwischen Ende Oktober und dem 10.11.1918), in: Lenin, *Werke*, Bd. 28, S. 225–327.
6. Brief an Stalin vom 17. Juli 1922. Zitiert nach Pipes, *Unknown Lenin*, S. 168.
7. Brief an A. N. Roshkow vom 29. Januar 1919, ebenda, S. 62 f.
8. »Brief an die Arbeiter Europas und Amerikas«, in: Lenin, *Werke*, Bd. 28, S. 444–449.
9. »Die Kosaken wären mehrheitlich gegen uns gewesen … wir haben Denikin eine große Anzahl Soldaten verschafft«; siehe das geheime Papier Trotzkis an das ZK vom 1. Oktober 1919, zitiert nach Pipes, *Unknown Lenin*, S. 70 f.
10. »Denikin ist ein unendlich gefährlicherer Feind als Koltschak«, ebenda, S. 71.
11. Balabanowa, *Ma Vie de rebelle*, S. 210.
12. Für die ausländischen ZKS_O;S, KARSKI (POLEN), RUDNIANSZKI (UNGARN), DUDA (ÖSTERREICH), ROSIN (LETTLAND), SIROLA (FINNLAND), RAKOWSKI (BALKAN), REINSTEIN (USA).
13. P. Broué, *Histoire de l'Internationale communiste, 1919–1943*, S. 76–78.
14. »Thesen und Referat über die bürgerliche Demokratie und Diktatur des Proletariats, 4. März 1919«, in: Lenin, *Werke*, Bd. 28, S. 471–487.
15. Zur Entstehung siehe P. Broué, *Histoire*, S. 86–90, und *Premier Congrès de l'Internationale communiste (documents);* J. Degras, *The Communist International, 1919–1943, Documents I, 1919–1922*, London u. New York 1956, S. 43 ff.
16. Balabanowa, »Lénine et la création du Komintern«, in: J. Freymond (Hg.), *Contributions à l'histoire du Komintern*, Genf 1965, S. 33 ff.
17. A. Balabanowa, *Ma Vie de rebelle*, S. 216 f.
18. Eine ausgezeichnete Darstellung zu diesem Auflodern der revolutionären Bewegung findet man bei Broué, *Histoire*, S. 99–109.
19. »Der ›linke Radikalismus‹, die Kinderkrankheit des Kommunismus« (April/Mai 1920), in: Lenin, *Werke*, Bd. 31, S. 1–91.
20. Zu dieser Konzeption siehe *Documents on the Foreign Policy of the USSRN*, Moskau 1957, Bd. II., S. 370 f.
21. »Thesen über die Hauptaufgaben des Zweiten Kongresses der Kommunistischen Internationale« (Juni/Juli 1920), in: Lenin, *Werke*, Bd. 31, S. 172–189.
22. Zu den Beitrittsbedingungen siehe »Bedingungen für die Aufnahme in die Kommunistische Internationale«, ebenda, S. 193–199, und »Punkt 20 der Bedingungen für die Aufnahme in die Kommunistische Internationale«, ebenda, S. 200.
23. »Thesen …«, ebenda, und »Perwonatschalny nabrosok tesisow po nazionalnomu i kolonialnomu woprosam. Dlja wtorogo sjesda kommunistitscheskogo internazionala« (Erster Entwurf für Thesen zu den nationalen und kolonialen Fragen für den II. Kongreß der Komintern), in: *Polnoje*, Bd. 41, S. 161–168, und »Perwonatschalny nabrosok tesisow po agrarnomu woprosu« (Erste Thesen zur Agrarfrage), ebenda, S. 169–182.
24. »Referat über die internationale Lage und die Hauptaufgaben der Kom-

munistischen Internationale, 19. Juli«, in: Lenin, *Werke,* Bd. 31, S. 203–222.

25. Der Bericht zum II. Kongreß ist in vier Sprachen erschienen: Deutsch, Englisch, Französisch und Russisch.
26. Clara Zetkin, *Erinnerungen an Lenin,* Wien 1929, S. 19–23; Zitat S. 20.
27. »Referat auf dem II. Gesamtrussischen Kongreß der kommunistischen Organisationen der Völker des Ostens«, 22. November 1919, in: Lenin, *Werke,* Bd. 30, S. 136–147; Zitat S. 147.
28. G. Safarow, *Kolonialnaja rewoljuzija, opyt Turkestana,* Moskau 1921.
29. Ebenda, S. 97.
30. S. Galijew, »Sozialnaja rewoljuzija na Wostoke« (Die gesellschaftliche Revolution im Osten), in: *Shisn Nazionalnostej,* Nr. 38 (46), 5. Oktober 1919; 39 (47), 12. Oktober 1919; 42 (50), 2. November 1919.
31. G. Arscharuni, *Otscherki panislamisma i pantjurkisma w rossi,* Moskau 1931, S. 76–91, vor allem S. 78.

XIII Nach der Selbstbestimmung – Der wiederhergestellte Staat

1. E. Pesikina, *Narodny komissariat po delam nazionalnostej,* Moskau 1950, und *Sprawotschnik narodnogo komissariata po delam nazionalnostei,* Moskau 1921, S. 5.
2. *Polnoje,* Bd. 34, S. 304 f.
3. Ebenda, Bd. 36, S. 76.
4. *Dekrety sowjetskoi wlasti,* Moskau 1968, Bd. 4, S. 15–18.
5. »Außerordentlicher russischer Eisenbahnerkongreß. Sitzung vom 13. (26.) Januar 1918. Stenographischer Bericht«, in: Lenin, *Werke,* Bd. 26, S. 483–501; Zitat S. 494.
6. O. W. Kuusinen, *Rewoljuzija w Finlandi,* Petrograd 1919, S. 12 ff.
7. N. Machno, *Pod udarami Kontr-Rewoljuzi* (Unter den Hieben der Konterrevolution), Paris 1936.
   P. Archinoff, *Le Mouvement makhnowiste,* Paris 1924.
   Y. Ternon, *Makhno, la révolte anarchiste,* Brüssel 1981.
8. »Telegramma L. D. Trotskomu«, 22. Mai 1919, in: *Polnoje,* Bd. 50, S. 320 f.
9. *Dekrety sowjetskoi wlasti,* Moskau 1971, Bd. 5, S. 259 ff.
10. *Prawda* vom 10. Oktober 1920 und *Shisn nazionalnostej* vom 15. Dezember 1920.
11. »Thesen über die Hauptaufgaben des Zweiten Kongresses der Kommunistischen Internationale«, in: Lenin, *Werke,* Bd. 31, S. 172–189.
12. H. C. Luke, *Cities and Men,* London 1953, S. 137–160.
13. Siehe hierzu Stalins »Kommentar zum Kaukasus« in der *Prawda* vom 30. November 1920.
14. G. K. Jwanja, *W. I. Lenin, ZK Parti i bolschewiki sakawkasija* (Lenin, das ZK der Partei und die Bolschewiki Transkaukasiens), Tiflis 1969, S. 238 f.
15. Noe Jordania, *Moja shisn* (Mein Leben), S. 110 ff., und *The Trotzky Papers, 1917–1922,* Bd. 2, S. 385, Den Haag 1971, Bd. II, S. 385.
16. *Polnoje,* Bd. 51, S. 152.
17. *Dokumenti wneschnej politiki SSSR,* Moskau 1961, Bd. 5, S. 110 f.

18. J. Castagné, »Les Basmatchis«, in: *Revue du monde musulman,* November 1922, S. 174–178, und seine *Notes manuscrites.*
19. S. W. Charmandarian, *Lenin i stanowlenije sakawkasskoi federazi, 1921–1925* (Lenin und die Gründung der transkaukasischen Föderation), Erivan 1969, S. 218.
20. Ebenda, S. 361.
21. R. C. Tucker, *Stalin as a Revolutionary 1879–1929,* Princeton 1973, S. 240.
22. *Polnoje,* Bd. 41, S. 164.
23. *Desiaty sjesd RKP (b) Mart 1921 goda* (X. Parteitag der Russischen Kommunistischen Partei), Moskau 1960, S. 192 f.
24. Briefe vom 17. September 1922 an Unschlicht und vom 28. September 1922 an Radek; Pipes, *Unknown Lenin,* S. 174 f.
25. »Über die Bildung der UdSSR. Brief an L. B. Kamenew für die Mitglieder des Politbüros des ZK der KPR (B)« (26. 9. 1922), in: Lenin, *Werke,* Ergänzungsband 1917–1923, S. 443 ff.; Zitat S. 444.
26. »Notiz für das Politbüro über den Kampf gegen den Großmachtchauvinismus« (6. 10. 1922), in: Lenin, *Werke,* Bd. 33, S. 358.
27. Charmandarian, *Lenin,* S. 344.
28. Miasnikow, *Isbrannyje proiswedenija* (Ausgewählte Werke), Erivan 1965, S. 423 f.
29. Charmandarian, *Lenin,* S. 369 f.
30. *Polnoje,* Bd. 45, S. 356–362, und Fotijewa, *Is wospominani o W. I. Lenine Dekabr 1922. Mart 1923 g.* (Erinnerungen an Lenin, Dezember 1922 bis März 1923), Moskau 1964, S. 54 u. 63.
31. Brief an den Kongreß »Zur Frage der Nationalitäten oder der Autonomisierung«, in: Lenin, *Werke,* Bd. 36, S. 390–596; Zitat S. 390 f.
32. *Wtoraja sessija Zik sowjetskich sozialistitscheskich respublik* (2. Sitzung des ZEK der sozialistischen Sowjetrepubliken), Moskau 1923, S. 11 ff.
33. *Wtoroi sjesd sowjetow sojusa sowjezkich sozialistitscheskich respublik* (II. Sowjet-Kongreß der UDSSR), Moskau 1924, S. 129–136.

XIV »Ein Schritt vor, zwei Schritte zurück ...«

1. »Rede auf der IX. Gesamtrussischen Konferenz der KPR (B), 22. September 1920«, in: Lenin, *Werke,* Bd. 31, S. 264–267. Vollständiger Text siehe R. Pipes, *Unknown Lenin,* S. 95–114.
2. Pipes, ebenda, S. 112.
3. *Kombedy bednoty – Sbornik dokumentow* (Die Komitees der Armut – Materialsammlung), Moskau 1937.
4. A. Stanziani, »La gestion des approvisonnement et la restauration de la gosudarstvennost'« in: *Cahiers du monde russe et soviétique,* Bd. 38 (1–2), Januar–Juni 1997, S. 82–112.
5. G. Sokoloff, *La Puissance pauvre,* Paris 1993, S. 293.
6. M. M. Femkin, *Tragedija krestjanskich wosstani w rossi 1917–1921 g.* (Die Tragödie der Bauernaufstände in Rußland), Jerusalem 1987. S. 55 ff.; siehe ebenso V. P. Danilow u. T. Shanin, *Krestjanskoje wosstanije w Tambowskoi guberni w 1919–1921* (Der Bauernaufstand von Tambow), Tambow 1994.

7. S. Courtois u.a., *Das Schwarzbuch des Kommunismus. Unterdrückung, Verbrechen und Terror,* München 1998, S. 106.
8. *Kronstadt – 1921. Dokumenty,* Moskau 1997. A. Ciliga, *The Kronstadt revolt,* London 1942. P. Avritch, *Kronstadt 1921,* Princeton 1970.
9. Z. Y. Gitelman, *Jewish Nationality and Soviet Politics,* Princeton 1972, S. 106; Dimanstein, *Revoljuzija i nazionalny wopros,* Bd. III, S. 34 ff.
10. R. Pipes, *Unknown Lenin,* S. 10, 116 und 128 f.
12. Ebenda, S. 77.
13. »Über die Schamröte des Juduschka Trotzki« (2. [15.] 1. 1911), in: Lenin, *Werke,* Bd. 17, S. 29.
14. Solschenizyn, *Der Archipel* GULAG. *1918–1956. Versuch einer künstlerischen Bewältigung,* Bern 1974.
15. Zu Lenins Verhalten angesichts der Krise siehe Courtois u.a., *Das Schwarzbuch des Kommunismus,* S. 138 ff.
16. »Bemerkungen zu Trotzkis Thesenentwurf ›Die nächsten Aufgaben des wirtschaftlichen Aufbaus‹«, in: Lenin, *Werke,* Ergänzungsband 1917–1923, S. 170 f.
17. »Über unsere Revolution« (Aus Anlaß der Aufzeichnungen N. Suchanows), in: Lenin, *Werke,* Bd. 33, S. 462–467; Zitat S. 464 f.
18. *Desjaty sjesd* RKP *(b) mart 1921 goda stenografitscheski otschot,* Moskau 1963.
19. Ebenda, S. 564–571.
20. *Prawda* vom 4. April 1922.
21. Wolkogonow, *Lenin. Utopie und Terror,* S. 258 ff.
22. F. Tschujew, *Conversation avec Molotow,* Paris 1995, S. 173.
23. *Prawda* vom 12. Juli 1921; in der *Prawda* vom 27. Juni 1921 ist allerdings bereits von einer Hungersnot die Rede.
24. M. Wehner, »Golod 1921–1922 gg« (Die Hungersnot von 1921–1922), in: *Cahiers du monde russe et soviétique,* Bd. 38, S. 223–242.
    H. H. Fischer, *Famine in Soviet Russia,* New York 1927.
25. Sie werden veröffentlicht im *Rapport sur les conditions économiques de la Russie,* Völkerbund, Genf 1922.
26. B. M. Weissman, *Herbert Hoover and the Famine Relief to Soviet Russia, 1921–1923,* Stanford 1974.
27. Telegramm vom 30. Juli 1921, siehe Pipes, *Unknown Lenin,* S. 130 f.
28. Ebenda, S. 133.
29. G. M. Krsishanowski, *Lenin. Towarischtsch Tschelowek,* Moskau 1987, S. 212.
30. »Sozialismus und Religion« (3. [16.] 12. 1905), in: Lenin, *Werke,* Bd. 10, S. 70–75.
31. *Westnik christianskogo dwishenija,* Nr. 52. 1970, S. 62–65, und *Iswestija* ZK, April 1990, S. 190–193.
32. N. Struve, *Deux mille ans de christianisme,* Paris, S. 39.
    L. W. Jeremenko, *Literaturnaja rossija,* 14. Dezember 1990, S. 17.
33. *Prawda* vom 27. Juni 1923.
34. R. Pipes, *Unknown Lenin,* S. 150.
35. Wolkogonow, *Lenin. Utopie und Terror,* S. 342.

36. »Über die Bedeutung des streitbaren Materialismus« (12.3.1922), in: Lenin, *Werke,* Bd. 33, S. 213–223.
37. »Über das Genossenschaftswesen« (4./6.1.1923), in Lenin, *Werke,* Bd. 33, S. 453–461.
38. »Parteiorganisation und Parteiliteratur«, (13. [26.] November 1907), ebenda, Bd. 10, S. 29–34; das Zitat siehe S. 31.
39. »Über proletarische Kultur«, (8. Oktober 1920), ebenda, Bd. 31, S. 307f., und J. Jakowlew, »O proletarskoi kulture i proletkulte«, in: *Prawda* vom 24. u. 25. Oktober 1922.
40. »Literatura i rewoljuzija«, in: *Prawda* vom 15. u. 16. September 1922.
41. *W. I. Lenin o literature i Iskustwe,* Moskau 1967.
42. »O Proletkulte. Pismo ZK RKP«, in: *Prawda* vom 1. Dezember 1920.
43. »Über den Staat. Vorlesung an der Swerdlow-Universität. 11. Juli 1919«, in: Lenin, *Werke,* Bd. 29, S. 460–479.

XV Der geistige Verfall eines politischen Genies

1. Wolkogonow, *Lenin. Utopie und Terror,* S. 471.
2. A. Rosmer, *Moskou sous Lénine,* Paris 1953, S. 231.
3. Brief an Stalin für das Politbüro vom 15. Juni 1922, und Notiz dazu vom 7. Juli 1922, in: Pipes, *Unknown Lenin,* S. 165.
4. I. Annenkow, »Wospominanije o Lenine« (Erinnerungen an Lenin), in: *Nowy Shurnal,* Nr. 65, 1961, S. 141f.
5. »Pismo F. E. Dsershinskomu«, 19. Mai 1922, in: *Polnoje,* Bd. 54, S. 265f.
6. Brief an Stalin vom 17. Juli 1922, in: Pipes, *Unknown Lenin,* S. 168f.; zitiert nach Wolkogonow, *Lenin. Utopie und Terror,* S. 209.
7. Pipes, *Unknown Lenin,* S. 174, u. Wolkogonow, *Lenin. Utopie und Terror,* S. 209.
8. Zitiert nach Wolkogonow, ebenda, S. 380.
9. Trotzki, *Staline,* Bd. 2, S. 264f.
   Molotow hat dies in seinen Gesprächen mit F. Tschujew, *Conversation,* S. 167, bestätigt.
10. »Über unsere Revolution« (Aus Anlaß der Aufzeichnungen N. Suchanows), in: Lenin, *Werke,* Bd. 33, S. 462–467.
11. »Lieber weniger, aber besser« (2.3.1923), ebenda, S. 474–490.
12. »Über das Genossenschaftswesen«, ebenda, S. 453–461; Zitate S. 254 u. S. 457.
13. »Wie wir die Arbeiter- und Bauerninspektion reorganisieren sollten. (Vorschlag an den XII. Parteitag)« (23.1.1923), ebenda, S. 468–473, und die Materialien dazu, Ergänzungsband 1917–1923, S. 457–465.
14. Pipes, *Unknown Lenin,* S. 171.
15. Lydia Fotijewa merkt in ihrem Tagebuch an, Stalin habe sie gefragt, inwieweit Lenin über die laufenden Angelegenheiten informiert sei.
16. »Über das Außenhandelsmonopol. Für die Plenartagung des ZK« (13.12.1922), in: Lenin, *Werke,* Bd. 33, S. 441–445.
17. »Pismo I. W. Stalinu i M. Frumkinu i porutschenije sekretarju« (Brief an

Stalin, Frumkin und Auftrag an den Sekretär)«, 15. Mai 1922, *Polnoje,* Bd. 54, S. 260.

18. »Pismo I. W. Stalinu o monopoli wneschnei torgowli«, 13. Oktober 1922, ebenda, Bd. 45, S. 338.
19. Ebenda, S. 608, und Pipes, *Unknown Lenin,* S. 188.
20. (Tagebuch v. L. Fotijewa) »Dnewnik deshurnych sekretarej w I. Lenina« (Tagebuch der Sekretärinnen Lenins), 21. November 1922 und 6. März 1923; *Polnoje,* Bd. 45, S. 455–488, vor allem S. 485.
21. Der vollständige Text wurde im Geheimbericht des XX. Parteitages veröffentlicht, Auszüge siehe ebenda, Bd. 45, S. 674f.
22. Wolkogonow, *Lenin. Utopie und Terror,* S. 295.
23. »Brief an den Parteitag« (23./24.12.1922), in: Lenin, *Werke,* Bd. 36, S. 577–582.
    Dnewnik sekretarej (Tagebuch der Sekretärinnen), *Polnoje,* Bd. 45, S. 343–348 u. 354f.
24. Anhang zum vorigen Text: »K otdelu ob uweletscheni tschisla tschlenow ZK« (Zur Passage über die Erhöhung der Anzahl der ZK-Mitglieder), 29. Dezember 1922, ebenda, Bd. 45, S. 354f.
25. »Dobawlenije k pismu ot 24. dekabrija 1922 g« (Zusatz zum Brief vom 24.), 4. Januar 1923, ebenda, Bd. 45, S. 346; zitiert nach Gerda u. Hermann Weber, *Lenin-Chronik. Daten zu Leben und Werk,* München 1974, S. 263.
26. Der Text wurde in der *Prawda* vom 4. März 1923 abgedruckt. Siehe ebenso Lewin, *Lenins letzter Kampf,* Hamburg 1970, S. 120f., v. a. Anm. 3.
27. »Pismo L. D. Trotskomu«, 5. März 1923, *Polnoje,* Bd. 43, S. 329, zitiert nach Weber, *Lenin-Chronik,* S. 265.
28. »Pismo towarischtscham Mdiwani, Macharadse i drugim«, 6. März 1923, ebenda, Bd. 54, S. 330, zitiert nach Weber, *Lenin-Chronik,* S. 266.
29. M. Lewin, S. 128–141.
    F. Fejtö, *L'Héritage de Lénine,* Paris 1973, S. 69ff., gibt eine differenziertere Darstellung.

Schlußfolgerung

1. »State and Revolution in the Paris Commune, The Russian Revolution and the Civil War«, in: *Sociological Review,* 29, 1937, S. 67, zitiert nach J. Keep, *The Russian Revolution,* New York 1976, S. X.
2. Korsch merkt bereits 1926 an, Lenins Marxismus sei nicht besser als der Kautskys. Siehe hierzu den Artikel über Korsch von Daniel Lindenberg, in: Chatelet, Pisier u. Duhamel, *Dictionnaire des œuvres politiques,* Paris 1995, S. 601.
3. »Zwei Taktiken«, 1. (14.) Februar 1905, in: Lenin, *Werke,* Bd. 8, S. 136–145.
4. Nach Goethes Faust.
5. »Ein Vortrag über die Revolution von 1905« (9.(22.)1.1917), in: Lenin, *Werke,* Bd. 23, S. 244ff.; Zitate S. 261.
6. »Die russische Revolution und der Bürgerkrieg. Man schreckt mit dem Bürgerkrieg« (erste Septemberhälfte 1917), ebenda, Bd. 26, S. 11–25; Zitat S. 14.

Bibliograpische Auswahl

Dieses Buch versteht sich als Neubewertung und Neuansatz, weniger als gelehrtes Werk. Es geht um eine neue Beschäftigung mit Lenin, denn der Untergang des Kommunismus gibt Anlaß, den Menschen und die Bedeutung seines Wirkens in einem neuen Licht zu betrachten.

Diese Bibliographie erhebt keinen Anspruch auf Vollständigkeit. Die Autorin hat nicht alles verarbeitet, was auf dem Wissenschaftsmarkt über Lenin verfügbar war. Vielmehr spiegelt diese Arbeit die Lektüre vieler Jahre wieder. Das gleiche gilt für das Archivmaterial. Nützlich war hier vor allem das Material, das in den Veröffentlichungen des verstorbenen Generals Wolkogonow zugänglich wurde, der mich großzügig an seinen Entdeckungen teilhaben ließ, sowie das von R. Pipes veröffentlichte Material. Deshalb zitiere ich aus ihren Veröffentlichungen wörtlich.

Das vorliegende Buch ist vor allem auf der Grundlage von Lenins Schriften entstanden. In der UDSSR sind fünf Ausgaben erschienen, vier davon postum. Benutzt wurde die fünfte und umfangreichste. Herangezogen wurden zudem die Protokolle von Parteitagen und verschiedene andere offizielle Dokumente aus der Zeit. Die deutschen Zitate sind vor allem der vierzigbändigen Werkausgabe entnommen, die von 1955–1971 in Berlin (Ost) erschienen ist.

Lenin

Polnoje Sobranije Sotschineni, Moskau 1958–1965, 55 Bde. u. 2 Index-Bände. Abk: *Polnoje.*

Werke, hrsg. vom Institut für Marxismus-Leninismus (Marx-Engels-Lenin-Stalin-Institut) beim ZK der SED. 40 Bde., 2 Registerbände und 2 Ergänzungsbände, Berlin (Ost) 1955–1971.

Bucharin u. a. (Hg.), *Sotschinenija,* 3. Aufl. (kommentiert).

Textsammlungen:

Leninski sbornik, 36 Bde. mit verstreuten Texten, Moskau. Verschiedene Dokumente (vor allem Briefe und Notizen) fehlen in der Gesamtausgabe. Einige sind kürzlich erschienen im: *Istoritscheski Archiv,* 1992. Zahlreiche Dokumente schlummern noch in den Archiven (Russisches Zentrum für die Konservierung und das Studium der Dokumente für die neuere Geschichte). Obwohl theoretisch zugänglich, ist der Einblick in die Archive ungewiß.

Die Parteitage der Bolschewiki

Perwy sjesd RSDPR: dokumenty i materialy mart. 1898 (I. Parteitag der SDAPR), Moskau 1958.
Pjaty (Londonski) sjesd RSDPR (b), aprel–mai 1907 goda., Protokoly (V. Parteitag der SDAPR [b]), Moskau 1963.
Schestoi sjesd RSDPR (b) awgust 1917 g., Protokoly (VI. Parteitag der SDAPR [b]), Moskau 1958.
Sedmoi sjesd RKP (b) Mart 1918, Protokoly (VII. Parteitag der Russischen Kommunistischen Partei), Moskau 1959.
Dewjaty sjesd RKP (b) Mart 1920, Protokoly (IX. Parteitag der Russischen Kommunistischen Partei), Moskau 1960.
Desjaty sjesd RKP (b) Mart 1921, Stenografitscheski otschot (X. Parteitag der Russischen Kommunistischen Partei), Moskau 1963.
Odinadzaty sjesd RKP (b) mart–aprel 1922 goda, Stenografitscheski otschot (XI. Parteitag der Russischen Kommunistischen Partei), Moskau 1961.
Dwenadzaty sjesd rossiskoi Kommunistitscheskoi Parti bolschewikow, Stenografitscheski otschot (XII. Parteitag der Russischen Kommunistischen Partei der Bolschewiken), Moskau 1923.
Orachelaschwili (Hg.), *Sedmaja (aprelskaja) Wserossiskaja i Petrogradskaja Konferenzija RSDPR (b) aprel 1917 g.* (VII. Gesamtrussische Konferenz von Petrograd), Moskau 1934.
Materialsammlungen:
Protokoly zentralnogo komiteta RSDPR (b) Awgust 1917–Fewral 1918 (Protokolle des Zentralkomitees der SDAPR [b], August 1917–Februar 1918), Moskau 1958.
U. W. Anikejew u. a. (Hg.), *Perepiska sekretariata ZK RSDPR (b) s mestnymi partinymi organisazijami: Sbornik dokumentow I. mart–okt. 1917* (Korrespondenz des Sekretariates des ZK der SDAPR [b] mit den lokalen Organisationen der Partei. Sammlung von Dokumenten von März bis Oktober 1917), Moskau 1957.
G. A. Below (Hg.), *Is istori Wserossiskoi Tschreswytschainoi Komissi 1917–1921. Sbornik dokumentow* (Geschichte der Gesamtrussischen Sonderkommission. Dokumentensammlung), Moskau 1958.

Die Staatsmacht

Dekrety Sowjetskoi wlasti (Die Dekrete der Sowjetmacht), 15 Bde., Moskau 1957.

Die Sowjets

W. N. Rachmetow u. N. P. Mjamlin (Hg.), *Perwyi Wserossiski sjesd Sowjetow rabotschich i soldatskich deputatow. 1917 Protokoly* (I. Kongreß der Sowjets der Arbeiter- und Soldatendeputierten), 2 Bde., Moskau u. Leningrad 1930–1931.
K. G. Kotelnikow (Hg.), *Wtoroi Wserossiski sjesd Sowjetow rabotschich i sol-*

datskich deputatow: Protokoly (II. Kongreß der Sowjets der Arbeiter- und Soldatendeputierten), Moskau, Leningrad 1928.

Sammlungen von Dokumenten

R. P. Browder, A. Kerenski, *The Russian Provisional Government 1917. Documents,* Stanford 1961.
J. Bunyan, H. H. Fischer, *The Bolshevik Revolution 1917–1918. Documents and Materials,* Stanford 1965.
Lenin i Wtscheka. Sbornik dokumentow (Lenin und die Tscheka: Sammlung von Dokumenten), Moskau 1976.

Zeugnisse von Zeitgenossen

W. A. Antonow-Owsejenko, *Sapiski o grashdanskoi woine* (Aufzeichnungen zum Bürgerkrieg), Moskau u. Leningrad 1924.
A. Balabanowa, *Ma Vie de rebelle,* Paris 1981 (von 1938).
– *Impressions of Lenin,* London 1964.
– *Lenin, Psychologische Beobachtungen und Betrachtungen,* Hannover 1961.
W. D. Bontsch-Brujewitsch, *Na bojewych postach fewralskoi i oktjabrskoi rewoljuzi* (Auf den Kampfposten der Revolutionen von Februar und Oktober), Moskau 1931.
– *Isbrannyje sotschinenia. Bd. III. Wospominania o Lenine 1917–1924* (Ausgewählte Werke. Erinnerungen an Lenin), 1929, Moskau 1963.
N. Bucharin, *Polititscheskoje saweschtschanije Lenina* (Das politische Testament Lenins), Moskau 1929.
A. Schljapnikow, *Semnadzatji god* (Das Jahr 1917), 3 Bde., Moskau 1925.
Th. Dan, *The Origins of Bolshevism,* New York 1964.
L. A. Fotijewa, *Is wospominani o W. I. Lenine Dekabr 1922 g. Mart 1923* (Erinnerungen an Lenin), Moskau 1964.
M. Gorki, *Erinnerungen an einen Zeitgenossen (W. I. Lenin),* Frankfurt a. M. 1962.
K. Kautsky, *Der Bolschewismus in der Sackgasse,* Berlin 1930.
A. Kerenski, *Istorija Rossi,* Irkutsk 1996.
– *La Révolution Russe, 1917,* Paris 1928.
– *Erinnerungen, Vom Sturz des Zarentums bis zu Lenins Staatsstreich,* Dresden 1928.
A. Kremer, J. Martow, *Ob agitazi* (Von der Agitation), Genf 1896.
N. Krupskaja, *Erinnerungen an Lenin,* Wien u. Berlin 1929, 2 Bde.
M. I. Lazis, *Tschreswytschainyje komissi po borbe kontr-rewoljuzi* (Die Außerordentlichen Kommissionen im Kampf gegen die Konterrevolution), Moskau 1921.
A. W. Lunatscharski, *Profile der Revolution,* Frankfurt a. M. 1968.
– *Lenin, Towarischtsch, Tschelowek* (Lenin, der Genosse, der Mensch), Moskau 1987.
J. Martow, *Sapiski sozial-demokrata* (Aufzeichnungen eines Sozialdemokraten), Berlin 1922.

A. I. Mikoyan, *Mysli i wospominanije o Lenine* (Gedanken und Erinnerungen an Lenin), Moskau 1970.
P. Miljukow, *Rußlands Zusammenbruch,* 2 Bde., Stuttgart, Leipzig u. Berlin 1925.
– *Wospominanija 1917–1959* (Erinnerungen), New York 1959.
B. Nikitin, *Rokowyje gody-nowyje pokosanija utschastnika* (Die Jahre der Prüfung eines Beteiligten), Paris 1937.
P. Pascal, *En Communisme,* Paris 1918–1921.
K. Radek, *Die Wege der Russischen Revolution,* Hamburg 1922.
– *Die auswärtige Politik Sowjetrußlands,* Hamburg 1921.
– *Pjatlet Kominterna* (Fünf Jahre Komintern), Moskau 1924, 2 Bde.
I. I. Raskolnikow, *Kronstadt i piter w 1917 g,* Moskau u. Leningrad 1925.
M. N. Roy, *Roy's Memoirs,* Bombay 1964.
E. Stassowa, *Wospominanija,* Moskau 1969.
P. B. Struve, *Rasmyschlenija o russkoi rewoljuzi* (Überlegungen zur russischen Revolution), Moskau 1991.
N. N. Suchanow, *Sapiski o rewoliuzi,* 7 Bde. (Aufzeichnungen zur Revolution), Berlin, Petrograd u. Moskau 1922–1923. (*Notes sur la révolution russe,* Paris 1956.)
– 1917. *Tagebuch der russischen Revolution,* München 1967.
L. Trotzki, *Sotschinenija* (Werke), 12 Bde., Moskau 1924–1927, vor allem Bd. 3 und Bd. 11.
– *Geschichte der russischen Revolution,* Berlin 1931.
– *Der junge Lenin,* Wien 1969.
– *Über Lenin,* Berlin 1924.
M. I. Uljanowa, *O W. I. Lenine i semje Uljanowych* (Über Lenin und die Familie Uljanow), Moskau 1988.
N. Walentinow (N. W. Wolski), *Malosnakomy Lenin* (Der unbekannte Lenin), Paris 1972.
M. W. Wischniak, *Wserossiskoje utschreditelnoje sobranije* (Die Gesamtrussische Konstituierende Versammlung), Paris 1932.
I. Zereteli, *Wospominanija o fewralskoi rewoliuzi,* (Erinnerungen an die Februarrevolution), 2 Bde., Paris u. Den Haag 1963.
C. Zetkin, *Erinnerungen an Lenin,* Wien 1929.

Biographien und Studien zu Lenin

A. Besançon, *Les Origines intellectuelles du léninisme,* Paris 1980.
D. Colas, *Le léninisme, philosophie et sociologie politique du léninisme,* Paris 1982.
C. de Crisenoy, *Lénine face aux moujiks,* Paris 1978.
I. Ganetski (Hanecki), *O Lenine, Otrywki wospominani* (Über Lenin. Auszüge aus den Memoiren), Moskau 1933.
M. Gorki, *Erinnerungen an einen Zeitgenossen (W. I. Lenin),* Frankfurt a. M. 1962.
G. M. Krshishanowski, *Weliki Lenin* (Der große Lenin), Moskau 1982.
J. Laloy, *Le Socialisme de Lénine,* Paris 1967.

B. Lazitch, *Lénin et la IIIe Internationale,* Paris 1951.
G. Leggett, *The Cheka. Lenin's Political Police,* Oxford 1981.
– *Lenin i Wetscheka* (Lenin und die Tscheka), Moskau 1957.
M. Lewin, *Lenins letzter Kampf,* Hamburg 1970.
R. Luxemburg, *Die Russische Revolution,* Frankfurt a. M. 1963.
R. McNeal, *Bride of the Revolution: Krupskaia and Lenin,* Ann Arbor 1972.
A. Meyer, *Leninism,* New York 1962.
S. Page, *Lenin and the World Revolution,* New York 1959.
R. Payne, *Lenin. Sein Leben und sein Tod,* München 1965.
R. Pipes, *Unknown Lenin,* Yale 1996.
A. Polan, *Lenin and the End of Politics,* Berkeley 1984.
P. N. Pospelow, (Hg.), *Wladimir Iljitsch Lenin. Biografija,* 2. Aufl., Moskau 1963.
P. Reddaway u. L. Schapiro (Hg.), *Lenin, the Man, the Theorist, the Leader,* London 1967.
H. T. Righby, *Lenin's Government: Sovnarkom 1917–1922,* Cambridge 1979.
B. O. Sbarski, *Mawsolej Lenina* (Das Mausoleum Lenins), Moskau 1949.
I. P. Schaparow, *Lenin kak tschitatel* (Lenin als Leser), Moskau 1990.
R. Service, *Lenin, A Political Life,* 2 Bde., Bloomington 1985.
D. Shub, *Lenin,* Wiesbaden 1952.
A. Solschenizyn, *Lenin in Zürich,* Bern 1977.
G. Treadgold, *Lenin and his Rivals: The Struggle for Russia's Future, 1898–1904,* New York 1955.
A. Ulam, *The Bolsheviks,* New York 1956.
B. Wolfe, *Drei Männer, die die Welt erschütterten,* Wien 1970.
D. Wolkogonow, *Lenin. Utopie und Terror,* Düsseldorf, Wien, New York u. Moskau 1994.
– *Le Vrai Lénine, d'après les archives secrètes soviétiques,* Paris 1995.

Allgemeine Werke

O. Anweiler, *Die Rätebewegung in Rußland, 1905–1921,* Leiden 1958.
N. Baturin, *Otscherki istori sozial demokrati* (Geschichtliche Skizzen der Sozialdemokratie), Sankt Petersburg 1906.
P. Broué, *Histoire de l'Internationale communiste, 1917–1943,* Paris 1997.
– *Le Socialisme dans tous les pays,* Paris 1996.
V. N. Brovkin, *The Mensheviks after October. Socialist Opposition and the Rise of Bolshevik Dictatorship,* Ithaca (N. Y.) 1987.
E. H. Carr, *Die Russische Revolution: Lenin und Stalin 1917–1929,* Stuttgart, Berlin, Köln und Mainz 1980.
– *The Bolshevik Revolution 1917–1922,* 3 Bde., London 1950.
W. H. Chamberlain, *The Russian Revolution, 1917–1921,* 2 Bde., New York 1965.
S. Cohen, *Nikolai Buharine. La vie d'un bolchevik,* Paris 1979.
R. V. Daniels, *Red October,* New York 1967.
– *The Conscience of the Revolution,* Cambridge (Mass.) 1960.
I. Deutscher, *Trotzki,* Bd. 1: *Der bewaffnete Prophet. 1879–1921,* Stuttgart 1962.

S. M. Dubnow, *History of Jews in Russia and Poland,* 3 Bde., Philadelphia 1917–1920.
R. C. Elwood, *Inessa Armand, Revolutionary and Feminist,* Cambridge 1992.
– *Roman Malinovski. A Life without a Cause,* Newtonville (Mass.) 1977.
M. Ferro, *La Révolution de 1917,* 2 Bde., Paris 1967–1976.
O. Figes, *Peasant Russia. Civil War,* Oxford 1989.
D. Footman, *The Civil War in Russia,* London 1961.
M. Fremkin, *Tragedija krestjanskich wosstani w rossi 1917–1921.* (Die Tragödie der Bauernaufstände in Rußland), Jerusalem 1987.
L. H. Haimson, *The Russian Marxists and the Origins of Bolshevism,* Cambridge (Mass.) 1955.
T. Hasegawa, *The February Revolution,* Petrograd 1917, Seattle 1981.
G. Haupt u. J. J. Marie, *Les Bolsheviks par eux-mêmes,* Paris 1968.
M. Heller u. A. Nekritch, *L'Utopie au pouvoir,* Paris 1982.
J. Keep, *The Rise of Social-Democracy in Russia,* Oxford 1963.
– *The Russian Revolution. A Study in Mass Mobilization,* London 1975.
G. F. Kennan, *Sowjetische Außenpolitik unter Lenin und Stalin,* Stuttgart 1961.
R. Kindersley, *The First Russian Revisionists,* Oxford 1962.
L. Kolakowski, *Histoire du marxisme,* 2 Bde., Paris 1987, vor allem Bd. II, »*L'Âge d'or de Kautsky à Lénine*«.
S. d. Lastours, *Toukhatchewski,* Paris 1996.
I. Maiski, *Foreign Policy of the Russian Soviet Federated Republic,* Moskau 1923.
M. Malia, *Vollstreckter Wahn: Rußland 1917–1991,* Stuttgart 1994.
J. P. Nettl, *Rosa Luxemburg,* Köln u. Berlin 1967.
R. Pipes, *Die russische Revolution,* 3 Bde., Berlin 1992–1993.
– *The Formation of the Soviet Union.*
– *Struve. The Liberal on the Left 1870–1905.*
H. Righby, *Communist Party Membership in the UDSSR 1917–1967,* Princeton 1968.
L. Schapiro, *The Origins of Communist Autocraty. Political Opposition in the Soviet State. First Phase: 1917–1922,* London 1955.
– *Die Geschichte der Kommunistischen Partei in der Sowjetunion,* Frankfurt a. M. 1961.
W. B. Scharlau u. Z. A. Zeman, *Freibeuter der Revolution. Parvus-Helphand – Eine politische Biographie,* Köln 1964.
N. Werth, *La Vie quoditienne des paysans russes de la révolution à la collectivisation 1917–1922,* Paris 1984.
– »Ein Staat gegen sein Volk«, in: *Das Schwarzbuch des Kommunismus,* München, Zürich 1998.
B. Wheeler, *Brest-Litovsk. The Forgotten Peace,* London 1958.
Z. A. B. Zeman (Hg.), *Germany and the Revolution in Russia, Documents from the Archives of German Foreign Ministry,* London 1958.

Zeittafel

10.4.1870	Geburt Lenins (W. I. Uljanow) in Simbirsk.
8.3.1871	Pariser Kommune.
1872	Der erste Band von Marx' *Das Kapital* wird in Rußland veröffentlicht.
1.3.1881	Alexander II. fällt einem Attentat zum Opfer.
1883	Plechanow gründet in Genf die Gruppe Freiheit der Arbeit.
8.5.1887	Lenins Bruder Alexander Uljanow wird hingerichtet. Wladimir Iljitsch besteht die Abschlußprüfung am Gymnasium mit einer Goldmedaille.
1893–1895	Wladimir Uljanow lebt in Sankt Petersburg. Begegnung mit N. Krupskaja.
9.12.1895	Verhaftung von W. Uljanow. Gefängnisaufenthalt bis 1897.
1897	Abreise Uljanows in die sibirische Verbannung. Krupskaja folgt ihm.
1.3.1898	In Minsk wird die Sozialdemokratische Partei Rußlands gegründet und sofort wieder zerschlagen.
1899–1900	Studentenunruhen in Rußland.
Februar 1900	Uljanow kehrt aus Sibirien zurück und reist in die Schweiz aus. Von nun an nennt er sich Lenin.
11.12.1900	Die erste Ausgabe der *Iskra* erscheint.
1901–1902	Gründung der Sozialrevolutionären Partei.
1902	Lenin schreibt *Was tun?*
17.7.–10.8.1903	II. Parteitag der Sozialdemokratischen Arbeiterpartei Rußlands (SDAPR) in Brüssel und dann in London. Die Menschewiki spalten sich ab.
27.1.1904	Der Russisch-Japanische Krieg bricht aus.
1904	Lenin schreibt *Ein Schritt vorwärts, zwei Schritte zurück.*
9.1.1905	Der Blutsonntag löst in Rußland eine erste Revolution aus.
12.–27.4.1905	III. Parteitag der SDAPR in London.
25.8.1905	Der Vertrag von Portsmouth beendet den Russisch-Japanischen Krieg.
7.–9.9.1905	Konferenz der sozialdemokratischen Organisationen in Riga. Lenin kehrt nach Rußland zurück.

17.10.1905	Der Zar verspricht im Oktobermanifest eine Verfassung.
Oktober 1905	Generalstreik in Rußland.
6.–17.12.1905	Aufstand in Moskau.
12.–17.12.1905	I. Gesamtrussische Parteikonferenz in Tammerfors.
27.4.1906	Die erste Duma wird gewählt und am 8.7. wieder aufgelöst.
10.–25.4.1906	IV. Parteitag der SDAPR, der sogenannte »Vereinigungsparteitag« in Stockholm.
3.–7.11.1906	II. Parteikonferenz der SDAPR in Tammerfors.
9.11.1906	Stolypins Agrarreform.
20.2.–Juni 1907	Zweite Duma.
April–Mai 1907	V. Kongreß der SDAPR in London.
3.–5.8.1907	Konferenz von Kotlas.
1.11.1907	Wahl der dritten Duma. Lenin verläßt Rußland und läßt sich in der Schweiz nieder.
5.–12.11.1907	IV. Parteikonferenz in Helsingfors.
Dezember 1908	V. Parteikonferenz in Paris.
Januar 1910	Plenum des ZK der SDAPR. Letzter Versuch einer Aussöhnung zwischen Menschewiki und Bolschewiki.
1911	Gründung des Kaders von Longjumeau.
1.9.1911	Stolypin fällt in Kiew einem Attentat zum Opfer.
Januar 1912	VI. Parteikonferenz in Prag: Von jetzt an nennt die Partei sich SDAPR (B).
April 1912	Blutbad an der Lena.
23.4.1912	Die erste Ausgabe der Prawda erscheint.
Sommer 1912	Lenin siedelt nach Krakau über.
August 1912	Konferenz von Wien. Organisator ist Trotzki: »Augustblock«. Endgültiger Bruch zwischen Bolschewiki und Menschewiki.
November 1912	Eröffnung der vierten Duma.
24.11.1912	Kongreß der II. Internationale zur Verhinderung des Krieges in Basel.
28.6.1914	Attentat auf den Erzherzog Franz-Ferdinand in Sarajewo.
20.–23.7.1914	Besuch des französischen Staatspräsidenten Pointcaré in Rußland.
28.–30.7.1914	Tagung der Internationale in Brüssel.
1.8.1914	Deutschland erklärt Rußland den Krieg. Sankt Petersburg wird in Petrograd umgetauft.
Ende August 1914	Russische Niederlage an den Masurischen Seen. Lenin kehrt in die Schweiz zurück.
5.–8.9.1915	Zimmerwalder Konferenz. Lenin schreibt *Der Imperialismus als höchstes Stadium des Kapitalismus.*
Februar 1916	Konferenz von Kienthal.
März 1916	Russische Offensive an der Nordfront zu Entlastung der französischen Armee vor Verdun.

17.12.1916	Rasputin wird ermordet.
23.–25.2.1917	Februarrevolution in Petrograd.
27.2.1917	Übernahme des Winterpalastes. Der Sowjet richtet sich im Taurischen Palais ein.
2.3.1917	Bildung der Provisorischen Regierung. Nikolaus II. dankt ab.
9.3.1917	Die Vereinigten Staaten erkennen die Provisorische Regierung an.
3.4.1917	Lenin trifft in Petrograd ein.
4.4.1917	Die Aprilthesen.
24.–29.4.1917	VII. Konferenz der SDAPR (B).
5.5.1917	Bildung einer Koalitionsregierung.
Juni 1917	I. Gesamtrussischer Sowjet-Kongreß.
3.–5.7.1917	»Juli-Tage«. Lenin taucht unter.
26.7.–3.8.1917	VI. (»Vereinigungs-«)Parteitag. Trotzki schließt sich den Bolschewiki an.
27.8.1917	Kornilow versucht einen Staatsstreich.
25.9.1917	Nach seiner Freilassung wird Trotzki zum Vorsitzenden des Sowjets gewählt.
10.10.1917	Das ZK beschließt einen Aufstand.
25.10.1917	Aufstand und Machtergreifung. II. Gesamtrussischer Sowjet-Kongreß.
12.–27.11.1917	Wahlen zur Konstituierenden Versammlung.
2.12.1917	Deutsch-russischer Waffenstillstand. Friedensverhandlungen in Brest-Litowsk.
7.12.1917	Gründung der Tscheka.
5.–6.1.1918	Zusammentritt und Auflösung der Konstituierenden Versammlung.
10.–18.1.1918	III. Gesamtrussischer Sowjet-Kongreß.
21.1.1918	Der Sownarkom annulliert die Schulden des alten Regimes.
1.2.1918	Rußland führt den Gregorianischen Kalender ein.
3.3.1918	Der Friedensvertrag von Brest-Litowsk wird unterzeichnet.
6.–8.3.1918	VII. Parteitag.
10.–14.3.1918	Moskau wird russische Hauptstadt.
Mai 1918	Der Bürgerkrieg beginnt.
28.6.1918	Einführung des Kriegskommunismus.
6.7.1918	Die linken SR widersetzen sich den Bolschewiki.
17.7.1918	Die Zarenfamilie wird ermordet.
30.8.1918	Lenin überlebt das Attentat der D. Kaplan.
Januar 1919	Beginn der Friedenskonferenz in Paris.
15.1.1919	R. Luxemburg und K. Liebknecht werden ermordet.
2.–7.3.1919	I. Kongreß der Kommunistischen Internationale in Moskau.
April–Oktober 1919	Offensive Koltschaks und Denikins gegen die Rote Armee.

2.–4.12.1919	VIII. Parteikonferenz.
27.12.1919	Beginn der »Militarisierung der Arbeit«.
Januar 1920	Militärdebakel der »Weißen« in Sibirien.
29.3.–5.4.1920	IX. Parteitag.
24.4.1920	Der »polnische Krieg« beginnt.
21.7.–6.8.1920	II. Kongreß der Kommunistischen Internationale.
August 1920	Die Rote Armee vor Warschau. Polnischer Gegenangriff. Niederlage der Roten Armee.
1.9.1920	Kongreß von Baku.
12.10.1920	Friedensvertrag mit Polen.
25.10.–16.11. 1920	Offensive gegen Wrangl und Niederlage Wrangls.
Januar–März 1921	Aufstand der Bauern von Tambow.
2.–17.3.1921	»Kommune von Kronstadt«.
8.–16.3.1921	X. Parteitag. Beginn der NEP.
22.6.–12.7.1921	III. Kongreß der Kommunistischen Internationale.
August 1921	Säuberungen in der Partei.
12.10.1921	Einrichtung der Staatsbank.
1922	Hungersnot in Rußland.
6.2.1922	Die Tscheka wird in GPU umgetauft.
26.2.1922	Beschlagnahme der Kirchengüter. Antireligiöse Kampagne.
3.4.1922	Stalin wird Generalsekretär der Partei.
10.4.–19.5.1922	Konferenz von Genua.
16.4.1922	Rußland und Deutschland unterzeichnen in Rapallo einen Nichtangriffspakt.
26.5.1922	Erster Schlaganfall Lenins. Er zieht sich bis Oktober aus den Staatsgeschäften zurück.
Aug.–Sept. 1922	Konflikt zwischen Stalin und den Georgiern.
4.11.–5.12.1922	IV. Kongreß der Kommunistischen Internationale.
16.12.1922	Zweiter Schlaganfall Lenins.
22.12.1922	Lenins »*Brief an den Parteitag*«, sein »Testament«.
30.12.1922	Gründung der UDSSR.
30.–31.12.1922	Lenin diktiert Anmerkungen zur Nationalitätenfrage.
4.1.1923	Lenin verlangt in einer Ergänzung zu seinem »*Brief an den Parteitag*« Stalins Ablösung.
Januar–März 1923	Lenin diktiert seine letzten Artikel.
6.3.1923	Bruch Lenins mit Stalin.
17.–25.4.1923	XII. Parteitag in Abwesenheit Lenins.
Januar 1924	XIII. Parteikonferenz. Trotzkis Positionen werden verurteilt.
21.4.1924	Lenin stirbt. Rykow folgt ihm an die Spitze der Regierung nach.

Glossar

Bund Jüdische Sozialistische Partei.
Duma Volksversammlung, Parlament.
EKKI Exekutivkomitee der Komintern.
GPU Name der Tscheka ab 1922 – siehe Tscheka.
GULag Russische Kurzbezeichnung für die Hauptverwaltung des Straflagersystems in Rußland; dieses System allgemein.
Ispolkom Exekutivkomitee.
Kawbüro Kaukasisches Büro der Partei.
KD (Kadetten) Konstitutionell-Demokratische Partei (Liberale).
Kolchose Landwirtschaftliche Produktionsgenossenschaft.
Kombedy Armenkomitee.
Komintern III. (Kommunistische) Internationale.
Kulak Reicher Bauer.
Narkomindel Volkskommissariat für Äußeres.
Narkomnaz Kommissariat für Nationalitäten.
NEP Neue Wirtschaftspolitik.
Rabkrin Arbeiter- und Bauerninspektion.
Rewkom Militärisches Revolutionskomitee.
RKP Russische Kommunistische Partei, späterer Name der SDAPR; schließlich KPDSU (Kommunistische Partei der Sowjetunion).
RSFSR Russische Sozialistische Föderative Sowjetrepublik.
SDAPR Sozialdemokratische Arbeiterpartei Rußlands.
SDAPR (B) Kennzeichnung der Bolschewiki, Lenins Fraktion im Gegensatz zu den Menschewiki, die Lenin als »Minderheitler« bezeichnet hat.
Semstwo Organ der regionalen Selbstverwaltung im zaristischen Rußland.
Sowchose Staatlicher Landwirtschaftlicher Großbetrieb.
Sowjet Rat.
Sownarkom Rat der Volkskommissare (Regierung).
SR Sozialrevolutionäre Partei.
Tscheka Politische Polizei; später GPU.
UdSSR Union der Sozialistischen Sowjetrepubliken.
WSNCh Oberster Rat der Nationalen Wirtschaft.
ZEK Zentralexekutivkomitee.
ZK Zentralkomitee.
ZKK Zentrale Kontrollkommission der Partei.

Namenregister

Adler, Friedrich 81
Adler, Victor 81, 173
Adoratski, Wladimir Wiktorowitsch 304
Aksakow, Iwan und Konstantin 46
Alexander I. Romanow, Zar 17
Alexander II. Romanow, Zar 16, 21, 39, 43, 45, 48, 53, 62
Alexander III. Romanow, Zar 20–21, 24, 26, 34, 37–38, 40, 53
Alexandra, Zarin 37
Allilujew, Sergej Jakowlewitsch 222
Andrejew, Andrei Andrejewitsch 113
Andrejewa, Maria Fjodorowna 113, 115
Andrinakis, Nikolai 144–145
Annenkow, Juri 464
Antonow-Owssejenko, Wladimir Alexandrowitsch 245, 252–253, 255
Anzelowitsch 431
Armand, Inessa 161, 163–165, 170, 175, 200
Awksentjew, Nikolai 110, 284
Axelrod, Pawel Borissowitsch 26–27, 57, 64, 78, 81, 87–88, 90, 93–95, 100, 126–128, 141, 172, 200

Baader, Franz v. 46
Bakunin, Michail Alexandrowitsch 48, 50–51, 57–58, 264, 492–493
Balabanowa. Angelica 178, 198, 200–201, 211, 325, 343, 356, 359–360, 365, 402
Balmont, Konstantin Dmitrijewitsch 113
Bauer, Otto 91, 156, 183, 186, 190
Bebel, August 98, 100, 157
Bedny, Demjan (eigentl. A. J. Pridworow) 325
Belinski, Wissarion G. 46
Berdjajew, Nikolai 59, 96, 101
Berg 184
Bernstein, Eduard 76, 264, 487
Blank, Alexander Dimitrijewitsch 18
Blank, Maria Alexandrowna Uljanowa 18, 20, 116
Bljumkin, J. 323
Bogdanow, Alexander Alexandrowitsch (eigentl. Malinowski) 96–98, 101–102, 113, 116, 123, 126–127, 132, 135, 138, 143–145, 148, 150, 162, 189, 196, 205, 272, 448, 456
Bontsch-Brujewitsch, Wladimir Dimitrijewitch 217
Borkenau, Franz 485
Borodin, Michail Markowitsch (eigentl. Grüsenberg) 365
Bosch, Jewgenia Bogdanowa 187, 395
Bourderon 177
Bronski, Mieczyslaw G. (eigentl. Warszawski) 364
Broué, Pierre 357, 359
Brussilow, Alexej Alexejewitsch (General) 227
Bubnow, Andrej Sergejewitsch 275, 300
Bucharin, Nikolai Iwanowitsch 148, 152–153, 156, 187, 207, 224–225, 230, 256, 283, 294–300, 334–335, 339, 346, 358, 365, 370, 372–373, 396, 420–421, 431, 441, 475, 477, 479–480, 482
Budjonny, General Semjon 377

Bulgakow, Sergej Nikolajewitsch 59, 76

Chomjakow, Alexei Stepanowitsch 46
Chrustalew-Nossar 110–111, 120
Clausewitz, Carl Philipp Gottfried v. 306
Comte, Auguste 49

Dan, Fjodor Iljitsch (eigentl. Gurwitsch) 126, 146, 153, 216, 242, 253
Danielson, Nikolai F. 55–56
Denikin, General Anton I. 318, 321, 349, 354, 366, 398, 433
Desnizki, Wassili Alexjewitsch 125
Deutsch Lew Grigorjewitsch 57
Dmowski, Roman 67
Dobroljubow, Nikolai Alexandrowitsch 48
Dostojewski, Fjdor Michailowitsch 48
Dserschinski, Feliks Edmundowitsch 224–225, 245, 305–306, 323, 340, 371, 385, 406, 411, 421, 435, 465, 481, 483
Durnowo, Pjotr Nikolajewitsch 218
Duroselle, Jean-Baptiste 170
Dybenko, Pawel Jefimowisch 255, 299

Eberlein, Hugo 358, 360
Ebert, Friedrich 351
Engels, Friedrich 55–56, 129, 131, 183, 264–265, 268–269
Enver Pascha 406

Fedorow 208
Flerowski, Wassili Wassiljewitsch 55
Frank, Semion 59
Frunse, Michali Wassiljewitsch 444

Galijew, Mir Sajid Sultan 382–383, 410
Gapon, Georgi Apollonowitsch 106–108
Gegeschkori, Jewgeni 395
Glebow, N. (Awilow, Nikolai Pawlowitsch) 255
Gogol, Nikolai Wassiljewitsch 38, 45, 421
Goldenberg, Josif Petrowitsch 205
Gorki, Maxim (eigentl. Peschkow) 113, 115, 126, 138, 148, 150, 156, 166, 169, 174, 241, 289, 446, 466
Grimm, Robert 178, 200
Groschopf, Anna 18
Gutschkow, Alexander Iwanowitsch 196

Hanecki, Jakob Stanislawowitsch 126, 148, 154, 160, 162, 173, 175, 199, 217, 222, 365
Haupt, Gerges 282
Hertzen, Alexander Iwanowitsch 47, 49
Hilferding, Rudolf 180–181
Hippjus, Sinaida Nikolajewna 113
Hitler, Adolf 10
Ho Chi Minh 10
Hobson 181
Hofman 177, 403
Hoover, Herbert 446–447

Ignatjew 143–144
Iljin, W. (Pseudonym Lenins) 31

Jaurès, Jean 306–307
Jelisarow, Mark 277
Jeljabow, Andrei 53
Joffe, Adolf Abramowitsch 149, 296, 298, 348–349, 377
Jogiches, Leo 67, 160, 350, 352, 360
Jordania, Noe 92, 126, 407
Judenitsch, General 354, 392
Jurenjew, K. K. 225
Jurowski, Jakow 341

Kaledin, General Alexei Maximowitsch 394
Kalinin, Michail Iwanowitsch 409, 423, 445–446
Kaljajew, Iwan 108

Kamenew, Lew Borissowitsch (eigentlich Rosenfeld) 101, 126, 132, 145, 148–149, 154, 160, 162, 172, 174, 203–208, 219–220, 222, 224–225, 230, 239, 245, 253–256, 271, 273–274, 276, 282, 284, 296, 311, 420–421, 444, 446, 474, 476–477, 480–481
Kamo siehe Ter-Petrossian
Kaplan, Dora (eigentl. Fanja E. Rotman) 324–325, 341
Kapp, Wolfgang 366
Karachan, Lew Michailowitsch 298
Katharina II., Zarin v. Rußland 18, 43
Kaufman, General 42
Kautsky, Karl 97–98, 147, 157, 159–161, 180, 183, 264, 351, 485, 487, 489
Kemal Atatürk (eigentl. Mustafa Kemal Pascha) 406
Kerenski, Alexander Fjodorowitsch 20, 152, 196, 206, 210, 214–215, 217, 220, 223, 226–229, 233, 235–236, 241–244, 246–247, 249–252, 257–260
Kerenski, Fjodor Michalilowitsch 19, 22
Kibaltschitsch, Nikolai 53
Kirejewski, Iwan 46
Kirow, Sergej Mironowitsch 405
Kokoschkin, Fjodor Fjorodowitsch 289
Kollontai, Alexandra Michalilowna 165, 222, 225, 253, 299, 335, 441
Koltschak, Admiral Alexander W. 354, 366, 398
Kornilow, Lawr Georgijewitsch 223, 227, 259, 318, 366
Korsch, Karl 487, 496
Kramer 463
Krapotkin, Pjotr Alexejewitsch, Fürst 138–139
Krasnow, Pjotr Nikolajewitsch (General) 244, 318
Krassin, German Borissowitsch 61, 96–97, 99, 101–102, 104, 115, 123, 125–127, 138–140, 142, 148, 162, 189, 272, 406, 455
Kremer, Arkadi 62–63, 66, 68
Krestinski, Nikolai Nikolajewitsch 338, 444
Krschischanowski, Gleb Maximilianowitsch 99
Krupskaja, Jelisaweta Wassiljewna 26, 137, 163
Krupskaja, Nadeshda 24–29, 31, 35, 61, 77, 80, 95, 97, 113–114, 116–117, 137–138, 141, 143, 146, 162, 164–165, 173, 176–177, 217, 222, 475–476, 481
Kruschinski 277
Krylenko, Nikolai Wassiljewitsch 255
Kuibyschew, Walerian Wladimirowitsch 416, 444, 480
Kun, Béla 362–363, 366, 381–382
Kuskowa, Jekaterina 76
Kuusinen, Otto Wilhelmowitsch 390

Lafargue, Paul 65
Larin, Juri 275, 334, 349
Laschewitsch, Michail Michailowitsch 245–246
Lawrow, Pjotr L. 49, 55
Lebedew, Pawl Pawlowitsch 223
Ledebour, Georg 177
Levi, Paul 179, 352, 364, 372
Lewin, Moshé 482
Liebknecht, Karl 178, 350, 352
Litwinow, Maxim Maximowitsch 141, 160, 345, 366
Lloyd George, David 362, 406
Lomow, A. (eigentl. Oppokow, G. J.) 225, 255
Lunatscharski, Anatoli Wassiljewitsch 65, 96, 101, 145, 148, 162, 200, 222, 225, 253, 255, 272, 282, 448, 456, 458
Lutowinow, Juri 430
Luxemburg, Rosa 67, 98, 126, 158–160, 169, 180, 182, 185, 187, 189–190, 350–352, 360, 410, 485, 489
Lwow, Georgi Jewgenjewitsch (Fürst) 196, 210, 223

Macharadse, Filipp Ijessejewitsch 407, 410, 412
Machno, Nestor 394–395, 429, 432
Majakowski, Wladimir Wladimirowitsch 458
Malinowski, Roman Waclawowitsch 96, 148, 151–153
Malkow, Pawel Dmitrijewisch 324
Manner, Kullervo 390
Mannerheim, Carl-Gustav Emil, Freiherr v. 390–391
Mao, Zedong 10
Marchlewski, Julian (Pseud., Karski) 371
Martow, Leo (eigentl. Zederbaum) 62–63, 65–66, 68–69, 75–77, 79, 81, 86–87, 89–95, 100, 126, 146, 153, 159, 169, 172, 184, 189, 199–200, 211–212, 216, 224, 226, 230, 242, 247, 253, 257, 272, 290
Marx, Karl 23, 47, 51–52, 54–56, 59, 67, 70, 87, 91, 128–129, 131, 183, 209, 264–265, 267–270, 278, 304, 350, 489
Mdiwani, Polikarp Georgejewitsch (Pseud., Budu) 407, 410, 412
Mehring, Franz 147
Melgunow, Sergej Petrowitsch 342
Menshinski, Wjatscheslaw Rudolfowitsch 349
Merheim, Alphons 177
Miasnikow 418
Miljukow, Pawel Nikolajewitsch 196–197, 206–207, 210, 229, 258
Miljutin, Wladimir Pawlowitsch 208, 255, 276, 334
Minski, Nikolai (eigentl. Wilenkin) 113
Mirbach, Wilhelm Graf v. 323
Mitskewitsch-Kapsukas 392
Molotow, Wjatscheslaw Michailowitsch (eigentl. Skrjabin) 155, 203–204, 412, 416, 418, 444–445, 447, 450
Morgari 178
Morosow, Sawa Timofejewitsch 143
Münzenberg, Willi 364
Muralow, Nikolai Iwanowitsch 253
Muranow, Matwej Konstantinowitsch 204, 224

Naine, Charles 178
Netschajew, Sergej G. 48
Newski, Wladimir Iwanowitsch 245–246
Nikolaus I., Zar v. Rußland 17
Nikolaus II., Zar v. Rußland 35, 37, 40, 45, 105, 107–108, 110, 113, 135, 195, 202, 293, 341–342
Nogin, Wiktor Petrowitsch 208, 222–223, 239, 253, 255, 276

Obolenski 358
Olminski, Michail Stepanowitsch 225
Orachelaschwili, Mamia 408
Ordshonikidse, Grigori Konstantinowitsch 151, 155, 174, 222–223, 273, 405, 407–408, 410–413, 416, 418, 420–422, 444, 481
Ossinski, Walerian 431

Paléoloque, Maurice 206
Parvus (eigentl. Helphand, Alexander L.) 199, 217
Paschukanis 460
Pawlowitsch, Michail L. (eigentl. Weltman) 381–382
Perewersew, Pawel Nikolajewitsch 221
Peschechonow, A. 326
Peter I., der Große 41, 43, 46, 54
Petljura, Semjon Wassiljewitsch 369, 394
Petrow, Pseudonym Lenins 31
Petrowski, Grigori Iwanowitsch 303
Pilsudski, Józef Klemens 368–369
Pipes, Richard 242, 334
Pissarew, Dmitri Iwanowitsch 48
Pjatakow, Grigori L. 187, 300, 335, 385, 394–396, 477

Platten, Friedrich (Fritz) 177, 200, 285, 358–359
Plechanow, Georgi Walentinowitsch 26–27, 57–58, 60, 64–66, 70, 77–78, 81, 83–84, 86–90, 93–95, 98, 100, 103, 111, 120, 126, 129, 141, 151, 157–159, 172, 233, 264, 289, 485, 487
Pobedonoszew 20, 37, 53
Podwoiski, Nikolai Iljitsch 245–246
Poincaré, Raymond 170
Potressow, Alexander Nikolajewitsch 75–79, 86–87, 90, 93–94, 100, 126, 172
Preobrashenski, Jewgeni Alexejewitsch 339, 441–442, 444
Prokopowitsch, Sergej 76
Proudhon, Pierre Joseph 264
Pugatschow, Emeljan 50
Puschkin, Alexander Sergejewitsch 45

Radek, Karl (eigentl. Sobelsohn) 160, 179, 187, 200, 300, 335, 345, 347–348, 351–352, 364–367, 372, 378, 381–382, 443
Radtschenko, Iwan Iwanowitsch 61, 66, 75
Rakowski, Christo Sergejewitsch 358–359, 365, 395, 402, 416
Raskolnikow, Fjodor Fjodorowitsch 287
Renner, Karl 91, 183
Rjasanow, Dawid B. (eigentl. Goldendach) 242, 253, 272, 299, 436
Robien, Louis de 250
Rodsjanko, Michail Wladimirowitsch 153, 195–196
Rolland, Romain 200
Romberg, Konrad Gisberg Wilhelm von (Gesandter des dt. Reiches in Bern) 199
Roshkow, Nikolai A. 352, 466
Roy, Manabendra Nath 374, 379
Rumjanzew 113
Rutgers, Sebald Justinius 364
Rykow, Alexei Iwanowitsch 102, 125, 207, 224, 230, 239, 253, 255, 272, 276, 333–334, 446

Sadoul, Jacques 263, 271–272, 297, 300, 309, 348
Safarow, Georgi Iwanowitsch 381
Salazar, António de Oliveira 10
Salkind, Iwan Abramowitsch 345
Saluzki, Pjotr 203
Sapronow, Timofei 431
Sassulitsch, Wera Iwanowna 26, 52, 55–57, 70, 79, 81, 87, 90, 93–94
Sawinkow, Boris Wiktorowitsch 223, 320
Schaljapin, Fjodor Iwanowitsch 339
Schaumian, Stepan 156, 224, 396
Schelling, Friedrich Wilhelm Joseph 46
Schewirjow, Pjotr 21
Schingarew, Andrej Iwanowitsch 289
Schlageter, Leo 364
Schlegel, August Wilhelm v. 46
Schljapnikow, Alexander G. 174, 203, 255, 272, 430, 441–442
Schmidt, Jekaterina 143–145
Schmidt, Jelisaweta 143–144
Schmidt, Nikolai Pawlowitsch 143–147
Sedoul, Jacques 324
Serebriakow, Leonid Petrowitsch 441, 444
Sergej, Großfürst 108
Serrati, Giacinto Menotti 373–375
Sikorski, Wladislaw 377
Silwin, Michail Alexandrowitsch 61
Sinowjew, Grigori Jewsejewitsch 126–128, 132, 145–146, 148, 150–151, 154, 162–163, 179, 200, 203, 206–208, 219, 221–226, 229, 232, 235, 238–239, 245, 253, 255–256, 272, 276, 284, 310–311, 358–359, 361, 363, 371, 373, 380–383, 431–432, 440–442, 477
Sinowjewa, Lilina Zlata Jonowna 176–177
Skobelew, Matwej 196

Skoropadski, General 321, 394
Skrypnik, Nikolai Alexejewitsch 225, 395, 402, 416–417, 419
Skworzow, Iwan Iwanowitsch 255
Smilga, Iwan Tenisowitsch 208, 243
Smirnow, Wladimir 431
Sokolnikow, Grigori Jakowlewitsch 200, 224, 283, 298, 349, 416
Spencer, Herbert 49
Spiridonowa, Maria Alexandrowna 286, 324, 329–330
Stalin, Josef W. (eigentl. Dschugaschwili) 10–11, 124, 126, 139–140, 142, 153–156, 174, 184, 186, 204–205, 207–208, 222–225, 230, 255, 273, 275, 358, 379, 386–387, 390, 395, 403–404, 408, 412, 415–422, 441, 444–445, 451, 466, 472–475, 477–483
Stassowa, Jelena Dmitrijewna 222
Steinberg, Isaak 276
Steinhardt, Karl (Pseud., Gruber) 359
Stolypin, Pjotr Arkadjewitsch 135–136, 140
Struve, Pjotr Bernhardowitsch 25, 27, 59–60, 62, 64–65, 69–70, 76–77, 101
Stutschka, Pjotr Iwanowitsch 392
Subatow, Sergej Wassiwiljewitsch 85, 106
Suchanow, Nikolai Nikolajewitsch (eigentl. Himmer) 191, 194, 197, 201, 218, 222, 228, 234, 238, 240–241, 249, 251, 254, 256, 437, 467–468
Swanids, Alexis Semjonowitsch 410
Swerdlow, Jakob Michailowitsch 151–152, 155, 174, 208, 224–225, 276, 282–283, 286, 290, 304, 336, 342, 347, 388, 445

Talheimer, August 364
Taratuta, Wiktor 144–145
Ter-Petrossian, Sermjon (Kamo) 140–141
Theodorowitsch, Iwan Adolfsowitsch 255, 326
Thomas, Albert 263, 364
Tichon (Patriarch) 446
Tkatschew, Pjotr 49, 51–52, 58, 82, 84
Tolstoi, Lew Nikolajewitsch 24, 45, 492
Tomski, Michali Pawlowitsch 126
Trojanowski, Alexei 152–153, 156
Trotzki, Leo (eigentl. Bronstein) 81, 90, 94–95, 100, 110–112, 115, 120, 126–127, 130–132, 148–149, 151, 162, 184, 189, 199, 210–211, 219, 222, 224–225, 228, 230–231, 234, 236, 238, 241, 244–245, 248–256, 263, 272–273, 275, 289–290, 293–294, 296–298, 306–311, 318, 320, 327, 340–342, 344–345, 347, 356–359, 396–397, 407, 427–433, 436, 440–442, 451, 457, 474–475, 477–482
Tschaadajew, Pjotr 46
Tschcheidse, Nikolai Semjonowitsch 196, 202–203, 215, 228
Tschenkeli, Akaki 184
Tschernomasow, Michail L. 153
Tschernow, Wiktor Michailowitsch 172, 219, 274, 284, 286–287, 326, 330, 432
Tschernyschewski, Nikolai Gawrilowitsch 23, 48, 55, 57, 281
Tschitscherin, Georgi Wassiljewitsch 142, 298, 345, 347, 357–358, 363, 367, 369, 401, 405–406
Tschujew, Felix 445
Tuchatschewski, Michail Nikolajewitsch 369, 371, 377, 434–435
Tucker, Robert 412
Tugan-Baranowski, Michail Iwanowitsch 59–60, 77
Tulin, Pseudonym Lenins 31
Turgenjew, Iwan Sergejewitsch 48

Uljanow, Alexander Iljitsch 15, 19–23
Uljanow, Ilja Nikolajewitsch 17–20
Uljanow, Nikolai Wassiljewitsch 17
Uljanow, Wassili 17

Uljanowa, Anna Iljitschina 15, 26, 28–29, 77–78, 96, 137, 175, 324
Uljanowa, Olga Iljitschina 19, 26
Unschlicht, Joseph Stanislawowitsch 371, 465
Urizki, Moissej Salomonowitsch 239, 286, 288, 300, 323

Vandervelde, Emile 87, 171, 404
Viviani, René 170

Walentinow-Wolski, Nikolai W. 114, 116–117, 137, 174
Walidow (eigentl. Seki Welidi Togan) 398
Wargunin, Industrieller 61
Warski, Adolf S. (eigentl. Warszawski) 146
Webb, Beatrice und Sidney 29, 80
Wilhelm II., dt. Kaiser 293
Witte, Sergej, Gf. 35, 37, 110–111
Wladimirow 137
Wolkenstein, M. F. 24
Wolkogonow, Dimitri, General 165, 174, 213, 325, 445, 449, 462
Wolodarski (eigentl. Goldstein, Mose) 274, 323
Woroschilow, Kliment Jefrewowitsch 126, 444
Worowski, Waclaw Waclawowitsch 358
Wrangel, Pjotr Nikolajewitsch 378

Zederbaum, Juli Ossipowitsch siehe Martow
Zereteli, Irakli Georgjewitsch 126–127, 197, 205, 212, 214–216, 221, 224, 284, 287
Zetkin, Clara 78, 147, 159, 176, 365–366, 377–378
Zjurupa, Alexander Dmitrijewitsch 474

Sachregister

Amsterdam 157, 364, 366, 368
Anarchismus 48, 50–51, 432, 435
Arbeiteropposition 430, 440–442, 444
Archangelsk 321, 349
Ardahan 396
Armenien 396, 400, 404, 416
Aserbaidschan 396, 400–402, 404–405, 416
Astrachan 17
Avantgarde der Arbeiterklasse 83, 131, 318

Baku 379–383, 396, 410, 414
Baltikum 369
Baschkirien 398, 415
Batum 396
Berlin 361, 366
Bern 137, 173, 175–178, 199, 356
Berufsrevolutionäre 83–84, 89, 100, 119
Blutsonntag 106, 108
Bolschewiki 30, 58, 71, 92–93, 95, 98, 100, 103, 105, 109, 112–113, 115, 117–122, 124–126, 128, 132, 141, 143–145, 147–148, 151–152, 155, 157–158, 173, 177, 200, 202–203, 207–212, 214, 216–224, 227–229, 232–238, 240–241, 243–244, 247–257, 259–260, 263, 272–273, 275, 277–281, 283–284, 287–288, 290–291, 294, 298, 302–303, 308–310, 319–322, 328–331, 333, 338, 341, 343, 347, 355, 361, 369, 371, 378–379, 392, 394, 396, 402–404, 426–427, 431, 444, 492
Brest-Litowsk, Frieden von 291, 296–299, 308, 317, 319, 333–334, 345–349, 351, 357, 377, 438
Briefe aus der Ferne 205
Brünn 92
Brüssel 85, 87, 157, 160–161
Buchara 400, 408
Bund (sozialistische jüdische Partei) 62, 68–69, 88, 91–93, 125–126, 146, 149, 155–156, 184, 200

Capri 150, 162
Charkow 394
Chauvinismus 186
Chiwa 400, 408

Danzig 377
Defätismus 171–173, 198–200, 217
Dekabristen 45–46
Deklaration der Rechte des werktätigen und ausgebeuteten Volkes 285, 314
Dekret über den Boden 253, 311–312
Dekret über den Frieden 253, 291–293, 299, 316
Der Imperialismus als höchstes Stadium des Kapitalismus 174, 181–182
Die Aufgaben der russischen Sozialdemokratie 75–76
Die drohende Katastrophe und wie man sie bekämpfen soll 312
Diktatur des Proletariats 87
Duma 118, 120–123, 125, 127, 129, 134–135, 143, 151–152, 158, 162, 196

Echo 115
Ein Schritt vorwärts, zwei Schritte zurück 98
Estland 367, 391–392
Exekutivkomitee der Komintern (EKKI) 275, 285–286, 359, 368, 392
Expropriationen 115, 138–141, 154, 159

Finnland 390, 392, 400

Genf 100, 103, 137, 139
Genua 409
Georgien 395–396, 400, 403–408, 410–412, 416, 420
Gesamtrussischer Sowjet-Kongreß 214–215, 228, 231, 236, 238–239, 250–252, 257, 289–290, 298–299, 327, 333, 386, 388, 437
Golos social demokrata 146
Gomel 433
GPU 349, 465

Heiliger Synod 20, 37, 41
Helsingfors 117, 390
Helsinki 226

Internationale 149, 152, 157–161, 171, 175–180, 189, 356, 358
III. Internationale, siehe auch Komintern 352, 355–361, 372
Internationale Sozialistische Jugendkonferenz 177
Internationales Sozialistisches Büro (ISB) 141, 157–158, 160
Iskra 77–82, 87–88, 92–95, 98, 100–102
Islam 17, 41
Ispolkom (Exekutivkomitee) 233, 235, 237, 240, 256
Iswestija Sowjeta Rabotschich Deputatow 110–111, 237, 276, 312, 334
Iwanowo-Wosnessensk 109–110, 118

Jakuten 399
Jekaterinburg 341
Juden 18–19, 22, 40–41, 62–63, 67–69

Kadetten 111, 121–122, 223, 233, 280, 282, 287, 319–320
Kalmücken 398
Karelien 399
Kars 396, 409
Kasachen 398
Kasan 17, 22, 33, 318
Katholiken 33, 41
Kaukasus 446
Kawbüro 404–407, 412–413
Kienthal (Konferenz von) 178–180, 189, 204, 356
Kiew 69, 112, 369, 394, 417
Klassenfeind 294, 340
Kokuschkino 18
Kolchosen 338
Kolonisierung 34
Kombedy (Komitees der Dorfarmen) 336–337, 428
Komintern 177, 356–357, 359–368, 370–376, 379–384, 402, 408, 445, 463
Komitees für Versorgungsfragen 326
Konstituierende Versammlung 195, 209, 227, 234–235, 238, 242, 255, 258, 275–276, 278, 281–285, 287–289, 302, 315, 319, 322, 330, 492
Kontrollkommission 443, 470–471
Konzentrationslager 340
Kopenhagen 149, 366
Kosaken 318, 321, 342, 354, 394
Kotka 123
KPD 352–353, 365–366
Krakau 137, 154, 156, 160, 165, 184
Krasnojarsk 28
Kreml 366, 371
Kriegskommunismus 333, 339, 342, 353, 362, 426–427, 437, 445, 454, 456–457
Kronstadt 430–432, 434–435
Kulaken 336–338, 341, 429
Kuokkala 116–117, 144

Legale Marxisten 58, 77
Lettland 391–392
Liberale Partei siehe Kadetten
Liberalismus 59
Linke Sozialrevolutionäre 244, 253, 273, 275–278, 280–281, 284, 287, 300, 323, 325, 329–330
Liquidatoren 149, 155, 158
Litauen 391–393, 397
London 80, 85, 88, 92, 94, 99–101, 104, 117, 125–127, 132
Longjumeau 150
Lugano 176
Lutheraner 18, 33, 41
Lutsch (Strahl) 153

Mari, Autonome Republik der 399
Menschewiki 92–95, 97, 99–100, 102–105, 109–110, 112, 115, 118–122, 124–130, 132–133, 141, 146–149, 151–154, 157–159, 177, 183–184, 208, 212–214, 216, 223, 228–230, 233, 240, 242, 253, 257, 259–260, 271, 276, 280, 285, 287, 303, 319, 325, 396, 403, 406, 435, 437, 465, 479, 486–487, 490
Meschrajonzy 210
Militärisches Revolutionskomitee 240–249, 251, 256–257, 305
Minsk 69–71, 85, 92, 433
Moskau 35, 101, 109, 112, 116, 233, 235, 256, 273, 300, 302–303, 320, 323–324, 326, 332, 354, 356, 360, 362, 371, 379, 455
München 80
Murmansk 321, 349
Müsbüro 379

Narkomindel (Volkskommissariat für Äußeres) 345–347, 357, 363, 365
Narkomnaz (Volkskommissariat für Nationalitäten) 386–387
Narkomprod (Volkskommissariat für Versorgungsfragen) 337, 427–428
Narodnaja Wolja 21, 52, 61
Nationalitätenfrage 24, 70, 91–92, 98, 155–156, 184, 186, 188, 190, 207, 225, 315–316, 344, 355, 385–387, 410, 415, 418, 421, 468, 472–473, 481, 483
NEP (Neue Wirtschaftspolitik) 411, 427, 435–439, 444–445, 447, 452, 454, 469, 471
Nihilismus 48–49
Nishni-Nowgorod 61
Nowaja Shisn 113–115, 143, 289
Nowoje Slowo 60
Nowoje Wremje 111

Oberster Rat der Nationalen Wirtschaft (WSNCH) 333–334
Ochrana 148, 153
Odessa 81
Ökonomisten 76, 79, 85–86, 92–93
Oktobermanifest 111, 113, 115, 119, 122
Oktobristen 122
Omsk 321
Otsowisten 123, 135

Paris 137, 361
Pariser Kommune 265–268, 270, 276, 295, 310, 343, 397
Parteiorganisation 114
I. Parteitag 69–71
II. Parteitag 84–90, 93, 98
III. Parteitag 99, 101–104, 115, 157
IV. Parteitag 124, 139–140
V. Parteitag 117, 125, 132, 144, 154
VI. Parteitag 224–226
VII. Parteitag 298, 347
VIII. Parteitag 361–362, 364, 395–396
IX. Parteitag 367, 430–431
X. Parteitag 412, 415–416, 431, 435–437, 439–440, 444–445
XI. Parteitag 415, 444, 483
XII. Parteitag 421, 453, 471, 474
Permanente Revolution 131
Petersburger Kampfbund zur Befreiung der Arbeiterklasse 65

Petrograd, siehe auch Sankt Petersburg 182, 194–195, 201, 203–204, 211, 215, 226–228, 233, 238, 243, 248–249, 251, 256, 273, 283, 289, 300, 302–303, 319, 323, 326, 328, 332, 354, 371, 385, 431, 434
Polen 367–371, 389, 400, 426
Polizei 38–39
Polizeistaat 39–40, 278, 461
Polizeisyndikalismus 85
Portsmouth 110
Prag 150–152, 154, 158, 160
Prawda 97, 150–155, 205–206, 220, 283, 431, 445, 480–481
Proletari 115, 146–147
Proletariat und Bauernschaft 114
Proletkult 457, 460, 469
Pskow 31, 75–77, 250

Rabkrin 471
Rabotschaja Gaseta 27
Rabotschi Put 229–230, 232, 235
Rada 321
Reformismus 80, 158
Revisionismus 56
Riga 377, 393, 409
Rote Armee 308, 310, 320, 323, 364, 369–371, 377, 379, 390, 394, 409
Rote Garden 306, 318
Roter Terror 304–305, 318, 323, 327, 336, 338, 340–342, 362
Russisch-Japanischer Krieg 105, 119
Russisch-Orthodoxe Kirche 41–42, 448
Russische Kommunistische Partei (RKP) 362, 364, 367, 376
Russische Sozialistische Föderative Sowjetrepublik (RSFSR) 285, 388, 391, 401–403, 409, 414–418

Samara 23–24, 81, 321
Sankt Petersburg, siehe auch Petrograd 21, 23, 25, 27, 35, 60–61, 63, 65–66, 69, 107, 110, 112–113, 117
Saratow 429
Schuschenskoje 28, 31, 75
SDAPR 69–70, 84–86, 98–99, 103, 149, 154, 157, 184
Semlja i Wolja 52
Semstwos 105, 109
Shiwoje Slowo 221
Sibirien 34, 328
Simbirsk 15–17, 19, 22
Slawophile 46–47, 50, 493
Smolny-Institut 233, 243, 245, 247–249, 251–252, 254, 285
Sormowo 319
Sowchosen 338
Sowjet 109–112, 115, 118–120, 122, 129–132, 196–197, 203, 205, 208–210, 215–216, 218–221, 223, 225, 228, 230–234, 237, 240, 243–244, 250, 258–260, 274, 288, 290, 302–304, 310, 333, 336
Sownarkom (Rat der Volkskommissare) 255, 275–278, 281, 290, 302, 304, 327, 347, 356, 365, 387, 390–391
Sozial-Demokrat 146
Sozialistische Internationale 149, 152, 157–161, 171–172, 175–178, 180, 189, 356, 358
Sozialistische Partei Polens 67
Sozialrevolutionäre (SR), siehe auch Linke Sozialrevolutionäre 85, 105, 108–110, 121–122, 152, 172, 177, 184, 214, 223, 228, 230, 233–234, 253, 256–257, 259, 271, 279–280, 284–287, 289, 303, 314, 319–325, 328, 331–333, 341, 432, 435, 437, 465, 486
Spartakusbund 350, 352–353, 360
SR siehe Sozialrevolutionäre
Staat und Revolution 226, 264, 268, 270–271, 304, 306, 459, 461, 491
Staatskapitalismus 313, 335, 454
Stockholm 117–118, 124–126, 132, 139, 211
Stuttgart 158, 169, 180, 185, 375
Subatowismus 85

Tallinn 367
Tambow 429, 432, 435
Tammerfors 124, 126

Tatarien 410, 415
Taurisches Palais 233, 286
Tiflis 101, 140–141, 405, 412, 417
Transkaukasien 385, 395–396, 404, 409, 411–412, 414–415, 420, 422
Tschechoslowakische Legion 308–309, 318, 321
Tscheka 286, 305–306, 310, 323, 327, 340–341, 343, 349, 407, 413–414, 421, 434–435, 447, 483
Tschuwaschen 398
Türkei 396, 404, 406
Turkestan 415

UDSSR 388, 390, 422, 482
Ufa 28, 31, 77–78
Ukraine 309, 317, 321, 328, 365, 369, 377, 394–397, 400, 402, 409, 414–416, 422, 429, 432–433, 446
Ungarn 362

Volkstümler 27, 48–51, 55, 57–58, 60, 62, 64, 67, 70, 105, 493
Vorparlament 233–234, 242, 247

Warschau 377
Was sind die Volksfreunde und wie kämpfen sie gegen die Sozialdemokraten? 62
Was tun? 80, 82–84, 86, 88, 96, 100, 315, 458, 489
Weißgardisten 317–318, 321, 341–343, 353, 369, 394, 398
Weißrußland 369, 392–394, 397, 400, 402, 414–416, 422
Werktätige (Partei) 121–122
Westler 46–47
Wien 149, 151, 160–161
Wikshel (Eisenbahnergewerkschaft) 272–274, 277
Wilna 63, 69, 392
Winterpalais 233
Wladiwostok 321, 349
Wohlfahrtskomitee 247, 256
Wolna 115
Wperiod 97–98, 101, 115, 123, 150

Zarizyn (Stalingrad, Wolgograd) 320
ZEK siehe Zentralexekutivkomitee
Zentralexekutivkomitee (ZEK) 242, 273–278, 281–282, 288, 290, 304, 329, 331, 334, 336, 346, 409, 418, 423, 445
Zimmerwalder Linke 177–180, 200, 203, 205, 211, 356–360
Zur Reorganisation der Partei 114
Zürich 137, 173, 175, 198, 200, 205
Zwei Parteien 149
Zwei Taktiken der Sozialdemokratie in der demokratischen Revolution 129
Zwischengruppe 224

PIPER

Stéphane Courtois, Nicolas Werth, Jean-Louis Panné, Andrzej Paczkowski, Karel Bartosek, Jean-Louis Margolin

Das Schwarzbuch des Kommunismus

Unterdrückung, Verbrechen und Terror. Mit dem Kapitel »Die Aufarbeitung des Sozialismus in der DDR« von Joachim Gauck und Ehrhart Neubert. Aus dem Französischen von Irmela Arnsperger, Bertold Galli, Enrico Heinemann, Ursel Schäfer, Karin Schulte-Bersch, Thomas Woltermann. 998 Seiten mit 32 Seiten Schwarzweiß-Abbildungen. Geb.

Dieses Buch wird den Blick auf dieses Jahrhundert verändern. Es zieht die grausige Bilanz des Kommunismus, der prägenden Idee unserer Zeit. 80 Millionen Tote, so rechnen die Autoren vor, hat die Vision der klassenlosen Gesellschaft gekostet, mehr als der Nationalsozialismus zu verantworten hat. Mit dieser These lösten die Autoren eine beispiellose Debatte aus. Es geht den Autoren nicht nur um eine Generalinventur des Terrors, sie benennen auch Mitwisser, intellektuelle Mittäter im Westen.

»›Das Schwarzbuch des Kommunismus‹ ist nicht nur eine Chronik der Verbrechen, sondern auch eine Unglücksgeschichte jener ›willigen Helfer‹ im Westen, die sich 90 Jahre lang blind und taub machten.«
Frankfurter Allgemeine